说赢就赢

虚假诉讼案件一本通

王朝勇 孙铭 陆云英 刘志民
王发旭 刘新 关孟斌 毛伟 ◎主编

中国经济出版社
CHINA ECONOMIC PUBLISHING HOUSE
·北京·

图书在版编目（CIP）数据

说赢就赢：虚假诉讼案件一本通 / 王朝勇等主编. —— 北京：中国经济出版社，2024.6. —— ISBN 978-7-5136-7791-2

I.D925.05

中国国家版本馆CIP数据核字第2024JX3554号

策划编辑　杨　莹
责任编辑　赵嘉敏
责任印制　马小宾
封面设计　任燕飞

出版发行	中国经济出版社
印 刷 者	北京富泰印刷有限责任公司
经 销 者	各地新华书店
开　　本	787mm×1092mm　1/16
印　　张	45.75
字　　数	895千字
版　　次	2024年6月第1版
印　　次	2024年6月第1次
定　　价	168.00元

广告经营许可证　京西工商广字第8179号

中国经济出版社 网址 www.economyph.com 社址 北京市东城区安定门外大街58号 邮编 100011
本版图书如存在印装质量问题，请与本社销售中心联系调换（联系电话：010-57512564）

版权所有　盗版必究（举报电话：010-57512600）
国家版权局反盗版举报中心（举报电话：12390）　　服务热线：010-57512564

编委会名单

主编

王朝勇　孙　铭　陆云英　刘志民
王发旭　刘　新　关孟斌　毛　伟

执行主编

刘绪光　单子峰　高增涛　刘　泳
曹　莹　李哲睿　刘清清　胡裕岭
陆一凡　李胜蓝　李　佳　陆一行
赵姝赟　张兴武　王新博　郑　新

编委

顾　乾　陈奎良　林　敏　王朝刚　徐灵燕　李　勤
张建华　蔡绪清　蔡煜坤　王志江　孟志立　朱子智
刘彩玲　张　丽　武让芳　任小利　王彬懿　纪鹏飞
张　斌　曹　伟　付庆刚　刘印铭　孙　玲　王海龙
吴　科　边社平　吴修合　董玉彦　李　源　刘丽莎
陈　瑞　周伟灵　董　琼　陈　月　高　萌　肖雅丹
雷华伶　陶　宽　李保成　魏　丽　李晓娟　白　杨
陈　玲　齐崇刚　马宏辉　施　歌　徐　猛　刘雪炜

作者简介

　　王朝勇，律师、仲裁员。北京大学法学院法律硕士研究生兼职导师，清华大学法学院法律硕士专业学位研究生联合导师，中国政法大学法律硕士学院研究生兼职导师，中国政法大学证据科学研究院硕士研究生实务导师，中国人民大学法学院法律硕士专业学位研究生实务导师，中国人民大学虚假诉讼治理研究中心执行主任、高级研究员，中国政法大学企业合规研究中心执行主任、高级研究员。著有《开设赌场罪——类案释解与法律实务》《说赢就赢——虚假诉讼案件一本通》《拒不执行判决、裁定案件一本通》《民间借贷——新型疑难复杂案例精选》《说赢就赢——虚假诉讼案例指导》《扫黑除恶——司法观点与辩护要点》《说成就成——律师点评大要案》《说过就过——司法考试通关大全》《有效辩护之道——我为法律人辩护》《企业行政合规——基础理论与法律实务》《企业合规实战案例解析》《中学生法治教育读本》等著作。

序 言
PREFACE

近年来，随着人民群众法律意识和法治观念的不断增强、立案登记改革的推进以及网上立案方式的推广，公民、法人和其他组织之间发生民事纠纷后，越来越趋向于选择向人民法院提起民事诉讼，通过法律途径维护自己的合法权益。与此同时，部分民事诉讼主体为了达到自己的非法目的，通过与他人恶意串通、伪造证据、虚假陈述等手段，利用诉讼程序制造大量"假官司"。此类行为不仅侵犯了真实权利人的合法权益，更妨碍了正常的司法秩序，损害了司法的公正性与权威性。

中国裁判文书网司法案例数据库的大数据显示：2015年11月至2020年12月，全国虚假诉讼案件共计1081件，案件类别包括公诉案件与自诉案件，各年份虚假诉讼案件数量分别为2015年1件、2016年39件、2017年105件、2018年206件、2019年341件、2020年389件。民间借贷、建筑业及服务业是虚假诉讼罪发生的主要领域，其余领域为房屋买卖、婚姻、租赁、征地拆迁、股权纠纷、担保纠纷、继承等。依据2021年《最高人民检察院工作报告》，全国检察院连续三年开展虚假诉讼专项监督初见成效，2021年，以抗诉或检察建议纠正"假官司"8816件、起诉虚假诉讼犯罪1135人，同比分别下降12.6%和16.1%。山西、内蒙古、黑龙江、广西等11个省区市建立民事诉讼监督案件正卷、副卷一并调阅制度，把握案情更全面，检察监督更精准。2022年，检察机关继续深化虚假诉讼专项监督，办理虚假诉讼监督案件9715件，同比上升10.2%；起诉虚假诉讼犯罪864人，同比下降23.9%。

依据最高人民检察院公布的最新数据，2023年1—11月，全国检察机关开展虚假诉讼专项监督，依法纠正虚假诉讼案件8765件，起诉虚假诉讼犯罪792人。2023年1—6月，全国检察机关提出的民事诉讼监督意见中涉及虚假诉讼4700余件。2023年1—3月，全国检察机关提出的民事诉讼监督意见中涉及虚假诉讼1900余件。依据2022年《最高人民检察院工作报告》，近五年来，全国检察机关对民事审判和执行活动中的违法情形提出检察建议38.4万件，比前五年上升88.5%，采纳率98.7%。对民间借贷、破产清算、离婚析产等领域打"假官司"问题进行专项监督，依法纠正虚假诉讼案件4万余件，起诉虚假诉讼犯罪5121人。就民事公告送达不尽规范和虚假诉讼问题向最高人民法院发出第二号、第五号检察建议，得到积极回应。2022年，全国检察机关提出的民事诉讼监督意见中涉及虚假诉讼9700余件。

截至2022年底，民事案件虚假诉讼智慧监督系统覆盖全国31个省级区域，共申请开通账号1973个，访问量9.6万余人次，有力提升监督质效。2022年1—11月，全国检察机关共办理虚假诉讼监督案件8900余件，其中，提出抗诉1200余件，提出再审检察建议4700余件。2019年，全国检察机关办理虚假诉讼案件1900件，其中：抗诉的虚假诉讼案件1770件，占当年民事抗诉案件总数的35%；提出再审检察建议的虚假诉讼案件4600件，占当年提出再审检察建议案件总数的57%。2020年，全国检察机关办理虚假诉讼案件10090件，其中：抗诉的虚假诉讼案件1785件，占当年民事抗诉案件总数的36%；提出再审检察建议的虚假诉讼案件5933件，占当年提出再审检察建议案件总数的59%。2021年，全国检察机关受理虚假诉讼案件8816件，其中：抗诉的虚假诉讼案件1699件，占当年民事抗诉案件总数的32%；提出再审检察建议的虚假诉讼案件5066件，占当年提出再审检察建议案件总数的58%。

2012年修订的《中华人民共和国民事诉讼法》第十三条第一款明确规定"民事诉讼应当遵循诚实信用原则"，从而使得诚实信用原则正式成为我国民事诉讼法的基本原则之一（后2021年新修订的民诉法将此款改为"民事诉讼应当遵循诚信原则"）。与此相应，《中华人民共和国民事诉讼法》还配套规定了诚信原则的具体化条款，即第一百一十二条和第一百一十三条对虚假诉讼的规定（现民诉法第一百一十五条、第一百一十六条）。这是虚假诉讼第一次在法律中有明确的规定。虚假诉讼的本质就是诚信理念在诉讼程序中的缺失。2015年的《中华人民共和国刑法修正案（九）》第三十五条增加了"虚假诉讼罪"。自此以后，虚假诉讼便有法可依，但其在实践中仍存在诸多问题，例如，如何发现虚假诉讼、如何认定虚假诉讼、涉及刑民交叉问题时程序如何衔接等。

实务中，虚假诉讼的表现形式多种多样，通过对相关案件的分类总结，虚假诉讼主要表现为以下几点：一是基于先有的法律关系，在法律关系消灭后原告为获得非法利益而恶意诉讼被告；二是诉讼当事人之间，或当事人与第三人之间，相互串通，以假证或伪证作为起诉事由，以虚假诉讼之形式骗取合法的执行依据，从而达到转移财产、逃避债务或多分财产的目的；三是当事人为阻碍法官查清案件事实而拒不到庭或中途退庭，或滥用管辖权异议、滥用申请鉴定的权利、躲避送达等以求拖延诉讼；四是通过对证据材料的非法处理，如隐匿、伪造、变造、毁损等行为，为虚构的法律关系提供支撑，以获取非法利益。为了在实务中准确识别虚假诉讼并解决相应问题，最高人民法院、最高人民检察院、公安部等多个部门曾先后单独或者联合出台相关司法解释与指导意见。

早在2013年，最高人民法院就下发过《关于房地产调控政策下人民法院严格审查各类虚假诉讼的紧急通知》，专门规制房地产领域的虚假诉讼。虚假诉讼入刑后，最高人民法院于2016年发布《关于防范和制裁虚假诉讼的指导意见》，指出了人民法院在审理民事案件中需要注意可能存在虚假诉讼的情形。2018年10月，最高人民法院、最高人民检察院联合发布《关于办理虚假诉讼刑事案件适用法律若干问题的解释》，首次对刑法规定的虚假诉讼罪在具体适用方面的若干问题作出了明确规定。2021年3月，为了继续解决虚假诉讼犯罪甄别发现不及时、司法机关查办虚假诉讼刑事案件沟通协作机制不健全、相关民事诉讼与刑事诉讼程序衔接不畅等问题，最高人民法院、最高人民检察院、公安部、司法部联合发布《关于进一步加强虚假诉讼犯罪惩治工作的意见》。同年11月，最高人民法院发布《关于深入开展虚假诉讼整治工作的意见》，分别从甄别查处、重点领域整治、刑事追责、队伍建设等方面，对人民法院整治虚假诉讼作出了系统性规定。除此以外，在民间借贷等虚假诉讼高发领域，《最高人民法院、最高人民检察院、公安部、司法部关于办理"套路贷"刑事案件若干问题的意见》等文件中亦有虚假诉讼的专门规定。

除了出台相关司法解释文件与指导意见等，最高人民法院、最高人民检察院曾先后发布虚假诉讼相关指导性案例、公报案例以及典型案例，以案说法。2022年7月15日，最高人民检察院以民事生效裁判监督工作为题公布第三十八批指导性案例，其中检例第154号、第155号涉及民间借贷、高利贷等借贷关系问题。2021年3月，最高人民法院、最高人民检察院、公安部、司法部联合发布的《关于进一步加强虚假诉讼犯罪惩治工作的意见》第十八条规定："人民检察院发现已经发生法律效力的判决、裁定、调解书系民事诉讼当事人通过虚假诉讼获得的，应当依照民事诉讼法第二百零八条（现民诉法第二百一十九条）第一款、第二款等法律和相关司法解释的规定，向人民法院提出再审检察建议或者抗诉。"《人民检察院民事诉讼监督规则》第七十五条第二款规定："人民检察院对当事人通过虚假诉讼获得的民事调解书应当依照前款规定监督。"指导性案例有利于在审判中统一认定虚假诉讼司法适用的标准；典型案例有利于法检机关在工作中引领和纠偏对虚假诉讼相关案件的认定、惩戒与监督，并且对民事诉讼主体行使自己的权利以及律师等法律工作人员处理类似案件具有正确的指引作用。例如，最高人民检察院发布的第十四批指导性案例中检例第53号虚假诉讼监督案，明确了人民检察院对虚假调解书的监督；2021年10月29日，最高人民检察院发布的4件民事检察跟进监督典型案例中，某建筑公司与某置业公司建设工程施工合同纠纷跟进监督案涉及对虚假诉讼的跟进监督，此案进一步明确了检察机关可对虚假调解书跟进监督。

除最高人民法院、最高人民检察院出台相应司法解释文件、公布指导性案例及典型案例指引司法实践之外，各省高级人民法院、人民检察院，甚至部分省会城市、地级市亦出台了与虚假诉讼相关的指导性文件、典型案例，以规制本地区的虚假诉讼情况。例如，浙江省高级人民法院早在2008年就发布《关于在民事审判中防范和查处虚假诉讼案件的若干意见》，结合浙江省实际情况，防范和查处虚假诉讼案件。此后，浙江省高级人民法院越发重视防范和打击虚假诉讼，先后下发了《关于办理虚假诉讼刑事案件具体适用法律的指导意见》《关于进一步完善防范和打击虚假诉讼工作机制的若干意见》等文件，并且取得了一定的成效。浙江省高级人民法院从司法实践出发，自2021年开始，连续三年发布了三批防范和打击虚假诉讼典型案例。经过多年的治理，浙江省高院建立起了从虚假诉讼的甄别预警、线索归口移送、民事制裁到刑事处罚、挂牌督办、责任追究的一整套工作流程。除了浙江省以外，江苏省、湖南省等多个省级机关亦先后出台文件与典型案例，以加大对案件量大的地区、虚假诉讼高发的案件类型，以及群体性、系列性案件的甄别和打击力度。

2022年10月，习近平总书记在党的二十大报告中强调"坚持全面依法治国，推进法治中国建设"，指出要严格公正司法，加快建设法治社会。打击虚假诉讼，需要公检法司等多部门共同配合发力。党的二十大强调要严格公正司法，加强检察机关法律监督，所以要不断深化司法体制综合配套改革，全面准确落实司法责任制，加快建设公正高效权威的社会主义司法制度，努力让人民群众在每个司法案件中感受到公平正义！

本书的"说赢就赢"是在民商事案件确定为虚假诉讼案件的基础上提出的，因为一旦确定为虚假诉讼，就是刑民交叉案件，相关人员便有可能涉嫌虚假诉讼罪，所以可以说是"说赢就赢"了。本书旨在通过对目前施行的法律、司法解释、指导意见等进行整理，并选取指导性案例、公报案例以及典型案例，以案说法，为当事人维权、公检法工作人员及律师办案、高校教学提供参考。本书第三部分是与虚假诉讼有关的最新理论研究与动态，更加方便读者理解法检机关出台的相应政策文件与典型案例。希望读者通过阅读本书，对虚假诉讼有更加直观、准确的理解。

最后，谨以此书向中国人民大学虚假诉讼治理研究中心致敬！

中国人民大学虚假诉讼治理研究中心执行主任　王朝勇
2023年11月29日于京师律师大厦
法律咨询电话：13911652166、13720063789
法律咨询邮箱：cnlaw365@163.com

目 录
CONTENTS

第一部分　虚假诉讼相关法律司法解释及指导意见

中华人民共和国民法典（节录）	002
中华人民共和国民事诉讼法（节录）	003
最高人民法院关于适用《中华人民共和国民事诉讼法》的解释（节录）	005
中华人民共和国刑法（节录）	006
最高人民法院关于审理民间借贷案件适用法律若干问题的规定	008
最高人民法院关于新民间借贷司法解释适用范围问题的批复	014
最高人民法院关于修改《最高人民法院关于在民事审判工作中适用〈中华人民共和国工会法〉若干问题的解释》等二十七件民事类司法解释的决定（节录）	015
最高人民法院、最高人民检察院、公安部、司法部关于办理"套路贷"刑事案件若干问题的意见	018
人民检察院民事诉讼监督规则	022
最高人民法院、最高人民检察院印发《关于规范办理民事再审检察建议案件若干问题的意见》的通知	043
最高人民法院关于深入开展虚假诉讼整治工作的意见	046
相关负责人就《最高人民法院关于深入开展虚假诉讼整治工作的意见》回答记者提问	054
最高人民法院、最高人民检察院、公安部、司法部印发《关于进一步加强虚假诉讼犯罪惩治工作的意见》（附全文）	057
最高人民法院、最高人民检察院关于办理虚假诉讼刑事案件适用法律若干问题的解释	066
最高人民法院刑四庭负责人就虚假诉讼刑事案件司法解释答记者问	069
最高人民法院关于防范和制裁虚假诉讼的指导意见	075
最高人民法院关于房地产调控政策下人民法院严格审查各类虚假诉讼的紧急通知	078
中华人民共和国公证法（节录）	080

CONTENTS 目 录

中华人民共和国仲裁法（节录）	081
中华人民共和国劳动争议调解仲裁法（节录）	082
最高人民法院关于审理拒不执行判决、裁定刑事案件适用法律若干问题的解释（节录）	083
最高人民法院关于深化人民法院一站式多元解纷机制建设推动矛盾纠纷源头化解的实施意见（节录）	084
人民检察院检察建议工作规定（节录）	085
最高人民法院、最高人民检察院、公安部、司法部关于办理黑恶势力犯罪案件若干问题的指导意见（节录）	086
最高人民法院关于依法妥善审理涉及夫妻债务案件有关问题的通知（节录）	087
最高人民法院、最高人民检察院关于民事执行活动法律监督若干问题的规定（节录）	088
人民法院办理执行案件规范（第二版）（节录）	089
最高人民法院关于人民法院登记立案若干问题的规定（节录）	091
最高人民法院关于公布失信被执行人名单信息的若干规定（节录）	092
湖南省高级人民法院关于防范虚假民间借贷诉讼的实施细则（试行）	093
湖南省高级人民法院关于在民事诉讼中防范和制裁虚假诉讼的通知	097
湖南省高级人民法院关于依法妥善审理民间借贷案件的意见	101
贵州省法院、省检察院、省公安厅、省司法厅印发《关于防范和惩处虚假诉讼的若干意见》（附全文）	106
江苏省高级人民法院防范和整治劳动争议虚假诉讼的工作指引	111
江苏省高级人民法院印发《关于健全完善防范与打击"套路贷"及虚假诉讼长效机制的指导意见》的通知	114
江苏省高级人民法院关于在扫黑除恶专项斗争中打击与防范网络"套路贷"虚假诉讼工作指南	122
江苏省高级人民法院关于在扫黑除恶专项斗争中打击与防范"套路贷"虚假诉讼工作指南	126
江苏省高级人民法院、江苏省人民检察院、江苏省公安厅《关于建立健全严厉打击"套路贷"违法犯罪沟通协调机制的意见》	132
江苏省高级人民法院、江苏省人民检察院、江苏省公安厅、江苏省司法厅关于印发《关于防范和查处虚假诉讼的规定》的通知	137
江苏省高级人民法院关于在民事审判中防范和查处虚假诉讼若干问题的讨论纪要	144
河南省高级人民法院、河南省人民检察院、河南省公安厅、河南省司法厅印发《关于防范和打击虚假诉讼的若干意见》的通知	148

vii

天津市高级人民法院关于印发《天津法院民间借贷案件审理指南（试行）》的通知（节录）	155
浙江省高级人民法院、浙江省人民检察院、浙江省公安厅印发《关于办理虚假诉讼刑事案件有关问题的解答》的通知	160
浙江省高级人民法院印发《关于进一步防范和打击虚假诉讼有关问题的解答》的通知	164
浙江省高级人民法院印发《关于建立虚假诉讼失信人名单制度的意见》的通知	171
浙江省高级人民法院、浙江省人民检察院、浙江省公安厅印发《关于办理"套路贷"相关刑事案件若干问题的纪要》的通知	173
浙江省高级人民法院印发《关于进一步完善防范和打击虚假诉讼工作机制的若干意见》的通知	177
浙江省高级人民法院、浙江省人民检察院、浙江省公安厅等印发关于《依法严厉打击与民间借贷相关的刑事犯罪　强化民间借贷协同治理的会议纪要》的通知	181
浙江省高级人民法院、浙江省人民检察院、浙江省公安厅关于印发《关于办理"套路贷"刑事案件的指导意见》的通知	187
浙江省高级人民法院、浙江省人民检察院、浙江省公安厅、浙江省司法厅关于防范和打击虚假诉讼的若干意见的通知	190
浙江省高级人民法院、浙江省人民检察院关于印发《关于办理虚假诉讼刑事案件具体适用法律的指导意见》的通知	194
浙江省高级人民法院关于在民事审判中防范和查处虚假诉讼案件的若干意见	196
宁夏回族自治区高级人民法院关于加强对"套路贷"、非法放贷、虚假诉讼违法犯罪案件线索排查的通知	199
青海省公安厅关于办理"套路贷"刑事案件若干问题的意见	201
福建省高级人民法院、福建省人民检察院、福建省公安厅关于印发《关于防范和查办虚假诉讼的若干意见》的通知	205
吉林省高级人民法院、吉林省人民检察院、吉林省公安厅关于印发《关于办理"套路贷"刑事案件的指导意见（试行）》的通知	210
重庆市高级人民法院关于办理"套路贷"犯罪案件法律适用问题的会议纪要	214
安徽省高级人民法院、安徽省人民检察院、安徽省公安厅关于办理"套路贷"刑事案件的指导意见	219
上海市高级人民法院、上海市人民检察院、上海市公安局关于本市办理"套路贷"刑事案件的工作意见	223
四川省高级人民法院关于审理民间借贷纠纷案件若干问题的指导意见（节录）	226
湖北省人民检察院关于印发《湖北省检察机关开展虚假诉讼专项监督工作方案》的通知	229
江西省高级人民法院、江西省人民检察院、江西省公安厅、江西省司法厅关于预防和惩处虚假诉讼的暂行规定	233
广州市中级人民法院、广州市人民检察院、广州市公安局关于印发《关于建立防范和查处虚假诉讼联动机制的实施意见》的通知	238

宁波市中级人民法院关于防范和打击虚假诉讼的实施意见（试行） 241

第二部分　虚假诉讼相关指导性案例与典型案例

最高人民检察院发布第三十八批指导性案例（节录） 250
最高检第六检察厅负责人就最高检第三十八批指导性案例答记者问 258
最高检发布第二十三批指导性案例，聚焦检察机关依法履职促进社会治理（节录） 263
最高人民检察院关于印发最高人民检察院第十四批指导性案例的通知 268
最高检举行检察机关加强虚假诉讼监督新闻发布会 281
【厅局长访谈】冯小光：诉讼打假如何做到火眼金睛 292
最高人民法院发布指导案例 68 号：上海 OB 生物科技有限公司诉辽宁 TLW 置业发展有限公司企业借贷纠纷案 295
最高检发布民事再审检察建议典型案例 304
民事检察依职权监督典型案例 321
最高法发布依法惩戒规避和抗拒执行典型案例（节录） 331
最高检印发第二批民事检察跟进监督典型案例（节录） 334
人民法院整治虚假诉讼典型案例 341
最高检发布民事检察参与社会治理典型案例（节录） 355
最高检印发 4 件民事检察跟进监督典型案例（节录） 361
加强民事检察跟进监督，实现公权监督与私权救济有效结合——最高人民检察院第六检察厅厅长冯小光就民事检察跟进监督典型案例答记者问 365
最高检发布 7 起检察机关依法追诉诈骗犯罪典型案例（节录） 368
民事检察类案监督典型案例（节录） 371
刑民交叉案件六大典型案例（节录） 374
民事诉讼和执行活动法律监督典型案例（节录） 378
检察机关民事诉讼监督典型案例（节录） 381
检察机关加强产权司法保护典型案例（节录） 387
最高人民法院公报案例：张某云与朱某民、田某芳第三人撤销诉讼纠纷案 389
最高人民法院公报案例：赵某诉项某敏、何某琴民间借贷纠纷案 399
江苏检察机关对虚假公证债权文书及其执行裁定实施监督（节录） 403
江苏省法院发布审判监督十大典型案例（节录） 405
江苏省检察机关民事虚假诉讼监督典型案例 407
江苏省法院打击拒执犯罪典型案例（节录） 422
虚假诉讼：为取不义之财，打场"假官司"——贵州省高院发布适用民法典典型案例（十九） 424
贵州省检察机关发布 5 起虚假诉讼监督典型案例 427
内蒙古检察机关服务民营经济典型案例（节录） 433

ix

浙江高院发布防范和打击虚假诉讼第一批典型案例	435
浙江高院发布防范和打击虚假诉讼第二批典型案例	446
浙江高院发布防范和打击虚假诉讼第三批典型案例	461
2021年度浙江省检察机关法律监督典型案例发布（节录）	473
浙江法院发布刑事打击虚假诉讼十大典型案例	474
河北省人民检察院发布3件全省检察机关民事虚假诉讼监督专项活动典型案例	483
"河北省检察机关民事虚假诉讼监督专项活动"新闻发布会问答环节实录	487
河北省检察机关发布民事检察监督典型案例（节录）	490
湖南省人民检察院第六检察部发布典型案例并答记者问	493
四川省高级人民法院发布2021年度全省法院十大典型案例（节录）	499
四川省检察机关民事检察监督典型案例（节录）	502
2020年度四川省法院十大典型案例（节录）	507
2020年四川检察机关民事检察优秀案例（节录）	511
四川省人民检察院发布2019年民事检察十大典型案例（节录）	514
河南法院重拳出击整治民间借贷领域虚假诉讼	516
河南高院发布5起惩治虚假诉讼典型案例	521
河南法院涉职业放贷、"套路贷"、虚假诉讼典型案例	525
河南高院发布6起关于防范和打击利用破产程序逃废债务典型案例（节录）	529
2020年山东法院弘扬社会主义核心价值观十大典型案例（节录）	531
山东省人民检察院发布六起全省检察机关办理的民事虚假诉讼监督和执行监督部分典型案例	533
山西民事检察十个典型案例（节录）	556
山西省检察机关民事检察监督十大典型案例（节录）	559
安徽省人民检察院发布服务保障民营经济健康发展十大精品案件（节录）	561
安徽省人民检察院发布6起民事检察工作典型案例（节录）	562
安徽省检察机关"打击虚假诉讼"四大典型案例	568
宁夏回族自治区人民检察院发布民事诉讼监督典型案例	576
宁夏检察机关民事诉讼监督典型案例汇编（节录）	578
天津法院服务保障民营企业发展优化营商法治环境典型案例（第五批）（节录）	582
2019年度福建法院十大执行案件（节录）	584
江苏省镇江市人民检察院发布民事虚假诉讼监督典型案例	586
商丘中院发布2021年整治虚假诉讼典型案例	590
2020年度成都检察机关典型案件（六）	596
成都市人民检察院典型案例	598
鲁法案例【2021】308—310	602

第三部分　虚假诉讼相关文章

京师律师学院举行"套路贷、虚假诉讼等相关司法解释"学习研讨会	606
"假官司"数量逐年攀升，民间借贷领域高发	611
检察院在打击虚假诉讼、虚假仲裁工作过程中可以大有作为！	619
指导性案例：律师办案的指南针	623
企业合规视角下的虚假诉讼	627
民法典视角下民间借贷虚假诉讼的甄别与防范	648
民法典视角下虚假诉讼的甄别与防范——以民间借贷为例	655
虚假诉讼检察监督	658
虚假诉讼案件刑事控告涉及法条司法解释规定汇编（节选）	666
新民事诉讼检察监督规则虚假诉讼条文解读	669
从虚假诉讼角度解读《最高人民法院关于审理民间借贷案件适用法律若干问题的规定》第十八、第十九条	674
暴力胁迫"套路贷"，虚假流水显端倪	678
对某建筑公司与某置业公司建设工程施工合同纠纷跟进监督案的看法	684
对齐齐哈尔涉农村"三资"领域虚假诉讼类案监督案的看法	689
对"套路贷"案件的几点看法	694
关于建议增设虚假仲裁（公证）罪的立法建议	705
关于增设虚假仲裁罪的立法建议	709
【最高检厅长访谈】冯小光：面向中国式现代化不断健全民事检察监督机制	714

第一部分

虚假诉讼相关法律司法解释及指导意见

中华人民共和国民法典（节录）

（2020年5月28日第十三届全国人民代表大会第三次会议通过）

第一编　总　则

第一章　基本规定

第七条　民事主体从事民事活动，应当遵循诚信原则，秉持诚实，恪守承诺。

第六章　民事法律行为

第一百四十六条　行为人与相对人以虚假的意思表示实施的民事法律行为无效。

以虚假的意思表示隐藏的民事法律行为的效力，依照有关法律规定处理。

第一百四十八条　一方以欺诈手段，使对方在违背真实意思的情况下实施的民事法律行为，受欺诈方有权请求人民法院或者仲裁机构予以撤销。

第一百四十九条　第三人实施欺诈行为，使一方在违背真实意思的情况下实施的民事法律行为，对方知道或者应当知道该欺诈行为的，受欺诈方有权请求人民法院或者仲裁机构予以撤销。

第一百五十条　一方或者第三人以胁迫手段，使对方在违背真实意思的情况下实施的民事法律行为，受胁迫方有权请求人民法院或者仲裁机构予以撤销。

第一百五十三条　违反法律、行政法规的强制性规定的民事法律行为无效。但是，该强制性规定不导致该民事法律行为无效的除外。

违背公序良俗的民事法律行为无效。

第一百五十五条　无效的或者被撤销的民事法律行为自始没有法律约束力。

第一百五十六条　民事法律行为部分无效，不影响其他部分效力的，其他部分仍然有效。

第一百五十七条　民事法律行为无效、被撤销或者确定不发生效力后，行为人因该行为取得的财产，应当予以返还；不能返还或者没有必要返还的，应当折价补偿。有过错的一方应当赔偿对方由此所受到的损失；各方都有过错的，应当各自承担相应的责任。法律另有规定的，依照其规定。

中华人民共和国民事诉讼法（节录）

（2023年修正）

第十三条 民事诉讼应当遵循诚信原则。

当事人有权在法律规定的范围内处分自己的民事权利和诉讼权利。

第十四条 人民检察院有权对民事诉讼实行法律监督。

第一百一十五条 当事人之间恶意串通，企图通过诉讼、调解等方式侵害国家利益、社会公共利益或者他人合法权益的，人民法院应当驳回其请求，并根据情节轻重予以罚款、拘留；构成犯罪的，依法追究刑事责任。

当事人单方捏造民事案件基本事实，向人民法院提起诉讼，企图侵害国家利益、社会公共利益或者他人合法权益的，适用前款规定。

第一百一十六条 被执行人与他人恶意串通，通过诉讼、仲裁、调解等方式逃避履行法律文书确定的义务的，人民法院应当根据情节轻重予以罚款、拘留；构成犯罪的，依法追究刑事责任。

第二百一十九条 最高人民检察院对各级人民法院已经发生法律效力的判决、裁定，上级人民检察院对下级人民法院已经发生法律效力的判决、裁定，发现有本法第二百一十一条规定情形之一的，或者发现调解书损害国家利益、社会公共利益的，应当提出抗诉。

地方各级人民检察院对同级人民法院已经发生法律效力的判决、裁定，发现有本法第二百一十一条规定情形之一的，或者发现调解书损害国家利益、社会公共利益的，可以向同级人民法院提出检察建议，并报上级人民检察院备案；也可以提请上级人民检察院向同级人民法院提出抗诉。

各级人民检察院对审判监督程序以外的其他审判程序中审判人员的违法行为，有权向同级人民法院提出检察建议。

第二百二十一条 人民检察院因履行法律监督职责提出检察建议或者抗诉的需要，可以向当事人或者案外人调查核实有关情况。

第二百二十七条 人民法院受理申请后，经审查债权人提供的事实、证据，对债权债务关系明确、合法的，应当在受理之日起十五日内向债务人发出支付令；申请不成立的，裁定予以驳回。

债务人应当自收到支付令之日起十五日内清偿债务，或者向人民法院提出书面异议。

债务人在前款规定的期间不提出异议又不履行支付令的，债权人可以向人民法院申请执行。

第二百二十八条 支付令失效的，转入诉讼程序，但申请支付令的一方当事人不同意提起诉讼的除外。

第二百四十六条 人民检察院有权对民事执行活动实行法律监督。

最高人民法院关于适用《中华人民共和国民事诉讼法》的解释（节录）

（2022年修正）

第一百一十条 人民法院认为有必要的，可以要求当事人本人到庭，就案件有关事实接受询问。在询问当事人之前，可以要求其签署保证书。

保证书应当载明据实陈述、如有虚假陈述愿意接受处罚等内容。当事人应当在保证书上签名或者捺印。

负有举证证明责任的当事人拒绝到庭、拒绝接受询问或者拒绝签署保证书，待证事实又欠缺其他证据证明的，人民法院对其主张的事实不予认定。

第一百九十条 民事诉讼法第一百一十五条规定的他人合法权益，包括案外人的合法权益、国家利益、社会公共利益。

第三人根据民事诉讼法第五十九条第三款规定提起撤销之诉，经审查，原案当事人之间恶意串通进行虚假诉讼的，适用民事诉讼法第一百一十五条规定处理。

第一百九十一条 单位有民事诉讼法第一百一十五条或者第一百一十六条规定行为的，人民法院应当对该单位进行罚款，并可以对其主要负责人或者直接责任人员予以罚款、拘留；构成犯罪的，依法追究刑事责任。

第二百九十九条 第三人撤销之诉案件审理期间，人民法院对生效判决、裁定、调解书裁定再审的，受理第三人撤销之诉的人民法院应当裁定将第三人的诉讼请求并入再审程序。但有证据证明原审当事人之间恶意串通损害第三人合法权益的，人民法院应当先行审理第三人撤销之诉案件，裁定中止再审诉讼。

第四百一十二条 人民检察院对已经发生法律效力的判决以及不予受理、驳回起诉的裁定依法提出抗诉的，人民法院应予受理，但适用特别程序、督促程序、公示催告程序、破产程序以及解除婚姻关系的判决、裁定等不适用审判监督程序的判决、裁定除外。

中华人民共和国刑法（节录）

（2020年修正）

第二百三十八条 【非法拘禁罪】非法拘禁他人或者以其他方法非法剥夺他人人身自由的，处三年以下有期徒刑、拘役、管制或者剥夺政治权利。具有殴打、侮辱情节的，从重处罚。

【故意伤害罪】【故意杀人罪】犯前款罪，致人重伤的，处三年以上十年以下有期徒刑；致人死亡的，处十年以上有期徒刑。使用暴力致人伤残、死亡的，依照本法第二百三十四条、第二百三十二条的规定定罪处罚。

为索取债务非法扣押、拘禁他人的，依照前两款的规定处罚。

国家机关工作人员利用职权犯前三款罪的，依照前三款的规定从重处罚。

第二百六十六条 【诈骗罪】诈骗公私财物，数额较大的，处三年以下有期徒刑、拘役或者管制，并处或者单处罚金；数额巨大或者有其他严重情节的，处三年以上十年以下有期徒刑，并处罚金；数额特别巨大或者有其他特别严重情节的，处十年以上有期徒刑或者无期徒刑，并处罚金或者没收财产。本法另有规定的，依照规定。

第二百七十四条 【敲诈勒索罪】敲诈勒索公私财物，数额较大或者多次敲诈勒索的，处三年以下有期徒刑、拘役或者管制，并处或者单处罚金；数额巨大或者有其他严重情节的，处三年以上十年以下有期徒刑，并处罚金；数额特别巨大或者有其他特别严重情节的，处十年以上有期徒刑，并处罚金。

第二百九十三条 【寻衅滋事罪】有下列寻衅滋事行为之一，破坏社会秩序的，处五年以下有期徒刑、拘役或者管制：

（一）随意殴打他人，情节恶劣的；

（二）追逐、拦截、辱骂、恐吓他人，情节恶劣的；

（三）强拿硬要或者任意损毁、占用公私财物，情节严重的；

（四）在公共场所起哄闹事，造成公共场所秩序严重混乱的。

纠集他人多次实施前款行为，严重破坏社会秩序的，处五年以上十年以下有期徒刑，可以并处罚金。

第三百零七条 【妨害作证罪】以暴力、威胁、贿买等方法阻止证人作证或者指使他人作伪证的，处三年以下有期徒刑或者拘役；情节严重的，处三年以上七年以下有期徒刑。

【帮助毁灭、伪造证据罪】帮助当事人毁灭、伪造证据，情节严重的，处三年以下有期徒刑或者拘役。

司法工作人员犯前两款罪的，从重处罚。

第三百零七条之一 【虚假诉讼罪】以捏造的事实提起民事诉讼，妨害司法秩序或者严重侵害他人合法权益的，处三年以下有期徒刑、拘役或者管制，并处或者单处罚金；情节严重的，处三年以上七年以下有期徒刑，并处罚金。

单位犯前款罪的，对单位判处罚金，并对其直接负责的主管人员和其他直接责任人员，依照前款的规定处罚。

有第一款行为，非法占有他人财产或者逃避合法债务，又构成其他犯罪的，依照处罚较重的规定定罪从重处罚。

司法工作人员利用职权，与他人共同实施前三款行为的，从重处罚；同时构成其他犯罪的，依照处罚较重的规定定罪从重处罚。

最高人民法院关于审理民间借贷案件适用法律若干问题的规定

（2020年第二次修正）

（2015年6月23日最高人民法院审判委员会第1655次会议通过，根据2020年8月18日最高人民法院审判委员会第1809次会议通过的《最高人民法院关于修改〈关于审理民间借贷案件适用法律若干问题的规定〉的决定》第一次修正，根据2020年12月23日最高人民法院审判委员会第1823次会议通过的《最高人民法院关于修改〈最高人民法院关于在民事审判工作中适用《中华人民共和国工会法》若干问题的解释〉等二十七件民事类司法解释的决定》第二次修正）

为正确审理民间借贷纠纷案件，根据《中华人民共和国民法典》《中华人民共和国民事诉讼法》《中华人民共和国刑事诉讼法》等相关法律之规定，结合审判实践，制定本规定。

第一条 本规定所称的民间借贷，是指自然人、法人和非法人组织之间进行资金融通的行为。

经金融监管部门批准设立的从事贷款业务的金融机构及其分支机构，因发放贷款等相关金融业务引发的纠纷，不适用本规定。

第二条 出借人向人民法院提起民间借贷诉讼时，应当提供借据、收据、欠条等债权凭证以及其他能够证明借贷法律关系存在的证据。

当事人持有的借据、收据、欠条等债权凭证没有载明债权人，持有债权凭证的当事人提起民间借贷诉讼的，人民法院应予受理。被告对原告的债权人资格提出有事实依据的抗辩，人民法院经审查认为原告不具有债权人资格的，裁定驳回起诉。

第三条 借贷双方就合同履行地未约定或者约定不明确，事后未达成补充协议，按照合同相关条款或者交易习惯仍不能确定的，以接受货币一方所在地为合同履行地。

第四条 保证人为借款人提供连带责任保证，出借人仅起诉借款人的，人民法院可以不追加保证人为共同被告；出借人仅起诉保证人的，人民法院可以追加借款人为共同被告。

保证人为借款人提供一般保证，出借人仅起诉保证人的，人民法院应当追加借款人为共同被告；出借人仅起诉借款人的，人民法院可以不追加保证人为共同被告。

第五条 人民法院立案后，发现民间借贷行为本身涉嫌非法集资等犯罪的，应当裁定驳回起诉，并将涉嫌非法集资等犯罪的线索、材料移送公安或者检察机关。

公安或者检察机关不予立案，或者立案侦查后撤销案件，或者检察机关作出不起诉决定，或者经人民法院生效判决认定不构成非法集资等犯罪，当事人又以同一事实向人民法院提起诉讼的，人民法院应予受理。

第六条 人民法院立案后，发现与民间借贷纠纷案件虽有关联但不是同一事实的涉嫌非法集资等犯罪的线索、材料的，人民法院应当继续审理民间借贷纠纷案件，并将涉嫌非法集资等犯罪的线索、材料移送公安或者检察机关。

第七条 民间借贷纠纷的基本案件事实必须以刑事案件的审理结果为依据，而该刑事案件尚未审结的，人民法院应当裁定中止诉讼。

第八条 借款人涉嫌犯罪或者生效判决认定其有罪，出借人起诉请求担保人承担民事责任的，人民法院应予受理。

第九条 自然人之间的借款合同具有下列情形之一的，可以视为合同成立：

（一）以现金支付的，自借款人收到借款时；

（二）以银行转账、网上电子汇款等形式支付的，自资金到达借款人账户时；

（三）以票据交付的，自借款人依法取得票据权利时；

（四）出借人将特定资金账户支配权授权给借款人的，自借款人取得对该账户实际支配权时；

（五）出借人以与借款人约定的其他方式提供借款并实际履行完成时。

第十条 法人之间、非法人组织之间以及它们相互之间为生产、经营需要订立的民间借贷合同，除存在民法典第一百四十六条、第一百五十三条、第一百五十四条以及本规定第十三条规定的情形外，当事人主张民间借贷合同有效的，人民法院应予支持。

第十一条 法人或者非法人组织在本单位内部通过借款形式向职工筹集资金，用于本单位生产、经营，且不存在民法典第一百四十四条、第一百四十六条、第一百五十三条、第一百五十四条以及本规定第十三条规定的情形，当事人主张民间借贷合同有效的，人民法院应予支持。

第十二条 借款人或者出借人的借贷行为涉嫌犯罪，或者已经生效的裁判认定构成犯罪，当事人提起民事诉讼的，民间借贷合同并不当然无效。人民法院应当依据民法典第一百四十四条、第一百四十六条、第一百五十三条、第一百五十四条以及本规定第十三条之规定，认定民间借贷合同的效力。

担保人以借款人或者出借人的借贷行为涉嫌犯罪或者已经生效的裁判认定构成犯罪为由，主张不承担民事责任的，人民法院应当依据民间借贷合同与担保合同的效力、当事人的过错程度，依法确定担保人的民事责任。

第十三条 具有下列情形之一的，人民法院应当认定民间借贷合同无效：

（一）套取金融机构贷款转贷的；

（二）以向其他营利法人借贷、向本单位职工集资，或者以向公众非法吸收存款等方式取得的资金转贷的；

（三）未依法取得放贷资格的出借人，以营利为目的向社会不特定对象提供借款的；

（四）出借人事先知道或者应当知道借款人借款用于违法犯罪活动仍然提供借款的；

（五）违反法律、行政法规强制性规定的；

（六）违背公序良俗的。

第十四条 原告以借据、收据、欠条等债权凭证为依据提起民间借贷诉讼，被告依据基础法律关系提出抗辩或者反诉，并提供证据证明债权纠纷非民间借贷行为引起的，人民法院应当依据查明的案件事实，按照基础法律关系审理。

当事人通过调解、和解或者清算达成的债权债务协议，不适用前款规定。

第十五条 原告仅依据借据、收据、欠条等债权凭证提起民间借贷诉讼，被告抗辩已经偿还借款的，被告应当对其主张提供证据证明。被告提供相应证据证明其主张后，原告仍应就借贷关系的存续承担举证责任。

被告抗辩借贷行为尚未实际发生并能作出合理说明的，人民法院应当结合借贷金额、款项交付、当事人的经济能力、当地或者当事人之间的交易方式、交易习惯、当事人财产变动情况以及证人证言等事实和因素，综合判断查证借贷事实是否发生。

第十六条 原告仅依据金融机构的转账凭证提起民间借贷诉讼，被告抗辩转账系偿还双方之前借款或者其他债务的，被告应当对其主张提供证据证明。被告提供相应证据证明其主张后，原告仍应就借贷关系的成立承担举证责任。

第十七条 依据《最高人民法院关于适用〈中华人民共和国民事诉讼法〉的解释》第一百七十四条第二款之规定，负有举证责任的原告无正当理由拒不到庭，经审查现有证据无法确认借贷行为、借贷金额、支付方式等案件主要事实的，人民法院对原告主张的事实不予认定。

第十八条 人民法院审理民间借贷纠纷案件时发现有下列情形之一的,应当严格审查借贷发生的原因、时间、地点、款项来源、交付方式、款项流向以及借贷双方的关系、经济状况等事实,综合判断是否属于虚假民事诉讼:

(一)出借人明显不具备出借能力;

(二)出借人起诉所依据的事实和理由明显不符合常理;

(三)出借人不能提交债权凭证或者提交的债权凭证存在伪造的可能;

(四)当事人双方在一定期限内多次参加民间借贷诉讼;

(五)当事人无正当理由拒不到庭参加诉讼,委托代理人对借贷事实陈述不清或者陈述前后矛盾;

(六)当事人双方对借贷事实的发生没有任何争议或者诉辩明显不符合常理;

(七)借款人的配偶或者合伙人、案外人的其他债权人提出有事实依据的异议;

(八)当事人在其他纠纷中存在低价转让财产的情形;

(九)当事人不正当放弃权利;

(十)其他可能存在虚假民间借贷诉讼的情形。

第十九条 经查明属于虚假民间借贷诉讼,原告申请撤诉的,人民法院不予准许,并应当依据民事诉讼法第一百一十二条之规定,判决驳回其请求。

诉讼参与人或者其他人恶意制造、参与虚假诉讼,人民法院应当依据民事诉讼法第一百一十一条、第一百一十二条和第一百一十三条之规定,依法予以罚款、拘留;构成犯罪的,应当移送有管辖权的司法机关追究刑事责任。

单位恶意制造、参与虚假诉讼的,人民法院应当对该单位进行罚款,并可以对其主要负责人或者直接责任人员予以罚款、拘留;构成犯罪的,应当移送有管辖权的司法机关追究刑事责任。

第二十条 他人在借据、收据、欠条等债权凭证或者借款合同上签名或者盖章,但是未表明其保证人身份或者承担保证责任,或者通过其他事实不能推定其为保证人,出借人请求其承担保证责任的,人民法院不予支持。

第二十一条 借贷双方通过网络贷款平台形成借贷关系,网络贷款平台的提供者仅提供媒介服务,当事人请求其承担担保责任的,人民法院不予支持。

网络贷款平台的提供者通过网页、广告或者其他媒介明示或者有其他证据证明其为借贷提供担保,出借人请求网络贷款平台的提供者承担担保责任的,人民法院应予支持。

第二十二条 法人的法定代表人或者非法人组织的负责人以单位名义与出借人签订民间借贷合同,有证据证明所借款项系法定代表人或者负责人个人使用,出借人请求将法定代表人或者负责人列为共同被告或者第三人的,人民法院应予准许。

法人的法定代表人或者非法人组织的负责人以个人名义与出借人订立民间借贷合同，所借款项用于单位生产经营，出借人请求单位与个人共同承担责任的，人民法院应予支持。

第二十三条　当事人以订立买卖合同作为民间借贷合同的担保，借款到期后借款人不能还款，出借人请求履行买卖合同的，人民法院应当按照民间借贷法律关系审理。当事人根据法庭审理情况变更诉讼请求的，人民法院应当准许。

按照民间借贷法律关系审理作出的判决生效后，借款人不履行生效判决确定的金钱债务，出借人可以申请拍卖买卖合同标的物，以偿还债务。就拍卖所得的价款与应偿还借款本息之间的差额，借款人或者出借人有权主张返还或者补偿。

第二十四条　借贷双方没有约定利息，出借人主张支付利息的，人民法院不予支持。

自然人之间借贷对利息约定不明，出借人主张支付利息的，人民法院不予支持。除自然人之间借贷的外，借贷双方对借贷利息约定不明，出借人主张利息的，人民法院应当结合民间借贷合同的内容，并根据当地或者当事人的交易方式、交易习惯、市场报价利率等因素确定利息。

第二十五条　出借人请求借款人按照合同约定利率支付利息的，人民法院应予支持，但是双方约定的利率超过合同成立时一年期贷款市场报价利率四倍的除外。

前款所称"一年期贷款市场报价利率"，是指中国人民银行授权全国银行间同业拆借中心自2019年8月20日起每月发布的一年期贷款市场报价利率。

第二十六条　借据、收据、欠条等债权凭证载明的借款金额，一般认定为本金。预先在本金中扣除利息的，人民法院应当将实际出借的金额认定为本金。

第二十七条　借贷双方对前期借款本息结算后将利息计入后期借款本金并重新出具债权凭证，如果前期利率没有超过合同成立时一年期贷款市场报价利率四倍，重新出具的债权凭证载明的金额可认定为后期借款本金。超过部分的利息，不应认定为后期借款本金。

按前款计算，借款人在借款期间届满后应当支付的本息之和，超过以最初借款本金与以最初借款本金为基数、以合同成立时一年期贷款市场报价利率四倍计算的整个借款期间的利息之和的，人民法院不予支持。

第二十八条　借贷双方对逾期利率有约定的，从其约定，但是以不超过合同成立时一年期贷款市场报价利率四倍为限。

未约定逾期利率或者约定不明的，人民法院可以区分不同情况处理：

（一）既未约定借期内利率，也未约定逾期利率，出借人主张借款人自逾期还款之日起参照当时一年期贷款市场报价利率标准计算的利息承担逾期还款违约责任的，人民法院应予支持；

（二）约定了借期内利率但是未约定逾期利率，出借人主张借款人自逾期还款之日起按照借期内利率支付资金占用期间利息的，人民法院应予支持。

第二十九条 出借人与借款人既约定了逾期利率，又约定了违约金或者其他费用，出借人可以选择主张逾期利息、违约金或者其他费用，也可以一并主张，但是总计超过合同成立时一年期贷款市场报价利率四倍的部分，人民法院不予支持。

第三十条 借款人可以提前偿还借款，但是当事人另有约定的除外。

借款人提前偿还借款并主张按照实际借款期限计算利息的，人民法院应予支持。

第三十一条 本规定施行后，人民法院新受理的一审民间借贷纠纷案件，适用本规定。

2020年8月20日之后新受理的一审民间借贷案件，借贷合同成立于2020年8月20日之前，当事人请求适用当时的司法解释计算自合同成立到2020年8月19日的利息部分的，人民法院应予支持；对于自2020年8月20日到借款返还之日的利息部分，适用起诉时本规定的利率保护标准计算。

本规定施行后，最高人民法院以前作出的相关司法解释与本规定不一致的，以本规定为准。

最高人民法院关于新民间借贷司法解释适用范围问题的批复

（2020年12月29日）

中华人民共和国最高人民法院公告

《最高人民法院关于新民间借贷司法解释适用范围问题的批复》已于2020年11月9日由最高人民法院审判委员会第1815次会议通过，现予公布，自2021年1月1日起施行。

最高人民法院

2020年12月29日

最高人民法院关于新民间借贷司法解释适用范围问题的批复

法释〔2020〕27号

广东省高级人民法院：

你院《关于新民间借贷司法解释有关法律适用问题的请示》（粤高法〔2020〕108号）收悉。经研究，批复如下：

一、关于适用范围问题。经征求金融监管部门意见，由地方金融监管部门监管的小额贷款公司、融资担保公司、区域性股权市场、典当行、融资租赁公司、商业保理公司、地方资产管理公司等七类地方金融组织，属于经金融监管部门批准设立的金融机构，其因从事相关金融业务引发的纠纷，不适用新民间借贷司法解释。

二、其他两问题已在修订后的司法解释中予以明确，请遵照执行。

三、本批复自2021年1月1日起施行。

最高人民法院关于修改《最高人民法院关于在民事审判工作中适用〈中华人民共和国工会法〉若干问题的解释》等二十七件民事类司法解释的决定（节录）

中华人民共和国最高人民法院公告

《最高人民法院关于修改〈最高人民法院关于在民事审判工作中适用《中华人民共和国工会法》若干问题的解释〉等二十七件民事类司法解释的决定》已于2020年12月23日由最高人民法院审判委员会第1823次会议通过，现予公布，自2021年1月1日起施行。

2020年12月29日

最高人民法院关于修改《最高人民法院关于在民事审判工作中适用〈中华人民共和国工会法〉若干问题的解释》等二十七件民事类司法解释的决定

（法释〔2020〕17号）

根据审判实践需要，经最高人民法院审判委员会第1823次会议决定，对《最高人民法院关于在民事审判工作中适用〈中华人民共和国工会法〉若干问题的解释》等二十七件司法解释作如下修改：

二十七、修改《最高人民法院关于审理民间借贷案件适用法律若干问题的规定》

1. 将引言修改为：

"为正确审理民间借贷纠纷案件，根据《中华人民共和国民法典》《中华人民共和国民事诉讼法》《中华人民共和国刑事诉讼法》等相关法律之规定，结合审判实践，制定本规定。"

2. 删除第十条。

3.将第十一条修改为：

"法人之间、非法人组织之间以及它们相互之间为生产、经营需要订立的民间借贷合同，除存在民法典第一百四十六条、第一百五十三条、第一百五十四条以及本规定第十三条规定的情形外，当事人主张民间借贷合同有效的，人民法院应予支持。"

4.将第十二条修改为：

"法人或者非法人组织在本单位内部通过借款形式向职工筹集资金，用于本单位生产、经营，且不存在民法典第一百四十四条、第一百四十六条、第一百五十三条、第一百五十四条以及本规定第十三条规定的情形，当事人主张民间借贷合同有效的，人民法院应予支持。"

5.将第十三条修改为：

"借款人或者出借人的借贷行为涉嫌犯罪，或者已经生效的裁判认定构成犯罪，当事人提起民事诉讼的，民间借贷合同并不当然无效。人民法院应当依据民法典第一百四十四条、第一百四十六条、第一百五十三条、第一百五十四条以及本规定第十三条之规定，认定民间借贷合同的效力。

担保人以借款人或者出借人的借贷行为涉嫌犯罪或者已经生效的裁判认定构成犯罪为由，主张不承担民事责任的，人民法院应当依据民间借贷合同与担保合同的效力、当事人的过错程度，依法确定担保人的民事责任。"

6.将第二十九条修改为：

"借贷双方对逾期利率有约定的，从其约定，但是以不超过合同成立时一年期贷款市场报价利率四倍为限。

未约定逾期利率或者约定不明的，人民法院可以区分不同情况处理：

（一）既未约定借期内利率，也未约定逾期利率，出借人主张借款人自逾期还款之日起参照当时一年期贷款市场报价利率标准计算的利息承担逾期还款违约责任的，人民法院应予支持；

（二）约定了借期内利率但是未约定逾期利率，出借人主张借款人自逾期还款之日起按照借期内利率支付资金占用期间利息的，人民法院应予支持。"

7.将第三十二条修改为：

本规定施行后，人民法院新受理的一审民间借贷纠纷案件，适用本规定。

2020年8月20日之后新受理的一审民间借贷案件，借贷合同成立于2020年8月20日之前，当事人请求适用当时的司法解释计算自合同成立到2020年8月19日的利息部分的，人民法院应予支持；对于自2020年8月20日到借款返还之日的利息部分，适用起诉时本规定的利率保护标准计算。

本规定施行后，最高人民法院以前作出的相关司法解释与本规定不一致的，以本规定为准。

8.条文顺序作相应调整。

本决定自2021年1月1日起施行。

根据本决定,《最高人民法院关于在民事审判工作中适用〈中华人民共和国工会法〉若干问题的解释》等二十七件民事类司法解释作相应修改后重新公布。

最高人民法院、最高人民检察院、公安部、司法部关于办理"套路贷"刑事案件若干问题的意见

（法发〔2019〕11号）

为持续深入开展扫黑除恶专项斗争，准确甄别和依法严厉惩处"套路贷"违法犯罪分子，根据刑法、刑事诉讼法、有关司法解释以及最高人民法院、最高人民检察院、公安部、司法部《关于办理黑恶势力犯罪案件若干问题的指导意见》等规范性文件的规定，现对办理"套路贷"刑事案件若干问题提出如下意见：

一、准确把握"套路贷"与民间借贷的区别

1."套路贷"，是对以非法占有为目的，假借民间借贷之名，诱使或迫使被害人签订"借贷"或变相"借贷""抵押""担保"等相关协议，通过虚增借贷金额、恶意制造违约、肆意认定违约、毁匿还款证据等方式形成虚假债权债务，并借助诉讼、仲裁、公证或者采用暴力、威胁以及其他手段非法占有被害人财物的相关违法犯罪活动的概括性称谓。

2."套路贷"与平等主体之间基于意思自治而形成的民事借贷关系存在本质区别，民间借贷的出借人是为了到期按照协议约定的内容收回本金并获取利息，不具有非法占有他人财物的目的，也不会在签订、履行借贷协议过程中实施虚增借贷金额、制造虚假给付痕迹、恶意制造违约、肆意认定违约、毁匿还款证据等行为。

司法实践中，应当注意非法讨债引发的案件与"套路贷"案件的区别，犯罪嫌疑人、被告人不具有非法占有目的，也未使用"套路"与借款人形成虚假债权债务，不应视为"套路贷"。因使用暴力、威胁以及其他手段强行索债构成犯罪的，应当根据具体案件事实定罪处罚。

3.实践中，"套路贷"的常见犯罪手法和步骤包括但不限于以下情形：

（1）制造民间借贷假象。犯罪嫌疑人、被告人往往以"小额贷款公司""投资

公司""咨询公司""担保公司""网络借贷平台"等名义对外宣传，以低息、无抵押、无担保、快速放款等为诱饵吸引被害人借款，继而以"保证金""行规"等虚假理由诱使被害人基于错误认识签订金额虚高的"借贷"协议或相关协议。有的犯罪嫌疑人、被告人还会以被害人先前借贷违约等理由，迫使对方签订金额虚高的"借贷"协议或相关协议。

（2）制造资金走账流水等虚假给付事实。犯罪嫌疑人、被告人按照虚高的"借贷"协议金额将资金转入被害人账户，制造已将全部借款交付被害人的银行流水痕迹，随后便采取各种手段将其中全部或者部分资金收回，被害人实际上并未取得或者完全取得"借贷"协议、银行流水上显示的钱款。

（3）故意制造违约或者肆意认定违约。犯罪嫌疑人、被告人往往会以设置违约陷阱、制造还款障碍等方式，故意造成被害人违约，或者通过肆意认定违约，强行要求被害人偿还虚假债务。

（4）恶意垒高借款金额。当被害人无力偿还时，有的犯罪嫌疑人、被告人会安排其所属公司或者指定的关联公司、关联人员为被害人偿还"借款"，继而与被害人签订金额更大的虚高"借贷"协议或相关协议，通过这种"转单平账""以贷还贷"的方式不断垒高"债务"。

（5）软硬兼施"索债"。在被害人未偿还虚高"借款"的情况下，犯罪嫌疑人、被告人借助诉讼、仲裁、公证或者采用暴力、威胁以及其他手段向被害人或者被害人的特定关系人索取"债务"。

二、依法严惩"套路贷"犯罪

4. 实施"套路贷"过程中，未采用明显的暴力或者威胁手段，其行为特征从整体上表现为以非法占有为目的，通过虚构事实、隐瞒真相骗取被害人财物的，一般以诈骗罪定罪处罚；对于在实施"套路贷"过程中多种手段并用，构成诈骗、敲诈勒索、非法拘禁、虚假诉讼、寻衅滋事、强迫交易、抢劫、绑架等多种犯罪的，应当根据具体案件事实，区分不同情况，依照刑法及有关司法解释的规定数罪并罚或者择一重处。

5. 多人共同实施"套路贷"犯罪，犯罪嫌疑人、被告人在所参与的犯罪中起主要作用的，应当认定为主犯，对其参与或组织、指挥的全部犯罪承担刑事责任；起次要或辅助作用的，应当认定为从犯。

明知他人实施"套路贷"犯罪，具有以下情形之一的，以相关犯罪的共犯论处，但刑法和司法解释等另有规定的除外：

（1）组织发送"贷款"信息、广告，吸引、介绍被害人"借款"的；

（2）提供资金、场所、银行卡、账号、交通工具等帮助的；

（3）出售、提供、帮助获取公民个人信息的；

（4）协助制造走账记录等虚假给付事实的；

（5）协助办理公证的；

（6）协助以虚假事实提起诉讼或者仲裁的；

（7）协助套现、取现、办理动产或不动产过户等，转移犯罪所得及其产生的收益的；

（8）其他符合共同犯罪规定的情形。

上述规定中的"明知他人实施'套路贷'犯罪"，应当结合行为人的认知能力、既往经历、行为次数和手段，与同案人、被害人的关系，获利情况，是否曾因"套路贷"受过处罚，是否故意规避查处等主客观因素综合分析认定。

6. 在认定"套路贷"犯罪数额时，应当与民间借贷相区别，从整体上予以否定性评价，"虚高债务"和以"利息""保证金""中介费""服务费""违约金"等名目被犯罪嫌疑人、被告人非法占有的财物，均应计入犯罪数额。

犯罪嫌疑人、被告人实际给付被害人的本金数额，不计入犯罪数额。

已经着手实施"套路贷"，但因意志以外原因未得逞的，可以根据相关罪名所涉及的刑法、司法解释规定，按照已着手非法占有的财物数额认定犯罪未遂。既有既遂，又有未遂，犯罪既遂部分与未遂部分分别对应不同法定刑幅度的，应当先决定对未遂部分是否减轻处罚，确定未遂部分对应的法定刑幅度，再与既遂部分对应的法定刑幅度进行比较，选择处罚较重的法定刑幅度，并酌情从重处罚；二者在同一量刑幅度的，以犯罪既遂酌情从重处罚。

7. 犯罪嫌疑人、被告人实施"套路贷"违法所得的一切财物，应当予以追缴或者责令退赔；对被害人的合法财产，应当及时返还。有证据证明是犯罪嫌疑人、被告人为实施"套路贷"而交付给被害人的本金，赔偿被害人损失后如有剩余，应依法予以没收。

犯罪嫌疑人、被告人已将违法所得的财物用于清偿债务、转让或者设置其他权利负担，具有下列情形之一的，应当依法追缴：

（1）第三人明知是违法所得财物而接受的；

（2）第三人无偿取得或者以明显低于市场的价格取得违法所得财物的；

（3）第三人通过非法债务清偿或者违法犯罪活动取得违法所得财物的；

（4）其他应当依法追缴的情形。

8. 以老年人、未成年人、在校学生、丧失劳动能力的人为对象实施"套路贷"，或者因实施"套路贷"造成被害人或其特定关系人自杀、死亡、精神失常、为偿还

"债务"而实施犯罪活动的，除刑法、司法解释另有规定的外，应当酌情从重处罚。

在坚持依法从严惩处的同时，对于认罪认罚、积极退赃、真诚悔罪或者具有其他法定、酌定从轻处罚情节的被告人，可以依法从宽处罚。

9. 对于"套路贷"犯罪分子，应当根据其所触犯的具体罪名，依法加大财产刑适用力度。符合刑法第三十七条之一规定的，可以依法禁止从事相关职业。

10. 三人以上为实施"套路贷"而组成的较为固定的犯罪组织，应当认定为犯罪集团。对首要分子应按照集团所犯全部罪行处罚。

符合黑恶势力认定标准的，应当按照黑社会性质组织、恶势力或者恶势力犯罪集团侦查、起诉、审判。

三、依法确定"套路贷"刑事案件管辖

11. "套路贷"犯罪案件一般由犯罪地公安机关侦查，如果由犯罪嫌疑人居住地公安机关立案侦查更为适宜的，可以由犯罪嫌疑人居住地公安机关立案侦查。犯罪地包括犯罪行为发生地和犯罪结果发生地。

"犯罪行为发生地"包括为实施"套路贷"所设立的公司所在地，"借贷"协议或相关协议签订地，非法讨债行为实施地，为实施"套路贷"而进行诉讼、仲裁、公证的受案法院、仲裁委员会、公证机构所在地，以及"套路贷"行为的预备地、开始地、途经地、结束地等。

"犯罪结果发生地"包括违法所得财物的支付地、实际取得地、藏匿地、转移地、使用地、销售地等。

除犯罪地、犯罪嫌疑人居住地外，其他地方公安机关对于公民扭送、报案、控告、举报或者犯罪嫌疑人自首的"套路贷"犯罪案件，都应当立即受理，经审查认为有犯罪事实的，移送有管辖权的公安机关处理。

黑恶势力实施的"套路贷"犯罪案件，由侦办黑社会性质组织、恶势力或者恶势力犯罪集团案件的公安机关进行侦查。

12. 具有下列情形之一的，有关公安机关可以在其职责范围内并案侦查：

（1）一人犯数罪的；

（2）共同犯罪的；

（3）共同犯罪的犯罪嫌疑人还实施其他犯罪的；

（4）多个犯罪嫌疑人实施的犯罪存在直接关联，并案处理有利于查明案件事实的。

13. 本意见自2019年4月9日起施行。

人民检察院民事诉讼监督规则

中华人民共和国最高人民检察院公告

《人民检察院民事诉讼监督规则》已经2021年2月9日最高人民检察院第十三届检察委员会第六十二次会议通过，现予公布，自2021年8月1日起施行。

最高人民检察院
2021年6月26日

人民检察院民事诉讼监督规则

（2021年2月9日最高人民检察院第十三届检察委员会第六十二次会议通过，2021年6月26日最高人民检察院公告公布，自2021年8月1日起施行　高检发释字〔2021〕1号）

目录

第一章　总　则

第二章　回　避

第三章　受　理

第四章　审　查

　第一节　一般规定

　第二节　听　证

　第三节　调查核实

　第四节　中止审查和终结审查

第五章　对生效判决、裁定、调解书的监督

　第一节　一般规定

　第二节　再审检察建议和提请抗诉

　第三节　抗　诉

第四节　出　庭
第六章　对审判程序中审判人员违法行为的监督
第七章　对执行活动的监督
第八章　案件管理
第九章　其他规定
第十章　附　则

第一章　总　则

第一条　为了保障和规范人民检察院依法履行民事检察职责，根据《中华人民共和国民事诉讼法》《中华人民共和国人民检察院组织法》和其他有关规定，结合人民检察院工作实际，制定本规则。

第二条　人民检察院依法独立行使检察权，通过办理民事诉讼监督案件，维护司法公正和司法权威，维护国家利益和社会公共利益，维护自然人、法人和非法人组织的合法权益，保障国家法律的统一正确实施。

第三条　人民检察院通过抗诉、检察建议等方式，对民事诉讼活动实行法律监督。

第四条　人民检察院办理民事诉讼监督案件，应当以事实为根据，以法律为准绳，坚持公开、公平、公正和诚实信用原则，尊重和保障当事人的诉讼权利，监督和支持人民法院依法行使审判权和执行权。

第五条　负责控告申诉检察、民事检察、案件管理的部门分别承担民事诉讼监督案件的受理、办理、管理工作，各部门互相配合，互相制约。

第六条　人民检察院办理民事诉讼监督案件，实行检察官办案责任制，由检察官、检察长、检察委员会在各自职权范围内对办案事项作出决定，并依照规定承担相应司法责任。

第七条　人民检察院办理民事诉讼监督案件，根据案件情况，可以由一名检察官独任办理，也可以由两名以上检察官组成办案组办理。由检察官办案组办理的，检察长应当指定一名检察官担任主办检察官，组织、指挥办案组办理案件。

检察官办理案件，可以根据需要配备检察官助理、书记员、司法警察、检察技术人员等检察辅助人员。检察辅助人员依照有关规定承担相应的检察辅助事务。

第八条　最高人民检察院领导地方各级人民检察院和专门人民检察院的民事诉讼监督工作，上级人民检察院领导下级人民检察院的民事诉讼监督工作。

上级人民检察院认为下级人民检察院的决定错误的，有权指令下级人民检察院纠正，或者依法撤销、变更。上级人民检察院的决定，应当以书面形式作出，下级人民检察院应当执行。下级人民检察院对上级人民检察院的决定有不同意见的，可以在执行的同时向上级人民检察院报告。

上级人民检察院可以依法统一调用辖区的检察人员办理民事诉讼监督案件，调用的决定应当以书面形式作出。被调用的检察官可以代表办理案件的人民检察院履行相关检察职责。

第九条 人民检察院检察长或者检察长委托的副检察长在同级人民法院审判委员会讨论民事抗诉案件或者其他与民事诉讼监督工作有关的议题时，可以依照有关规定列席会议。

第十条 人民检察院办理民事诉讼监督案件，实行回避制度。

第十一条 检察人员办理民事诉讼监督案件，应当秉持客观公正的立场，自觉接受监督。

检察人员不得接受当事人及其诉讼代理人、特定关系人、中介组织请客送礼或者其他利益，不得违反规定会见当事人及其委托的人。

检察人员有收受贿赂、徇私枉法等行为的，应当追究纪律责任和法律责任。

检察人员对过问或者干预、插手民事诉讼监督案件办理等重大事项的行为，应当按照有关规定全面、如实、及时记录、报告。

第二章 回 避

第十二条 检察人员有《中华人民共和国民事诉讼法》第四十四条规定情形之一的，应当自行回避，当事人有权申请他们回避。

前款规定，适用于书记员、翻译人员、鉴定人、勘验人等。

第十三条 检察人员自行回避的，可以口头或者书面方式提出，并说明理由。口头提出申请的，应当记录在卷。

第十四条 当事人申请回避，应当在人民检察院作出提出抗诉或者检察建议等决定前以口头或者书面方式提出，并说明理由。口头提出申请的，应当记录在卷。根据《中华人民共和国民事诉讼法》第四十四条第二款规定提出回避申请的，应当提供相关证据。

被申请回避的人员在人民检察院作出是否回避的决定前，应当暂停参与本案工作，但案件需要采取紧急措施的除外。

第十五条 检察人员有应当回避的情形，没有自行回避，当事人也没有申请其回避的，由检察长或者检察委员会决定其回避。

第十六条 检察长的回避，由检察委员会讨论决定；检察人员和其他人员的回避，由检察长决定。检察委员会讨论检察长回避问题时，由副检察长主持，检察长不得参加。

第十七条 人民检察院对当事人提出的回避申请，应当在三日内作出决定，并通知申请人。申请人对决定不服的，可以在接到决定时向原决定机关申请复议一次。人民检察院应当在三日内作出复议决定，并通知复议申请人。复议期间，被申请回避的人员不停止参与本案工作。

第三章 受 理

第十八条 民事诉讼监督案件的来源包括：
（一）当事人向人民检察院申请监督；
（二）当事人以外的自然人、法人和非法人组织向人民检察院控告；
（三）人民检察院在履行职责中发现。

第十九条 有下列情形之一的，当事人可以向人民检察院申请监督：
（一）已经发生法律效力的民事判决、裁定、调解书符合《中华人民共和国民事诉讼法》第二百零九条第一款规定的；
（二）认为民事审判程序中审判人员存在违法行为的；
（三）认为民事执行活动存在违法情形的。

第二十条 当事人依照本规则第十九条第一项规定向人民检察院申请监督，应当在人民法院作出驳回再审申请裁定或者再审判决、裁定发生法律效力之日起两年内提出。

本条规定的期间为不变期间，不适用中止、中断、延长的规定。

人民检察院依职权启动监督程序的案件，不受本条第一款规定期限的限制。

第二十一条 当事人向人民检察院申请监督，应当提交监督申请书、身份证明、相关法律文书及证据材料。提交证据材料的，应当附证据清单。

申请监督材料不齐备的，人民检察院应当要求申请人限期补齐，并一次性明确告知应补齐的全部材料。申请人逾期未补齐的，视为撤回监督申请。

第二十二条 本规则第二十一条规定的监督申请书应当记明下列事项：
（一）申请人的姓名、性别、年龄、民族、职业、工作单位、住所、有效联系方式，法人或者非法人组织的名称、住所和法定代表人或者主要负责人的姓名、职务、有效联系方式；
（二）其他当事人的姓名、性别、工作单位、住所、有效联系方式等信息，法人或者非法人组织的名称、住所、负责人、有效联系方式等信息；
（三）申请监督请求；
（四）申请监督的具体法定情形及事实、理由。

申请人应当按照其他当事人的人数提交监督申请书副本。

第二十三条 本规则第二十一条规定的身份证明包括：

（一）自然人的居民身份证、军官证、士兵证、护照等能够证明本人身份的有效证件；

（二）法人或者非法人组织的统一社会信用代码证书或者营业执照副本、组织机构代码证书和法定代表人或者主要负责人的身份证明等有效证照。

对当事人提交的身份证明，人民检察院经核对无误留存复印件。

第二十四条 本规则第二十一条规定的相关法律文书是指人民法院在该案件诉讼过程中作出的全部判决书、裁定书、决定书、调解书等法律文书。

第二十五条 当事人申请监督，可以依照《中华人民共和国民事诉讼法》的规定委托诉讼代理人。

第二十六条 当事人申请监督符合下列条件的，人民检察院应当受理：

（一）符合本规则第十九条的规定；

（二）申请人提供的材料符合本规则第二十一条至第二十四条的规定；

（三）属于本院受理案件范围；

（四）不具有本规则规定的不予受理情形。

第二十七条 当事人根据《中华人民共和国民事诉讼法》第二百零九条第一款的规定向人民检察院申请监督，有下列情形之一的，人民检察院不予受理：

（一）当事人未向人民法院申请再审的；

（二）当事人申请再审超过法律规定的期限的，但不可归责于其自身原因的除外；

（三）人民法院在法定期限内正在对民事再审申请进行审查的；

（四）人民法院已经裁定再审且尚未审结的；

（五）判决、调解解除婚姻关系的，但对财产分割部分不服的除外；

（六）人民检察院已经审查终结作出决定的；

（七）民事判决、裁定、调解书是人民法院根据人民检察院的抗诉或者再审检察建议再审后作出的；

（八）申请监督超过本规则第二十条规定的期限的；

（九）其他不应受理的情形。

第二十八条 当事人认为民事审判程序或者执行活动存在违法情形，向人民检察院申请监督，有下列情形之一的，人民检察院不予受理：

（一）法律规定可以提出异议、申请复议或者提起诉讼，当事人没有提出异议、申请复议或者提起诉讼的，但有正当理由的除外；

（二）当事人提出异议、申请复议或者提起诉讼后，人民法院已经受理并正在审查处理的，但超过法定期限未作出处理的除外；

（三）其他不应受理的情形。

当事人对审判、执行人员违法行为申请监督的，不受前款规定的限制。

第二十九条 当事人根据《中华人民共和国民事诉讼法》第二百零九条第一款的规定向人民检察院申请检察建议或者抗诉，由作出生效民事判决、裁定、调解书的人民法院所在地同级人民检察院负责控告申诉检察的部门受理。

人民法院裁定驳回再审申请或者逾期未对再审申请作出裁定，当事人向人民检察院申请监督的，由作出原生效民事判决、裁定、调解书的人民法院所在地同级人民检察院受理。

第三十条 当事人认为民事审判程序中审判人员存在违法行为或者民事执行活动存在违法情形，向人民检察院申请监督的，由审理、执行案件的人民法院所在地同级人民检察院负责控告申诉检察的部门受理。

当事人不服上级人民法院作出的复议裁定、决定等，提出监督申请的，由上级人民法院所在地同级人民检察院受理。人民检察院受理后，可以根据需要依照本规则有关规定将案件交由原审理、执行案件的人民法院所在地同级人民检察院办理。

第三十一条 当事人认为人民检察院不依法受理其监督申请的，可以向上一级人民检察院申请监督。上一级人民检察院认为当事人监督申请符合受理条件的，应当指令下一级人民检察院受理，必要时也可以直接受理。

第三十二条 人民检察院负责控告申诉检察的部门对监督申请，应当根据以下情形作出处理：

（一）符合受理条件的，应当依照本规则规定作出受理决定；

（二）不属于本院受理案件范围的，应当告知申请人向有关人民检察院申请监督；

（三）不属于人民检察院主管范围的，应当告知申请人向有关机关反映；

（四）不符合受理条件，且申请人不撤回监督申请的，可以决定不予受理。

第三十三条 负责控告申诉检察的部门应当在决定受理之日起三日内制作《受理通知书》，发送申请人，并告知其权利义务；同时将《受理通知书》和监督申请书副本发送其他当事人，并告知其权利义务。其他当事人可以在收到监督申请书副本之日起十五日内提出书面意见，不提出意见的不影响人民检察院对案件的审查。

第三十四条 负责控告申诉检察的部门应当在决定受理之日起三日内将案件材料移送本院负责民事检察的部门，同时将《受理通知书》抄送本院负责案件管理的部门。负责控告申诉检察的部门收到其他当事人提交的书面意见等材料，应当及时移送负责民事检察的部门。

第三十五条 当事人以外的自然人、法人和非法人组织认为人民法院民事审判程序中审判人员存在违法行为或者民事执行活动存在违法情形等，可以向同级人民检察院控告。控告由人民检察院负责控告申诉检察的部门受理。

负责控告申诉检察的部门对收到的控告，应当依据《人民检察院信访工作规定》等办理。

第三十六条 负责控告申诉检察的部门可以依据《人民检察院信访工作规定》，向下级人民检察院交办涉及民事诉讼监督的信访案件。

第三十七条 人民检察院在履行职责中发现民事案件有下列情形之一的，应当依职权启动监督程序：

（一）损害国家利益或者社会公共利益的；

（二）审判、执行人员有贪污受贿，徇私舞弊，枉法裁判等违法行为的；

（三）当事人存在虚假诉讼等妨害司法秩序行为的；

（四）人民法院作出的已经发生法律效力的民事公益诉讼判决、裁定、调解书确有错误，审判程序中审判人员存在违法行为，或者执行活动存在违法情形的；

（五）依照有关规定需要人民检察院跟进监督的；

（六）具有重大社会影响等确有必要进行监督的情形。

人民检察院对民事案件依职权启动监督程序，不受当事人是否申请再审的限制。

第三十八条 下级人民检察院提请抗诉、提请其他监督等案件，由上一级人民检察院负责案件管理的部门受理。

依职权启动监督程序的民事诉讼监督案件，负责民事检察的部门应当到负责案件管理的部门登记受理。

第三十九条 负责案件管理的部门接收案件材料后，应当在三日内登记并将案件材料和案件登记表移送负责民事检察的部门；案件材料不符合规定的，应当要求补齐。

负责案件管理的部门登记受理后，需要通知当事人的，负责民事检察的部门应当制作《受理通知书》，并在三日内发送当事人。

第四章 审 查

第一节 一般规定

第四十条 受理后的民事诉讼监督案件由负责民事检察的部门进行审查。

第四十一条 上级人民检察院认为确有必要的，可以办理下级人民检察院受理的民事诉讼监督案件。

下级人民检察院对受理的民事诉讼监督案件，认为需要由上级人民检察院办理的，可以报请上级人民检察院办理。

第四十二条 上级人民检察院可以将受理的民事诉讼监督案件交由下级人民检察院办理，并限定办理期限。交办的案件应当制作《交办通知书》，并将有关材料移送下级人民检察院。下级人民检察院应当依法办理，不得将案件再行交办。除本规则第一百零七条规定外，下级人民检察院应当在规定期限内提出处理意见并报送上级人民检察院，上级人民检察院应当在法定期限内作出决定。

交办案件需要通知当事人的，应当制作《通知书》，并发送当事人。

第四十三条 人民检察院审查民事诉讼监督案件，应当围绕申请人的申请监督请求、争议焦点以及本规则第三十七条规定的情形，对人民法院民事诉讼活动是否合法进行全面审查。其他当事人在人民检察院作出决定前也申请监督的，应当将其列为申请人，对其申请监督请求一并审查。

第四十四条 申请人或者其他当事人对提出的主张，应当提供证据材料。人民检察院收到当事人提交的证据材料，应当出具收据。

第四十五条 人民检察院应当告知当事人有申请回避的权利，并告知办理案件的检察人员、书记员等的姓名、法律职务。

第四十六条 人民检察院审查案件，应当通过适当方式听取当事人意见，必要时可以听证或者调查核实有关情况，也可以依照有关规定组织专家咨询论证。

第四十七条 人民检察院审查案件，可以依照有关规定调阅人民法院的诉讼卷宗。

通过拷贝电子卷、查阅、复制、摘录等方式能够满足办案需要的，可以不调阅诉讼卷宗。

人民检察院认为确有必要，可以依照有关规定调阅人民法院的诉讼卷宗副卷，并采取严格保密措施。

第四十八条 承办检察官审查终结后，应当制作审查终结报告。审查终结报告应当全面、客观、公正地叙述案件事实，依据法律提出处理建议或者意见。

承办检察官通过审查监督申请书等材料即可以认定案件事实的，可以直接制作审查终结报告，提出处理建议或者意见。

第四十九条 承办检察官办理案件过程中，可以提请部门负责人召集检察官联席会议讨论。检察长、部门负责人在审核或者决定案件时，也可以召集检察官联席会议讨论。

检察官联席会议讨论情况和意见应当如实记录，由参加会议的检察官签名后附卷保存。部门负责人或者承办检察官不同意检察官联席会议多数人意见的，部门负责人应当报请检察长决定。

检察长认为必要的，可以提请检察委员会讨论决定。检察长、检察委员会对案件作出的决定，承办检察官应当执行。

第五十条　人民检察院对审查终结的案件，应当区分情况作出下列决定：

（一）提出再审检察建议；

（二）提请抗诉或者提请其他监督；

（三）提出抗诉；

（四）提出检察建议；

（五）终结审查；

（六）不支持监督申请；

（七）复查维持。

负责控告申诉检察的部门受理的案件，负责民事检察的部门应当将案件办理结果告知负责控告申诉检察的部门。

第五十一条　人民检察院在办理民事诉讼监督案件过程中，当事人有和解意愿的，可以引导当事人自行和解。

第五十二条　人民检察院受理当事人申请对人民法院已经发生法律效力的民事判决、裁定、调解书监督的案件，应当在三个月内审查终结并作出决定，但调卷、鉴定、评估、审计、专家咨询等期间不计入审查期限。

对民事审判程序中审判人员违法行为监督案件和对民事执行活动监督案件的审查期限，参照前款规定执行。

第五十三条　人民检察院办理民事诉讼监督案件，可以依照有关规定指派司法警察协助承办检察官履行调查核实、听证等职责。

第二节　听　证

第五十四条　人民检察院审查民事诉讼监督案件，认为确有必要的，可以组织有关当事人听证。

人民检察院审查民事诉讼监督案件，可以邀请与案件没有利害关系的人大代表、政协委员、人民监督员、特约检察员、专家咨询委员、人民调解员或者当事人所在单位、居住地的居民委员会、村民委员会成员以及专家、学者等其他社会人士参加公开听证，但该民事案件涉及国家秘密、个人隐私或者法律另有规定不得公开的除外。

第五十五条　人民检察院组织听证，由承办检察官主持，书记员负责记录。

听证一般在人民检察院专门听证场所内进行。

第五十六条　人民检察院组织听证，应当在听证三日前告知听证会参加人案由、听证时间和地点。

第五十七条　参加听证的当事人和其他相关人员应当按时参加听证,当事人无正当理由缺席或者未经许可中途退席的,不影响听证程序的进行。

第五十八条　听证应当围绕民事诉讼监督案件中的事实认定和法律适用等问题进行。

对当事人提交的证据材料和人民检察院调查取得的证据,应当充分听取各方当事人的意见。

第五十九条　听证会一般按照下列步骤进行:

(一)承办案件的检察官介绍案件情况和需要听证的问题;

(二)当事人及其他参加人就需要听证的问题分别说明情况;

(三)听证员向当事人或者其他参加人提问;

(四)主持人宣布休会,听证员就听证事项进行讨论;

(五)主持人宣布复会,根据案件情况,可以由听证员或者听证员代表发表意见;

(六)当事人发表最后陈述意见;

(七)主持人对听证会进行总结。

第六十条　听证应当制作笔录,经当事人校阅后,由当事人签名或者盖章。拒绝签名盖章的,应当记明情况。

第六十一条　参加听证的人员应当服从听证主持人指挥。

对违反听证秩序的,人民检察院可以予以批评教育,责令退出听证场所;对哄闹、冲击听证场所,侮辱、诽谤、威胁、殴打检察人员等严重扰乱听证秩序的,依法追究相应法律责任。

第三节　调查核实

第六十二条　人民检察院因履行法律监督职责的需要,有下列情形之一的,可以向当事人或者案外人调查核实有关情况:

(一)民事判决、裁定、调解书可能存在法律规定需要监督的情形,仅通过阅卷及审查现有材料难以认定的;

(二)民事审判程序中审判人员可能存在违法行为的;

(三)民事执行活动可能存在违法情形的;

(四)其他需要调查核实的情形。

第六十三条　人民检察院可以采取以下调查核实措施:

(一)查询、调取、复制相关证据材料;

(二)询问当事人或者案外人;

(三)咨询专业人员、相关部门或者行业协会等对专门问题的意见;

(四)委托鉴定、评估、审计;

031

（五）勘验物证、现场；

（六）查明案件事实所需要采取的其他措施。

人民检察院调查核实，不得采取限制人身自由和查封、扣押、冻结财产等强制性措施。

第六十四条 有下列情形之一的，人民检察院可以向银行业金融机构查询、调取、复制相关证据材料：

（一）可能损害国家利益、社会公共利益的；

（二）审判、执行人员可能存在违法行为的；

（三）涉及《中华人民共和国民事诉讼法》第五十五条规定诉讼的；

（四）当事人有伪造证据、恶意串通损害他人合法权益可能的。

人民检察院可以依照有关规定指派具备相应资格的检察技术人员对民事诉讼监督案件中的鉴定意见等技术性证据进行专门审查，并出具审查意见。

第六十五条 人民检察院可以就专门性问题书面或者口头咨询有关专业人员、相关部门或者行业协会的意见。口头咨询的，应当制作笔录，由接受咨询的专业人员签名或者盖章。拒绝签名盖章的，应当记明情况。

第六十六条 人民检察院对专门性问题认为需要鉴定、评估、审计的，可以委托具备资格的机构进行鉴定、评估、审计。

在诉讼过程中已经进行过鉴定、评估、审计的，一般不再委托鉴定、评估、审计。

第六十七条 人民检察院认为确有必要的，可以勘验物证或者现场。勘验人应当出示人民检察院的证件，并邀请当地基层组织或者当事人所在单位派人参加。当事人或者当事人的成年家属应当到场，拒不到场的，不影响勘验的进行。

勘验人应当将勘验情况和结果制作笔录，由勘验人、当事人和被邀参加人签名或者盖章。

第六十八条 需要调查核实的，由承办检察官在职权范围内决定，或者报检察长决定。

第六十九条 人民检察院调查核实，应当由二人以上共同进行。

调查笔录经被调查人校阅后，由调查人、被调查人签名或者盖章。被调查人拒绝签名盖章的，应当记明情况。

第七十条 人民检察院可以指令下级人民检察院或者委托外地人民检察院调查核实。

人民检察院指令调查或者委托调查的，应当发送《指令调查通知书》或者《委托调查函》，载明调查核实事项、证据线索及要求。受指令或者受委托人民检察院收到

《指令调查通知书》或者《委托调查函》后，应当在十五日内完成调查核实工作并书面回复。因客观原因不能完成调查的，应当在上述期限内书面回复指令或者委托的人民检察院。

人民检察院到外地调查的，当地人民检察院应当配合。

第七十一条　人民检察院调查核实，有关单位和个人应当配合。拒绝或者妨碍人民检察院调查核实的，人民检察院可以向有关单位或者其上级主管部门提出检察建议，责令纠正；涉嫌违纪违法犯罪的，依照规定移送有关机关处理。

第四节　中止审查和终结审查

第七十二条　有下列情形之一的，人民检察院可以中止审查：

（一）申请监督的自然人死亡，需要等待继承人表明是否继续申请监督的；

（二）申请监督的法人或者非法人组织终止，尚未确定权利义务承受人的；

（三）本案必须以另一案的处理结果为依据，而另一案尚未审结的；

（四）其他可以中止审查的情形。

中止审查的，应当制作《中止审查决定书》，并发送当事人。中止审查的原因消除后，应当及时恢复审查。

第七十三条　有下列情形之一的，人民检察院应当终结审查：

（一）人民法院已经裁定再审或者已经纠正违法行为的；

（二）申请人撤回监督申请，且不损害国家利益、社会公共利益或者他人合法权益的；

（三）申请人在与其他当事人达成的和解协议中声明放弃申请监督权利，且不损害国家利益、社会公共利益或者他人合法权益的；

（四）申请监督的自然人死亡，没有继承人或者继承人放弃申请，且没有发现其他应当监督的违法情形的；

（五）申请监督的法人或者非法人组织终止，没有权利义务承受人或者权利义务承受人放弃申请，且没有发现其他应当监督的违法情形的；

（六）发现已经受理的案件不符合受理条件的；

（七）人民检察院依职权启动监督程序的案件，经审查不需要采取监督措施的；

（八）其他应当终结审查的情形。

终结审查的，应当制作《终结审查决定书》，需要通知当事人的，发送当事人。

第五章　对生效判决、裁定、调解书的监督

第一节　一般规定

第七十四条　人民检察院发现人民法院已经发生法律效力的民事判决、裁定有

《中华人民共和国民事诉讼法》第二百条规定情形之一的，依法向人民法院提出再审检察建议或者抗诉。

第七十五条 人民检察院发现民事调解书损害国家利益、社会公共利益的，依法向人民法院提出再审检察建议或者抗诉。

人民检察院对当事人通过虚假诉讼获得的民事调解书应当依照前款规定监督。

第七十六条 当事人因故意或者重大过失逾期提供的证据，人民检察院不予采纳。但该证据与案件基本事实有关并且能够证明原判决、裁定确有错误的，应当认定为《中华人民共和国民事诉讼法》第二百条第一项规定的情形。

人民检察院依照本规则第六十三条、第六十四条规定调查取得的证据，与案件基本事实有关并且能够证明原判决、裁定确有错误的，应当认定为《中华人民共和国民事诉讼法》第二百条第一项规定的情形。

第七十七条 有下列情形之一的，应当认定为《中华人民共和国民事诉讼法》第二百条第二项规定的"认定的基本事实缺乏证据证明"：

（一）认定的基本事实没有证据支持，或者认定的基本事实所依据的证据虚假、缺乏证明力的；

（二）认定的基本事实所依据的证据不合法的；

（三）对基本事实的认定违反逻辑推理或者日常生活法则的；

（四）认定的基本事实缺乏证据证明的其他情形。

第七十八条 有下列情形之一，导致原判决、裁定结果错误的，应当认定为《中华人民共和国民事诉讼法》第二百条第六项规定的"适用法律确有错误"：

（一）适用的法律与案件性质明显不符的；

（二）确定民事责任明显违背当事人约定或者法律规定的；

（三）适用已经失效或者尚未施行的法律的；

（四）违反法律溯及力规定的；

（五）违反法律适用规则的；

（六）明显违背立法原意的；

（七）适用法律错误的其他情形。

第七十九条 有下列情形之一的，应当认定为《中华人民共和国民事诉讼法》第二百条第七项规定的"审判组织的组成不合法"：

（一）应当组成合议庭审理的案件独任审判的；

（二）人民陪审员参与第二审案件审理的；

（三）再审、发回重审的案件没有另行组成合议庭的；

（四）审理案件的人员不具有审判资格的；

（五）审判组织或者人员不合法的其他情形。

第八十条　有下列情形之一的，应当认定为《中华人民共和国民事诉讼法》第二百条第九项规定的"违反法律规定，剥夺当事人辩论权利"：

（一）不允许或者严重限制当事人行使辩论权利的；

（二）应当开庭审理而未开庭审理的；

（三）违反法律规定送达起诉状副本或者上诉状副本，致使当事人无法行使辩论权利的；

（四）违法剥夺当事人辩论权利的其他情形。

第二节　再审检察建议和提请抗诉

第八十一条　地方各级人民检察院发现同级人民法院已经发生法律效力的民事判决、裁定有下列情形之一的，可以向同级人民法院提出再审检察建议：

（一）有新的证据，足以推翻原判决、裁定的；

（二）原判决、裁定认定的基本事实缺乏证据证明的；

（三）原判决、裁定认定事实的主要证据是伪造的；

（四）原判决、裁定认定事实的主要证据未经质证的；

（五）对审理案件需要的主要证据，当事人因客观原因不能自行收集，书面申请人民法院调查收集，人民法院未调查收集的；

（六）审判组织的组成不合法或者依法应当回避的审判人员没有回避的；

（七）无诉讼行为能力人未经法定代理人代为诉讼或者应当参加诉讼的当事人，因不能归责于本人或者其诉讼代理人的事由，未参加诉讼的；

（八）违反法律规定，剥夺当事人辩论权利的；

（九）未经传票传唤，缺席判决的；

（十）原判决、裁定遗漏或者超出诉讼请求的；

（十一）据以作出原判决、裁定的法律文书被撤销或者变更的。

第八十二条　符合本规则第八十一条规定的案件有下列情形之一的，地方各级人民检察院一般应当提请上一级人民检察院抗诉：

（一）判决、裁定是经同级人民法院再审后作出的；

（二）判决、裁定是经同级人民法院审判委员会讨论作出的。

第八十三条　地方各级人民检察院发现同级人民法院已经发生法律效力的民事判决、裁定有下列情形之一的，一般应当提请上一级人民检察院抗诉：

（一）原判决、裁定适用法律确有错误的；

（二）审判人员在审理该案件时有贪污受贿，徇私舞弊，枉法裁判行为的。

第八十四条　符合本规则第八十二条、第八十三条规定的案件，适宜由同级人民法院再审纠正的，地方各级人民检察院可以向同级人民法院提出再审检察建议。

第八十五条 地方各级人民检察院发现民事调解书损害国家利益、社会公共利益的，可以向同级人民法院提出再审检察建议，也可以提请上一级人民检察院抗诉。

第八十六条 对人民法院已经采纳再审检察建议进行再审的案件，提出再审检察建议的人民检察院一般不得再向上级人民检察院提请抗诉。

第八十七条 人民检察院提出再审检察建议，应当制作《再审检察建议书》，在决定提出再审检察建议之日起十五日内将《再审检察建议书》连同案件卷宗移送同级人民法院，并制作决定提出再审检察建议的《通知书》，发送当事人。

人民检察院提出再审检察建议，应当经本院检察委员会决定，并将《再审检察建议书》报上一级人民检察院备案。

第八十八条 人民检察院提请抗诉，应当制作《提请抗诉报告书》，在决定提请抗诉之日起十五日内将《提请抗诉报告书》连同案件卷宗报送上一级人民检察院，并制作决定提请抗诉的《通知书》，发送当事人。

第八十九条 人民检察院认为当事人的监督申请不符合提出再审检察建议或者提请抗诉条件的，应当作出不支持监督申请的决定，并在决定之日起十五日内制作《不支持监督申请决定书》，发送当事人。

第三节 抗 诉

第九十条 最高人民检察院对各级人民法院已经发生法律效力的民事判决、裁定、调解书，上级人民检察院对下级人民法院已经发生法律效力的民事判决、裁定、调解书，发现有《中华人民共和国民事诉讼法》第二百条、第二百零八条规定情形的，应当向同级人民法院提出抗诉。

第九十一条 人民检察院提出抗诉的案件，接受抗诉的人民法院将案件交下一级人民法院再审，下一级人民法院审理后作出的再审判决、裁定仍有明显错误的，原提出抗诉的人民检察院可以依职权再次提出抗诉。

第九十二条 人民检察院提出抗诉，应当制作《抗诉书》，在决定抗诉之日起十五日内将《抗诉书》连同案件卷宗移送同级人民法院，并由接受抗诉的人民法院向当事人送达再审裁定时一并送达《抗诉书》。

人民检察院应当制作决定抗诉的《通知书》，发送当事人。上级人民检察院可以委托提请抗诉的人民检察院将决定抗诉的《通知书》发送当事人。

第九十三条 人民检察院认为当事人的监督申请不符合抗诉条件的，应当作出不支持监督申请的决定，并在决定之日起十五日内制作《不支持监督申请决定书》，发送当事人。上级人民检察院可以委托提请抗诉的人民检察院将《不支持监督申请决定书》发送当事人。

第四节 出 庭

第九十四条 人民检察院提出抗诉的案件，人民法院再审时，人民检察院应当派员出席法庭。

必要时，人民检察院可以协调人民法院安排人民监督员旁听。

第九十五条 接受抗诉的人民法院将抗诉案件交下级人民法院再审的，提出抗诉的人民检察院可以指令再审人民法院的同级人民检察院派员出庭。

第九十六条 检察人员出席再审法庭的任务是：

（一）宣读抗诉书；

（二）对人民检察院调查取得的证据予以出示和说明；

（三）庭审结束时，经审判长许可，可以发表法律监督意见；

（四）对法庭审理中违反诉讼程序的情况予以记录。

检察人员发现庭审活动违法的，应当待休庭或者庭审结束之后，以人民检察院的名义提出检察建议。

出庭检察人员应当全程参加庭审。

第九十七条 当事人或者其他参加庭审人员在庭审中对检察机关或者出庭检察人员有侮辱、诽谤、威胁等不当言论或者行为的，出庭检察人员应当建议法庭即时予以制止；情节严重的，应当建议法庭依照规定予以处理，并在庭审结束后向检察长报告。

第六章 对审判程序中审判人员违法行为的监督

第九十八条 《中华人民共和国民事诉讼法》第二百零八条第三款规定的审判程序包括：

（一）第一审普通程序；

（二）简易程序；

（三）第二审程序；

（四）特别程序；

（五）审判监督程序；

（六）督促程序；

（七）公示催告程序；

（八）海事诉讼特别程序；

（九）破产程序。

第九十九条 《中华人民共和国民事诉讼法》第二百零八条第三款的规定适用于法官、人民陪审员、法官助理、书记员。

第一百条　人民检察院发现同级人民法院民事审判程序中有下列情形之一的，应当向同级人民法院提出检察建议：

（一）判决、裁定确有错误，但不适用再审程序纠正的；

（二）调解违反自愿原则或者调解协议的内容违反法律的；

（三）符合法律规定的起诉和受理条件，应当立案而不立案的；

（四）审理案件适用审判程序错误的；

（五）保全和先予执行违反法律规定的；

（六）支付令违反法律规定的；

（七）诉讼中止或者诉讼终结违反法律规定的；

（八）违反法定审理期限的；

（九）对当事人采取罚款、拘留等妨害民事诉讼的强制措施违反法律规定的；

（十）违反法律规定送达的；

（十一）其他违反法律规定的情形。

第一百零一条　人民检察院发现同级人民法院民事审判程序中审判人员有《中华人民共和国法官法》第四十六条等规定的违法行为且可能影响案件公正审判、执行的，应当向同级人民法院提出检察建议。

第一百零二条　人民检察院依照本章规定提出检察建议的，应当制作《检察建议书》，在决定提出检察建议之日起十五日内将《检察建议书》连同案件卷宗移送同级人民法院，并制作决定提出检察建议的《通知书》，发送申请人。

第一百零三条　人民检察院认为当事人申请监督的审判程序中审判人员违法行为认定依据不足的，应当作出不支持监督申请的决定，并在决定之日起十五日内制作《不支持监督申请决定书》，发送申请人。

第七章　对执行活动的监督

第一百零四条　人民检察院对人民法院执行生效民事判决、裁定、调解书、支付令、仲裁裁决以及公证债权文书等法律文书的活动实行法律监督。

第一百零五条　人民检察院认为人民法院在执行活动中可能存在怠于履行职责情形的，可以依照有关规定向人民法院发出《说明案件执行情况通知书》，要求说明案件的执行情况及理由。

第一百零六条　人民检察院发现人民法院在执行活动中有下列情形之一的，应当向同级人民法院提出检察建议：

（一）决定是否受理、执行管辖权的移转以及审查和处理执行异议、复议、申诉等执行审查活动存在违法、错误情形的；

（二）实施财产调查、控制、处分、交付和分配以及罚款、拘留、信用惩戒措施等执行实施活动存在违法、错误情形的；

（三）存在消极执行、拖延执行等情形的；

（四）其他执行违法、错误情形。

第一百零七条 人民检察院依照本规则第三十条第二款规定受理后交办的案件，下级人民检察院经审查认为人民法院作出的执行复议裁定、决定等存在违法、错误情形的，应当提请上级人民检察院监督；认为人民法院作出的执行复议裁定、决定等正确的，应当作出不支持监督申请的决定。

第一百零八条 人民检察院对执行活动提出检察建议的，应当经检察长或者检察委员会决定，制作《检察建议书》，在决定之日起十五日内将《检察建议书》连同案件卷宗移送同级人民法院，并制作决定提出检察建议的《通知书》，发送当事人。

第一百零九条 人民检察院认为当事人申请监督的人民法院执行活动不存在违法情形的，应当作出不支持监督申请的决定，并在决定之日起十五日内制作《不支持监督申请决定书》，发送申请人。

第一百一十条 人民检察院发现同级人民法院执行活动中执行人员存在违法行为的，参照本规则第六章有关规定执行。

第八章 案件管理

第一百一十一条 人民检察院负责案件管理的部门对民事诉讼监督案件的受理、期限、程序、质量等进行管理、监督、预警。

第一百一十二条 负责案件管理的部门发现本院办案活动有下列情形之一的，应当及时提出纠正意见：

（一）法律文书制作、使用不符合法律和有关规定的；

（二）违反办案期限有关规定的；

（三）侵害当事人、诉讼代理人诉讼权利的；

（四）未依法对民事审判活动以及执行活动中的违法行为履行法律监督职责的；

（五）其他应当提出纠正意见的情形。

情节轻微的，可以口头提示；情节较重的，应当发送《案件流程监控通知书》，提示办案部门及时查明情况并予以纠正；情节严重的，应当同时向检察长报告。

办案部门收到《案件流程监控通知书》后，应当在十日内将核查情况书面回复负责案件管理的部门。

第一百一十三条 负责案件管理的部门对以本院名义制发民事诉讼监督法律文书实施监督管理。

第一百一十四条　人民检察院办理的民事诉讼监督案件，办结后需要向其他单位移送案卷材料的，统一由负责案件管理的部门审核移送材料是否规范、齐备。负责案件管理的部门认为材料规范、齐备，符合移送条件的，应当立即由办案部门按照规定移送；认为材料不符合要求的，应当及时通知办案部门补送、更正。

第一百一十五条　人民法院向人民检察院送达的民事判决书、裁定书或者调解书等法律文书，由负责案件管理的部门负责接收，并即时登记移送负责民事检察的部门。

第一百一十六条　人民检察院在办理民事诉讼监督案件过程中，当事人及其诉讼代理人提出有关申请、要求或者提交有关书面材料的，由负责案件管理的部门负责接收，需要出具相关手续的，负责案件管理的部门应当出具。负责案件管理的部门接收材料后应当及时移送负责民事检察的部门。

第九章　其他规定

第一百一十七条　人民检察院发现人民法院在多起同一类型民事案件中有下列情形之一的，可以提出检察建议：

（一）同类问题适用法律不一致的；

（二）适用法律存在同类错误的；

（三）其他同类违法行为。

人民检察院发现有关单位的工作制度、管理方法、工作程序违法或者不当，需要改正、改进的，可以提出检察建议。

第一百一十八条　申请人向人民检察院提交的新证据是伪造的，或者对案件重要事实作虚假陈述的，人民检察院应当予以批评教育，并可以终结审查，但确有必要进行监督的除外；涉嫌违纪违法犯罪的，依照规定移送有关机关处理。

其他当事人有前款规定情形的，人民检察院应当予以批评教育；涉嫌违纪违法犯罪的，依照规定移送有关机关处理。

第一百一十九条　人民检察院发现人民法院审查和处理当事人申请执行、撤销仲裁裁决或者申请执行公证债权文书存在违法、错误情形的，参照本规则第六章、第七章有关规定执行。

第一百二十条　负责民事检察的部门在履行职责过程中，发现涉嫌违纪违法犯罪以及需要追究司法责任的行为，应当报检察长决定，及时将相关线索及材料移送有管辖权的机关或者部门。

人民检察院其他职能部门在履行职责中发现符合本规则规定的应当依职权启动监督程序的民事诉讼监督案件线索，应当及时向负责民事检察的部门通报。

第一百二十一条 人民检察院发现作出的相关决定确有错误需要纠正或者有其他情形需要撤回的，应当经本院检察长或者检察委员会决定。

第一百二十二条 人民法院对人民检察院监督行为提出建议的，人民检察院应当在一个月内将处理结果书面回复人民法院。人民法院对回复意见有异议，并通过上一级人民法院向上一级人民检察院提出的，上一级人民检察院认为人民法院建议正确，应当要求下级人民检察院及时纠正。

第一百二十三条 人民法院对民事诉讼监督案件作出再审判决、裁定或者其他处理决定后，提出监督意见的人民检察院应当对处理结果进行审查，并填写《民事诉讼监督案件处理结果审查登记表》。

第一百二十四条 有下列情形之一的，人民检察院可以按照有关规定再次监督或者提请上级人民检察院监督：

（一）人民法院审理民事抗诉案件作出的判决、裁定、调解书仍有明显错误的；

（二）人民法院对检察建议未在规定的期限内作出处理并书面回复的；

（三）人民法院对检察建议的处理结果错误的。

第一百二十五条 地方各级人民检察院对适用法律确属疑难、复杂，本院难以决断的重大民事诉讼监督案件，可以向上一级人民检察院请示。

请示案件依照最高人民检察院关于办理下级人民检察院请示件、下级人民检察院向最高人民检察院报送公文的相关规定办理。

第一百二十六条 当事人认为人民检察院对同级人民法院已经发生法律效力的民事判决、裁定、调解书作出的不支持监督申请决定存在明显错误的，可以在不支持监督申请决定作出之日起一年内向上一级人民检察院申请复查一次。负责控告申诉检察的部门经初核，发现可能有以下情形之一的，可以移送本院负责民事检察的部门审查处理：

（一）有新的证据，足以推翻原判决、裁定的；

（二）有证据证明原判决、裁定认定事实的主要证据是伪造的；

（三）据以作出原判决、裁定的法律文书被撤销或者变更的；

（四）有证据证明审判人员审理该案件时有贪污受贿，徇私舞弊，枉法裁判等行为的；

（五）有证据证明检察人员办理该案件时有贪污受贿，徇私舞弊，滥用职权等行为的；

（六）其他确有必要进行复查的。

负责民事检察的部门审查后，认为下一级人民检察院不支持监督申请决定错误，应当以人民检察院的名义予以撤销并依法提出抗诉；认为不存在错误，应当决定复查维持，并制作《复查决定书》，发送申请人。

上级人民检察院可以依职权复查下级人民检察院对同级人民法院已经发生法律效力的民事判决、裁定、调解书作出不支持监督申请决定的案件。

对复查案件的审查期限，参照本规则第五十二条第一款规定执行。

第一百二十七条 制作民事诉讼监督法律文书，应当符合规定的格式。

民事诉讼监督法律文书的格式另行制定。

第一百二十八条 人民检察院可以参照《中华人民共和国民事诉讼法》有关规定发送法律文书。

第一百二十九条 人民检察院发现制作的法律文书存在笔误的，应当作出《补正决定书》予以补正。

第一百三十条 人民检察院办理民事诉讼监督案件，应当按照规定建立民事诉讼监督案卷。

第一百三十一条 人民检察院办理民事诉讼监督案件，不收取案件受理费。申请复印、鉴定、审计、勘验等产生的费用由申请人直接支付给有关机构或者单位，人民检察院不得代收代付。

第十章 附 则

第一百三十二条 检察建议案件的办理，本规则未规定的，适用《人民检察院检察建议工作规定》。

第一百三十三条 民事公益诉讼监督案件的办理，适用本规则及有关公益诉讼检察司法解释的规定。

第一百三十四条 军事检察院等专门人民检察院对民事诉讼监督案件的办理，以及人民检察院对其他专门人民法院的民事诉讼监督案件的办理，适用本规则和其他有关规定。

第一百三十五条 本规则自2021年8月1日起施行，《人民检察院民事诉讼监督规则（试行）》同时废止。本院之前公布的其他规定与本规则内容不一致的，以本规则为准。

最高人民法院、最高人民检察院印发《关于规范办理民事再审检察建议案件若干问题的意见》的通知

（法发〔2023〕18号）

各省、自治区、直辖市高级人民法院、人民检察院，解放军军事法院、军事检察院，新疆维吾尔自治区高级人民法院生产建设兵团分院、新疆生产建设兵团人民检察院：

　　为规范人民法院、人民检察院办理民事再审检察建议案件程序，推进落实《中共中央关于加强新时代检察机关法律监督工作的意见》，提升法律监督质效和司法公信力，促进司法公正，根据《中华人民共和国民事诉讼法》和相关法律规定，最高人民法院、最高人民检察院制定了《关于规范办理民事再审检察建议案件若干问题的意见》，现予印发，请结合实际贯彻执行。在执行中遇到的问题，请分别层报最高人民法院、最高人民检察院。

最高人民法院　最高人民检察院
2023年11月24日

最高人民法院　最高人民检察院关于规范办理民事再审检察建议案件若干问题的意见

　　为规范人民法院、人民检察院办理民事再审检察建议案件程序，推进落实《中共中央关于加强新时代检察机关法律监督工作的意见》，提升法律监督质效和司法公信力，促进司法公正，根据《中华人民共和国民事诉讼法》等法律规定，结合司法实践，制定本意见。

　　第一条　民事再审检察建议是人民检察院对生效民事判决、裁定、调解书实施法律监督的重要方式。人民法院、人民检察院应当严格按照《中华人民共和国民事诉讼

法》有关再审检察建议的规定，依法规范履行审判和法律监督职责。人民检察院要坚持法定性与必要性相结合的监督标准，增强监督的及时性与实效性，规范适用再审检察建议；人民法院要坚持依法接受监督，增强接受监督的主动性与自觉性，及时办理民事再审检察建议案件，共同维护司法公正。

第二条　人民检察院发现同级人民法院生效民事判决、裁定有《中华人民共和国民事诉讼法》第二百零七条规定情形之一的，或者民事调解书有损害国家利益、社会公共利益情形的，可以向同级人民法院提出再审检察建议；地方各级人民检察院提出再审检察建议的，应报上级人民检察院备案。

人民检察院发现生效民事判决、裁定、调解书系民事诉讼当事人通过虚假诉讼获得的，依照《最高人民法院、最高人民检察院、公安部、司法部关于进一步加强虚假诉讼犯罪惩治工作的意见》第十八条规定办理。

第三条　人民检察院对同级人民法院再审或者审判委员会讨论后作出的生效民事判决、裁定、调解书，一般不适用提出再审检察建议的方式进行监督。

人民法院生效民事判决、裁定、调解书存在的笔误或者表述瑕疵不属于提出再审检察建议的情形，人民检察院可以提出改进工作建议。

第四条　人民检察院提出再审检察建议，一般应当经检察委员会讨论决定。存在特殊情形的，人民检察院可与同级人民法院会商解决。

第五条　人民检察院提出再审检察建议，应当将再审检察建议书连同检察案件材料一并移送同级人民法院。

再审检察建议书应当载明案件相关情况、监督意见并列明原判决、裁定、调解书存在《中华人民共和国民事诉讼法》第二百一十五条、第二百一十六条规定的情形。

人民检察院提出再审检察建议案件不符合前述规定的，人民法院依照《最高人民法院关于适用〈中华人民共和国民事诉讼法〉的解释》第四百一十四条规定处理。

第六条　人民法院应当自收到符合条件的再审检察建议书和相关检察案件材料之日起七日内编立案号，纳入案件流程管理，依法进行审查，并告知人民检察院。

本院或者上级人民法院已作出驳回再审申请裁定的，不影响人民法院受理同级人民检察院提出的再审检察建议。

人民检察院提出再审检察建议的案件已经同级人民法院裁定再审但尚未审结的，人民法院应当将再审检察建议并入再审案件一并审理，并函告人民检察院。案件已经上级人民法院裁定再审但尚未审结的，同级人民法院可以将再审检察建议书及检察案件材料报送上级人民法院并告知提出再审检察建议的人民检察院。

第七条　人民法院对民事再审检察建议案件，应当组成合议庭，在三个月内审查完毕。有特殊情况需要延长的，应当依照相关审批程序延长审查期限。

在原审判程序中参与过本案审判工作的审判人员,不得再参与该民事再审检察建议案件的办理。

第八条 人民法院对民事再审检察建议案件,一般采取审查人民检察院移交的案件材料、调阅原审案件卷宗等方式进行书面审查。经审查,案件可能启动再审或者存在其他确有必要情形的,应当询问当事人。

第九条 人民法院对民事再审检察建议案件经审查认为原判决、裁定、调解书确有错误,决定采纳检察建议启动再审的,再审裁定书应当载明监督机关及民事再审检察建议文号。裁定书应当送交同级人民检察院。

人民法院经审查决定不予再审的,应当书面回复人民检察院并述明理由。人民检察院可以适当方式将人民法院不予再审结果告知申请人。

第十条 人民法院采纳再审检察建议启动再审的民事案件,按照《最高人民法院关于适用〈中华人民共和国民事诉讼法〉的解释》第四百零二条第一款第三项、第四项规定的程序开庭审理。有下列情形之一的,人民检察院可以派员出席法庭:

(一)人民检察院认为原案的处理损害国家利益或者社会公共利益的;

(二)人民检察院认为原案存在虚假诉讼的;

(三)人民检察院调查核实的证据需要向法庭出示的;

(四)具有重大社会影响等其他确有出庭必要的。

人民检察院派员出席法庭的,可以参照《最高人民法院关于适用〈中华人民共和国民事诉讼法〉的解释》第四百零二条第一款第二项规定的程序开庭审理。

第十一条 人民法院采纳再审检察建议启动再审的民事案件,应当将再审后作出的判决书、裁定书送交同级人民检察院。调解结案的,书面告知同级人民检察院。

第十二条 人民法院、人民检察院应当建立民事再审检察建议案件共同调解机制,做好民事再审检察建议案件调解和矛盾化解工作。

第十三条 人民法院、人民检察院应当探索建立常态化工作联系机制。对涉及群体性纠纷或者引发社会广泛关注,可能影响社会稳定的案件,以及重大、疑难、复杂、敏感等案件,人民法院、人民检察院在办理过程中,应当加强相互沟通,依法妥善处理。

第十四条 人民法院、人民检察院应当定期开展再审检察建议工作综合分析和通报,推动审判监督和检察监督工作良性互动,提升再审检察建议案件办理质效。

地方各级人民法院、人民检察院在实践中遇到新情况、新问题可先行会商,并将相关问题及应对措施及时层报最高人民法院、最高人民检察院。

最高人民法院关于深入开展虚假诉讼整治工作的意见

2021年11月9日，最高人民法院举行新闻发布会，发布《最高人民法院关于深入开展虚假诉讼整治工作的意见》暨人民法院整治虚假诉讼典型案例。

一、《意见》的起草背景

虚假诉讼败坏社会风气、妨碍公平竞争、损害司法权威、阻碍法治建设，社会影响十分恶劣。党的十八大以来，最高人民法院坚持以习近平新时代中国特色社会主义思想为指导，深入学习贯彻习近平法治思想，坚决贯彻落实党的十八届四中全会关于加大对虚假诉讼、恶意诉讼、无理缠诉行为的惩治力度的要求，多措并举，重拳整治虚假诉讼，主要开展了以下三方面工作：

一是建立健全了整治虚假诉讼的制度机制。针对不同时期虚假诉讼的特点，最高人民法院先后下发房地产调控政策下严格审查各类虚假诉讼的紧急通知，制定防范和制裁虚假诉讼的指导意见、进一步加强虚假诉讼犯罪惩治工作的意见，发布民事诉讼法司法解释、民间借贷司法解释、办理虚假诉讼刑事案件司法解释等规范性文件，指导全国法院积极有序开展虚假诉讼整治工作。

二是查处审理了一大批虚假诉讼案件。2017年至2020年，全国法院共查处虚假诉讼案件1.23万件，在黑龙江鸿基米兰房地产开发有限公司执行异议之诉63件系列虚假诉讼案件中，全部顶格处罚，合计罚款6300万元；共审结涉虚假诉讼刑事案件2079件，案件数量逐年大幅上升，包括林某某勾结公证员诈骗老年人房产"套路贷"涉黑案、虞某某特大"网络套路贷"专案等一系列重大案件，有力保护了人民群众合法权益。

三是探索积累了整治虚假诉讼的有益经验。最高人民法院在全国法院推广立案辅助系统；浙江法院为虚假诉讼当事人建立失信"黑名单"和"黄名单"，给予3至5年信用惩戒；江苏高院研发虚假诉讼智能预警系统，充分利用智慧法院建设成果提升整治质效；北京等地法院通过发布典型案例、邀请人大代表点评等方式，通过小案件讲述大道理，弘扬诉讼诚信。

随着经济社会发展和人民法院整治力度加强，虚假诉讼也呈现出新特点、表现出新花样，为进一步深入整治虚假诉讼，最高人民法院在充分调研、广泛总结实践经验的基础上，根据民法典、刑法、民事诉讼法等规定，制定了《意见》。

二、《意见》的主要内容

《意见》共24条，主要规定了以下六方面内容：

一是明确工作总体要求。《意见》第一条强调，整治虚假诉讼是人民法院肩负的政治责任、法律责任和社会责任，要坚持以习近平新时代中国特色社会主义思想为指导，深入学习贯彻习近平法治思想，不断加大虚假诉讼整治力度，大力弘扬诚实守信的社会主义核心价值观。

二是加强甄别查处。虚假诉讼隐蔽性极强，如何甄别至关重要。《意见》第二条至第四条规定了哪些情形属于虚假诉讼，为认定虚假诉讼提供了"标尺"；总结了虚假诉讼八大特征表现，为甄别虚假诉讼提供了指南；列举了十类常见虚假诉讼，为整治虚假诉讼划出了重点。《意见》第六条至第十条构建了贯穿立案、审判、执行全流程的虚假诉讼整治机制。要加强立案预警，发现涉嫌虚假诉讼的，既要对行为人进行警示提醒，又要对办案人员进行标记提醒，严把案件入口关；加强事实调查，通过依职权调查取证、严查调解协议等方式，严把案件事实关；加强执行审查，重点查处执行异议、复议、参与分配等程序中的虚假诉讼，把好案件出口关，力争不让一个虚假诉讼进来，力保不让一个虚假诉讼出去。

三是整治重点领域虚假诉讼。《意见》第十一条至第十五条规定了执行异议之诉、民间借贷、房屋买卖合同等虚假诉讼易发领域整治工作要求。2017年至2020年，查处执行异议之诉虚假诉讼年均增速高达61.11%。《意见》要求严格审查执行异议之诉全案证据，审慎对待当事人自认，严防当事人恶意串通逃避执行。民间借贷历来是虚假诉讼高发易发领域。2020年共查处虚假民间借贷纠纷案件1772件，占查处的民事虚假诉讼案件的53.09%。《意见》要求严格审查通过循环转账、"断头息"等方式虚构借贷、虚增本金的违法行为，严守民间借贷利率司法保护上限。近年来通过虚假诉讼逃避房屋限购、限售政策的现象有所抬头。《意见》规定，为规避调控政策等非法目的，虚构房屋买卖合同关系提起诉讼的，应当认定合同无效；虚构购房资格参与司法拍卖房产的，应当认定拍卖行为无效。

四是严格刑事追责。《意见》对惩治涉虚假诉讼刑事犯罪提出总体从严、打击重点、刑民协同三方面要求，从严追究虚假诉讼行为人的刑事责任；对群众反映强烈的"套路贷"虚假诉讼违法犯罪保持高压严打态势；在信息沟通、线索移送、查假纠错等方面做好刑民协同，既要打击虚假诉讼，更要依法救济受害人权利。

五是加强队伍建设。打铁必须自身硬。整治虚假诉讼，关键在于造就一支忠诚、干净、担当的法院队伍。《意见》要求，及时组织学习各项经济社会政策，通过案例分析、业务交流、法官培训等形式提高法官甄别查处虚假诉讼的司法能力；严格落实司法责任制，坚持刀刃向内，对参与虚假诉讼的法院工作人员依规依纪严肃处理，对利用职权与他人共同实施虚假诉讼犯罪的法院工作人员，依法从重处罚。

六是开展系统整治。虚假诉讼是社会不诚信现象的集中体现，需要系统治理。《意见》要求各级人民法院加强与各政法单位沟通配合，形成整治合力；充分利用智慧法院建设成果，争取与征信机构的信息数据库对接，探索构建虚假诉讼"黑名单"制度，助力社会信用体系建设；通过以案释法、风险提示等方式加强法治宣传，培育诚实守信的社会风尚。

下一步，最高人民法院为深入整治虚假诉讼还将制定一系列司法解释和司法政策，进一步扎紧制度的笼子，压缩虚假诉讼存在的空间，实现对虚假诉讼标本兼治，为诚信社会、法治国家建设作出应有贡献。

最高人民法院关于深入开展虚假诉讼整治工作的意见

法〔2021〕281号

为进一步加强虚假诉讼整治工作，维护司法秩序、实现司法公正、树立司法权威，保护当事人合法权益，营造公平竞争市场环境，促进社会诚信建设，根据《中华人民共和国民法典》《中华人民共和国刑法》《中华人民共和国民事诉讼法》等规定，结合工作实际，制定本意见。

一、提高思想认识，强化责任担当。整治虚假诉讼工作，是党的十八届四中全会部署的重大任务，是人民法院肩负的政治责任、法律责任和社会责任，对于建设诚信社会、保护群众权利、保障经济发展、维护司法权威、建设法治国家具有重要意义。各级人民法院要坚持以习近平新时代中国特色社会主义思想为指导，深入学习贯彻习近平法治思想，依法贯彻民事诉讼诚实信用原则，坚持制度的刚性，扎紧制度的笼子，压缩虚假诉讼存在的空间，铲除虚假诉讼滋生的土壤，积极引导人民群众依法诚信诉讼，让法安天下、德润人心，大力弘扬诚实守信的社会主义核心价值观。

二、精准甄别查处，依法保护诉权。单独或者与他人恶意串通，采取伪造证据、虚假陈述等手段，捏造民事案件基本事实，虚构民事纠纷，向人民法院提起民事诉讼，损害国家利益、社会公共利益或者他人合法权益，妨害司法秩序的，构成虚假诉讼。向人民法院申请执行基于捏造的事实作出的仲裁裁决、调解书及公证债权文书，在民事执行过程中以捏造的事实对执行标的提出异议、申请参与执行财产分配的，也属于虚假诉讼。诉讼代理人、证人、鉴定人、公证人等与他人串通，共同实施虚假诉讼的，属于虚假诉讼行为人。在整治虚假诉讼的同时，应当依法保护当事人诉权。既要防止以保护当事人诉权为由，放松对虚假诉讼的甄别、查处，又要防止以整治虚假诉讼为由，当立案不立案，损害当事人诉权。

三、把准特征表现，做好靶向整治。各级人民法院要积极总结司法实践经验，准确把握虚假诉讼的特征表现，做到精准施治、靶向整治。对存在下列情形的案件，要高度警惕、严格审查，有效防范虚假诉讼：原告起诉依据的事实、理由不符合常理；诉讼标的额与原告经济状况严重不符；当事人之间存在亲属关系、关联关系等利害关系，诉讼结果可能涉及案外人利益；当事人之间不存在实质性民事权益争议，在诉讼中没有实质性对抗辩论；当事人的自认不符合常理；当事人身陷沉重债务负担却以明显不合理的低价转让财产、以明显不合理的高价受让财产或者放弃财产权利；认定案件事实的证据不足，当事人却主动迅速达成调解协议，请求人民法院制作调解书；当事人亲历案件事实却不能完整准确陈述案件事实或者陈述前后矛盾等。

四、聚焦重点领域，加大整治力度。民间借贷纠纷，执行异议之诉，劳动争议，离婚析产纠纷，诉离婚案件一方当事人的财产纠纷，企业破产纠纷，公司分立（合并）纠纷，涉驰名商标的商标纠纷，涉拆迁的离婚、分家析产、继承、房屋买卖合同纠纷，涉房屋限购和机动车配置指标调控等宏观调控政策的买卖合同、以物抵债纠纷等各类纠纷，是虚假诉讼易发领域。对上述案件，各级人民法院应当重点关注、严格审查，加大整治虚假诉讼工作力度。

五、坚持分类施策，提高整治实效。人民法院认定为虚假诉讼的案件，原告申请撤诉的，不予准许，应当根据民事诉讼法第一百一十二条规定，驳回其诉讼请求。虚假诉讼行为情节恶劣、后果严重或者多次参与虚假诉讼、制造系列虚假诉讼案件的，要加大处罚力度。虚假诉讼侵害他人民事权益的，行为人应当承担赔偿责任。人民法院在办理案件过程中发现虚假诉讼涉嫌犯罪的，应当依法及时将相关材料移送刑事侦查机关；公职人员或者国有企事业单位人员制造、参与虚假诉讼的，应当通报所在单位或者监察机关；律师、基层法律服务工作者、鉴定人、公证人等制造、参与虚假诉讼的，可以向有关行政主管部门、行业协会发出司法建议，督促及时予以行政处罚或者行业惩戒。司法工作人员利用职权参与虚假诉讼的，应当依法从严惩处，构成犯罪的，应当依法从严追究刑事责任。

六、加强立案甄别，做好警示提醒。立案阶段，可以通过立案辅助系统、中国裁判文书网等信息系统检索案件当事人是否有关联案件，核查当事人身份信息。当事人存在多件未结案件、关联案件或者发现其他可能存在虚假诉讼情形的，应当对当事人信息进行重点核实。发现存在虚假诉讼嫌疑的，应当对行为人进行警示提醒，并在办案系统中进行标记，提示审判和执行部门重点关注案件可能存在虚假诉讼风险。

七、坚持多措并举,查明案件事实。审理涉嫌虚假诉讼的案件,在询问当事人之前或者证人作证之前,应当要求当事人、证人签署保证书。保证书应当载明据实陈述、如有虚假陈述愿意接受处罚等内容。负有举证责任的当事人拒绝到庭、拒绝接受询问或者拒绝签署保证书,待证事实又欠缺其他证据证明的,对其主张的事实不予认定。证人拒绝签署保证书的,不得作证,自行承担相关费用。涉嫌通过虚假诉讼损害国家利益、社会公共利益或者他人合法权益的案件,人民法院应当调查收集相关证据,查明案件基本事实。

八、慎查调解协议,确保真实合法。当事人对诉讼标的无实质性争议,主动达成调解协议并申请人民法院出具调解书的,应当审查协议内容是否符合案件基本事实、是否违反法律规定、是否涉及案外人利益、是否规避国家政策。调解协议涉及确权内容的,应当在查明权利归属的基础上决定是否出具调解书。不能仅以当事人可自愿处分民事权益为由,降低对调解协议所涉法律关系真实性、合法性的审查标准,尤其要注重审查调解协议是否损害国家利益、社会公共利益或者他人合法权益。当事人诉前达成调解协议,申请司法确认的,应当着重审查调解协议是否存在违反法律、行政法规强制性规定,违背公序良俗或者侵害国家利益、社会公共利益、他人合法权益等情形;诉前调解协议内容涉及物权、知识产权确权的,应当裁定不予受理,已经受理的,应当裁定驳回申请。

九、严格依法执行,严防虚假诉讼。在执行异议、复议、参与分配等程序中应当加大对虚假诉讼的查处力度。对可能发生虚假诉讼的情形应当重点审查。从诉讼主体、证据与案件事实的关联程度、各证据之间的联系等方面,全面审查案件事实及法律关系的真实性,综合判断是否存在以捏造事实对执行标的提出异议、申请参与分配或者其他导致人民法院错误执行的行为。对涉嫌虚假诉讼的案件,应当传唤当事人、证人到庭,就相关案件事实当庭询问。主动向当事人释明参与虚假诉讼的法律后果,引导当事人诚信诉讼。认定为虚假诉讼的案件,应当裁定不予受理或者驳回申请;已经受理的,应当裁定驳回其请求。

十、加强执行审查,严查虚假非诉法律文书。重点防范依据虚假仲裁裁决、仲裁调解书、公证债权文书等非诉法律文书申请执行行为。在非诉法律文书执行中,当事人存在通过恶意串通、捏造事实等方式取得生效法律文书申请执行嫌疑的,应当依法进行严格实质审查。加大依职权调取证据力度,结合当事人关系、案件事实、仲裁和公证过程等多方面情况审查判断相关法律文书是否存在虚假情形,是否损害国家利益、社会公共利益或者他人合法权益。存在上述情形的,应当依法裁定不予执行,必要时可以向仲裁机构或者公证机关发出司法建议。

十一、加强证据审查,查处虚假执行异议之诉。执行异议之诉是当前虚假诉讼增长较快的领域，要高度重视执行异议之诉中防范和惩治虚假诉讼的重要性、紧迫性。正确分配举证责任，无论是案外人执行异议之诉还是申请执行人执行异议之诉，均应当由案外人就其对执行标的享有足以排除强制执行的民事权益承担举证责任。严格审查全案证据的真实性、合法性、关联性，对涉嫌虚假诉讼的案件，可以通过传唤案外人到庭陈述、通知当事人提交原始证据、依职权调查核实等方式，严格审查案外人权益的真实性、合法性。

十二、厘清法律关系，防止恶意串通逃避执行。执行异议之诉涉及三方当事人之间多个法律关系，利益冲突主要发生在案外人与申请执行人之间，对于被执行人就涉案外人权益相关事实的自认，应当审慎认定。被执行人与案外人具有亲属关系、关联关系等利害关系，诉讼中相互支持，缺乏充分证据证明案外人享有足以排除强制执行的民事权益的，不应支持案外人主张。案外人依据执行标的被查封、扣押、冻结后作出的另案生效确权法律文书，提起执行异议之诉主张排除强制执行的，应当注意审查是否存在当事人恶意串通等事实。

十三、加强甄别查处，防范虚假民间借贷诉讼。民间借贷是虚假诉讼较为活跃的领域，要审慎审查民间借贷案件，依照《最高人民法院关于审理民间借贷案件适用法律若干问题的规定》的有关规定，准确甄别、严格防范、严厉惩治虚假民间借贷诉讼。对涉嫌虚假诉讼的民间借贷案件，当事人主张以现金方式支付大额借款的，应当对出借人现金来源、取款凭证、交付情况等细节事实进行审查，结合出借人经济能力、当地交易习惯、交易过程是否符合常理等事实对借贷关系作出认定。当事人主张通过转账方式支付大额借款的，应当对是否存在"闭环"转账、循环转账、明走账贷款暗现金还款等事实进行审查。负有举证责任的原告无正当理由拒不到庭，经审查现有证据无法确认借贷行为、借贷金额、支付方式等案件基本事实的，对原告主张的事实不予认定。

十四、严查借贷本息，依法整治违法民间借贷。对涉嫌虚假诉讼的民间借贷案件，应当重点审查借贷关系真实性、本金借贷数额和利息保护范围等问题。虚构民间借贷关系，逃避执行、逃废债务的，对原告主张不应支持。通过"断头息"、伪造证据等手段，虚增借贷本金的，应当依据出借人实际出借金额认定借款本金数额。以"罚息""违约金""服务费""中介费""保证金""延期费"等名义从事高利贷的，对于超过法定利率保护上限的利息，不予保护。

十五、严审合同效力，整治虚假房屋买卖诉讼。为逃废债务、逃避执行、获得非法拆迁利益、规避宏观调控政策等非法目的，虚构房屋买卖合同关系提起诉讼的，应当认定合同无效。买受人虚构购房资格参与司法拍卖房产活动且竞拍成功，当事人、利害关系人以违背公序良俗为由主张该拍卖行为无效的，应予支持。买受人虚构购房资格导致拍卖行为无效的，应当依法承担赔偿责任。

十六、坚持查假纠错，依法救济受害人的权利。对涉嫌虚假诉讼的案件，可以通知与案件裁判结果可能存在利害关系的人作为第三人参加诉讼。对查处的虚假诉讼案件，应当依法对虚假诉讼案件生效裁判进行纠错。对造成他人损失的虚假诉讼案件，受害人请求虚假诉讼行为人承担赔偿责任的，应予支持。虚假诉讼行为人赔偿责任大小可以根据其过错大小、情节轻重、受害人损失大小等因素作出认定。

十七、依法认定犯罪，从严追究虚假诉讼刑事责任。虚假诉讼行为符合刑法和司法解释规定的定罪标准的，要依法认定为虚假诉讼罪等罪名，从严追究行为人的刑事责任。实施虚假诉讼犯罪，非法占有他人财产或者逃避合法债务，又构成诈骗罪、职务侵占罪、拒不执行判决、裁定罪、贪污罪等犯罪的，依照处罚较重的罪名定罪并从重处罚。对于多人结伙实施的虚假诉讼共同犯罪中罪责最突出的主犯、有虚假诉讼违法犯罪前科再次实施虚假诉讼犯罪的被告人，要充分体现从严，控制缓刑、免予刑事处罚的适用范围。

十八、保持高压态势，严惩"套路贷"虚假诉讼犯罪。及时甄别、依法严厉打击"套路贷"中的虚假诉讼违法犯罪行为，符合黑恶势力认定标准的，应当依法认定。对于被告人实施"套路贷"违法所得的一切财物，应当予以追缴或者责令退赔，依法保护被害人的财产权利。保持对"套路贷"虚假诉讼违法犯罪的高压严打态势，将依法严厉打击"套路贷"虚假诉讼违法犯罪作为常态化开展扫黑除恶斗争的重要内容，切实维护司法秩序和人民群众合法权益，满足人民群众对公平正义的心理期待。

十九、做好程序衔接，保持刑民协同。经审理认为民事诉讼当事人的行为构成虚假诉讼犯罪的，作出生效刑事裁判的人民法院应当及时函告审理或者执行该民事案件的人民法院。生效刑事裁判认定构成虚假诉讼犯罪的，有关人民法院应当及时依法启动审判监督程序对相关民事判决、裁定、调解书予以纠正。当事人、案外人以生效刑事裁判认定构成虚假诉讼犯罪为由对生效民事判决、裁定、调解书申请再审的，应当依法及时进行审查。

二十、加强队伍建设，提升整治能力。各级人民法院要及时组织法院干警学习掌握中央和地方各项经济社会政策；将甄别和查处虚假诉讼纳入法官培训范围；通过典型案例分析、审判业务交流、庭审观摩等多种形式，提高法官甄别和查处虚假诉讼的司法能力；严格落实司法责任制，对参与虚假诉讼的法院工作人员依规依纪严肃处理，建设忠诚干净担当的人民法院队伍。法院工作人员利用职权与他人共同实施虚假诉讼行为，构成虚假诉讼罪的，依法从重处罚，同时构成其他犯罪的，依照处罚较重的规定定罪并从重处罚。法院工作人员不正确履行职责，玩忽职守，致使虚假诉讼案件进入诉讼程序，导致公共财产、国家和人民利益遭受重大损失，符合刑法规定的犯罪构成要件的，依照玩忽职守罪、执行判决、裁定失职罪等罪名定罪处罚。

二十一、强化配合协调，形成整治合力。各级人民法院要积极探索与人民检察院、公安机关、司法行政机关等职能部门建立完善虚假诉讼案件信息共享机制、虚假诉讼违法犯罪线索移送机制、虚假诉讼刑民交叉案件协调惩治机制、整治虚假诉讼联席会议机制等工作机制；与各政法单位既分工负责，又沟通配合，推动建立信息互联共享、程序有序衔接、整治协调配合、制度共商共建的虚假诉讼整治工作格局。

二十二、探索信用惩戒，助力诚信建设。各级人民法院要积极探索建立虚假诉讼"黑名单"制度。建立虚假诉讼失信人名单信息库，在"立、审、执"环节自动识别虚假诉讼人员信息，对办案人员进行自动提示、自动预警，提醒办案人员对相关案件进行重点审查。积极探索虚假诉讼人员名单向社会公开和信用惩戒机制，争取与征信机构的信息数据库对接，推动社会信用体系建设。通过信用惩戒增加虚假诉讼人员违法成本，积极在全社会营造不敢、不能、不愿虚假诉讼的法治环境，助力诚信社会建设，保障市场经济平稳、有序、高效发展。

二十三、开展普法宣传，弘扬诉讼诚信。各级人民法院要贯彻落实"谁执法谁普法"的普法责任制要求，充分发挥人民法院处于办案一线的优势，深入剖析虚假诉讼典型案例，及时向全社会公布，加大宣传力度，弘扬诚实信用民事诉讼原则，彰显人民法院严厉打击虚假诉讼的决心，增强全社会对虚假诉讼违法行为的防范意识，对虚假诉讼行为形成强大震慑。通过在诉讼服务大厅、诉讼服务网、12368热线、移动微法院等平台和"人民法院民事诉讼风险提示书"等途径，告知诚信诉讼义务，释明虚假诉讼法律责任，引导当事人依法诚信诉讼，让公正司法、全民守法、诚实守信的理念深深植根于人民群众心中。

二十四、本意见自2021年11月10日起施行。

最高人民法院

2021年11月4日

相关负责人就《最高人民法院关于深入开展虚假诉讼整治工作的意见》回答记者提问

2021年11月9日，最高人民法院举行新闻发布会，发布《最高人民法院关于深入开展虚假诉讼整治工作的意见》（以下简称《意见》）暨人民法院整治虚假诉讼典型案例。会上，最高人民法院相关负责人就《意见》回答记者提问。

一、问：虚假诉讼具有很强的隐蔽性，尤其是当事人互相串通、虚构事实、伪造证据等情况时有发生。针对上述问题，《意见》提供了哪些甄别方法？

答：感谢您的提问。确实，这些情况使案件表面上达到事实清楚、证据充分的证明标准，人民法院很难审查出民事法律关系的不真实性。《意见》在广泛总结司法实践经验的基础上，从四个方面对如何甄别虚假诉讼作了规定：一是对什么是虚假诉讼、哪些情形属于虚假诉讼、哪些人属于虚假诉讼行为人作了明确规定，为人民法院认定虚假诉讼提供了准绳；二是总结了原告起诉依据的事实和理由不符合常理、诉讼标的额与原告经济状况严重不符、当事人缺乏实质性对抗辩论、自认不符合常理等八类特征表现，指导法官开展靶向整治；三是归纳了民间借贷纠纷、执行异议之诉、劳动争议、离婚析产纠纷等十类易出现虚假诉讼的案件类型，有助于聚焦重点领域，提高整治质效；四是构建了立、审、执无缝衔接的甄别、提醒机制，充分利用立案辅助系统等信息系统开展甄别预警，发现涉嫌虚假诉讼的，要对审判和执行部门进行标记提醒，对于标记的案件，审判和执行部门要重点审查，严加防范，实现各环节分工协作、有效配合。

二、问：虚假诉讼社会影响十分恶劣，《意见》是如何加大对虚假诉讼的惩治力度的？

答：《意见》坚持从严惩治虚假诉讼的基本原则，主要规定了六方面措施。第一，依法限制撤诉权利。人民法院认定为虚假诉讼的案件，不应准许原告撤诉，应当依法驳回其诉讼请求。第二，明确从重处罚情节。虚假诉讼行为情节恶劣、后果严重或者多次参与虚假诉讼、制造系列虚假诉讼案件的，要加大处罚力度。第三，规定损害赔偿责任。虚假诉讼侵害他人民事权益的，应当承担赔偿责任。刚发布的案例就涉及这一问题。第四，确立整体从严刑事追责原则。从严追究虚假诉讼犯罪人的刑事责任，对虚假诉讼共同犯罪中罪责最突出的主犯、有虚假诉讼违法犯罪前科再次实施虚假诉讼犯罪的被告人，要充分体现从严。第五，加强对公职人员和专业人员的惩治。公职人员制造、参与虚假诉讼的，应当通报所在单位或者监察机关；律师等专业人员制造、参与虚假诉讼的，可通过司法建议督促予以行政处罚或行业惩戒；司法工作人员利用职权参与虚假诉讼构成犯罪的，从严追究刑事责任。第六，加强信用惩戒。2019年以来，浙江宁波法院已发布虚假诉讼"黑名单"252人、13家企业，"黄名单"410人、11家企业，给予3至5年信用惩戒，效果良好。《意见》吸纳这一经验，要求积极探索建立虚假诉讼"黑名单"制度，在全社会营造不敢、不能、不愿虚假诉讼的法治环境。

三、问：请问如何发挥刑事审判的职能作用，加大对虚假诉讼行为的惩治力度？

答：虚假诉讼行为妨害司法秩序，侵害他人合法权益，社会危害十分严重，必须充分发挥刑罚的惩罚和预防犯罪功能，依法追究有关人员刑事责任。《意见》依据刑法和有关司法解释、规范性文件的规定，设置多个专门条文，对虚假诉讼刑事追责的总体原则、打击重点等问题作出了具体性规定。《意见》明确，虚假诉讼行为符合虚假诉讼罪等罪名定罪标准的，要从严追究行为人的刑事责任；法院工作人员利用职权与他人共同实施虚假诉讼，构成虚假诉讼罪的，要依法从重处罚，同时构成其他犯罪的，依照处罚较重的规定定罪并从重处罚。针对实践中虚假诉讼犯罪案件缓刑、免予刑事处罚适用偏多的问题，《意见》强调，对于多人结伙实施的虚假诉讼共同犯罪中罪责最突出的主犯，以及有虚假诉讼违法犯罪前科再次实施虚假诉讼犯罪的被告人，要控制缓刑、免予刑事处罚的适用范围。针对人民群众反映强烈的"套路贷"虚假诉讼问题，《意见》提出，要及时甄别、依法严厉打击"套路贷"中的虚假诉讼违法犯罪行为，符合黑恶势力认定标准的，应当依法认定，保持对"套路贷"虚假诉讼违法犯罪的高压严打态势，切实维护司法秩序和人民群众合法权益，满足人民群众对公平正义的心理期待。

为确保虚假诉讼的法律后果落实到位，《意见》还对如何做好刑事和民事诉讼程序衔接作出了专门规定。虚假诉讼犯罪发生在民事诉讼过程中，对于虚假诉讼犯罪案件处理过程中刑事诉讼与民事诉讼程序的衔接问题，实践中存在争议。2021年3月最高人民法院、最高人民检察院、公安部、司法部联合公布的《关于进一步加强虚假诉讼犯罪惩治工作的意见》设专章对这个问题作出了详细规定。《意见》进一步明确了虚假诉讼刑事案件审理法院与相关民事案件审理法院之间的信息沟通机制，以及有关人民法院及时依法启动审判监督程序纠错的工作要求，要求作出生效虚假诉讼犯罪刑事裁判的人民法院应当及时函告审理或者执行相关民事案件的人民法院；有关人民法院应当及时依法启动审判监督程序，对被生效刑事裁判认定构成虚假诉讼犯罪的相关民事判决、裁定、调解书予以纠正，对于当事人、案外人的再审申请应当依法及时进行审查，做好程序衔接，保持刑民协同。《意见》还规定，人民法院在办理案件过程中发现虚假诉讼涉嫌犯罪的，应当依法及时将相关材料移送刑事侦查机关，确保虚假诉讼犯罪得到及时惩治。

来源：人民法院新闻传媒总社

最高人民法院、最高人民检察院、公安部、司法部印发《关于进一步加强虚假诉讼犯罪惩治工作的意见》（附全文）

近日，最高人民法院、最高人民检察院、公安部、司法部印发《关于进一步加强虚假诉讼犯罪惩治工作的意见》（以下简称《意见》），自2021年3月10日起施行。

党的十八届四中全会通过的《中共中央关于全面推进依法治国若干重大问题的决定》提出，加大对虚假诉讼、恶意诉讼、无理缠诉行为的惩治力度。最高人民法院坚决贯彻落实党中央决策部署，高度重视对虚假诉讼违法犯罪的依法惩治工作，先后制定出台了多个司法解释和规范性文件，其中，2018年9月与最高人民检察院联合出台《关于办理虚假诉讼刑事案件适用法律若干问题的解释》，对刑法规定的虚假诉讼罪的行为特征、定罪量刑标准等作了明确规定。但是，实践中仍然存在虚假诉讼犯罪甄别发现不及时、司法机关查办虚假诉讼刑事案件沟通协作机制不健全、相关民事诉讼与刑事诉讼程序衔接不畅等问题，影响对虚假诉讼犯罪的惩治力度。为进一步贯彻落实党中央决策部署，最高人民法院与最高人民检察院、公安部、司法部共同开展调研，广泛征求各方面意见，形成了《意见》，对建立健全虚假诉讼犯罪惩治配合协作和程序衔接机制、进一步加强虚假诉讼犯罪惩治工作作了具体规定。

《意见》包括总则、虚假诉讼犯罪的甄别和发现、线索移送和案件查处、程序衔接、责任追究、协作机制、附则等七章，共二十九条。《意见》坚持以习近平法治思想为指导，依法从严打击通过虚假诉讼妨害司法秩序或者严重侵害他人合法权益的行为，保护自然人、法人和非法人组织的合法权益，保障人民群众依法行使诉权，同时坚持问题导向，着眼于解决实践中存在的突出问题，为司法实践提供有效指导。

《意见》强调，人民法院、人民检察院、公安机关、司法行政机关应当按照法定职责分工负责、配合协作，加强沟通协调，在履行职责过程中发现可能存在虚假诉讼犯罪的，应当及时相互通报情况，共同防范和惩治虚假诉讼犯罪；探索建立民事裁判文书信息共享机制和信息互通数据平台，综合运用信息化手段发掘虚假诉讼违法犯罪线索，逐步实现虚假诉讼违法犯罪案件信息、数据共享；落实"谁执法谁普法"的普法责任制要求，增强全社会对虚假诉讼违法犯罪的防范意识，震慑虚假诉讼违法犯罪。

《意见》对虚假诉讼犯罪线索移送和案件查处的具体问题作了规定。《意见》明确了人民法院、人民检察院履行职责过程中发现虚假诉讼犯罪线索依法向公安机关进行移送所需书面材料，以及接受案件的公安机关审查后的具体处理方式和相关时限要求。《意见》同时明确，人民检察院依法对公安机关的刑事立案实行监督；人民法院对公安机关的不予立案决定有异议的，可以建议人民检察院进行立案监督。

作为一项重点内容，《意见》对虚假诉讼犯罪相关民事诉讼和刑事诉讼程序的衔接作了有针对性的规定。一是明确人民法院向公安机关移送涉嫌虚假诉讼犯罪案件，民事案件必须以相关刑事案件的审理结果为依据的，应当依法裁定中止诉讼，但刑事案件的审理结果不影响民事诉讼程序正常进行的，民事案件应当继续审理；二是确立了人民法院之间以及侦办虚假诉讼刑事案件的公安机关与办理相关民事案件的人民法院和同级人民检察院之间的信息沟通机制；三是进一步明确了人民检察院针对存在虚假诉讼违法犯罪的已生效民事判决、裁定、调解书提出再审检察建议或者抗诉的条件以及人民法院的相应处理方式；四是为便于公安机关依法行使虚假诉讼犯罪侦查权、人民检察院依法履行民事检察职责，根据已有规范性文件的规定精神，明确公安机关、人民检察院可以依规定拷贝电子卷或者查阅、复制、摘录人民法院的民事诉讼卷宗，人民法院予以配合。

针对极少数司法工作人员、律师等参与虚假诉讼问题，《意见》规定了对上述人员进行责任追究的总体原则。《意见》强调，对于司法工作人员利用职权参与虚假诉讼的，必须坚持刀刃向内，依照法律法规从严处理，构成犯罪的，依法从严追究刑事责任；律师、基层法律服务工作者、司法鉴定人、公证员、鉴定员利用职务之便参与虚假诉讼的，依照有关规定从严追究法律责任。《意见》还明确，人民法院向公安机关移送涉嫌虚假诉讼犯罪案件有关材料前，可以先行采取罚款、拘留等对妨害民事诉讼的强制措施，引导相关人民法院进一步明确思想认识，及时对实施虚假诉讼的民事诉讼当事人、其他诉讼参与人采取强制措施。

此外，《意见》还就刑法第三百零七条之一第一款中"提起民事诉讼"的外延、民事案件审理过程中虚假诉讼犯罪的甄别和发现等内容作了规定。

最高人民法院　最高人民检察院　公安部　司法部关于进一步加强虚假诉讼犯罪惩治工作的意见

法发〔2021〕10号

第一章　总则

第一条　为了进一步加强虚假诉讼犯罪惩治工作，维护司法公正和司法权威，保护自然人、法人和非法人组织的合法权益，促进社会诚信建设，根据《中华人民共和国刑法》《中华人民共和国刑事诉讼法》《中华人民共和国民事诉讼法》和《最高人民法院、最高人民检察院关于办理虚假诉讼刑事案件适用法律若干问题的解释》等规定，结合工作实际，制定本意见。

第二条　本意见所称虚假诉讼犯罪，是指行为人单独或者与他人恶意串通，采取伪造证据、虚假陈述等手段，捏造民事案件基本事实，虚构民事纠纷，向人民法院提起民事诉讼，妨害司法秩序或者严重侵害他人合法权益，依照法律应当受刑罚处罚的行为。

第三条　人民法院、人民检察院、公安机关、司法行政机关应当按照法定职责分工负责、配合协作，加强沟通协调，在履行职责过程中发现可能存在虚假诉讼犯罪的，应当及时相互通报情况，共同防范和惩治虚假诉讼犯罪。

第二章　虚假诉讼犯罪的甄别和发现

第四条　实施《最高人民法院、最高人民检察院关于办理虚假诉讼刑事案件适用法律若干问题的解释》第一条第一款、第二款规定的捏造事实行为，并有下列情形之一的，应当认定为刑法第三百零七条之一第一款规定的"以捏造的事实提起民事诉讼"：

（一）提出民事起诉的；

（二）向人民法院申请宣告失踪、宣告死亡，申请认定公民无民事行为能力、限制民事行为能力，申请认定财产无主，申请确认调解协议，申请实现担保物权，申请支付令，申请公示催告的；

（三）在民事诉讼过程中增加独立的诉讼请求、提出反诉，有独立请求权的第三人提出与本案有关的诉讼请求的；

（四）在破产案件审理过程中申报债权的；

（五）案外人申请民事再审的；

（六）向人民法院申请执行仲裁裁决、公证债权文书的；

（七）案外人在民事执行过程中对执行标的提出异议，债权人在民事执行过程中申请参与执行财产分配的；

（八）以其他手段捏造民事案件基本事实，虚构民事纠纷，提起民事诉讼的。

第五条 对于下列虚假诉讼犯罪易发的民事案件类型，人民法院、人民检察院在履行职责过程中应当予以重点关注：

（一）民间借贷纠纷案件；

（二）涉及房屋限购、机动车配置指标调控的以物抵债案件；

（三）以离婚诉讼一方当事人为被告的财产纠纷案件；

（四）以已经资不抵债或者已经被作为被执行人的自然人、法人和非法人组织为被告的财产纠纷案件；

（五）以拆迁区划范围内的自然人为当事人的离婚、分家析产、继承、房屋买卖合同纠纷案件；

（六）公司分立、合并和企业破产纠纷案件；

（七）劳动争议案件；

（八）涉及驰名商标认定的案件；

（九）其他需要重点关注的民事案件。

第六条 民事诉讼当事人有下列情形之一的，人民法院、人民检察院在履行职责过程中应当依法严格审查，及时甄别和发现虚假诉讼犯罪：

（一）原告起诉依据的事实、理由不符合常理，存在伪造证据、虚假陈述可能的；

（二）原告诉请司法保护的诉讼标的额与其自身经济状况严重不符的；

（三）在可能影响案外人利益的案件中，当事人之间存在近亲属关系或者关联企业等共同利益关系的；

（四）当事人之间不存在实质性民事权益争议和实质性诉辩对抗的；

（五）一方当事人对于另一方当事人提出的对其不利的事实明确表示承认，且不符合常理的；

（六）认定案件事实的证据不足，但双方当事人主动迅速达成调解协议，请求人民法院制作调解书的；

（七）当事人自愿以价格明显不对等的财产抵付债务的；

（八）民事诉讼过程中存在其他异常情况的。

第七条 民事诉讼代理人、证人、鉴定人等诉讼参与人有下列情形之一的，人民法院、人民检察院在履行职责过程中应当依法严格审查，及时甄别和发现虚假诉讼犯罪：

（一）诉讼代理人违规接受对方当事人或者案外人给付的财物或者其他利益，与对方当事人或者案外人恶意串通，侵害委托人合法权益的；

（二）故意提供虚假证据，指使、引诱他人伪造、变造证据，提供虚假证据或者隐匿、毁灭证据的；

（三）采取其他不正当手段干扰民事诉讼活动正常进行的。

第三章 线索移送和案件查处

第八条 人民法院、人民检察院、公安机关发现虚假诉讼犯罪的线索来源包括：

（一）民事诉讼当事人、诉讼代理人和其他诉讼参与人、利害关系人、其他自然人、法人和非法人组织的报案、控告、举报和法律监督申请；

（二）被害人有证据证明对被告人通过实施虚假诉讼行为侵犯自己合法权益的行为应当依法追究刑事责任，且有证据证明曾经提出控告，而公安机关或者人民检察院不予追究被告人刑事责任，向人民法院提出的刑事自诉；

（三）人民法院、人民检察院、公安机关、司法行政机关履行职责过程中主动发现；

（四）有关国家机关移送的案件线索；

（五）其他线索来源。

第九条 虚假诉讼刑事案件由相关虚假民事诉讼案件的受理法院所在地或者执行法院所在地人民法院管辖。有刑法第三百零七条之一第四款情形的，上级人民法院可以指定下级人民法院将案件移送其他人民法院审判。

前款所称相关虚假民事诉讼案件的受理法院，包括该民事案件的一审、二审和再审法院。

虚假诉讼刑事案件的级别管辖，根据刑事诉讼法的规定确定。

第十条 人民法院、人民检察院向公安机关移送涉嫌虚假诉讼犯罪案件，应当附下列材料：

（一）案件移送函，载明移送案件的人民法院或者人民检察院名称、民事案件当事人名称和案由、所处民事诉讼阶段、民事案件办理人及联系电话等。案件移送函应当附移送材料清单和回执，经人民法院或者人民检察院负责人批准后，加盖人民法院或者人民检察院公章。

（二）移送线索的情况说明，载明案件来源、当事人信息、涉嫌虚假诉讼犯罪的事实、法律依据等，并附相关证据材料。

（三）与民事案件有关的诉讼材料，包括起诉书、答辩状、庭审笔录、调查笔录、谈话笔录等。

人民法院、人民检察院应当指定专门职能部门负责涉嫌虚假诉讼犯罪案件的移送。

人民法院将涉嫌虚假诉讼犯罪案件移送公安机关的，同时将有关情况通报同级人民检察院。

第十一条　人民法院、人民检察院认定民事诉讼当事人和其他诉讼参与人的行为涉嫌虚假诉讼犯罪，除民事诉讼当事人、其他诉讼参与人或者案外人的陈述、证言外，一般还应有物证、书证或者其他证人证言等证据相印证。

第十二条　人民法院、人民检察院将涉嫌虚假诉讼犯罪案件有关材料移送公安机关的，接受案件的公安机关应当出具接受案件的回执或者在案件移送函所附回执上签收。

公安机关收到有关材料后，分别作出以下处理：

（一）认为移送的案件材料不全的，应当在收到有关材料之日起三日内通知移送的人民法院或者人民检察院在三日内补正。不得以材料不全为由不接受移送案件。

（二）认为有犯罪事实，需要追究刑事责任的，应当在收到有关材料之日起三十日内决定是否立案，并通知移送的人民法院或者人民检察院。

（三）认为有犯罪事实，但是不属于自己管辖的，应当立即报经县级以上公安机关负责人批准，在二十四小时内移送有管辖权的机关处理，并告知移送的人民法院或者人民检察院。对于必须采取紧急措施的，应当先采取紧急措施，然后办理手续，移送主管机关。

（四）认为没有犯罪事实，或者犯罪情节显著轻微不需要追究刑事责任的，或者具有其他依法不追究刑事责任情形的，经县级以上公安机关负责人批准，不予立案，并应当说明理由，制作不予立案通知书在三日内送达移送的人民法院或者人民检察院，退回有关材料。

第十三条　人民检察院依法对公安机关的刑事立案实行监督。

人民法院对公安机关的不予立案决定有异议的，可以建议人民检察院进行立案监督。

第四章　程序衔接

第十四条　人民法院向公安机关移送涉嫌虚假诉讼犯罪案件，民事案件必须以相关刑事案件的审理结果为依据的，应当依照民事诉讼法第一百五十条第一款第五项的规定裁定中止诉讼。刑事案件的审理结果不影响民事诉讼程序正常进行的，民事案件应当继续审理。

第十五条　刑事案件裁判认定民事诉讼当事人的行为构成虚假诉讼犯罪，相关民事案件尚在审理或者执行过程中的，作出刑事裁判的人民法院应当及时函告审理或者执行该民事案件的人民法院。

人民法院对于与虚假诉讼刑事案件的裁判存在冲突的已经发生法律效力的民事判决、裁定、调解书，应当及时依法启动审判监督程序予以纠正。

第十六条　公安机关依法自行立案侦办虚假诉讼刑事案件的，应当在立案后三日内将立案决定书等法律文书和相关材料复印件抄送对相关民事案件正在审理、执行或者作出生效裁判文书的人民法院并说明立案理由，同时通报办理民事案件人民法院的同级人民检察院。对相关民事案件正在审理、执行或者作出生效裁判文书的人民法院应当依法审查，依照相关规定作出处理，并在收到材料之日起三十日内将处理意见书面通报公安机关。

公安机关在办理刑事案件过程中，发现犯罪嫌疑人还涉嫌实施虚假诉讼犯罪的，可以一并处理。需要逮捕犯罪嫌疑人的，由侦查该案件的公安机关提请同级人民检察院审查批准；需要提起公诉的，由侦查该案件的公安机关移送同级人民检察院审查决定。

第十七条　有管辖权的公安机关接受民事诉讼当事人、诉讼代理人和其他诉讼参与人、利害关系人、其他自然人、法人和非法人组织的报案、控告、举报或者在履行职责过程中发现存在虚假诉讼犯罪嫌疑的，可以开展调查核实工作。经县级以上公安机关负责人批准，公安机关可以依照有关规定拷贝电子卷或者查阅、复制、摘录人民法院的民事诉讼卷宗，人民法院予以配合。

公安机关在办理刑事案件过程中，发现犯罪嫌疑人还涉嫌实施虚假诉讼犯罪的，适用前款规定。

第十八条　人民检察院发现已经发生法律效力的判决、裁定、调解书系民事诉讼当事人通过虚假诉讼获得的，应当依照民事诉讼法第二百零八条第一款、第二款等法律和相关司法解释的规定，向人民法院提出再审检察建议或者抗诉。

第十九条　人民法院对人民检察院依照本意见第十八条的规定提出再审检察建议或者抗诉的民事案件，应当依照民事诉讼法等法律和相关司法解释的规定处理。按照审判监督程序决定再审、需要中止执行的，裁定中止原判决、裁定、调解书的执行。

第二十条　人民检察院办理民事诉讼监督案件过程中，发现存在虚假诉讼犯罪嫌疑的，可以向民事诉讼当事人或者案外人调查核实有关情况。有关单位和个人无正当理由拒不配合调查核实、妨害民事诉讼的，人民检察院可以建议有关人民法院依照民事诉讼法第一百一十一条第一款第五项等规定处理。

人民检察院针对存在虚假诉讼犯罪嫌疑的民事诉讼监督案件依照有关规定调阅人民法院的民事诉讼卷宗的，人民法院予以配合。通过拷贝电子卷、查阅、复制、摘录等方式能够满足办案需要的，可以不调阅诉讼卷宗。

人民检察院发现民事诉讼监督案件存在虚假诉讼犯罪嫌疑的，可以听取人民法院原承办人的意见。

第二十一条　对于存在虚假诉讼犯罪嫌疑的民事案件，人民法院可以依职权调查收集证据。

当事人自认的事实与人民法院、人民检察院依职权调查并经审理查明的事实不符的，人民法院不予确认。

第五章　责任追究

第二十二条　对于故意制造、参与虚假诉讼犯罪活动的民事诉讼当事人和其他诉讼参与人，人民法院应当加大罚款、拘留等对妨害民事诉讼的强制措施的适用力度。

民事诉讼当事人、其他诉讼参与人实施虚假诉讼，人民法院向公安机关移送案件有关材料前，可以依照民事诉讼法的规定先行予以罚款、拘留。

对虚假诉讼刑事案件被告人判处罚金、有期徒刑或者拘役的，人民法院已经依照民事诉讼法的规定给予的罚款、拘留，应当依法折抵相应罚金或者刑期。

第二十三条　人民检察院可以建议人民法院依照民事诉讼法的规定，对故意制造、参与虚假诉讼的民事诉讼当事人和其他诉讼参与人采取罚款、拘留等强制措施。

第二十四条　司法工作人员利用职权参与虚假诉讼的，应当依照法律法规从严处理；构成犯罪的，依法从严追究刑事责任。

第二十五条　司法行政机关、相关行业协会应当加强对律师、基层法律服务工作者、司法鉴定人、公证员、仲裁员的教育和管理，发现上述人员利用职务之便参与虚假诉讼的，应当依照规定进行行政处罚或者行业惩戒；构成犯罪的，依法移送司法机关处理。律师、基层法律服务工作者、司法鉴定人、公证员、仲裁员利用职务之便参与虚假诉讼的，依照有关规定从严追究法律责任。

人民法院、人民检察院、公安机关在办理案件过程中，发现律师、基层法律服务工作者、司法鉴定人、公证员、仲裁员利用职务之便参与虚假诉讼，尚未构成犯罪的，可以向司法行政机关、相关行业协会或者上述人员所在单位发出书面建议。司法行政机关、相关行业协会或者上述人员所在单位应当在收到书面建议之日起三个月内作出处理决定，并书面回复作出书面建议的人民法院、人民检察院或者公安机关。

第六章　协作机制

第二十六条　人民法院、人民检察院、公安机关、司法行政机关探索建立民事判决、裁定、调解书等裁判文书信息共享机制和信息互通数据平台，综合运用信息化手段发掘虚假诉讼违法犯罪线索，逐步实现虚假诉讼违法犯罪案件信息、数据共享。

第二十七条　人民法院、人民检察院、公安机关、司法行政机关落实"谁执法谁普法"的普法责任制要求，通过定期开展法治宣传、向社会公开发布虚假诉讼典型案例、开展警示教育等形式，增强全社会对虚假诉讼违法犯罪的防范意识，震慑虚假诉讼违法犯罪。

第七章 附则

第二十八条 各省、自治区、直辖市高级人民法院、人民检察院、公安机关、司法行政机关可以根据本地区实际情况，制定实施细则。

第二十九条 本意见自2021年3月10日起施行。

最高人民法院 最高人民检察院 公安部 司法部
2021年3月4日

来源：最高人民法院

最高人民法院、最高人民检察院关于办理虚假诉讼刑事案件适用法律若干问题的解释

（法释〔2018〕17号）

（2018年1月25日最高人民法院审判委员会第1732次会议、2018年6月13日最高人民检察院第十三届检察委员会第二次会议通过，自2018年10月1日起施行）

为依法惩治虚假诉讼犯罪活动，维护司法秩序，保护公民、法人和其他组织合法权益，根据《中华人民共和国刑法》《中华人民共和国刑事诉讼法》《中华人民共和国民事诉讼法》等法律规定，现就办理此类刑事案件适用法律的若干问题解释如下：

第一条　采取伪造证据、虚假陈述等手段，实施下列行为之一，捏造民事法律关系，虚构民事纠纷，向人民法院提起民事诉讼的，应当认定为刑法第三百零七条之一第一款规定的"以捏造的事实提起民事诉讼"：

（一）与夫妻一方恶意串通，捏造夫妻共同债务的；

（二）与他人恶意串通，捏造债权债务关系和以物抵债协议的；

（三）与公司、企业的法定代表人、董事、监事、经理或者其他管理人员恶意串通，捏造公司、企业债务或者担保义务的；

（四）捏造知识产权侵权关系或者不正当竞争关系的；

（五）在破产案件审理过程中申报捏造的债权的；

（六）与被执行人恶意串通，捏造债权或者对查封、扣押、冻结财产的优先权、担保物权的；

（七）单方或者与他人恶意串通，捏造身份、合同、侵权、继承等民事法律关系的其他行为。

隐瞒债务已经全部清偿的事实，向人民法院提起民事诉讼，要求他人履行债务的，以"以捏造的事实提起民事诉讼"论。

向人民法院申请执行基于捏造的事实作出的仲裁裁决、公证债权文书，或者在民事执行过程中以捏造的事实对执行标的提出异议、申请参与执行财产分配的，属于刑法第三百零七条之一第一款规定的"以捏造的事实提起民事诉讼"。

第二条 以捏造的事实提起民事诉讼，有下列情形之一的，应当认定为刑法第三百零七条之一第一款规定的"妨害司法秩序或者严重侵害他人合法权益"：

（一）致使人民法院基于捏造的事实采取财产保全或者行为保全措施的；

（二）致使人民法院开庭审理，干扰正常司法活动的；

（三）致使人民法院基于捏造的事实作出裁判文书、制作财产分配方案，或者立案执行基于捏造的事实作出的仲裁裁决、公证债权文书的；

（四）多次以捏造的事实提起民事诉讼的；

（五）曾因以捏造的事实提起民事诉讼被采取民事诉讼强制措施或者受过刑事追究的；

（六）其他妨害司法秩序或者严重侵害他人合法权益的情形。

第三条 以捏造的事实提起民事诉讼，有下列情形之一的，应当认定为刑法第三百零七条之一第一款规定的"情节严重"：

（一）有本解释第二条第一项情形，造成他人经济损失一百万元以上的；

（二）有本解释第二条第二项至第四项情形之一，严重干扰正常司法活动或者严重损害司法公信力的；

（三）致使义务人自动履行生效裁判文书确定的财产给付义务或者人民法院强制执行财产权益，数额达到一百万元以上的；

（四）致使他人债权无法实现，数额达到一百万元以上的；

（五）非法占有他人财产，数额达到十万元以上的；

（六）致使他人因为不执行人民法院基于捏造的事实作出的判决、裁定，被采取刑事拘留、逮捕措施或者受到刑事追究的；

（七）其他情节严重的情形。

第四条 实施刑法第三百零七条之一第一款行为，非法占有他人财产或者逃避合法债务，又构成诈骗罪，职务侵占罪，拒不执行判决、裁定罪，贪污罪等犯罪的，依照处罚较重的规定定罪从重处罚。

第五条 司法工作人员利用职权，与他人共同实施刑法第三百零七条之一前三款行为的，从重处罚；同时构成滥用职权罪，民事枉法裁判罪，执行判决、裁定滥用职权罪等犯罪的，依照处罚较重的规定定罪从重处罚。

第六条 诉讼代理人、证人、鉴定人等诉讼参与人与他人通谋，代理提起虚假民事诉讼、故意作虚假证言或者出具虚假鉴定意见，共同实施刑法第三百零七条之一前三款行为的,依照共同犯罪的规定定罪处罚;同时构成妨害作证罪、帮助毁灭、伪造证据罪等犯罪的,依照处罚较重的规定定罪从重处罚。

第七条 采取伪造证据等手段篡改案件事实,骗取人民法院裁判文书,构成犯罪的,依照刑法第二百八十条、第三百零七条等规定追究刑事责任。

第八条 单位实施刑法第三百零七条之一第一款行为的,依照本解释规定的定罪量刑标准,对其直接负责的主管人员和其他直接责任人员定罪处罚,并对单位判处罚金。

第九条 实施刑法第三百零七条之一第一款行为,未达到情节严重的标准,行为人系初犯,在民事诉讼过程中自愿具结悔过,接受人民法院处理决定,积极退赃、退赔的,可以认定为犯罪情节轻微,不起诉或者免予刑事处罚;确有必要判处刑罚的,可以从宽处罚。

司法工作人员利用职权,与他人共同实施刑法第三百零七条之一第一款行为的,对司法工作人员不适用本条第一款规定。

第十条 虚假诉讼刑事案件由虚假民事诉讼案件的受理法院所在地或者执行法院所在地人民法院管辖。有刑法第三百零七条之一第四款情形的,上级人民法院可以指定下级人民法院将案件移送其他人民法院审判。

第十一条 本解释所称裁判文书,是指人民法院依照民事诉讼法、企业破产法等民事法律作出的判决、裁定、调解书、支付令等文书。

第十二条 本解释自2018年10月1日起施行。

最高人民法院刑四庭负责人就虚假诉讼刑事案件司法解释答记者问

为依法惩治虚假诉讼犯罪活动，2018年1月25日最高人民法院审判委员会第1732次会议、2018年6月13日最高人民检察院第十三届检察委员会第二次会议分别通过了《最高人民法院、最高人民检察院关于办理虚假诉讼刑事案件适用法律若干问题的解释》（以下简称《解释》），自2018年10月1日起施行。最高人民法院刑四庭负责人就《解释》涉及的主要问题，回答了记者提问。

问：请介绍《解释》的出台背景和起草经过？

答：近年来，随着人民群众法律意识和法治观念的不断增强，公民、法人和其他组织之间发生民事纠纷后，选择向人民法院提起民事诉讼，通过法律途径保护权利、定分止争，成为解决民事纠纷、维护自身权益的重要途径。为保护公民、法人和其他组织依法行使诉权，人民法院自2015年5月起全面实行立案登记制改革。在多种因素的共同作用下，各级人民法院受理的民商事案件数量大幅增长。与此同时，部分个人和单位出于种种目的，故意捏造事实向人民法院提起虚假民事诉讼，意图骗取人民法院生效裁判文书，牟取不正当利益。此类行为不仅严重侵害他人合法权益，同时也扰乱了正常的诉讼秩序，损害了司法权威。在极少数民商事案件中，司法工作人员和当事人恶意串通，共同实施虚假诉讼违法犯罪行为，以达到帮助他人逃避合法债务、非法确认驰名商标、规避商品房或机动车限购政策等不正当目的，造成了恶劣影响。

十八届四中全会通过的《中共中央关于全面推进依法治国若干重大问题的决定》明确提出，加大对虚假诉讼的惩治力度。实践中，虚假诉讼违法犯罪行为方式复杂多样，需要运用民事、刑事等多种手段进行综合惩治。2012年修订的民事诉讼法第一百一十二条和第一百一十三条规定："当事人之间恶意串通，企图通过诉讼、调解等方式侵害他人合法权益的，人民法院应当驳回其请求，并根据情节轻重予以罚款、拘留；构成犯罪的，依法追究刑事责任。被执行人与他人恶意串通，通过诉讼、仲裁、调解等方式逃避履行法律文书确定的义务的，人民法院应当根据情节轻重予以罚款、拘留；构成犯罪的，依法追究刑事责任。"上述条款针对虚假诉讼犯罪行为的定罪处罚设置了指引性规定，但是，当时的刑法条文中尚无相应的虚假诉讼罪名。2015年11月1日起施行的《刑法修正案（九）》增设了虚假诉讼罪，刑法第三百零七条之一第一款规定："以捏造的事实提起民事诉讼，妨害司法秩序或者严重侵害他人合法权益的，处三年以下有期徒刑、拘役或者管制，并处或者单处罚金；情节严重的，处三年以上七年以下有期徒刑，并处罚金。"第二款至第四款还对单位犯罪、数罪竞合的处理和司法工作人员犯该罪的处罚原则等作出了规定。但是，由于缺乏明确具体的认定标准，司法机关运用刑罚武器惩罚虚假诉讼犯罪人仍然存在一定困难，迫切需要出台配套司法解释。最高人民法院、最高人民检察院经过深入调研和广泛征求意见，结合司法工作实际，制定了《解释》。《解释》的出台，对于依法惩治虚假诉讼犯罪活动，维护司法秩序，保护公民、法人和其他组织合法权益，具有重要的理论和实践意义。

问：《解释》起草过程中有哪些基本原则和总体考虑？

答：《解释》起草过程中，主要有以下几个方面的原则和考虑。

第一，严格遵循罪刑法定原则。根据刑法规定，法律明文规定为犯罪行为的，依照法律定罪处刑；法律没有明文规定为犯罪行为的，不得定罪处刑。《解释》属于对刑法条文含义和适用标准的具体阐释，不能超出刑法的规定范围，对虚假诉讼犯罪行为的界定和确定的定罪量刑标准等内容，必须以刑法的规定为依据。另外，实践中虚假诉讼违法犯罪行为呈现多发态势，在民事诉讼和行政诉讼中均有发生。但是，根据刑法规定，虚假诉讼犯罪行为表现为"以捏造的事实提起民事诉讼"，即虚假诉讼罪仅适用于民事诉讼领域。对于实践中出现的以捏造的事实提起行政诉讼的行为，不能以虚假诉讼罪定罪处刑。

第二，依法保护人民群众的合法诉权。诉权是人民群众享有的在其权益受到侵犯或者与他人发生争执时，依法提起诉讼，请求人民法院给予诉讼救济的权利，是法律赋予当事人的一项基本权利。依法惩治虚假诉讼犯罪行为，不能侵害人民群众依法享有的诉权，否则就偏离了刑事立法的初衷。为依法保护人民群众的合法诉权，《解释》起草过程中着重解决了以下三个方面问题。首先，明确定罪量刑标准，对于什么是虚假诉讼犯罪行为、什么情况下可以认定为虚假诉讼罪，给予人民群众明确的行为预期和规范指引。其次，明确规制对象，确定适当的处罚范围，将刑法规定的虚假诉讼罪限定为"无中生有型"捏造事实行为。最后，注意与民事诉讼法相关规定的衔接，将定罪标准确定为立案后人民法院采取保全措施、开庭审理或者作出裁判文书等程序节点，确保对大部分虚假诉讼违法行为通过罚款、司法拘留等民事诉讼强制措施予以处罚，只有达到定罪标准的才判处刑罚，形成民事处罚和刑事惩罚手段的层次递进关系，防止刑事打击面过广。

第三，立足司法实际，突出打击重点。《解释》从司法实际出发，立足于重点打击严重危害诉讼秩序、侵害他人合法权益的虚假诉讼犯罪行为，对实践中常见多发、人民群众反映强烈的六种典型的虚假诉讼犯罪行为作出了列举式规定，并设置了兜底性条款。另外，针对实践中争议较大的民事执行程序是否属于虚假诉讼罪中的"民事诉讼"，《解释》也作出了明确规定。

第四，坚持宽严相济原则。宽严相济刑事政策不仅是立法政策，也是司法政策，要求区别对待不同犯罪，做到该宽则宽，当严则严，宽严相济，罚当其罪。2016年11月"两高三部"《关于在部分地区开展刑事案件认罪认罚从宽制度试点工作的办法》对于犯罪嫌疑人和被告人认罪认罚从宽作出了明确规定。《解释》明确，对于实施了虚假诉讼犯罪行为但未达到情节严重标准的犯罪人，如果系初犯，在民事诉讼过程中自愿具结悔过，接受人民法院处理决定，积极退赃、退赔的，可以认定为犯罪情节轻微，不起诉或者免予刑事处罚；确有必要判处刑罚的，可以从宽处罚。另外，考虑到司法工作人员利用职权与他人串通实施虚假诉讼犯罪行为的严重危害性，《解释》同时规定，对其中的司法工作人员，不适用上述认罪认罚从宽的规定。

问：《解释》对刑法规定的虚假诉讼犯罪行为是如何界定的？

答：如何界定刑法规定的虚假诉讼犯罪行为，即如何理解刑法规定的虚假诉讼罪的罪状"以捏造的事实提起民事诉讼"，是《解释》需要重点解决的问题之一。《解释》明确，单方或者与他人恶意串通，采取伪造证据、虚假陈述等手段，捏造民事法律关系，虚构民事纠纷，向人民法院提起民事诉讼的，属于刑法规定的虚假诉讼犯罪行为。对此，实践中需要注意把握以下几个问题。

第一，虚假诉讼犯罪仅限于"无中生有型"行为，即凭空捏造根本不存在的民事法律关系和因该民事法律关系产生民事纠纷的情形。如果存在真实的民事法律关系，行为人采取伪造证据等手段篡改案件事实，向人民法院提起民事诉讼的，不能认定为虚假诉讼罪，构成犯罪的，可以以伪造公司、企业、事业单位、人民团体印章罪或者妨害作证罪等罪名追究其刑事责任。捏造事实既可以是积极行为，也可以是特定形式的消极行为。行为人隐瞒他人已经全部清偿债务的事实，向人民法院提起民事诉讼，要求对方履行债务的，也可以构成虚假诉讼罪。

第二，虚假诉讼犯罪行为的具体实施方式可以表现为"单方欺诈型"和"恶意串通型"。刑法中的虚假诉讼犯罪行为与民事诉讼法第一百一十二条、第一百一十三条规定的虚假诉讼行为并不完全等同,除了当事人双方恶意串通之外,一方当事人以捏造的事实提起民事诉讼,意图使对方当事人败诉,以达到非法占有对方财产等目的的,也可以构成虚假诉讼罪。

第三,民事执行程序属于虚假诉讼罪中的"民事诉讼"。以捏造的事实申请人民法院进行民事执行,同样可能妨害司法秩序和严重侵害他人合法权益,需要采取刑事手段予以规制。实践中存在的向人民法院申请执行基于捏造的事实作出的仲裁裁决、公证债权文书,或者在民事执行过程中以捏造的事实对执行标的提出异议、申请参与执行财产分配,均可以构成虚假诉讼罪。

第四,为了突出打击重点,方便司法实践中正确适用和准确把握虚假诉讼罪,《解释》对实践中常见多发的夫妻债务认定、以物抵债、公司债务、知识产权侵权和不正当竞争、企业破产、民事执行等类型案件中捏造民事法律关系的行为作了列举式规定,并在兜底条款中对捏造民事法律关系的行为应当如何界定作了进一步明确。这种规定方式属于不完全列举。从理论上讲,虚假诉讼犯罪行为可能存在于几乎所有类型的民商事案件中。实践中,需要根据刑法和《解释》的规定予以正确理解,准确适用。

问:《解释》对虚假诉讼罪的定罪量刑标准是如何规定的?

答:根据刑法规定,妨害司法秩序和严重侵害他人合法权益均属于虚假诉讼罪的成立条件,具备其一即可构成犯罪。但是,实践中,妨害司法秩序和严重侵害他人合法权益难以截然分开,需要统筹考虑、综合把握。《解释》在总结司法工作经验的基础上,明确以捏造的事实提起民事诉讼,致使人民法院采取保全措施,或者开庭审理、干扰正常司法活动,或者作出裁判文书、制作财产分配方案、立案执行仲裁裁决和公证债权文书的,应当以虚假诉讼罪定罪处罚。另外,根据主客观相统一原则,确定被告人的刑事责任和决定执行的刑罚,既要考虑行为的客观危害性,又要考察其主观恶性和人身危险性。《解释》明确,虽然不具备上述情形,但行为人具有虚假诉讼违法犯罪前科,或者多次实施虚假诉讼行为的,也应认定为虚假诉讼罪。明确上述定罪标准,有利于合理确定刑法的规制范围,并与民事诉讼法的相关规定保持协调衔接。

根据刑法规定,虚假诉讼罪适用第二档法定刑的条件为"情节严重"。从逻辑关系上讲,此处的"情节严重",应当同时包括妨害司法秩序情节严重和严重侵害他人合法权益情节严重两种情形。《解释》充分考虑上述两种情况,明确规定了适用第二档法定刑的六种具体情形。考虑到实践中的情况千差万别,难以作出穷尽规定,《解释》还对定罪量刑标准设置了兜底性条款。

问：如何确定虚假诉讼刑事案件的地域管辖？

答：根据刑事诉讼法的规定，刑事案件由犯罪地的人民法院管辖，如果由被告人居住地的人民法院审判更为适宜的，可以由被告人居住地的人民法院管辖。其中，犯罪地包括犯罪行为发生地和犯罪结果发生地。实践中，在多个人民法院对虚假诉讼刑事案件都有管辖权的情况下，有可能出现争夺或者推诿管辖权的现象，还有可能出现虚假民事诉讼案件与刑事案件的审判法院不一致的情况。这种情况下，由于相关案件材料集中在虚假民事诉讼的审判法院，刑事案件的侦办机关需要异地调查取证和固定案件证据，办案成本和处理难度将大大增加。更为重要的是，少数民事诉讼案件中的被告方为了避免败诉的结果，有可能向异地司法机关报案，称原告方存在虚假诉讼犯罪嫌疑，要求异地司法机关立案侦查，从而达到阻碍民事诉讼正常进行、避免己方败诉的不正当目的。这种情况在实践中时有发生，应当引起重视。《解释》对虚假诉讼刑事案件的地域管辖作了进一步明确，虚假诉讼刑事案件由虚假民事诉讼案件的受理法院所在地或者执行法院所在地的人民法院管辖。由同地司法机关统一处理虚假民事诉讼案件和刑事案件，有利于案件的公正及时处理，并可以防止部分民事诉讼当事人恶意利用刑事诉讼手段干扰民事诉讼程序的正常进行。另外，在司法工作人员利用职权与他人串通，共同实施虚假诉讼犯罪行为的情况下，可以实行异地管辖，由虚假民事诉讼案件的受理法院或者执行法院以外的其他人民法院管辖。

问：如何正确处理虚假民事诉讼案件和刑事案件的衔接问题？

答：根据刑事诉讼法的规定，公安机关或者人民检察院发现虚假诉讼犯罪事实或者犯罪嫌疑人，应当按照管辖范围立案侦查；任何单位和个人发现有虚假诉讼犯罪事实或者犯罪嫌疑人，有权利也有义务向司法机关报案或者举报；被害人对侵犯其人身、财产权利的虚假诉讼犯罪事实或者犯罪嫌疑人，有权向司法机关报案或者控告。另外，对于人民法院在审理民商事案件过程中，发现有虚假诉讼犯罪线索的应当如何处理，1998年《最高人民法院关于在审理经济纠纷案件中涉及经济犯罪嫌疑若干问题的规定》、2015年《最高人民法院关于审理民间借贷案件适用法律若干问题的规定》和2016年《最高人民法院关于防范和制裁虚假诉讼的指导意见》等司法解释和规范性文件均有规定。考虑到上述规定已经比较具体明确，《解释》对此问题未再涉及。实践中，对于人民法院在审理民商事案件过程中发现有虚假诉讼犯罪线索的，民商事案件应当如何处理以及虚假诉讼犯罪线索应当如何移送，可以依照上述司法解释和规范性文件的相关规定执行。

问：《解释》的时间效力如何确定？

答：《解释》第十二条规定，本解释自2018年10月1日起施行。应当明确的是，司法解释是对审判、检察工作中具体应用法律问题所作的解释，其效力适用于作为解释对象的法律施行期间。对于法律施行后、司法解释实施前发生的行为，司法解释施行后尚未处理或者正在处理的案件，依照司法解释的规定办理；对于在司法解释施行前已经办结的案件，按照当时的法律和司法解释，认定事实和适用法律没有错误的，不再变动。虚假诉讼罪是自2015年11月1日起施行的《刑法修正案（九）》增设的罪名。对于2015年11月1日之前发生的行为，不能以虚假诉讼罪定罪处罚；对于2015年11月1日之后发生的虚假诉讼犯罪行为，如果在《解释》施行前已经办结，且认定事实和适用法律没有错误的，不再变动，如果在《解释》施行前尚未处理或者正在处理的，应当适用《解释》的相关规定定罪量刑。

来源：最高人民法院

最高人民法院关于防范和制裁虚假诉讼的指导意见

（法发〔2016〕13号）

当前，民事商事审判领域存在的虚假诉讼现象，不仅严重侵害案外人合法权益，破坏社会诚信，也扰乱了正常的诉讼秩序，损害司法权威和司法公信力，人民群众对此反映强烈。各级人民法院对此要高度重视，努力探索通过多种有效措施防范和制裁虚假诉讼行为。

1. 虚假诉讼一般包含以下要素：（1）以规避法律、法规或国家政策谋取非法利益为目的；（2）双方当事人存在恶意串通；（3）虚构事实；（4）借用合法的民事程序；（5）侵害国家利益、社会公共利益或者案外人的合法权益。

2. 实践中，要特别注意以下情形：（1）当事人为夫妻、朋友等亲近关系或者关联企业等共同利益关系；（2）原告诉请司法保护的标的额与其自身经济状况严重不符；（3）原告起诉所依据的事实和理由明显不符合常理；（4）当事人双方无实质性民事权益争议；（5）案件证据不足，但双方仍然主动迅速达成调解协议，并请求人民法院出具调解书。

3. 各级人民法院应当在立案窗口及法庭张贴警示宣传标识，同时在"人民法院民事诉讼风险提示书"中明确告知参与虚假诉讼应当承担的法律责任，引导当事人依法行使诉权，诚信诉讼。

4. 在民间借贷、离婚析产、以物抵债、劳动争议、公司分立（合并）、企业破产等虚假诉讼高发领域的案件审理中，要加大证据审查力度。对可能存在虚假诉讼的，要适当加大依职权调查取证力度。

5. 涉嫌虚假诉讼的，应当传唤当事人本人到庭，就有关案件事实接受询问。除法定事由外，应当要求证人出庭作证。要充分发挥民事诉讼法司法解释有关当事人和证人签署保证书规定的作用，探索当事人和证人宣誓制度。

6. 诉讼中，一方对另一方提出的于己不利的事实明确表示承认，且不符合常理的，要做进一步查明，慎重认定。查明的事实与自认的事实不符的，不予确认。

7. 要加强对调解协议的审查力度。对双方主动达成调解协议并申请人民法院出具调解书的，应当结合案件基础事实，注重审查调解协议是否损害国家利益、社会公共利益或者案外人的合法权益；对人民调解协议司法确认案件，要按照民事诉讼法司法解释要求，注重审查基础法律关系的真实性。

8. 在执行公证债权文书和仲裁裁决书、调解书等法律文书过程中，对可能存在双方恶意串通、虚构事实的，要加大实质审查力度，注重审查相关法律文书是否损害国家利益、社会公共利益或者案外人的合法权益。如果存在上述情形，应当裁定不予执行。必要时，可向仲裁机构或者公证机关发出司法建议。

9. 加大公开审判力度，增加案件审理的透明度。对与案件处理结果可能存在法律上利害关系的，可适当依职权通知其参加诉讼，避免其民事权益受到损害，防范虚假诉讼行为。

10. 在第三人撤销之诉、案外人执行异议之诉、案外人申请再审等案件审理中，发现已经生效的裁判涉及虚假诉讼的，要及时予以纠正，保护案外人诉权和实体权利；同时也要防范有关人员利用上述法律制度，制造虚假诉讼，损害原诉讼中合法权利人利益。

11. 经查明属于虚假诉讼，原告申请撤诉的，不予准许，并应当根据民事诉讼法第一百一十二条的规定，驳回其请求。

12. 对虚假诉讼参与人，要适度加大罚款、拘留等妨碍民事诉讼强制措施的法律适用力度；虚假诉讼侵害他人民事权益的，虚假诉讼参与人应当承担赔偿责任；虚假诉讼违法行为涉嫌虚假诉讼罪、诈骗罪、合同诈骗罪等刑事犯罪的，民事审判部门应当依法将相关线索和有关案件材料移送侦查机关。

13. 探索建立虚假诉讼失信人名单制度。将虚假诉讼参与人列入失信人名单，逐步开展与现有相关信息平台和社会信用体系接轨工作，加大制裁力度。

14. 人民法院工作人员参与虚假诉讼的，要依照法官法、法官职业道德基本准则和法官行为规范等规定，从严处理。

15. 诉讼代理人参与虚假诉讼的，要依法予以制裁，并应当向司法行政部门、律师协会或者行业协会发出司法建议。

16. 鉴定机构、鉴定人参与虚假诉讼的，可以根据情节轻重，给予鉴定机构、鉴定人训诫、责令退还鉴定费用、从法院委托鉴定专业机构备选名单中除名等制裁，并应当向司法行政部门或者行业协会发出司法建议。

17. 要积极主动与有关部门沟通协调，争取支持配合，探索建立多部门协调配合的综合治理机制。要通过向社会公开发布虚假诉讼典型案例等多种形式，震慑虚假诉讼违法行为。

18. 各级人民法院要及时组织干警学习了解中央和地方的各项经济社会政策，充分预判有可能在司法领域反映出来的虚假诉讼案件类型，也可以采取典型案例分析、审判业务交流、庭审观摩等多种形式，提高甄别虚假诉讼的司法能力。

最高人民法院
2016年6月20日

最高人民法院关于房地产调控政策下人民法院严格审查各类虚假诉讼的紧急通知

（2013年6月28日　法明传〔2013〕359号）

各省、自治区、直辖市高级人民法院，解放军军事法院、新疆维吾尔自治区高级人民法院生产建设兵团分院：

在"国五条"等房地产调控政策实施背景下，为规避税收、限贷及限购政策，现实生活中出现了大量"假离婚"、借名买房、二手房买卖中签订阴阳合同、虚构债务后协议以房抵债等现象，有些已经形成纠纷诉至法院。这些案件基本表现为：当事人之间虚构借贷等债权债务关系；法院立案受理后，双方当事人自愿达成调解协议约定用债务人的房产抵偿债务，由法院出具调解书后被迅速执行房产过户。这些问题的发生，极大地扰乱和冲击了房地产市场的正常秩序，严重影响了国家房地产调控政策的贯彻落实，也严重干扰了人民法院正常的审判活动。目前，最高人民法院正在对这些问题进行调研并致力于制定司法应对措施。为及时解决和应对当前审判实践中存在的相关问题，现就有关问题紧急通知如下。

一、要密切关注和高度重视本辖区执行国家房地产调控政策措施过程中已经出现和可能出现的虚假诉讼问题，严格依法加大审查排除力度，确保国家房地产调控措施的贯彻落实。

二、在审理相关纠纷案件时，要认真审查当事人的诉讼请求及相关的证据，遇到以下情况，要慎重对待，妥善处理：

1. 当事人在以房抵债协议中约定管辖法院，但抵债的房产与协议管辖法院属异地的，要严格按照民事诉讼法关于专属管辖的规定认定协议管辖的效力；

2. 借贷等债权债务关系仅有借据和双方的认可，但未提供款项来源等证据的，对债权债务关系的真实有效性要严格审查，不能简单认定；

3. 双方以债权债务纠纷为由诉讼至法院，但是立案后对案件事实及实体处理等均无争议并迅速达成"以房抵债"协议的，务必在严格依法查明案件事实的基础上决定是否出具调解书；

4. 当事人在人民法院调解组织等主持下达成包含以房抵债内容的调解协议，并共同申请司法确认的，应当加大审查确认力度，慎重出具确认调解协议有效的裁定；

5. 当事人对以房抵债生效法律文书或者调解协议申请执行的，原则上不得出具以房抵债裁定书或者要求登记机构办理过户的协助执行通知书，当事人要求以房产清偿债务的，应当采取拍卖等执行变价措施；

6. 对其他可能存在虚假诉讼的纠纷案件，亦应依法审查。

三、对本辖区执行国家房地产调控政策过程中出现的包括虚假诉讼在内的带有普遍性或者可能呈现蔓延之势的新问题、新情况，要认真研究和及时应对，并及时层报。

中华人民共和国公证法（节录）

（2017年修正）

第二十八条 公证机构办理公证，应当根据不同公证事项的办证规则，分别审查下列事项：

（一）当事人的身份、申请办理该项公证的资格以及相应的权利；

（二）提供的文书内容是否完备，含义是否清晰，签名、印鉴是否齐全；

（三）提供的证明材料是否真实、合法、充分；

（四）申请公证的事项是否真实、合法。

中华人民共和国仲裁法（节录）

（2017年修正）

第五十八条 当事人提出证据证明裁决有下列情形之一的，可以向仲裁委员会所在地的中级人民法院申请撤销裁决：

（一）没有仲裁协议的；

（二）裁决的事项不属于仲裁协议的范围或者仲裁委员会无权仲裁的；

（三）仲裁庭的组成或者仲裁的程序违反法定程序的；

（四）裁决所根据的证据是伪造的；

（五）对方当事人隐瞒了足以影响公正裁决的证据的；

（六）仲裁员在仲裁该案时有索贿受贿、徇私舞弊、枉法裁决行为的。

人民法院经组成合议庭审查核实裁决有前款规定情形之一的，应当裁定撤销。

人民法院认定该裁决违背社会公共利益的，应当裁定撤销。

第五十九条 当事人申请撤销裁决的，应当自收到裁决书之日起六个月内提出。

中华人民共和国劳动争议调解仲裁法（节录）

第四十九条 【用人单位申请撤销终局裁决】用人单位有证据证明本法第四十七条规定的仲裁裁决有下列情形之一，可以自收到仲裁裁决书之日起三十日内向劳动争议仲裁委员会所在地的中级人民法院申请撤销裁决：

（一）适用法律、法规确有错误的；
（二）劳动争议仲裁委员会无管辖权的；
（三）违反法定程序的；
（四）裁决所根据的证据是伪造的；
（五）对方当事人隐瞒了足以影响公正裁决的证据的；
（六）仲裁员在仲裁该案时有索贿受贿、徇私舞弊、枉法裁决行为的。

人民法院经组成合议庭审查核实裁决有前款规定情形之一的，应当裁定撤销。

仲裁裁决被人民法院裁定撤销的，当事人可以自收到裁定书之日起十五日内就该劳动争议事项向人民法院提起诉讼。

最高人民法院关于审理拒不执行判决、裁定刑事案件适用法律若干问题的解释（节录）

（2020年修正　法释〔2020〕21号）

第二条 负有执行义务的人有能力执行而实施下列行为之一的，应当认定为全国人民代表大会常务委员会关于刑法第三百一十三条的解释中规定的"其他有能力执行而拒不执行，情节严重的情形"：

（一）具有拒绝报告或者虚假报告财产情况、违反人民法院限制高消费及有关消费令等拒不执行行为，经采取罚款或者拘留等强制措施后仍拒不执行的；

（二）伪造、毁灭有关被执行人履行能力的重要证据，以暴力、威胁、贿买方法阻止他人作证或者指使、贿买、胁迫他人作伪证，妨碍人民法院查明被执行人财产情况，致使判决、裁定无法执行的；

（三）拒不交付法律文书指定交付的财物、票证或者拒不迁出房屋、退出土地，致使判决、裁定无法执行的；

（四）与他人串通，通过虚假诉讼、虚假仲裁、虚假和解等方式妨害执行，致使判决、裁定无法执行的；

（五）以暴力、威胁方法阻碍执行人员进入执行现场或者聚众哄闹、冲击执行现场，致使执行工作无法进行的；

（六）对执行人员进行侮辱、围攻、扣押、殴打，致使执行工作无法进行的；

（七）毁损、抢夺执行案件材料、执行公务车辆和其他执行器械、执行人员服装以及执行公务证件，致使执行工作无法进行的；

（八）拒不执行法院判决、裁定，致使债权人遭受重大损失的。

最高人民法院关于深化人民法院一站式多元解纷机制建设推动矛盾纠纷源头化解的实施意见（节录）

（法发〔2021〕25号）

（二十）建立健全虚假诉讼防范和惩治机制。全面应用立案辅助系统，加强对虚假诉讼的精准识别和提前预警。强化民事诉讼中防范惩治虚假诉讼的审判指引，明确民间借贷、买卖合同、执行案件等虚假诉讼多发领域案件的甄别要点、证据审查重点和防范处理措施。对认定存在虚假诉讼行为的，根据情节轻重采取相应强制措施，并向参与实施虚假诉讼的诉讼代理人、鉴定、公证、仲裁等相关组织或人员的主管部门、行业协会或所在单位通报情况，提出依法惩处司法建议。加强与公安、检察机关协作配合，建立线索移送、结果反馈机制，依法合力严惩虚假诉讼。及时发布虚假诉讼惩戒典型案件，引导当事人依法行使诉权。

人民检察院检察建议工作规定（节录）

（高检发释字〔2019〕1号）

第三条 人民检察院可以直接向本院所办理案件的涉案单位、本级有关主管机关以及其他有关单位提出检察建议。

需要向涉案单位以外的上级有关主管机关提出检察建议的，应当层报被建议单位的同级人民检察院决定并提出检察建议，或者由办理案件的人民检察院制作检察建议书后，报被建议单位的同级人民检察院审核并转送被建议单位。

需要向下级有关单位提出检察建议的，应当指令对应的下级人民检察院提出检察建议。

需要向异地有关单位提出检察建议的，应当征求被建议单位所在地同级人民检察院意见。被建议单位所在地同级人民检察院提出不同意见，办理案件的人民检察院坚持认为应当提出检察建议的，层报共同的上级人民检察院决定。

最高人民法院、最高人民检察院、公安部、司法部关于办理黑恶势力犯罪案件若干问题的指导意见（节录）

（法发〔2018〕1号）

20. 对于以非法占有为目的，假借民间借贷之名，通过"虚增债务""签订虚假借款协议""制造资金走账流水""肆意认定违约""转单平账""虚假诉讼"等手段非法占有他人财产，或者使用暴力、威胁手段强立债权、强行索债的，应当根据案件具体事实，以诈骗、强迫交易、敲诈勒索、抢劫、虚假诉讼等罪名侦查、起诉、审判。对于非法占有的被害人实际所得借款以外的虚高"债务"和以"保证金""中介费""服务费"等各种名目扣除或收取的额外费用，均应计入违法所得。对于名义上为被害人所得，但在案证据能够证明实际上却为犯罪嫌疑人、被告人实施后续犯罪所使用的"借款"，应予以没收。

最高人民法院关于依法妥善审理涉及夫妻债务案件有关问题的通知（节录）

（法〔2017〕48号）

七、制裁夫妻一方与第三人串通伪造债务的虚假诉讼。对实施虚假诉讼的当事人、委托诉讼代理人和证人等，要加强罚款、拘留等对妨碍民事诉讼的强制措施的适用。对实施虚假诉讼的委托诉讼代理人，除依法制裁外，还应向司法行政部门、律师协会或者行业协会发出司法建议。对涉嫌虚假诉讼等犯罪的，应依法将犯罪的线索、材料移送侦查机关。

最高人民法院、最高人民检察院关于民事执行活动法律监督若干问题的规定(节录)

(法发〔2016〕30号)

第一条 人民检察院依法对民事执行活动实行法律监督。人民法院依法接受人民检察院的法律监督。

第三条 人民检察院对人民法院执行生效民事判决、裁定、调解书、支付令、仲裁裁决以及公证债权文书等法律文书的活动实施法律监督。

人民法院办理执行案件规范（第二版）（节录）

（2022年）

222.【纳入失信名单的情形】

被执行人未履行生效法律文书确定的义务，并具有下列情形之一的，人民法院应当将其纳入失信被执行人名单，依法对其进行信用惩戒：

（一）有履行能力而拒不履行生效法律文书确定义务的；

（二）以伪造证据、暴力、威胁等方法妨碍、抗拒执行的；

（三）以虚假诉讼、虚假仲裁或者以隐匿、转移财产等方法规避执行的；

（四）违反财产报告制度的；

（五）违反限制消费令的；

（六）无正当理由拒不履行执行和解协议的。

250.【其他有能力执行而拒不执行，情节严重的情形】

负有执行义务的人有能力执行而实施下列行为之一的，应当认定为本规范第249条第1款第5项规定的"其他有能力执行而拒不执行，情节严重的情形"：

（一）具有拒绝报告或者虚假报告财产情况、违反人民法院限制高消费及有关消费令等拒不执行行为，经采取罚款或者拘留等强制措施后仍拒不执行的；

（二）伪造、毁灭有关被执行人履行能力的重要证据，以暴力、威胁、贿买方法阻止他人作证或者指使、贿买、胁迫他人作伪证，妨碍人民法院查明被执行人财产情况，致使判决、裁定无法执行的；

（三）拒不交付法律文书指定交付的财物、票证或者拒不迁出房屋、退出土地，致使判决、裁定无法执行的；

（四）与他人串通，通过虚假诉讼、虚假仲裁、虚假和解等方式妨害执行，致使判决、裁定无法执行的；

（五）以暴力、威胁方法阻碍执行人员进入执行现场或者聚众哄闹、冲击执行现

场,致使执行工作无法进行的;

（六）对执行人员进行侮辱、围攻、扣押、殴打,致使执行工作无法进行的;

（七）毁损、抢夺执行案件材料、执行公务车辆和其他执行器械、执行人员服装以及执行公务证件,致使执行工作无法进行的;

（八）拒不执行法院判决、裁定,致使债权人遭受重大损失的。

最高人民法院关于人民法院登记立案若干问题的规定（节录）

（法释〔2015〕8号）

第十六条 人民法院依法维护登记立案秩序，推进诉讼诚信建设。对干扰立案秩序、虚假诉讼的，根据民事诉讼法、行政诉讼法有关规定予以罚款、拘留；构成犯罪的，依法追究刑事责任。

最高人民法院关于公布失信被执行人名单信息的若干规定（节录）

（2017年修正　法释〔2017〕7号）

第一条　被执行人未履行生效法律文书确定的义务，并具有下列情形之一的，人民法院应当将其纳入失信被执行人名单，依法对其进行信用惩戒：

（一）有履行能力而拒不履行生效法律文书确定义务的；

（二）以伪造证据、暴力、威胁等方法妨碍、抗拒执行的；

（三）以虚假诉讼、虚假仲裁或者以隐匿、转移财产等方法规避执行的；

（四）违反财产报告制度的；

（五）违反限制消费令的；

（六）无正当理由拒不履行执行和解协议的。

湖南省高级人民法院关于防范虚假民间借贷诉讼的实施细则（试行）

（湖南省高级人民法院2021年9月12日审判委员会会议通过）

虚假民间借贷诉讼，不仅会损害国家利益与社会公共利益，还会破坏营商环境和司法秩序，严重侵害人民群众的合法权益。为防范虚假民间借贷诉讼，营造诚实守信的诉讼环境，维护司法权威和司法公信力，保障人民群众的合法权益，根据《中华人民共和国民法典》《中华人民共和国民事诉讼法》《最高人民法院、最高人民检察院、公安部、司法部关于进一步加强虚假诉讼犯罪惩治工作的意见》等规定，结合审判实践，制定本实施细则。

一、准确界定虚假民间借贷诉讼

第一条　【虚假民间借贷诉讼的概念】虚假民间借贷诉讼，是指在民事主体之间因资金融通行为引发的纠纷中，当事人或其他诉讼参与人，单独或者与他人恶意串通，采取捏造事实、伪造证据、虚假陈述等方式，虚构法律关系提起诉讼，损害国家、社会公共利益，妨害司法秩序，侵害他人合法权益的行为。人民法院要慎重审查民间借贷案件，提高虚假民间借贷诉讼的辨别意识和防范能力。

第二条　【虚假民间借贷诉讼的主要表现形式】在审查民间借贷案件时，发现存在下列情形之一的，应当严格审查借贷发生的原因、时间、地点、款项来源、交付方式、款项流向以及借贷双方的关系、经济状况等事实，综合判断是否属于虚假民间借贷诉讼：

（一）出借人明显不具备出借能力的；

（二）出借人主张的借贷事实、理由不符合常理；

（三）涉及大额资金借贷，当事人无法提供转账凭证的；

（四）出借人不能提交债权凭证，或者提交的债权凭证存在伪造的可能；

（五）当事人在一定期限内多次提起或参加民间借贷纠纷的公证、仲裁或诉讼；

（六）当事人无正当理由拒不到庭参加诉讼，委托代理人对借贷事实陈述不清或者陈述前后矛盾；

（七）当事人双方对借贷事实的发生没有争议或者诉辩不符合常理；

（八）一方当事人对于另一方当事人提出的对其不利的事实明确表示承认，且不符合常理的；

（九）借款人的配偶或者合伙人、案外人等其他人员对事实依据提出异议；

（十）当事人在其他纠纷中存在低价转让财产的情形；

（十一）认定案件事实的证据不足，但当事人之间主动迅速达成调解协议，请求人民法院制作调解书的；

（十二）当事人不正当放弃权利；

（十三）其他可能存在虚假民间借贷诉讼的情形。

二、虚假民间借贷诉讼的审查方法

第三条 【检索关联案件】在民间借贷纠纷案件的立案、审理阶段，应当通过数字法院系统或类案检索系统等平台，对案件的关联案件，或者案件当事人在其他案件中的涉诉情况进行检索和比对，以此作为判断是否存在证据冲突、事实矛盾、职业放贷人、虚假诉讼等情形的依据。检索情况应制作工作记录，在审理报告、合议笔录中予以反映。

第四条 【传唤当事人本人到庭参加诉讼】在审理民间借贷纠纷案件时，发现存在本实施细则第二条所列情形之一的，应当传唤当事人本人到庭参加诉讼、接受调查，详细陈述借贷合意的产生、款项往来及资金用途等情况，严格审查当事人之间是否存在实质性的纠纷。

第五条 【依法追加案件利害关系人参加诉讼】在审理民间借贷纠纷案件时，人民法院应当根据《中华人民共和国民事诉讼法》第五十六条的规定，根据当事人的申请或依职权通知担保物权人、保证人、中介人、实际出借人或用款人等与案件处理结果可能存在法律上利害关系的第三人参加诉讼，防范虚假诉讼行为。

第六条 【主动依职权调查取证】在审理民间借贷纠纷案件时，应当主动审查明显不符合常理的疑点，适当加大依职权调查取证力度，对当事人提出的其他线索可能影响案件事实认定的，或者当事人之间有恶意串通损害他人合法权益可能的，要依职权调查取证。

第七条 【全面、客观审查证据】在审理民间借贷纠纷案件时，人民法院要充分运用逻辑推理和日常生活经验，全面、客观地审查证据：

（一）对于当事人提交的借据、收据、欠条等债权凭证，或者金融机构的转账凭证等，应当审查证据的原件；不能提供原件，但人民法院认为该证据对查明案件基本事实有重要作用的，应当通知经办人、证人出庭作证；对于仅有借条、借据，没有转账凭证的，要详细询问付款方式。

（二）严格审查证据的形式、来源是否符合法律规定。对于单位提供的证明材料，应当审核是否加盖了单位公章，以及单位负责人和制作证明材料人员的签名或者盖章，必要时，可以要求制作证明材料的人员出庭作证。在核对证人身份时，应当严格审查证人与当事人有无利害关系。

（三）在审查证据时，应当准确理解和适用举证责任的相关规定，正确处理当事人举证责任的动态转移，防止机械适用"谁主张，谁举证"的证明规则，从证据与案件事实的关联程度、各证据之间的联系等方面依法全面审查。

第八条　【注意防范涉及多方主体的虚假民间借贷诉讼】在审理涉及多方主体的民间借贷纠纷案件时，应当根据下列不同情况，追加借贷关系之外的其他主体参加诉讼，防范虚假诉讼发生：

（一）出借人根据借款人的指示，将款项直接支付给实际收款人的，应追加借款人作为被告参加诉讼。当事人对借款合同的主体无争议，人民法院可以通知实际收款人可以作为证人参加诉讼以查明借款交付事实；借款人否认收到借款的，可以追加实际收款人为第三人参加诉讼。

（二）出借人根据实际出借人指示，将款项直接支付给借款人的，应当追加实际出借人作为原告，但实际出借人明确表示不愿意参加诉讼且放弃实体权利的除外。当事人对借款合同的主体无争议的，实际出借人可作为证人参加诉讼以查明借款交付事实；借款人否认收到借款的，可以追加实际出借人为第三人参加诉讼。

第九条　【审慎确认民间借贷纠纷案件中的调解协议效力】对于民间借贷诉讼当事人申请确认调解协议效力的，应当根据《中华人民共和国民事诉讼法》第一百九十四条、第一百九十五条的规定，不仅应审查调解协议是否损害国家利益、社会公共利益或者案外人的合法权益，还应结合案件基础事实，审查基础法律关系的真实性。

三、虚假民间借贷诉讼的处理

第十条　【涉虚假民间借贷诉讼的处理】人民法院在审理民间借贷纠纷案件时，应当询问当事人是否为虚假诉讼，并说明实施虚假诉讼行为的法律后果。当事人在人民法院询问后申请撤诉的，人民法院可以准许。

人民法院认为民间借贷案件存在虚假诉讼嫌疑，但尚未查实，当事人申请撤诉的，可以予以准许。经审理后查明确系虚假诉讼，原告申请撤诉的，应当不予准许，同时依据《中华人民共和国民事诉讼法》第一百一十二条的规定，驳回其诉讼请求，并视情节轻重予以罚款、拘留。涉嫌犯罪的，应当移送有管辖权的司法机关追究刑事责任。

诉讼参与人或者其他人恶意制造、参与虚假诉讼，人民法院应当依据《中华人民共和国民事诉讼法》第一百一十一条、第一百一十二条和第一百一十三条之规定，依法予以罚款、拘留；构成犯罪的，应当移送有管辖权的司法机关追究刑事责任。

单位恶意制造、参与虚假诉讼的，人民法院应当对该单位进行罚款，并可以对其主要负责人或者直接责任人员予以罚款、拘留；构成犯罪的，应当移送有管辖权的司法机关追究刑事责任。

第十一条　【院、庭长审判监督管理】 院、庭长应充分发挥审判监督管理职责，对发现存在虚假诉讼嫌疑的民间借贷纠纷案件，应当及时提醒审判人员做好应对、查处工作，并采取查阅卷宗、旁听庭审、审核审理报告、要求合议庭在规定期限内报告案件进展和评议结果，以及提交专业法官会议、审判委员会讨论等方式对案件审理过程进行监管。

第十二条　【区分虚假民间借贷诉讼与"套路贷"犯罪行为】 "套路贷"是指放贷人虚构法律关系，通过虚增借贷金额、恶意制造违约、肆意认定违约、毁匿还款证据等方式形成虚假债权债务，意图通过诉讼手段实现非法占有他人财产的行为。"套路贷"行为通常假借民间借贷等民事纠纷之名，通过诉讼等方式合法化，具有极强的隐蔽性，但其本质涉嫌违法犯罪，不属于人民法院受理民事案件的范围。

人民法院在审查民间借贷案件时，经审查当事人确为实施"套路贷"行为的，应当依照《最高人民法院关于在审理经济纠纷案件中涉及经济犯罪嫌疑若干问题的规定》《最高人民法院关于审理民间借贷案件适用法律若干问题的规定》，裁定驳回起诉，并将涉嫌犯罪的线索、材料移送公安机关；对于已按民间借贷纠纷审结的"套路贷"行为，应依法启动审判监督程序，撤销原审生效判决、裁定驳回起诉，及时将涉嫌犯罪的线索、材料移送公安机关。

四、其他

第十三条　【层报】 各级人民法院在审理涉虚假民间借贷诉讼案件中发现新情况、新问题，请及时层报湖南省高级人民法院。

第十四条　【解释】 本实施细则由湖南省高级人民法院审判委员会负责解释。

第十五条　【施行】 本实施细则自下发之日试行。

湖南省高级人民法院关于在民事诉讼中防范和制裁虚假诉讼的通知

（2019年6月24日）

为营造诚实守信的诉讼环境，维护司法秩序、司法权威和司法公信，保护权利人的合法权益，根据相关法律法规、规范性文件的规定，现就防范和制裁虚假诉讼通知如下：

一、准确理解概念，把握内涵外延

1. 虚假诉讼是指以捏造的事实向人民法院提起民事诉讼的行为。其中，"捏造"是指无中生有、凭空捏造和虚构；"事实"是指行为人据以提起民事诉讼、人民法院据以立案受理、构成民事案由的事实。"捏造事实"行为的本质是捏造民事法律关系、虚构民事纠纷，两者应同时具备、缺一不可。

2. 虚假诉讼实施方式包括"双方串通"和"单方欺诈"两种类型。"双方串通"型虚假诉讼的特点是，双方当事人恶意串通进行虚假诉讼，损害国家、公共利益，案外第三人合法权益，或者逃避履行法定义务，规避相关管理义务，双方当事人之间不存在实质对抗关系。民事诉讼法第一百一十二条、第一百一十三条规定了民事审判和执行程序中"双方串通"型虚假诉讼行为特征以及相应的司法处罚措施。

3. "单方欺诈"型虚假诉讼的特点是，一方当事人以捏造的事实提起虚假诉讼，侵害另一方当事人合法权益，双方当事人之间存在实质的利益对抗关系。民事诉讼法规定了"单方欺诈"型虚假诉讼司法处罚措施。要依照民事诉讼法第六十三条的规定全面把握证据的外延。当事人实施"单方欺诈"型虚假诉讼行为，符合民事诉讼法第一百一十一条规定的"伪造、毁灭重要证据，妨碍人民法院审理案件的"或"以暴力、威胁、贿买方法阻止证人作证或者指使、贿买、胁迫他人作伪证的"相应情形的，依照该条规定处理。

4. 向人民法院申请执行基于捏造的事实作出的仲裁裁决、公证债权文书，或者在民事执行过程中以捏造的事实对执行标的提出异议、申请参与执行财产分配，或者被执行人与他人恶意串通，通过诉讼、仲裁、调解等方式逃避履行法律文书确定的义务，符合"单方欺诈"型或"双方串通"型虚假诉讼的，分别依照民事诉讼法第一百一十一条、第一百一十三条规定处理。

二、关注高发领域，提高防范意识

5. 虚假诉讼高发领域包括但不限于以下案件：

（1）民间借贷纠纷案件；

（2）涉及认定、处理夫妻共同债务的离婚、财产纠纷案件；

（3）劳动争议案件；

（4）存在法律或政策限制的房地产权属纠纷案件；

（5）公司分立（合并）、企业破产纠纷案件；

（6）以已经资不抵债或者已经作为被执行人的自然人、法人、非法人组织为被告的财产纠纷案件；

（7）交通事故损害赔偿案件；

（8）保险理赔案件；

（9）拆迁区划范围内的自然人作为诉讼主体的分家析产、继承、房屋买卖合同纠纷案件；

（10）以正在改制中的国有、集体企业为被告的财产纠纷案件；

（11）涉及驰名商标认定案件；

（12）以物抵债案件；

（13）第三人撤销之诉案件；

（14）案外人执行异议之诉案件；

（15）案外人申请再审案件；

（16）其他存在异常现象的案件。

6. 在审判和执行过程中要对照《最高人民法院关于防范和制裁虚假诉讼的指导意见》第二条、《最高人民法院、最高人民检察院关于办理虚假诉讼刑事案件适用法律若干问题的解释》第一条列举的情形，审查是否存在真实的法律关系。对诉讼中双方当事人主动达成调解协议的案件、人民调解协议司法确认案件、一方对另一方提出的于己不利的事实明确表示承认且不符合常理的案件，应严格审查。

7. 在执行公证债权文书和仲裁裁决书、调解书等法律文书过程中，对可能存在双方恶意串通、虚构事实的，要加大实质审查力度，注重审查相关法律文书是否损害国家利益、社会公共利益或者他人的合法权益。

三、注重能动司法，加大制裁力度

8. 经查明属于虚假诉讼，原告申请撤诉的，人民法院应不予准许，并判决驳回其诉讼请求。

9. 对故意制造、参与虚假诉讼的当事人，要加大罚款、拘留等妨碍民事诉讼强制措施的适用力度；对明知他人实施虚假诉讼行为而提供帮助的，要参照侵权责任法①中关于共同侵权行为构成要件的规定认定为参与者，适用罚款、拘留等司法处罚措施。

10. 要依照《最高人民法院、最高人民检察院关于办理虚假诉讼刑事案件适用法律若干问题的解释》第二条、第三条的规定，把握人民法院立案后采取保全措施、开庭审理或作出裁判文书等重要程序节点的入罪标准。虚假诉讼行为涉嫌构成犯罪的，人民法院应当依照《最高人民法院关于在审理经济纠纷案件中涉及经济犯罪嫌疑若干问题的规定》第十条有关民刑交叉案件处理的"民刑并行"原则和《最高人民法院、最高人民检察院关于办理虚假诉讼刑事案件适用法律若干问题的解释》第十条有关地域管辖的规定，将相关线索和有关案件材料移送有管辖权的侦查机关。既要保证民事案件的公正和及时处理，又要防止部分民事诉讼当事人恶意利用刑事诉讼手段干扰民事诉讼程序的正常进行。

11. 人民法院工作人员故意制造、参与虚假诉讼的，要依照法官法、法官职业道德基本准则和法官行为规范等规定，从严处理。诉讼代理人故意制造、参与虚假诉讼的，除依法给予司法处罚外，还应当向司法行政部门、行业协会或相关社区、单位、社会团体发出司法建议。鉴定机构、鉴定人故意制造、参与虚假诉讼的，可以根据情节轻重，给予鉴定机构、鉴定人训诫、责令退还鉴定费用、从法院委托鉴定专业机构备选名单中除名等制裁，并向主管部门、行业协会发出司法建议。

12. 在第三人撤销之诉、案外人执行异议之诉、案外人申请再审等案件审理中，发现已生效的裁判属于虚假诉讼的，要及时通过审判监督程序予以纠正；刑事判决认定虚假诉讼构成犯罪，人民法院对已按普通民事纠纷作出的生效民事判决与刑事判决存在冲突的，应及时启动审判监督程序依法对生效民事判决予以纠正。

13. 虚假诉讼侵害他人民事权益，被侵权人提起侵权之诉的，人民法院应依照侵权责任法的相关规定判决侵权人承担侵权责任。

---

① 《中华人民共和国民法典》于2021年1月1日施行，《中华人民共和国侵权责任法》同时废止。

四、加强协作配合，形成治理机制

14. 加强不同法院之间关于当事人和其他诉讼参加人涉诉情况的信息互通；加强法院与检察机关、公安机关、司法行政部门以及地方政府、社区等单位之间的沟通，搭建信息共享平台，全面了解当事人的财产状况、信用记录、违法犯罪历史等内容，为查明是否存在虚假诉讼提供信息支持。

15. 建立虚假诉讼失信人名单制度。将故意制造、参与虚假诉讼的当事人列入失信人名单，逐步开展与现有相关信息平台和社会信用体系接轨工作，对故意制造、参与虚假诉讼的当事人进行全方位限制，加大制裁力度。

16. 加大宣传力度，营造防范制裁虚假诉讼的舆论氛围。要在立案窗口及法庭张贴警示宣传标识，在诉讼风险提示书中告知故意制造、参与虚假诉讼应当承担的法律责任，引导当事人依法行使诉权，诚信诉讼。要加强与电视台、报纸、网络媒体等主流媒体的工作衔接，强化对虚假诉讼司法处罚的舆论引导。要依托法院公众号、微博等自有宣传平台以及主流媒体对虚假诉讼及时曝光，形成震慑。要通过向社会公开发布虚假诉讼典型案例等多种形式，以案说法。

17. 认真总结审判经验。要采取典型案例分析、审判业务交流、庭审观摩、类案检索等多种形式，提高甄别虚假诉讼的司法能力，对民事诉讼中出现的有关虚假诉讼新情况新问题，要认真分析研究，及时提出对策。

18. 全省各级人民法院要迅速贯彻落实省法院的工作部署，进一步加大本辖区防范和制裁虚假诉讼工作力度。各中级人民法院应将防范和制裁虚假诉讼情况、取得的成绩及存在的问题在第一时间报送我院。各中级人民法院要加强对辖区基层人民法院检查指导，确保工作落实、落地、落细。

19. 本通知自下发之日起施行。

湖南省高级人民法院关于依法妥善审理民间借贷案件的意见

（2019年7月5日）

为保障人民群众和广大民事主体在民间借贷中的合法权益，维护正常的资金融通秩序，防范高利贷、"套路贷"、虚假诉讼等各类风险，促进社会和谐稳定，根据《最高人民法院关于依法妥善审理民间借贷案件的通知》及相关法律、司法解释的规定，结合湖南实际，现制定如下意见。

一、合理分配举证证明责任，加大证据审查力度

1. 借贷合同的订立和款项交付是民间借贷纠纷中两项不同的要件事实，出借人对于自己主张的这两项事实均应承担相应的举证证明责任。原则上，出借人应当对借贷合意、借贷金额、期限、利率以及款项交付等承担举证证明责任，借款人主张借款本金、利息等债务已经归还或部分归还的，应当承担举证证明责任。实践中民间借贷案情复杂，人民法院应根据具体案情确定举证证明责任的承担。

2. 出借人仅依据借据、收据、欠条等债权凭证提起诉讼，主张以现金方式支付大额借款本金，借款人又否认借贷事实发生的，如果人民法院仅根据债权凭证及当事人的经济能力，不能查证借贷事实是否发生的，应告知出借人就资金的来源、去向、付款凭证、支付细节等事项继续举证。只有在出借人提供的证据能够证明现金交付的发生具有高度可能性时，才能被视为完成举证证明责任。在出借人尽到了其力所能及的举证证明责任后，人民法院应结合借贷金额，款项交付，当事人的经济能力，当地或者当事人之间的交易方式、交易习惯，当事人财产变动情况以及证人证言等事实和因素综合判断借贷事实是否发生。

3. 对出借人能证明给付事实但不能证明借贷合意，双方对借贷关系存在争议的，出借人应当就双方存在借贷关系进一步提供证据。对能够查明双方存在借贷关系的，按照民间借贷纠纷审理；查明债务属于其他法律关系引起的，人民法院应向当事人释明，由出借人变更诉讼请求和理由后，按其他法律关系审理，出借人坚持不予变更的，判决驳回其诉讼请求。

4. 对于出借人以借据主张债权，借款人抗辩所谓现金支付本金系出借人预先扣除的高额利息或借据载明的借款金额包含利息或仅为利息，且提供的证据足以使法官对借据载明的本金数额产生合理怀疑的，可以确定由出借人就借据本金数额的真实性承担举证证明责任。

5. 人民法院可以采取下列措施加大证据审查力度，查明事实真相：

（1）传唤当事人本人到庭；
（2）责令当事人提交原始证据或者其他证据；
（3）通知证人出庭作证；
（4）要求当事人签署据实陈述保证书、证人签署如实作证保证书；
（5）依职权委托鉴定；
（6）依申请或依职权调查取证；
（7）依职权追加与案件处理结果可能存在法律上利害关系的当事人；
（8）依法可以采取的其他措施。

二、依法严守法定利率红线，规范民间借贷市场秩序

6. 在借款人未偿还借款，又连续多次重新出具债权凭证的情形下，人民法院应依照《最高人民法院关于审理民间借贷案件适用法律若干问题的规定》第二十八条第一款规定，分别认定各期本金，最终计算出最后一期的本息之和，再依照《最高人民法院关于审理民间借贷案件适用法律若干问题的规定》第二十八条第二款规定，判断最后一期的本息之和有无超过法定上限，即以最初的本金为基数，以年利率24%计算的整个借款期间的利息和最初的本金之和，超过上限的部分，人民法院不予保护。

7. 在借款人偿还部分款项后，又重新出具债权凭证的情形下，《最高人民法院关于审理民间借贷案件适用法律若干问题的规定》第二十八条第二款规定的本息和上限的计算方式发生相应的变化，本息和上限的计算应当以本金数额减少后的实际数额为基数计算，而非以最初借款本金数额为基数。本金数额多次减少的，应分段予以计算。

8. 出借人与第三方小额贷款公司、投资公司、咨询公司、担保公司、网络借贷平台等向借款人预先扣除或实际收取各种"利息""违约金""财务费""服务费""中介费""保证金""担保费""延期费"等费用的，人民法院应对出借人实际收到的最初借款本金进行审查，对以上述名义突破或变相突破法定利率红线的，应依法不予支持。

三、及时妥善审理民刑交叉案件，保障民事主体程序选择权利

9. 人民法院在审理民间借贷案件过程中，发现民间借贷纠纷涉嫌刑事犯罪的，依照《中华人民共和国民事诉讼法》《最高人民法院关于在审理经济纠纷案件中涉及经济犯罪嫌疑若干问题的规定》《最高人民法院关于审理民间借贷案件适用法律若干问题的规定》的相关规定，根据具体情况分别处理：

（1）民间借贷行为本身涉嫌非法集资犯罪，人民法院应裁定驳回起诉，退还案件受理费，将涉嫌犯罪的线索、材料移送有权机关；

（2）民间借贷纠纷案件与涉嫌的刑事犯罪虽有关联但不是同一事实，但民间借贷纠纷案件必须以刑事案件审理结果为依据的，人民法院应裁定中止诉讼，并将涉嫌犯罪的线索、材料移送有权机关，中止诉讼的原因消除后，恢复诉讼；

（3）民间借贷纠纷案件与涉嫌的刑事犯罪有关联但不是同一事实，民间借贷纠纷案件无须以刑事案件审理结果为依据的，人民法院应继续审理民间借贷纠纷案件，并将涉嫌犯罪的线索、材料移送有权机关。

四、遏制"套路贷"违法犯罪行为，保护民事主体人身财产权利

10. 民间借贷诉讼中，借款人提出民间借贷行为属于《最高人民法院、最高人民检察院、公安部、司法部关于办理"套路贷"刑事案件若干问题的意见》第1至3条规定的以非法占有为目的，假借民间借贷之名，诱使或迫使被害人签订"借贷"或变相"借贷""抵押""担保"等相关协议，通过虚增借贷金额、恶意制造违约、肆意认定违约、毁匿还款证据等方式形成虚假债权债务，并借助诉讼、仲裁、公证或者采用暴力、威胁以及其他手段非法占有被害人财物的"套路贷"违法犯罪活动的，人民法院应严格审查。

人民法院经审查认为民间借贷行为存在"套路贷"情形，出借人申请撤诉的，人民法院应不予准许，并判决驳回诉讼请求，将"套路贷"违法犯罪的线索、材料移送有权机关追究法律责任。

五、警惕暴力索债、恶意追债，保护民事主体人身民主权利

11. 民间借贷诉讼中，借款人提出存在以《最高人民法院、最高人民检察院、公安部、司法部关于办理实施"软暴力"的刑事案件若干问题的意见》第一条至第三条列举的黑恶势力、"软暴力"手段暴力索债、恶意追债行为的，人民法院应严格审查。人民法院经审查认为存在黑恶势力、"软暴力"违法犯罪情形的，应将涉嫌违法犯罪的线索、材料移送有权机关追究法律责任，民间借贷诉讼则根据具体情况按本意见第9条处理。

六、准确甄别虚假作证、虚假诉讼，依法惩处妨碍司法行为

12. 民间借贷诉讼中，案外人提出存在《最高人民法院、最高人民检察院关于办理虚假诉讼刑事案件适用法律若干问题的解释》第一条、第六条、第七条列举的情形的，应严格审查；人民法院发现存在《最高人民法院关于审理民间借贷案件适用法律若干问题的规定》第十九条列举的情形的，应严格审查。

出借人仅依据借据、收据、欠条等债权凭证或者仅依据金融机构的转账凭证起诉要求归还借款的，如借款人对出借人主张的借款事实直接予以认可，人民法院仍应当严格审查借贷发生的原因、时间、地点、款项来源，交付方式，款项流向以及借贷双方的关系、经济状况等事实，综合判断是否属于虚假诉讼。在查明的事实与双方当事人的主张和自认存在明显矛盾时，人民法院不应对相应借贷事实予以确认。

13. 对当事人之间属于亲友、特定关系人或者关联企业等共同利益关系达成调解协议，或者案件证据不足，但双方仍然主动迅速达成调解协议，并请求人民法院确认调解协议、出具调解书的，人民法院应主动审查全案证据，查明事实，分清是非，严格审查调解协议的合法性，审查调解协议是否损害国家、集体、第三人的利益，不得在事实未查明、责任未分清的情况下确认调解协议。

14. 人民法院经审查并结合相关事实、证据，查明存在虚假民间借贷诉讼情形，出借人申请撤诉的，人民法院应不予准许，判决驳回诉讼请求；对虚假诉讼行为根据情节轻重予以罚款、拘留；虚假诉讼行为构成犯罪的，依法追究刑事责任。

15. 第三人以生效判决、裁定、调解书存在虚假诉讼嫌疑，损害其民事权益，提起第三人撤销之诉的，人民法院应依照《最高人民法院关于适用〈中华人民共和国民事诉讼法〉的解释》第二百九十二条第三项的规定予以受理；经查明属于虚假民间借贷诉讼的，应依照《最高人民法院〈关于中华人民共和国民事诉讼法〉的解释》第三百条的规定撤销原判决、裁定、调解书。

第三人以生效判决、裁定、调解书存在虚假诉讼嫌疑，向恶意制造、参与虚假诉讼者提起侵权之诉，人民法院经查明属于虚假民间借贷诉讼的，应依照《中华人民共和国侵权责任法》的规定判决侵权人承担侵权责任。

16. 刑事判决认定"套路贷"、虚假诉讼构成犯罪，人民法院对已按普通民间借贷纠纷作出的生效民事判决与刑事判决存在冲突的，应及时通过审判监督程序对生效民事判决予以纠正。

七、建立健全风险防范化解机制，形成共同治理格局

17. 人民法院在办理民间借贷诉讼案件中，发现律师、法律工作者、鉴定人、公证人员、司法工作人员等涉及高利贷、"套路贷"、虚假诉讼的，应当及时向有权机关

发送司法建议函,并将线索、材料移送有权机关追究责任。

18.全省各级人民法院在化解民间借贷纠纷的工作中,要围绕党和国家工作大局,依靠党委领导和政府支持,积极采取司法应对措施,全力维护社会和谐稳定。要加强与政府有关职能部门的沟通协调,充分发挥联动效能。要建立和完善系列案件审判执行统一协调机制,避免因裁判标准不一致或者执行工作简单化而激化社会矛盾。要结合民间借贷纠纷案件审判执行工作实际,及时提出司法建议,为有关部门依法采取有效措施提供参考。要加强法制宣传,特别是对典型案件的宣传,引导各类民间借贷主体增强风险防范意识,倡导守法诚信的社会风尚。要认真总结审判经验,密切关注各类敏感疑难问题和典型案件,对审理民间借贷纠纷案件过程中出现的新情况新问题,要认真分析研究成因,尽早提出对策,必要时及时层报我院。

19.本意见自下发之日起施行。

贵州省法院、省检察院、省公安厅、省司法厅印发《关于防范和惩处虚假诉讼的若干意见》（附全文）

（2021年3月17日）

党的十八届四中全会通过的《中共中央关于全面推进依法治国若干重大问题的决定》提出，加大对虚假诉讼、恶意诉讼、无理缠诉行为的惩治力度。2018年9月，最高人民法院与最高人民检察院联合出台《关于办理虚假诉讼刑事案件适用法律若干问题的解释》，对刑法规定的虚假诉讼罪的行为特征、定罪量刑标准等作了明确规定。但是，实践中仍然存在虚假诉讼甄别发现不及时、司法机关查办虚假诉讼案件沟通协作机制不健全、相关民事诉讼与刑事诉讼程序衔接不畅等问题，影响对虚假诉讼的惩治力度。为进一步贯彻落实党中央决策部署，近日，贵州省高级人民法院、贵州省人民检察院、贵州省公安厅、贵州省司法厅在共同调研商讨、广泛征求各方意见的基础上，形成了《关于防范和惩处虚假诉讼的若干意见》（以下简称《意见》），并已印发施行，《意见》对建立健全虚假诉讼惩治配合协作和程序衔接机制、进一步加强虚假诉讼惩治工作作了具体规定。

《意见》包括虚假诉讼甄别、线索移送和案件查处、协作机制、责任追究等内容，共二十一条。《意见》强调，人民法院、人民检察院、公安机关、司法行政机关建立联合防范和打击虚假诉讼行为的工作机制，在法定职权内分工负责、协作配合，依法合力防范和惩处虚假诉讼行为，共同维护司法权威和司法公正，促进社会诚信体系建设；积极搭建信息互通数据平台，综合运用信息化手段发掘虚假诉讼违法犯罪线索，逐步实现虚假诉讼案件信息、数据共享；加大法治宣传力度，营造全社会防范制裁虚假诉讼的舆论氛围。

《意见》对虚假诉讼犯罪线索移送和案件查处的具体问题作了规定。《意见》明确了人民法院、人民检察院履行职责过程中发现虚假诉讼犯罪线索依法向公安机关进行移送所需书面材料，以及接受案件的公安机关审查后的具体处理方式和相关时限要求，同时明确人民检察院依法对公安机关的刑事立案实行监督；人民法院对公安机关的不予立案决定有异议的，可以建议人民检察院进行立案监督。

为解决我省司法机关查办虚假诉讼刑事案件沟通协作机制不健全、相关民事诉讼与刑事诉讼程序衔接不畅等问题，《意见》一是明确了刑事裁判认定虚假诉讼行为构成犯罪，因虚假诉讼行为产生的生效民事裁判文书、调解书确有错误的，人民法院应当及时启动审判监督程序，依法对生效民事裁判予以纠正；二是明确了人民法院认为因虚假诉讼行为产生的生效的民事裁判文书、调解书确有错误的，要第一时间启动审判监督程序予以纠正，不以虚假诉讼当事人是否构成刑事犯罪为前提；三是进一步明确了人民检察院针对存在虚假诉讼违法犯罪的已生效民事判决、裁定、调解书提出再审检察建议或者抗诉的条件以及人民法院的相应处理方式；四是明确了公安机关对涉嫌刑事犯罪的虚假诉讼案件进行调查核实或者立案侦查，需要调取民事诉讼庭审笔录、询问笔录等案卷材料的，人民法院、人民检察院应当积极配合。

针对极少数司法工作人员、律师等参与虚假诉讼的问题，《意见》规定了对上述人员进行责任追究的总体原则。《意见》强调，对于司法工作人员利用职权参与虚假诉讼的，依照法律法规处理，构成犯罪的，依法追究刑事责任；对于律师、基层法律服务工作者、鉴定机构（鉴定人）、公证机构（公证员）、仲裁机构（仲裁员）利用职务之便参与虚假诉讼的，依照有关规定追究法律责任。

《意见》原文如下：

关于防范和惩处虚假诉讼的若干意见

为加大对虚假诉讼行为的惩治力度，保障公民、法人和其他组织的合法权益，维护司法公正、权威，促进社会诚信建设，根据《中华人民共和国刑法》《中华人民共和国民法典》《中华人民共和国刑事诉讼法》《中华人民共和国民事诉讼法》《最高人民法院 最高人民检察院关于办理虚假诉讼刑事案件适用法律若干问题的解释》等相关法律及司法解释，结合我省实际，制定本意见。

第一条 本意见所称虚假诉讼，是指案件当事人、其他诉讼参与人为获取非法利益或者规避法定义务，恶意串通或者单方虚构法律关系、捏造事实，提起民事诉讼，或者向人民法院申请执行基于捏造的事实作出的仲裁裁决、公证债权文书，或者在民事执行过程中以捏造的事实对执行标的提出异议、申请参与执行财产分配的，企图使人民法院作出错误裁判、调解或者执行法律文书，损害国家利益、社会公共利益或者他人合法权益的行为。

虚假诉讼严重妨害司法秩序，浪费司法资源，损害司法权威和司法公信力，应当认定为损害国家利益、社会公共利益，人民检察院应当依职权进行监督。

虚假诉讼行为构成犯罪的，依照《中华人民共和国刑法》及相关司法解释予以认定处理。

第二条 人民法院、人民检察院、公安机关、司法行政机关建立联合防范和打击虚假诉讼行为的工作机制，在法定职权内分工负责、协作配合，依法合力防范和惩处虚假诉讼行为，共同维护司法权威和司法公正，促进社会诚信体系建设。

第三条 人民法院在审理或执行案件过程中，发现存在虚假诉讼行为的，应当及时依法处理；对于尚未妨害司法秩序或者严重侵害他人合法权益，尚不构成犯罪的一般虚假诉讼行为，符合《中华人民共和国民事诉讼法》第一百一十二条、第一百一十三条规定的，应当根据情节轻重予以训诫、罚款、拘留。

第四条 人民法院、人民检察院在办理案件过程中，根据证据反映的情况，发现当事人行为涉嫌虚假诉讼犯罪的，人民法院案件承办部门、人民检察院民事检察部门，将下列材料移送有管辖权的公安机关经侦部门：1. 案件移送函；2. 移送线索的情况说明；3. 涉及案件基本情况的相关材料（比如起诉书、答辩状、民事诉讼庭审笔录、询问笔录、协议等原案件的相关诉讼材料）。

公安机关对移送的涉嫌犯罪的虚假诉讼案件线索，经审查前款规定材料移送不全的，应当在接受案件的七日内，书面告知移送部门补正。

第五条 公安机关对移送的涉嫌刑事犯罪的虚假诉讼案件，应当在三十日内作出立案或者不立案决定，并反馈移送单位，对特别重大、疑难、复杂或者跨区域性案件，经上一级公安机关批准，可以延长三十日；不予立案的，应当在作出不立案决定之日起七日内，将不予立案通知书送达移送案件的单位，相应退回案件材料。

公安机关对涉嫌刑事犯罪的虚假诉讼案件进行调查核实或者立案侦查，需要调取民事诉讼庭审笔录、询问笔录等案卷材料的，人民法院、人民检察院应当积极配合。

第六条 公安机关对人民法院移送的涉嫌刑事犯罪的虚假诉讼案件应当立案而不予立案的，人民法院可以建议人民检察院予以监督，人民检察院经审查认为有犯罪事实需要追究刑事责任的，应当及时启动立案监督程序，并在决定启动立案监督程序后三十日内将监督情况书面反馈人民法院。

人民检察院经审查认为不需要追究刑事责任，决定不启动立案监督程序的，应当在决定不启动立案监督程序后三十日内将有关情况书面反馈人民法院。

第七条 人民检察院经审查认为已生效民事案件当事人存在虚假诉讼行为，可能导致原判决、裁定、调解书错误的，应当依法提请上级人民检察院抗诉或者向同级人民法院提出再审检察建议。

对人民检察院提出再审检察建议的存在虚假诉讼行为的案件，人民法院不应以当事人已达成执行和解且已履行完毕为由不予采纳。

第八条　人民检察院经审查，发现同一人民法院对多起存在虚假诉讼行为案件的审理、裁判存在相同或者类似错误，可以提出类案监督检察建议。

第九条　人民检察院对存在虚假诉讼行为的案件提出抗诉或者检察建议的，人民法院应当及时依法办理，并将办理结果在作出处理决定之日起十五日内书面反馈提出抗诉或者检察建议的人民检察院。

第十条　人民法院审理查明案件当事人存在虚假诉讼行为的，当事人申请撤诉或撤回再审申请的，不予准许，并依法驳回其请求。

第十一条　人民法院在审理第三人撤销之诉、案外人执行异议之诉、案外人申请再审等案件中，发现已生效裁判文书或调解书存在虚假诉讼行为的，应当及时通过审判监督程序予以纠正。

第十二条　刑事裁判认定虚假诉讼行为构成犯罪，因虚假诉讼行为产生的生效民事裁判文书、调解书确有错误的，人民法院应当及时启动审判监督程序，依法对生效民事裁判予以纠正。

人民法院认为因虚假诉讼行为产生的生效的民事裁判文书、调解书确有错误的，要第一时间启动审判监督程序予以纠正，不以虚假诉讼当事人是否构成刑事犯罪为前提。

第十三条　公证机构在办理转让、借贷、委托、执行等涉及财产处分公证时，发现当事人有下列情形之一的，应当依照《中华人民共和国公证法》的相关规定，向公安机关报案，公安机关应当依法处理：

（一）提供虚假证明材料，骗取公证书的；

（二）利用虚假公证书从事欺诈活动的；

（三）伪造、变造或者买卖伪造、变造的公证书、公证机构印章的；

（四）其他。

第十四条　人民法院、人民检察院工作人员故意制造、参与虚假诉讼，应当依照《法官法》、《检察官法》、法官（检察官）职业道德基本准则和行为规范等规定处理；构成违法审判、应当承担司法责任的，依照法官（检察官）司法责任制及惩戒制度的有关规定处理；构成犯罪的，依法追究刑事责任。

第十五条　人民法院发现诉讼代理人故意制造、参与虚假诉讼的，应依法给予司法制裁，诉讼代理人是律师或基层法律服务工作者的，还可以向司法行政机关、行业协会发出司法建议；诉讼代理人是当事人所在社区、单位以及有关社会团体推荐的公民的，还可以向社区、单位、有关社会团体发出司法建议。

人民法院发现鉴定机构（鉴定人）、公证机构（公证员）、仲裁机构（仲裁员）参与虚假诉讼的，可以根据情节轻重，给予训诫、责令退还相关费用、从委托的专业机构备选名单中除名等制裁，并向相关行政机关、行业协会发出司法建议；构成犯罪的，依法追究刑事责任。

人民检察院发现诉讼代理人故意制造、参与虚假诉讼的，或者鉴定机构（鉴定人）、公证机关（公证员）、仲裁机构（仲裁员）参与虚假诉讼的，应当向相关行政机关、行业协会或相关诉讼代理人所在单位发出检察建议；构成犯罪的，依法追究刑事责任。

第十六条 司法行政机关应当加强对律师事务所、基层法律服务所、法律援助中心、鉴定机构、公证机构及律师、法律工作者、鉴定人、公证人员等执业活动的教育和管理；发现上述单位或者人员在诉讼活动中有下列情形之一的，应当依照有关规定追究相应的法律责任：

（一）接受对方当事人的财物或者其他利益，与对方当事人或者第三人恶意串通，侵害委托人权益的；

（二）在同一案件中，接受或者变相接受双方当事人委托的；

（三）捏造事实虚构法律关系、故意提供虚假证据，唆使、利诱他人伪造、变造和提供虚假证据或者隐匿、毁灭证据的；

（四）指使、诱导当事人或者他人以不正当方式干扰诉讼、仲裁等活动正常进行的；

（五）其他。

第十七条 人民法院、人民检察院、公安机关、司法行政机关应当建立健全虚假诉讼防范工作机制，通过组织业务培训、发布典型案例、开展警示教育活动等形式，不断增强工作人员对虚假诉讼的防范意识，提高虚假诉讼甄别能力，预防和遏制虚假诉讼违法行为。

第十八条 人民法院、人民检察院、公安机关、司法行政机关应当加大法治宣传力度，营造全社会防范制裁虚假诉讼的舆论氛围。

人民法院应当在立案窗口及法庭张贴警示宣传标识，同时在"人民法院民事诉讼风险提示书"中明确告知参与虚假诉讼应当承担的法律责任，引导当事人依法行使诉权，诚信诉讼。

第十九条 人民法院、人民检察院、公安机关、司法行政机关要建立联席会议制度，就辖区虚假诉讼的特点、成因、查处等情况及时沟通交流，加强预警和研判，完善防范对策。

第二十条 人民法院、人民检察院、公安机关、司法行政机关要积极搭建信息互通数据平台，实现虚假诉讼案件信息、数据共享，有效打击和防范虚假诉讼行为。

第二十一条 本意见自会签印发之日起施行。

本意见由贵州省高级人民法院、贵州省人民检察院、贵州省公安厅、贵州省司法厅共同解释。

来源：贵州检察

江苏省高级人民法院防范和整治劳动争议虚假诉讼的工作指引

（2023年1月13日）

为全面防范劳动争议案件中的虚假诉讼，营造诚实守信的社会环境和公平正义的法治环境，根据《中华人民共和国劳动法》《中华人民共和国劳动合同法》《中华人民共和国民事诉讼法》等规定，结合工作实际，制定本指引。

一、构成要素和主要表现形式

1. 人民法院认定存在劳动争议虚假诉讼时综合考虑下列因素：
（1）行为人单独或者与他人恶意串通；
（2）采取伪造证据、虚假陈述等手段；
（3）捏造事实，虚构劳动关系或者劳动债权；
（4）向人民法院提起劳动争议诉讼；
（5）妨害司法秩序或者侵害他人合法权益。

2. 人民法院在审理下列案件时，应当重点甄别可能存在的虚假诉讼：
（1）追索劳动报酬纠纷；
（2）职工破产债权确认纠纷；
（3）确认劳动关系纠纷；
（4）经济补偿金纠纷；
（5）其他可能存在虚假诉讼的劳动争议案件。

3. 劳动争议案件有下列情形之一的，人民法院应当重点甄别可能存在虚假诉讼：
（1）原告起诉依据的事实、理由不符合常理，存在伪造证据、虚假陈述可能；
（2）劳动者主张的劳动报酬与其工作岗位、工作性质明显不相符合；
（3）在可能影响案外人利益的案件中，当事人之间存在近亲属关系或者关联企业等共同利益关系；

（4）当事人之间不存在实质性民事权益争议和实质性诉辩对抗；

（5）用人单位对于劳动者提出的对其不利的事实明确表示承认，且不符合常理；

（6）认定案件事实的证据不足，但双方当事人主动迅速达成调解协议，请求人民法院制作调解书；

（7）同一企业在较短时间内与多名劳动者发生欠薪纠纷；

（8）其他异常情形。

4. 劳动争议虚假诉讼的主要情形：

（1）企业为参与拆迁补偿款分配或者逃避执行，伪造职工名单，虚构欠薪纠纷；

（2）企业伪造代理手续或者冒充他人名义提起欠薪纠纷；

（3）企业停产歇业或者破产清算，当事人恶意串通，夸大或者虚构职工债权；

（4）企业以工资欠条形式对借款、定作款、货款等债权出具凭证，债权人依据工资欠条提起劳动争议诉讼；

（5）企业实际控制人、股东、高级管理人员、项目管理人员或者承包人等利用职权，伪造证据，虚构劳动关系或者欠薪事实；

（6）当事人恶意串通，虚构工作年限，破坏社会保险征缴管理秩序；

（7）其他当事人或者其他诉讼参与人单方或者与他人恶意串通实施的虚假诉讼行为。

二、防范措施

5. 对于涉嫌虚假诉讼的，人民法院通过法院综合信息管理系统进行关联案件检索，重点关注以下内容：是否为群体性纠纷，用人单位有无被执行案件、有无破产因素等。

6. 人民法院在审理劳动争议案件过程中，通过审查劳动合同签订、履行及解除的全过程，如劳动者入职过程、劳动合同签订过程、工资发放情况、提供劳动情况、企业实际经营情况、争议发生情况等事实，综合判断是否属于虚假诉讼。

7. 对于涉嫌虚假诉讼的，人民法院可以依照《中华人民共和国民事诉讼法》等规定采取通知当事人本人到庭、责令当事人提供证据、通知证人出庭作证、通知与案件处理结果可能存在法律上利害关系的人作为第三人参加诉讼、调查收集证据等措施。

8. 人民法院发现当事人可能存在虚假诉讼嫌疑的，可以依法进行释明，告知实施虚假诉讼行为的法律后果，并要求当事人及其他诉讼参与人签署保证书。

三、整治措施及案件处理

9. 对于当事人、其他诉讼参与人实施虚假诉讼的，人民法院根据情节轻重，依照

《中华人民共和国民事诉讼法》的规定采取罚款、拘留等妨害民事诉讼的强制措施。

10. 当事人、其他诉讼参与人实施虚假诉讼涉嫌犯罪的，人民法院根据《最高人民法院、最高人民检察院、公安部、司法部关于进一步加强虚假诉讼犯罪惩治工作的意见》及时将涉嫌犯罪的材料移送有管辖权的机关处理。

四、工作机制

11. 对于涉嫌虚假诉讼的，承办法官在提交合议庭评议时应当就涉嫌虚假诉讼的具体情况进行详细说明，合议庭就本案是否为劳动争议虚假诉讼案件进行充分评议。对于认为存在虚假诉讼的案件，合议庭评议后，可以提请专业法官会议研究，必要时提请审判委员会讨论。

12. 人民法院可以通过联席会议等制度加强与劳动争议仲裁机构的协同配合，畅通劳动争议虚假诉讼信息交流渠道，形成工作合力，进一步从源头上预防劳动争议虚假诉讼。

来源：江苏省高级人民法院

江苏省高级人民法院印发《关于健全完善防范与打击"套路贷"及虚假诉讼长效机制的指导意见》的通知

（苏高法〔2020〕181号　2020年8月31日）

各市中级人民法院、南京海事法院、徐州铁路运输法院、各基层人民法院、本院各部门：

《关于健全完善防范与打击"套路贷"及虚假诉讼长效机制的指导意见》已经省法院党组讨论通过，现予以印发，请结合本地实际，抓好贯彻落实。执行中遇到的问题，要及时层报省法院。

关于健全完善防范与打击"套路贷"及虚假诉讼长效机制的指导意见

为坚决打击"套路贷"等非法金融活动，落实金融放贷领域扫黑除恶专项斗争和非法金融活动专项治理工作部署，有效防范违法犯罪分子通过虚假诉讼实现非法利益，推进扫黑除恶专项斗争深入开展，规范金融市场投融资秩序，根据《中华人民共和国民事诉讼法》《最高人民法院关于适用〈中华人民共和国民事诉讼法〉的解释》《最高人民法院关于民事诉讼证据的若干规定》《最高人民法院关于审理民间借贷案件适用法律若干问题的规定》、"两高两部"《关于办理"套路贷"刑事案件若干问题的意见》《关于办理非法放贷刑事案件若干问题的意见》等法律、司法解释和规范性文件的规定，结合全省审判工作实际，制定本意见。

一、指导思想和基本原则

坚持以习近平新时代中国特色社会主义思想为指导，深入贯彻落实习近平总书记关于扫黑除恶重要指示精神，增强"四个意识"，坚定"四个自信"，做到"两个维护"。把打击非法金融活动尤其是"套路贷"虚假诉讼作为深入推进扫黑除恶专项斗争的重要抓手，从维护国家安全和社会稳定的高度，提高政治站位，坚持底线思维，着力防控化解重大风险、依法服务"六稳""六保"工作、奋力夺取疫情防控和经济社会发展双胜利，坚持问题导向、目标导向、效果导向，加强组织领导，狠抓贯彻落实，全面完成专项治理各项目标任务。

1. 坚持依法从严，形成工作合力。坚决惩治"套路贷"、非法高利放贷及虚假诉讼等违法犯罪活动。强化协同办案机制，提高涉嫌犯罪线索、材料的移送质量，通过扫黑办向公安机关移送的同时，抄送检察机关并及时向纪委监委、政法委报告有关情况，形成打击"套路贷"、非法高利放贷及虚假诉讼的工作合力。

2. 坚持公正司法，严格依法办案。准确把握"套路贷"、非法高利放贷及虚假诉讼的法律标准，严格把握法律政策界限，准确把握"套路贷"、非法高利放贷等违法犯罪与合法民间借贷的区别，准确适用法律，公正处理相关案件。

3. 坚持突出重点，推进重心下移。紧盯"套路贷"等非法金融活动高发、涉诉案件多、信访投诉多的重点地区、重点法院、重点案件，一级抓一级，层层抓落实，将工作重心压向基层，推动各基层法院在防范与打击"套路贷"、非法高利放贷及虚假诉讼工作中的主体责任落实，把好一审程序的事实认定和法律适用关口。围绕当事人申诉信访以及审判执行中发现的"套路贷"虚假诉讼线索，有针对性地加大重点排查力度，确保专项治理工作要求落实到位。

4. 坚持长效常治，加强长效机制建设。坚持并深化"333"工作机制。全面落实司法责任制，健全符合司法规律的审判权运行体系，规范法官自由裁量权行使。落实"一案双查"工作机制，强化院庭长的监督管理职责，发挥制度机制的防范约束作用。健全防范与打击"套路贷"虚假诉讼的每月通报制度，增强制度机制落实的针对性、严密性、有效性。

5. 坚持标本兼治，推动源头治理。坚持打防结合，强化系统治理。在依法严厉打击"套路贷"等非法金融活动的同时，强化与公安机关、金融监管部门、市场监管部门协同配合机制，推进数据信息共享，形成工作合力，进一步从源头上铲除"套路贷"等非法金融活动的滋生土壤。

二、依托"三大系统平台"，强化精准防范与打击"套路贷"信息化支撑

6. 强化信息支撑功能。升级"套路贷"虚假诉讼智能预警系统，拓展优化系统涵盖的案件类型，实现信息的自动化抓取，与法院综合信息系统、执行指挥中心执行案件信息管理系统高效对接。与省非法金融活动信息监测平台相互比对，串联分析，为有效发现、精准处置"套路贷"、非法高利放贷及虚假诉讼提供信息化支撑。

7. 完善疑似职业放贷人名录制度。定期更新疑似职业放贷人名录，将其嵌入到"套路贷"虚假诉讼智能预警系统，为立案、审理、执行各环节检索排查提供有效预警。

8. 构建民间借贷矛盾纠纷多元化解机制。坚持创新发展新时代"枫桥经验",坚持把非诉讼纠纷解决机制挺在前面,统筹推进一站式多元解纷、诉讼服务体系建设,完善诉讼与非诉讼对接机制,在严格落实防范与打击"套路贷"虚假诉讼工作要求的前提下,引导当事人申请商会、行业协会等调解组织调解,委托、邀请特邀调解组织和人员参与诉讼调解。

三、深化"一检索、二集中、三并案"办案模式,健全完善防范与打击工作机制

9. 坚持实行关联案件强制检索制度。依托"三大系统平台"和省非法金融活动信息监测平台,严格落实民间借贷案件强制检索制度规定,检索情况形成书面材料入卷。立案环节重点进行疑似职业放贷人和"套路贷"虚假诉讼智能预警系统强制检索;审理环节要对疑似职业放贷人、"套路贷"虚假诉讼智能预警系统以及关联案件进行再检索和排查,除检索当事人本人外,还应当检索提供资金人、介绍人、催款人、证人、委托代理人等主体所涉案件予以排查;执行环节要对进入执行程序的判决书、调解书、实现担保物权裁定、确认调解协议裁定、支付令、仲裁裁决、赋予强制执行效力的公证债权文书所涉相关主体案件进行再检索再排查。

10. 坚持民间借贷案件实行集中管辖。中级人民法院要加强对辖区法院民间借贷案件审判态势分析研判,发现关联案件由辖区内不同基层法院受理的,应当指定由同一基层法院集中管辖,其中原告住所地在辖区内的,指定至原告住所地法院集中管辖。

11. 坚持民间借贷案件集中审理。民间借贷案件应当集中由一个审判业务部门审理,不得适用速裁方式审理。人民法庭暂不审理民间借贷案件。

12. 坚持民间借贷案件并案审查。关联案件应当集中到同一个合议庭或同一独任法官审理。通过关联案件集中比对分析,强化综合审查判断,注重类型化深入剖析,甄别发现借贷"套路"手法。

四、严把立案、审理、执行"三大关口",强化立审执协同配合机制

13. 强化风险警示告知。各级法院在诉讼服务大厅显著位置张贴警示宣传标识,在政务网站、官方微博、微信公众号等刊载风险告知书、宣传册等,明确告知"套路贷"、非法高利放贷及虚假诉讼的法律后果,教育引导当事人依法行使诉权、诚信诉讼。

14. 严格立案审查标准。严格执行立案登记制度。由专人负责民间借贷案件立案审查工作。对疑似职业放贷人或"套路贷"虚假诉讼智能预警系统警示级别较高人员的案件,应当经立案部门主要负责人审查,符合立案条件的,重点标识移送审判业务部门组成合议庭审理。对网络借贷案件,严格按照省法院《关于在扫黑除恶专项斗争中打击与防范网络"套路贷"虚假诉讼工作指南》第5条要求，加强对原、被告的诉讼主体资格和约定管辖条款等事项的审查。

15. 加强对协议管辖的实质审查。对当事人协议选择与争议没有实际联系点的法院管辖或者径行到与争议没有实际联系点的法院立案的，告知原告向有管辖权的人民法院起诉。原告坚持要求立案的，裁定不予受理。对原告以债权转让凭证为依据提起民间借贷诉讼的，应当依据基础法律关系确定管辖法院。依据基础法律关系受让人住所地法院并非管辖法院，但受让人坚持依据债权转让协议约定在其住所地法院起诉的，裁定不予受理。强化对网络借贷案件约定管辖条款合法性、有效性的审查，杜绝不当受理出借人、借款人住所地均不在本辖区的案件。

16. 强化对调解协议申请司法确认的审查。对民间借贷纠纷达成调解协议申请司法确认的，严格按照民间借贷案件的集中审理要求进行实质性审查，坚决杜绝审查走过场、走形式，发现存在"套路贷"、非法高利放贷及虚假诉讼嫌疑的，一律不予司法确认。

17. 加强对重点案件的实质性审查。切实提高防范"套路贷"、非法高利放贷及虚假诉讼的警觉性，严格依照《最高人民法院关于审理民间借贷案件适用法律若干问题的规定》第十六条、第十八条、第十九条的规定以及省法院《关于在扫黑除恶专项斗争中打击与防范"套路贷"虚假诉讼工作指南》第4条、《关于在扫黑除恶专项斗争中打击与防范网络"套路贷"虚假诉讼工作指南》第6条规定，加大对包括借贷事实在内的相关事项的审查力度。对网络借贷案件，依照《最高人民法院关于民事诉讼证据的若干规定》第93条、第94条，加强对出借人和借款人用户注册信息、身份认证信息、电子交易记录等所涉电子数据证据的审查。

18. 正确理解与适用证据规则。准确理解和适用《最高人民法院关于审理民间借贷案件适用法律若干问题的规定》关于举证责任的规定，以及《最高人民法院关于民事诉讼证据的若干规定》，加强对借贷合意形成、款项交付及还款事实所涉证据的审查，强调运用逻辑推理和日常生活经验对证据进行综合审查判断，杜绝机械适用"谁主张谁举证"的证明规则，不得片面强调书证具有证据优势并以此为由认定借贷事实，不得仅仅依据表面证据进行裁判。

19. 强化当事人本人、证人到庭参加诉讼。民间借贷案件应当强化当事人本人到庭接受调查、质询，要求借贷双方对借贷合意形成过程、款项交付及还款等款项往来情况作出说明并提供证据。传票应当注明当事人本人到庭要求和拒不到庭的法律后果。其中当事人系自然人的，当事人本人应当到庭，其主张借贷事项系委托他人办理的，应当申请受托人出庭作证。当事人系法人或非法人组织的，应当说明具体经办人并申请具体经办人出庭作证。原告本人无正当理由拒不到庭，或者其申请出庭作证的受托人、具体经办人无正当理由未出庭，导致其主张事实的真伪无法判断的，原告应当承担不利的法律后果。当事人在接受询问前应当签署保证据实陈述的保证书并宣读保证书的内容，证人在作证前应当签署保证据实陈述的保证书并宣读保证书的内容。

20. 发挥庭审查明案件事实的实质功能。对于一审民间借贷案件，要落实开庭审理中原告、被告本人必须到庭参加诉讼，对证据进行充分举证质证，保障当事人充分陈述诉辩意见。在借贷真实性、借贷主体、借贷合意、款项交付、借款利息、款项归还等方面，充分发挥庭审查明案件事实功能，切实把好一审查明事实关。负有举证责任的原告无正当理由拒不到庭，经审查现有证据无法确认借贷行为、借贷金额、支付方式等案件主要事实的，人民法院对原告主张的事实不予认定。

21. 强化法院依职权调查取证。人民法院审理民间借贷案件时，发现有《最高人民法院关于审理民间借贷案件适用法律若干问题的规定》第十九条规定情形之一的，要加大依职权调查取证力度，查明借款发生的原因、时间、地点、款项来源、交付方式、款项流向，以及借贷双方之间的关系、经济状况等事实，综合判断是否属于虚假民事诉讼。

22. 依法审慎认定被告"自认"借贷事实。被告对原告主张的借贷事实不作任何抗辩予以认可的，人民法院不宜直接认定借贷关系成立。尤其是在证据完备但不符合常理以及当事人确认的借贷事实明显存在疑点情况下，应当严格审查借贷发生的原因、时间、地点、款项来源、交付方式、款项流向以及借贷双方的关系、经济状况等事实，并重点审查是否存在借贷"套路"，防止当事人通过虚假诉讼损害第三人合法权益，避免"套路贷"违法犯罪分子通过诉讼实现非法利益。

23. 强化对各类执行依据的审查。执行程序中，发现作为执行依据的生效裁判文书或者影响案件执行的另案生效裁判文书属"套路贷"虚假诉讼，或发现非法高利放贷存在非法经营犯罪等刑事犯罪嫌疑的，中止执行程序，生效裁判文书交由相关审判业务部门审查，对于以仲裁裁决、赋予强制执行效力的公证债权文书为执行依据申请执行的民间借贷案件，切实加强对执行依据所涉借贷事实的审查，存在"套路贷"虚假诉讼嫌疑或非法高利放贷涉嫌非法经营犯罪等刑事犯罪的，一律裁定不予执行。

24. 健全审判监督纠错机制。对于发现的"套路贷"虚假诉讼案件、非法高利放贷涉嫌非法经营犯罪等刑事犯罪的案件，及时启动审判监督程序予以纠正，坚决杜绝以尚未经过刑事程序认定为由不予纠错。对于已经被公安机关立案侦查的涉嫌"套路贷"犯罪嫌疑人及关联主体所涉及的全部民间借贷等案件，及时启动审判监督程序立案复查，确有错误的依法纠正。对已经被生效刑事裁判认定的"套路贷"违法犯罪分子所涉及的全部民间借贷等案件，立即启动审判监督程序，其中借贷相关行为被生效刑事裁判认定为犯罪事实的案件，依法启动再审撤销原生效裁判，驳回原告起诉；借贷相关行为未被生效刑事裁判作为犯罪事实认定的案件，经立案复查生效判决、裁定、调解书确有错误的，及时依法纠正。对检察机关抗诉或提出再审检察建议的"套路贷"、非法高利放贷及虚假诉讼案件，及时启动审判监督程序，依法纠错，并对其关联的所有民间借贷等案件同步进行复查。

25. 完善执行纠错工作机制。对于已启动审判监督程序复查的涉嫌"套路贷"虚假诉讼案件，未执行完毕的，一律中止执行。已移送公安机关的，当事人申请解除财产保全措施的，暂不予准许，待公安机关刑事程序结案确定。已执行完毕或执行到位的，通过刑事案件的追赃挽损途径依法处理。

五、健全完善"套路贷"、非法高利放贷及虚假诉讼联动处置机制

26. 规范"套路贷"虚假诉讼案件移送管理机制。对于涉嫌"套路贷"虚假诉讼等犯罪的案件，依照《最高人民法院关于审理经济纠纷案件中涉及经济犯罪嫌疑若干问题的规定》，裁定驳回起诉，并依照省法院、省检察院、省公安厅联合下发的《关于建立健全严厉打击"套路贷"违法犯罪沟通协调机制的意见》，将涉嫌犯罪的线索、材料通过各级法院扫黑办、非法金融活动信息监测平台线下、线上同步移送有管辖权的公安机关，并同时抄送检察机关，有关情况及时报告纪委监委、政法委。

27. 依法受理移送后未受到刑事追究的民间借贷案件原告重新起诉案件。对于移送公安机关的案件，公安机关不予立案，或者立案侦查后撤销案件，或者检察机关作出不起诉决定，或者经人民法院生效判决认定不构成犯罪，当事人又以同一事实向人民法院提起诉讼的，人民法院应予受理。

28. 正确把握"套路贷"、非法高利放贷及虚假诉讼民刑交叉案件的程序处理。对于实际年利率超过国家有关规定的非法放贷行为，情节严重，达到"两高两部"《关于办理非法放贷刑事案件若干问题的意见》规定的非法经营犯罪定罪标准的，依照《最高人民法院关于审理经济纠纷案件中涉及经济犯罪嫌疑若干问题的规定》，裁定驳回起诉，将涉嫌犯罪的线索、材料按照本意见第26条的规定移送。对于涉嫌非法讨债等其他违法犯罪，未达到非法经营犯罪等刑事犯罪定罪标准的放贷行为、未达到刑事犯罪定罪标准的虚假诉讼违法行为，相关民事案件继续审理，同时将涉嫌犯罪的线索、材料移送有管辖权的公安机关。

29. 依法严惩"套路贷"、非法高利放贷及虚假诉讼等刑事犯罪行为。正确把握"套路贷"、非法高利放贷及虚假诉讼等刑事犯罪的法律标准，坚持依法从严惩处，严把刑事案件事实关、证据关、程序关和法律适用关，确保把每一起"套路贷"、非法高利放贷及虚假诉讼案件办成铁案。对于符合黑社会性质组织、恶势力犯罪集团认定标准的，应当按照组织、领导、参加黑社会性质组织或者恶势力犯罪集团审判，有

效运用财产刑，铲除犯罪经济基础。

30. 坚决打击未达刑事犯罪标准的非法金融活动。对于未构成"套路贷"犯罪、非法经营犯罪等刑事犯罪定罪标准的放贷行为，依照《全国法院民商事审判工作会议纪要》第52条、第53条规定以及省法院关于建立疑似职业放贷人名录制度的规定严格审查，出借人的行为属于非法放贷、高利转贷的，依法否定借贷合同效力，出借人主张借款人返还借款本金的，应予支持，出借人要求借款人按照借贷合同约定支付利息、违约金或者其他费用的，不予支持。

31. 强化对妨碍诉讼行为的民事制裁措施。在民间借贷案件审理中，发现诉讼参与人或其他人存在虚假陈述、篡改、伪造、毁灭证据，阻碍证人作证，指使证人作伪证等妨害民事诉讼行为的，应当依照《中华人民共和国民事诉讼法》《最高人民法院关于适用〈中华人民共和国民事诉讼法〉的解释》《最高人民法院关于民事诉讼证据的若干规定》的相关规定，依法予以罚款、拘留；涉嫌犯罪的，应当及时将相关线索、材料移送公安机关。

32. 严格执纪问责。落实"一案双查"工作机制，发现法院干警参与"套路贷"虚假诉讼等违法犯罪行为、充当"套路贷"违法犯罪分子"保护伞"、编织关系网或者存在其他违纪违法情形的，坚决依纪依法处理。

33. 强化对其他法律从业人员的司法监督。发现律师、基层法律服务工作者、公证人员、仲裁机构人员及相关机构制造、参与"套路贷"、非法高利放贷及虚假诉讼等违法违规行为的，及时通报司法行政机关并提出处理建议，涉嫌犯罪的，及时将线索移送公安、监察机关。

六、推动建立"套路贷"、非法高利放贷及虚假诉讼综合治理机制

34. 落实"套路贷"、非法高利放贷及虚假诉讼协同治理机制。主动接受监督，及时向党委、纪委监委、政法委报告专项治理工作。加强与非法金融活动治理协作单位的沟通配合，形成打击工作合力，综合系统整治"套路贷"、非法高利放贷及虚假诉讼等违法犯罪行为。加强与公安机关、检察机关的沟通对接，健全问题线索双向移送反馈机制，就"套路贷"、非法高利放贷及虚假诉讼认定问题及时推动沟通协调，加强研判会商。

35. 加强与金融监管部门的协调联动机制。对于发现的非法放贷、高利转贷等非法金融活动，将相关线索、材料移送金融监管部门，并及时提出司法建议。深化与金融监管部门的对接，构建信息共享和金融风险防范化解会商机制，共同研判各类金融活动、金融业态的法律性质，促进非法金融活动治理体系的健全与完善，有效防范化解金融风险。

36. 加强宣传引导，营造舆论氛围。充分运用各类媒介载体，积极宣传人民法院打击"套路贷"、非法高利放贷及虚假诉讼等违法犯罪的鲜明立场及取得成效，大力宣传人民法院打击"套路贷"、非法高利放贷及虚假诉讼典型案例，震慑"套路贷"违法犯罪分子，营造诚信守法氛围，提高全社会对"套路贷"、非法高利放贷及虚假诉讼等违法犯罪的警惕性和识别力，引导人民群众对"套路贷"、非法高利放贷等非法金融活动不参与、能识别、敢揭发。

来源：江苏省高级人民法院

江苏省高级人民法院关于在扫黑除恶专项斗争中打击与防范网络"套路贷"虚假诉讼工作指南

（苏高法〔2019〕305号　2019年11月6日）

网络"套路贷"是借助信息网络实施"套路贷"的违法犯罪行为。较之传统"套路贷"，作案手法更复杂、影响范围更广泛、社会危害性更大，严重扰乱金融市场管理秩序，侵害人民群众合法权益，影响社会和谐稳定。

为有效防范打击网络"套路贷"违法犯罪活动，维护金融安全和社会秩序，保护自然人、法人和其他非法人组织的合法权益，依据《中华人民共和国合同法》[①]《中华人民共和国民事诉讼法》，最高人民法院、最高人民检察院、公安部、司法部《关于办理"套路贷"刑事案件若干问题的意见》《关于办理非法放贷刑事案件若干问题的意见》，《最高人民法院关于审理民间借贷案件适用法律若干问题的规定》等法律和司法解释的规定，结合全省审判工作实际，制定本工作指南。

一、网络"套路贷"的界定

1.【网络"套路贷"的概念】网络"套路贷"，是指行为人利用网络金融信息中介（P2P平台），或以网站、App、微信等信息网络为违法犯罪工具，通过虚构法律关系、虚增债务数额等方式形成虚假债权，并采用暴力、"软暴力"威胁或者通过虚假诉讼等各种方式非法讨债，以达到非法占有他人财物目的的违法犯罪行为。

2.【网络"套路贷"的特征】网络"套路贷"是一种借助互联网进行的新型"套路贷"违法犯罪行为，与线下"套路贷"违法犯罪相比，具有以下显著特征：

（1）网络"套路贷"借助信息网络等新技术手段，具有传播快、范围广、跨区域等特点；

（2）网络"套路贷"具有涉众型特征，受害人数众多，是潜在的影响社会稳定的

---

① 已废止，现为民法典。

因素；

（3）网络"套路贷"中磋商、放贷、催讨等行为大多通过虚拟网络进行，违法犯罪行为人与被害人之间很少发生面对面接触，有关违法犯罪行为的实施具有间接性特征；

（4）网络"套路贷"软暴力方式主要表现为对受害人实施短信轰炸、P图等精神控制和非法侵害，对被害人形成心理强制。

3.【网络"套路贷"违法犯罪与合规的网络借贷活动的主要区别】从主观方面看，网络"套路贷"违法犯罪是以非法占有他人财物为目的；而合规的网络借贷活动是以赚取合理的利息、居间费用等为主要营利手段。

在客观方面，网络"套路贷"通常会利用线上线下各种手段进行欺诈性、虚假性宣传，引诱被害人向其借贷，进而实施违法犯罪行为；合规的网络借贷活动通常会依法进行宣传推广，不会进行虚假性宣传、片面性宣传，误导出借人或借款人。

网络"套路贷"违法犯罪中通常隐含有非法集资、非法放贷、暴力催收、虚假诉讼、寻衅滋事、敲诈勒索等各种类违法犯罪行为；合规的网络借贷活动系合法经营，经营行为中不存在违法犯罪行为。

4.【网络"套路贷"的常见"套路"手法】网络"套路贷"的常见"套路"手法包括：

（1）签订金额虚高的"借贷协议"制造民间借贷假象。网络"套路贷"平台通常以"科技公司""信息公司""投资公司""咨询公司"等名义注册经营，发放贷款时以平台或关联公司收取居间费、咨询费、信息费、介绍费等为由进行"砍头息"操作，实际交付的金额往往远低于"借款协议"约定的借款金额。

（2）进行欺诈性宣传。突破有关不得进行线下宣传、不得进行虚假性片面性宣传的监管规定，同时在线上和线下对社会公众进行欺诈性宣传，通过虚构资金用途、高额利息为诱饵吸引集资参与人，以发放低息、无抵押、无担保贷款为诱饵吸引借款人。

（3）非法获取借款人个人相关信息。以借款必须提供相应的个人相关信息作为信用评价依据为由，诱骗或迫使借款人提供工作单位、住所地址、电话通讯录等个人信息，甚至在借款人不知情的情况下通过网络技术窃取有关信息，为进一步实施威胁、恐吓、逼迫等违法犯罪行为作准备。

（4）恶意制造违约。限制借款人提前还款或对提前还款收取高额违约金，或在借款人到期还款时蓄意制造平台系统故障，让借款人无法进行正常操作及时归还借款。

（5）恶意垒高"债务"数额。在借款人逾期还款后，通过提额、导流等方式让借款人与其或其关联主体签订金额更大的"借贷协议"，通过"滚雪球"的方式增加借款人"黏性",不断垒高债务金额,最终让债务人债台高筑。

（6）通过各种方式非法讨债。利用非法获取的借款人个人相关信息,通过暴力或者"软暴力"方式向借款人或借款人的特定关系人催讨。甚至将有关催讨业务外包,雇用专业的涉黑性质的讨债公司进行债务催讨。

二、加强对网络借贷案件立案、审理、执行环节的审查力度

5.【加强对案件立案环节的审查】对网络借贷案件,在立案环节要重点审查以下内容:

（1）原告诉讼主体是否适格。P2P平台或其以法定代表人、员工名义或债权受让人身份起诉的,不予受理。

（2）被告诉讼主体是否适格。对原告提供的被告有关身份、地址信息,应审查其是否明确、具体。

（3）约定管辖是否合法有效。

（4）对批量诉讼,从严审查。

经审查,不符合《中华人民共和国民事诉讼法》第一百一十九条起诉条件的,不予立案受理。

6.【加强对案件审理环节的审查】对网络借贷案件,在审理环节要重点审查以下内容:

（1）网贷平台是否合规;

（2）是否涉嫌"套路贷"虚假诉讼;

（3）是否存在以获利为目的经常性向社会不特定对象违规发放贷款;

（4）P2P平台或其关联主体是否存在设立资金池,或采用先将自有资金出借给借款人,又将债权整体或拆分转让给出借人等类资产证券化经营模式等非法集资违法犯罪行为;

（5）是否存在非法发放高利贷行为,尤其是重点审查是否存在"裸贷""校园贷""714高炮"等非法行为;

（6）是否存在以P2P平台的法定代表人或员工名义出借款项,再以服务费、中介费、咨询费等名义规避法定利率最高限额的限制,变相获取高利的违法行为;

（7）委托诉讼代理人单独出庭参加诉讼的,是否具有真实有效的委托授权手续。

7.【强化对网络借贷案件证据的审查判断】人民法院要加强对电子证据合法性、真实性、完整性的审查。

网贷平台有义务提供在其网络服务器保存的电子合同、电子签章、支付流水等证据。网络平台不能证明其提供的电子证据的真实性、完整性的,应当不予采信。

原告不能提供充分证据证明其诉讼主张的，人民法院应驳回其诉讼请求。

8.【加强对案件执行环节的审查】执行程序中，对本指南下发前已经审结尚未执结的网络借贷案件（含终本案件），执行部门应中止执行；已经执行完毕但案款尚未发放的，暂停发放；同时将执行依据移送有关审判业务部门审查甄别。

三、严格司法，防范和打击网络"套路贷"虚假诉讼

9.【准确把握法律界限标准】要按照最高人民法院、最高人民检察院、公安部、司法部《关于办理"套路贷"刑事案件若干问题的意见》《关于办理非法放贷刑事案件若干问题的意见》等规定，严格把握法律标准，正确区分网络"套路贷"等违法犯罪行为与合规网络借贷之间的界限。对合规的网络借贷活动，依法保护当事人合法的民事权益。

10.【对涉嫌网络"套路贷"等违法犯罪活动的处理】凡涉及非法金融活动，尤其是涉嫌"套路贷"、非法集资犯罪、非法经营犯罪的网络借贷纠纷，应裁定不予受理；进入审理环节的，应裁定驳回起诉，并将有关材料移送公安机关；判决书、调解书已经生效的，应依法提起再审，予以纠正。

11.【对高利放贷的处理】合规网贷平台以超过民间借贷法定利率上限进行放贷的，对权利人主张超过法定利率上限24%的部分不予支持，且网络平台收取的利息总额不得超过本金金额。

实际年利率超过36%，情节严重，涉嫌非法经营犯罪的，裁定驳回起诉，并将相关材料移送公安机关。

12.【加强与金融监管机构的沟通协调】要加强与平台所在地金融监管机构的沟通协调。在审理网络借贷纠纷案件中发现网络平台存在违规经营，甚至从事"套路贷"等违法犯罪行为的，除向公安机关移送犯罪线索外，同时要向监管部门移送案件有关线索、材料，或提出相关司法建议，促进防范和化解金融风险。

来源：江苏省高级人民法院

江苏省高级人民法院关于在扫黑除恶专项斗争中打击与防范"套路贷"虚假诉讼工作指南

（苏高法〔2019〕274号 2019年10月14日）

"套路贷"通常假借民间借贷等民事纠纷之名，通过诉讼、仲裁、公证等方式使其合法化，有极强的隐蔽性和迷惑性，但其本质上涉嫌违法犯罪，不属于人民法院民事案件受理范围。

为正确区分"套路贷"与违法放贷、合法民间借贷的界限，有效防范打击"套路贷"违法犯罪，依据《中华人民共和国合同法》，最高人民法院、最高人民检察院、公安部、司法部《关于办理"套路贷"刑事案件若干问题的意见》，《最高人民法院关于审理民间借贷案件适用法律若干问题的规定》等法律和司法解释的规定，结合全省审判工作实际，制定本指南。

一、"套路贷"的界定

1.【"套路贷"的概念】"套路贷"，是指放贷人虚构法律关系，通过虚增债务数额等方式形成虚假债权债务，采用暴力、胁迫或者借助诉讼、仲裁、公证以及其他手段，非法占有他人财物的违法犯罪活动。

司法实践中，"套路贷"不仅假借民间借贷之名进行虚假诉讼，还常常假借债权转让、股权转让、房屋买卖、房屋租赁、汽车买卖、所有权确认等民事纠纷之名进行虚假诉讼。

2.【"套路贷"违法犯罪与民间借贷关系的主要区别】从主观方面看，"套路贷"违法犯罪是以非法占有他人财物为目的。而民间借贷的出借人是为了到期按照协议约定的内容收取本金并获取利息，不具有非法占有他人财物的目的。

民间借贷关系是平等民事主体之间基于意思自治达成的协议，不会在签订、履行借贷协议过程中实施虚增借贷金额、制造虚假给付痕迹、恶意制造违约、肆意认定违约、隐匿还款证据等行为。而"套路贷"违法犯罪从诱骗或者强迫被害人签订合同到暴力讨债、虚假诉讼等，不仅侵害被害人财产权、人身权，还危害社会公共秩序，破坏金融管理秩序，严重挑战司法权威，严重妨害司法公正。

3.【"套路贷"的常见犯罪手法和步骤】"套路贷"放贷人的"套路"手法和步骤包括但不限于以下情形：

（1）签订金额虚高的"借贷"协议制造民间借贷假象。放贷人以"小额贷款公司""投资公司""咨询公司""担保公司""网络借贷平台"等名义对外宣传，以低息、无抵押、无担保、快速放款为诱饵，继而以"保证金""行规"等虚假理由诱使借款人签订金额虚高的"借贷"协议。放贷人利用借款人急需资金周转，诱使或迫使借款人在空白借款合同上签字，或者签订"阴阳合同"，或者一笔借款出具多份借条，从而形成金额虚高的"借贷"协议。放贷人以借款人先前借贷构成违约为由，迫使借款人在重新借款时签订金额虚高的"借贷"协议。放贷人出借款项时不与借款人签订借款合同或不要求借款人出具借条，而与借款人签订买卖合同、租赁合同等，再由借款人出具金额虚高的欠条。

（2）制造资金虚假给付事实。放贷人制造已将全部借款交付借款人的银行流水痕迹，随后采取各种方式将全部或部分资金收回。放贷人出借款项未实际交付，但通过迫使借款人出具收条、让借款人捧着现金拍照等方式制造款项以现金交付的假象。放贷人将出借款项交付借款人后，又迫使借款人将款项交付放贷人的关联关系人，而借款人与放贷人的关联关系人并无债权债务关系。

（3）恶意垒高"债务"数额。放贷人在借款人还款后不出具凭证、不归还借据，并以借据再次主张"权利"。放贷人在借款人归还部分款项后，迫使借款人重新签订"借贷"协议或者出具"借条"，但对已归还款项不予扣除。放贷人在借款人无力偿还"借款"时，安排关联关系人为借款人"偿还借款"，继而与借款人签订金额更大的"借贷"协议。放贷人故意设置违约陷阱、制造还款障碍，恶意制造借款人违约，或者肆意认定违约，收取高额违约金。

（4）"套路"第三人承担"还款"责任。放贷人在借款人无力偿还"借款"时，安排关联关系人提供"过桥资金"为借款人"偿还借款"，并诱使或迫使借款人让他人为"过桥资金"提供担保，将"债务"恶意转嫁给担保人。放贷人明知是企业分公司负责人的个人虚假或虚高债务，但通过诱使或迫使借款人在"借贷"协议上加盖分公司印章等方式，将"债务"恶意转嫁给企业。放贷人明知是建设工程实际施工人的个人虚假或虚高债务，但通过制造"表见代理""表见代表"假象，将"债务"恶意转嫁给有关建筑企业。

（5）通过各种方式非法讨债。放贷人以暴力或者"软暴力"方式向借款人或者借款人的特定关系人讨债。放贷人通过虚假公证、虚假仲裁、虚假诉讼等方式讨债。

二、从立、审、执各环节强化审查，防范和打击"套路贷"虚假诉讼

4.【加强对重点案件的审查】对民间借贷等案件，要切实提高防范"套路贷"的警觉性，重点审查，坚决截断违法犯罪分子利用诉讼程序将非法利益合法化的通道。

（1）原告为疑似职业放贷人或其关联关系人的；

（2）P2P网贷诉讼；

（3）原告系从疑似职业放贷人或其关联关系人处受让债权的；

（4）原告未起诉借款人而向他人（如案涉借款担保人）主张权利的；

（5）原告本人无正当理由拒不到庭应诉的；

（6）被告下落不明或未应诉的；

（7）被告对原告诉讼请求予以认可或未作抗辩的；

（8）被告抗辩原告非实际出借人或出借款项未实际交付或已归还出借款项的；

（9）借贷合同为统一格式的；

（10）原告提供的证据形式上完备，但不符合常理的；

（11）原告主张出借款项以现金交付，数额超过5万元的；

（12）款项出借或本息归还存在指示交付或委托交付情形的；

（13）原、被告存在多笔款项往来，但原告只截取部分往来凭证主张权利的；

（14）被告在短期内出具多份借条的；

（15）其他可能影响债权合法性、真实性判断的情形。

5.【强制关联案件查询】在开展已结民间借贷案件"回头看"过程中，以及对民间借贷、债权转让、股权转让、房屋买卖、房屋租赁、汽车买卖、所有权确认等案件的立、审、执各个环节，要强制使用全省法院关联案件查询系统与"套路贷"虚假诉讼智能预警系统等信息化平台，进行关联案件与疑似职业放贷人强制查询，查询情况应形成书面材料入卷。

经与查询结果比对，一方面要重点审查原告是否系职业放贷人或其关联关系人；另一方面要重点审查放贷行为是否涉嫌"套路贷"，如在本案中无法准确识别的，可以通过调取关联案件卷宗，综合比对分析，准确甄别是否存在借贷"套路"以及虚构事实等行为。

6.【强化当事人本人到庭参加诉讼】民间借贷的一审案件必须开庭审理，应当传唤当事人本人到庭接受调查、进行质证，要求借贷双方陈述借款细节及款项往来等情况。开庭传票应当注明当事人本人到庭事项，并载明不到庭的不利法律后果。原告本人无正当理由拒不到庭，导致其主张的事实无法查清的，应承担不利的法律后果。

民间借贷的二审与申请再审案件，应开庭或者询问审理，当事人必须到庭接受调查。

7.【强化借贷事实的实质性审查】民间借贷等案件的审理，不能仅仅依据表面证据进行裁判，要准确理解和适用《最高人民法院关于审理民间借贷案件适用法律若干问题的规定》关于举证责任的规定，不能机械适用证据规则，不能仅凭书证的证据优势认定借贷事实，要在借贷主体、借贷合意、款项交付、借款利息、款项归还等方面，加强对证据的实质性审查，并着重审查借贷事实中的疑点。要正确处理当事人举证责任的动态转移，只要一方当事人尤其是被告的抗辩达到动摇法官内心确信的程度，就应由另一方当事人进一步举证证明其主张或抗辩。

8.【加大法院依职权调查取证力度】经审理，对借贷合法性、真实性产生合理怀疑的，要加大依职权调查取证力度。对于原告提供的证据虽形成完整证据链，但被告不到庭参加诉讼或者虽到庭参加诉讼但不作任何实质抗辩的，人民法院应主动审查明显不合常理的疑点，查明借贷双方是否存在真实借贷关系。

对原告涉嫌职业放贷的，应深入原告所在社区或基层组织，走访了解原告社会关系、从业及收入来源等情况。对被告抗辩曾因受到暴力讨债报警并提供初步证据的，应主动向公安机关了解相关警情。对被告提供其他线索且符合法定的依职权调取证据情形的，人民法院应主动依职权调查与借贷事实相关的情况。

9.【被告"自认"的处理】被告对原告主张的借贷事实不作任何抗辩予以认可的，人民法院不宜直接认定借贷关系成立。应根据《最高人民法院关于审理民间借贷案件适用法律若干问题的规定》第19条的规定进行审查，并重点审查是否存在借贷"套路"，防止当事人通过虚假诉讼损害其他债权人合法权益，或者涉嫌"套路贷"损害被告的合法权益。

10.【加强对执行依据的审查】在办理各类执行案件过程中，发现作为执行依据的生效法律文书或者另案裁判文书存在"套路贷"嫌疑的，执行案件中止执行或审查，生效裁判交由相关审判业务部门复查。

对于以公证债权文书、仲裁裁决为执行依据向人民法院申请执行的民间借贷等案件，要加大审查力度，存在"套路贷"嫌疑的，一律裁定不予执行。

三、防范打击"套路贷"虚假诉讼应注意的问题

11.【"套路贷"虚假诉讼的甄别】在开展已结民间借贷等相关案件"回头看"过程中，对存在以下情形的，要重点甄别是否系"套路贷"虚假诉讼：

（1）放贷人及其关联关系人多次到法院起诉的。利用诉讼、诉前保全、财产保全实现非法占有他人财产的目的，是"套路贷"虚假诉讼的本质。"套路贷"违法犯罪

分子往往向法院起诉大量民间借贷案件，甚至躲到幕后，通过"马甲"即关联关系人到法院起诉，并通过"债权"转让、买卖合同、租赁合同等掩盖"套路贷"。

（2）系列关联案件当事人本人不到庭较为普遍的。在"套路贷"虚假诉讼中，原告本人大多不到庭参加诉讼，往往由其代理人根据证据材料"构造"相应借贷事实。而被告不到庭应诉，有的是因为被告不堪其扰在外"躲债"，有的是因为受胁迫不敢应诉，有的是因为原告故意不提供被告准确住址致使法院无法有效送达。

（3）系列关联案件相关原告提供"形式证据"十分完备的"借款合同"及相对应的"交付凭证"，表面上形成完整"证据链条"的。在"套路贷"虚假诉讼中，借款合同多是填空式的打印合同，原告往往能提供完整的"银行流水"或者被告清点钱款的视频和照片。而有的被告因受胁迫不敢抗辩或者先有抗辩后又主动承认借款事实，有的因放贷人只接受现金还款且不出具收条，致使被告无法证明已还款事实。

（4）系列关联案件大量存在多份借条、指示交付、款项多次流转的。在"套路贷"虚假诉讼中，往往存在被告出具的多份借条，这些借条格式、内容近似，原告声称系被告多次不同借款的证据，但实际上是同一笔借款出具了多份借条。此外，原告有时会将款项打入第三人账户，或者打入被告账户后，又多次进行了流转，这些第三人通常是放贷人的关联关系人，款项多次流转通常会形成闭环，最终返回到放贷人或其关联关系人处。

12.【调解撤诉结案的慎重处理】加大对民间借贷等案件调解协议申请司法确认或者出具调解书的审查力度，发现存在"套路贷"嫌疑的，一律不予支持。

加大对民间借贷等案件诉前、诉中保全申请的审查力度，发现存在"套路贷"嫌疑的，一律不予支持。原告申请撤诉的，不予准许。

四、严格依法处理，确保司法公正

13.【准确把握"套路贷"法律标准】要按照最高人民法院、最高人民检察院、公安部、司法部《关于办理"套路贷"刑事案件若干问题的意见》，严格把握法律界限，正确区分"套路贷"违法犯罪与民间借贷等民事案件，准确适用法律，公正处理相关案件。

14.【"套路贷"虚假诉讼的处理】对于正在审理的民间借贷等案件，确属"套路贷"虚假诉讼的，要依照《最高人民法院关于在审理经济纠纷案件中涉及经济犯罪嫌疑若干问题的规定》《最高人民法院关于审理民间借贷案件适用法律若干问题的规定》，裁定驳回起诉，及时将涉嫌犯罪的线索、材料移送公安机关。

对于已结民间借贷等案件，经排查确属"套路贷"虚假诉讼的，要依法启动审判监督程序，撤销原审生效裁判，裁定驳回起诉，及时将涉嫌犯罪的线索、材料移送公安机关。

对于已经进入执行程序的民间借贷等案件，确属"套路贷"虚假诉讼的，要依法裁定中止执行，并将执行依据移交相关审判业务部门启动审判监督程序纠正，及时将涉嫌犯罪的线索、材料移送公安机关。

15.【"套路贷"虚假诉讼的及时纠正】对于"套路贷"虚假诉讼案件，一经发现，要第一时间启动审判监督程序予以纠正，不得以公安机关没有结论、尚无生效刑事判决认定等为由不及时纠错。

16.【"套路贷"关联案件审查的范围】经审查，确属"套路贷"虚假诉讼的，要把与该放贷人关联的全部民间借贷等案件进行复查，并启动审判监督程序予以纠正。

对已进入刑事诉讼程序的涉嫌"套路贷"犯罪的放贷人，要把与其关联的全部民间借贷等案件立案复查，并依法纠正。

对已因帮助、纵容"套路贷"违法犯罪而被追究刑事责任的审判人员，对其承办的相关民间借贷等案件涉及虚假诉讼的应依法提起再审，坚决纠正。

17.【民间借贷等案件的依法处理】经审查，民间借贷等案件属于正常民事纠纷的，要依法审理、执行，切实保护当事人合法的民事权益。

经审理，原告确系职业放贷人或其关联关系人的，其放贷行为违反《中华人民共和国银行业监督管理法》第十九条规定的"不得设立银行业金融机构或者从事银行业金融机构的业务活动"情形，借贷合同应认定无效。

18.【加大民事制裁力度】人民法院在审理民间借贷案件过程中，发现诉讼参与人或其他人存在虚假陈述，篡改、伪造、毁灭证据，阻碍证人作证，指使证人作伪证等妨害民事诉讼行为的，应当依照《中华人民共和国民事诉讼法》《最高人民法院关于适用〈中华人民共和国民事诉讼法〉的解释》的相关规定，依法予以罚款、拘留；涉嫌犯罪的，应及时将相关线索、材料移送公安机关。

来源：江苏省高级人民法院

江苏省高级人民法院、江苏省人民检察院、江苏省公安厅《关于建立健全严厉打击"套路贷"违法犯罪沟通协调机制的意见》

为加强全省民间借贷案件的审查甄别，依法惩处"套路贷"违法犯罪，推动扫黑除恶专项斗争深入开展，维护金融秩序和社会稳定，江苏省高级人民法院、江苏省检察院和江苏省公安厅共同制定了《关于建立健全严厉打击"套路贷"违法犯罪沟通协调机制的意见》。

民间借贷拓宽了市场主体融资渠道，一定程度上解决了部分社会融资需求，促进了多层次信贷市场的形成和发展，对民间借贷应当依法予以保护。但是，当前假借民间借贷之名，通过实施"套路贷"非法占有被害人财物的违法犯罪活动日益猖獗，严重侵害了人民群众人身财产安全，扰乱了金融市场秩序，影响了社会稳定。为加强全省民间借贷案件的审查甄别，依法惩处"套路贷"违法犯罪，推动扫黑除恶专项斗争深入开展，维护金融秩序和社会稳定，根据最高人民法院、最高人民检察院、公安部、司法部《关于办理"套路贷"刑事案件若干问题的意见》的规定，结合工作实际，制定如下意见。

一、准确把握"套路贷"与民间借贷、"高利贷"、非法讨债的界限

（一）"套路贷"是出借人假借民间借贷之名，通过诱使或迫使被害人签订金额虚高"借贷"协议、虚增借贷金额、恶意制造违约、肆意认定违约、隐匿还款证据等方式形成虚假债权债务，并借助诉讼、仲裁、公证或者采用暴力、威胁以及其他手段非法占有他人财物的违法犯罪活动。

（二）民间借贷是平等主体的当事人之间基于真实意愿的直接资金融通行为，出借人出借款项的目的是到期按照协议约定收回本金并获取利息收益。"高利贷"是民间借贷中出借人以获取超过法定利率红线的高额利息为目的而出借款项的行为。

（三）民间借贷、"高利贷"与"套路贷"有着本质区别。民间借贷、"高利贷"中的债权债务关系基于当事人意思自治而形成，借款人在签订借贷合同时对借款本金之外的利息部分金额是明知的，出借人不具有通过"套路"非法占有他人财物的目的。

（四）"套路贷"违法犯罪往往存在非法讨债情形，但仅存在非法讨债情形，出借人不具有非法占有目的，也未使用"套路"与借款人形成虚假债权债务的，不应视为"套路贷"。

（五）司法实践中，"套路贷"违法犯罪常见"套路"包括但不限于以下情形：

1. 签订金额虚高的"借贷"协议

（1）放贷人以"小额贷款公司""投资公司""咨询公司""担保公司""网络借贷平台"等名义对外宣传，以低息、无抵押、无担保、快速放款为诱饵，继而以"保证金""行规"等虚假理由诱使借款人基于错误认识签订金额虚高的"借贷"协议。

（2）放贷人利用借款人急需资金周转，诱使或迫使借款人在空白借款合同上签字，或者签订"阴阳合同"，或者一笔借款出具多份借条，从而形成金额虚高的"借贷"协议。

（3）放贷人以借款人先前借贷构成违约为由，迫使借款人在重新借款时签订金额虚高的"借贷"协议。

（4）放贷人出借款项时不与借款人签订借款合同或要求借款人出具借条，而与借款人签订其他合同，如买卖合同、租赁合同等，再由借款人出具金额虚高的欠条。

2. 制造资金虚假给付事实

（1）放贷人制造已将全部借款交付借款人的银行流水痕迹，随后采取各种方式将全部或部分资金收回。

（2）放贷人出借款项未实际交付，但通过迫使借款人出具收条、让借款人捧着现金拍照等方式制造款项以现金交付的假象。

（3）放贷人将出借款项交付借款人后，又迫使借款人将款项交付放贷人的关联关系人，而借款人与放贷人的关联关系人并无债权债务关系。

3. 恶意垒高"债务"数额

（1）放贷人在借款人还款后不出具凭证、不归还借据，并以借据再次主张"权利"。

（2）放贷人在借款人归还部分款项后，迫使借款人重新签订"借贷"协议或者出具"借条"，但对已归还款项不予扣除。

（3）放贷人在借款人无力偿还"借款"时，安排关联关系人为借款人"偿还借款"，继而与借款人签订金额更大的"借贷"协议。

（4）放贷人故意设置违约陷阱、制造还款障碍，恶意制造借款人违约，或者通过肆意认定违约，收取高额违约金。

4."套路"第三人承担"还款"责任

（1）放贷人明知是建设工程实际施工人的个人虚高债务，但通过制造"表见代理""表见代表"假象，将"债务"恶意转嫁给有关建筑企业。

（2）放贷人明知是企业分公司负责人的个人虚高债务，但通过诱使或迫使借款人在"借贷"协议上加盖分公司印章等方式，将"债务"恶意转嫁给企业。

（3）放贷人在借款人无力偿还"借款"时，安排关联关系人提供"过桥资金"为借款人"偿还借款"，并诱使或迫使借款人让他人为"过桥资金"提供担保，将"债务"恶意转嫁给担保人。

5.通过各种方式非法讨债

（1）放贷人以暴力或者"软暴力"方式向借款人或者借款人的特定关系人讨债。

（2）放贷人通过虚假诉讼方式讨债。这类"诉讼"往往表现为原告非实际出借人、借款人被放贷人控制而不作抗辩、表面证据完备等特点。

二、加强对民间借贷案件的审查甄别

（一）"套路贷"通常披着民间借贷外衣，作案手法隐蔽，事实难以认定。人民法院审理民间借贷案件，要切实提高对"套路贷"违法犯罪的警觉，加强对民间借贷案件的审查甄别，坚决防范违法犯罪分子利用诉讼程序将非法利益合法化。对存在下列情形的案件，要重点审查甄别：

1. 原告为疑似职业放贷人或其实际控制的关联关系人的；

2. 原告系从疑似职业放贷人或其实际控制的关联关系人处受让债权的；

3. 原告未起诉借款人而向他人（如案涉借款担保人）主张权利的；

4. 原告本人无正当理由拒不到庭应诉的；

5. 被告下落不明或未应诉的；

6. 被告对原告诉讼请求予以认可或未作抗辩的；

7. 被告抗辩原告非实际出借人或出借款项未实际交付或已归还出借款项的；

8. 借贷合同为统一格式的；

9. 原告提供的证据虽完备，但不符合常理的；

10. 原告主张出借款项以现金交付，数额超过5万元的；

11. 款项出借或本息归还存在指示交付或委托交付情形的；

12. 其他可能影响债权合法性、真实性判断的情形。

（二）人民法院在民间借贷案件审查甄别过程中，要加强关联案件查询，必要时传唤当事人本人到庭接受询问，原告本人无正当理由拒不到庭的，可以驳回其诉讼请

求。要加大对借贷事实和证据的审查力度,严格审查借贷发生的原因、时间、地点、款项来源,交付方式,款项流向,还款情况以及原告经济状况,当事人关系,当事人财产变动、交易习惯等事实,综合判断借贷的真实情况。要准确理解和适用《最高人民法院关于审理民间借贷案件适用法律若干问题的规定》关于举证责任的规定,在法官对借贷合法性、真实性产生合理怀疑的情况下,要加大原告的举证责任。要加强人民法院依职权调查取证,尽可能查明案件事实。

(三)人民法院经审查,发现民间借贷行为本身涉嫌"套路贷"刑事犯罪的,应当按照《最高人民法院关于在审理经济纠纷案件中涉及经济犯罪嫌疑若干问题的规定》《最高人民法院关于审理民间借贷案件适用法律若干问题的规定》,裁定驳回起诉,并及时将涉嫌犯罪的线索、材料移送同级公安机关。对已按普通民间借贷案件作出生效裁判后,借贷行为被认定构成"套路贷"刑事犯罪的,人民法院应当及时通过审判监督程序予以纠正。

(四)人民法院经审查,发现民间借贷存在非法讨债行为,但民间借贷行为本身不涉嫌犯罪的,应当继续审理。非法讨债行为涉嫌犯罪的,人民法院应当及时将相关线索、材料移送同级公安机关。

(五)人民法院经审查,发现属于虚假诉讼的,按照《最高人民法院关于审理民间借贷案件适用法律若干问题的规定》第二十条处理。

(六)对于不涉及"套路贷"和虚假诉讼的民间借贷案件,人民法院在审理过程中,要从严掌握法定利率红线,对存在"利滚利""砍头息"以及以管理费、咨询费、服务费、延期费、保证金、违约金等为名突破法定利率红线情形的,要依法准确认定借款本金数额和高额利息扣收事实,正确认定合同效力。

三、建立疑似职业放贷人名录制度,实现信息共享

(一)各基层人民法院要根据自身实际,建立疑似职业放贷人名录制度,加强对疑似职业放贷人或其实际控制的关联关系人起诉的民间借贷案件的审查。

(二)各基层人民法院确定疑似职业放贷人名录后,应经中级人民法院汇总后报至省高级人民法院,同时抄送当地检察机关、公安机关和金融监管部门。疑似职业放贷人名录中有公职人员的,应当抄送当地纪检监察部门和当事人所在单位。

(三)疑似职业放贷人名录实行动态管理,每年更新一次。

(四)疑似职业放贷人名录仅供人民法院及相关协作单位内部掌握,不对外公示。

四、建立健全办案沟通协作机制,形成工作合力

(一)对于人民法院移送的有明确线索的涉嫌"套路贷"刑事犯罪案件,公安机

关应当在三十日内作出立案或者不立案决定，并反馈移送法院。不予立案的，应当在作出不立案决定之日起七日内，以书面形式向移送法院说明不立案理由。

（二）人民法院向公安机关移送涉嫌"套路贷"刑事犯罪案件，应同时将移送函抄送同级人民检察院。公安机关对移送案件应当立案而不予立案的，人民检察院应当通知公安机关立案，并将监督情况反馈移送法院。

（三）公安机关在办理刑事案件过程中，发现相关联的民间借贷案件已经作出生效民事裁判的，要及时将刑事案件办理情况告知相关人民法院。人民法院应当依法及时予以处理，并在三十日内反馈至公安机关。

（四）人民检察院经审查认为民间借贷案件涉嫌"套路贷"刑事犯罪，可能导致原审裁判、调解或者执行错误的，应当依法提请上级人民检察院抗诉或者向同级人民法院提出检察建议，人民法院应当依法及时处理。

江苏省高级人民法院、江苏省人民检察院、江苏省公安厅、江苏省司法厅关于印发《关于防范和查处虚假诉讼的规定》的通知

（苏检会〔2013〕6号）

各市中级人民法院、人民检察院、公安局、司法局：

　　为加强对虚假诉讼行为的防范和查处，维护司法公正、权威，促进诚信社会建设，服务经济社会发展，省高级人民法院、省人民检察院、省公安厅、省司法厅研究制定了《关于防范和查处虚假诉讼的规定》，现印发给你们，请认真贯彻执行。

江苏省高级人民法院
江苏省人民检察院
江苏省公安厅
江苏省司法厅
2013年6月20日

关于防范和查处虚假诉讼的规定

第一章　总则

　　第一条　为加强对虚假诉讼行为的防范和查处，维护司法公正、权威，促进诚信社会构建，服务经济社会发展，根据《中华人民共和国民事诉讼法》《中华人民共和国行政诉讼法》《中华人民共和国刑事诉讼法》《中华人民共和国刑法》等有关法律规定，结合我省实际，制定本规定。

　　第二条　本规定所指的虚假诉讼，是指当事人之间恶意串通或者当事人单方采取虚构法律关系、捏造事实、伪造证据、唆使他人帮助伪造、毁灭证据，提供虚假证明文件、鉴定意见等手段，通过诉讼、调解、仲裁等能够取得各种生效民事行政法律文

书的方式，或者利用虚假仲裁裁决、公证文书申请执行的方式，妨害司法秩序，损害国家、集体、他人合法权益或者逃避履行法律文书确定的义务的行为。

第三条　人民法院、人民检察院、公安机关、司法行政机关应当建立联合防范和查处虚假诉讼案件的工作机制，在法定权限内分工负责、密切配合，形成防范和查处虚假诉讼的合力，共同维护诉讼秩序和司法权威，促进诚信社会体系建设。

第二章　防范措施

第四条　人民法院在审理下列类型案件时，应当采取有效措施防范虚假诉讼：

（一）借贷纠纷案件；

（二）离婚案件，特别是被告下落不明无法送达或者涉及共同财产分割的案件；

（三）房地产权属纠纷案件；

（四）企业、其他组织、自然人同时在多起案件中作为当事人的财产纠纷案件；

（五）改制中的国有、集体企业作为被告的财产纠纷案件；

（六）拆迁区划范围内的自然人作为诉讼主体的分家析产、继承、赠与、房屋买卖合同纠纷案件；

（七）股东权益纠纷案件；

（八）涉及优先权的建设工程纠纷案件；

（九）涉及驰名商标认定的案件；

（十）破产案件；

（十一）督促程序案件；

（十二）公示催告程序案件；

（十三）其他应当重点关注的案件。

第五条　人民法院、人民检察院在办理民事行政（申诉）案件时，对于下列情形应当依法采取相应的措施重点予以审查，注意防范和发现虚假诉讼：

（一）原告起诉所依据的事实、理由不合常理；

（二）证据存在伪造、变造可能；

（三）虚构法律关系，原告诉请存在明显不合情理之处，被告不提出抗辩或者虽提出抗辩但抗辩内容与诉请没有直接关联的；

（四）应当出庭的当事人无正当理由拒不到庭参加诉讼、当事人（包括委托代理人）对案件事实陈述不清或者故意不配合司法机关的调查；

（五）原告与被告（包括作为原告或被告的企业、其他组织的法定代表人、负责人）之间存在亲属、朋友、战友、同学、同事等特殊关系，原告、被告之间存在投资关系、隶属关系等；

（六）当事人调解意愿异常迫切或调解协议的达成异常容易；

（七）当事人自愿以不动产或以明显不合理价格的财产折抵债务；

（八）案外人提出异议；

（九）诉讼活动中有其他异常现象的。

第六条　司法行政机关、相关行业协会应当依法加强对律师、基层法律服务工作者和司法鉴定人员、公证人员等执业活动的管理。

第七条　司法行政机关、相关行业协会对律师和基层法律服务工作者在诉讼活动中可能存在的下列行为应当重点予以监督和防范：

（一）接受对方当事人的财物或者其他利益，与对方当事人或者第三人恶意串通，侵害委托人的权益；

（二）在同一案件中，暗中接受或者变相接受双方当事人的委托；

（三）虚构法律关系、故意提供虚假证据，唆使、利诱他人伪造、变造和提供虚假证据或者隐匿、毁灭证据等；

（四）指使、诱导当事人或者他人以不正当方式干扰诉讼、仲裁等活动的正常进行；

（五）其他不正当手段。

律师、基层法律服务工作者在执业过程中发现虚假诉讼，应当及时制止，委托人拒绝纠正的，应当终止代理。

第八条　人民检察院和公安机关在执法办案过程中发现民事行政案件中存在虚假诉讼嫌疑的，应当依法及时处理；民事行政案件尚未审结的，应当及时将涉嫌虚假诉讼的线索函告人民法院。

第九条　人民法院、人民检察院、公安机关、司法行政机关应当充分发挥各自的职能作用，加强依法诉讼和诚信诉讼的宣传、虚假诉讼责任的告知，做好虚假诉讼的预警和防控，引导当事人通过正当途径维护自身合法权益，增强广大人民群众防范和抵制虚假诉讼行为的意识。

第三章　案件查处

第一节　线索受理

第十条　发现虚假诉讼案件的主要途径：

（一）当事人及其代理人、案外人等控告、举报或者申诉；

（二）人民法院、人民检察院、公安机关在办案中自行发现；

（三）人大、政法委、纪委、信访部门等机关、组织移送；

（四）其他途径。

第十一条　查办虚假诉讼涉嫌违法犯罪案件，由受理该民事行政案件的一审人民法院所在地的公安机关、人民检察院管辖；涉及级别管辖、指定管辖等问题的，按照法律和相关规定办理。

第十二条　查办虚假诉讼涉嫌违法犯罪案件，不受民事行政案件当事人是否申请再审和申请检察监督的限制，不受申请再审时限的限制，不受第三人是否提起撤销之诉等限制。

第十三条　人民检察院、公安机关对涉嫌虚假诉讼的控告、举报应当受理，按照管辖权限依法及时查办。如果涉嫌虚假诉讼的民事行政案件尚在人民法院审理过程中的，应当将情况函告正在审理该案的人民法院；如果案件已由人民法院作出裁判或者调解，应当将情况同时函告同级人民法院和人民检察院。

第十四条　人民检察院对涉嫌虚假诉讼的民事行政案件的申诉应当受理，经审查认为实施虚假诉讼行为的当事人及其他相关人员涉嫌犯罪的，应当及时将案件线索及相关证据材料移送有管辖权的公安机关或者职务犯罪侦查部门依法查办。

第十五条　人民法院在审查各类民事行政案件、执行各类生效法律文书过程中，认为实施虚假诉讼行为的当事人及其他相关人员涉嫌犯罪的，应当及时将案件线索及相关证据材料移送同级公安机关或者人民检察院依法查办。

人民检察院、公安机关对人民法院移送的在其管辖范围内的涉嫌虚假诉讼犯罪案件，应当受理。

第二节　立案侦查

第十六条　公安机关在受理控告、举报或者收到人民法院、人民检察院移送的虚假诉讼案件线索后应当及时审查，对存在犯罪事实且符合管辖规定的，应当立案侦查。

对于公安机关应当立案而不立案的，人民检察院依法进行监督。

第十七条　国家工作人员参与虚假诉讼，涉嫌职务犯罪的，依法由人民检察院立案侦查。

国家工作人员与案件当事人等实施虚假诉讼行为，同一行为人既涉嫌单独犯罪又涉嫌共同犯罪，所涉多个罪名属于不同机关管辖的，根据案件的实际情况，可以由负责侦查涉嫌主要罪名的机关一并侦查，另一机关予以协助。

第十八条　侦查机关侦查虚假诉讼案件时，可以商请人民法院给予协助，人民法院应当配合。

公安机关侦查虚假诉讼案件时，人民检察院依法对侦查活动进行监督。

第十九条　公安机关侦查虚假诉讼案件时，认为犯罪嫌疑人有逮捕必要的，应当提请人民检察院批准逮捕。

人民检察院应当及时对符合逮捕条件的虚假诉讼犯罪嫌疑人批准或者决定逮捕。

第二十条　侦查机关对虚假诉讼犯罪所涉及的生效法律文书已经全部或者部分履行、执行完毕的案件，应当依法采取查封、扣押、冻结等措施追缴犯罪所得，尽可能挽回受害人损失。

第三节　案件处理

第二十一条　人民法院对已经作出生效法律文书的虚假诉讼案件，应当依法按照审判监督程序予以纠正。

对利用虚假仲裁裁决书、虚假公证文书等申请执行的，人民法院应当裁定不予执行。

对正在执行过程中的虚假诉讼案件，人民法院应当依法裁定中止执行或者终结执行。

第二十二条　人民检察院在民事行政诉讼监督过程中发现存在虚假诉讼，导致原判决、裁定、调解书错误的，应当依法由上一级人民检察院提出抗诉或者向同级人民法院提出检察建议等。

人民检察院经审查发现同一人民法院对多起虚假诉讼案件的审理、裁判等存在相同或者类似错误的，可以提出类案监督检察建议，由人民法院自行依法纠正。

人民法院对人民检察院提出抗诉或者检察建议等的虚假诉讼案件，应当及时依法审理。

第二十三条　侦查机关对涉嫌虚假诉讼的犯罪案件，在侦查终结后应当及时移送人民检察院审查起诉。

第二十四条　人民检察院对侦查机关移送起诉的虚假诉讼犯罪案件，应当及时审查，依法作出决定。

人民法院对人民检察院提起公诉的虚假诉讼犯罪案件应当及时依法审判。

第四章　责任追究

第二十五条　对实施虚假诉讼构成刑事犯罪的案件，人民法院、人民检察院、公安机关应当根据具体情形，按照《中华人民共和国刑法》的相关规定追究犯罪行为人的刑事责任：

（一）以暴力、威胁、贿买等方法阻止证人作证或者指使他人作伪证，或者帮助当事人等毁灭、伪造证据等的，分别按照妨害作证罪、帮助毁灭、伪造证据罪处理。

（二）伪造、变造、买卖或者盗窃、抢夺、毁灭国家机关公文、证件、印章的，或者伪造公司、企业、事业单位、人民团体印章的，或者伪造、变造居民身份证的，分别按照伪造、变造、买卖国家机关公文、证件、印章罪，盗窃、抢夺、毁灭国家机关公文、证件、印章罪，伪造公司、企业、事业单位、人民团体印章罪，伪造、变造居民身份证罪处理。

（三）承担资产评估、验资、验证、会计、审计、法律服务等职责的中介组织的人员故意提供虚假证明文件，或者严重不负责任，出具的证明文件有重大失实，造成严重后果的，分别按照提供虚假证明文件罪或者出具证明文件重大失实罪处理。

（四）国家机关、人民团体等机构故意提供虚假证明文件，情节严重的，或者出具证明文件重大失实，造成严重后果的，对其直接或者主要责任人员分别按照滥用职权罪或者玩忽职守罪处理。

（五）为逃避人民法院对生效法律文书的执行，进行虚假诉讼的，按照拒不执行判决、裁定罪处理。

（六）当事人为转移财产、多分共同财产，或者逃避共同债务，进行虚假诉讼的，根据实际情况分别按照本条第一款第（一）、（二）、（五）项的规定处理。

（七）以非法占有为目的，进行虚假诉讼，骗取公私财物的，按照诈骗罪处理。刑法另有规定的，依照规定定罪处罚。

（八）公司、企业或者其他单位的人员利用职务便利，进行虚假诉讼，侵吞本单位资产的，按照职务侵占罪处理。

（九）国家工作人员利用职务上的便利，通过虚假诉讼，侵吞、骗取公共财物的，或者受国家机关、国有公司、企业、事业单位、人民团体委托管理、经营国有财产的人员利用职务上的便利，通过虚假诉讼，侵吞、骗取国有财物的，按照贪污罪处理。

（十）当事人或者其他人员实施虚假诉讼构成其他犯罪的，依照刑法的相关规定定罪处罚。

行为人实施虚假诉讼构成犯罪，同时触犯两个或者两个以上罪名的，依法实行数罪并罚或者择一重罪定罪处罚。

在人民调解、仲裁、公证活动中，行为人涉嫌虚假调解、虚假仲裁、虚假公证构成犯罪的，参照前二款的相关规定依法定罪处罚。

第二十六条 人民法院对尚不构成犯罪的虚假诉讼案件的诉讼参与人，应当依照《中华人民共和国民事诉讼法》《中华人民共和国行政诉讼法》的相关规定，根据情节轻重，给予训诫、罚款、拘留等处罚。

第二十七条 人民法院、人民检察院、公安机关对参与虚假诉讼活动的律师、基层法律服务工作者、鉴定人员、公证人员等，应当向司法行政机关发出书面通报或者处理建议；司法行政机关等应当按照相关法律、法规和管理办法的规定，及时作出处理。

对前款所述人员参与虚假诉讼构成犯罪的，应当严格依法追究刑事责任。

第二十八条　人民法院、人民检察院、公安机关、司法行政机关要依据各自职能，加强对调解、鉴定、评估、审计、公证、拍卖等机构的监督。对于出具虚假鉴定意见、评估报告、仲裁裁决和公证书等涉诉文书或者串通投标等行为，要依照相关规定给予或者建议主管单位给予行政处罚；构成犯罪的，应当严格依法追究刑事责任。

第二十九条　司法人员参与虚假诉讼，或因工作严重不负责任导致虚假诉讼发生并产生严重后果的，应当根据情节轻重，由所在机关按照相关规定严肃处理；构成犯罪的，依法从严从重追究刑事责任。

第五章　工作机制

第三十条　人民法院、人民检察院、公安机关、司法行政机关要加强对虚假诉讼防范和查处工作的组织领导。对受理的虚假诉讼案件线索，各机关要依法分别依职权运用调查、侦查、起诉、审判、抗诉、执行等多种手段，积极配合做好查处工作。

第三十一条　人民法院、人民检察院、公安机关、司法行政机关对互相移送的虚假诉讼案件线索，接受移送的机关应当将办理情况及时反馈给移送机关。

第三十二条　人民法院、人民检察院、公安机关在查办虚假诉讼案件过程中可以相互借调或者复制侦查、起诉、审判、执行案件卷宗，并予以积极配合。

第三十三条　人民法院、人民检察院、公安机关、司法行政机关建立防范和查处虚假诉讼联席会议制度，共同研究、协调处理重大案件，并定期就虚假诉讼案件的防范和查处情况、典型案例进行交流，不断改进和完善工作措施。

联席会议设立办公室，挂靠在人民检察院民事行政检察部门，由各成员单位指定职能部门的一名负责人或者业务骨干担任联络员，负责相互间的日常联络工作。

第三十四条　人民法院、人民检察院、公安机关、司法行政机关要积极构建信息互通平台，实现虚假诉讼信息共享，加强对虚假诉讼的预警和研判，有效防范和遏制虚假诉讼的发生。

第六章　附则

第三十五条　人民法院、人民检察院在办理民事行政（申诉）案件过程中发现其他违法犯罪线索的，参照本规定的相关规定办理。

第三十六条　本规定由省高级人民法院、省人民检察院、省公安厅、省司法厅共同解释。各省辖市司法机关之间或各省级司法机关可以根据本地区或者本系统的实际工作需要，研究制定本规定的实施细则或者具体的防范措施。

第三十七条　本规定自印发之日起施行。

江苏省高级人民法院关于在民事审判中防范和查处虚假诉讼若干问题的讨论纪要

（2012年12月25日　苏高法审委〔2012〕14号）

为促进诉讼诚信，保障民事诉讼活动正常进行，保护人民群众的合法权益，维护司法权威和公信，根据《中华人民共和国民事诉讼法》等有关法律和司法解释的规定，江苏省高级人民法院审判委员会就在民事审判中防范和查处虚假诉讼的若干问题进行了讨论，现将讨论的有关问题纪要如下：

1. 本纪要所指的虚假诉讼，是指民事诉讼各方当事人恶意串通，采取虚构法律关系、捏造案件事实、伪造证据等方式提起民事诉讼，或者利用虚假仲裁裁决、公证文书申请执行，使人民法院作出错误裁判或执行，损害国家、集体、社会公共利益或者第三人合法权益的行为。

2. 人民法院在审判下列类型案件时，应当采取有效措施防范虚假诉讼：

（1）民间借贷案件；

（2）离婚案件，特别是被告下落不明无法送达或者涉及共同财产分割的案件；

（3）房地产权属纠纷案件；

（4）企业、其他组织、自然人同时在多起案件中作为被告的财产纠纷案件；

（5）改制中的国有、集体企业作为被告的财产纠纷案件；

（6）拆迁区划范围内的自然人作为诉讼主体的分家析产、继承、赠与、房屋买卖合同纠纷案件；

（7）股东权益纠纷案件；

（8）涉及驰名商标认定的案件；

（9）督促程序案件；

（10）公示催告程序案件。

3.审判人员对于下列情形应当重点予以审查，防范虚假诉讼：

（1）原告起诉的事实、理由不合常理；

（2）证据存在伪造、变造可能；

（3）原告诉请存在明显不合情理之处，被告不提出抗辩或者提出抗辩但抗辩内容与诉请没有直接关联的，或者被告对原告的诉请没有任何异议的；

（4）当事人无正当理由拒不到庭参加诉讼，委托代理人对案件事实陈述不清或者故意不配合人民法院调查；

（5）原告与被告（或企业、其他组织法定代表人、负责人）之间存在亲属、朋友、同学等特殊关系，原告、被告之间存在投资关系、隶属关系等；

（6）原告、被告配合默契，不存在实质性的诉辩对抗；

（7）当事人调解意愿异常迫切或调解协议的达成异常容易；

（8）当事人自愿以不动产或以明显不合理价格的财产折抵债务；

（9）案外人提出异议；

（10）诉讼中有其他异常表现。

4.在诉前调解阶段，调解人员应当加强对案件事实及调解协议合法性的审查。

诉前调解过程中，对可能涉及第三人利益的，应当依职权通知第三人参加陈述相关事实。

5.当事人申请人民法院确认调解协议效力的，人民法院应当根据《中华人民共和国民事诉讼法》第一百九十四条、第一百九十五条等规定，严格审查调解协议的效力。

人民法院审理调解协议效力确认案件时，各方当事人应当同时到庭。一方当事人经传唤无正当理由拒不到庭的，司法确认程序终结，按撤回司法确认申请处理。

调解协议有可能损害第三人利益的，应当要求当事人提供相关证据，必要时应当通知第三人到庭陈述相关事实；当事人不能提供的，人民法院不予确认调解协议的效力。

6.立案部门应当加强对当事人、诉讼代理人身份以及代理手续、当事人诉讼请求、法律关系、证据的审查，发现疑似虚假诉讼的，应当通过案件管理信息系统查明当事人在本院有无其他涉诉案件，并在卷宗中记载相关情况。

经审查有虚假诉讼嫌疑的，立案审判人员应当进行释明，并告知虚假诉讼的法律后果。当事人撤回起诉的，应当予以准许；当事人坚持起诉的，立案审判人员应当在立案时将发现的疑点记载附卷，提示承办法官注意。

7.审判人员对于多发易发的虚假诉讼类型案件，应当着重审查以下内容：

（1）对民间借贷案件，应当着重审查债务产生的时间、地点、原因、用途、支付方式、基础合同以及债权人和债务人的经济状况；

（2）对离婚案件中被告下落不明无法送达或者涉及共同财产分割的案件，应当着重审查或者调查被告的实际居住地、联系方式等自然情况、诉讼标的是否存在共有人、当事人的婚姻状况以及是否存在通过诉讼转移夫妻共同财产、逃避夫妻共同债务或增加夫妻一方义务的情形；

（3）对存在法律或政策限制等房地产权属纠纷案件，应当着重审查房地产是否具备合法、完备的权属证书，房地产是否存在法律、行政法规、国家政策禁止或限制转让的情形，是否存在当事人规避法律以房地产抵债的情形；

（4）对企业、其他组织、自然人同时在多起案件中作为被告的财产纠纷案件，应当着重审查是否存在转移财产，损害国家、集体或者第三人合法权益的情形；

（5）对改制中的国有、集体企业作为被告的财产纠纷案件，应当着重审查是否存在虚构法律关系侵吞国家、集体资产的情形；

（6）对拆迁区划范围内的自然人作为诉讼主体的分家析产、继承、赠与、房屋买卖合同纠纷案件，应当着重审查分家析产是否具有确凿理由与证据、分割房屋的方式是否符合共有财产分割原则，以及是否存在其他以假离婚、分家析产、转让房屋等形式获取非法拆迁利益的情形；

（7）对股东权益纠纷案件，应当着重审查是否存在对公司享有实际控制权的股东，通过虚假处置公司财产等形式损害其他股东及债权人权益的情形；

（8）对涉及驰名商标认定的案件，应当着重审查侵权的真实性以及认定驰名商标的必要性，诉争商标是否符合《中华人民共和国商标法》第十四条规定的驰名商标的认定标准，被告的经营状况、原告的举证情况以及被告对原告的诉请是否进行实质性抗辩；

（9）对督促程序案件，应当着重审查债权债务关系是否明确、合法，所依据的事实和证据是否真实；

（10）对公示催告程序案件，应当着重审查公示催告申请的理由和事实是否真实，是否存在以公示催告程序为手段损害他人合法权益的情形。

8. 人民法院在审理案件过程中，发现有疑似虚假诉讼情形的，应当采取以下措施：

（1）传唤当事人到庭参加诉讼，原告无正当理由拒不到庭的，或者未经法庭许可中途退庭的，可以按撤诉处理，被告无正当理由拒不到庭的，可以依照《中华人民共和国民事诉讼法》第一百零九条的规定予以拘传；

（2）责令当事人提交原始证据或者通知证人出庭作证，当事人无正当理由拒不提交原始证据，或者证人无正当理由拒不出庭作证的，人民法院可以依法认定当事人主张的事实证据不足；

（3）通知有利害关系的第三人参加诉讼；

（4）依职权调查取证；

（5）公开审理，邀请当事人所在单位人员、人大代表、政协委员、社区群众代表等人员参加旁听，必要时可通过网络、电视等方式直播庭审；

（6）通过案件管理信息系统等方式查找关联案件，或者向当事人住所地、经常居住地、营业场所所在地等与其有密切联系的人民法院发函，提示有关案件已在本院审判的情况，并向该院了解当事人在该院的涉诉情况；

（7）案外人对执行标的提出书面异议的，应当及时审查，理由成立的，裁定中止对该标的的执行；

（8）依法可以采取的其他措施。

9. 疑似虚假诉讼的案件，当事人申请撤诉的，人民法院可以准许。

对于经审查确认属于虚假诉讼的案件，当事人申请撤诉的，人民法院不予准许，并区别以下情形处理：

（1）不符合民事诉讼起诉条件的，裁定驳回起诉；

（2）符合民事诉讼起诉条件的，判决驳回诉讼请求。

10. 审查申请执行的仲裁裁决、公证债权文书时发现有虚假诉讼嫌疑的，应当通知当事人及利害关系人进行听证审查。经审查确属虚假诉讼案件的，应当裁定不予执行。

执行过程中，发现被执行人有规避执行行为的，应当按照《江苏省高级人民法院关于认定和处理规避执行行为若干问题的规定》进行处理。

11. 有利害关系的案外人以虚假诉讼案件侵害其合法权益为由向法院投诉或提出再审申请的，人民法院应当告知当事人依照《中华人民共和国民事诉讼法》第五十六条第三款的规定提起撤销之诉，必要时依法启动再审程序。

12. 人民法院应当在立案大厅或人民法庭立案窗口、诉讼服务中心设立禁止虚假诉讼的告示。

13. 人民法院应当实行防范虚假诉讼的全程记载提示制度。审判人员在诉讼过程的任何一个环节，发现有疑似虚假诉讼的，应当将发现的疑点、采取的措施等有关情况记载附卷，同时，还应当向庭（局）长、分管院领导报告。

14. 人民法院发现诉讼参加人参与虚假诉讼的，应当依照《中华人民共和国民事诉讼法》的有关规定，根据情节轻重，依法予以罚款、拘留；构成犯罪的，依法追究刑事责任。

对参与虚假诉讼的律师，应当同时向有关司法行政机关提出司法建议，建议依照《中华人民共和国律师法》的有关规定对其进行严肃处理。

15. 对防范和查处虚假诉讼案件成绩突出的审判人员，可以给予适当表彰奖励。

河南省高级人民法院、河南省人民检察院、河南省公安厅、河南省司法厅印发《关于防范和打击虚假诉讼的若干意见》的通知

（豫高法〔2020〕119号）

全省各市、县（市、区）人民法院、人民检察院、公安局、司法局、郑州铁路运输两级法院、检察院，省高级人民法院、省人民检察院、省公安厅、省司法厅各部门、各直属单位：

现将《关于防范和打击虚假诉讼的若干意见》印发给你们，请认真遵照执行。执行中有什么问题，请及时报告对应省级政法机关。

河南省高级人民法院
河南省人民检察院
河南省公安厅
河南省司法厅
2020年6月4日

关于防范和打击虚假诉讼的若干意见

为落实十九届四中全会提出的"完善诚信建设长效机制"的要求，营造诚实守信的诉讼环境，维护司法权威和司法公信，防范和打击虚假诉讼，保障民事诉讼和执行活动正常进行，保护公民、法人和其他组织的合法权益，根据相关法律法规、司法解释和规范性文件的规定，结合我省实际，制定本意见。

第一条 本意见所称"虚假诉讼"，是指民事诉讼当事人或者其他诉讼参与人，虚构事实或者伪造证据，捏造民事法律关系，恶意提起民事诉讼，或者以基于捏造的事实作出的仲裁裁决、公证债权文书等申请执行，或者在民事执行过程中以捏造的事实对执行标的提出异议、申请参与执行财产分配，意图使人民法院作出错误裁判、调

解或者执行法律文书，妨害司法秩序，侵害国家利益、公共利益或者他人合法权益的行为。

虚假诉讼行为构成犯罪的，依照《中华人民共和国刑法》及相关司法解释予以认定处理。

当事人、诉讼代理人在诉讼中出于诉讼技巧，夸大其词或提供证据不完备、不如实完整陈述等行为，不宜认定为虚假诉讼。

第二条　人民法院、人民检察院、公安机关、司法行政机关建立联合防范和打击虚假诉讼案件的工作机制，在法定职责权限内分工负责、密切配合，依法合理防范和惩处虚假诉讼，共同维护司法权威和司法公正，促进社会诚信体系建设。

第三条　人民法院在立案登记时，应当对本意见第四条中所列的虚假诉讼多发的案件进行关联案件检索，查询原、被告其他涉诉、涉执行情况，并随案移送业务庭。承办法官经审查发现有虚假诉讼嫌疑的案件，应当主动进行关联案件检索，将检索情况制作工作记录并附卷，或在审理报告、合议庭评议中予以反映。

第四条　以下几类虚假诉讼多发的案件，人民法院、人民检察院在履行职责中应当予以特别关注：

（一）民间借贷纠纷案件；

（二）涉及认定、处理夫妻共同债务的离婚、财产纠纷案件；

（三）追索劳动报酬案件；

（四）涉及公司分立、合并或破产企业纠纷的案件；

（五）以已经资不抵债或者已经作为被执行人的公司、自然人、法人、非法人组织为被告的财产纠纷案件；

（六）涉及督促程序、公示催告程序、确认调解协议的案件；

（七）交通事故损害赔偿中的保险理赔案件；

（八）拆迁区划范围内的自然人作为诉讼主体的分家析产、继承、房屋买卖合同纠纷案件；

（九）以国有、集体企业为被告的财产纠纷案件；

（十）以设立建筑施工项目部的建筑施工企业为被告的借贷、买卖、租赁等财产纠纷案件；

（十一）涉及驰名商标认定案件；

（十二）以物抵债、借名买房、一房多卖、隐名持股等纠纷案件；

（十三）第三人撤销之诉、案外人执行异议之诉、执行异议案件；

（十四）案外人申请再审案件；

（十五）企业、其他组织、自然人同时在多起案件中作为当事人的财产纠纷案件；

（十六）存在关联诉讼或执行案件，诉请有对抗、规避他案审判或执行内容的案件；

（十七）当事人申请撤销仲裁裁决或者当事人、案外人不服仲裁裁决执行而提出异议的案件。

对上述案件，人民法院、人民检察院要加大证据审查力度。经审查认为可能存在虚假诉讼的，要加大依职权调查取证力度。

第五条 人民法院审理民间借贷纠纷案件时发现有下列情形的，应当严格审查借贷发生的原因、时间、地点、款项来源、交付方式、款项流向以及借贷双方的关系、经济状况等事实，综合判断是否属于虚假诉讼：

（一）出借人明显不具备出借能力；

（二）出借人起诉所依据的事实和理由明显不符合常理；

（三）出借人不能提交债权凭证或者提交的债权凭证存在伪造的可能；

（四）当事人双方在一定期间内多次参加民间借贷诉讼；

（五）当事人一方或者双方无正当理由拒不到庭参加诉讼，委托代理人对借贷事实陈述不清或者陈述前后矛盾；

（六）当事人双方对借贷事实的发生没有任何争议或者诉辩明显不符合常理；

（七）借款人的配偶或合伙人、案外人的其他债权人提出有事实依据的异议；

（八）当事人在其他纠纷中存在低价转让财产的情形；

（九）当事人不正当放弃权利；

（十）其他可能存在虚假民间借贷诉讼的情形。

第六条 民事诉讼中有下列情形之一的，人民法院、人民检察院应当谨慎审查，及时发现和制裁虚假诉讼行为：

（一）当事人无正当理由拒不到庭，委托代理人对案件事实陈述不清，或当事人从不到庭参加诉讼，委托代理人的委托手续存在伪造可能的；

（二）当事人之间属于亲属、朋友等亲近关系或者关联企业等共同利益关系的；

（三）诉讼中一方对另一方提出的于己不利的事实明确表示承认且不符合常理的；

（四）当事人配合默契，一方对另一方诉请的事实和理由自始自认，原被告之间不存在实质性的诉辩对抗；

（五）案件证据不足，但双方当事人迅速经人民调解等调解组织达成调解协议，向人民法院申请司法确认；

（六）原告起诉所依据的事实、理由明显不合常理；

（七）诉讼中有其他异常情况的。

第七条　人民法院在审理或执行案件过程中，发现存在虚假诉讼情形的，应当及时予以制止。对于尚未妨害司法秩序或者严重侵害他人合法权益，尚不构成犯罪的一般虚假诉讼行为，符合《中华人民共和国民事诉讼法》第一百一十二条、第一百一十三条规定的，应当根据情节轻重予以训诫、罚款、拘留。

根据《最高人民法院、最高人民检察院关于办理虚假诉讼刑事案件适用法律若干问题的解释》第九条规定，对于虚假诉讼行为未达到情节严重标准，行为人系初犯，在民事诉讼过程中自愿具结悔过，接受人民法院处理决定，积极退赃、退赔的，可以认定为情节轻微，不起诉或者免予刑事处罚；确有必要处罚的，可以从宽处罚。

第八条　对存在虚假诉讼可能的案件，人民法院在审理过程中可以采取下列措施：

（一）传唤当事人本人到庭；

（二）通知当事人提交原始证据或者其他证据；

（三）通知证人出庭作证；

（四）依职权调查取证；

（五）依职权追加与案件处理结果可能存在法律上利害关系的当事人；

（六）要求当事人签署据实陈述保证书、证人签署如实作证保证书；

（七）依法可以采取的其他措施。

第九条　人民检察院在办理民事监督案件过程中，对有虚假诉讼嫌疑的案件，可以根据《人民检察院民事诉讼监督规则》（试行）的规定，采取相应措施开展调查。

第十条　人民法院、人民检察院在办理案件过程中，根据证据反映的情况，发现当事人行为涉嫌虚假诉讼罪、诈骗罪、合同诈骗罪、妨害作证罪等刑事犯罪的，人民法院应当统一指定立案部门、人民检察院应当统一指定民事检察部门，将下列材料移送有管辖权的公安机关法制部门：1.案件移送函；2.移送线索的情况说明（载明案件来源、当事人信息、涉嫌虚假诉讼犯罪的事实、法律依据等内容，并附送相关证据材料）；3.涉及案件基本情况的相关材料（比如起诉书、答辩状、协议等原案件的相关诉讼材料）。

公安机关对移送的涉嫌犯罪的虚假诉讼案件，经审查前款规定材料移送不全的，应当在接受案件的三日内，书面告知移送部门补正。

第十一条　公安机关对移送的涉嫌刑事犯罪的虚假诉讼案件，应当在三十日内作出立案或者不立案决定，并反馈移送部门。对特别重大、疑难、复杂或者跨区域性案件，经上一级公安机关批准，可以延长三十日。不予立案的，应当在作出不立案决定之日起七日内，将不予立案通知书送达移送案件的单位，相应退回案件材料。

公安机关对涉嫌刑事犯罪的虚假诉讼案件进行初查或者立案侦查，需要调取民事诉讼庭审笔录、询问笔录等案卷材料的，人民法院、人民检察院应当积极配合。

第十二条　公安机关对人民法院移送的涉嫌刑事犯罪的虚假诉讼案件应当立案而不予立案的，人民法院可以建议人民检察院予以监督，人民检察院经审查认为有犯罪事实需要追究刑事责任的，应当及时启动立案监督程序，并在决定启动立案监督程序后三十日内将监督情况反馈人民法院。

人民检察院经审查认为不需要追究刑事责任，决定不启动立案监督程序的，应当在决定不启动立案监督程序后三十日内将有关情况反馈人民法院。

第十三条　人民检察院经审查认为民事案件存在虚假诉讼行为，可能导致原审裁判、调解错误的，应当依法提请上级人民检察院抗诉或者向同级人民法院提出检察建议。

对人民检察院针对生效裁判、调解提出抗诉的虚假诉讼案件，人民法院应当提审或者指定异地人民法院再审。

第十四条　人民检察院经审查，发现同一人民法院对多起虚假诉讼案件的审理、裁判存在相同或者类似错误的，可以提出类案监督检察建议。

第十五条　人民法院对人民检察院提出抗诉或者检察建议的虚假诉讼案件，应当及时依法办理，并将办理结果及时反馈提出抗诉或者检察建议的人民检察院。

第十六条　人民法院审理查明属于虚假诉讼案件，原告申请撤诉的，不予准许，并应当根据《中华人民共和国民事诉讼法》第一百一十二条的规定，驳回其请求。

人民法院查明当事人申请执行所依据的仲裁裁决、公证文书、调解书等是基于捏造的事实作出或确认的，另一方当事人或利害关系人申请撤销或不予执行的，人民法院应当予以支持。

第十七条　人民法院在审理第三人撤销之诉、案外人执行异议之诉、案外人申请再审等案件中，发现已生效的裁判文书或调解书属于虚假诉讼的，应当及时通过审判监督程序予以纠正；案件执行过程中发现虚假诉讼行为的，应当中止执行。

第十八条　认定是虚假诉讼的案件，利益受侵害一方或利害关系人可以申请人民法院依法予以纠正。发现执行错误的，人民法院应当依法执行回转。

第十九条　刑事裁判认定虚假诉讼构成犯罪，人民法院对已经按照民事纠纷作出的生效民事裁判与刑事裁判存在冲突的，应当及时启动审判监督程序，依法对生效民事裁判予以纠正。

人民法院认为已生效的民事裁判确有错误并已构成虚假诉讼的案件，要第一时间启动审判监督程序予以纠正，不得以公安机关没有结论、尚无生效刑事判决为由不及时纠正。

第二十条　对故意制造、参与虚假诉讼的当事人及其他诉讼参与人，人民法院要加大罚款、拘留等妨碍民事诉讼强制措施的适用力度；对明知他人实施虚假诉讼行为而提供帮助的，要参照《中华人民共和国民法典》中关于共同侵权行为构成要件的规定认定为参与者，适用罚款、拘留等司法处罚措施；构成犯罪的，依法追究刑事责任。

第二十一条 对于虚假诉讼侵害他人民事权益，被侵权人提起侵权之诉的，人民法院应当依照《中华人民共和国民法典》中有关侵权责任的规定判决侵权人承担侵权责任。

第二十二条 公证机构在办理转让、借贷、委托、执行证书等涉财产处分公证时，发现当事人冒充他人或者使用伪造证件、文书，涉嫌虚构事实、伪造证据骗取公证书的，应当依照《中华人民共和国公证法》的相关规定，向公安机关报案，公安机关应当依法处理。

第二十三条 人民法院、人民检察院工作人员故意制造、参与虚假诉讼或者因重大过失导致虚假诉讼发生并造成严重后果的，应当依照法官（检察官）法、法官（检察官）职业道德基本准则和法官（检察官）行为规范等规定，从严处理；构成违法审判、司法责任的，依照法官（检察官）司法责任制及惩戒制度的有关规定处理；构成犯罪的，依法从严追究刑事责任。

第二十四条 人民法院发现诉讼代理人故意制造、参与虚假诉讼的，除依法给予司法制裁外，还应当向司法行政机关、行业协会或相关诉讼代理人所在单位发出司法建议。

人民法院发现鉴定机构（鉴定人）、公证机构（公证人）、仲裁机构（仲裁员）参与虚假诉讼的，可以根据情节轻重，给予训诫、责令退还相关费用、从委托的专业机构备选名单中除名等制裁，并向相关行政机关、行业协会发出司法建议；构成犯罪的，依法追究刑事责任。

人民检察院发现诉讼代理人故意制造、参与虚假诉讼的，或者鉴定机构（鉴定人）、公证机关（公证人）、仲裁机构（仲裁员）参与虚假诉讼的，应当向相关行政机关、行业协会或相关诉讼代理人所在单位发出检察建议；构成犯罪的，依法追究刑事责任。

相关行政机关、行业协会应当在收到建议之日起三个月内作出处理决定，并书面回复建议发送部门。

第二十五条 司法行政机关应当加强对律师事务所、基层法律服务所、法律援助中心、鉴定机构、公证机构及律师、法律工作者、鉴定人、公证人员等执业活动的教育和管理。发现上述单位或者人员有参与虚假诉讼行为的，依照有关规定追究相应的法律责任。

第二十六条 人民法院探索建立虚假诉讼失信人名单制度。将故意制造、参与虚假诉讼的当事人、其他诉讼参与人列入失信人名单,与现有相关信息平台和社会信用体系接轨,加大联合惩戒力度,对虚假诉讼行为人予以信用惩戒。

第二十七条 人民法院、人民检察院、公安机关、司法行政机关应当建立健全虚假诉讼防范工作机制,通过组织业务培训、发布典型案例、开展警示教育活动等形式,不断增强工作人员对虚假诉讼的防范意识,提高虚假诉讼甄别能力,预防和遏制虚假诉讼违法行为。

第二十八条 人民法院、人民检察院、公安机关、司法行政机关应当加大法治宣传力度,营造全社会防范制裁虚假诉讼的舆论氛围。

人民法院要在立案窗口及人民法庭张贴警示宣传标识,在"诉讼风险提示书"中告知故意制造、参与虚假诉讼的法律责任,引导当事人依法行使诉权,诚信诉讼。

第二十九条 各级人民法院、人民检察院、公安机关、司法行政机关要建立联席会议制度,就辖区虚假诉讼的特点、成因、查处等情况及时沟通交流,加强预警和研判,完善防范对策。

人民法院、人民检察院、公安机关、司法行政机关要积极搭建信息互通数据平台,实现虚假诉讼案件信息、数据共享,有效打击和防范虚假诉讼行为。

第三十条 人民法院、人民检察院、公安机关、司法行政机关要加强与社会征信管理部门、金融监管部门、市场监管部门及相关行业协会的信息沟通,搭建信息共享平台,全面了解当事人的财产状况、信用记录、违法犯罪历史等内容,为查明是否存在虚假诉讼及时提供信息支持。

第三十一条 本意见自会签印发之日起施行。

天津市高级人民法院关于印发《天津法院民间借贷案件审理指南（试行）》的通知（节录）

（津高法〔2020〕22号）

第一、第二、第三中级人民法院，海事法院，各区人民法院，铁路运输法院，本院各相关部门：

《天津法院民间借贷案件审理指南（试行）》已经于2019年12月13日由高级人民法院审判委员会第33次会议审议通过，现予以印发。执行中如遇到问题，请及时报告高院民一庭。

天津市高级人民法院
2020年1月28日

天津法院民间借贷案件审理指南（试行）

为妥善审理民间借贷案件，统一全市法院裁判尺度，根据《中华人民共和国民法总则》[①]《中华人民共和国合同法》《中华人民共和国物权法》[②]《中华人民共和国担保法》[③]《中华人民共和国民事诉讼法》《最高人民法院关于审理民间借贷案件适用法律若干问题的规定》以及《全国法院民商事审判工作会议纪要》等相关规定，结合我市审判工作实际，制定本审理指南。

二、举证证明责任与事实审查

7.【缺乏借贷合意直接证据的举证证明责任及审查方式】审理民间借贷案件，应

[①] 已废止，现为民法典。
[②] 同①。
[③] 同①。

对当事人之间的借贷合意及出借款项的实际交付进行严格审查。

原告仅依据转账凭证提起民间借贷诉讼,而被告明确提出双方不存在借贷关系的抗辩,并提供初步证据证明双方之间的款项往来系基于其他法律关系产生的,应对双方之间是否存在借贷合意进一步予以审查,并向原告释明应就支付相关款项的发生背景、具体用途、双方协商过程以及未签订书面借贷合同(借条、收条、欠条等债权凭证)的原因等进一步提供证据,原告拒绝进一步提供证据或补充提供的证据不足以证明双方有借贷合意的,判决驳回其诉讼请求。

如果被告仅提出双方不存在借贷关系的抗辩,但并未提供相应证据证明双方之间的款项往来系基于其他法律关系产生的,或被告直接承认原告主张的事实的,应依据《最高人民法院关于审理民间借贷案件适用法律若干问题的规定》(以下简称《民间借贷司法解释》)第十九条的规定,在排除虚假诉讼可能后,对原告的诉讼请求予以支持。

8.【现金交付的举证证明责任及审查方式】原告仅依据借据、收据、欠条等债权凭证提起民间借贷诉讼,并主张以现金形式完成交付,被告否认借贷事实发生的,应当根据债权凭证记载情况、当事人的实际支付能力、借贷金额的大小、资金来源、支付细节、交易习惯、当事人之间的关系以及当事人陈述的交易细节经过等因素,综合判断借贷事实是否真实发生。

根据查明案件事实的需要,可以要求原告继续补充提交证据,并传唤当事人本人、法定代表人或经办人到庭接受询问,必要时可依职权调查取证。经审查,现金交付事实缺乏证据证明的,依法驳回原告的诉讼请求。

9.【通过重新出具借据、确认函、对账单等方式确定借款本息的审查处理】借款人未偿还借款,出借人与借款人双方对前期借款本金和利息进行滚动结算后将利息计入本金,重新出具借据再计算利息的,依据《民间借贷司法解释》第二十八条第一款规定,分别认定各期本金,最终计算出最后一期的本息之和,再依据上述解释第二十八条第二款规定,判断最后一期的本息之和有无超过法定上限,即以最初的本金为基数,以年利率24%计算的整个借款期间的利息和最初的本金之和,超过24%的部分,不予保护。

借款人偿还部分款项后,利息的计算应当以本金数额减少后的实际数额为基数,不能以最初借款本金数额为基数。本金数额多次减少的,应分段予以计算。

原告依据借贷双方已形成确认函、对账单等主张债权的,应当审查具体构成明细,对本金和利息应当分别审查,超过24%的利息不予支持。

当事人既不能提供具体构成明细的相关证据,又不能说明合理事由的,对其主张不予支持。

10.【分别起诉同一借贷合同项下本息的审查处理】对当事人依据同一份借贷合同分多次起诉本金或利息的，应当在综合分析同一份借贷合同项下的本息是否具有不可分性、是否全部到期、分次主张合理性的基础上，对合同的签订和履行以及关联诉讼情况进行全面审查，以确定原告的诉讼请求是否应得到支持。

11.【网络支付方式的审查重点】对于通过支付宝、微信、手机银行等支付方式进行借款和还款的，加大依职权调取证据的力度，重点审查支付宝、微信、手机银行等相关支付媒介的账号的实名认证情况，绑定银行卡号及绑定时间，与对方的交易记录及资金去向等材料，准确认定借款是否实际发生等案件事实。

14.【违背公序良俗的借贷合同无效】民间借贷案件的审理应当以维护正常交易秩序、维护家庭伦理道德、维护社会公序良俗和弘扬社会主义核心价值观为基本原则，民间借贷中存在下列情形之一的，应认定民间借贷合同无效，并判决驳回原告的诉讼请求：

（1）因非婚同居、不正当两性关系等原因形成的"精神损失费""分手费"等债务；

（2）因赌博、吸毒等非法行为形成的债务；

（3）因"找关系""托人情"等请托行为形成的债务；

（4）其他违背社会公序良俗和家庭伦理道德所形成的债务。

三、夫妻共同债务的审查重点

15.【共同举债意思表示的审查重点】认定是否存在夫妻共同举债的意思表示，重点审查以下几个方面：

（1）夫妻双方是否在借贷合同中作为债务人共同签字；

（2）非借款方事后是否补签还款方案、保证书或在庭审过程中表明对该债务进行追认；

（3）是否存在其他共同举债意思表示的情形，包括但不限于：非借款方作出口头承诺，或者通过电话、短信、微信、电子邮件等形式予以认可。

16.【家庭日常生活需要所负债务的审查重点】认定借贷款项是否属于家庭日常生活需要所负债务，重点审查以下几个方面：

（1）家庭日常生活需要应当考虑夫妻双方的职业、身份、资产、收入、兴趣、习惯、家庭人口等情况进行判断；

（2）借贷款项是否用于食品、衣着、家庭设备用品及维修服务、医疗保健、交通通信、文娱教育及服务、居住、其他商品和服务等八类家庭消费支出；

（3）家庭日常生活需要是否超过上一年度天津居民人均消费支出三倍；

（4）其他因家庭日常生活需要所负的债务。

17.【共同生产经营的审查重点】认定夫妻一方借款是否用于夫妻共同生产经营，重点审查以下几个方面：

（1）夫妻一方负债系用于个体工商户或农村承包经营户经营的；

（2）夫妻一方从事经营、投资，另一方虽未直接参与经营、投资但分享了经营、投资收益的；

（3）其他可被认定为夫妻共同生产经营的情形。

五、职业放贷、"套路贷"的审查及虚假诉讼防范

21.【职业放贷行为的审查】出借人未依法取得放贷资格，在一定期间内多次反复从事有偿民间借贷的，一般可以认定构成职业放贷行为。因职业放贷行为形成的民间借贷合同无效。

职业放贷行为具有营业性和营利性。审理民间借贷案件中，可以根据出借人在一定期间内放贷次数、同一原告或关联原告提起民间借贷案件数量、借贷合同约定格式化程度以及出借人是否公开推介、宣传或明示出借意愿、借款金额和利息等因素综合认定出借人是否具有营业性。同一原告或者关联原告在两年内向全市法院提起民间借贷案件5件以上，或者出借人在两年内向社会不特定人出借资金3次以上的，一般可以认定出借人的放贷行为具有营业性。借贷合同约定利息、服务费、咨询费、管理费、违约金等相关费用的，或者借款人已实际支付上述费用的，应认定出借人以营利为目的出借款项。

主要业务或日常业务不涉及放贷的出借人偶尔出借款项，或者出借人基于人情往来不以营利为目的出借款项，不构成职业放贷行为。

22.【职业放贷行为无效的法律后果】民间借贷合同被认定无效后，双方因合同取得的财产应当予以返还。借款人应当返还借款本金及占用资金期间的利息损失。利息损失，一般应按照全国银行间同业拆借中心公布的贷款市场报价利率计算，不能按照民间借贷合同中约定的高额利息标准计算。

出借人因从事职业放贷涉嫌刑事犯罪的，应当及时将相关线索和有关材料移送公安机关或者检察机关。

23.【"套路贷"的审查及处理】民间借贷是平等民事主体之间基于借贷合意达成的资金借用协议，出借人多以收取合法利息为目的，而不是以非法占有他人财产为目的。"套路贷"是出借人以非法占有他人财产为目的，在签订、履行借贷协议过程中实施虚增债务、强迫交易、虚假诉讼等行为，属于违法犯罪行为。经审查，符合《关于办理"套路贷"刑事案件若干问题的意见》中规定的情形时，裁定驳回原告起诉，并及时将相关线索和有关材料移送公安机关或者检察机关。

24.【虚假诉讼行为的审查及防范】民间借贷案件审理中，应当重点审查和防范是否存在虚假诉讼行为。依照《民间借贷司法解释》第十九条规定，审查借贷双方的关系、出借人经济状况、借贷原因、款项来源、交付方式、资金流向等基本事实。必要时，要求当事人本人或者经办人出庭接受询问，对于不符合常理的陈述和自认，结合查明的事实予以认定。

经审查属于虚假民间借贷诉讼，对于原告的撤诉申请不予准许，并判决驳回其诉讼请求。同时，根据虚假诉讼参与人的过错程度，以及情节的轻重，加大适用罚款、拘留等妨碍民事诉讼强制措施的处罚力度。虚假诉讼行为涉嫌刑事犯罪的，依法将相关线索和有关材料移送公安机关或者检察机关。

25.【关联案件检索】审理民间借贷案件，应当对是否构成职业放贷或虚假诉讼进行关联案件检索。

六、其他

本指南自2020年2月1日起执行。全市法院尚未审结的一审、二审案件可参考本指南进行审理。

浙江省高级人民法院、浙江省人民检察院、浙江省公安厅印发《关于办理虚假诉讼刑事案件有关问题的解答》的通知

（浙高法〔2020〕3号）

各市、县（市、区）人民法院、人民检察院、公安局（分局）：

　　省高级人民法院、省人民检察院、省公安厅日前对办理虚假诉讼相关刑事案件有关问题进行了讨论，形成了《关于办理虚假诉讼刑事案件有关问题的解答》，现予印发，请在工作中参考。在执行过程中如发现问题，请及时向省级各有关单位报告。

浙江省高级人民法院

浙江省人民检察院

浙江省公安厅

2020年1月8日

浙江省高级人民法院、浙江省人民检察院、浙江省公安厅关于办理虚假诉讼刑事案件有关问题的解答

　　《中华人民共和国刑法》第三百零七条之一第一款规定，以捏造的事实提起民事诉讼，妨害司法秩序或者严重侵害他人合法权益的，成立虚假诉讼罪。最高人民法院、最高人民检察院《关于办理虚假诉讼刑事案件适用法律若干问题的解释》（下称《司法解释》）第一条规定了七种捏造事实情形和两种以捏造的事实论处的情形，第二条对何谓"妨害司法秩序"或者"严重侵害他人合法权益"列举了六种情形，第三条对"情节严重"也做了解释，但司法实践中仍存在一些疑问。现汇总各地提出的问题，解答如下：

1. 对"部分篡改型"行为应如何处罚?

从司法解释规定看,对于隐瞒债务已经全部清偿的事实,向人民法院提起民事诉讼,要求他人履行债务的,属于"以捏造的事实提起民事诉讼",即"无中生有型"行为以虚假诉讼罪追究刑事责任是明确的。但对于隐瞒债务已经部分清偿的事实,要求他人履行债务的,向人民法院提起民事诉讼,即"部分篡改型"行为是否属于"以捏造的事实提起民事诉讼",进而追究行为人虚假诉讼的刑事责任,司法解释没有明确规定。从文义解释、体系解释的角度看,"部分篡改型"行为不构成虚假诉讼罪,当该行为符合其他犯罪构成要件时,可以其他犯罪定罪处罚。"部分篡改型"行为一般不构成诈骗罪。但在"套路贷"过程中,通过隐瞒部分债务已经偿还的事实,或者虚构部分事实、篡改证据部分内容,向人民法院提起诉讼,要求他人履行虚高债务的,因其行为特征从整体上表现为以非法占有为目的,可以以诈骗罪定罪处罚。

2. 对于未达到情节严重标准的虚假诉讼行为人应如何处理?

对于情节一般的虚假诉讼行为,符合《中华人民共和国民事诉讼法》第一百一十二条、第一百一十三条规定的,应当根据情节轻重予以罚款、拘留。依照《司法解释》第九条规定,对于未达到情节严重标准,行为人系初犯,在民事诉讼过程中自愿具结悔过,接受人民法院处理决定,积极退赃、退赔的,可以认定为情节轻微,不起诉或者免于刑事处罚;确有必要处罚的,可以从宽处罚。

3. 涉嫌犯罪的虚假诉讼行为,一般有哪几种情形,应如何定罪处罚?

虚假诉讼行为的情形比较复杂,在实施犯罪过程中可能触犯多个罪名中的一个罪名或同时触犯几个罪名。如果同时触犯两个或者两个以上罪名的,依法实行数罪并罚或者按处罚较重的罪名定罪处罚。具体如下:

典型的"双方串通""无中生有"型的虚假诉讼,以刑法第三百零七条之一的虚假诉讼罪论处。

为了提起虚假诉讼,或者在虚假诉讼过程中,指使他人提供虚假的物证、书证、陈述、证言、鉴定意见等伪证,或者受指使参与伪造证据,分别按照刑法第三百零七条妨害作证罪,帮助毁灭、伪造证据罪处罚。

在虚构事实、伪造证据过程中,伪造、变造、买卖或者盗窃、抢夺、毁灭国家机关公文、证件、印章的,或者伪造公司、企业、事业单位、人民团体印章的,或者伪造、变造依法可以用于证明身份的证件的,分别按照刑法第二百八十条伪造、变造、买卖国家机关公文、证件、印章罪,盗窃、抢夺、毁灭国家机关公文、证件、印章罪,伪造公司、企业、事业单位、人民团体印章罪,伪造、变造居民身份证件罪处罚。

为逃避人民法院生效裁判文书的执行,进行虚假诉讼,套取、转移财产,同时触犯拒不执行判决、裁定罪的,依照处罚较重的规定定罪从重处罚。

以非法占有为目的，进行虚假诉讼，骗取公私财物，同时触犯诈骗罪的，依照处罚较重的规定定罪从重处罚。

公司、企业或者其他单位的人员利用职务便利，进行虚假诉讼，侵吞本单位财产的，同时触犯职务侵占罪的，依照处罚较重的规定定罪从重处罚。

国家工作人员利用职务便利，进行虚假诉讼，侵吞公款的，或者国有公司、企业或者其他国有单位中从事公务的人员和国有公司、企业或者其他国有单位委派到非国有公司、企业以及其他单位从事公务的人员利用职务便利，进行虚假诉讼，侵吞本单位财产，同时触犯贪污罪的，依照处罚较重的规定定罪从重处罚。

司法工作人员利用职权，与他人共同实施虚假诉讼行为，同时触犯滥用职权罪，民事枉法裁判罪，执行判决、裁定滥用职权罪的，依照处罚较重的规定定罪从重处罚。

4. 在办理虚假诉讼犯罪案件时有哪些需要注意的事项？

办理虚假诉讼犯罪案件，既要查虚假诉讼背后的组织、策划、指挥人员，又要追查涉虚假诉讼犯罪相关人员涉及的其他案件。

明知他人虚假诉讼而以充当原告、诉讼代理人，帮助他人实施前条行为构成犯罪的，具体罪名按照本解答确定。

律师明知系虚假诉讼，但没有参与组织、策划、指挥虚假诉讼等行为，仅接受委托作为诉讼代理人参与诉讼的，属于职业违规，不能以虚假诉讼罪共犯论处，其在诉讼过程中另有行为触犯刑律的，以其行为的具体性质论处。

人民法院应加强与公安机关、人民检察院的联系协作，增进对虚假诉讼罪等适用标准的共识，严厉打击虚假诉讼犯罪行为。发现法律工作者、鉴定人员、公证人员等违规参与诉讼的，应当依法向有关部门提出处理建议；构成犯罪的，依法追究刑事责任。

5. 虚假诉讼犯罪案件在定罪量刑时，如何贯彻宽严相济刑事政策？

对于有下列情形之一的被告人，一般不适用非监禁刑：（一）归案后，拒不退赔违法所得的；（二）致使他人经济损失十万元以上的；（三）以老年人、未成年人、在校学生、丧失劳动能力的人为犯罪对象的；（四）存在寻衅滋事、敲诈勒索或者其他暴力讨债行为的；（五）造成被害人或其特定关系人自杀、死亡、精神失常、为偿还虚假债务而实施犯罪活动的；（六）其他严重侵害被害人人身、财产权利或造成恶劣社会影响的。

对于虚假诉讼犯罪中的从犯，在共同犯罪中罪责相对较小、主观恶性相对不大的，具有自首、立功、坦白、认罪悔罪等法定或酌定从宽处罚情节，可以依法从轻、减轻或免除处罚。对于认罪认罚或者仅参与实施少量的犯罪活动且只起次要、辅助作用的被告人，符合缓刑条件的，可以适用缓刑。

构成虚假诉讼犯罪，并处罚金刑的，罚金刑数额应结合犯罪情节、危害后果从严判处。

6. 在办理虚假诉讼犯罪案件过程中，应该如何处置涉案财产？

人民法院、人民检察院、公安机关在办理虚假诉讼犯罪案件时，要全面调查犯罪嫌疑人、被告人的财产状况，依法对涉案财产采取查询、查封、扣押、冻结等措施，对涉案财产中犯罪分子违法所得、违禁品、供犯罪所用的本人财物以及其他等值财产等依法追缴、没收，对被害人的合法财产等依法返还。人民检察院、公安机关应当加强对在案财产审查甄别。在移送审查起诉、提起公诉时，应当对采取措施的涉案财产提出处理意见和建议，并将采取措施的涉案财产及其清单随案移送。人民法院作出的判决，除应当对随案移送的涉案财产作出处理外，还应当在判决书中写明需要继续追缴尚未被足额查封、扣押的其他违法所得；对随案移送财产进行处理时，应当列明相关财产的具体名称、数量、金额、处置情况等。涉案财产或者有关当事人人数较多，不宜在判决书正文中详细列明的，可以概括叙述并另附清单。

7. 对于虚假诉讼案件，公检法之间如何配合与制约？

人民法院认为公安机关应当立案而不立案的，可以提请人民检察院立案监督；人民检察院应当在7日内进行审查，认为公安机关存在应当立案而不立案情况的，应当要求公安机关说明不立案理由。人民检察院认为公安机关不立案理由不能成立的，应当通知公安机关立案；公安机关在收到通知书后，应当在15日内立案，并将立案决定书送达人民检察院和人民法院。

人民检察院对公安机关提请批准逮捕的虚假诉讼犯罪的犯罪嫌疑人，应当在法定期限内及时作出决定；对于公安机关侦查终结后移送审查起诉的，经审查认为符合起诉条件的，应当在法定期限内及时提起公诉。

人民法院、人民检察院、公安机关对于虚假诉讼犯罪的组织、策划、指挥者、首要分子、重要成员及其他主犯应当严格掌握取保候审、相对不起诉、适用非监禁刑的适用条件，并充分运用资格刑、财产刑等法律手段全方位从严惩处。

浙江省高级人民法院印发《关于进一步防范和打击虚假诉讼有关问题的解答》的通知

（浙高法〔2019〕198号）

本省各级人民法院、宁波海事法院，本院各部门：

《浙江省高级人民法院关于进一步防范和打击虚假诉讼有关问题的解答》已经省高院审判委员会第2793次会议审议通过，现予印发，请遵照执行。执行中如遇到新情况、新问题，请及时报告我院。

浙江省高级人民法院
2019年12月16日

浙江省高级人民法院关于进一步防范和打击虚假诉讼有关问题的解答

虚假诉讼现象不仅严重侵害当事人及案外人的合法权益，而且扰乱了正常的诉讼秩序，损害司法权威和司法公信力，破坏社会诚信，人民群众反响强烈。浙江高院历来高度重视防范和打击虚假诉讼，先后下发了《关于在民事审判中防范和查处虚假诉讼案件的若干意见》《关于办理虚假诉讼刑事案件具体适用法律的指导意见》以及《关于进一步完善防范和打击虚假诉讼工作机制的若干意见》等文件，取得了一定的成效。但随着经济社会的发展，我省虚假诉讼不断呈现出新的特点，审判实践中暴露出识别难、移送难、处罚难等问题。为进一步加大打击力度，净化诉讼环境，提升司法公信力，促进社会诚信体系建设，现就防范和打击虚假诉讼行为过程中遇到的问题作如下解答。

一、哪些行为属于虚假诉讼行为？

（一）根据有关法律和司法解释的规定，当事人采取伪造证据、虚假陈述等手段，实施下列行为之一，捏造民事法律关系，虚构民事纠纷，向人民法院提起民事诉讼的，属于虚假诉讼行为：

1. 与夫妻一方恶意串通，捏造夫妻共同债务；

2. 与他人恶意串通，捏造债权债务关系和以物抵债协议；

3. 与公司、企业的法定代表人或实际控制人、董事、监事、经理或者其他管理人员恶意串通，捏造公司、企业债务或者担保义务；

4. 捏造知识产权侵权关系或者不正当竞争关系；

5. 在破产案件审理过程中申报捏造的债权；

6. 与被执行人恶意串通，捏造债权或者对查封、扣押、冻结财产的优先权、担保物权；

7. 假借民间借贷之名，诱使或迫使他人签订"借贷"或变相"借贷""抵押""担保"等相关协议，通过虚增借贷金额、恶意制造违约、肆意认定违约、毁匿还款证据等方式形成虚假债权债务；

8. 向人民法院申请执行基于捏造的事实作出的仲裁裁决、公证债权文书，或者在民事执行过程中以捏造的事实对执行标的提出异议、申请参与执行财产分配的。

（二）司法实践中，下列行为也应认定为虚假诉讼行为：

1. 在立案过程中，通过捏造当事人信息或与他人串通虚构当事人信息等方式骗取法院立案或谋取其他非法利益；

2. 捏造、伪造租赁协议虚构债权债务；

3. 隐瞒债务已经全部或部分清偿的事实，仍向人民法院提起民事诉讼，要求他人履行债务；

4. 在土地、房屋拆迁安置补偿过程中，捏造身份关系提起分家析产、继承、房屋买卖合同等诉讼行为；

5. 基于虚假的债权债务关系向人民法院申请支付令；

6. 单方或者与他人恶意串通，进行虚假陈述，伪造、变造、隐匿、毁灭证据或指使、贿买、胁迫他人作伪证等行为；

7. 单方或者与他人恶意串通，捏造身份、合同、侵权、继承等民事法律关系的其他行为。

二、人民法院及其工作人员如何防范虚假诉讼行为？

1. 履行告知义务。在立案阶段，人民法院应在向当事人、诉讼代理人及其他诉讼参与人送达的民事诉讼须知等材料中列明进行虚假诉讼行为需承担的法律责任，让当事人、诉讼代理人等签署《诚信诉讼承诺书》，还应充分利用12368短信平台、移动微法院等进行告知。

2. 进行关联检索。人民法院立案登记时，应对民间借贷、离婚析产、以物抵债、劳动争议、公司分立（合并）、企业破产等重点案件进行关联案件检索，查询原、被告其他涉诉、涉执行情况，并随卷移送业务庭。承办法官应对有虚假诉讼嫌疑的案件主动进行关联案件检索，将检索情况以备忘录等形式制作工作记录并附卷，或在审理报告、合议庭评议中予以反映。

人民法院审判管理部门应进一步完善法院审判信息系统，通过审判信息系统向立案、审判人员自动提示其他法院、其他法官正在审理、执行或已经审结、执结的关联案件。

3. 加强警示提醒。合议庭或独任法官可根据案件情况要求当事人、诉讼代理人及其他诉讼参与人当庭进行诚信诉讼宣誓并签署《诚信诉讼保证书》。

三、发现虚假诉讼的途径主要有哪些？

1. 当事人及其代理人、案外人的举报、申诉、再审申请或提起第三人撤销之诉、执行异议之诉等；
2. 人民法院在办案过程中自行发现；
3. 人大、政法委、纪委（监察委）、信访部门等机关、组织移送；
4. 检察机关提起的抗诉、检察建议；
5. 其他途径。

虚假民事诉讼案件利害关系人提起的申诉、再审申请或检察机关针对虚假民事诉讼提起的抗诉、检察建议，以及人民法院通过审查发现的虚假诉讼案件，人民法院应当由审判监督部门或有关部门负责，及时接访立案或再审。

四、如何甄别虚假诉讼行为？

全省各级法院应当成立虚假诉讼甄别小组。虚假诉讼甄别小组负责虚假诉讼的审查、处罚建议以及是否向公安机关移送等事项，并向承办法官或合议庭提出意见。

承办法官或合议庭在审理案件过程中应加强审查，根据具体案情采取下列措施：

1. 传唤当事人本人到庭接受询问；
2. 通知当事人提交原始证据或者其他证据；
3. 通知证人出庭作证；
4. 依职权调查取证；
5. 向与案件处理结果可能存在法律上利害关系的人通报情况，并依职权追加其参与诉讼；

6. 邀请有关部门、专业人士等参与审查；
7. 依法移送相关部门进行调查；
8. 依法可以采取的其他措施。

承办法官或合议庭发现案件可能存在虚假诉讼的，应当向庭长汇报，并提请虚假诉讼甄别小组进行讨论。

法官未尽到合理审查义务导致未能识别虚假诉讼的，应按照相关规定追究责任。

五、如何向公安机关移送虚假诉讼案件？

人民法院决定移送公安机关的虚假诉讼案件，由各法院指定的统一移送部门在5日内将可以证明存在涉嫌虚假诉讼等犯罪的下列材料移送当地公安机关法制部门：

1. 当事人身份信息的材料；
2. 具体线索来源的材料；
3. 相关涉案案件基本情况的材料；
4. 涉嫌以捏造事实提起民事诉讼的初步材料；
5. 妨害司法秩序或严重侵害国家利益、社会公共利益及他人合法权益的初步材料；
6. 其他相关材料。

统一移送部门及承办法官要及时跟踪移送案件查办进展情况，并制作备忘录。公安机关对涉嫌犯罪的虚假诉讼案件线索未在规定的30日内作出立案、不立案决定的或者应当立案而不予立案的，人民法院应当建议检察机关提出检察监督意见。

六、如何在不同的诉讼阶段对虚假诉讼行为进行处理和制裁？

1. 立案阶段。立案阶段经审查确认存在虚假诉讼行为的案件，应根据《中华人民共和国民事诉讼法》第一百二十三条的规定，裁定不予受理。

2. 审理阶段。审理过程中人民法院经审查确认属于虚假诉讼的案件，对原告提出撤诉申请的或当事人自愿以调解方式结案的，不予准许，应根据《中华人民共和国民事诉讼法》第一百一十二条等有关规定，判决驳回相应的诉讼请求。

3. 执行阶段。执行过程中，人民法院经一定程序查明当事人申请执行所依据的仲裁裁决书、公证文书等属于虚假的，或者在民事执行过程中以捏造的事实对执行标的提出异议、申请参与执行财产分配的，应当裁定不予执行或驳回请求，提出再审建议或司法建议；案外人因裁判文书涉及虚假诉讼对执行标的提出书面异议的，根据《中华人民共和国民事诉讼法》第二百二十七条处理。

针对不同诉讼阶段的虚假诉讼行为，人民法院应根据具体情节对虚假诉讼行为人采取训诫、罚款、拘留、失信惩戒等制裁措施；涉嫌犯罪的，应将有关材料移送公安机关法制部门。

七、如何对虚假诉讼行为人进行训诫？

人民法院应当对虚假诉讼行为人进行训诫，训诫以口头方式进行，并责令其出具悔过书。

八、如何对虚假诉讼行为人进行罚款、拘留？

人民法院应根据情节轻重，依照《中华人民共和国民事诉讼法》第一百一十五条的规定对虚假诉讼行为人分别给予以下处罚：

1. 虚假诉讼行为未造成人民法院认定事实错误或判决不当的，且未给他方造成实际损失的，应对行为人处以10000元至50000元的罚款，并处3日至15日拘留；行为人系单位的，应对单位处以50000元至100000元的罚款，并视情对单位主要负责人或直接责任人员予以3日至15日的拘留。

2. 虚假诉讼行为致使人民法院认定事实错误、判决不当，尚未造成实际损失的，应对行为人处以50000元至80000元的罚款，并处5日至15日的拘留；行为人系单位的，应处以100000元至500000元的罚款，并对单位主要负责人或直接责任人员予以5日至15日的拘留。

3. 虚假诉讼行为导致人民法院错误判决，并给他方造成实际损失的，应对行为人处以80000元至100000元的罚款，并处10日至15日的拘留；行为人系单位的，应处以500000元至1000000元的罚款，并对单位直接负责的主管人员或直接责任人员予以10日至15日的拘留。

实施以上行为，构成虚假诉讼罪、诈骗罪、妨害作证罪以及帮助毁灭、伪造证据罪等犯罪的，还应追究刑事责任。

九、对虚假诉讼行为人进行罚款、拘留处罚的从重情节有哪些？

1. 多次实施虚假诉讼行为的；
2. 在庭审中进行诚信诉讼宣誓后仍实施虚假诉讼行为的；
3. 虚假诉讼行为系在二审、再审期间发现的；
4. 其他从重处罚的情形。

十、如何对虚假诉讼行为人进行失信惩戒？

全省各级法院建立虚假诉讼失信人员名单制度，将查实的虚假诉讼失信人信息在"信用中国（浙江）"上公布，并逐步将虚假诉讼失信人信息纳入"五类主体公共信用评价指引"名录。同时应将列入虚假诉讼失信人名单的行为人信息，向政府相关部门、金融监管机构、金融机构、承担行政职能的事业单位及行业协会等通报，供相关单位依照法律、法规和有关规定，在政府采购、招标投标、行政审批、政府扶持、融资信贷、市场准入、资质认定等方面，对虚假诉讼行为人予以信用惩戒。

对于已被列入虚假诉讼失信人员名单的当事人再到人民法院提起诉讼的，应当加重其证明责任，提高证明标准；双方对事实有争议的，传唤当事人本人到庭接受询问。

十一、如何处理当事人对虚假诉讼行为人提起的赔偿诉讼代理费等合理损失的诉讼请求？

当事人对虚假诉讼行为人提起民事诉讼，要求赔偿因虚假诉讼造成的诉讼代理费、差旅费、住宿费等合理损失的，人民法院应根据具体情况予以支持。

十二、如何对涉嫌犯罪的虚假诉讼行为人进行刑事处罚？

对于涉嫌犯罪的虚假诉讼行为人，应当按照《中华人民共和国刑法》第三百零七条、第三百零七条之一及《最高人民法院、最高人民检察院关于办理虚假诉讼刑事案件适用法律若干问题的解释》等规定进行处理，在具体量刑过程中慎用缓刑。

十三、如何对涉嫌虚假诉讼的诉讼代理人进行处理和制裁？

人民法院经审查确认诉讼代理人有以下行为之一的，应按照《中华人民共和国民事诉讼法》第一百一十条、第一百一十一条的规定处以训诫、罚款或拘留措施；构成犯罪的，依法追究刑事责任。

1. 知道或者应当知道系虚假证据而向法院提交，或者指使、威胁、利诱他人向法院提交的；

2. 指使或者帮助委托人或者他人伪造、隐匿、毁灭证据，指使、威胁、利诱证人不作证或者作伪证的；

3. 明显违背事实进行虚假陈述，或虚构法律关系和相应事实进行抗辩的。

实施上述行为的诉讼代理人系律师或基层法律服务工作者的，还应建议司法行政部门、行业协会给予其停止执业、罚款、没收违法所得等处罚；情节严重的，建议限制其代理行为或吊销其执业证书。

十四、如何对涉嫌虚假诉讼的鉴定机构、公证机构以及鉴定人、公证员等主体进行处理和制裁？

鉴定机构、鉴定人参与虚假诉讼的，人民法院应根据情节轻重，给予鉴定机构、鉴定人训诫、责令退还鉴定费用以及从法院委托鉴定专业机构备选名单中除名等制裁，还应书面建议主管部门、行业协会按照相关规定进行处理；构成犯罪的，依法追究刑事责任。

公证机构、公证员参与虚假诉讼的，人民法院应根据《中华人民共和国公证法》第四十二条的规定进行处理，还应书面建议司法行政部门对公证机构给予警告、罚款、停业整顿等处罚。对公证员给予警告、罚款、停止执业等处罚；有违法所得的，没收违法所得；情节严重的，由司法行政部门吊销公证员执业证书；构成犯罪的，依法追究刑事责任。

十五、如何处理当事人申请执行基于捏造的事实而作出的仲裁裁决？

人民法院应当组成合议庭进行审查，核实当事人向人民法院申请执行的仲裁裁决是基于捏造的事实作出的，应当根据《中华人民共和国民事诉讼法》第二百三十七条的规定，裁定不予执行，同时将相关情况函告仲裁机构。依法承担仲裁职责的人员涉嫌犯罪的，依法移送公安机关处理。

十六、如何对涉嫌虚假诉讼的国家机关及其工作人员进行处理？

国家机关或其他承担社会公共管理职权的组织提供虚假证明材料等，妨碍人民法院审理案件的，人民法院应根据《中华人民共和国民事诉讼法》第一百一十一条的规定对有关责任人员予以处罚，并将问题线索按相关规定移送有关部门。

人民法院工作人员参与虚假诉讼的，一律从严处理。

十七、如何做好虚假诉讼案件的信息录入与管理工作？

全省各级法院应当加强虚假诉讼案件的信息录入与管理工作。对于认定为虚假诉讼的案件，人民法院应当在审判管理系统中自动提取虚假诉讼案件的案由、行为人的姓名名称及其诉讼地位、司法制裁措施、移送公安及定罪量刑情况等信息，并将上述信息向立案工作人员、审判人员、执行人员自动提示或向有关部门推送。

对虚假诉讼行为人采取司法制裁措施的，全省各级法院应按照《最高人民法院关于人民法院案件案号的若干规定》，以"司惩字"单独立案。

浙江省高级人民法院印发《关于建立虚假诉讼失信人名单制度的意见》的通知

（浙高法〔2019〕204号）

本省各级人民法院、宁波海事法院，本院各部门：

现将《浙江省高级人民法院关于建立虚假诉讼失信人名单制度的意见》印发你们，请遵照执行。执行中如遇到新情况、新问题，请及时报告我院。

浙江省高级人民法院
2019年12月25日

浙江省高级人民法院关于建立虚假诉讼失信人名单制度的意见

为进一步规制虚假诉讼行为，构建防范和打击虚假诉讼长效机制，促进诚信诉讼，助推信用浙江建设，根据《最高人民法院关于防范和制裁虚假诉讼的指导意见》《浙江省公共信用信息管理条例》《浙江省公共信用修复管理暂行办法》等规定，结合我省法院工作实际，建立虚假诉讼失信人名单制度。

第一条 建立虚假诉讼失信人名单信息库。虚假诉讼失信人名单，一般包括自2019年1月1日以来在审判执行过程中存在虚假诉讼行为的人员。名单对象包括全省法院采取拘留、罚款等民事强制措施予以处理的人员，司法行政机关予以行政处罚的人员，公安机关立案侦查、法院依法追究刑事责任的人员。名单范围包含当事人、证人、诉讼代理人、鉴定人员、公证人员、案外人等涉案人员。名单数据由各中级法院统一收集、重点管理。具体信息应当包括：

（一）存在虚假诉讼行为的法人或者其他组织的名称、统一社会信用代码（或组织机构代码）、法定代表人或负责人姓名；

（二）存在虚假诉讼行为的自然人的姓名、性别、住址、身份证号码；

（三）认定存在虚假诉讼行为生效裁判的法院名称及其机构代码、案件的案号及裁判时间；

（四）诉讼参与人虚假诉讼的具体情形；

（五）法院认为应当记载的不涉及国家秘密、商业秘密、个人隐私的其他事项。

第二条　建立虚假诉讼失信人名单公开发布机制。虚假诉讼失信人信息应在"信用中国（浙江）"网站上公布。各地法院还可以通过法院外网、官方微信、官方微博、诉讼服务中心等公众平台发布。

第三条　建立虚假诉讼失信人名单的异议和撤出机制。虚假诉讼失信人名单由各基层法院审管办（研究室）负责管理。相关人员对名单公布情况有异议的，可向当地法院书面提出，法院在收到异议的七日内予以答复。名单人员在公布后五年内没有虚假诉讼等不诚信诉讼行为的，可以撤出名单。

第四条　建立虚假诉讼失信人名单数据及时报送机制。基层法院经办法官应在认定虚假诉讼行为的法律文书生效之日起十日内将诉讼参与人虚假诉讼行为相关信息及材料及时报送负责部门，负责部门应在五个工作日将虚假诉讼失信人有关信息报送各中级法院负责部门。各中级法院负责部门应在每月6日前将所在地区的虚假诉讼失信人名单按月统一报送至省高院研究室。

第五条　建立虚假诉讼失信人名单自动预警机制。将信息库嵌入审判、执行管理系统，在"立、审、执"环节自动识别虚假诉讼人员信息，对承办人进行自动提示、自动预警，促使承办人对相关案件进行重点审查。

第六条　做好与省公共信用信息平台的数据对接工作。省高院加强与信用浙江建设领导小组的沟通联系，每月及时将虚假诉讼失信人信息报送省公共信用信息平台。同时还可以将虚假诉讼失信人信息，向政府相关部门、金融监管机构、金融机构、承担行政职能的事业单位及行业协会等通报，供相关单位依照法律、法规和有关规定，在政府采购、招标投标、行政审批、政府扶持、融资信贷、市场准入、资质认定等方面，对虚假诉讼行为人予以信用惩戒。

第七条　做好虚假诉讼失信人名单以案释法工作。通过定期召开新闻发布会、开展法律宣传、公开发布典型案例、组织开展警示教育活动等形式，积极引导诉讼诚信，努力营造"查处一案，影响一片"的法治氛围。

第八条　本意见自公布之日起施行。

浙江省高级人民法院、浙江省人民检察院、浙江省公安厅印发《关于办理"套路贷"相关刑事案件若干问题的纪要》的通知

（浙高法〔2019〕117号）

各市、县（市、区）人民法院、人民检察院、公安局：

省高级人民法院、省人民检察院、省公安厅于日前对办理"套路贷"相关刑事案件若干问题进行了讨论，形成了纪要，现予印发，请遵照执行。执行中遇有问题请及时报告上级主管部门。

浙江省高级人民法院
浙江省人民检察院
浙江省公安厅
2019年7月24日

浙江省高级人民法院、浙江省人民检察院、浙江省公安厅关于办理"套路贷"相关刑事案件若干问题的纪要

为了持续深入开展扫黑除恶专项斗争工作，精准打击"套路贷"有关犯罪活动，根据法律和有关司法解释、规范性文件的规定，结合浙江实际，对办理"套路贷"相关刑事案件若干问题纪要如下：

一、准确界定"套路贷"的构成要素

1. 以非法占有为目的，假借民间借贷之名，以低息、无抵押、快速放贷等为诱饵，诱使或者迫使被害人签订"借贷"或变相"借贷"等相关协议，通过收取"家访费""调查费""保证金""中介费""行规费""安装费""利息""砍头息"等

一种或者多种费用、虚增贷款金额、制造虚假给付痕迹、恶意制造认定违约、多平台借款平账、毁匿还款证据等一种或者多种方式设置"套路"形成虚假债权债务关系的，属于"套路贷"。

"套路贷"案件通常伴有非法讨债的情形，但不是"套路贷"的构成要素。"套路"多少不影响"套路贷"的认定。没有使用"套路"的，不属于"套路贷"。

二、准确把握"套路贷"的本质

2. 以非法占有为目的，是"套路贷"的本质属性。在"套路贷"案件中，只要有"套路"，就可认定非法占有目的。

3. 行为人收取名目繁多的费用、虚增贷款金额、故意设置不平等条款等明显不符合民间借贷习惯，无论对方是否明知，均不影响行为人非法占有目的的认定。

三、准确认定"套路贷"的行为性质

4. 具备"套路贷"的构成要素，设置各种"套路"骗取他人财物的，以诈骗罪论处。

"套路贷"一般以合同形式表现，但不应以合同诈骗罪论处。诈骗不成，反被对方所骗的，不影响诈骗罪的认定。

四、准确区分一罪和数罪

5. 实施"套路贷"过程中，行为人以非法占有为目的，虚构事实、隐瞒全部或者部分真相，通过诉讼、仲裁等手段，骗取他人财物的，以诈骗罪定罪处罚。

6. 实施"套路贷"过程中，行为人针对同一人实施敲诈勒索、强迫交易、抢夺、抢劫、寻衅滋事等侵财型手段非法占有他人财物的，一般以牵连犯择一重罪处罚；针对不同人的，一般应数罪并罚。

7. 实施"套路贷"过程中，行为人通过实施故意杀人、故意伤害、绑架、非法拘禁、寻衅滋事等非侵财型手段非法占有他人财物的，一般应数罪并罚。

五、准确认定共同犯罪

8. 明知他人实施"套路贷"，帮助制定相关格式文本、传授如何制造虚假债务证据的方法或者提供其他帮助的，符合共同犯罪相关规定的，以诈骗罪共犯论处。

9. 仅参与采用非法手段讨债或以虚假事实提起诉讼、仲裁，构成犯罪的，以其具体行为构成的相关犯罪论处。

六、准确认定犯罪数额及既未遂论处情形

10. 在认定"套路贷"犯罪数额时，应准确把握"套路贷"犯罪非法占有他人财物的本质特征，予以整体否定性评价。

11. 实施"套路贷"违法犯罪行为所产生的"利息""砍头息"，虽然表现形式是利息，但实质是以非法占有为目的，假借民间借贷之名所产生的违法犯罪所得，均应计入犯罪数额。

12. "虚高债务"和以"利息""砍头息""保证金""中介费""家访费""调查费""服务费""安装费""违约金"等名目约定的费用，均应计入犯罪数额。已经被行为人实际占有的，以相关犯罪既遂论处；尚未实际占有的，可按相关犯罪未遂论处。

13. 行为人实际给付的"本金"，应视为实施"套路贷"的犯罪工具予以没收或追缴，但不计入犯罪数额。

如果被害人从行为人处收到的"本金"数额大于其后来实际交给行为人"利息""费用"等累计的金额，则差额部分可以从被害人处追缴。在案件侦查过程中，公安机关应注重追缴差额部分。

如果行为人采用掩盖被害人已归还部分借款的事实，以借贷合同上借款金额提起诉讼、仲裁的，被害人已归还的部分借款金额应视为诈骗犯罪既遂的数额。借贷合同上借款金额不计入犯罪数额，但超过借贷合同金额的"利息"应当计入犯罪数额。如果行为人已经非法占有相应"利息"，则利息计入诈骗犯罪既遂数额；如果尚未非法占有相应"利息"，则"利息"计入诈骗未遂数额。

七、准确把握酌情从重处罚情节

14. 行为人实施"套路贷"造成被害人或者特定关系人自杀、死亡、精神失常或为偿还虚高债务而实施违法犯罪活动等严重后果的，对行为人酌情从重处罚。

15. 多个行为人实施"套路贷"造成同一被害人或特定关系人自杀、死亡、精神失常、为偿还虚高债务而实施违法犯罪活动等严重后果，若能确定具体行为人的，对相关行为人酌情从重处罚；若不能确定具体行为人的，对全部行为人酌情从重处罚。

八、坚决贯彻宽严相济刑事政策

16. 在办理"套路贷"相关刑事案件过程中，坚决贯彻宽严相济刑事政策。对于"套路贷"涉黑恶案件，在侦查、起诉、审判、执行各阶段体现依法从严惩处精神。

对于"套路贷"相关犯罪的主犯、"保护伞"或采用虚假诉讼手段实施"套路贷"的，要从严惩处；对从犯，特别是被动参与"套路贷"犯罪、年纪较轻且犯罪情

节较轻或认罪态度好的,要从宽处罚。

认罪认罚从宽处罚是宽严相济刑事政策的一个重要方面,认罪认罚一般应从宽处罚;但认罪认罚是否从宽及从宽的幅度要综合考量。

九、施行日期

17. 本纪要自2019年7月24日起施行。

浙江省高级人民法院印发《关于进一步完善防范和打击虚假诉讼工作机制的若干意见》的通知

（浙高法〔2018〕203号）

本省各级人民法院、宁波海事法院，本院各部门：

《浙江省高级人民法院关于进一步完善防范和打击虚假诉讼工作机制的若干意见》已经省高院审判委员会第2749次会议审议通过，现予印发，请遵照执行。执行中如遇到新情况、新问题，请及时报告我院。

浙江省高级人民法院
2018年11月27日

浙江省高级人民法院关于进一步完善防范和打击虚假诉讼工作机制的若干意见

为了进一步贯彻落实《最高人民法院、最高人民检察院关于办理虚假诉讼刑事案件适用法律若干问题的解释》《最高人民法院关于防范和制裁虚假诉讼的指导意见》《浙江省高级人民法院、浙江省人民检察院、浙江省公安厅、浙江省司法厅关于防范和打击虚假诉讼的若干意见》等规定要求，构建防范和打击虚假诉讼长效机制，依法保障当事人合法权益，维护司法权威，结合当前实际，制定本意见。

一、加大信息采集力度、强化风险提示，有效防范虚假诉讼

1. 人民法院应在立案大厅或人民法庭立案窗口设立禁止虚假诉讼的告示，以文字、图片、视频等各种形式告知当事人进行虚假诉讼行为的法律后果及责任，以直观、生动、有力的方式向当事人推送虚假诉讼典型案例，引导当事人诚信诉讼。

2. 人民法院应在向当事人送达的民事诉讼须知中列明进行虚假诉讼行为需承担的

法律责任。

充分利用12368短信平台、移动微法院等，主动告知当事人进行虚假诉讼行为需承担的法律责任。

3. 在立案阶段，人民法院应当依法核查确认当事人的身份信息，重点做好以下信息的采集工作：

（1）当事人姓名、性别、出生日期、身份证件号码、户籍地；

（2）当事人名称、法定代表人或者主要负责人姓名及身份证件号码、统一社会信用代码及组织机构代码；

（3）送达地址（包括电子送达地址）；

（4）其他有关信息。

立案审查时，应通过审判信息系统关联检索被告、被执行人有无涉诉涉执情况，发现被告或被执行人有大量未结案件的，应当警惕虚假诉讼的风险。

4. 承办法官应当增强关联案件检索意识，对有虚假诉讼嫌疑的案件应主动进行关联案件检索，将检索情况以备忘录等形式制作工作记录，或在审理报告、合议庭评议中予以反映。

人民法院审判管理部门应进一步完善法院审判信息系统功能，通过审判信息系统向立案、审判人员自动提示其他法院、其他法官正在审理、执行或已经审结、执结的关联案件。

二、加强对事实证据的审查力度，有效识别虚假诉讼

5. 全省各级法院在审理案件过程中应重点关注民间借贷、离婚、追索劳动报酬、人民调解协议司法确认等虚假诉讼多发领域的案件。从各证据与案件事实的关联程度、各证据之间的联系等方面依法全面、客观地审核双方当事人提交的证据，并可通过传唤当事人本人到庭、提交原始证据、依职权调查取证等形式加大审查力度。

（1）强化民间借贷案件的审查力度。法官应对形式上有瑕疵的"欠条""收条"，充分结合其他证据认定是否存在借贷关系；对现金交付的借贷，可根据交付凭证、支付能力、交易习惯、借款金额大小、当事人之间关系以及当事人陈述的借款经过等情况综合判断。

（2）强化离婚案件中一方当事人为被告的财产纠纷的审查力度。法官应当尽到审慎审查的义务，既要对债务的主要证据进行严格审查，又要对债务形成的资金来源、支付渠道、用途等相关证据进行严格审查；既要审查证据的形式是否合法、真实，也要对证据的内容进行实质性审查，以形成完整的证据链。

（3）强化追索劳动报酬案件的审查力度。法官除对劳动协议进行形式审查之外，还应结合下列证据进行实质审查：工资支付凭证或记录（职工工资发放花名册）、缴纳各项社会保险费的记录；用人单位向劳动者发放的"工作证""服务证"等能够证明身份的证件；劳动者填写的用人单位招工招聘"登记表""报名表"等招工记录；考勤记录；其他劳动者的证言等。

（4）强化司法确认案件的审查力度。对双方主动达成以物抵债协议等调解协议并申请人民法院出具调解书的，法官应当结合案件基础事实，注重审查调解协议是否损害国家利益、社会公共利益或者案外人的合法权益；要注重审查基础法律关系的真实性，审查相关情况时，应当通知双方当事人共同到场对案件进行核实；对于标的额较大的调解协议的确认，除向双方当事人审查相关情况外，必要时可以向调解组织核实有关情况。

（5）强化第三人撤销之诉、案外人执行异议之诉、案外人申请再审、破产等案件的审查力度。在此类案件的审理过程中，应按照有关规定加大调查取证力度，有效识别捏造的债权或者对查封、扣押、冻结财产的优先权、担保物权，发现已经生效的裁判涉及虚假诉讼的，承担审判监督职能的部门要及时予以纠正，并可通过确认权利等方式保护案外人诉权和实体权利；原案当事人之间恶意串通进行虚假诉讼的，依法追究责任。同时，要注意防范有关人员利用上述法律制度，通过制造虚假诉讼，损害生效裁判中合法权利人的利益。

6. 民事诉讼中有下列情形之一的，应当谨慎审查：
（1）原告起诉的事实、理由不合常理，证据存在伪造可能的；
（2）原告诉请司法保护的标的额与其自身经济状况严重不符的；
（3）当事人之间属于亲属、朋友等亲近关系或者关联企业等共同利益关系的；
（4）当事人无正当理由拒不到庭参加诉讼，委托代理人对案件事实陈述不清的；
（5）原、被告配合默契，不存在实质性诉辩对抗的；
（6）调解协议的达成异常容易的；
（7）诉讼中有其他异常表现的。

三、完善内部审查和移送衔接工作机制，形成打击虚假诉讼合力

7. 承办法官或合议庭成员发现案件涉嫌虚假诉讼的，应当向庭长汇报，庭长应当及时组织人员研讨，认为涉嫌虚假诉讼的，应当提请专业法官会议讨论，必要时报主管院长后提请审判委员会讨论。

8. 人民法院决定移送公安机关的虚假诉讼案件，承办法官应当在3日内将可以证明存在虚假诉讼的诉讼事实等线索材料移送公安机关。

9. 对于移送公安机关的案件线索，承办法官应当加强与公安机关的联系，跟踪案

件查办进展情况，配合提供案件侦查需要的材料。公安机关对涉嫌犯罪的虚假诉讼案件线索未在规定的30日内作出立案、不立案决定的或者应当立案而不予立案的，人民法院应当建议检察机关提出检察监督意见。

10. 对于实施虚假诉讼但尚未构成犯罪的当事人，可以参照《最高人民法院关于公布失信被执行人名单信息的若干规定》，将其列入失信人员名单，积极做好与现有相关信息平台和社会信用体系的对接工作，依法对其进行信用惩戒，并严格按照《中华人民共和国民事诉讼法》的有关规定，对其处以罚款等惩戒措施。

11. 全省各级法院应加强与公安、检察机关的联系协作，增进对虚假诉讼罪等适用标准的共识，严厉打击虚假诉讼犯罪行为。发现律师、法律工作者、鉴定人员、公证人员等违规参与诉讼的，应当依法向司法行政机关提出处理建议；构成犯罪的，依法追究刑事责任。

四、加强审判监督管理，在防范和打击虚假诉讼中全面落实司法责任制

12. 进一步完善院庭长的审判监督管理职责，充分发挥院庭长审判经验丰富的优势，督促审判人员认真履行防范和打击虚假诉讼工作职责，对有虚假诉讼嫌疑的案件及时提醒审判人员做好应对、查处工作。

充分发挥审判委员会、专业法官会议等在审查虚假诉讼中的职能作用，有效防范和打击虚假诉讼。

13. 合理设定办案考核标准，全面科学评价法官办案质量和效果，将防范和打击虚假诉讼工作成绩与法官审判业绩考核相结合，与法官员额退出、惩戒、激励等机制相衔接。

14. 法官因故意或重大过失，未尽到合理审查义务导致未识别虚假诉讼的，应按照《最高人民法院关于完善人民法院司法责任制的若干意见》等相关规定，追究相应责任。

15. 人民法院工作人员参与虚假诉讼的，从严处理；构成犯罪，依法追究刑事责任。

五、加强新闻宣传，积极营造防范和打击虚假诉讼的良好氛围

16. 全省各级法院每年应通过召开新闻发布会等形式至少集中开展一次法律宣传活动，从源头上预防和遏制虚假诉讼违法犯罪行为。

17. 全省各级法院应通过向社会公开发布虚假诉讼典型案例，通过电子送达平台向当事人自动推送虚假诉讼典型案例等形式，有效震慑虚假诉讼违法犯罪行为。

浙江省高级人民法院、浙江省人民检察院、浙江省公安厅等印发关于《依法严厉打击与民间借贷相关的刑事犯罪　强化民间借贷协同治理的会议纪要》的通知

（浙高法〔2018〕192号）

各市、县、区人民法院、人民检察院、公安局（分局）、司法局、税务局、地方金融监督管理局：

为严厉打击与民间借贷相关的刑事犯罪，加强对非法民间借贷的协同治理，有效遏制民间借贷纠纷上升势头，切实保障人民群众合法权益，省高级人民法院、省人民检察院、省公安厅、省司法厅、省税务局、省地方金融监督管理局对民间借贷协同治理工作进行了专题研究，形成了纪要，现予印发，请遵照执行。执行中遇有问题请及时报告主管机关。

浙江省高级人民法院
浙江省人民检察院
浙江省公安厅
浙江省司法厅
国家税务总局浙江省税务局
浙江省地方金融监督管理局
2018年11月16日

浙江省高级人民法院、浙江省人民检察院、浙江省公安厅、浙江省司法厅、国家税务总局浙江省税务局、浙江省地方金融监督管理局关于依法严厉打击与民间借贷相关的刑事犯罪　强化民间借贷协同治理的会议纪要

为严厉打击与民间借贷相关的刑事犯罪，实现标本兼治、协同治理，有效遏制民

间借贷纠纷上升势头，切实保障人民群众合法权益，促进社会公平正义，根据有关法律及司法解释，省法院、省检察院、省公安厅、省司法厅、省税务局、省地方金融监督管理局等单位对民间借贷协同治理工作进行了专题研究，并达成共识，纪要如下：

一、切实提高认识，高度重视民间借贷协同治理工作

民间借贷在一定程度上满足了社会多元化融资需求，促进了多层次信贷市场的形成和完善。但由于民间借贷存在交易不公开、不规范等特点，容易引发非法集资、高利转贷、虚假诉讼、"套路贷"、暴力催收等违法犯罪行为，严重危害金融秩序和社会稳定，增加妥善化解民间借贷纠纷的难度，也加剧了执行难。各有关单位要从深化依法治国实践的高度，充分认识依法严厉打击与民间借贷相关的违法犯罪行为、强化协同治理的必要性和紧迫性，紧紧围绕党和国家工作大局，依靠党委领导和政府支持，根据依法治理、分类处理、综合施策的原则，积极构建跨部门协同治理机制，共同遏制民间借贷案件高发势头。

二、建立"职业放贷人名录"制度，从严规制职业放贷人的诉讼行为

针对当前职业放贷高发等实际情况，人民法院要根据同一原告或关联原告在一段时间内所涉的民间借贷案件数量、利率、合同格式化程度等特征，结合各地实际，建立"职业放贷人名录"，进行重点管理，并每季度向公安、检察机关等协同治理单位通报情况。职业放贷人名录中有公职人员的，应当抄送当地纪检监察部门和当事人所在单位。

纳入"职业放贷人名录"，一般应当符合以下条件：

1. 以连续三年收结案数为标准，同一或关联原告在同一基层法院民事诉讼中涉及20件以上民间借贷案件（含诉前调解，以下各项同），或者在同一中级法院及辖区各基层法院民事诉讼中涉及30件以上民间借贷案件的；

2. 在同一年度内，同一或关联原告在同一基层法院民事诉讼中涉及10件以上民间借贷案件，或者在同一中级法院及辖区各基层法院民事诉讼中涉及15件以上民间借贷案件的；

3. 在同一年度内，同一或关联原告在同一中级法院及辖区各基层法院涉及民间借贷案件5件以上且累计金额达100万元以上，或者涉及民间借贷案件3件以上且累计金额达1000万元以上的；

4. 符合下列条件两项以上，案件数达到第1、2项规定一半以上的，也可认定为职业放贷人：

（1）借条为统一格式的；

（2）被告抗辩原告并非实际出借人或者原告要求将本金、利息支付给第三人的；

（3）借款本金诉称以现金方式交付又无其他证据佐证的；

（4）交付本金时预扣借款利息或者被告实际支付的利息明显高于约定的利息的；

（5）原告本人无正当理由拒不到庭应诉或到庭应诉时对案件事实进行虚假陈述的。

自职业放贷人名录公布之日起连续三个年度内，该名录上人员涉及民间借贷纠纷的案件量少于前款第1、2、4项认定职业放贷人标准案件量二分之一的，可以将其从职业放贷人名录上撤出。

涉职业放贷人案件审理过程中应加强对证据和事实的审查，对涉及职业放贷人名录人员为申请执行人的执行案件，人民法院对被执行人应慎用拘留、罚款、布控、追究拒不执行判决、裁定刑事责任等措施；对于本金与利息已经执行到位的，人民法院执行部门应当向税务部门通报，由税务部门依法征税。

对涉及职业放贷人的案件应当先行调解，并尽量促使双方当事人见面，查清债权债务真实情况，尽早发现违法犯罪事实，精准有效打击犯罪行为。对于出借人将债权转让给他人后，债权受让人提起诉讼的，要加强审查，防止通过债权转让规避监管。

三、加强对借贷事实和证据的审查力度，严格区分民间借贷与"套路贷"诈骗、非法集资等犯罪行为的界限

针对"套路贷"诈骗、非法集资等犯罪组织者借助民事诉讼程序实现非法目的等实际情况，全省各级公安机关、人民检察院、人民法院在处理涉民间借贷案件过程中，要切实提高警惕，结合款项来源、交易习惯、经济能力、财产变化情况、当事人关系以及当事人陈述等情况综合判断借贷的真实性，加大对借贷事实和证据的审查力度，加强对民间借贷与诈骗等犯罪行为的甄别，切实防止违法犯罪分子将非法行为合法化、利用民事裁判侵占被害人财产。

对利用非法吸收的公众存款、变相吸收的公众存款等资金发放贷款，并以故意杀人、故意伤害、非法拘禁、故意毁坏财物、寻衅滋事等非法手段强索债务的，应当按照行为涉嫌的具体犯罪侦查、起诉、审判，不构成犯罪的，依法由公安机关治安处罚。

人民法院在审理民事案件过程中发现存在"虚增债务""伪造证据""恶意制造违约""非法吸收公众存款"及"集资诈骗"等犯罪嫌疑的，应当裁定驳回起诉，并将涉嫌犯罪的线索、材料移送公安机关或检察机关。人民法院对已按普通民间借贷纠纷作出的生效裁判，应当依法及时通过审判监督程序予以纠正。

四、加大对虚假诉讼、高利转贷的惩治力度，有效遏制两类案件的高发多发势头

根据刑法和司法解释规定，虚假诉讼罪是指行为人以捏造的事实提起民事诉讼，

妨害司法秩序或者严重侵害他人合法权益的行为。虚假诉讼行为的实施方式既可以表现为"单方欺诈型",也可以表现为"恶意串通型"。对于实施虚假诉讼行为,非法占有他人财物或者逃避合法债务,又构成其他犯罪的,依照处罚较重的规定定罪从重处罚。司法工作人员利用职权,与他人共同实施虚假诉讼行为的,从重处罚;同时构成其他犯罪的,依照处罚较重的规定定罪从重处罚。

对于以转贷牟利为目的,套取金融机构信贷资金再以高于银行贷款的利率转贷他人,且违法所得数额在10万元以上,或者虽未达到上述数额标准,但两年内因高利转贷受过行政处罚二次以上,又高利转贷的,应当依法以高利转贷罪追究刑事责任。全省各级公安机关、人民检察院、人民法院发现公司、企业涉嫌高利转贷的,应当及时通过向相关主管部门提出司法建议等方式,阻断其贷款通道,引导其回归实体经济。

人民法院在审理民间借贷案件过程中,要依法全面、客观地审核双方当事人提交的全部证据。发现有虚假诉讼、高利转贷犯罪嫌疑的,要按照防范和打击虚假诉讼的有关规定及时依职权或者移送有关部门调查取证,查清事实真相。依法从严查处冒充他人提起诉讼、篡改伪造证据、签署保证书后虚假陈述、指使证人作伪证等妨害民事诉讼的行为。经查证确属虚假诉讼、高利转贷的,驳回其诉讼请求,并依照民事诉讼法的有关规定,对妨害民事诉讼的行为依法予以罚款、拘留;涉嫌犯罪的,应当及时将案件材料移送公安机关处理。

人民检察院对当事人及其委托诉讼代理人、案外人等提交的有关虚假诉讼、高利转贷的举报或控告材料、线索,应及时进行审查,发现有违法犯罪嫌疑的,应当将案件材料移送公安机关处理。

有管辖权的公安机关对发现或者移送的涉嫌虚假诉讼、高利转贷案件,一般应当在三十日内作出立案或者不立案决定,并反馈移送部门。不予立案的,应当在作出不立案决定之日起七日内,以书面形式向移送部门说明不立案理由。

五、坚持宽严相济刑事政策,依法严厉打击与民间借贷相关的重点领域犯罪

全省各级公安机关、人民检察院、人民法院在办理与民间借贷相关的刑事犯罪案件时,要坚持宽严相济的刑事政策,依法制止、制裁和惩处各类与民间借贷相关犯罪行为,严厉打击非法放贷讨债违法犯罪活动,切实维护金融秩序和社会和谐稳定。要严格贯彻落实《中共中央、国务院关于开展扫黑除恶专项斗争的通知》和两高两部《关于办理黑恶势力犯罪案件若干问题的指导意见》要求,依法打击民间借贷案件中的黑恶势力及其"保护伞"。根据法律规定,结合实际,具有下列情形之一的,应当按照具体违法犯罪重点打击:

(1)利用非法吸收公众存款、变相吸收公众存款等取得的资金发放贷款的;

（2）以故意杀人、故意伤害、非法拘禁、故意毁坏财物、寻衅滋事等非法手段强索债务的；

（3）以欺骗手段取得金融机构信贷资金，再高利转贷他人的；

（4）面向在校学生非法发放贷款，发放无指定用途贷款，或以提供服务、销售商品为名，实际收取高额利息或费用变相发放贷款的；

（5）银行业金融机构从业人员作为主要成员或实际控制人，开展有组织的民间借贷的。

六、建立相互协作的办案机制，切实形成工作合力

各有关部门在防范和化解民间借贷各类风险中，要加强联动效应，探索建立人民法院、人民检察院、公安机关、司法行政机关、税务机关、地方金融监督管理部门等单位协同治理和规范民间借贷行为的工作机制。各协同单位要建立健全联席会议制度，定期就规范民间借贷行为情况进行沟通交流，加强预警和研判，完善防范对策。确有工作需要的，可以邀请纪检监察机关参与相关具体工作或案件的研究、磋商。

人民法院立案后，依法向公安机关移送案件时，应同时将移送函抄送人民检察院。公安机关对涉嫌犯罪的民间借贷案件应当立案而不予立案的，人民检察院应当依法通知公安机关立案，并将监督情况反馈移送部门。

民间借贷案件的基本事实必须以刑事案件审理结果为依据，而该刑事案件尚未审结的，人民法院应当裁定中止审理。公安机关在办理刑事案件过程中，发现相关联的民间借贷案件已经作出生效民事裁判或执行完毕的，要及时将刑事案件办理情况告知相关人民法院，人民法院应依法及时予以处理。

人民检察院经审查认为民间借贷案件存在涉嫌犯罪行为，可能导致原审裁判、调解或者执行错误的，应当依法提请上级人民检察院抗诉或者向同级人民法院提出检察建议。人民法院对人民检察院提出抗诉的民间借贷案件，应当依法及时进行审理；对人民检察院提出检察建议的案件，依照民事诉讼法司法解释第四百一十九条的规定办理。

全省各级公安机关、人民检察院、人民法院在办理涉嫌刑事犯罪的民间借贷案件中，发现律师、法律工作者、鉴定人员、公证人员等违规参与的，应当依法向司法行政机关提出处理建议；构成犯罪的，依法追究刑事责任。司法行政机关应当在收到建议之日起三个月内作出处理决定，并书面回复建议发送部门。司法行政机关应当加强对律师事务所、法律服务所、司法鉴定机构、公证机关及相关从业人员的教育和管理，发现上述单位或人员有参与"套路贷"、虚假诉讼等行为的，应当依照有关规定追究相应的法律责任。

七、建立信息共享平台，提升办案的信息化、智能化水平

公安机关、人民检察院、人民法院要依托政法一体化办案系统，探索建立全省民间借贷案件信息共享平台，实现网上信息共享。深度应用信息技术，通过案件数据比对碰撞等手段，加强民间借贷案件风险预测，有效防范风险。积极探索社会信用体系建设与司法工作的深度融合，推动建立健全与市场主体相关的司法大数据收集共享和使用机制，促进社会诚信建设，实现长效治理。

八、建立金融监管联动机制，促进民间借贷健康有序发展

全省各级公安机关、人民检察院、人民法院要深化与金融监管部门、金融机构等单位的对接，构建信息共享和金融风险会商机制。依据现有的金融管理法律规定，依法深入剖析民间金融行为实质，准确判断各类金融活动、金融业态的法律性质，准确划定金融创新和金融违法犯罪的边界。

办案机关应当及时将非法发放民间贷款活动的相关材料移送银行业监督管理机构。对金融监管部门工作人员、银行业金融机构从业人员参与非法金融活动的，应当予以纪律处分或行政处罚；构成犯罪的，依法从严追究刑事责任。

各协同单位要采取有效方式向广大人民群众宣传国家金融法律法规，及时向社会公布典型案例，提高风险防范意识，自觉抵制非法民间借贷活动。

本纪要自下发之日起执行。本纪要内容如与法律、司法解释及上级有关规定不一致的，以法律、司法解释及上级有关规定为准。如有新的规定，按照新的规定执行。

浙江省高级人民法院、浙江省人民检察院、浙江省公安厅关于印发《关于办理"套路贷"刑事案件的指导意见》的通知

（浙公通字〔2018〕25号）

各市、县（市、区）人民法院、人民检察院、公安局：

为统一执法思想，提高执法效能，依法、准确、有力惩治"无抵押贷""校园贷""车贷""房贷""裸贷"等表现形式的"套路贷"犯罪活动，省高级人民法院、省人民检察院、省公安厅制定了《关于办理"套路贷"刑事案件的指导意见》。现印发给你们，请认真遵照执行，执行中遇有问题及时报告上级主管部门。

2018年3月18日

关于办理"套路贷"刑事案件的指导意见

为依法惩治"套路贷"犯罪活动，保护公民、法人和其他组织的合法权益，维护社会秩序，根据《中华人民共和国刑法》《中华人民共和国刑事诉讼法》、两高两部《关于办理黑恶势力犯罪案件若干问题的指导意见》等法律和有关司法解释规定，结合本省工作实际，制定本意见。

一、总体要求

近年来，假借民间借贷之名，通过"虚增债务""签订虚假借款协议""制造资金走账流水""肆意认定违约""转单平账"等方式，采用欺骗、胁迫、滋扰、纠缠、非法拘禁、敲诈勒索、虚假诉讼等手段，非法占有公私财物的"套路贷"犯罪日益猖獗，此类犯罪严重侵害人民群众财产安全和其他合法权益，严重扰乱金融市场秩序，严重妨害司法公正，严重影响人民群众安全感和社会和谐稳定，社会危害性大，

人民群众反映强烈。

各级人民法院、人民检察院、公安机关要对"套路贷"犯罪坚持全链条全方位打击，坚持依法从重惩处，坚持最大限度追赃挽损，进一步健全工作机制，坚决有效遏制"套路贷"犯罪活动，努力实现法律效果、社会效果统一。公安机关要依法及时受案、立案和开展侦查工作，对符合移诉条件的一律移送起诉；检察机关在审查逮捕和审查起诉过程中，要严格依法审查，从严掌握不捕和不起诉适用条件，对符合起诉条件的，及时依法提起公诉；法院要坚持依法从重惩处，从严掌握缓刑适用条件，注重利用财产刑及涉案财物处置打击"套路贷"犯罪的经济基础。

二、案件定性

（一）对"套路贷"刑事案件的定性，要结合案件的本质特征从整体把握，"套路贷"犯罪的主观目的是非法占有公私财物，部分犯罪主体带有黑恶团伙性质。

（二）犯罪嫌疑人、被告人以"违约金""保证金""中介费""服务费""行业规矩"等各种名义骗取被害人签订虚高借款合同、阴阳借款合同、房产抵押合同等明显不利于被害人的各类合同或者与被害人进行相关口头约定，制造资金给付凭证或证据，制造各种借口单方面认定被害人"违约"并要求"偿还"虚高借款，在被害人无力"偿还"的情况下，进而通过讨债或者利用其制造的明显不利于被害人的证据向法院提起民事诉讼等各种手段向被害人或其近亲属施压，以实现侵占被害人或其近亲属合法财产的目的，一般情况下应当以侵犯财产类犯罪定罪处罚。对实施上述"套路贷"行为的，可参照以下情形加以认定：

1. 犯罪嫌疑人、被告人实施"套路贷"犯罪时，未采用明显暴力或者威胁手段，被害人依约定交付资金的，则犯罪嫌疑人、被告人的行为从整体上属于以非法占有为目的，虚构事实、隐瞒真相骗取被害人财产的诈骗行为，一般可以诈骗罪追究刑事责任。

2. 犯罪嫌疑人、被告人实施"套路贷"犯罪时，既采用了虚构事实、隐瞒真相的诈骗手段，又采用了暴力、威胁、虚假诉讼等手段，同时构成诈骗、抢劫、敲诈勒索、非法拘禁、虚假诉讼等多种犯罪的，依据刑法的规定数罪并罚或者按照处罚较重的定罪处罚。暴力手段包括但不限于所谓的"谈判""协商""调解"以及滋扰、纠缠、哄闹、聚众造势等使被害人产生心理恐惧或心理强制等"软暴力"手段。

（三）在"套路贷"犯罪案件中，相关犯罪嫌疑人、被告人不明知真实借贷情况，帮助实施故意伤害、非法拘禁或者滋扰被害人及其近亲属正常生活行为，或者帮助捏造事实提起民事诉讼，符合故意伤害罪、非法拘禁罪、寻衅滋事罪、非法侵入他人住宅罪、虚假诉讼罪的构成要件的，对该部分犯罪嫌疑人、被告人以相关罪名追究刑事责任。

三、共同犯罪认定

（一）多人共同实施"套路贷"犯罪，犯罪嫌疑人、被告人应对其参与的或组织、指挥的全部犯罪行为承担刑事责任。在其所参与的犯罪环节中起主要作用的，可以认定为主犯；起次要或辅助作用的，可以认定为从犯。

有证据证明三人以上组成较为严密和固定的犯罪组织，有预谋、有计划地实施"套路贷"犯罪，已经形成犯罪集团的，应当认定为犯罪集团，对首要分子，应当按照集团所犯的全部罪行处罚。

（二）明知他人实施"套路贷"犯罪的，具有以下情形之一的，以共同犯罪论处，但法律和司法解释另有规定的除外：

1. 协助制造现金支付、银行走账记录、第三方支付记录等虚假给付事实；
2. 协助办理司法公证的；
3. 提供资金、场所、交通等帮助的；
4. 协助以虚假事实提起民事诉讼的；
5. 非法出售、提供公民个人信息的；
6. 帮助、掩饰、隐瞒转移犯罪所得及其产生收益，套现、取现的；
7. 中介人员长期参与"套路贷"犯罪活动的；
8. 其他符合共同犯罪的情形。

上述规定的"明知他人实施'套路贷'犯罪"，应当结合被告人的认知能力、既往经历、行为次数和手段、与他人关系、获利情况、是否因"套路贷"犯罪受过处罚、是否故意规避调查等主客观因素进行综合分析认定。

四、犯罪数额认定和涉案财物处理

（一）在"套路贷"犯罪数额的认定上，要把握"套路贷"行为的犯罪本质，将其与民间借贷区别开来，从整体上对其予以否定性评价。除了被害人实际收到的本金外，虚高的本金、双方约定的利息以及被告人在借贷过程中以"违约金""保证金""中介费""服务费"等名义收取的费用均应作为犯罪数额予以认定。

（二）犯罪嫌疑人、被告人已将违法所得财物用于清偿债务或者转让给他人，具有下列情形之一的，应当依法追缴：

1. 对方明知是违法所得财物而收取的；
2. 对方无偿取得违法所得财物的；
3. 对方以明显低于市场的价格取得违法所得财物的；
4. 对方取得违法所得财物系源于非法债务或者违法犯罪活动的。

他人善意取得"套路贷"违法所得财物的，不予追缴。

浙江省高级人民法院、浙江省人民检察院、浙江省公安厅、浙江省司法厅关于防范和打击虚假诉讼的若干意见的通知

（浙检发民字〔2017〕5号）

各市、县（市、区）人民法院、人民检察院、公安局、司法局：

现将《浙江省高级人民法院、浙江省人民检察院、浙江省公安厅、浙江省司法厅关于防范和打击虚假诉讼的若干意见》印发给你们，请认真贯彻执行。执行过程中如遇到问题，请分别报告浙江省高级人民法院、浙江省人民检察院、浙江省公安厅、浙江省司法厅。

浙江省高级人民法院
浙江省人民检察院
浙江省公安厅
浙江省司法厅
2017年3月8日

浙江省高级人民法院、浙江省人民检察院、浙江省公安厅、浙江省司法厅关于防范和打击虚假诉讼的若干意见

为防范和打击虚假诉讼，保障公民、法人和其他社会组织的合法权益，维护司法权威，促进社会和谐稳定，诚信有序，依照有关法律和司法解释，结合我省实际，制定本意见。

第一条 本意见所称虚假诉讼，是指民事诉讼当事人或者其他诉讼参与人为获取非法利益或者规避法定义务，恶意串通，虚构事实或者伪造证据，提起民事诉讼，或者利用虚假仲裁裁决、公证文书等申请执行，企图使人民法院作出错误裁判、调解或者执行法律文书，侵害国家利益、公共利益或者他人合法权益的行为。

第二条　人民法院、人民检察院、公安机关、司法行政机关应当分工负责、各司其职、互相配合协作，依法合力查处虚假诉讼，共同维护司法权威和司法公正，促进社会诚信体系建设。

第三条　以下几类虚假诉讼多发的案件，人民法院、人民检察院、公安机关、司法行政机关在履行职责中应当予以特别关注：

（一）民间借贷纠纷案件；

（二）以离婚案件一方当事人为被告的财产纠纷案件；

（三）以拆迁区划范围内的自然人为诉讼主体的离婚、分家析产、继承、房屋买卖合同纠纷案件；

（四）以已经资不抵债或者已经作为被执行人的公民、法人、其他组织为被告的财产纠纷案件；

（五）公司分立（合并）、企业破产纠纷案件；

（六）劳动争议案件；

（七）以物抵债案件；

（八）涉及驰名商标认定的案件；

（九）其他需要特别关注的案件。

第四条　民事诉讼中有下列情形之一的，人民法院应当谨慎审查，及时发现和制裁虚假诉讼行为：

（一）原告起诉所依据的事实、理由不合情理，存在伪造证据可能的；

（二）原告诉请司法保护的标的额与其自身经济状况严重不符的；

（三）当事人之间属于亲属、朋友等亲近关系或者关联企业等共同利益关系的；

（四）当事人本人未到庭参加诉讼，委托代理人对案件事实陈述不清的；

（五）一方对另一方提出的于己不利的事实明确表示承认，且不符合常理的；

（六）当事人双方无实质性民事权益争议的；

（七）案件证据不足，但双方仍然主动迅速达成调解协议，并请求人民法院出具调解书的；

（八）诉讼中有其他异常情况的。

第五条　对存在虚假诉讼可能的案件，人民法院在审理过程中可以采取下列措施：

（一）传唤当事人本人到庭；

（二）通知当事人提交原始证据或者其他证据；

（三）通知证人出庭作证；

（四）依职权调查取证；

（五）依职权追加与案件处理结果可能存在法律上利害关系的当事人；

（六）要求当事人签署据实陈述保证书、证人签署如实作证保证书；

（七）依法可以采取的其他措施。

第六条 人民法院、人民检察院在办理案件过程中，根据证据反映的情况，发现当事人有虚假诉讼犯罪嫌疑的，应当将案件材料移送公安机关或者有关侦查机关。

第七条 有管辖权的公安机关对发现或者移送的涉嫌刑事犯罪的虚假诉讼案件，应当在三十日内作出立案或者不立案决定，并反馈移送部门。不予立案的，应当在作出不立案决定之日起七日内，以书面形式向移送部门说明不立案理由。

第八条 公安机关对涉嫌刑事犯罪的虚假诉讼案件应当立案而不予立案的，人民检察院应当依法通知公安机关立案，并将监督情况反馈移送部门。

第九条 公证机关在办理转让、借贷、委托、执行证书等涉财产处分公证时，发现当事人冒充他人或者使用伪造证件、文书，涉嫌虚构事实、伪造证据骗取公证书的，应当依照《中华人民共和国公证法》的相关规定，向公安机关报案，公安机关应当依法处理。公证机关应当将在公证活动中查实的虚构事实、伪造证据的当事人列入黑名单报司法行政机关。

第十条 人民检察院在办理民事监督案件过程中，对有虚假诉讼嫌疑的案件，可以采取下列措施开展调查：

（一）就案件事实向当事人及其他相关人员进行询问；

（二）要求案件当事人提供原始证据或者其他证据；

（三）向有关部门和单位及证人调查取证；

（四）依法可以采取的其他措施。

第十一条 人民检察院经审查认为民事案件存在虚假诉讼行为，可能导致原审裁判、调解或者执行错误的，应当依法提请上级人民检察院抗诉或者向同级人民法院提出检察建议。

第十二条 人民法院对人民检察院提出抗诉的虚假诉讼案件，应当依法及时进行审理；对人民检察院提出检察建议的案件，依照民事诉讼法司法解释第四百一十九条的规定处理。

第十三条 人民法院审理查明属于虚假诉讼案件，原告申请撤诉的，不予准许，并应当根据民事诉讼法第一百一十二条的规定，驳回其请求。

人民法院查明当事人申请执行所依据的仲裁裁决、公证文书等属于虚假的，应当裁定不予执行。

第十四条 虚假诉讼参与人的行为构成犯罪的，依法追究刑事责任；尚不构成犯罪的，人民法院应当根据民事诉讼法第一百一十一条、一百一十二条和一百一十三条的规定，依法予以罚款、拘留。

当事人虚假诉讼造成诉讼对方或者第三人直接损失的，人民法院可以根据具体情况对无过错方依法提出的赔偿合理的律师费用等正当请求予以支持。

第十五条　人民法院应当探索建立虚假诉讼失信人名单制度。将虚假诉讼参与人列入失信人名单，逐步开展与现有相关信息平台和社会信用体系接轨工作，加大制裁力度。

第十六条　人民法院、人民检察院、公安机关在办理虚假诉讼案件中，发现律师、法律工作者、鉴定人、公证人员等参与虚假诉讼的，应当依法向司法行政机关提出处理建议；构成犯罪的，依法追究刑事责任。司法行政机关应当在收到建议之日起三个月内作出处理决定，并书面回复建议发送部门。

第十七条　司法行政机关应当加强对律师事务所、基层法律服务所、法律援助中心、鉴定机构、公证机关及律师、法律工作者、鉴定人、公证人员等执业活动的教育和管理。发现上述单位或者人员有参与虚假诉讼行为的，应当依照有关规定追究相应的法律责任。

第十八条　人民法院、人民检察院、公安机关、司法行政机关要建立健全虚假诉讼防范工作机制，通过定期开展法律宣传、公开发布典型案例、组织开展警示教育活动等形式，不断增强虚假诉讼防范意识，提高虚假诉讼甄别能力，预防和遏制虚假诉讼违法行为。

第十九条　人民法院、人民检察院、公安机关、司法行政机关要建立联席会议制度，定期就虚假诉讼的特点、成因、查处等情况及时沟通交流，加强预警和研判，完善防范对策。

第二十条　本意见自印发之日起施行。

抄送：最高人民法院，最高人民检察院，公安部，司法部；
　　　省委办公厅，省人大常委会办公厅，省政府办公厅，省纪委，省委政法委；
　　　省法院，省公安厅，省司法厅领导；
　　　本院领导同志，检委会专职委员、副巡视员，机关各内设机构、直属事业单位。

浙江省人民检察院办公室
2017年3月13日印发

浙江省高级人民法院、浙江省人民检察院关于印发《关于办理虚假诉讼刑事案件具体适用法律的指导意见》的通知

（浙高法〔2010〕207号）

本省各级人民法院、人民检察院：

现将浙江省高级人民法院、浙江省人民检察院《关于办理虚假诉讼刑事案件具体适用法律的指导意见》印发给你们，请遵照执行。在执行过程中遇有新情况、新问题，请分别报告省高院、省检察院。

二〇一〇年七月七日

浙江省高级人民法院、浙江省人民检察院关于办理虚假诉讼刑事案件具体适用法律的指导意见

为维护正常司法秩序和社会管理秩序，保障公民和其他社会组织的合法权益，依法惩治虚假诉讼犯罪活动，根据刑法有关规定，现就办理虚假诉讼刑事案件提出如下指导意见：

一、虚假诉讼犯罪是指为了骗取人民法院裁判文书，恶意串通，虚构事实，伪造证据，向人民法院提起民事诉讼构成犯罪的行为。人民法院裁判文书包括判决书、调解书、裁定书、决定书。

二、为了提起虚假诉讼，或者在虚假诉讼过程中，指使他人提供虚假的物证、书证、陈述、证言、鉴定结论等伪证，或者受指使参与伪造证据，分别按照刑法第三百零七条妨害作证罪，帮助毁灭、伪造证据罪处理。

三、在虚构事实、伪造证据过程中，伪造、变造、买卖或者盗窃、抢夺、毁灭国

家机关公文、证件、印章的，或者伪造公司、企业、事业单位、人民团体印章的，或者伪造、变造居民身份证的，分别按照刑法第二百八十条伪造、变造、买卖国家机关公文、证件、印章罪，盗窃、抢夺、毁灭国家机关公文、证件、印章罪，伪造公司、企业、事业单位、人民团体印章罪，伪造、变造居民身份证罪处理。

四、为逃避人民法院生效裁判文书的执行，进行虚假诉讼，套取、转移财产的，按照刑法第三百一十三条拒不执行判决、裁定罪处理。

五、为转移自有财产、多分共同财产，或者逃避共同债务，进行虚假诉讼的，按照本意见第二、三条的规定处理。

六、以非法占有为目的，进行虚假诉讼，骗取公私财物的，按照刑法第二百六十六条诈骗罪处理。

七、公司、企业或者其他单位的人员利用职务便利，进行虚假诉讼，侵吞本单位财产的，按照刑法第二百七十一条第一款职务侵占罪处理。

八、国家工作人员利用职务便利，进行虚假诉讼，侵吞公款的，或者国有公司、企业或者其他国有单位中从事公务的人员和国有公司、企业或者其他国有单位委派到非国有公司、企业以及其他单位从事公务的人员利用职务便利，进行虚假诉讼，侵吞本单位财产的，按照刑法第三百八十二条、第三百八十三条贪污罪处理。

九、行为人实施虚假诉讼犯罪活动，同时触犯两个或者两个以上罪名的，依法实行数罪并罚或者按处罚较重的罪名定罪处罚。

浙江省高级人民法院关于在民事审判中防范和查处虚假诉讼案件的若干意见

（浙江省高级人民法院审判委员会2008年11月18日第2067次会议通过 2008年12月4日以浙高法〔2008〕362号文发布）

为了防范和查处虚假诉讼案件，促进诉讼诚信，保障民事诉讼活动的正常进行，维护司法权威，根据有关法律和司法解释的规定，结合我省实际，制定本意见。

第一条 本意见所指的虚假诉讼，是指民事诉讼各方当事人恶意串通，采取虚构法律关系、捏造案件事实方式提起民事诉讼，或者利用虚假仲裁裁决、公证文书申请执行，使法院作出错误裁判或执行，以获取非法利益的行为。

第二条 下列几类案件，审判中应当特别关注：

（一）民间借贷案件；

（二）离婚案件一方当事人为被告的财产纠纷案件；

（三）已经资不抵债的企业、其他组织、自然人为被告的财产纠纷案件；

（四）改制中的国有、集体企业为被告的财产纠纷案件；

（五）拆迁区划范围内的自然人作为诉讼主体的分家析产、继承、房屋买卖合同纠纷案件；

（六）涉及驰名商标认定的案件。

第三条 诉讼中有下列情形之一的，审判人员应当予以谨慎审查，防范虚假诉讼：

（一）原告起诉的事实、理由不合常理，证据存在伪造可能；

（二）当事人无正当理由拒不到庭参加诉讼，委托代理人对案件事实陈述不清；

（三）原告、被告配合默契，不存在实质性的诉辩对抗；

（四）调解协议的达成异常容易；

（五）诉讼中有其他异常表现。

第四条　法院应当在立案大厅或人民法庭立案窗口设立禁止虚假诉讼的告示，引导当事人诚信诉讼。

第五条　审理中发现有虚假诉讼嫌疑的案件，审判人员应当立即向庭长、院长报告，并将有关案件异常情况予以记载附卷，在每个审理环节予以警示。

第六条　对有虚假诉讼嫌疑的案件，法院在审理过程中可以采取以下措施：

（一）传唤当事人到庭参加诉讼；

（二）通知当事人提交原始证据；

（三）要求证人出庭作证；

（四）向利害关系人通报情况，并通知其参与诉讼；

（五）依职权调查取证；

（六）邀请有关部门、基层组织人员参与审查调解协议；

（七）依法可以采取的其他措施。

第七条　对债务纠纷案件，法院应当严格审查债务产生的时间、地点、原因、用途、支付方式、基础合同以及债权人和债务人的经济状况。

第八条　对有虚假诉讼嫌疑的案件，法院应当传唤当事人到庭。

原告无正当理由拒不到庭的，或者未经法庭许可中途退庭的，可以按撤诉处理。

被告无正当理由拒不到庭的，可以依照《中华人民共和国民事诉讼法》第一百条的规定予以拘传。

第九条　对有虚假诉讼嫌疑的案件，法院通知当事人提交原始证据或者要求证人出庭作证的，当事人无正当理由拒不提交原始证据，或者证人无正当理由拒不出庭作证的，人民法院可以依法认定当事人主张的事实证据不足。

第十条　对有虚假诉讼嫌疑的案件，当事人委托公民代理诉讼的，应当严格按照《浙江省高级人民法院、浙江省司法厅关于依法规范民事行政诉讼活动中公民代理的若干规定（试行）》执行。

第十一条　与虚假诉讼案件有利害关系的案外人，可以向法院提出再审的申请。

第十二条　经审查确认属于虚假诉讼的案件，已经作出生效的裁判文书或民事调解书的，人民法院应当依照法定程序撤销生效的裁判文书或民事调解书，并裁定驳回起诉。

第十三条　对有虚假诉讼嫌疑的案件，当事人申请撤诉的，法院可以准许；经审查确认属于虚假诉讼的案件，当事人申请撤诉的，法院不予准许。

第十四条　对参与制造虚假诉讼案件的有关人员，可以依照《中华人民共和国民事诉讼法》的有关规定，根据情节轻重，依法予以训诫、罚款、拘留；构成犯罪的，依法追究刑事责任。

对参与制造虚假诉讼案件的律师，应当同时向有关司法行政机关提出建议，依照《中华人民共和国律师法》有关规定吊销其律师执业执照。

对参与制造虚假诉讼案件的审判人员，应当依照最高人民法院《人民法院审判人员违法审判责任追究办法（试行）》和《人民法院审判纪律处分办法（试行）》以及《浙江省高级人民法院关于案件督查工作的若干规定》严肃处理。

第十五条 对举报虚假诉讼案件的单位和个人，经查证属实的，应当予以奖励。

对防范和查处虚假诉讼案件成绩突出的审判人员，应当予以表彰。

第十六条 全省各级人民法院发现虚假诉讼案件的，应当在本院范围内进行通报，并将有关情况逐级报省高级人民法院。

第十七条 本意见由浙江省高级人民法院审判委员会负责解释。

第十八条 本意见自公布之日起施行。

宁夏回族自治区高级人民法院关于加强对"套路贷"、非法放贷、虚假诉讼违法犯罪案件线索排查的通知

(宁高法明传〔2019〕147号)

各中、基层人民法院、本院各部门，银川铁路运输法院：

为贯彻落实中央、自治区扫黑除恶专项斗争会议精神，依法严厉打击"套路贷"、非法放贷、虚假诉讼违法犯罪行为，深入推进扫黑除恶专项斗争，经自治区高级人民法院扫黑除恶专项斗争领导小组研究决定，结合前期部署的"一案三查"工作，特别要加强对近三年来全区审判执行领域可能存在的"套路贷"、非法放贷、虚假诉讼案件线索进行认真排查。现就有关工作要求通知如下：

一、加强学习，提高认识，采取多种措施有效防范

1. 各级人民法院要加强对最高人民法院、最高人民检察院《关于办理虚假诉讼刑事案件适用法律若干问题的解释》，最高人民法院、最高人民检察院、公安部、司法部《关于办理"套路贷"刑事案件若干问题的意见》《关于办理非法放贷刑事案件若干问题的意见》等规范性文件的学习，切实提高甄别"套路贷"、非法放贷及虚假诉讼的行为。

2. 各院应在立案窗口及法庭等显著位置放置警示宣传标识，引导当事人依法行使诉权，诚信诉讼。

3. 立案、审判、执行各阶段均要严格审查当事人及委托诉讼代理人的身份情况，必要情况下要与工商登记注册等信息、推荐社区（单位）等进行核对。

4. 对与案件处理结果可能存在法律上利害关系的人，应依法依职权通知其参加诉讼，避免其民事权益受到损害，切实防范"套路贷"、非法放贷、虚假诉讼行为。

5. 对可能存在"套路贷"、非法放贷、虚假诉讼的，应当传唤当事人本人到庭就有关案件事实接受询问，并适当加大依职权调查取证力度。尤其一方对另一方提出的

于己不利的事实明确表示承认，且不符合常理的，要注意做进一步查明，慎重认定。

6. 要加强对调解协议的审查力度，对双方主动达成调解协议并申请人民法院出具调解书，或经人民法院调解组织等主持下达成调解协议，共同申请司法确认的批量案件，应当结合案件基础事实，认真审查调解协议是否损害国家利益、社会公共利益或案外人的合法权益。

7. 在第三人撤销之诉、案外人执行异议之诉、案外人申请再审等案件审理中，发现已经生效的裁判涉及"套路贷"、非法放贷、虚假诉讼的，要及时予以纠正。

8. 批量申请法院发出协助执行通知书的，执行部门应严格审查相关产权登记情况，再次排除疑点。

二、对经查明属于"套路贷"、非法放贷、虚假诉讼，原告申请撤诉的，不予准许，应当根据民事诉讼法等相关规定，驳回其请求，并及时与公安机关取得联系或直接移送公安机关。

三、要进一步加大公开审判力度，通过庭审公开及裁判文书公开增加案件审理的透明度。

四、要加大对"套路贷"、非法放贷、虚假诉讼的制裁力度，对其参与人，要适度加大罚款、拘留等妨害民事诉讼强制措施的法律适用力度。

五、要加强审判运行态势分析，对批量案件审理、执行过程中出现的可能涉及"套路贷"、非法放贷、虚假诉讼的情况和问题，要认真研究和及时应对。

宁夏回族自治区高级人民法院
2019年10月31日

青海省公安厅关于办理"套路贷"刑事案件若干问题的意见

为持续深入开展扫黑除恶专项斗争,准确甄别和依法严厉惩处"套路贷"违法犯罪分子,根据刑法、刑事诉讼法、有关司法解释以及最高人民法院、最高人民检察院、公安部、司法部《关于办理黑恶势力犯罪案件若干问题的指导意见》等规范性文件的规定,现对办理"套路贷"刑事案件若干问题提出如下意见:

一、准确把握"套路贷"与民间借贷的区别

1. "套路贷",是对以非法占有为目的,假借民间借贷之名,诱使或迫使被害人签订"借贷"或变相"借贷""抵押""担保"等相关协议,通过虚增借贷金额、恶意制造违约、肆意认定违约、毁匿还款证据等方式形成虚假债权债务,并借助诉讼、仲裁、公证或者采用暴力、威胁以及其他手段非法占有被害人财物的相关违法犯罪活动的概括性称谓。

2. "套路贷"与平等主体之间基于意思自治而形成的民事借贷关系存在本质区别,民间借贷的出借人是为了到期按照协议约定的内容收回本金并获取利息,不具有非法占有他人财物的目的,也不会在签订、履行借贷协议过程中实施虚增借贷金额、制造虚假给付痕迹、恶意制造违约、肆意认定违约、毁匿还款证据等行为。

司法实践中,应当注意非法讨债引发的案件与"套路贷"案件的区别,犯罪嫌疑人、被告人不具有非法占有目的,也未使用"套路"与借款人形成虚假债权债务,不应视为"套路贷"。因使用暴力、威胁以及其他手段强行索债构成犯罪的,应当根据具体案件事实定罪处罚。

3. 实践中,"套路贷"的常见犯罪手法和步骤包括但不限于以下情形:

(1) 制造民间借贷假象。犯罪嫌疑人、被告人往往以"小额贷款公司""投资公司""咨询公司""担保公司""网络借贷平台"等名义对外宣传,以低息、无抵押、无担保、快速放款等为诱饵吸引被害人借款，继而以"保证金""行规"等虚假理由诱使被害人基于错误认识签订金额虚高的"借贷"协议或相关协议。有的犯罪嫌疑人、被告人还会以被害人先前借贷违约等理由，迫使对方签订金额虚高的"借贷"协议或相关协议。

（2）制造资金走账流水等虚假给付事实。犯罪嫌疑人、被告人按照虚高的"借贷"协议金额将资金转入被害人账户，制造已将全部借款交付被害人的银行流水痕迹，随后便采取各种手段将其中全部或者部分资金收回，被害人实际上并未取得或者完全取得"借贷"协议、银行流水上显示的钱款。

（3）故意制造违约或者肆意认定违约。犯罪嫌疑人、被告人往往会以设置违约陷阱、制造还款障碍等方式，故意造成被害人违约，或者通过肆意认定违约，强行要求被害人偿还虚假债务。

（4）恶意垒高借款金额。当被害人无力偿还时，有的犯罪嫌疑人、被告人会安排其所属公司或者指定的关联公司、关联人员为被害人偿还"借款"，继而与被害人签订金额更大的虚高"借贷"协议或相关协议，通过这种"转单平账""以贷还贷"的方式不断垒高"债务"。

（5）软硬兼施"索债"。在被害人未偿还虚高"借款"的情况下，犯罪嫌疑人、被告人借助诉讼、仲裁、公证或者采用暴力、威胁以及其他手段向被害人或者被害人的特定关系人索取"债务"。

二、依法严惩"套路贷"犯罪

4. 实施"套路贷"过程中，未采用明显的暴力或者威胁手段，其行为特征从整体上表现为以非法占有为目的，通过虚构事实、隐瞒真相骗取被害人财物的，一般以诈骗罪定罪处罚；对于在实施"套路贷"过程中多种手段并用，构成诈骗、敲诈勒索、非法拘禁、虚假诉讼、寻衅滋事、强迫交易、抢劫、绑架等多种犯罪的，应当根据具体案件事实，区分不同情况，依照刑法及有关司法解释的规定数罪并罚或者择一重处。

5. 多人共同实施"套路贷"犯罪，犯罪嫌疑人、被告人在所参与的犯罪中起主要作用的，应当认定为主犯，对其参与或组织、指挥的全部犯罪承担刑事责任；起次要或辅助作用的，应当认定为从犯。

明知他人实施"套路贷"犯罪，具有以下情形之一的，以相关犯罪的共犯论处，但刑法和司法解释等另有规定的除外：

（1）组织发送"贷款"信息、广告，吸引、介绍被害人"借款"的；
（2）提供资金、场所、银行卡、账号、交通工具等帮助的；

（3）出售、提供、帮助获取公民个人信息的；

（4）协助制造走账记录等虚假给付事实的；

（5）协助办理公证的；

（6）协助以虚假事实提起诉讼或者仲裁的；

（7）协助套现、取现、办理动产或不动产过户等，转移犯罪所得及其产生的收益的；

（8）其他符合共同犯罪规定的情形。

上述规定中的"明知他人实施'套路贷'犯罪"，应当结合行为人的认知能力、既往经历、行为次数和手段，与同案人、被害人的关系，获利情况，是否曾因"套路贷"受过处罚，是否故意规避查处等主客观因素综合分析认定。

6. 在认定"套路贷"犯罪数额时，应当与民间借贷相区别，从整体上予以否定性评价，"虚高债务"和以"利息""保证金""中介费""服务费""违约金"等名目被犯罪嫌疑人、被告人非法占有的财物，均应计入犯罪数额。

犯罪嫌疑人、被告人实际给付被害人的本金数额，不计入犯罪数额。

已经着手实施"套路贷"，但因意志以外原因未得逞的，可以根据相关罪名所涉及的刑法、司法解释规定，按照已着手非法占有的财物数额认定犯罪未遂。既有既遂，又有未遂，犯罪既遂部分与未遂部分分别对应不同法定刑幅度的，应当先决定对未遂部分是否减轻处罚，确定未遂部分对应的法定刑幅度，再与既遂部分对应的法定刑幅度进行比较，选择处罚较重的法定刑幅度，并酌情从重处罚；二者在同一量刑幅度的，以犯罪既遂酌情从重处罚。

7. 犯罪嫌疑人、被告人实施"套路贷"违法所得的一切财物，应当予以追缴或者责令退赔；对被害人的合法财产，应当及时返还。有证据证明是犯罪嫌疑人、被告人为实施"套路贷"而交付给被害人的本金，赔偿被害人损失后如有剩余，应依法予以没收。

犯罪嫌疑人、被告人已将违法所得的财物用于清偿债务、转让或者设置其他权利负担，具有下列情形之一的，应当依法追缴：

（1）第三人明知是违法所得财物而接受的；

（2）第三人无偿取得或者以明显低于市场的价格取得违法所得财物的；

（3）第三人通过非法债务清偿或者违法犯罪活动取得违法所得财物的；

（4）其他应当依法追缴的情形。

8. 以老年人、未成年人、在校学生、丧失劳动能力的人为对象实施"套路贷"，或者因实施"套路贷"造成被害人或其特定关系人自杀、死亡、精神失常、为偿还"债务"而实施犯罪活动的，除刑法、司法解释另有规定的外，应当酌情从重处罚。

在坚持依法从严惩处的同时，对于认罪认罚、积极退赃、真诚悔罪或者具有其他法定、酌定从轻处罚情节的被告人，可以依法从宽处罚。

9. 对于"套路贷"犯罪分子，应当根据其所触犯的具体罪名，依法加大财产刑适用力度。符合刑法第三十七条之一规定的，可以依法禁止从事相关职业。

10. 三人以上为实施"套路贷"而组成的较为固定的犯罪组织，应当认定为犯罪集团。对首要分子应按照集团所犯全部罪行处罚。

符合黑恶势力认定标准的，应当按照黑社会性质组织、恶势力或者恶势力犯罪集团侦查、起诉、审判。

三、依法确定"套路贷"刑事案件管辖

11. "套路贷"犯罪案件一般由犯罪地公安机关侦查，如果由犯罪嫌疑人居住地公安机关立案侦查更为适宜的，可以由犯罪嫌疑人居住地公安机关立案侦查。犯罪地包括犯罪行为发生地和犯罪结果发生地。

"犯罪行为发生地"包括为实施"套路贷"所设立的公司所在地，"借贷"协议或相关协议签订地，非法讨债行为实施地，为实施"套路贷"而进行诉讼、仲裁、公证的受案法院、仲裁委员会、公证机构所在地，以及"套路贷"行为的预备地、开始地、途经地、结束地等。

"犯罪结果发生地"包括违法所得财物的支付地、实际取得地、藏匿地、转移地、使用地、销售地等。

除犯罪地、犯罪嫌疑人居住地外，其他地方公安机关对于公民扭送、报案、控告、举报或者犯罪嫌疑人自首的"套路贷"犯罪案件，都应当立即受理，经审查认为有犯罪事实的，移送有管辖权的公安机关处理。

黑恶势力实施的"套路贷"犯罪案件，由侦办黑社会性质组织、恶势力或者恶势力犯罪集团案件的公安机关进行侦查。

12. 具有下列情形之一的，有关公安机关可以在其职责范围内并案侦查：

（1）一人犯数罪的；

（2）共同犯罪的；

（3）共同犯罪的犯罪嫌疑人还实施其他犯罪的；

（4）多个犯罪嫌疑人实施的犯罪存在直接关联，并案处理有利于查明案件事实的。

13. 本意见自2019年4月9日起施行。

福建省高级人民法院、福建省人民检察院、福建省公安厅关于印发《关于防范和查办虚假诉讼的若干意见》的通知

（闽检发〔2018〕18号）

各市、县（区）人民法院、人民检察院、公安局（分局），平潭综合实验区人民法院、人民检察院、公安局：

现将《福建省高级人民法院、福建省人民检察院、福建省公安厅关于防范和查办虚假诉讼的若干意见》印发给你们，请认真贯彻执行。执行过程中遇到的问题，请分别报告福建省高级人民法院、福建省人民检察院、福建省公安厅。

福建省高级人民法院
福建省人民检察院
福建省公安厅
2018年12月29日

福建省高级人民法院、福建省人民检察院、福建省公安厅关于防范和查办虚假诉讼的若干意见

为维护司法公正、司法权威，促进社会和谐稳定、诚信有序，人民法院、人民检察院、公安机关分工负责、协作配合，共同防范和查办虚假诉讼，依照《中华人民共和国民事诉讼法》《中华人民共和国刑事诉讼法》《最高人民法院、最高人民检察院关于办理虚假诉讼刑事案件适用法律若干问题的解释》等规定，结合我省实际，制定本意见。

第一条 本意见所称虚假诉讼，是指案件当事人、其他诉讼参与人等，单独或者双方恶意串通，以捏造的事实提起民事诉讼，妨害司法秩序的违法行为。

第二条 具有下列情形之一的，可以认定为第一条规定的"捏造事实"：

（一）与夫妻一方恶意串通，捏造夫妻共同债务的；

（二）与他人恶意串通，捏造债权债务关系和以物抵债协议的；

（三）与公司、企业的法定代表人、董事、监事、经理或者其他管理人员恶意串通，捏造公司、企业债务或者担保义务的；

（四）捏造知识产权侵权关系或者不正当竞争关系的；

（五）在破产案件审理过程中申报捏造的债权的；

（六）与被执行人恶意串通，捏造债权或者对查封、扣押、冻结财产的优先权、担保物权的；

（七）以签订虚假借款协议等"套路贷"行为非法占有他人财产的；

（八）单方或者与他人恶意串通，捏造身份、合同、侵权、继承等民事法律关系的其他行为；

（九）隐瞒债务已经全部清偿的事实，要求他人履行债务的；

（十）其他捏造事实虚构民事法律关系的情形。

第三条 具有下列情形之一的，可以认定为第一条规定的"提起民事诉讼"：

（一）向人民法院提出民事起诉的；

（二）在民事诉讼过程中提起反诉的；

（三）申请再审的；

（四）提起督促程序、特别程序的；

（五）在破产案件审理过程中申报债权的；

（六）向人民法院申请执行仲裁裁决、公证债权文书，或者在民事执行过程中对执行标的提出异议、申请参与执行财产分配的；

（七）其他法律规定的情形。

第四条 以下几类虚假诉讼多发的案件，人民法院、人民检察院、公安机关在履行职责中应当予以特别关注：

（一）民间借贷纠纷案件；

（二）以离婚案件一方当事人为被告的财产纠纷案件；

（三）以拆迁区划范围内的自然人为诉讼主体的离婚、分家析产、继承、房屋买卖合同纠纷案件；

（四）以已经资不抵债或者已经作为被执行人的公民、法人、其他组织为被告的财产纠纷案件；

（五）公司分立、合并和企业破产纠纷案件；

（六）劳动争议案件；

（七）以物抵债案件；

（八）涉及驰名商标认定的案件；

（九）其他需要特别关注的案件。

第五条 民事诉讼中有下列情形之一的，人民法院、人民检察院应当依法审查，及时发现和制裁虚假诉讼行为：

（一）原告起诉所依据的事实、理由不合情理，存在伪造证据可能的；

（二）原告诉请司法保护的标的额与其自身经济状况严重不符的；

（三）当事人之间属于亲属、朋友等亲近关系或者关联企业等共同利益关系的；

（四）当事人双方无实质性民事权益争议的；

（五）一方对另一方提出的于己不利的事实明确表示承认，且不符合常理的；

（六）案件证据不足，但双方仍然主动迅速达成调解协议，并请求人民法院出具调解书的；

（七）诉讼中有其他异常情况的。

第六条 人民法院、人民检察院、公安机关发现虚假诉讼案件的来源包括：

（一）当事人及其代理人、利害关系人等举报、控告或申请监督；

（二）人民法院、人民检察院、公安机关在履行职责中发现；

（三）有关国家机关移送案件线索；

（四）其他来源。

第七条 虚假诉讼行为妨害司法秩序，浪费司法资源，损害司法权威和司法公信力，应当认定为损害国家利益、社会公共利益。人民检察院应当根据《人民检察院民事诉讼监督规则（试行）》第四十一条第（一）项规定，依职权进行监督。

第八条 人民法院发现正在审理、执行中的民事案件可能存在虚假诉讼的，及时将情况函告同级人民检察院和公安机关。公安机关办理刑事犯罪案件中发现涉及虚假诉讼的，应当将情况及时函告同级人民检察院和人民法院。涉及虚假诉讼的民事案件尚在人民法院审理或者执行过程中的，公安机关应当及时函告正在审理或者执行该案的人民法院。

移送的案件线索及证据材料由人民法院立案庭、人民检察院民事检察部门、公安机关法制部门对口接收。

第九条 对可能存在虚假诉讼的案件，人民法院、人民检察院、公安机关应当加大依职权调查取证力度，并通知当事人到场接受询问。

人民法院为查明虚假诉讼案件的事实，可以主动依职权调查取证。人民法院查明的事实与当事人自认的事实不符的，对当事人自认的事实不予确认。

第十条 因办理虚假诉讼监督案件需要，人民检察院可以向当事人或者案外人调查核实有关情况。人民法院、公安机关对人民检察院针对虚假诉讼案件的调阅卷宗、调查取证等工作应当予以支持配合。

人民检察院发现民事申请监督案件涉嫌虚假诉讼的,可以依法听取人民法院原承办人的意见。

第十一条 人民检察院发现同级人民法院已经发生法律效力的判决、裁定、调解书存在虚假诉讼的,根据《中华人民共和国民事诉讼法》第二百零八条第二款的规定,可以向同级人民法院提出检察建议,并报上一级人民检察院备案;也可以提请上一级人民检察院向同级人民法院提出抗诉。但判决、裁定或调解书存在不适宜由同级人民法院再审纠正情形的,应当提请上一级人民检察院向同级人民法院提出抗诉。

人民检察院发现同级人民法院执行的公证债权文书和仲裁裁决书、仲裁调解书存在虚假诉讼的,根据《中华人民共和国民事诉讼法》第二百三十五条和《最高人民法院、最高人民检察院关于民事执行活动法律监督若干问题的规定》第十一条的规定,应当向同级人民法院提出检察建议。

人民检察院发现同级人民法院的督促程序、特别程序、破产程序等存在虚假诉讼的,根据《中华人民共和国民事诉讼法》第二百零八条第三款的规定,应当向同级人民法院提出检察建议。

第十二条 人民法院对人民检察院提出抗诉和检察建议的虚假诉讼案件,应当依照《中华人民共和国民事诉讼法》《最高人民法院关于适用〈中华人民共和国民事诉讼法〉的解释》《最高人民法院关于防范和制裁虚假诉讼的指导意见》等有关规定进行处理;确有必要的,可以依法采取财产保全措施。

人民法院审理人民检察院提出抗诉和检察建议的虚假诉讼案件,可以依法传唤当事人到庭,通知相关证人出庭作证。

第十三条 人民法院经审理查明案件属于虚假诉讼,原告申请撤诉的,人民法院应当不予准许,并根据《中华人民共和国民事诉讼法》第一百一十二条之规定,驳回其诉讼请求。

人民法院查明当事人申请执行所依据的公证债权文书和仲裁裁决书、仲裁调解书等属于虚假的,应当裁定不予执行。

人民法院查明当事人申请司法确认的调解协议和申请实现担保物权等特别程序案件属于虚假的,应当裁定驳回当事人的申请。

第十四条 人民法院或者人民检察院在履行职责中发现当事人和其他诉讼参与人的违法行为涉嫌虚假诉讼罪、拒不执行判决裁定罪、帮助伪造毁灭证据罪、妨害作证罪等刑事犯罪的,应当依法将相关线索和案件材料移送公安机关。人民法院将相关线索和案件材料移送公安机关的同时,可以将相关情况函告同级人民检察院。

人民法院在审理民事案件过程中，发现存在与本案相关联的虚假诉讼等刑事犯罪的，不影响民事诉讼程序的，民事诉讼程序继续进行。

第十五条 涉及虚假诉讼罪等刑事案件，原则上由受理该民事案件的一审人民法院所在地的公安机关或执行法院所在地的公安机关管辖；涉及级别管辖、指定管辖等问题的，依照法律和相关规定办理。

第十六条 人民法院、人民检察院在办理民事案件过程中，认为该案件涉及虚假诉讼犯罪需要追究刑事责任，将犯罪线索、材料移送公安机关的，接受案件的公安机关应当立即审查，并在十日以内决定是否立案。案情重大、疑难、复杂或者跨区域的，经县级以上公安机关负责人批准，应当在三十日内决定是否立案。公安机关不立案的，应当以书面形式反馈移送机关。

人民检察院认为需要公安机关说明不予立案、撤销案件或者逾期未作出是否立案决定理由的，公安机关应当在七日以内予以书面说明，并连同有关证据材料回复人民检察院。人民检察院认为不予立案或者撤销案件的理由不能成立的，应当通知公安机关立案。

人民法院对公安机关不立案决定有异议的，可以建议人民检察院进行立案监督。

第十七条 人民检察院对虚假诉讼进行法律监督的同时，可以建议人民法院依照《中华人民共和国民事诉讼法》的相关规定，对虚假诉讼参与人适用罚款、拘留等强制措施。

人民法院、人民检察院、公安机关发现国家工作人员参与虚假诉讼活动的，应当依照相关规定进行惩戒，并将其违法违纪线索移送有管辖权的纪检监察部门处理。

人民法院、人民检察院、公安机关探索建立虚假诉讼参与人名单制度，根据有关规定进行信用惩戒，加大制裁力度。

第十八条 人民检察院提出监督的虚假诉讼案件，人民检察院检察长可以列席同级人民法院审判委员会会议。

第十九条 人民法院、人民检察院、公安机关严格落实"谁执法谁普法"的普法责任制要求，通过定期开展法治宣传、向社会公开发布虚假诉讼监督典型案例、开展警示教育活动等多种形式，不断增强全社会虚假诉讼防范意识，震慑虚假诉讼违法行为。

第二十条 人民法院、人民检察院、公安机关定期召开联席会议，就虚假诉讼的特点、成因、查处等情况及时沟通交流，完善防范对策。

联席会议指定专人担任联络员，负责日常联络工作。

第二十一条 本意见实施中的问题，由福建省高级人民法院、福建省人民检察院、福建省公安厅共同解释。

第二十二条 本意见自下发之日起施行。

吉林省高级人民法院、吉林省人民检察院、吉林省公安厅关于印发《关于办理"套路贷"刑事案件的指导意见（试行）》的通知

（吉高法〔2018〕103号）

全省各级法院、检察院、各市（州）、县（市、区）公安局、长白山公安局：

为统一执法思想，提高执法质效，依法、准确、有力惩治"套路贷"犯罪，省高级人民法院、省人民检察院、省公安厅制定了《关于办理"套路贷"刑事案件的指导意见（试行）》。现印发给你们，请认真遵照执行，执行中遇有问题及时报告上级主管部门。

吉林省高级人民法院
吉林省人民检察院
吉林省公安厅
2018年8月22日

关于办理"套路贷"刑事案件的指导意见（试行）

为依法惩治"套路贷"犯罪活动，提高办案质量和水平，保护公民、法人和其他组织的合法权益，维护社会秩序，根据《中华人民共和国刑法》《中华人民共和国刑事诉讼法》、"两高两部"《关于办理黑恶势力犯罪案件若干问题的指导意见》等法律、法规和有关司法解释规定，结合全省工作实际，制定本意见。

一、"套路贷"犯罪的概念及特征

"套路贷"犯罪是指行为人以非法占有为目的，假借民间借贷之名，利用被害人急需资金，通过"虚增债务""签订虚假借款协议""制造资金走账流水""肆意认

定违约""转单平账""收取高额费用"等方式，采用欺骗、胁迫、滋扰、纠缠、非法拘禁、敲诈勒索、虚假诉讼等手段，非法占有公私财物的行为。

"套路贷"犯罪的特征：

（一）"套路贷"犯罪通常具有民间借贷的表象，犯罪嫌疑人、被告人与被害人签订借款合同、抵押合同、委托合同等，司法机关易当成民间借贷纠纷处理。但该类犯罪嫌疑人、被告人通常以"违约金""保证金""中介费""服务费""行业规矩"等各种名义骗取被害人签订虚高借款合同、阴阳借款合同、房屋抵押合同等明显不利于被害人的各类合同，甚至利用被害人急于借款的心理，欺骗被害人直接签署空白合同，使被害人处于法律上完全不利的境地。

（二）签订合同后，犯罪嫌疑人、被告人按照虚高的合同借款金额向被害人账户全额转账，形成银行流水与合同一致的证据，再要求被害人立即取现，以现金方式支付所谓的手续费、介绍费、中介费等，或以其他名义诱骗被害人将虚高部分取出交给犯罪嫌疑人、被告人。

（三）犯罪嫌疑人、被告人诱导被害人签订具有单方违约陷阱的合同，或通过不接电话、不回信息及系统故障等方式导致被害人在约定期限内客观上无法还款，进而以被害人违约为名要求偿还高额违约金、滞纳金、手续费等。

（四）在被害人无力偿还的情况下，犯罪嫌疑人、被告人通过介绍第三方帮助被害人"转单平账"的方式，由第三方与被害人重新签订虚高借款合同，进一步垒高借款金额，致使被害人短时间内债务快速增长。

（五）当被害人的债务积累到一定程度后，犯罪嫌疑人、被告人通过暴力、胁迫等手段向被害人施加压力以获得财物，或者以被害人签订的违背意思表示的各种合同向法院提起民事诉讼，以民事判决的形式实现侵占被害人合法财产的目的，并以民事纠纷为名规避打击。暴力手段包括但不限于所谓的"谈判""协商""调解"以及滋扰、纠缠、哄闹、聚众造势等使被害人产生心理恐惧或形成心理强制等"软暴力"手段。

二、办理"套路贷"刑事案件的总体要求

"套路贷"犯罪严重侵害人民群众财产安全和其他合法权益，严重扰乱金融市场秩序，严重妨害司法公正，严重影响人民群众安全感和社会和谐稳定，社会危害性大，人民群众反映强烈。全省各级法院、检察院、公安机关要对"套路贷"犯罪坚持全链条全方位打击，坚持依法从重惩处，坚持最大限度追赃挽损，进一步健全工作机制，坚决有效遏制"套路贷"犯罪活动，努力实现政治效果、法律效果、社会效果有机统一。公安机关要依法及时受案、立案和开展侦查工作，对符合移诉条件的一律移送起诉；检察机关在审查逮捕和审查起诉过程中，要严格依法审查，从严掌握不捕和不起诉适用条件，对符合起诉条件的，及时依法提起公诉；法院在审理民间借贷案件中要加大对借贷事实和证据的审查力度，严格区分民间借贷行为与诈骗等犯罪行为，发现涉嫌违法犯罪线索、材料的，依法应当裁定驳回起诉，并将涉嫌犯罪的线索、材料移送公安机关或检察机关。同时，对审理"套路贷"刑事案件被告人，要坚持依法从重惩处，从严掌握缓刑适用条件，注重利用财产刑及涉案财物处置打击"套路贷"犯罪的经济基础。

三、关于"套路贷"刑事案件的定性

（一）对"套路贷"刑事案件的定性，要结合案件的本质特征从整体把握，"套路贷"犯罪的主观目的是非法占有公私财物，部分犯罪主体带有黑恶势力性质，一般情况下应当以侵财犯罪定罪处罚。

（二）犯罪嫌疑人、被告人以"违约金""保证金""中介费""服务费""行业规矩"等各种名义骗取被害人签订虚高借款合同、阴阳借款合同、房产抵押合同等明显不利于被害人的各类合同或者与被害人进行相关口头约定，制造资金给付凭证或证据，制造各种借口单方面认定被害人"违约"并要求"偿还"虚高借款，在被害人无力"偿还"的情况下，进而通过讨债或者利用其制造的明显不利于被害人的证据向法院提起民事诉讼等各种手段向被害人或其近亲属施压，以实现侵占被害人或其近亲属合法财产的目的，一般情况下应当以侵犯财产类犯罪定罪处罚。对实施上述"套路贷"行为的，可参照以下情形加以认定：

1. 犯罪嫌疑人、被告人实施"套路贷"犯罪时，未采用明显暴力或者威胁手段，被害人依约定交付财产的，则犯罪嫌疑人、被告人的行为从整体上属于以非法占有为目的，虚构事实、隐瞒真相骗取被害人财产的诈骗行为，一般可以诈骗罪追究刑事责任。

2. 犯罪嫌疑人、被告人实施"套路贷"犯罪时，既采用了虚构事实、隐瞒真相的诈骗手段，又采用了暴力、威胁、虚假诉讼等手段，同时构成诈骗、抢劫、敲诈勒索、非法拘禁、虚假诉讼等多种犯罪的，依据刑法的规定数罪并罚或者按照处罚较重的定罪处罚。暴力手段包括但不限于所谓的"谈判""协商""调解"以及滋扰、纠缠、哄闹、聚众造势等使被害人产生心理恐惧或心理强制等"软暴力"手段。

（三）在"套路贷"犯罪案件中，相关犯罪嫌疑人、被告人不明知真实借贷情况，帮助实施故意伤害、非法拘禁或者滋扰被害人及其近亲属正常生活行为，或者帮助捏造事实提起民事诉讼，符合故意伤害罪、非法拘禁罪、寻衅滋事罪、非法侵入他人住宅罪、虚假诉讼罪的构成要件的，对该部分犯罪嫌疑人、被告人以相关罪名追究刑事责任。

四、关于"套路贷"刑事案件共同犯罪的认定

（一）多人共同实施"套路贷"犯罪，犯罪嫌疑人、被告人应对其参与的或组

织、指挥的全部犯罪行为承担刑事责任。在其所参与的犯罪环节中起主要作用的，可以认定为主犯；起次要或辅助作用的，可以认定为从犯。有证据证明三人以上组成较为严密和固定的犯罪组织，有预谋、有计划地实施"套路贷"犯罪，已经形成犯罪集团的，应当认定为犯罪集团，对首要分子，应当按照集团所犯的全部罪行处罚。

（二）明知他人实施"套路贷"犯罪的，具有以下情形之一的，以共同犯罪论处，但法律和司法解释另有规定的除外：

1. 协助制造现金支付、银行走账记录、第三方支付记录等虚假给付事实的；
2. 协助办理司法公证的；
3. 提供资金、场所、交通等帮助的；
4. 协助以虚假事实提起民事诉讼的；
5. 非法出售、提供公民个人信息的；
6. 为规避打击帮助犯罪嫌疑人出谋划策的；
7. 帮助、掩饰、隐瞒转移犯罪所得及其产生收益，套现、取现的；
8. 中介人员长期参与"套路贷"犯罪活动的；
9. 其他符合共同犯罪的情形。

上述规定的"明知他人实施'套路贷'犯罪"，应当结合被告人的认知能力、既往经历、行为次数和手段、与他人关系、获利情况、是否因"套路贷"犯罪受过处罚、是否故意规避调查等主客观因素进行综合分析认定。

五、犯罪数额认定和涉案财物处理

（一）在"套路贷"犯罪数额的认定上，要把握"套路贷"行为的犯罪本质，将其与民间借贷区别开来，从整体上对其予以否定性评价。除了被害人实际收到的本金外，虚高的本金、双方约定的利息以及被告人在借贷过程中以"违约金""保证金""中介费""服务费"等名义扣除或收取的额外费用均应作为犯罪数额予以认定。

（二）犯罪嫌疑人、被告人已将违法所得财物用于清偿债务或者转让给他人，具有下列情形之一的，应当依法追缴：

1. 对方明知是违法所得财物而收取的；
2. 对方无偿取得违法所得财物的；
3. 对方以明显低于市场的价格取得违法所得财物的；
4. 对方取得违法所得财物系源于非法债务或者违法犯罪活动的。

他人善意取得"套路贷"违法所得财物的，不予追缴。

（三）司法机关应当对扣押在案的资金的权属及与犯罪行为的关联予以查实，在案件进入后续诉讼程序前提出处理意见建议，并根据法律规定作出相应判决。

重庆市高级人民法院关于办理"套路贷"犯罪案件法律适用问题的会议纪要

(渝高法〔2018〕136号)

为依法准确惩治"套路贷"犯罪，保护人民群众合法权益，维护社会治安，2018年5月21日，市高法院、市检察院、市公安局相关业务部门召开联席会议，分析当前我市惩治"套路贷"犯罪的工作实际，对"套路贷"犯罪案件法律适用问题进行了讨论研究，并达成了相关共识。现纪要如下：

一、关于"套路贷"犯罪的本质

"套路贷"犯罪是犯罪嫌疑人、被告人以非法占有为目的，假借民间借贷之名，虚构事实、隐瞒真相，与被害人签订"虚假、阴阳借款合同"等明显对其不利的各类合同，通过"制造资金走账流水""肆意认定违约""转单平账"等方式"强立债权""虚增债务"，进而向被害人索要"虚高借款"的行为。犯罪嫌疑人、被告人在向被害人索"债"过程中，还往往采用暴力、胁迫、"软暴力"、虚假诉讼等手段。

"套路贷"表象是民间借贷，本质上是以民间借贷为幌子，诱骗或者迫使被害人陷入借贷圈套，通过各种方式非法占有他人财物的犯罪行为，它与以获取高额利息为目的的高利贷行为存在根本区别。全市公安机关、人民检察院、人民法院要深刻认识"套路贷"犯罪的本质，依法惩治相关犯罪，切实维护社会治安稳定，保护人民群众合法权益。

二、关于"套路贷"犯罪的表现形式

（一）制造民间借贷假象。犯罪嫌疑人、被告人往往以"小额贷款公司""投资公司""咨询公司"等名义对外宣传，吸引被害人借款，继而以"违约金""保证金""中介费""行业规矩"等各种名目诱骗被害人签订"虚高借款合同""阴阳合

同""空白合同"以及房屋抵押合同、房屋买卖委托书等明显不利于被害人的各类合同，制造民间借贷假象。有的犯罪嫌疑人、被告人还要求对前述合同办理公证手续，为之后的虚假诉讼准备证据。

（二）制造资金走账流水。为了制造将全部借款交给被害人的假象，犯罪嫌疑人、被告人将"虚高借款"金额转入被害人的银行账户，制造与借款合同一致的银行流水。实际上，被害人并未取得或者完全取得转入银行账户内的前述钱款。

（三）单方造成违约。犯罪嫌疑人、被告人往往以设置各种违约条款、制造违约陷阱、刻意躲避还款等方式，使被害人不能依照合同还款，造成被害人违约。

（四）恶意垒高借款金额。在被害人无力偿还"虚高借款"时，由犯罪嫌疑人、被告人本人、本公司或者其指定的关联公司、关联人员为被害人偿还"虚高借款"，继而与被害人签订更高额的"虚高借款合同"，犯罪嫌疑人、被告人通过这种"转单平账""以贷还贷"的方式不断垒高借款金额。

（五）软硬兼施，恶意讨债。在被害人无力偿还"虚高借款"的情况下，犯罪嫌疑人、被告人通过暴力、胁迫、"软暴力"、虚假诉讼等手段索取"债务"。

"套路贷"犯罪的主要表现形式包括但不限于上述形式，凡是符合以民间借贷为幌子，非法占有他人财物本质特征的"房贷""车贷""手机贷""校园贷""裸贷"等，都应当认定为"套路贷"犯罪，依法予以打击。

三、关于"套路贷"犯罪的性质认定

对于"套路贷"犯罪，要根据案件具体事实，依照法律规定，准确认定犯罪性质。

（一）犯罪嫌疑人、被告人在实施"套路贷"犯罪过程中，未采用明显暴力或者威胁手段，其行为特征从整体上属于以非法占有为目的，虚构事实、隐瞒真相，骗取被害人财物的诈骗行为，一般可以按照诈骗罪追究刑事责任。

（二）犯罪嫌疑人、被告人在实施"套路贷"犯罪过程中，采用向人民法院提起虚假诉讼的手段占有被害人财物，同时触犯诈骗罪、虚假诉讼罪的，依照处罚较重的规定定罪从重处罚。

（三）犯罪嫌疑人、被告人在实施"套路贷"犯罪过程中，采用暴力、胁迫、威胁、绑架等手段强行索要"债务"，同时构成诈骗罪、抢劫罪、敲诈勒索罪、绑架罪等犯罪的，依照处罚较重的规定定罪处罚。

（四）犯罪嫌疑人、被告人在实施"套路贷"犯罪过程中，有组织地采用滋扰、纠缠、哄闹、聚众造势等手段强行索取"债务"，扰乱被害人及其近亲属正常的工作、生活秩序，同时构成诈骗罪、寻衅滋事罪、敲诈勒索罪、强迫交易罪、非法侵入住宅罪等犯罪的，依照处罚较重的规定定罪处罚。

（五）犯罪嫌疑人、被告人在实施"套路贷"犯罪过程中，采用故意杀人、故意伤害、非法拘禁、故意毁坏财物等手段强行索取"债务"，同时构成诈骗罪、故意杀人罪、故意伤害罪、非法拘禁罪、故意毁坏财物罪等犯罪的，依法数罪并罚。

《刑法》及相关司法解释等对犯罪性质认定另有规定的，依照相关规定认定犯罪性质。

四、关于"套路贷"共同犯罪的认定

"套路贷"犯罪通常由多名犯罪嫌疑人、被告人分工负责，相互配合，共同完成，一般表现为共同犯罪，在认定犯罪组织时，应注意把握以下几点：

（一）三人以上为实施"套路贷"犯罪而组成的较为固定的犯罪组织，应当依法认定为犯罪集团，对组织、领导犯罪集团的首要分子，按照集团所犯的全部罪行处罚。

（二）对有三名以上成员，有明显的首要分子，重要成员较为固定，经常纠集在一起，共同故意实施三次以上"套路贷"犯罪活动的犯罪集团，符合"两高""两部"《关于办理黑恶势力犯罪案件若干问题的指导意见》规定的恶势力特征的，要依法认定为恶势力犯罪集团。

（三）对于具备《刑法》及相关司法解释等规定的黑社会性质组织特征的"套路贷"犯罪集团，要依法认定为黑社会性质组织。

（四）明知他人实施"套路贷"犯罪，具有以下情形之一的，以共同犯罪论处，但法律及司法解释等另有规定的除外：

1. 制作、提供"套路"方案、规划骗局的；

2. 组织发送"贷款"信息、广告，吸引被害人"借款"的；

3. 提供资金、场所、交通工具、银行卡等帮助的；

4. 帮助获取、出售、提供公民个人信息的；

5. 协助制造资金走账流水的；

6. 协助办理公证的；

7. 担任法律顾问，协助制造证据、捏造事实，向人民法院提起虚假诉讼的；

8. 协助套现、取现、不动产过户等，转移犯罪所得及其产生的收益的；

9. 其他符合共同犯罪的情形。

"明知他人实施'套路贷'犯罪"，应当结合犯罪嫌疑人、被告人的认知能力、既往经历、行为次数和手段、与他人关系、获利情况、是否因"套路贷"犯罪受过处罚、是否故意规避查处等主客观因素综合分析认定。

五、关于"套路贷"犯罪的数额认定

在认定"套路贷"犯罪数额时,要准确把握"套路贷"犯罪非法占有他人财物的本质特征,将其与民间借贷、高利贷区别开来,从整体上予以否定性评价,应注意把握以下两点:

(一)被害人从犯罪嫌疑人、被告人处实际获得的本金数额,不计入犯罪数额。

(二)犯罪嫌疑人、被告人通过各种手段非法占有的被害人财物和以"违约金""保证金""中介费""服务费""利息"等各种名目从被害人处扣除、收取的费用,均应计入犯罪数额。

六、关于"套路贷"犯罪的涉案财物处理

(一)对被害人从犯罪嫌疑人、被告人处实际获得并使用的本金,应当依法追缴。

(二)犯罪嫌疑人、被告人已将违法所得的财物用于清偿债务或者转让给他人,具有下列情形之一的,应当依法追缴:

1. 对方明知是违法所得财物而收取的;
2. 对方无偿取得违法所得财物的;
3. 对方以明显低于市场的价格取得违法所得财物的;
4. 对方取得违法所得财物系源于非法债务或者违法犯罪活动的;
5. 其他应当依法追缴的情形。

(三)查封、扣押、冻结的被害人资金,一般应在诉讼终结后返还被害人;涉案资金不足以全部返还的,按照被害人的损失数额比例返还。

七、关于宽严相济刑事政策的贯彻

(一)全市公安机关、人民检察院、人民法院要依法从严惩处"套路贷"犯罪分子,特别是在办理黑社会性质组织、恶势力、犯罪集团实施的"套路贷"犯罪案件时,应当依照刑法及司法解释等有关规定,充分运用《刑法》总则关于共同犯罪和犯罪集团的规定,对组织者、领导者、首要分子、骨干分子,依法从重判处。

(二)对犯罪数额特别巨大,肆意挥霍犯罪所得或者归案后拒不交代赃款去向,造成特别重大经济损失或者致使被害人自杀身亡等严重后果的"套路贷"犯罪分子,依法从重判处。

(三)要加大追赃挽损力度,最大限度地挽回人民群众利益遭受的损失,维护人民群众的合法权益。

（四）要加大财产刑适用和执行力度，使犯罪分子受到经济上的惩罚，充分发挥财产刑的预防犯罪功能。

（五）要严格掌握缓刑适用条件，对于没有退赃退赔的被告人，一般不得适用缓刑。

（六）在坚持依法从严惩处的同时，对于认罪认罚、积极退赃、真诚悔罪，或者具有其他法定、酌定从宽处罚情节的被告人，依法从宽处罚。

2018年7月4日

安徽省高级人民法院、安徽省人民检察院、安徽省公安厅关于办理"套路贷"刑事案件的指导意见

（皖高法〔2018〕125号）

各市中级人民法院、人民检察院、公安局，广德、宿松县人民法院、人民检察院、公安局：

为依法惩治"套路贷"犯罪活动，坚决遏制"套路贷"违法犯罪活动的滋生蔓延，切实保护公民、法人和其他组织的合法权益，维护社会秩序和经济秩序，根据《中华人民共和国刑法》《中华人民共和国刑事诉讼法》、最高人民法院、最高人民检察院、公安部、司法部《关于办理黑恶势力犯罪案件若干问题的指导意见》等法律和有关规定，结合本省工作实际制定本意见。

一、总体要求

近年来，随着"现金贷""信用贷""车贷""校园贷"等民间借贷形式的迅速扩张，假借民间借贷之名，通过"虚增债务""制造资金走账流水""肆意认定违约""暴力讨债""转单平账"等方式，采用欺骗、胁迫、滋扰、纠缠、非法拘禁、敲诈勒索、虚假诉讼等手段，非法占有公私财物的"套路贷"违法犯罪日益猖獗。此类犯罪侵害客体多、社会危害大，不仅严重侵害人民群众财产安全和其他合法权益，还严重破坏社会管理秩序、扰乱金融市场秩序，严重妨害司法公正，也是诱发其他暴力犯罪的重要因素，同时，"套路贷"往往与黑恶势力交织，严重影响人民群众安全感和社会和谐稳定。

各级人民法院、人民检察院、公安机关要对"套路贷"犯罪坚持全链条全方位打击，坚持依法从严惩处，注重利用财产刑、依法处置涉案财产铲除"套路贷"犯罪的经济基础，最大限度追赃挽损，降低再犯可能性。进一步健全工作机制，坚决有效遏制"套路贷"犯罪活动，坚持依法办案，坚持法定标准，坚持以审判为中心，加强

法律监督，强化程序意识和证据意识，努力实现法律效果、社会效果统一。公安机关要依法及时受案、立案和开展侦查工作，对涉及强立债权、强索债务的群众报案、警情要及时开展调查处理，分析研判，在查办因民间借贷引发的案件时要增强敏感性，深入核查，串并深挖；检察机关在审查逮捕和审查起诉过程中，要从严掌握不批准逮捕和不起诉适用条件，在检察监督中发现的涉嫌"套路贷"违法犯罪的线索要及时移交公安机关；人民法院要坚持依法从重惩处，从严掌握缓刑适用条件，对符合黑势力特征的"套路贷"团伙依法适用黑社会性质组织犯罪、犯罪集团的有关规定从严打击，对处理民事、经济案件中发现的涉嫌"套路贷"违法犯罪的线索要及时移交公安机关。

二、案件定性

（一）对"套路贷"刑事案件的定性，要结合案件的本质特征从整体把握，严格区分与民间借贷的区别，"套路贷"犯罪的主观目的是非法占有公私财物，部分犯罪主体带有黑恶团伙性质。

（二）犯罪嫌疑人、被告人以"违约金""保证金""中介费""服务费""行业规矩"等各种名义骗取被害人签订虚高借款合同、阴阳借款合同、房产抵押合同等明显不利于被害人的各类合同或者与被害人进行相关口头约定，制造资金给付凭证或证据，制造各种借口单方认定被害人"违约"并要求"偿还"虚高借款，在被害人无力"偿还"的情况下，进而通过讨债或者利用其制造的明显不利于被害人的证据向法院提起民事诉讼等各种手段向被害人或其近亲属施压，以实现侵占被害人或其近亲属合法财产的目的，一般情况下应当以侵犯财产类犯罪定罪处罚。对实施上述"套路贷"行为的，可参照以下情形加以认定：

1. 犯罪嫌疑人、被告人实施"套路贷"犯罪时，未采用明显暴力或者威胁手段，被害人依约定交付资金的，则犯罪嫌疑人、被告人的行为从整体上属于以非法占有为目的，虚构事实、隐瞒真相骗取被害人财产的诈骗行为，一般可以诈骗罪追究刑事责任。

2. 犯罪嫌疑人、被告人实施"套路贷"犯罪时，既采用了虚构事实、隐瞒真相的诈骗手段，又采用了暴力、威胁、虚假诉讼等手段，同时构成诈骗、抢劫、敲诈勒索、非法拘禁、虚假诉讼等多种犯罪的，依据刑法的规定数罪并罚或者按照处罚较重的规定定罪处罚。暴力手段包括但不限于所谓的"谈判""协商""调解"以及滋扰、纠缠、哄闹、聚众造势等使被害人产生心理恐惧或心理强制等"软暴力"手段。

（三）在"套路贷"犯罪案件中，相关犯罪嫌疑人、被告人不明知真实借贷情况，帮助实施故意伤害、非法拘禁或者滋扰被害人及其近亲属正常生活行为，或者帮助捏造事实提起民事诉讼，符合故意伤害罪、非法拘禁罪、寻衅滋事罪、非法侵入他人住宅罪、虚假诉讼罪的构成要件的，对该部分犯罪嫌疑人、被告人以相关罪名追究刑事责任。

三、共同犯罪认定

（一）多人共同实施"套路贷"犯罪，犯罪嫌疑人、被告人应对其参与或组织、指挥的全部犯罪行为承担刑事责任，在其所参与的犯罪环节中起主要作用的，可以认定为主犯；起次要或辅助作用的，可以认定为从犯；受雇于"套路贷"公司，未参与犯罪活动的，不应认定为犯罪行为。

（二）明知他人实施"套路贷"犯罪的，具有以下情形之一的，以共同犯罪论处，但法律和司法解释另有规定的除外：

1. 协助制造现金支付、银行走账记录、第三方支付记录等虚假给付事实的；
2. 协助办理司法公证的；
3. 提供资金、场所、交通等帮助的；
4. 协助以虚假事实提起民事诉讼的；
5. 非法出售、提供公民个人信息的；
6. 帮助、掩饰、隐瞒转移犯罪所得及其产生收益，套现、取现的；
7. 中介人员长期参与"套路贷"犯罪活动的；
8. 其他符合共同犯罪的情形。

上述规定的"明知他人实施'套路贷'犯罪"，应当结合犯罪嫌疑人、被告人的认知能力、既往经历、行为次数和手段、与他人关系、获利情况、是否因"套路贷"犯罪受过处罚、是否故意规避调查等主客观因素进行综合分析认定。

（三）"套路贷"犯罪团伙有组织地实施违法犯罪活动，同时具备《刑法》第二百九十四条第五款中规定的"组织特征""经济特征""行为特征"和"危害特征"的，对相关犯罪嫌疑人、被告人，要依法以组织、领导、参加黑社会性质组织罪追究刑事责任，对组织者、领导者应当按照组织所犯的全部罪行处罚。

（四）有证据证明三人以上组成较为严密和固定的犯罪组织，有预谋、有计划地实施"套路贷"犯罪，已经形成犯罪集团的，应当认定为犯罪集团，对首要分子，应当按照集团所犯的全部罪行处罚。

四、犯罪数额认定和涉案财物处理

（一）在"套路贷"犯罪数额的认定上，要把握"套路贷"行为的犯罪本质，将其与民间借贷区别开来，从整体上对其予以否定性评价。除了被害人实际收到的本金外，虚高的本金、双方约定的利息以及被告人在借贷过程中以"违约金""保证金""中介费""服务费"等名义收取的费用均应作为犯罪数额予以认定。

（二）犯罪嫌疑人、被告人已将违法所得财物用于清偿债务或者转让给他人，具有下列情形之一的，应当依法追缴：

1. 对方明知是违法所得财物而收取的；

2. 对方无偿取得违法所得财物的；

3. 对方以明显低于市场的价格取得违法所得财物的；

4. 对方取得违法所得财物系源于非法债务或者违法犯罪活动的。

他人善意取得"套路贷"违法所得财物的，不予追缴。

安徽省高级人民法院
安徽省人民检察院
安徽省公安厅
2018年6月15日

上海市高级人民法院、上海市人民检察院、上海市公安局关于本市办理"套路贷"刑事案件的工作意见

（沪公通〔2017〕71号）

为依法惩治"套路贷"犯罪活动，保护公民、法人和其他组织的合法权益，维护社会秩序，根据《中华人民共和国刑法》《中华人民共和国刑事诉讼法》等法律和有关司法解释规定，结合本市工作实际，制定本意见。

一、总体要求

近年来，以民间借贷为幌子，通过"虚增债务""制造银行流水痕迹""肆意认定违法""胁迫逼债""虚假诉讼"等各种方式非法占有公私财物的"套路贷"犯罪日益猖獗，此类犯罪严重侵害人民群众财产安全和其他合法权益，严重扰乱金融市场秩序，严重妨害司法公正，严重影响人民群众安全感和社会和谐稳定，社会危害性大，人民群众反映强烈。

本市各级人民法院、人民检察院、公安机关要对"套路贷"犯罪坚持全链条全方位打击，坚持依法从重惩处，坚持最大限度追赃挽损，进一步健全工作机制，坚决有效遏制"套路贷"犯罪活动，努力实现法律效果和社会效果相统一。

二、案件定性

（一）对"套路贷"刑事案件的定性，要结合案件的本质特征从整体把握，"套路贷"犯罪的主观目的是非法侵占被害人或其近亲属的财产，一般情况下应当以侵财类犯罪定罪处罚。

（二）犯罪嫌疑人、被告人以"违约金""保证金""行业规矩"等各种名义骗取被害人签订虚高借款合同、阴阳借款合同或者房产抵押合同等明显不利于被害人的各类合同，制造银行流水痕迹，制造各种借口单方面认定被害人"违约"并要求"偿

还"虚高借款，在被害人无力"偿还"的情况下，进而通过讨债或者利用其制造的明显不利于被害人的证据向法院提起民事诉讼等各种手段向被害人或其近亲属施压，以实现侵占被害人或其近亲属合法财产的目的。对实施上述"套路贷"行为的，可参照以下情形加以认定。

1. 犯罪嫌疑人、被告人实施"套路贷"犯罪时，未采用明显暴力或者威胁手段，则其行为特征从整体上属于以非法占有为目的，虚构事实、隐瞒真相骗取被害人财产的诈骗行为，一般可以诈骗罪追究刑事责任。

2. 犯罪嫌疑人、被告人实施"套路贷"犯罪时，既采用了虚构事实、隐瞒真相的诈骗手段，又采用了暴力、威胁、虚假诉讼等手段，同时构成诈骗、抢劫、敲诈勒索、非法拘禁、虚假诉讼等多种犯罪的，依据刑法的规定数罪并罚或者按照处罚较重的定罪处罚。

（三）在"套路贷"犯罪案件中，相关犯罪嫌疑人、被告人不明知真实借贷情况，帮助实施故意伤害、非法拘禁或者滋扰被害人及其近亲属正常生活行为，或者帮助捏造事实提起民事诉讼，符合故意伤害罪、非法拘禁罪、寻衅滋事罪、非法侵入他人住宅罪、虚假诉讼罪的构成要件的，对该部分犯罪嫌疑人、被告人以相关罪名追究刑事责任。

三、共同犯罪认定

（一）多人共同实施"套路贷"犯罪，犯罪嫌疑人、被告人应对其参与的或组织、指挥的全部犯罪行为承担刑事责任。在其所参与的犯罪环节中起主要作用的，可以认定为主犯；起次要作用的，可以认定为从犯。

（二）明知他人实施"套路贷"犯罪的，具有以下情形之一的，以共同犯罪论处，但法律和司法解释另有规定的除外：

1. 协助制造银行走账记录的；
2. 协助办理司法公证的；
3. 提供资金、场所、交通等帮助的；
4. 协助以虚假事实提起民事诉讼的；
5. 非法获取、出售、提供公民个人信息的；
6. 帮助转移犯罪所得及其产生收益，套现、取现的；
7. 其他符合共同犯罪的情形。

上述规定的明知他人实施"套路贷"犯罪，应当结合被告人的认知能力、既往经历、行为次数和手段、与他人关系、获利情况、是否因"套路贷"犯罪受过处罚、是否故意规避调查等主客观因素进行综合分析认定。

（三）有证据证明三人以上组成较为严密和固定的犯罪组织，有预谋、有计划地实施"套路贷"犯罪，已经形成犯罪集团的，应当认定为犯罪集团，对首要分子，应当按照集团所犯的全部罪行处罚。

四、犯罪数额认定和涉案财物处理

（一）在"套路贷"犯罪数额的认定上，要把握"套路贷"行为的犯罪本质，将其与民间借贷区别开来，从整体上对其予以否定性评价。被告人在借贷过程中以"违约金""保证金""中介费""服务费"等各种名义收取的费用，均应纳入犯罪数额予以认定。除了借款人实际收到的本金外，双方约定的利息不受法律保护，应当计入犯罪数额，不应当从犯罪数额中扣除。

（二）犯罪嫌疑人、被告人已将违法所得财物用于清偿债务或者转让给他人，具有下列情形之一的，应当依法追缴：

1. 对方明知是违法所得财物而收取的；
2. 对方无偿取得违法所得财物的；
3. 对方以明显低于市场的价格取得违法所得财物的；
4. 对方取得违法所得财物系源于非法债务或者违法犯罪活动的。

他人善意取得"套路贷"违法所得财物的，不予追缴。

2017年10月25日

四川省高级人民法院关于审理民间借贷纠纷案件若干问题的指导意见（节录）

为正确审理民间借贷纠纷案件，进一步统一全省法院裁判尺度，根据《中华人民共和国婚姻法》[①]《中华人民共和国合同法》《中华人民共和国民法通则》《中华人民共和国民事诉讼法》《中华人民共和国担保法》《最高人民法院关于审理民间借贷案件适用法律若干问题的规定》等法律、行政法规的规定，结合我省审判工作实际，制定本意见。

六、民间借贷事实审查的问题

19. 大额现金交付的举证责任分配及审查

原告仅依据借据、收据、欠条等债权凭证提起诉讼，数额巨大且主张以现金形式交付，被告又否认借贷事实发生的，如果人民法院仅根据债权凭证及当事人的经济能力，不能查证借贷事实是否发生的，应告知原告就资金的来源、走向、付款凭据、支付细节等事项继续举证。经告知后，原告举示的证据仍不能达到证明借贷事实发生存在高度盖然性可能的，由其承担不利后果。

在原告尽到了其力所能及的举证责任后，人民法院应考虑当事人的经济能力、交易习惯、债权凭证形成前后合理期间内财产变动情况等因素综合判断借贷事实是否发生。

20. 缺乏借贷合意证明的借贷事实认定

人民法院在审理民间借贷案件时应对当事人之间的借贷合意及出借款项的实际交付进行审查，原告仅能提供款项交付凭证，而被告提出双方不存在借贷关系的抗辩，并且提供相应证据证明双方之间的款项往来系基于其他法律关系产生，人民法院应对双方之间是否存在借贷合意进一步予以审查，并要求原告对支付相关款项的具体事

---

① 已废止，现为民法典。

由、前因后果及被告未出具借条的合理原因提供证据，原告提供的证据不能证明双方有借贷合意的，人民法院应当驳回其诉讼请求。

21. 民间借贷中"自认"行为的处理

原告仅依据借据、收据、欠条等债权凭证或者仅依据金融机构的转账凭证起诉要求归还借款的，如被告对原告主张的借款事实直接予以认可，人民法院仍需按照《最高人民法院关于审理民间借贷案件适用法律若干问题的规定》第十九条的规定进行审查，在查明的事实与双方当事人的主张和自认存在明显矛盾时，人民法院不应对相应借贷事实予以确认。如双方属于恶意制造、参与虚假诉讼的情况，应根据《最高人民法院关于审理民间借贷案件适用法律若干问题的规定》第二十条的规定予以处理。

22. 对原告无正当理由拒不到庭的认定

《最高人民法院关于审理民间借贷案件适用法律若干问题的规定》第十八条规定的"原告无正当理由拒不到庭"是指原告未按传票指定的时间地点参加庭审活动的行为。存在以下情形之一的，应认定为正当理由：

（一）无法预见的自然灾害，如地震、水灾、严重积雪等，且足以影响到当事人按时到庭的；

（二）原告因死亡、丧失诉讼行为能力、重大疾病等生理变故而无法按时到庭的；

（三）原告在出庭途中发生重大交通事故，并导致其无法按时到庭的；

（四）原告受到司法机关或第三人拘禁，丧失人身自由的；

（五）其他有证据证实足以影响原告无法按时到庭的。

23. 采用传票传唤方式通知原告到庭应注意的问题

人民法院对必须到庭才能查清案件基本事实的原告，依据《最高人民法院关于适用〈中华人民共和国民事诉讼法〉的解释》第一百七十四条第二款的规定传唤原告到庭，实践中应注意：

（一）人民法院只有在审查本案的全部证据后，对借贷事实是否发生、借贷金额、支付方式等案件主要事实仍处于真伪不明状况时，方可适用《最高人民法院关于适用〈中华人民共和国民事诉讼法〉的解释》第一百七十四条第二款的规定要求原告到庭。

（二）传票上应注明法律依据和不到庭的法律后果，传票应直接交给原告或其代理人，或邮寄给原告本人亲自签收。如按原告在诉讼过程中提供的地址邮寄传票后，原告未在指定的时间到庭，亦未向法庭说明理由的，视为拒绝出庭。

（三）原告到庭后，应当按照《最高人民法院关于适用〈中华人民共和国民事诉讼法〉的解释》第一百一十条的规定签署保证书，保证书应当载明据实陈述，如有虚假陈述愿意接受处罚等内容，原告应当在保证书上签名或捺印。负有举证证明责任的原告虽然到庭，但拒绝接受询问或拒绝签署保证书的，应视为拒绝出庭。

24. 劳动者与用人单位之间款项往来性质的认定

劳动者向用人单位借款，如能证明款项的用途是直接用于公司业务，且与履行劳动合同有关的，当事人可主张按劳动争议处理；如无证据证明款项用于公司业务，当事人主张法律关系为民间借贷的，人民法院应按民间借贷的相关法律规定审理。

七、虚假民间借贷诉讼的认定及处理

25. 虚假民间借贷诉讼是指当事人为了获取非法利益，采取恶意串通、捏造事实、伪造变造证据、虚构法律关系等方式提起民间借贷诉讼，意图使人民法院作出错误裁判和执行，侵害国家、集体或者第三人利益的行为。

人民法院一经查实为虚假民间借贷诉讼，无论当事人是否申请撤诉，均应判决驳回当事人的诉讼请求，对其妨害民事诉讼的行为依法予以制裁。

当事人通过调解的方式取得人民法院的民事调解书，在再审中经审理查明民间借贷纠纷为虚假诉讼的，应当撤销民事调解书，判决驳回原审原告的诉求，并对其妨害民事诉讼的行为依法予以制裁。

对已经生效的虚假民间借贷诉讼案件的判决、裁定、调解书，如侵害了第三人的利益，则第三人可以依据《最高人民法院关于适用〈中华人民共和国民事诉讼法〉的解释》第二百九十二条第三人撤销之诉的规定提出救济请求。

2016年7月27日

湖北省人民检察院关于印发《湖北省检察机关开展虚假诉讼专项监督工作方案》的通知

（鄂检发办字〔2015〕5号）

全省各级人民检察院：

为了贯彻落实中央、高检院、省院关于开展虚假诉讼专项监督工作的决策部署，确保我省虚假诉讼监督工作取得实效，省院制定了《湖北省检察机关开展虚假诉讼专项监督工作方案》，现印发给你们，请各地务必高度重视，结合本地实际，认真抓好落实。

湖北省人民检察院

2015年4月9日

湖北省检察机关开展虚假诉讼专项监督工作方案

党的十八届四中全会提出了加大对虚假诉讼、恶意诉讼行为惩治力度的要求，最高人民检察院部署2015年在全国范围内开展虚假诉讼专项监督工作，省院党组将虚假诉讼专项监督列为2015年重点工作积极推进。为了贯彻落实中央、高检院和省院决策部署，依法开展虚假诉讼监督工作，维护司法秩序，提高司法权威，促进社会诚信体系建设，根据高检院和省院《2015年重点工作责任分工的意见》，制定本方案。

一、目标任务

当前，行为人恶意串通或者单方伪造证据材料、虚构案件事实、虚构法律关系、冒充当事人提起民事诉讼，利用人民法院审判权、执行权谋取非法利益，损害国家社会公共利益和第三人合法权益的虚假诉讼、恶意诉讼频发，严重扰乱了司法秩序，严重损害了司法权威和司法公信力。全省各级院要通过虚假诉讼专项监督工作，加强对人民法院审判权、执行权的监督,督促人民法院对虚假诉讼、恶意诉讼的制造者、参与者进行司法制裁,纠正一批虚假诉讼案件,维护司法公正权威;查办一批司法人员职务犯罪案件,纯洁司法队伍,提高司法公信力;发现移送一批当事人、法律工作者、律师、鉴定评估等中介人员妨碍司法活动的犯罪线索,维护司法秩序,净化司法环境。

二、时间安排

(一)动员部署(4月上旬)。省院召开会议,全面动员部署,统一思想认识。会后,各地要迅速传达贯彻,结合本地实际,认真研究部署工作措施,做好相关准备。

(二)实施阶段(4月上旬至12月底)。各级院对同级法院民事虚假诉讼案件的基本情况进行调查摸底,分解目标任务、制定完成时间表。省院和各市州分院要加强业务指导、督促检查。省院于8月份开展中期检查。

(三)总结表彰(12月底)。省院于12月底对全省专项监督活动进行总结,表彰先进单位和先进个人。各市州分院于12月20日前完成本地区专项活动总结,形成书面报告报省院。

三、工作措施

(一)突出重点。各地要对近年来办理的虚假诉讼监督案件进行梳理,找出重点类型,确定监督重点。以法官参与造假的案件、律师、法律工作者、鉴定人员等中介人员和中介机构"居间造假"的案件以及涉案人员众多、影响较大的"规模性造假"案件为监督重点。对以简易程序结案特别是调解结案的案件,对民间借贷、保险理赔、借名买房、离婚析产、交通事故赔偿等类型的案件,对存在庭审虚化无对抗性,案件立、审、执过于迅速,诉讼均由代理人操办,大宗财产非对价转让,调解双方当事人权利义务明显不对等等反常现象的案件,要重点排查,加强办理。

(二)明确职责。专项活动涉及反贪、反渎、批捕、公诉、侦查监督、民事诉讼监督、行政诉讼监督、控告申诉检察、预防等部门。民事诉讼监督部门为牵头单位,负责调查核实,针对虚假诉讼案件的裁判结果,审判、执行人员滥用职权、玩忽职守尚未涉嫌犯罪的案件,以及人民法院对虚假诉讼行为人没有依法采取司法强制措施的情形,予以监督。反贪、反渎部门对专项监督工作中发现的职务犯罪依法查办。侦监部门负责对专项监督工作中发现的相关刑事犯罪线索进行审查,发现涉嫌犯罪的,监督公安机关立案侦查。批捕、公诉部门负责对涉嫌犯罪的案件审查批捕、审查起诉。行政诉讼监督部门负责对专项监督工作中发现的行政违法、行政不作为予以监督。控告申诉检察(案件管理)部门负责对虚假诉讼线索的受理、分流和管理。预防部门负责结合专项监督工作，针对人民法院、司法行政机关及司法人员、律师及法律服务工作者开展虚假诉讼及违法犯罪的预防工作。

（三）强化调查。要将调查核实作为办理虚假诉讼监督案件的必要程序，综合运用询问、查询、咨询、委托鉴定等手段，调查核实虚假诉讼相关事实。要强化类案监督思维和系统查办思维，对可能存在"串案"的，采取"以案找案"或"以人找案"的方式深入调查。要注意发现、彻查审判、执行人员在虚假诉讼中滥用职权、收受贿赂、玩忽职守等违法犯罪。

（四）加强协调。省院要加强指导，对重大、有影响的案件要挂牌督办、限期办结，必要时派员参与办理。市州分院既要带头办案，发挥示范引领作用，也要加强对基层院的指导和统筹，集中研判线索，采取提办、异地交办、联合查办等措施强化案件办理。反贪、反渎、批捕、公诉、侦查监督、民事诉讼监督、行政诉讼监督、控告申诉检察、预防各部门之间要加强配合，形成合力。要争取人大支持，落实好《湖北省人大常委会加强人大司法监督工作与省人民检察院法律监督工作衔接的办法》，对人大工作机构转办、交办的虚假诉讼、恶意诉讼线索，及时审查办理并反馈办理结果，及时向人大报告专项监督工作中的重大问题。要加强与法院、公安、司法行政机关之间的协调配合，形成发现、防范和查处虚假诉讼及相关违法犯罪的合力。

（五）保证质量。要坚持质量标准，做到案件事实清楚、证据充分、定性准确，监督方式与违法情形对应。对人民法院不回复、不采纳监督意见，公安机关不立案的，应当跟进监督，确保效果。要通过专题培训、专题调研等措施，提升对虚假诉讼的识别、查办能力。要加强办案规范。各级院办理的虚假诉讼监督案件要进入统一业务办案系统，受理、流转、审批、用印都必须网上完成。省院对专项监督工作实行线索、文书统一备案，数据专项统计。基层院的虚假诉讼案件线索由市州分院集中管理，并报省院备案。各市州分院要确定专人负责线索管理、文书备案、数据统计、上报省院等工作。

四、工作要求

（一）加强组织领导。省院成立专项工作领导小组，由院领导任组长，反贪、反渎、批捕、公诉、侦监、民事诉讼监督、行政诉讼监督、控告申诉检察、预防等部门负责人为成员，民事诉讼监督处为牵头部门。各市州分院、基层院也要成立领导小组，强化组织领导。各级院党组要把专项工作作为2015年重点工作进行部署，研究制定本地工作方案，重点解决好人、财、物的配置，为专项工作提供保障。上级院要靠前指挥，加强统筹，切实帮助下级院解决疑难问题和实际困难。

（二）加强调研宣传。省院要全面掌握专项工作进展情况，加强对虚假诉讼、恶意诉讼的基本问题和规律性问题的研究,总结推广经验,加强案例指导。各地要确定专人负责编发专项监督工作信息简报、上报典型案例。宣传部门根据专项工作开展情况,适时适度宣传。宣传稿件要事先报经领导小组审核。

(三)加强办案纪律。各地要严格依法推进虚假诉讼专项监督工作。要结合"规范司法行为专项整治活动",加强司法作风和办案纪律教育,防止检察人员违反规定与当事人、律师、特殊关系人、中介组织接触、交往,坚决防止滥用检察权,以案谋私、受利益驱动办案,通过虚假诉讼专项监督工作,进一步提高检察监督权威和检察公信力。

江西省高级人民法院、江西省人民检察院、江西省公安厅、江西省司法厅关于预防和惩处虚假诉讼的暂行规定

（2011年8月30日）

为预防和惩处虚假诉讼行为，保障公民、法人和其他组织的合法权益，维护正常的司法秩序，根据相关法律法规的规定，制定本规定。

一、总则

第一条 虚假诉讼，是指当事人之间或与他人恶意串通，违背诚实信用原则，通过虚构案件事实，伪造诉讼证据，向人民法院提起诉讼，损害国家、集体或他人合法权益，获取非法利益的行为。

第二条 当事人利用虚假仲裁裁决、公证文书申请执行，使人民法院错误裁判、执行，获取非法利益的，以虚假诉讼论处。

第三条 本规定所指人民法院的裁判文书，包括民事案件审判、执行过程中作出的判决书、调解书、裁定书、决定书。

第四条 公安、检察、法院、司法行政机关应协调配合，共同承担预防和惩处虚假诉讼行为的责任。

二、受理、立案

第五条 因虚假诉讼案件导致合法权益受到损害的当事人或与虚假诉讼案件有利害关系的第三人，可以向人民法院提出再审申请，也可以向公安机关、检察机关提出控告或申诉。

第六条 虚假诉讼行为涉嫌刑事犯罪的，公安机关应当立案侦查。

第七条 利益受到损害的当事人或第三人，认为公安机关对其控告的案件应当立案侦查而不立案侦查，向人民检察院提出的，人民检察院应当受理并进行审查。

人民检察院发现公安机关存在应当立案侦查而不立案侦查情形的，应当依法进行审查处理。

第八条 检察机关对当事人向其举报虚假诉讼线索，经查证属实的，应当立案受理。

第九条 对人民法院作出的裁判文书，检察机关根据举报线索经查证认为涉嫌虚假诉讼的，可以通过向人民法院提出抗诉或再审检察建议的形式，履行法律监督职责。

检察机关发现在虚假诉讼中存在国家工作人员涉嫌职务犯罪的，应当通过向有关主管机关提出检察建议或开展职务犯罪侦查等方式履行法律监督职责。

第十条 人民法院在审理、执行民事纠纷案件中，发现有虚假诉讼犯罪嫌疑的线索、材料，应将犯罪嫌疑的线索、材料移送有关公安机关或检察机关查处，民事纠纷案件一般中止审理、执行。如不影响民事案件继续审理、执行的，民事部分可以继续审理、执行。

第十一条 司法行政机关应倡导律师或其他法律工作者对发现有虚假诉讼行为线索的，积极进行检举。

第十二条 鼓励知悉案情或与案件有一定利害关系的第三人，积极举报虚假诉讼的案件线索。

三、审查

第十三条 虚假诉讼在审判实践中主要有下列表现形式：

（一）为了谋取非法利益，无事实根据和正当理由，恶意提起民事诉讼的行为；

（二）伪造证据，虚构案件事实，将与其没有民事法律关系的相对人卷入诉讼的行为；

（三）为了逃避法定义务和法律责任，与他人恶意串通进行诉讼，损害相对人利益的行为。

第十四条 人民法院在审判、执行中遇到下列几类案件，应当特别注意加以审查：

（一）民间借贷纠纷案件。表现为当事人持有与他人签订的借条主张权利，有损害他人合法权益嫌疑的；或者在案件审理过程中，与他人突然达成还款协议，意图通过人民法院裁判转移财产等情形。

（二）离婚案件的一方当事人为被告的财产纠纷案件。表现为夫妻一方对外出具借条，向人民法院起诉要求以夫妻共同财产偿还个人债务，达到损害另一方合法权益的目的。

（三）破产中的企业为被告的财产纠纷案件。表现为破产企业通过伪造证据，与其他企业、个人恶意串通，虚构借贷、股权转让等法律关系，将破产企业的财产转移至关联企业、个人，损害破产企业债权人的合法权益。

（四）涉及驰名商标认定的案件。表现为当事人伪造被告身份、住址或与被告串通，虚构案件事实和法律关系，通过人民法院判决达到认定驰名商标的目的。

（五）涉及工程造价司法鉴定的案件。表现为实际施工人伪造工程联系单、工程设计、工程量签证单等，通过鉴定机构作出不实的鉴定结论，增加工程造价，牟取非法利益等情形。

（六）房屋买卖合同纠纷案件。表现为当事人伪造房屋买卖合同或合同的订立日期，损害原购房人的合法权益。或当事人与施工企业签订合同，将房产低价优先抵偿施工企业，使购房人购买房屋目的落空等情形。

第十五条　人民法院审判、执行人员在审理、执行民事诉讼案件时，应认真、谨慎审查案件事实和证据，防止虚假诉讼。对于诉讼中存在原告起诉的事实、理由不合常理，证据存在伪造可能，原、被告不存在实质性的诉辩对抗，调解协议的达成异常容易等情形，尤其要注意加强审查判断。

第十六条　人民法院在案件审理、执行过程中，审判、执行人员发现有虚假诉讼的线索后，应将有关异常情况记录附卷，在每个审理、执行环节予以警示。

第十七条　审判人员可通过以下途径预防和查明虚假诉讼行为：

（一）要求当事人接受法庭调查或出庭参加诉讼；

（二）要求证人必须出庭作证；

（三）要求当事人出示原始证据；

（四）向利害关系人通报情况，必要时可依法通知其参与诉讼；

（五）依职权进行调查取证；

（六）强化对当事人调解协议的合法性审查。

第十八条　对民间借贷纠纷案件，人民法院应严格审查债务产生的基础合同及借贷时间、地点、原因、支付方式、双方当事人的经济状况等，以查明案件事实，正确作出裁判。

第十九条　人民法院在执行案件中，发现有多起执行案件的一方为同一当事人或当事人一方持有多份生效法律文书，涉嫌虚假诉讼情形的，应当依法进行审查，并按照本规定第四部分进行处理。

第二十条　对有虚假诉讼嫌疑的案件，人民法院可以传唤当事人到庭。当事人无正当理由拒不到庭的，可以依照《中华人民共和国民事诉讼法》的相关规定进行拘传。

四、处理

第二十一条 经审查确认属于虚假诉讼的案件，已经作出生效裁判文书的，人民法院应当依照法定程序予以撤销，并裁定驳回起诉。对有虚假诉讼嫌疑的案件，当事人申请撤诉，人民法院可以准许；经审查确认属于虚假诉讼的案件，当事人申请撤诉的，人民法院不予准许。

第二十二条 人民法院在执行案件过程中，发现作为执行依据的裁判文书涉嫌虚假诉讼情形的，如裁判文书为本院作出，执行人员经过审查后应依法报请本院院长决定启动审判监督程序，如裁判文书为上级人民法院或其他人民法院作出，执行法院应依照法定程序报请上级法院或函请其他人民法院启动审判监督程序。

第二十三条 人民法院在执行案件过程中，发现除人民法院作出的裁判文书以外的其他生效法律文书，如仲裁裁决、公证债权文书等涉嫌虚构债权债务关系的，应当依法裁定不予执行。

第二十四条 对本院执行案件以外的其他当事人申请参与分配债权的，执行法院应当认真审查其他当事人所持生效法律文书是否涉嫌虚假诉讼，经审查确有虚假诉讼情形的，应当作出是否驳回其他当事人参与分配申请的裁定，并将有关情况依照法定程序告知作出生效法律文书的单位，由有关单位依法审查纠正。

第二十五条 案外人对人民法院执行过程中的执行标的主张实体权利的，应当依照《中华人民共和国民事诉讼法》第二百零四条的规定，依法提起审判监督程序或向执行法院提出执行异议及案外人异议之诉，案外人未主张而向其他人民法院提起诉讼的，不影响执行法院的执行。对于其他人民法院作出的裁判文书，执行法院应依照法定程序向作出该生效裁判文书的人民法院或其上级人民法院提出书面建议，建议有关法院依法进行再审。

第二十六条 人民法院在执行案件中，发现有虚假诉讼情形的，应当依法及时采取查封、扣押等强制措施，防止财产被不当处分。需要移送相关部门处理的，应及时移送。

第二十七条 对参与制造虚假诉讼的有关人员，司法机关可以依照《中华人民共和国民事诉讼法》的相关规定，依法予以训诫、罚款、拘留；对构成犯罪的，依法追究其刑事责任。

对参与制造虚假诉讼的律师，应当建议司法行政机关依照相关法律规定严肃处理。

五、法律责任

第二十八条 以损害他人利益为目的，故意进行虚假诉讼，致使他人受到财产损失或者精神损害的，应当承担侵权责任。

前款所称损失，包括虚假诉讼的受害人在诉讼中支付的律师代理费、因诉讼所造成的经济损失以及其他相关的财产损失。造成精神利益损害的，行为人应当依照《中华人民共和国侵权责任法》第二十二条的规定承担相应的损害赔偿责任。

第二十九条　因虚假诉讼受到财产损失或精神损害的当事人可以侵权赔偿之诉向人民法院提起诉讼，请求侵权人承担赔偿损失的责任，人民法院应当予以受理。

第三十条　以非法占有为目的，用虚构事实或隐瞒真相的方法，进行虚假诉讼，骗取数额较大的公私财物，且具备诈骗罪的构成要件和明显特征，构成犯罪的，按照《中华人民共和国刑法》第二百六十六条的规定以诈骗罪定罪处罚。

第三十一条　为了提起虚假诉讼，指使他人制造、提供虚假的物证、书证、证人证言、鉴定结论等伪证，或者受指使参与伪造证据，构成犯罪的，分别按照《中华人民共和国刑法》第三百零七条的规定以妨害作证罪，帮助毁灭、伪造证据罪定罪处罚。

第三十二条　在虚假诉讼过程中，伪造、变造、买卖或者盗窃、抢夺、毁灭国家机关公文、证件、印章的，或者伪造公司、企业、事业单位、人民团体印章的，或者伪造、变造居民身份证，构成犯罪的，分别按照《中华人民共和国刑法》第二百八十条的规定定罪处罚。

第三十三条　为逃避人民法院生效裁判文书的执行，进行虚假诉讼，套取、转移、隐匿财产，构成犯罪的，按照《中华人民共和国刑法》第三百一十三条的规定以拒不执行判决、裁定罪定罪处罚。

六、其他

第三十四条　当事人因虚假诉讼取得的财产，应视为非法所得，人民法院予以收缴上缴国库，或者发还受害的当事人。

第三十五条　人民法院可以在本院立案大厅或人民法庭的立案窗口设立禁止虚假诉讼的告示，引导当事人合理行使诉讼权利，诚信诉讼，告知虚假诉讼可能承担的法律责任。

第三十六条　人民法院应当加强与公安、检察机关的协调合作，建立虚假诉讼案件信息通报制度，还可以将虚假诉讼的当事人信息，通报工商、税务、银行等有关部门。

第三十七条　各级人民法院发现虚假诉讼案件并经查实的，应当在本院范围内进行通报，并将有关情况逐级报省高级人民法院备案。

第三十八条　本规定自印发之日起施行。

广州市中级人民法院、广州市人民检察院、广州市公安局关于印发《关于建立防范和查处虚假诉讼联动机制的实施意见》的通知

市法院、检察院各相关部门，市公安局直属各单位，各基层法院、检察院，各区公安分局，森林分局：

为加强对虚假诉讼行为的防范和查处，维护司法公正和司法权威，促进诚信社会建设，服务经济社会发展，市中级人民法院、市人民检察院、市公安局研究制定了《关于建立防范和查处虚假诉讼联动机制的实施意见》，现印发给你们，请认真贯彻执行。

2020年2月27日

关于建立防范和查处虚假诉讼联动机制的实施意见

为加强对虚假诉讼行为的防范和查处，维护司法公正和司法权威，促进诚信社会构建，服务经济社会发展，根据《中华人民共和国民事诉讼法》《中华人民共和国刑事诉讼法》《中华人民共和国刑法》等有关规定，建立防范和查处虚假诉讼联动机制。

第一条　本规定所指虚假诉讼，是指民事诉讼当事人或其代理人采取伪造证据、虚假陈述等手段，捏造民事法律关系、虚构民事纠纷，向人民法院提起民事诉讼，以及向人民法院申请执行基于捏造的事实作出的仲裁裁决、公证债权文书，或者在民事执行过程中以捏造的事实对执行标的提出异议，申请参与执行财产分配等妨碍司法秩序，损害国家利益、社会公共利益或者他人合法权益的行为。

第二条　人民法院、人民检察院、公安机关在司法、执法办案过程中，应当重点审查下列情形：

（一）当事人为近亲属、朋友等亲近关系或者关联企业等共同利益关系；

（二）当事人诉请司法保护的标的额与其自身经济状况严重不符；

（三）当事人起诉所依据的事实和理由明显不符合常理；

（四）当事人双方无实质性民事权益争议；

（五）案件证据不足，当事人双方仍然主动迅速达成调解协议，并请求人民法院出具调解书；

（六）有证据显示当事人据以提起民事诉讼的证据可能系伪造的；

（七）诉讼活动中有其他异常现象。

第三条 人民法院在审理民间借贷、离婚析产、以物抵债、劳动争议、公司分立（合并）、企业破产等虚假诉讼高发领域案件过程中，要加大证据审查力度。对可能存在虚假诉讼的，要加大依职权调查取证力度。

第四条 人民检察院在履行民事诉讼监督职责过程中发现涉嫌虚假诉讼的，应当及时调查核实，必要时可以商请人民法院或公安机关予以协助。

第五条 人民检察院经调查核实，发现正在审理过程中的民事案件存在虚假诉讼的，应当函告审理该案的人民法院；发现已经生效的民事案件存在虚假诉讼的，应当依法向同级人民法院提出再审检察建议或者提请上级人民检察院抗诉，同时建议执行该案的人民法院中止执行或者终结执行。

第六条 人民检察院经审查发现人民法院对多起虚假诉讼案件的审理、裁判等存在相同或者类似错误的，可以向同级人民法院提出类案监督检察建议。

第七条 公安机关在执法办案过程中发现涉嫌虚假诉讼的，应当依法及时处理。

如果涉嫌虚假诉讼的民事案件尚在人民法院审理或执行过程中的，应当将情况函告正在审理或执行该案的人民法院和同级人民检察院。如果涉嫌虚假诉讼的民事案件已经人民法院审结或终结执行的，应当将情况函告作出生效法律文书的人民法院与同级人民检察院。

第八条 人民法院经审理查明属于虚假诉讼案件的，应当根据《中华人民共和国民事诉讼法》第一百一十二条的规定，驳回当事人的诉讼请求，当事人申请撤诉的，不予准许。人民法院对已经作出生效法律文书的虚假诉讼案件，应当依法按照审判监督程序予以纠正。

第九条 人民法院对于人民检察院提出抗诉的虚假诉讼案件，应当依法及时进行审理；对于提出检察建议的案件，应当按照《最高人民法院关于适用〈中华人民共和国民事诉讼法〉的解释》第四百一十九条、第四百二十条的规定及时处理。

第十条 人民法院对利用虚假仲裁裁决书、虚假公证文书等申请执行的，应当裁定不予执行；对正在执行过程中的虚假诉讼案件，应当依法裁定中止执行或者终结执行。

第十一条 诉讼参与人或者其他人恶意制造、参与虚假诉讼的，或者利用虚假仲裁裁决书、虚假公证债权文书向法院申请执行、侵害他人合法权益的，人民法院应当根据情节轻重予以罚款、拘留；构成犯罪的，依法移送公安机关追究刑事责任。

第十二条 人民法院、人民检察院认为实施虚假诉讼行为的当事人及相关人员涉嫌犯罪的，应当及时将案件线索及相关证据材料移送有管辖权的公安机关查办。

公安机关应当在三十日以内决定是否立案，并将是否立案的结果及时函告移送机关。

第十三条 人民法院、人民检察院、公安机关在函告或移送案件线索时，应当同时提供相应的庭审笔录、讯（询）问笔录、生效法律文书等相关证据材料。

第十四条 人民法院、人民检察院、公安机关在查办虚假诉讼案件过程中，对于虚假诉讼线索的排查，相关案件卷宗的调阅、复制以及调查核实工作等，应当互相提供便利，大力配合，依法做好查处工作。

第十五条 人民法院、人民检察院、公安机关应当积极构建信息互通平台，实现虚假诉讼信息共享，加强对虚假诉讼的预警和研判，有效防范和遏制虚假诉讼的发生。

第十六条 人民法院、人民检察院、公安机关建立联席会议制度，定期召开联席会议，共同研究、协调处理重大案件，并定期就虚假诉讼案件的防范和查处情况等进行交流，不断改进和完善工作措施。

联席会议办公室设在市人民检察院民事行政检察部门。各成员单位指定职能部门的一名工作人员担任联络员，负责日常联络工作。

第十七条 在防范和查处虚假诉讼工作过程中遇到的本意见未尽事宜，由市中级人民法院、市人民检察院、市公安局及时共同协商解决。

第十八条 本意见由市中级人民法院、市人民检察院、市公安局共同负责解释。

第十九条 本意见自印发之日起施行。

（2020年3月5日印发）

宁波市中级人民法院关于防范和打击虚假诉讼的实施意见（试行）

为进一步防范和打击虚假诉讼，维护司法权威和司法秩序，提升司法公信力，保障公民、法人和其他社会组织的合法权益，促进社会和谐稳定，依照相关法律和司法解释的规定，结合我市司法实践，制定本意见。

第一条 本意见所称虚假诉讼，是指案件当事人或其他诉讼参与人等在民事、行政诉讼过程中，为获取不当利益或者规避法定义务，通过恶意串通、虚构事实、故意隐瞒、伪造证据、滥用诉权等方式企图使人民法院作出错误裁判、调解或执行法律文书，侵害国家利益、公共利益及他人合法权益，扰乱司法秩序的行为。

第二条 在民事、行政诉讼过程中，有下列情形之一的，应当认定为虚假诉讼行为：

（一）故意隐瞒当事人或其他诉讼参与人住所地，或者伪造下落不明证据的；

（二）伪造、变造证件或代理手续，冒充他人参加诉讼的；

（三）明知虚假证据仍向法院提交，或者指使、威胁、利诱他人向法院提交的；

（四）胁迫、利诱证人不作证或作伪证的；

（五）隐瞒债务已经全部或部分清偿的事实，持债务人的借款凭据向法院提起民事诉讼，要求他人履行债务的；

（六）诱使或迫使他人签订空白借条、协议，以伪造、变造后的借条、协议向人民法院提起民事诉讼，要求他人履行债务的；

（七）对同一笔债务，伪造或迫使他人出具不同的债权凭证，向人民法院提起两个或以上民事诉讼的；

（八）恶意串通、虚构事实，企图通过诉讼、调解等方式侵害他人合法权益，或逃避履行法律文书确定的义务的；

（九）故意隐瞒事实进行虚假陈述，或虚构事实进行抗辩的；

（十）其他应当认定为虚假诉讼情形的。

第三条 人民法院应当在立案窗口及法庭张贴虚假诉讼警示宣传标识，在向当事人送达的诉讼风险告知书中，明确告知参与虚假诉讼应当承担的法律责任，引导当事人依法行使诉权，诚信诉讼。

立案登记时，应当通过移动微法院、12368等平台向当事人发送"远离虚假诉讼""一次虚假、处处受限"及惩处虚假诉讼的典型案例、图片等信息。

第四条 人民法院立案登记时，应当做好下列告知、释明和登记工作：

（一）告知原告应提供正确的被告住所地和联系方式；

（二）要求原告签署送达地址确认书和诚信诉讼承诺书；

（三）要求原告填写涉诉情况及虚假诉讼惩戒记录情况；

（四）进行关联案件检索，查询原、被告其他涉诉、涉执行情况，并随卷移送至业务庭。

第五条 原告提供的被告住所地无法送达的，人民法院可以通知原告在七日内提供被告的身份信息，或者下落不明的证据，或者其他居住地及联系方式。原告拒不提供的，可以根据《中华人民共和国民事诉讼法》第一百一十九条第二项规定以"不具有明确的被告"为由，驳回原告起诉。

金融借款案件的送达，应当依照宁波市中级人民法院《关于金融借款案件诉讼文书送达的意见》[甬中法民三（2013）97号]的规定办理。

涉外、涉港澳台案件的送达，法律法规有特别规定的，从其规定。

第六条 人民法院应当严格适用民事、行政诉讼法关于公告送达的规定，充分保障当事人的诉讼权利。只有在受送达人下落不明，或者用法律规定的其他方式无法送达的，才能适用公告送达。

人民法院应积极应用移动微法院及其他智能送达平台进行送达，降低公告送达率。

第七条 在案件审理中，有下列情形之一的，应严格审查，防范虚假诉讼：

（一）经公告送达后缺席审理和判决的；

（二）当事人无正当理由拒不到庭参加诉讼，委托代理人对案件事实陈述不清的；

（三）当事人之间属于亲属、朋友等亲近关系或者关联企业等共同利益关系的；

（四）原告诉请的标的额与其自身经济状况严重不符的；

（五）当事人之间无实质性民事权益争议的；

（六）案件证据不足，但各方当事人仍然主动、迅速达成调解协议并请求人民法院出具调解书的。

第八条　对下列虚假诉讼高发领域的案件，可向关联案件当事人发送涉诉信息，并加大证据审查力度和依职权调查取证力度：

（一）民间借贷纠纷案件；

（二）劳动争议纠纷案件；

（三）公司分立（合并）纠纷案件；

（四）企业破产纠纷案件；

（五）第三人撤销之诉案件；

（六）执行异议之诉案件。

第九条　对民间借贷纠纷案件，有下列情形之一的，应严格审查：

（一）出借人是职业放贷人的；

（二）借贷合同是格式合同的；

（三）出借人主张款项经现金交付且无法提供交付证据的；

（四）涉民间借贷债权债务转让后受让人对民间借贷过程不知情的；

（五）出借人仅起诉担保人且担保人对借款人还款情况不知情的；

（六）根据出借人提供的联系方式无法与借款人取得联系的；

（七）出借人对借款发生经过前后陈述不一致的；

（八）出借人拒绝出庭且委托诉讼代理人对借贷细节陈述不清的。

第十条　对劳动争议纠纷案件，应严格审查下列证据和情形：

（一）工资支付凭证或记录；

（二）缴纳各项社会保险费的记录；

（三）用人单位发放的"工作证""服务证"等能够证明身份的证件及考勤记录；

（四）用人单位拖欠的工资是否纳入企业成本；

（五）劳务合同中签名人员与实际务工人员是否对应；

（六）多次工伤等级鉴定意见不一致的。

第十一条　对公司合并（分立）、企业破产案件，应严格审查下列情形：

（一）是否存在虚构交易行为申报破产债权；

（二）企业主与公司职工、管理人员及其他相对方之间是否存在关联交易；

（三）债权债务的发生是否符合常理；

（四）担保债权、抵销权、取回权是否真实、合理；

（五）企业的会计凭证、会计账簿、财务会计报告和其他会计资料是否真实。

第十二条　对第三人撤销之诉、执行异议之诉案件，应严格审查下列情形：

（一）有无捏造债权，或者捏造查封、扣押、冻结财产的优先权、担保物权的；

（二）原案当事人之间有无恶意串通，损害他人合法权益的；

（三）第三人与原案一方当事人之间是否存在恶意串通，滥用撤销权的；

（四）其他可能存在虚假诉讼情形的。

第十三条 立案、审理、调解、执行阶段均应做好疑似虚假诉讼的备忘和记录工作。

立案登记时发现存在疑似虚假诉讼的，应当对疑似情形进行备忘和记录后移送业务庭。

业务庭收到案件后，对经立案备忘和记录的疑似虚假诉讼情形应尽审慎注意义务。对经审理后认定是虚假诉讼的，应当按照本意见处理；对经审理后认为虚假诉讼的依据尚不充分的，可对存在疑似的情形做好备忘和记录，提醒执行阶段注意，形成立、审、执合力打击虚假诉讼的格局。

第十四条 对存在虚假诉讼可能的案件，人民法院在审理和执行阶段可以采取下列措施：

（一）传唤当事人本人到庭接受询问；

（二）通知证人出庭作证；

（三）通知当事人提交原始证据或者其他证据；

（四）依职权调查取证；

（五）依职权追加与案件处理结果可能存在利害关系的当事人或第三人；

（六）邀请有关部门、专业人士等参与审查调解协议；

（七）采用心理测试等技术辅助手段；

（八）关联案件由同一承办法官或合议庭集中审理；

（九）通过数据检索系统查询原、被告涉诉情形；

（十）依法可以采取的其他措施。

第十五条 承办法官或合议庭发现案件涉嫌虚假诉讼的，应当向院庭长汇报。必要时可提请法官专业委员会或审判委员会讨论。

第十六条 承办法官调解时，发现有以下情形之一的，可以对当事人达成的调解协议不予确认：

（一）当事人对于己不利或有悖常理的事实进行自认的；

（二）当事人对关键事实细节陈述不清且缺乏合理解释的；

（三）缺乏实质性民事权益争议的当事人之间调解意愿强烈且缺乏合理解释的；

（四）当事人拒不到庭且委托诉讼代理人对关键事实陈述不清的；

（五）其他不宜制作调解书情形的。

第十七条 审理中认定涉嫌虚假诉讼的案件，对原告提出撤诉申请的或当事人自愿以调解方式结案的，不予准许。同时，应根据《中华人民共和国民事诉讼法》第一百一十二条规定，驳回诉讼请求，并依法予以训诫、罚款、拘留。

涉嫌犯罪的，驳回起诉，依法移送公安机关处理。

第十八条 已经作出的生效裁判文书、民事调解书，经人民法院审查确认属于虚假诉讼的，应当依照法定程序撤销，并驳回诉讼请求。

涉嫌犯罪的，驳回起诉，依法移送公安机关处理。

第十九条 当事人申请执行所依据的仲裁裁决、仲裁调解书、公证债权文书等存在以下情形之一的，人民法院应当依法裁定不予执行，并将相关情况函告仲裁、公证机构。涉嫌犯罪的，依法移送公安机关处理：

（一）仲裁裁决所根据的证据是伪造的，或者该当事人向仲裁机构隐瞒了足以影响公正裁决的证据，经被执行人申请不予执行的；

（二）仲裁裁决或者仲裁调解书存在当事人恶意申请仲裁或者虚假仲裁，损害案外人合法权益的情形，经案外人申请不予执行的；

（三）公证债权文书的内容与事实不符的；

（四）劳动仲裁裁决所根据的证据是伪造的，或者该当事人向仲裁机构隐瞒了足以影响公正裁决的证据的。

第二十条 对涉嫌虚假鉴定、审计、评估的，人民法院可根据情节轻重，对相关单位和主要负责人予以训诫、罚款、拘留，并可从人民法院委托鉴定专业机构备选名单中予以除名，同时向司法行政部门或行业协会发出司法建议。

人民法院司法鉴定部门应建立鉴定、审计、评估机构信用等级评价体系，每年向社会发布上述单位信用评价报告。

第二十一条 对虚假诉讼行为人，可通过法院网站、"信用宁波"网站等向社会发布，公示期限为5年。同时，报送宁波市公共信用信息平台，并记入相关信用档案。

对经过训诫、罚款、拘留等惩罚性措施，存在积极悔过、纠正错误、消除影响、主动履行义务的虚假诉讼行为人，经过一定期限的警示期后，可以根据情况从前款网站、平台、档案中去除。

第二十二条 虚假诉讼行为人给诉讼相对方或第三人造成损失的，人民法院应当根据查明的事实和证据，对受损方提出的合理赔偿请求予以支持。

第二十三条 涉嫌虚假诉讼的行为人能够及时纠正、中止虚假诉讼行为且未造成他人实际损失的，人民法院可以对其予以训诫、责令具结悔过。

第二十四条 对虚假诉讼行为人实施的下列行为，人民法院应当根据《中华人民共和国民事诉讼法》第一百一十五条的规定，予以罚款、拘留：

（一）对已实施虚假诉讼行为，未造成其他后果的，行为人是自然人的，应对其处以1万元以上、5万元以下的罚款，并可视情况处以1日至15日拘留；行为人是单位的，应对单位处以5万元以上、10万元以下罚款，并对其主要负责人或直接责任人员处以2日至3日的拘留。

（二）对虚假诉讼行为致使人民法院认定事实错误，判决、裁定、调解不当的，行为人是自然人的，应当对其处以3万元以上、10万元以下罚款，并处以3日至15日的拘留；行为人是单位的，应对其处以10万元以上、50万元以下罚款，并对其主要负责人或直接责任人处以3日至5日的拘留。

（三）对虚假诉讼行为致使人民法院认定事实错误，判决、裁定、调解不当的，且给他人造成实际损失的，行为人是自然人的，人民法院应当对其处以5万元以上、10万元以下罚款，并对其处以5日至15日的拘留；行为人是单位的，应处以50万元以上、100万元以下罚款，并对其主要负责人或直接责任人处以5日至15日的拘留。

本意见第十七条、第二十条的罚款、拘留，适用前款规定。

以上情形构成犯罪的，依法追究刑事责任。

第二十五条 对于认定是否属于虚假诉讼案件的关键证人，经人民法院通知出庭作证后，没有正当理由拒不出庭作证的，人民法院可以采取拘传等强制措施让其出庭，并予以训诫、罚款，情节严重的，经院长批准，处以15日以下拘留。

第二十六条 委托诉讼代理人有下列情形之一的，应当建议司法行政部门给予停止执业、罚款、没收违法所得；情节严重的，建议吊销其执业证书；构成犯罪的，依法追究刑事责任：

（一）知道或应当知道是虚假证据仍向人民法院提交，或者指使、威胁、利诱他人向人民法院提交的；

（二）指使或帮助委托人或他人伪造、隐匿、毁灭证据，威胁、利诱证人不作证或作伪证的；

（三）故意妨碍对方当事人及其委托诉讼代理人合法取证的，或者阻止他人向法院或者对方当事人提供证据的；

（四）明知或应当知晓他人存在非法占有目的，还愿意充当委托诉讼代理人等帮助他人实施虚假诉讼行为的；

（五）故意隐瞒事实进行虚假陈述，或虚构事实进行抗辩的。

公民代理人有上述情形的，可向推荐该公民代理人的当事人所在社区、单位通报或提出司法建议，限制其代理行为。

第二十七条 法官因重大过失，未尽到合理审查义务，导致未识别虚假诉讼，造成严重后果的，应当按照《最高人民法院关于加强司法责任制的若干意见》相关规定，追究相应责任。

人民法院工作人员参与虚假诉讼的，按照《中华人民共和国法官法》《法官职业道德基本准则》和《法官行为规范》等规定，从严处理。构成犯罪的，依法追究刑事责任。

第二十八条 各区县（市）人民法院发现的虚假诉讼案件及其处理情况，应当在本辖区范围内进行公开通报，并在三日内将有关情况报送宁波市中级人民法院。

对涉嫌犯罪移送公安机关处理的虚假诉讼案件，应当在移送同时将有关情况报送宁波市中级人民法院。

第二十九条 对举报虚假诉讼的单位、个人，以及积极参加庭审并发现虚假诉讼重大线索的证人，经查实后，应当给予奖励。对防范和查处虚假诉讼案件成绩突出的审判人员，应当予以表彰。

第三十条 本意见由宁波市中级人民法院审判委员会负责解释。

第三十一条 本意见自公布之日起施行。

浙江省宁波市中级人民法院

2019年8月6日

第二部分

虚假诉讼相关指导性案例与典型案例

最高人民检察院发布第三十八批指导性案例（节录）

最高检发布第三十八批指导性案例并通报民事生效裁判监督工作

2020年以来办结民事生效裁判监督案件约19.1万件

2022年7月15日，最高人民检察院以"民事生效裁判监督工作"为题公布第三十八批指导性案例，并通报相关工作情况。2020年至2022年6月，全国检察机关共办结民事生效裁判监督案件约19.1万件，其中经审查提出抗诉1.2万件、提出再审检察建议2.3万件，抗诉改变率、再审检察建议采纳率均大幅上升。

第三十八批指导性案例包括四件案例，分别是李某荣等七人与李某云民间借贷纠纷抗诉案、某小额贷款公司与某置业公司借款合同纠纷抗诉案、郑某安与某物业发展公司商品房买卖合同纠纷再审检察建议案、陈某与向某贵房屋租赁合同纠纷抗诉案。

据悉，从案由来看，本批指导性案例涉及民间借贷纠纷、房屋买卖合同纠纷、租赁合同纠纷等类型；从监督方式来看，既涉及检察机关提出抗诉的案件，也包括向法院发出再审检察建议的案件；从履职方式来看，既包含依当事人申请的监督案件，也涉及检察机关依职权主动履职的监督案件。

本批案例聚焦老百姓日常生活中的操心事、烦心事、揪心事，展现了"以全面实施民法典为契机，进一步加强民事检察工作"的法律监督实践。最高检检委会委员、第六检察厅厅长冯小光表示，民事生效裁判监督是民事检察工作的重要职能，居于民事检察监督的基础、核心地位，与民事执行监督、民事审判活动监督等共同构建起检察机关对民事诉讼活动的全流程监督。第三十八批指导性案例之所以选编"小案"列入，旨在将以人民为中心的司法理念落到实处，体现民事检察为人民的政治属性。各级民事检察部门要在办案中始终秉持"如我在诉"的为民情怀，用心用情办好群众身边的"小案"，不断增强人民群众的法治获得感，切实让人民群众从具体案件中感受到法治阳光。

关于印发最高人民检察院第三十八批指导性案例的通知

各省、自治区、直辖市人民检察院，解放军军事检察院，新疆生产建设兵团人民检察院：

经2022年5月20日最高人民检察院第十三届检察委员会第九十九次会议决定，现将李某荣等七人与李某云民间借贷纠纷抗诉案等四件案例（检例第154—157号）作为第三十八批指导性案例（民事生效裁判监督主题）发布，供参照适用。

最高人民检察院

2022年6月28日

李某荣等七人与李某云民间借贷纠纷抗诉案

（检例第154号）

【关键词】

民间借贷　举证责任　司法鉴定　抗诉

【要旨】

检察机关办理民间借贷纠纷监督案件应当全面、客观地审查证据，加强对借款、还款凭证等合同类文件以及款项实际交付情况的审查，确保相关证据达到高度可能性的证明标准，并就举证责任分配是否符合法定规则加强监督。对于鉴定意见应否采信，检察机关应当统筹考虑鉴定内容、鉴定程序、鉴定资质以及当事人在关键节点能否充分行使诉权等因素，结合案件其他证据综合作出判断。

【基本案情】

2004年至2005年，李某云因经营耐火材料厂，分四次向魏某义借款140万元并出具借条。2006年7月31日，魏某义因病去世。魏某义的法定继承人（李某荣等七人）凭借条多次向李某云催要借款，李某云以已经偿还为由拒绝还款。

2007年6月5日，李某荣等七人将李某云诉至河南省新密市人民法院，请求判令：李某云偿还借款140万元及起诉后的利息。李某云应诉后，向一审法院提交内容为"李某云借款已全部还清，以前双方所写借款条和还款条自行撕毁，以此为据。2006.5.8立字据人：魏某义"的字据（以下简称还款字据），据此主张已将借款还清。李某云于2007年7月9日自行委托河南某司法鉴定中心对还款字据进行鉴定。2007年7月17日，该司法鉴定中心作出鉴定意见，认为还款字据中"魏某义"的签名系本人所写，指纹系本人捺印。经李某荣等七人申请，一审法院于2007年7月26日委托西南某司法鉴定中心对还款字据进行鉴定。2007年9月4日，该司法鉴定中心作出鉴定意见，认为还款字据上"魏某义"三字不是本人书写形成，不能确定指印是否打印形成。法庭质证中，李某云对内容为"李某云原借款下欠20万元未还，因合作硅砖款未收回，收回后归还，其他借款已全部归还，原借款条作废。2006.5.4.魏某义"的鉴定样本提出异议。经法庭核实，双方均否认提交过该鉴定样本，法院亦未向西南某司法鉴定中心送检。李某云以此为由主张鉴定意见不应采信并申请重新鉴定。一审法院委托辽宁某司法鉴定所重新鉴定。2008年5月21日，该司法鉴定所作出鉴定意见，认为还款字据上"魏某义"签名与样本上"魏某义"签名为同一人所写。一审法院采信辽宁某司法鉴定所作出的鉴定意见，判决驳回李某荣等七人提出的全部诉讼请求。

李某荣等七人不服一审判决，向郑州市中级人民法院提出上诉。二审中，李某荣等七人申请对还款字据重新鉴定。二审法院委托北京某物证鉴定中心对还款字据进行鉴定。2009年10月19日，该鉴定中心作出鉴定意见，认为还款字据上"魏某义"签名字迹与样本上"魏某义"签名字迹是同一人所写，指印是魏某义用印油按捺形成。二审法院采信北京某物证鉴定中心作出的鉴定意见，判决驳回上诉，维持原判。

李某荣等七人不服二审判决，向河南省高级人民法院申请再审。该院再审认定，李某云提供还款字据证明其偿还魏某义140万元借款，举证责任已经完成。第一，李某云自行委托河南某司法鉴定中心对还款字据进行鉴定，不违反法律规定，但该鉴定采用的样本未经质证，李某荣等七人提出异议，原审法院不予采信正确。第二，西南某司法鉴定中心采用的一份比对样本未经质证且来源不明，鉴定程序违法，原审法院不予采信正确。第三，辽宁某司法鉴定所在接受委托时，明确表示依其资质仅能接受文书鉴定，而指纹鉴定属痕迹鉴定，超出其资质范围。一审法院在征得双方当事人同意的情况下，委托辽宁某司法鉴定所在其鉴定资质范围内进行鉴定，程序合法。第四，二审法院委托北京某物证鉴定中心重新作出的鉴定，虽与辽宁某司法鉴定所作出的鉴定意见存在一定差异，但主要结论相同，印证了李某云的主张。综上，再审法院采信辽宁某司法鉴定所和北京某物证鉴定中心作出的鉴定意见，判决维持二审判决。

【检察机关履职过程】

受理及审查情况　李某荣等七人不服再审判决，向河南省人民检察院申请监督。河南省人民检察院依法受理并审查后，提请最高人民检察院抗诉。检察机关通过调阅卷宗并询问当事人，重点对以下问题进行审查。一是审查承兑汇票贴息兑付情况。在本案历次诉讼中，李某云主张已偿还的100万元是以承兑汇票贴息的方式兑付，而办理承兑汇票贴息兑付手续时李某云必然会在银行划转留痕。从本案的客观情况来看，款项交付情况对正确认定还款事实具有重要意义，在还款字据这一核心证据存在瑕疵的情况下，原审法院并未要求李某云提供相关证据对款项交付情况予以证明，亦未依职权调取相关证据，明显不当。二是审查还款字据的形式和内容。经审查，还款字据系孤证，且存在明显裁剪痕迹、正文与签字不是同一人所写等重大瑕疵。李某云自行委托河南某司法鉴定中心对还款字据进行鉴定时，该司法鉴定中心对字据原件中"魏某义"的签名和指印采用溶解、剪切的破坏性检验方法。在李某荣等七人对该瑕疵证据的真实性提出异议的情形下，原审法院亦未要求李某云提供其他能够证明还款事实的必要证据予以补强。三是审查鉴定意见。再审判决采信的鉴定意见存在李某云与鉴定机构负责人多次不当电话联系、原审法院送检时未说明该检材已经多次鉴定等瑕疵，且未采信西南某司法鉴定中心的鉴定意见，理据不充分。虽然再审法院以西南某司法鉴定中心采用未经质证且来源不明的样本为由，认定鉴定程序违法并对鉴定意见不予采信，但是从鉴定人王某荣出具的《出庭质证的书面说明》可以看出，即使不采用该份比对样本，依据其他鉴定样本也能够得出检材字迹"魏某义"非本人所写的结论。

监督意见 最高人民检察院在对承兑汇票贴息兑付、还款字据的形式和内容以及鉴定意见等情况进行全面、客观审查后，认为再审判决认定李某云已经偿还借款的事实缺乏证据证明，遂于2015年5月12日依法向最高人民法院提出抗诉。

监督结果 最高人民法院经审理，采纳了最高人民检察院的抗诉意见，并于2019年3月25日作出再审民事判决：撤销原一、二审判决及河南省高级人民法院再审判决；李某云于判决生效后十日内向李某荣等七人支付140万元及自2007年6月5日起按同期银行活期存款利率计算至付清之日止的利息。

【指导意义】

（1）检察机关办理民间借贷纠纷监督案件应当全面、客观地审查证据，并就举证责任分配是否符合法定规则加强监督。在民间借贷纠纷案件中，当事人用以证明交付借款或还款的书证往往系孤证或者存在形式、内容上的瑕疵，难以形成完整的证据链条。检察机关办理此类案件时应当重点审查以下内容：一是对借款合同、借据、收条、阶段性汇总协议等合同类文件的形式和内容进行审查；二是结合借贷金额、款项交付方式、当事人的经济能力、当地或者当事人之间的交易方式和交易习惯、当事人的财产变动情况等要素，运用日常生活经验判断相关证据的真实性以及是否能够达到高度可能性的证明标准。本案中，还款字据系孤证且自身存在重大瑕疵，债务人据此主张所借款项已经清偿，法院未要求债务人就还款字据项下的款项交付情况作出合理说明并提供相关证据，亦未在必要时依职权调取相关证据，属于举证责任分配失当。实践中，检察机关应当加强对上述问题的监督，及时监督纠正错误裁判，维护司法公正和人民群众合法权益。

（2）对鉴定意见是否采信应当结合相关证据进行综合性审查。司法鉴定是民事诉讼程序的重要组成部分，准确适用司法鉴定对于查明案件事实、充分保障当事人诉权及客观公正办理案件具有重要意义。司法实践中，检察机关对鉴定意见应当重点审查以下内容：鉴定机构或鉴定人是否具有法定鉴定资质，检材是否经各方当事人质证，鉴定人对当事人提出的异议是否答复以及答复是否合理，对合理异议鉴定机构是否作出补充鉴定意见，鉴定人是否对鉴定使用的标准和方法作出说明，鉴定人是否出庭答疑，鉴定人出具的鉴定意见与法院委托鉴定的范围、方式是否相符等。特别是在经过多次鉴定且鉴定意见存在冲突的情形下，检察机关应当统筹考虑鉴定内容、鉴定程序、鉴定资质以及当事人在关键节点能否充分行使诉权等因素，并结合案件其他证据，综合判断鉴定意见是否可以采信，防止出现"以鉴代审"的情况。

【相关规定】

《中华人民共和国民法典》第六百六十七条、第六百七十五条（本案适用的是《中华人民共和国合同法》第一百九十六条、第二百零六条）

《中华人民共和国民事诉讼法》（2017年修正）第二百零八条、第二百零九条（现为2021年修正后的第二百一十五条、第二百一十六条）

《人民检察院民事诉讼监督规则（试行）》（2013年施行）第四十七条、第九十一条（现为2021年施行的《人民检察院民事诉讼监督规则》第四十三条、第九十条）

某小额贷款公司与某置业公司借款合同纠纷抗诉案

（检例第155号）

【关键词】

借款合同　依职权监督　高利放贷　抗诉

【要旨】

检察机关在办理借款合同纠纷监督案件中发现小额贷款公司设立关联公司，以收取咨询费、管理费等名义预先扣除借款本金、变相收取高额利息的，应当按照实际借款金额认定借款本金并依法计息。检察机关在办理相关案件中应当加强对小额贷款公司等地方金融组织违规发放贷款行为的审查和调查核实，发挥司法能动作用，依法维护金融秩序和金融安全。

【基本案情】

2012年11月23日，某置业公司与某小额贷款公司签订《借款合同》，约定：借款金额为1300万元；借款期限为90天，从2012年11月23日起至2013年2月22日止；借款月利率15‰，若人民银行调整贷款基准利率，则以提款日人民银行公布的同期贷款基准利率的4倍为准，逾期罚息在借款利率基础上加收50%。同日，某置业公司（甲方）与某信息咨询服务部（乙方）签订《咨询服务协议》，约定：甲方邀请乙方协助甲方办理贷款业务，为甲方提供贷款基本资料、贷款抵押品估价等办理贷款相关手续的咨询服务，使甲方融资成功；融资成功后，甲方同意在贷款期内向乙方缴纳服务费总额78万元，超过首次约定贷款期限的，按月收取服务费，不足一个月按一个月收取，标准为以贷款金额为标的，每月按20‰收取咨询服务费。某信息咨询服务部负责人赵某露在乙方负责人处签字。同日，某小额贷款公司按约向某置业公司支付1300万元，某置业公司当即通过转账方式向赵某露支付咨询服务费45.5万元。其后，某置业公司又陆续向某小额贷款公司、某信息咨询服务部支付508.1602万元。

2015年6月24日，某小额贷款公司将某置业公司诉至重庆市永川区人民法院，请求判令：某置业公司偿还借款本金1300万元及约定的借期与逾期利息。一审法院认定，某小额贷款公司与某置业公司签订的《借款合同》合法有效，双方当事人均应按照合同约定履行各自义务，某小额贷款公司依约支付借款，某置业公司即应按照合同约定期限向某小额贷款公司偿还借款本息。某小额贷款公司主张逾期月利率为22.5‰过高，调整为按中国人民银行同期同类贷款基准利率的四倍计息。某置业公司与某信息咨询服务部签订的《咨询服务协议》合法有效且已经实际履行，故某置业公司辩称咨询服务费应作为本金抵扣的理由不能成立。一审法院遂于2016年10月31日作出判决，判令：某置业公司偿还某小额贷款公司借款本金1300万元；截至2015年3月20日，利息142.2878万元；从2015年3月21日起，以1300万元为基数按中国人民银行同期同类贷款基准利率的四倍计算至本金付清之日止的利息。当事人双方均未上诉，一审判决生效。

【检察机关履职过程】

受理及审查情况　重庆市永川区人民检察院在协助上级检察院办理某小额贷款公司与王某、何某等借款合同纠纷监督案中，发现本案监督线索。经初步调查了解，某小额贷款公司可能存在规避行业监管、变相收取高额利息、扰乱国家金融秩序的情形，遂依职权启动监督程序，并重点开展以下调查核实工作：询问赵某露以及某小额贷款公司副总经理、会计等，证实某信息咨询服务部是某小额贷款公司设立，实际上是"一套人马、两块牌子"，赵某露既是某信息咨询服务部负责人，也是某小额贷款公司出纳；调取赵某露银行流水，查明赵某露收到某置业公司咨询费后，最终将钱款转入某小额贷款公司账户；查阅某小额贷款公司财务凭证等会计资料，发现某小额贷款公司做账时，将每月收取的钱款分别做成利息与咨询费，本案实际年利率达到42%。重庆市永川区人民检察院认为原审判决确有错误，依法提请重庆市人民检察院第五分院抗诉。

监督意见　重庆市人民检察院第五分院经审查认为，当事人履行合同不得扰乱金融监管秩序。某信息咨询服务部名义上向某置业公司收取的咨询费、服务费，实际是代某小额贷款公司收取的利息，旨在规避国家金融监管，违规获取高息。本案借款本金数额应扣除借款当日支付的咨询服务费，即"砍头息"45.5万元，其后支付的咨询服务费应抵扣借款本息。原审判决认定事实错误，应予纠正。重庆市人民检察院第五分院于2020年10月26日向重庆市第五中级人民法院提出抗诉。

监督结果 重庆市第五中级人民法院裁定重庆市永川区人民法院再审。再审中，某小额贷款公司认可检察机关查明的事实。再审另查明，2017年12月28日，重庆市大足区人民法院裁定受理某置业公司的破产申请；同日，某小额贷款公司申报债权。综上，重庆市永川区人民法院采纳检察机关的抗诉意见，并于2021年6月24日作出再审判决：撤销一审判决；确认某小额贷款公司对某置业公司享有破产债权1254.50万元及利息，已付利息508.1602万元予以抵扣。当事人双方均未上诉，再审判决已生效。

【指导意义】

（1）检察机关在办理借款合同纠纷监督案中，发现小额贷款公司设立关联公司预先扣除借款本金、变相收取高额利息的，应当按照实际借款金额认定借款本金并依法计息。实践中，一些小额贷款公司作为非银行性金融机构，为规避监管，利用其在放贷业务中的优势地位，采取预扣借款本金、变相收取高额利息等违法手段，损害借款人合法权益，扰乱金融市场秩序。从表面上看，此类小额贷款公司通过设立关联公司，要求借款人与关联公司订立咨询、中介等服务合同，收取咨询、管理、服务、顾问等费用，但实际上是预先扣除借款本金、变相收取高额利息。《中华人民共和国合同法》第二百条规定，借款的利息不得预先在本金中扣除，利息预先在本金中扣除的，应当按照实际借款数额返还借款并计算利息。《中华人民共和国民法典》对上述内容再次予以确认并明确规定，禁止高利放贷，借款的利率不得违反国家有关规定。对小额贷款公司设立关联公司预扣借款本金、变相收取高额利息的行为作出否定性评价，符合民法典精神及稳定规范金融秩序的要求。

（2）检察机关在办理相关案件中应当加强对小额贷款公司等地方金融组织违规发放贷款行为的审查和调查核实，发挥司法能动作用，依法维护金融秩序和金融安全。当前，部分小额贷款公司背离有效配置金融资源，引导民间资本满足实体经济、"三农"、小微型企业、城市低收入者等融资需求的政策初衷，违背"小额、分散"原则，违法违规放贷，甚至违背国家房地产调控措施，以首付贷、经营贷等形式违规向买房人放贷。这不仅增加自身经营风险，而且加大金融杠杆，增大金融风险，乃至危及国家金融安全。检察机关在办理相关案件中，一方面要保障借款人的合法权益；另一方面应当注重通过大数据筛查类案情况，积极调查核实当事人订立合同的目的及资金流向等是否存在异常情况，发现小额贷款公司等存在违规发放贷款情形的，可以依法通过抗诉、制发检察建议等方式，促进规范小额贷款公司经营行为，依法维护金融秩序。

【相关规定】

《中华人民共和国民法典》第六百七十条（本案适用的是《中华人民共和国合同法》第二百条）、第六百八十条

《中华人民共和国民事诉讼法》（2017年修正）第二百零八条（现为2021年修正后的第二百一十五条）

《人民检察院民事诉讼监督规则（试行）》（2013年施行）第四十一条、第九十一条（现为2021年施行的《人民检察院民事诉讼监督规则》第三十七条、第九十条）

来源：最高人民检察院

最高检第六检察厅负责人就最高检第三十八批指导性案例答记者问

（2022年7月）

加强民事生效裁判监督　护航人民美好生活
——最高人民检察院第六检察厅负责人就最高检第三十八批指导性案例答记者问

最高检日前发布以"民事生效裁判监督工作"为主题的第三十八批指导性案例。记者就案例选取的相关背景、检察机关开展民事生效裁判监督工作情况采访了最高检检委会委员、第六检察厅厅长冯小光。

记者： 今年正值民法典颁布两周年，此时发布民事生效裁判监督指导性案例，基于何种考虑？

冯小光： 民法典颁布两周年之际，最高检以"民事生效裁判监督工作"为主题发布第三十八批指导性案例，主要有以下几方面考虑。

一是进一步深化落实以人民为中心的司法理念，将民法典确认的各项民事权利保护落到实处。新时代，人民群众的权利意识和法治观念日益增强，普遍希望对权利的保护更充分、更有效。民法典作为新时代人民权利的宣言书，它以民事权利的确认为"经"，以民事权利的保护为"纬"，系统构建了对自然人、法人和非法人组织的全方位保护体系，特别是在民事权利保护方面有许多制度创新，进一步丰富了民事权利的范围和内涵。

但徒法不足以自行，如何将民法典对人民群众权利的保护落到实处，是对检察机关履职尽责的重大考验。民事生效裁判监督是检察机关对法院作出的生效民事判决、裁定的监督，是民事检察的基础性工作与核心内容，集中体现检察机关对于民法典等民事法律的法律适用能力及纠偏引领价值。在民法典颁布两周年之际，通过发布本批指导性案例，对于司法实践中法律适用争议较大的问题予以回应，希望能够最大限度凝聚共识，进一步统一司法裁判标准，及时回应人民群众有关权利保护的法治需求，推动民法典确认的各项权利保护落地落实，将人民至上司法理念落实到司法办案全过程、各环节，让人民群众切实感受到公平正义就在身边。

二是进一步彰显民事检察公权监督与私权救济相结合属性，切实维护人民群众合法权益。民事生效裁判监督的核心是对民事审判权这一公权力的监督，但从业务属性上来讲，民事生效裁判监督又是以案件事实判断及民事法律适用为基础展开工作的，其中必然涉及对当事人合法权益进行保护的问题。比如检例第157号陈某与向某贵房屋租赁合同纠纷抗诉案，面对当事人穷尽各种方式解除合同无果的困境，检察机关通过抗诉不仅保证了民法典中合同解除制度的正确适用，还及时解除了当事人维权困境，切实保护了当事人的合法权益。通过发布本批指导性案例，我们希望进一步引导各级民事检察部门在监督纠正错误司法裁判的同时，切实发挥对当事人权利救济的职能作用，将民法典精神落实到位。

三是进一步保障民法典统一正确实施，为经济社会高质量发展贡献检察力量。高质量发展需要高水平法治保障，只有在法治这个"最大公约数"下，最广大人民群众才能享有更实在的获得感、幸福感、安全感。希望通过发布本批指导性案例，引导各地通过监督工作促进民法典正确统一实施，实现双赢多赢共赢，同时主动就发现的类案问题制发检察建议，积极融入社会治理，为提升国家治理体系和治理能力现代化贡献检察力量。

记者： 近年来，民事检察一直在强调精准监督，本批指导性案例如何体现精准监督？民法典时代，民事检察将如何做好精准监督？

冯小光： 民事法律关系纷繁复杂，检察机关必须聚焦突出问题，精准履行监督职责。精准监督的"精"，是要求检察机关注重选择在法治理念、司法活动中有纠偏、创新、进步、引领价值的典型案件，努力做到监督一件，促进解决一个领域、一个地方、一个时期司法理念、政策、导向问题；"准"，就是要做到案件事实认定清楚、法律适用正确，在此基础上根据案件具体情况，选择适当的监督方式。具体来说，精准监督要求检察机关在审查民事生效裁判监督案件中，努力做到精准发现、精准审查、精准处理。

精准发现是民事检察监督精准发力的前提和基础，需要检察机关准确把握民商事诉讼活动基本规律，了解相关经济社会领域发展动态，进而精准发现审判权运行中存在的问题。一般来说，民商事案件是经济社会的真实写照，是经济基础构成要素的变化在上层建筑领域的真实反映。因此，检察机关在办理民商事案件中，既需要对于诸如检例第155号案件中不正常的借贷行为、检例第156号案件中"一房二卖"等具备法律和政策的敏感性，也要及时发现民事审判权运行中需要改进和修正的问题，比如检例第154号、第156号案件中可能存在的"以鉴代审"或者不当行使自由裁量权等问题，这是民事检察精准监督的前提与基础。同时，还要加强能动履职，增强主动发现案件线索意识，比如检例第155号案的案件线索便是检察机关在另案中主动发现，进而依职权主动监督所涉民事生效裁判，积极主动履行检察监督职能。

精准审查和精准处理是实现精准监督的重要过程与方式，要求检察官在审查案件时，坚持"精准监督思维"与工匠精神，秉持客观公正立场，并根据审查内容选取适当的监督方式。比如检例第155号某小额贷款公司与某置业公司借款合同纠纷抗诉案，经检察机关调查发现，某信息咨询服务部是某小额贷款公司设立的，二者实际上是"一套人马、两块牌子"，某信息咨询服务部名义上向某置业公司收取的咨询费、服务费，实际是代某小额贷款公司收取的利息，旨在规避国家金融监管，违规获取高息。在精准审查本案某小额贷款公司存在规避行业监管、变相收取高额利息、扰乱国家金融秩序等情形的前提下，检察机关认为，通过个案纠偏可以起到以点带面、放大法律效果的作用，对于之后办理类似案件如何识别、监督地方金融组织违规发放贷款行为，进一步维护正常交易秩序、净化金融环境能够发挥指引作用，遂以提出抗诉方式予以精准监督。其他几个案例也是这样，检察机关通过合理选择抗诉或再审检察建议的监督方式，在监督纠正与民法典精神和规定不相符的司法裁判过程中，促进规范自由裁量权、规范司法鉴定、准确适用合同解除的相关规定。

民法典时代，为进一步做好精准监督，我们将继续深化落实《中共中央关于加强新时代检察机关法律监督工作的意见》，以抓实"质量建设年"为契机，以加强民事生效裁判监督等各项监督工作为抓手，进一步加强能动履职，着力强化涉及民生、与经济社会发展密切相关的民间借贷、买卖合同、建设工程等领域民事检察案件的办理。在学好用好民法典法律条文基础上，综合考虑法、理、情，以监督促公正，努力实现民法典学习贯彻与民事检察精准监督"同频共振"，通过精准监督发挥好检察机关在落实经济社会政策、推进社会诚信道德建设中的重要作用。

记者：本批指导性案例不仅有检察机关抗诉案件，还有检察机关提出再审检察建议的案件，请问检察机关的监督方式有哪些，如何选择适当的监督方式？

冯小光：本批指导性案例集中体现了检察机关多元化、立体式监督格局。根据《人民检察院民事诉讼监督规则》第五十条之规定，检察机关对于民事生效裁判监督案件的监督方式包括提出抗诉、提出再审检察建议、提出检察建议、提请抗诉等。其中，对于法院生效裁判存在《中华人民共和国民事诉讼法》第二百零七条规定情形之一的，比如认定的基本事实缺乏证据证明、适用法律确有错误等情形，检察机关应依法向人民法院提出再审检察建议或者抗诉。本批指导性案例中有三个案例是通过抗诉方式监督的，有一个案例是通过再审检察建议方式监督的。

如何选择适当的监督方式呢？正如刚才谈"精准监督"时提到的，选择合适的监督方式是精准处理的具体体现。一般来说，如果生效裁判在适用法律方面错误，对同类案件的处理具有一定指导意义，且具有纠偏、创新、进步、引领价值，检察机关优先选择提出抗诉的监督方式，力争通过抗诉一件解决相关领域"面"上的问题。比如，检例第154号、第155号、第157号案件均是通过抗诉进行监督的。而再审检察建议是检察院对于同级法院进行同级监督的重要方式，相较于抗诉的"刚性"，再审检察建议具有柔性、协商性的特征。如果生效裁判仅在事实认定上存在错误或者违反法定诉讼程序，则这类案件由同级检察机关通过再审检察建议方式进行监督，与提请上级检察院抗诉的监督方式相比，可以促使法院充分发挥内部审判监督机制作用，有利于节省司法资源。比如，检例第156号案件是检察机关通过再审检察建议进行监督的典型案例。

总的来说，在监督过程中，检察机关根据生效裁判的监督内容，合理选择适当的监督方式，将提出抗诉与再审检察建议互为补充、有机衔接，与其他监督方式一起共同组成多元化、立体式的民事检察监督格局，努力将精准监督做深做实。

记者： 本批指导性案例有两个案例聚焦民间借贷纠纷，基于何种考虑？在办理民间借贷纠纷案件中，检察机关是如何促进相关行业治理的？

冯小光： 近年来，随着经济社会发展，民间借贷纠纷案件数量飙升，在民事检察监督案件中占比非常高。同时，民间借贷纠纷案件的主体日益多元化、法律关系交叉繁复、案件事实也错综复杂，办理此类案件存在诸多难点。因此，我们希望通过发布本批指导性案例，既对一些常见的法律适用争议或者办案难点作出指引，也引导检察机关更好地助推相关行业社会治理，助力维护交易安全与金融秩序。

一是聚焦监督难点，提炼办案指引。民间借贷纠纷案件中，当事人用以证明交付借款或还款的借据或收条等书证往往系孤证或者存在形式、内容上的瑕疵，从签约到履约的证据残缺不全，难以形成完整的证据链条，成为监督难点。比如检例第154号李某荣等七人与李某云民间借贷纠纷抗诉案，还款凭证不仅是孤证，而且四次鉴定意见之间存在矛盾。检察机关经审查认为，鉴定意见并不直接当然成为判决依据，否则鉴定脱离审判程序，当事人无法抗辩，不仅诉权无法保障，也无法进一步查清事实。通过监督该案件，检察机关进一步明确办理类似民间借贷案件应统筹考虑鉴定内容、鉴定程序、鉴定资质以及当事人在关键节点能否充分行使诉权等因素，并结合案件其他证据，综合判断鉴定意见是否可以采信，防止出现"以鉴代审"情况。

二是加强能动履职，促进行业治理。民间借贷纠纷案件不仅呈现数量高、难度大的特点，也与国家经济政策、金融秩序密切相关。当前，部分小额贷款公司背离有效配置金融资源和引导资金特别是民间资金满足实体经济、"三农"、小微型企业、城市低收入者等融资需求的政策初衷，违背"小额、分散"原则，违法违规放贷，甚至违背国家房地产调控措施以首付贷、经营贷等形式违规向买房人放贷。这不仅增加自身经营风险，而且加大社会金融杠杆，增大金融风险，乃至危及国家金融安全。比如检例第155号某小额贷款公司与某置业公司借款合同纠纷抗诉案中，小额贷款公司规避监管，通过设立关联公司的方式，采取预扣借款本金、变相收取高额利息等违法手段，损害借款人的合法权益。此外，司法实践中还存在有多层嵌套式的高利转贷，扰乱金融市场秩序，对此，一方面，检察机关应当加强个案诉讼监督，通过调查核实查明违规放贷行为，促进小额贷款公司规范经营；另一方面，检察机关应当心怀"国之大者"，立足个案审视类案及行业问题，准确理解国家金融监管政策要求和司法实务要求，积极融入社会治理，主动向相关监管部门制发社会治理类检察建议，推动解决相关问题，依法维护金融秩序与金融安全。

记者： 最高检本批指导性案例既有老百姓普遍关心的房屋买卖，也有时常发生的租房纠纷，请问将这些"小案"选为指导性案例发布是如何考虑的？

冯小光： 正所谓"民生无小事、民事大如天"。本批指导性案例中有些案件涉案标的不大，比如检例第157号陈某与向某贵房屋租赁合同纠纷抗诉案，虽然租金不高，但当事人从刚开始装修承租的房子，就受到案外人阻拦，承租人几乎穷尽所有合同解除方式，如协商、诉讼、发解除通知书等，可是租赁合同始终解除不了，租的房子也用不了；对于他来说，这就是十分难办的烦心事、难心事、揪心事，更是非常需要民事检察发挥作用帮助解决的大事。

因此，本批指导性案例我们着重选择一批百姓身边的"小案"，就是要将以人民为中心的司法理念落到实处，体现出民事检察为人民的政治属性。新时代，人民群众对民主、法治、公平、正义、安全、环境等方面的需求日益增长，这也集中体现在民事案件中。民事案件涉及面广、案件量大，与老百姓的生活密切相关。无论标的大小、纠纷难易，即使所谓"小案"，对于当事人来说，都关乎着个人与家庭的切身利益，都是"天大的事情"。通过发布本批指导性案例，我们希望各级民事检察部门在办案中能够始终秉持"如我在诉"的为民情怀，用心用情办好这些案件，不断增强人民群众的获得感和满意度，让人民群众从具体案件中感受到法治阳光。

来源：最高人民检察院

最高检发布第二十三批指导性案例，聚焦检察机关依法履职促进社会治理（节录）

最高检发布5件依法履职促进社会治理指导性案例
助力国家治理体系和治理能力现代化建设

2020年12月14日，最高人民检察院以"检察机关依法履职促进社会治理"为主题发布第二十三批指导性案例，指导全国各级检察机关通过依法履行检察职能，促进社会治理创新，推进国家治理体系和治理能力现代化。

此次发布的指导性案例共5件，分别为刘远鹏（化名）涉嫌生产、销售伪劣产品（不起诉）案，盛开（化名）水务公司污染环境刑事附带民事公益诉讼案，李某俊等"套路贷"虚假诉讼案，北京市海淀区检察院督促落实未成年人禁烟保护案，黑龙江省检察机关督促治理二次供水安全公益诉讼案。

最高检法律政策研究室主任高景峰介绍，社会治理创新是国家治理现代化的重要体现。依托司法办案促进社会治理创新，是检察机关助力国家治理体系和治理能力现代化建设的重要举措。社会治理涉及经济、环境、文化等各方面，第二十三批指导性案例涉及的供水安全、科技创新、生态环境保护、金融安全、未成年人保护等，都是社会治理的重要领域。案件的发生，反映了当前社会治理中的短板和弱项。检察机关在履行"四大检察"职能过程中，综合运用法律赋予的提起公诉、不起诉、提起公益诉讼、开展调查核实、发出检察建议等手段，结合案件办理，查找社会治理漏洞，督促完善社会治理制度机制，能够有效促进社会治理创新，进一步彰显检察机关在服务保障大局中的积极作用。

高景峰指出，进入新时代，检察机关办案不仅要做到案结事了人和，而且要立足法律监督职能，更好履行政治责任和社会责任，实现政治效果、法律效果、社会效果的有机统一，要通过办案促进社会治理创新。检察机关结合办案开展社会治理创新，涉及的很多问题和领域与人民群众切身利益密切相关，通过发布指导性案例，旨在回应社会关切，以案释法，发挥案例在法治宣传教育中的特殊作用。第二十三批指导性案例选取的长江经济带保护、"套路贷"虚假诉讼、未成年人保护等案例，都是各界比较关注的热点问题，选取这些案例作为指导性案例发布，是检察机关落实"谁执法谁普法"的责任制要求，结合办案开展普法的具体举措，必将有利于凝聚社会共识，助力提升社会治理现代化水平，共同打造共建共治共享的社会治理格局。

高景峰表示，下一步，各级检察机关要积极发挥刑事、民事、行政、公益诉讼检察职能，发扬"工匠精神"，提升检察办案质量，坚持问题导向，聚力解决突出问题，依法规范履职，提升工作质效，强化协作配合，增强社会治理合力，以促进国家治理效能得到新提升，服务推进全面建设社会主义现代化国家新目标。

关于印发最高人民检察院第二十三批指导性案例的通知

各级人民检察院：

经2020年11月6日最高人民检察院第十三届检察委员会第五十四次会议决定，现将刘某鹏涉嫌生产、销售"伪劣产品"（不起诉）案等五件案例（检例第85—89号）作为第二十三批指导性案例（检察机关依法履职促进社会治理主题）发布，供参照适用。

最高人民检察院
2020年12月3日

李某俊等"套路贷"虚假诉讼案

（检例第87号）

【关键词】

虚假诉讼　"套路贷"　刑民检察协同　类案监督　金融监管

【要旨】

检察机关办理涉及"套路贷"案件时，应当查清是否存在通过虚假诉讼行为实现非法利益的情形。对虚假诉讼中涉及的民事判决、裁定、调解协议书等，应当依法开展监督。针对办案中发现的非法金融活动和监管漏洞，应当运用检察建议等方式，促进依法整治并及时堵塞行业监管漏洞。

【基本案情】

被告人李某俊，男，1979年10月出生，无业。

2015年10月以来，李某俊以其开设的江苏省常州市金坛区汇丰金融小额贷款公司为载体，纠集冯某陶、王某、陆某波、丁某等多名社会闲散人员，实施高利放贷活动,逐步形成以李某俊为首要分子的恶势力犯罪集团。该集团长期以欺骗、利诱等手段,让借款人虚写远高于本金的借条、签订虚假房屋租赁合同等,并要求借款人提供抵押物、担保人,制造虚假给付事实。随后,该集团采用电话骚扰、言语恐吓、堵锁换锁等"软暴力"手段,向借款人、担保人及其家人索要高额利息,或者以收取利息为名让其虚写借条。在借款人无法给付时,又以虚假的借条、租赁合同等向法院提起民事诉讼,欺骗法院作出民事判决或者主持签订调解协议。李某俊等通过申请法院强制执行,逼迫借款人、担保人及其家人偿还债务,造成5人被司法拘留,26人被限制高消费,21人被纳入失信被执行人名单,11名被害人名下房产6处、车辆7辆被查封。

【检察机关履职过程】

(一)提起公诉追究刑事责任

2018年3月,被害人吴某向公安机关报警,称其在李某俊等人开办的小额贷款公司借款被骗。公安机关对李某俊等人以涉嫌诈骗罪立案侦查。经侦查终结,2018年8月20日,公安机关以李某俊等涉嫌诈骗罪移送江苏省常州市金坛区人民检察院审查起诉。金坛区人民检察院审查发现,李某俊等人长期从事职业放贷活动,具有"套路贷"典型特征,有涉嫌黑恶犯罪嫌疑。办案检察官随即向人民法院调取李某俊等人提起的民事诉讼情况,发现2015年至2018年间,李某俊等人提起民事诉讼上百起,多为民间借贷纠纷,且借条均为格式合同,多数案件被人民法院缺席判决。经初步判断,金坛区人民检察院认为,该犯罪集团存在通过虚假诉讼的方式实施"套路贷"犯罪活动的情形。检察机关遂将案件退回公安机关补充侦查。经公安机关补充侦查,查清"套路贷"犯罪事实后,2018年12月13日,公安机关以李某俊等涉嫌诈骗罪、敲诈勒索罪、虚假诉讼罪、寻衅滋事罪再次移送审查起诉。

2019年1月25日,金坛区人民检察院对本案刑事部分提起公诉,金坛区人民法院于2019年1月至10月四次开庭审理。经审理查明李某俊等人犯罪事实后,金坛区人民法院依法认定其为恶势力犯罪集团。2019年11月1日,金坛区人民法院以诈骗罪、敲诈勒索罪、虚假诉讼罪、寻衅滋事罪判处李某俊有期徒刑十二年,并处罚金人民币28万元;其余被告人分别被判处有期徒刑八年至三年六个月不等,并处罚金。

(二)开展虚假诉讼案件民事监督

针对审查起诉中发现的李某俊等人"套路贷"中可能存在虚假诉讼问题,常州市金坛区人民检察院在做好审查起诉追究刑事责任的同时,依职权启动民事诉讼监督程序,并重点开展了以下调查核实工作:一是对李某俊等人提起民事诉讼的案件进行摸底排查,查明李某俊等人共向当地法院提起民间借贷、房屋租赁、买卖合同纠纷等民事诉讼113件,申请民事执行案件80件,涉案金额共计400余万元。二是向相关民事诉讼当事人进行调查核实,查明相关民间借贷案件借贷事实不清,金额虚高,当事人因李某俊等实施"软暴力"催债，被迫还款。三是对民事判决中的主要证据进行核实，查明作出相关民事判决、裁定、调解确无合法证据。四是对案件是否存在重大金融风险隐患进行核实，查明包括本案在内的小额贷款公司、商贸公司均存在无资质经营、团伙性放贷等问题，金融监管缺位，存在重大风险隐患。

经调查核实，检察机关认为，李某俊等人主要采取签写虚高借条、肆意制造违约、隐瞒抵押事实等手段，假借诉讼侵占他人合法财产。人民法院在相关民事判决中，认定案件基本事实依据的证据虚假，相关民事判决应予纠正；对于李某俊等与其他当事人的民事调解书，因李某俊等人的犯罪行为属于利用法院审判活动，非法侵占他人合法财产，严重妨害司法秩序，损害国家利益与社会公共利益，也应当予以纠正。2019年6月至7月，金坛区人民检察院对该批50件涉虚假诉讼案件向人民法院提出再审检察建议42件，对具有典型意义的8件案件提请常州市人民检察院抗诉。2019年7月，常州市人民检察院向常州市中级人民法院提出抗诉，同年8月，常州市中级人民法院裁定将8件案件指令金坛区人民法院再审。9月，金坛区人民法院对42件案件裁定再审。10月，金坛区人民法院对该批50件案件一并作出民事裁定，撤销原审判决。案件办结后，经调查，2020年1月，金坛区纪委监委对系列民事案件中存在失职问题的涉案审判人员作出了相应的党纪政纪处分。

（三）结合办案参与社会治理

针对办案中发现的社会治理问题，检察机关立足法律监督职能，开展了以下工作。一是推动全市开展集中打击虚假诉讼的专项活动，共办理虚假诉讼案件103件，移送犯罪线索12件15人；与人民法院协商建立民事案件正副卷一并调阅制度及民事案件再审信息共享机制，与纪委监委、公安、司法等相关部门建立线索移送、案件协作机制，有效形成社会治理合力。二是针对发现的小微金融行业无证照开展金融服务等管理漏洞，向行政主管部门发出检察建议7份；联合公安、金融监管、市场监管等部门，在全市范围内开展金融整治专项活动，对重点区域进行清理整顿，对非法金融活动集中的写字楼开展"扫楼"行动，清理取缔133家非法理财公司，查办6起非法经营犯罪案件。三是向常州市人大常委会专题报告民事虚假诉讼检察监督工作情况，推动出台《常州市人大常委会关于全市民事虚假诉讼法律监督工作情况的审议意见》，要求全市相关职能部门加强协作配合，推动政法机关信息大平台建设、实施虚假诉讼联防联惩等9条举措。四是针对办案中发现的律师违规代理和公民违法代理的行为，分别向常州市律师协会和相关法院发出检察建议并获采纳。常州市律师协会由此开展专项教育整顿，规范全市律师执业行为，推进加强社会诚信体系建设。

【指导意义】

（一）刑民检察协同，加强涉黑涉恶犯罪中"套路贷"行为的审查

检察机关在办理涉黑涉恶案件存在"套路贷"行为时，应当注重强化刑事检察和

民事检察职能协同。既充分发挥刑事检察职能，严格审查追诉犯罪，又发挥民事检察职能，以发现的异常案件线索为基础，开展关联案件的研判分析，并予以精准监督。刑事检察和民事检察联动，形成监督合力，加大打击黑恶犯罪力度，提升法律监督质效。

（二）办理"套路贷"案件要注重审查是否存在虚假诉讼行为

对涉黑涉恶案件中存在"套路贷"行为的，检察机关应当注重审查是否存在通过虚假诉讼手段实现"套路贷"非法利益的情形。对此，可围绕案件中是否存在疑似职业放贷人、借贷合同是否为统一格式、原告提供的证据形式是否不合常理、被告是否缺席判决等方面进行审查。发现虚假诉讼严重损害当事人利益、妨害司法秩序的，应当依职权启动监督，及时纠正错误判决、裁定和调解协议书。

（三）综合运用多种手段促进金融行业治理

针对办案中发现的非法金融活动、行业监管漏洞、诚信机制建设等问题，检察机关应当分析监管缺位的深层次原因，注重运用检察建议等方式，促进行业监管部门建章立制、堵塞管理漏洞。同时，检察机关还应当积极会同纪委监委、法院、公安、金融监管、市场监管等单位建立金融风险联防联惩体系，形成监管合力和打击共识。对发现的倾向性、苗头性问题，可以通过联席会议的方式，加强研判，建立健全信息共享、线索移送、案件协查等工作机制，促进从源头上铲除非法金融活动的滋生土壤。

【相关规定】

《中华人民共和国民事诉讼法》第二百零八条

《中华人民共和国刑法》第二百三十八条、第二百六十六条、第二百七十四条、第二百九十三条、第三百零七条之一

《最高人民法院关于审理民间借贷案件适用法律若干问题的规定》第十九条

来源：最高人民检察院

最高人民检察院关于印发最高人民检察院第十四批指导性案例的通知

各省、自治区、直辖市人民检察院，解放军军事检察院，新疆生产建设兵团人民检察院：

经2019年4月22日最高人民检察院第十三届检察委员会第十七次会议决定，现将广州乙置业公司等骗取支付令执行虚假诉讼监督案等五件指导性案例（检例第52—56号）作为第十四批指导性案例发布，供参照适用。

最高人民检察院

2019年5月21日

广州乙置业公司等骗取支付令执行虚假诉讼监督案

（检例第52号）

【关键词】

骗取支付令　侵吞国有资产　检察建议

【要旨】

当事人恶意串通、虚构债务，骗取法院支付令，并在执行过程中通谋达成和解协议，通过以物抵债的方式侵占国有资产，损害司法秩序，构成虚假诉讼。检察机关对此类案件应当依法进行监督，充分发挥法律监督职能，维护司法秩序，保护国有资产。

【基本案情】

2003年起，国有企业甲农工商公司因未按期偿还银行贷款被诉至法院，银行账户被查封。为转移甲农工商公司及其下属公司的资产，甲农工商公司班子成员以个人名义出资，于2003年5月26日成立广州乙置业公司（以下简称乙置业公司），甲农工商公司经理张某任乙置业公司董事长，其他班子成员任乙置业公司股东兼管理人员。

2004年6月23日和2005年2月20日，乙置业公司分别与借款人甲农工商公司下属丙实业公司和丁果园场签订金额为251.846万元、1600万元的借款协议，丙实业公司以自有房产为借款提供抵押担保。乙置业公司没有自有流动运营资金和自有业务，其出借资金主要来源于甲农工商公司委托其代管的资金。

丙实业公司借款时，甲农工商公司在乙置业公司已经存放有13893401.67元理财资金可以调拨，但甲农工商公司未调拨理财资金，反而由下属的丙实业公司以房产抵押的方式借款。丁果园场借款时，在1600万元借款到账的1~3天内便以"往来款"名义划付到案外人账户，案外人又在5天内通过银行转账方式将等额资金划还给乙置业公司。

上述借款到期后，乙置业公司立即向广州市白云区人民法院申请支付令，要求偿还借款。2004年9月6日，法院作出（2004）云法民二督字第23号支付令，责令丙实业公司履行付款义务；2005年11月9日，法院作出（2005）云法民二督字第16号支付令，责令丁果园场履行付款义务。丙实业公司与丁果园场未提出异议，并在执行过程中迅速与乙置业公司达成以房抵债的和解协议。2004年10月11日，丙实业公司与乙置业公司签署和解协议，以自有房产抵偿251.846万元债务。丙实业公司还主动以自有的36栋房产为丁果园场借款提供执行担保。2006年2月、4月，法院先后裁定将丁果园场的房产作价611.7212万元、丙实业公司担保房产作价396.9387万元以物抵债给乙置业公司。

案发后，甲农工商公司的主管单位于2013年9月10日委托评估，评估报告显示，以法院裁定抵债日为评估基准日，涉案房产评估价值合计1.09亿余元，比法院裁定以物抵债的价格高出9640万余元，国有资产受到严重损害。

【检察机关监督情况】

线索发现 2016年4月，广东省人民检察院在办理甲农工商公司经理张某贪污、受贿刑事案件的过程中，发现乙置业公司可能存在骗取支付令、侵吞国有资产的行为，遂将案件线索交广州市人民检察院办理。广州市人民检察院依职权启动监督程序，与白云区人民检察院组成办案组共同办理该案。

调查核实 办案组调取法院支付令与执行案件卷宗，经审查发现，乙置业公司与丙实业公司、丁果园场在诉讼过程中对借款事实等问题的陈述高度一致；三方在执行过程中主动、迅速达成以物抵债的和解协议，而缺乏通常诉讼具有的对抗性；经审查张某贪污、受贿案的刑事卷宗，发现甲农工商公司、乙置业公司的班子成员存在合谋串通、侵吞国有资产的主观故意；经审查工商登记资料，发现乙置业公司没有自有资金，其资金来源于代管的甲农工商公司资金；经调取银行流水清单，核实了借款资金流转情况。办案组沿涉案资金、房产的转移路径，逐步厘清案情脉络，并重新询问相关涉案人员，最终获取张某等人的证言，进一步夯实证据。

监督意见 2016年10月8日，白云区人民检察院就白云区人民法院前述两份支付令分别发出穗云检民（行）违监（2016）4号、5号检察建议书，指出乙置业公司与丙实业公司、丁果园场恶意串通、虚构债务，骗取法院支付令，借执行和解程序侵吞国有资产，损害了正常司法秩序，建议法院撤销涉案支付令。

监督结果 2018年5月15日，白云区人民法院作出（2018）粤0111民督监1号、2号民事裁定书，分别确认前述涉案支付令错误，裁定予以撤销，驳回乙置业公司的支付令申请。同年10月，白云区人民法院依据生效裁定执行回转，至此，1.09亿余元的国有资产损失得以挽回。甲农工商公司原班子成员张某等人因涉嫌犯贪污罪、受贿罪，已被广州市人民检察院提起公诉。

【指导意义】

（1）虚构债务骗取支付令成为民事虚假诉讼的一种表现形式，应当加强法律监督。民事诉讼法规定的督促程序，旨在使债权人便捷高效地获得强制执行依据，解决纠纷。司法实践中，有的当事人正是利用法院发出支付令以形式审查为主、实质问题不易被发现的特点，恶意串通、虚构债务骗取支付令并获得执行，侵害其他民事主体的合法权益。本案乙置业公司与丙实业公司、丁果园场恶意串通、虚构债务申请支付令，构成虚假诉讼。由于法院在发出支付令时无须经过诉讼程序，仅对当事人提供的事实、证据进行形式审查，因此，骗取支付令的虚假诉讼案件通常具有一定的隐蔽性，检察机关应当加强对此类案件的监督，充分发挥法律监督职能。

（2）办理虚假诉讼案件重点围绕捏造事实行为进行审查。虚假诉讼通常以捏造的事实启动民事诉讼程序，检察机关应当以此为重点内容开展调查核实工作。本案办理过程中，办案组通过调阅张某刑事案件卷宗材料掌握案情，以刑事案件中固定的证据作为本案办理的突破口；通过重点审查涉案公司的企业法人营业执照、公司章程、公司登记申请书、股东会决议等工商资料，确认丙实业公司和丁果园场均由甲农工商公司设立，均系全民所有制企业，名下房产属于国有财产，上述公司的主要班子成员存在交叉任职等事实；通过调取报税资料、会计账册、资金代管协议等档案材料发现，乙置业公司没有自有流动运营资金和业务，其资金来源于代管的甲农工商公司资金；通过调取银行流水清单，发现丁果园场在借款到账后即以"往来款"名义划付至案外人账户，案外人随即将等额资金划还至乙置业公司，查明了借款资金流转的情况。一系列事实和证据均指向当事人存在恶意串通、虚构债务骗取支付令的行为。

（3）发现和办理虚假诉讼案件，检察机关应当形成整体合力。虚假诉讼不仅侵害其他民事主体的合法权益，影响经济社会生活秩序，更对司法公信力、司法秩序造成严重侵害，检察机关应当形成整体合力，加大法律监督力度。检察机关各业务部门在履行职责过程中发现民事虚假诉讼线索的，均应及时向民事检察部门移送；并积极探索建立各业务部门之间的线索双向移送、反馈机制，线索共享、信息互联机制。本案就是检察机关在办理刑事案件过程中发现可能存在民事虚假诉讼线索，民事检察部门由此进行深入调查的典型案例。

【相关规定】

《中华人民共和国民事诉讼法》第十四条、第二百一十六条

《最高人民法院关于适用〈中华人民共和国民事诉讼法〉的解释》第四百一十四条

《人民检察院民事诉讼监督规则（试行）》第九十九条

武汉乙投资公司等骗取调解书虚假诉讼监督案

（检例第53号）

【关键词】

虚假调解　逃避债务　民事抗诉

【要旨】

伪造证据、虚构事实提起诉讼，骗取人民法院调解书，妨害司法秩序、损害司法权威，不仅可能损害他人合法权益，而且可能损害国家和社会公共利益的，构成虚假诉讼。检察机关办理此类虚假诉讼监督案件，应当从交易和诉讼中的异常现象出发，追踪利益流向，查明当事人之间的通谋行为，确认是否构成虚假诉讼，依法予以监督。

【基本案情】

2010年4月26日，甲商贸公司以商品房预售合同纠纷为由向武汉市蔡甸区人民法院起诉乙投资公司，称双方于2008年4月30日签订《商品房订购协议书》，约定甲商贸公司购买乙投资公司天润工业园项目约4万平方米的商品房，总价款人民币7375万元，甲商贸公司支付1475万元定金，乙投资公司于收到定金后30日内完成上述项目地块的抵押登记注销，双方再签订正式《商品房买卖合同》。协议签订后，甲商贸公司依约支付定金，但乙投资公司未解除土地抵押登记，甲商贸公司遂提出四起商品房预售合同纠纷诉讼，诉请判令乙投资公司双倍返还定金，诉讼标的额分别为700万元、700万元、750万元、800万元，共计2950万元。武汉市蔡甸区人民法院受理后，适用简易程序审理、以调解方式结案，作出（2010）蔡民二初字第79号、第80号、第81号、第82号民事调解书，分别确认乙投资公司双倍返还定金700万元、700万元、750万元、800万元，合计2950万元。甲商贸公司随即向该法院申请执行，领取可供执行的款项2065万元。

【检察机关监督情况】

线索发现 2015年，武汉市人民检察院接到案外人相关举报，经对上述案件进行审查，初步梳理出如下案件线索：一是法院受理异常。双方只签订有一份《商品房订购协议书》，甲商贸公司却拆分提出四起诉讼；甲商贸公司已支付定金为1475万元，依据当时湖北省法院案件级别管辖规定，基层法院受理标的额在800万元以下的案件，本案明显属于为回避级别管辖规定而拆分起诉，法院受理异常。二是均适用简易程序由同一名审判人员审结，从受理到审理、制发调解书在5天内全部完成。三是庭审无对抗性，乙投资公司对甲商贸公司主张的事实、证据及诉讼请求全部认可，双方当事人及代理人在整个诉讼过程中陈述高度一致。四是均快速进入执行程序、快速执结。

调查核实 针对初步梳理的案件线索，武汉市人民检察院随即开展调查核实。第一步，通过裁判文书网查询到乙投资公司作为被告或被执行人的案件在武汉市蔡甸区人民法院已有40余件，总标的额1.3亿余元，乙投资公司已经资不抵债；第二步，通过银行查询执行款流向，发现甲商贸公司收到2065万元执行款后，将其中1600万元转账至乙投资公司法定代表人方某的个人账户，320万元转账至丙公司、丁公司；第三步，通过查询工商信息，发现方某系乙投资公司法定代表人，而甲、乙、丙、丁四公司系关联公司，实际控制人均为成某某；第四步，调阅法院卷宗，发现方某本人参加了四起案件的全部诉讼过程；第五步，经进一步调查方某个人银行账户，发现方某在本案诉讼前后与武汉市蔡甸区人民法院民二庭原庭长杨某某之间存在金额达100余万元的资金往来。检察人员据此判断该四起案件可能是乙投资公司串通关联公司提起的虚假诉讼。经进一步审查发现，甲商贸公司、乙投资公司的实际控制人成某某通过受让债权取得乙投资公司80%的股权，后因经营不善产生巨额债务，遂指使甲商贸公司伪造了以上《商品房订购协议书》，并将甲商贸公司其他业务的银行资金往来明细作为支付定金1475万元的证据，由甲商贸公司向武汉市蔡甸区人民法院提起诉讼，请求"被告乙投资公司双倍返还定金2950万元"，企图达到转移公司资产、逃避公司债务的非法目的。该院民二庭庭长杨某某在明知甲商贸公司、乙投资公司的实际控制人为同一人，且该院对案件无管辖权的情况下，主动建议甲商贸公司将一案拆分为4个案件起诉；案件转审判庭后，杨某某向承办法官隐瞒上述情况，指示其按照简易程序快速调解结案；进入执行后，杨某某又将该案原、被告公司的实际控制人为同一人的情况告知法院执行二庭原庭长童某，希望快速执行。在杨某某、童某的参与下，案件迅速执行结案。

监督意见 2016年10月21日，武汉市人民检察院就（2010）蔡民二初字第79号、第80号、第81号、第82号民事调解书，向武汉市中级人民法院提出抗诉，认为本案调解书认定的事实与案件真实情况明显不符，四起诉讼均系双方当事人恶意串通为逃避公司债务提起的虚假诉讼，应当依法纠正。首先，从《商品房订购协议书》的表面形式来看，明显与正常的商品房买卖交易惯例不符，连订购房屋的具体位置、房号都没有约定。其次，乙投资公司法定代表人方某在刑事侦查中供述双方不存在真实的商品房买卖合同关系，四份商品房订购协议书系伪造，目的是通过双倍返还购房定金的方式转移公司资产，逃避公司债务。最后，在双方无房屋买卖交易的情况下，不存在支付及返还"定金"之说。证明甲商贸公司支付1475万元定金的证据是7张银行凭证，其中一笔600万元的汇款人为案外人戊公司；甲商贸公司陆续汇入乙投资公司875万元后，乙投资公司又向甲商贸公司汇回175万元，甲商贸公司汇入乙投资公司账户的金额实际仅有700万元，且属于公司内部的调度款。

监督结果 2018年1月16日，武汉市中级人民法院对武汉市人民检察院抗诉的四起案件作出民事裁定，指令武汉市蔡甸区人民法院再审。2018年11月19日，武汉市蔡甸区人民法院分别作出再审判决：撤销武汉市蔡甸区人民法院（2010）蔡民二初字第79号、第80号、第81号、第82号四份民事调解书，驳回甲商贸公司全部诉讼请求。2017年，武汉市蔡甸区人民法院民二庭原庭长杨某某、执行二庭原庭长童某被以受贿罪追究刑事责任。

【指导意义】

（1）对于虚假诉讼形成的民事调解书，检察机关应当依法监督。虚假诉讼的民事调解有其特殊性，此类案件以调解书形式出现，从外表来看是当事人在处分自己的民事权利义务，与他人无关。但其实质是当事人利用调解书形式达到了某种非法目的，获得了某种非法利益，或者损害了他人的合法权益。当事人这种以调解形式达到非法目的或获取非法利益的行为，利用了人民法院的审判权，从实质上突破了调解各方私益的范畴，所处分和损害的利益已不仅仅是当事人的私益，还妨碍司法秩序，损害司法权威，侵害国家和社会公共利益，应当依法监督。对于此类虚假民事调解，检察机关可以依照民事诉讼法的相关规定提出抗诉。

（2）注重对案件中异常现象的调查核实，查明虚假诉讼的真相。检察机关对办案中发现的异于常理的现象要进行调查，这些异常既包括交易的异常，也包括诉讼的异常。例如，合同约定和合同履行明显不符合交易惯例和常识，可能存在通谋的；案件的立、审、执较之同地区同类型案件异常迅速的；庭审过程明显缺乏对抗性，双方当事人在诉讼过程对主张的案件事实和证据高度一致等。检察机关要敏锐捕捉异常现象，有针对性地运用调查核实措施，还案件事实以本来面目。

【相关规定】

《中华人民共和国民事诉讼法》第一百一十二条、第一百一十三条、第二百零八条、第二百一十条

《中华人民共和国刑法》第三百零七条之一

陕西甲实业公司等公证执行虚假诉讼监督案

（检例第54号）

【关键词】

虚假公证　非诉执行监督　检察建议

【要旨】

当事人恶意串通、捏造事实，骗取公证文书并申请法院强制执行，侵害他人合法权益，损害司法秩序和司法权威，构成虚假诉讼。检察机关对此类虚假诉讼应当依法监督，规范非诉执行行为，维护司法秩序和社会诚信。

【基本案情】

2011年，陕西甲实业公司（以下简称甲实业公司）董事长高某因非法吸收公众存款罪被追究刑事责任；2012年底，甲实业公司名下资产陕西某酒店被西安市中级人民法院查封拍卖，拍卖所得用于退赔集资款和偿还债务。

2013年11月，高某保外就医期间与郗某、高某萍、高某云、王某、杜某、唐某、耿某等人商议，由高某以甲实业公司名义出具借条，虚构甲实业公司曾于2006年、2007年向郗某等七人借款的事实，并分别签订还款协议书。2013年12月，甲实业公司委托代理人与郗某等七人前往西安市莲湖区公证处，对涉案还款协议书分别办理《具有强制执行效力的债权文书公证书》，莲湖区公证处向郗某等七人出具《执行证书》。2013年12月，郗某等七人依据《执行证书》，向西安市雁塔区人民法院申请执行。2014年3月，西安市雁塔区人民法院作出执行裁定书，以甲实业公司名下财产被西安市中级人民法院拍卖，尚需等待分配方案确定后再恢复执行为由，裁定本案执行程序终结。西安市中级人民法院确定分配方案后，雁塔区人民法院恢复执行并向西安市中级人民法院上报郗某等七人债权请求分配。

【检察机关监督情况】

线索发现　2015年11月，检察机关接到债权人不服西安市中级人民法院制定的债权分配方案，提出高某所涉部分债务涉嫌虚构的举报。雁塔区人民检察院接到举报后，根据债权人提供的线索对高某所涉债务进行清查，发现该七起虚假公证案件线索。

调查核实　雁塔区人民检察院对案件线索依法进行调查核实。首先，到高某服刑的监狱和保外就医的医院对其行踪进行调查，并随即询问了王某、郗某、耿某，郗某等人承认了基于利益因素配合高某虚构甲实业公司借款的事实；其次，雁塔区人民检察院到公证机关调取公证卷宗，向西安市中级人民法院了解甲实业公司执行案件相关情况。经调查核实发现，高某与郗某等七人为套取执行款，逃避债务，虚构甲实业公司向郗某等七人借款1180万元的事实、伪造还款协议书等证据，并对虚构的借款事实进行公证，向西安市雁塔区人民法院申请强制执行该公证债权文书。

监督意见　在查明相关案件事实的基础上，2015年11月，雁塔区人民检察院将涉嫌虚假诉讼刑事案件的线索移交西安市公安局雁塔分局立案侦查。2016年9月23日，雁塔区人民检察院针对雁塔区人民法院的执行活动发出检察建议，指出甲实业公司与郗某等七人恶意串通，伪造借款凭据和还款协议，《执行证书》中的内容与事实不符，由于公证债权文书确有错误，建议依法不予执行。

监督结果　2016年10月24日，雁塔区人民法院回函称，经调取刑事卷宗中郗某等人涉嫌虚假诉讼犯罪的相关证据材料，确认相关公证内容确系捏造，经合议庭合议决定，对相关执行证书裁定不予执行。2017年7月16日，雁塔区人民法院作出（2017）陕0113执异153至159号七份执行裁定书，认定郗某等申请执行人在公证活动进行期间存在虚假行为，公证债权文书的内容与事实不符，裁定对相关公证书及执行证书不予执行。后高某等四人因构成虚假诉讼罪被追究刑事责任。

【指导意义】

（1）利用虚假公证申请法院强制执行是民事虚假诉讼的一种表现形式，应当加强检察监督。对债权文书赋予强制执行效力是法律赋予公证机关的特殊职能，经赋强公证的债权文书，可以不经诉讼直接成为人民法院的执行依据。近年来，对虚假债权文书进行公证的行为时有发生，一些当事人与他人恶意串通，对虚假的赠与合同、买卖合同，或抵偿债务协议进行公证，并申请法院强制执行，以达到转移财产、逃避债务的目的。本案中，甲实业公司与郗某等七人捏造虚假借款事实申请公证，并向人民法院申请强制执行、参与执行财产分配就属于此类情形，不仅损害了案外人的合法债权，同时也损害了诉讼秩序和司法公正，影响社会诚信。本案中，检察机关和公安机关已经查实系虚假公证，由检察机关建议人民法院不予执行较之利害关系人申请公证机关撤销公证更有利于保护债权人合法权益。

（2）加强对执行公证债权文书等非诉执行行为的监督，促进公证活动依法有序开展。根据《公证法》规定，公证机关应当对当事人的身份、申请办理该项公证的资格以及相应的权利；提供的文书内容是否完备，含义是否清晰，签名、印鉴是否齐全；提供的证明材料是否真实、合法、充分；申请公证的事项是否真实、合法等内容进行审查。检察机关在对人民法院执行公证债权文书等非诉执行行为进行监督时，如果发现公证机关未依照法律规定程序和要求进行公证的，应当建议公证机关予以纠正。

【相关规定】

《中华人民共和国民事诉讼法》第二百三十五条

最高人民法院、最高人民检察院《关于民事执行活动法律监督若干问题的规定》第三条

《中华人民共和国公证法》第二十八条

福建王某兴等人劳动仲裁执行虚假诉讼监督案

（检例第55号）

【关键词】

虚假劳动仲裁　仲裁执行监督　检察建议

【要旨】

为从执行款项中优先受偿，当事人伪造证据将普通债权债务关系虚构为劳动争议申请劳动仲裁，获取仲裁裁决或调解书，据此向人民法院申请强制执行，构成虚假诉讼。检察机关对此类虚假诉讼行为应当依法进行监督。

【基本案情】

2014年，王某兴借款339500元给甲茶叶公司原法定代表人王某贵，多次催讨未果。2017年5月，甲茶叶公司因所欠到期债务未偿还，厂房和土地被武平县人民法院拍卖。2017年7月下旬，王某兴为实现其出借给王某贵个人的借款能从甲茶叶公司资产拍卖款中优先受偿的目的，与甲茶叶公司新法定代表人王某福（王某贵之子）商议申请仲裁事宜。双方共同编造甲茶叶公司拖欠王某兴、王某兴妻子及女儿等13人414700元工资款的书面材料，并向武平县劳动人事争议仲裁委员会申请劳动仲裁。2017年7月31日，仲裁员曾某明在明知该13人不是甲茶叶公司员工的情况下，作出武劳仲案（2017）19号仲裁调解书，确认甲茶叶公司应支付给王某兴等13人工资款合计414700元，由武平县人民法院在甲茶叶公司土地拍卖款中直接支付到武平县人力资源和社会保障局农民工工资账户，限于2017年7月31日履行完毕。同年8月1日，王某兴以另外12人委托代理人的身份向武平县人民法院申请强制执行。同月4日，武平县人民法院立案执行，裁定：冻结、划拨甲茶叶公司在银行的存款；查封、扣押、拍卖、变卖甲茶叶公司的所有财产；扣留、提取甲茶叶公司的收入。

【检察机关监督情况】

线索发现　2017年8月初，武平县人民检察院在开展执行监督专项活动中发现，在武平县人民法院对被执行人甲茶叶公司的拍卖款进行分配时，突然新增多名自称甲茶叶公司员工的申请执行人，以仲裁调解书为依据申请参与执行款分配。鉴于甲茶叶公司2014年就已停产，本案存在虚假仲裁的可能性。

调查核实　首先，检察人员调取了法院的执行卷宗，从13个申请执行人的住址、年龄和性别等身份信息初步判断，他们可能存在夫妻关系或其他亲戚关系，随后至公

安机关查询户籍信息证实了申请执行人之间的上述亲属关系；其次，经查询工商登记信息，2013年至2015年底，王某兴独资经营一家汽车修配公司，2015年以后在广东佛山经营不锈钢制品，王某兴之女一直在外地居住，王某兴一家在甲茶叶公司工作的可能性不存在；再次，检察人员经对申请执行人李某林、曾某秀夫妇进行调查询问，发现其长期经营百货商店，亦未在甲茶叶公司工作过，仲裁员曾某明与其有亲属关系；最后，检察人员经对王某福进行说服教育，王某福交代了其与王某兴合谋提起虚假仲裁的事实，王某兴亦承认其与另外12人均与甲茶叶公司不存在劳动关系，"授权委托书"上的签名系伪造，仲裁员曾某明清楚申请人与甲茶叶公司之间不存在劳动关系但仍出具了仲裁调解书。

监督意见 2017年8月24日，武平县人民检察院向武平县劳动人事争议仲裁委员会发出检察建议书，指出王某兴、王某福虚构事实申请劳动仲裁，仲裁员在明知的情况下仍作出虚假仲裁调解书，使得王某贵的个人借款变成了甲茶叶公司的劳动报酬债务，损害了甲茶叶公司其他债权人的合法权益，建议撤销该案仲裁调解书。仲裁委员会撤销仲裁调解书后，2017年8月28日，武平县人民检察院向武平县人民法院发出检察建议书，指出王某兴与王某福共同虚构事实获取仲裁调解书后向法院申请执行，法院据此裁定执行，损害了甲茶叶公司其他债权人的合法权益，妨碍民事诉讼秩序，损害司法权威，且据以执行的仲裁调解书已被撤销，建议法院终结执行。

监督结果 2017年8月24日，武平县劳动人事争议仲裁委员会作出武劳仲决（2017）1号决定书，撤销武劳仲案（2017）19号仲裁调解书。2017年8月29日，武平县人民法院裁定终结（2017）闽0824执888号执行案件的执行，并于同年9月25日书面回复武平县人民检察院。王某兴、王某福因构成虚假诉讼罪被追究刑事责任，曾某明因构成枉法仲裁罪被追究刑事责任。

【指导意义】

（1）以虚假劳动仲裁申请执行是民事虚假诉讼的一种情形，应当加强检察监督。在清算、破产和执行程序中，立法和司法对职工工资债权给予了优先保护：在公司清算程序中职工工资优先支付，在破产程序中职工工资属于优先受偿债权，在执行程序中追索劳动报酬优先考虑。正是由于立法和司法的优先保护，有的债权人为实现自身普通债权优先受偿的目的，与债务人甚至仲裁员恶意串通，伪造证据，捏造拖欠劳动报酬的事实申请劳动仲裁，获取仲裁文书向人民法院申请执行。检察机关在对人民法院执行仲裁裁决书、调解书的活动进行法律监督时，应重点审查是否存在虚假仲裁行为，对查实为虚假仲裁的，应建议法院终结执行，防止执行款错误分配。注重加强与仲裁机构及其主管部门的沟通，共同防范虚假仲裁行为。

（2）办理虚假诉讼监督案件，应当保持对线索的高度敏感性。虚假诉讼案件的表面事实和证据与真实情况往往具有较大差距，当事人之间利益纠葛复杂，多存在通谋，检察机关要敏于发现案件线索，充分做好调查核实工作。本案中，检察人员在执行监督活动中发现虚假仲裁线索，及时开展调查核实工作，认真审查当事人之间的身份关系、户籍信息、经济往来等事项，分析当事人的从业、居住等情况，有步骤地开展调查工作，夯实证据基础，最终查清虚假劳动仲裁的事实。

（3）检察机关在办理虚假诉讼案件中，发现仲裁活动违法的，应当依法进行监督。根据《仲裁法》及《劳动争议调解仲裁法》的规定，仲裁裁决被撤销的法定情形包括：仲裁庭组成或者仲裁程序违反法定程序，裁决依据的证据系伪造，对方当事人隐瞒了足以影响公正裁决的证据，仲裁员在仲裁该案时有索贿受贿、徇私舞弊、枉法裁决行为等。根据《人民检察院检察建议工作规定》，人民检察院可以直接向法院办理案件的涉案单位、本级有关主管机关以及其他有关单位提出检察建议。检察机关在办理虚假诉讼案件中，发现仲裁裁决虚假的，应当依法发出检察建议要求纠正；发现仲裁员涉嫌枉法仲裁犯罪的，依法移送犯罪线索。

【相关规定】

《中华人民共和国民事诉讼法》第二百三十五条

最高人民法院、最高人民检察院《关于民事执行活动法律监督若干问题的规定》第一条

最高人民法院、最高人民检察院《关于办理虚假诉讼刑事案件适用法律若干问题的解释》第一条第三款、第二条第一款

最高人民法院《关于防范和制裁虚假诉讼的指导意见》第八条

《中华人民共和国仲裁法》第五十八条、第五十九条

《中华人民共和国劳动争议调解仲裁法》第四十九条

《人民检察院检察建议工作规定》第三条

江西熊某等交通事故保险理赔虚假诉讼监督案

（检例第56号）

【关键词】

保险理赔　伪造证据　民事抗诉

【要旨】

假冒原告名义提起诉讼，采取伪造证据、虚假陈述等手段，取得法院生效裁判文书，非法获取保险理赔款，构成虚假诉讼。检察机关在履行职责过程中发现虚假诉讼案件线索，应当强化线索发现和调查核实的能力，查明违法事实，纠正错误裁判。

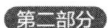

【基本案情】

2012年10月21日,张某驾驶的轿车与熊某驾驶的摩托车发生碰撞,致使熊某受伤、车辆受损,交通事故责任认定书认定张某负事故全部责任,熊某无责任。熊某伤情经司法鉴定为九级伤残。张某驾驶的轿车在甲保险公司投保交强险和商业第三者责任险。

事故发生后,熊某经他人介绍同意由周某与保险公司交涉该案保险理赔事宜,但并未委托其提起诉讼,周某为此向熊某支付了5万元。张某亦经同一人介绍同意将该案保险赔偿事宜交周某处理,并出具了委托代理诉讼的《特别授权委托书》。2013年3月18日,周某冒用熊某的名义向上饶市信州区人民法院提起诉讼,周某冒用熊某名义签署起诉状和授权委托书,冒用委托代理人的名义签署庭审笔录、宣判笔录和送达回证,熊某及被冒用的"委托代理人"对此均不知情。该案中,周某还作为张某的诉讼代理人参加诉讼。

此外,本案事故发生时,熊某为农村户籍,从事钢筋工工作,居住上饶县某某村家中,而周某为实现牟取高额保险赔偿金的目的,伪造公司证明和工资表,并利用虚假材料到公安机关开具证明,证明熊某于2011年9月至2012年10月在县城工作并居住。2013年6月17日,上饶市信州区人民法院作出(2013)信民一初字第470号民事判决,判令甲保险公司在保险限额内向原告熊某赔偿医疗费、伤残赔偿金、被抚养人生活费等共计118723.33元。甲保险公司不服一审判决,上诉至上饶市中级人民法院。2013年10月18日,上饶市中级人民法院作出(2013)饶中民一终字第573号民事调解书,确认甲保险公司赔偿熊某医疗费、伤残赔偿金、被抚养人生活费等共计106723元。

【检察机关监督情况】

线索发现 2016年3月,上饶市检察机关在履行职责中发现,熊某在人民法院作出生效裁判后又提起诉讼,经调阅相关卷宗,发现周某近两年来代理十余件道路交通事故责任涉保险索赔案件,相关案件中存在当事人本人未出庭、委托代理手续不全、熊某的工作证明与个人基本情况明显不符等疑点,初步判断有虚假诉讼嫌疑。

调查核实 根据案件线索,检察机关重点开展了以下调查核实工作:一是向熊某本人了解情况,查明2013年3月18日的民事起诉状非熊某本人的意思表示,起诉状中签名也非熊某本人所签,熊某本人对该起诉讼毫不知情,并不认识起诉状中所载原告委托代理人,亦未委托其参加诉讼;二是向有关单位核实熊某出险前的经常居住地和工作地,查明周某为套用城镇居民人均可支配收入的赔偿标准获取非法利益,指使某汽车服务公司伪造了熊某工作证明和居住证明;三是对周某代理的13件道路交通事故保险理赔案件进行梳理,发现均涉嫌虚假诉讼,本案最典型;四是及时将线索移送公安机关,进一步查实了周某通过冒用他人名义虚构诉讼主体、伪造授权委托书、伪造工作证明以及利用虚假证据材料骗取公安机关证明文件等事实。

监督意见 2016年6月26日，上饶市人民检察院提请抗诉。2016年11月5日，江西省人民检察院提出抗诉，认为上饶市中级人民法院（2013）饶中民一终字第573号民事调解书系虚假调解，周某伪造原告起诉状、假冒原告及其诉讼代理人提起虚假诉讼，非法套取高额保险赔偿金，扰乱诉讼秩序，损害社会公共利益和他人合法权益。

监督结果 2017年8月1日，江西省高级人民法院作出（2017）赣民再第45号民事裁定书，认为本案是一起由周某假冒熊某诉讼代理人向法院提起的虚假诉讼案件，熊某本人及被冒用的诉讼代理人并未提起和参加诉讼，原一审判决和原二审调解书均有错误，裁定撤销，终结本案审理程序。同时，江西省高级人民法院还作出（2017）赣民再第45号民事制裁决定书，对周某进行民事制裁。2019年1月，上饶市中级人民法院决定对一审法官、信州区人民法院立案庭副庭长戴某给予撤职处分。

【指导意义】

检察机关办理民事虚假诉讼监督案件，应当强化线索发现和调查核实的能力。虚假诉讼具有较强的隐蔽性和欺骗性，仅从诉讼活动表面难以甄别，要求检察人员在履职过程中有敏锐的线索发现意识。本案中，就线索发现而言，检察人员注重把握了以下几个方面：一是庭审过程的异常，"原告代理人"或无法发表意见，或陈述、抗辩前后矛盾；二是案件材料和证据异常，熊某工作证明与其基本情况、履历明显不符；三是调解结案异常，甲保险公司二审中并未提交新的证据，"原告代理人"为了迅速达成调解协议，主动提出减少保险赔偿数额，不符合常理。以发现的异常情况为线索，开展深入的调查核实工作，是突破案件瓶颈的关键。根据案件具体情况，可以综合运用询问有关当事人或者知情人，查阅、调取、复制相关法律文书或者证据材料、案卷材料，查询财务账目、银行存款记录，勘验、鉴定、审计以及向有关部门进行专业咨询等调查措施。同时，应主动加强与公安机关、人民法院、司法行政部门的沟通协作。本案中，检察机关及时移送刑事犯罪案件线索，通过公安机关侦查取证手段，查实了周某虚假诉讼的事实。

【相关规定】

《中华人民共和国民事诉讼法》第二百零八条

《人民检察院民事诉讼监督规则（试行）》第二十三条

来源：最高人民检察院

最高检举行检察机关加强虚假诉讼监督新闻发布会

（2019年5月22日）

［最高人民检察院新闻发言人王松苗］各位记者朋友，大家上午好！欢迎参加最高人民检察院新闻发布会。

今天发布会的主题是"打击虚假诉讼 共筑司法诚信"。主要有三项议程：一是通报近年来检察机关加强虚假诉讼监督工作情况，二是发布最高人民检察院第十四批指导性案例，三是回答记者提问。出席发布会的嘉宾是：最高人民检察院副检察长张雪樵，最高人民检察院第六检察厅厅长元明，广东省广州市人民检察院民事行政检察处三级高级检察官李征。

虚假诉讼俗称"打假官司"。当前，在司法实践中，虚假诉讼时有发生，表现为，当事人或虚构案件事实，或捏造法律关系，或伪造诉讼证据，炮制出假案子、假讼争。从表面上看，大多数虚假诉讼案件是当事人通过民事诉讼获取非法利益，但就其实质而言，虚假诉讼行为人恶意地利用国家司法制度实现个人目的，不仅侵害了他人的合法权益，而且严重破坏了社会诚信，损害了司法的公平、公正和公信。

鉴于此，2014年党的十八届四中全会通过的《中共中央关于全面推进依法治国若干重大问题的决定》，要求加大对虚假诉讼的惩治力度；2015年全国人大常委会通过《刑法修正案（九）》，决定增设虚假诉讼罪。

近年来，全国各级检察机关依法积极开展对虚假诉讼的监督工作，办理了一批典型案件。2017年至2019年3月，全国检察机关共监督虚假诉讼民事案件5455件，其中提出抗诉1140件，提出再审检察建议2786件，提出检察建议1529件，移送犯罪线索497件。这里向记者朋友简单解释一下"再审检察建议"和"检察建议"的区别：在民事诉讼监督中，对于法院的生效民事判决、裁定、调解书，检察机关一般以发出再审检察建议或抗诉的形式进行监督；对于民事执行和民事审判程序违法等，检察机关一般以发出检察建议的形式进行监督。

自2018年10月《最高人民法院、最高人民检察院关于办理虚假诉讼刑事案件适用法律若干问题的解释》实施至2019年3月，近半年时间，全国检察机关对虚假诉讼刑事犯罪案件共批捕206件319人，决定起诉138件315人，法院已作出生效判决87件157人，均为有罪判决。民事监督和刑事惩治双管齐下，防范打击虚假诉讼，有效维护了人民群众合法权益，有力捍卫了司法权威公正。

为充分体现检察机关监督虚假诉讼的力度与效果，同时也为了更好地指导各级检察机关依法办理虚假诉讼民事监督案件，最高检决定召开这次发布会。

今天的发布会有以下几个特点：一是相关主题首次发布。围绕人民群众关注的法治热点问题，以"加强民事虚假诉讼法律监督"为主题，发布最高人民检察院检察委员会讨论通过的五件检察机关查办民事虚假诉讼指导性案例，及时回应社会关切，这还是首次。二是发布部门首次亮相。这是自去年底检察机关启动内设机构改革以来，专门负责民事检察工作的第六检察厅首次亮相最高检新闻发布会。三是相关人员现场释法。今天发布会特别邀请了广州市人民检察院办案检察官李征同志，主要是想通过承办检察官"现场说法"，让记者朋友对民事虚假诉讼检察监督工作有更直观深入的了解。

现在，首先请张雪樵副检察长通报近年来检察机关加强虚假诉讼监督工作情况。

[最高人民检察院副检察长张雪樵]各位记者朋友，大家好。虚假诉讼，俗称"打假官司"，不仅侵害他人的合法权益，有违诚实信用原则，而且扰乱司法秩序，损害司法权威和司法公信力。

近年来，随着虚假诉讼案件的增多，其危害性也为社会群众所关注。党的十八届四中全会明确提出要加大对虚假诉讼的惩治力度，全国各级检察机关立足职能定位，积极开展对虚假诉讼的监督，与人民法院、公安机关协调配合，不断加大防范打击力度。检察机关虚假诉讼监督工作得到了最高人民法院的大力支持，2018年"两高"联合下发了《关于办理虚假诉讼刑事案件适用法律若干问题的解释》，加大了对虚假诉讼犯罪案件的查办力度。

此次发布的五件检察机关查办民事虚假诉讼的指导性案例，是最高检近年来第一次发布民事检察指导性案例。下面，我主要就2017年以来全国检察机关开展虚假诉讼监督的工作情况向大家作通报。

一、基本办案情况及成效

2017年至2019年3月，全国检察机关共监督虚假诉讼民事案件5455件，其中2017年办理1920件，2018年办理2883件，2019年第一季度办理652件。办理的生效判决、裁定、调解书监督案件主要集中在民间借贷纠纷、房地产权属纠纷、追索劳动报酬等领域，在提出抗诉和再审检察建议的3927件案件中，借款纠纷2199件，占全部监督案件的56%；劳动合同纠纷474件，占12%；房屋买卖合同纠纷169件，占4.3%。检察机关在防范打击虚假诉讼中的作用日益彰显，取得了一定成效。

（一）坚持以办案为中心，为人民群众提供更好更优更实检察产品

各级检察机关坚持以人民为中心的发展思想，在办案中监督，在监督中办案，以为人民群众、为社会和新时代提供更好更优更实检察产品为目标，依法办理了一批虚假诉讼案件，特别是在虚假诉讼集中的领域开展精准监督，维护了司法公正和司法权威，为经济社会发展提供了法治保障。

（二）积极参与社会治理，促进社会诚信体系建设

虚假诉讼的根本成因在于诚信缺失，加强虚假诉讼监督的主要目的也是助力社会诚信体系建设。检察机关一方面加大对虚假诉讼的打击力度，有效遏制其增长势头；另一方面，通过个案的办理引领司法理念和社会价值，促进社会诚信、道德体系建设。对办案中发现的倾向性、趋势性问题，及时加强与相关职能部门的沟通协调，提出检察建议，堵塞管理漏洞，促进社会治理能力的提升。

（三）建立健全监督体系，做强民事检察工作

最高检新一届党组从新时代检察工作谋篇布局的高度，强调刑事、民事、行政及公益诉讼检察职能要全面、协调、充分发展。民事检察部门加大对虚假诉讼的监督力度，随着监督效果日渐凸显，社会认知度显著提升，虚假诉讼监督已逐渐成为"做强"民事检察工作的着力点。

二、主要做法

（一）提高政治站位，立足经济社会发展大局谋划推进虚假诉讼监督工作

2015年以来，最高检民事检察部门连续多年将虚假诉讼监督列入工作要点部署落实。2018年6月，最高检在河南召开虚假诉讼和审判人员违法监督现场会，总结交流经验，研究部署加强工作的举措。江苏、浙江、湖北、山东、重庆、江西等地开展了全省（市）范围的虚假诉讼监督专项活动。

（二）立足职能定位，将虚假诉讼监督融入中心工作抓紧抓实

各地检察机关加强与人民法院、公安机关等部门协作配合，积极发现、查处涉及黑恶势力的虚假民事诉讼案件。福建省检察院下发了《关于在全省民事检察案件中排查涉黑涉恶违法犯罪线索的紧急通知》，深入排查涉黑恶案件背后的虚假诉讼线索。江苏南通市检察机关2017年起部署开展"套路贷"民事虚假诉讼专项监督，共监督90件案件，涉案金额高达3.09亿元。各地检察机关着力发现欠薪讨薪案件中的虚假诉讼线索，依法保障劳动者、用工企业和其他单位合法权益。同时，加大对侵害民营企业财产权虚假诉讼的惩治力度，构建良好营商环境。

(三)聚焦重点领域,深入开展精准监督

针对虚假诉讼发案集中领域,其中民间借贷纠纷领域的问题最突出。各地结合本地实际,抓住重点领域的突出问题深入开展精准监督。浙江省检察院会同省高级人民法院、省公安厅等六部门联合出台《关于依法严厉打击民间借贷相关刑事犯罪强化民间借贷协同治理的会议纪要》,加大对民间借贷领域虚假诉讼的惩治力度。江苏省检察机关结合当地热点问题,重点打击农村土地承包经营权、拆迁安置等领域的虚假诉讼。

(四)坚持问题导向,多措并举着力破解虚假诉讼监督瓶颈

针对虚假诉讼隐蔽性强,案件线索发现难、查证难、追责难等突出问题。检察机关采取有效措施,取得了一定成效。(1)加大对虚假诉讼监督的宣传力度。依托12309检察服务热线以及"两微一端"、传统媒体等平台,通过开展"举报宣传周""检察开放日"等多种形式,加大宣传力度,引导群众依法维权,提供案件线索。(2)用足用好调查核实权。检察机关综合运用查询、调取证据材料,询问当事人或案外人以及委托鉴定等调查措施,形成了各具特色的经验做法。(3)强化内外联动,有效整合监督资源。一是加强检察机关各业务部门之间的分工协作,健全信息共享、案件移送等机制,形成监督合力。吉林省检察院组建了民事检察调查指挥中心,集中指挥虚假诉讼、民事执行监督、法官违法行为调查等方面的监督案件。二是强化上下联动,优势互补,逐步形成省、市、基层三级院分工负责、各有侧重、联动配合的工作格局。三是强化外部协作,形成打击防范合力。各地检察机关注重加强与法院、公安、司法行政等部门的沟通协调,形成打击防范虚假诉讼监督合力。江苏、浙江、福建、重庆等省级检察机关与省法院、省公安厅、省司法厅联合发文,共同防范和查办虚假诉讼。

(五)依托信息技术,通过数据共享共治提升监督质效

最高检明确部署了加快人工智能、大数据在发现虚假诉讼线索方面的研发应用,各地也结合自身优势积极探索实践,取得了良好效果。浙江省绍兴市检察院自主研发了"民事裁判文书智慧监督系统",江苏省常州市检察院建立"常检云"大数据平台,以信息化手段发现虚假诉讼案件线索。

总体来看,在全国检察机关的共同努力下,虚假诉讼监督工作取得了明显成效,但与党和国家的要求、人民群众的期待相比仍有不小的差距,"发现难""查证难""监督难"问题仍未得到根本解决,监督能力偏弱、监督手段不足等因素仍不同程度制约检察监督职能作用的充分发挥。下一步,检察机关将继续把虚假诉讼监督工作作为深入贯彻落实习近平新时代中国特色社会主义思想的重要抓手,更加突出问题导向,努力实现政治效果、法律效果和社会效果的有机统一,为切实维护司法权威和

司法公正作出更大贡献。

［王松苗］谢谢雪樵副检察长。下面进行第二项议程，请元明厅长发布最高人民检察院第十四批指导性案例。

［最高人民检察院第六检察厅厅长元明］为充分发挥指导性案例的引领作用，加大对虚假诉讼的打击力度，2018年11月初，我们着手围绕虚假诉讼类监督案件制发指导性案例。经广泛征集、严格筛选，并反复征求有关方面意见，最终筛选出5件案例。2019年4月22日，经最高检第十三届检察委员会第十七次会议审议通过，今天正式发布。

第十四批指导性案例包括检察机关办理的五个虚假诉讼民事监督案例（检例第52—56号）。分别是：

（一）广州乙置业公司等骗取支付令执行虚假诉讼监督案（检例第52号）

广州乙置业公司为侵占国有资产，分别与国有企业甲农工商公司下属企业签订金额为251.846万元和1600万元的借款协议，虚构债务，骗取法院生效支付令，迅速达成和解协议，在执行过程中低价评估，以物抵债，造成价值1.09亿余元的国有资产流失。经检察机关监督，挽回了国有资产损失。该案的监督，旨在明确：当事人恶意串通、虚构债务，骗取法院支付令，在执行过程中通过以物抵债的方式侵占国有资产，构成虚假诉讼，检察机关对此类案件应当依法进行监督。

（二）武汉乙投资公司等骗取调解书虚假诉讼监督案（检例第53号）

甲商贸公司与乙投资公司合谋，伪造《商品房订购协议书》，并将其他业务的银行资金往来明细作为支付定金1475万元的证据，由甲商贸公司向人民法院提起诉讼，请求乙投资公司双倍返还定金2950万元，企图达到转移公司资产、逃避公司债务的非法目的。后甲商贸公司又与承办法官合谋取得调解书并快速执行完毕。检察机关抗诉后，法院撤销了调解书，涉案法官被追究刑事责任。该案的监督，旨在明确：伪造证据、虚构事实提起诉讼，骗取人民法院调解书，不仅损害他人合法权益，而且损害国家和社会公共利益，检察机关应当依法提出抗诉。

（三）陕西甲实业公司等公证执行虚假诉讼监督案（检例第54号）

甲实业公司董事长高某为逃避债务，与郗某等七人合谋，虚构甲实业公司向郗某等七人借款的事实，分别签订还款协议书，并对虚构的借款事实进行公证，向人民法院申请强制执行该公证债权文书，参与债权分配。

检察机关发出检察建议后，法院裁定对案涉公证债权文书不予执行，高某等四人因构成虚假诉讼罪被追究刑事责任。该案的监督，旨在明确：当事人恶意串通、捏造事实，骗取公证文书并申请法院强制执行，此种行为构成虚假诉讼，检察机关应当依法监督。

（四）福建王某兴等人劳动仲裁执行虚假诉讼监督案（检例第55号）

王某兴为实现其出借给王某贵个人的借款能优先受偿的目的，与甲茶叶公司新法定代表人王某福（王某贵之子）共同伪造甲茶叶公司拖欠王某兴及其妻子、女儿等414700元工资款的证据，并申请劳动仲裁。仲裁员罔顾事实，作出虚假仲裁调解书，损害了甲茶叶公司其他债权人的合法权益。

检察机关发现该虚假诉讼案后，分别向劳动人事争议仲裁委员会、人民法院提出检察建议，劳动人事争议仲裁委员会撤销了仲裁调解书，人民法院裁定终结案件执行。王某兴、王某福因构成虚假诉讼罪被追究刑事责任，曾某明因构成枉法仲裁罪被追究刑事责任。该案的监督，旨在明确：为从执行款项中优先受偿，当事人伪造证据将普通债权债务关系虚构为劳动争议申请劳动仲裁，获取仲裁裁决或调解书，据此向人民法院申请强制执行的行为，构成虚假诉讼，检察机关应当依法监督。

（五）江西熊某等交通事故保险理赔虚假诉讼监督案（检例第56号）

熊某与张某道路交通事故保险理赔案件中，被告张某的诉讼代理人周某伪造原告熊某诉状、假冒熊某及其诉讼代理人提起本案虚假诉讼，并伪造证据材料非法套取高额保险赔偿金。检察机关抗诉后，人民法院撤销了一审判决、二审调解书，终结本案审理程序，同时决定对周某予以民事制裁，并对一审法官给予撤职处分。该案的监督，旨在明确：假冒原告名义提起诉讼，采取伪造证据、虚假陈述等手段，取得法院生效裁判文书，非法获取保险理赔款，构成虚假诉讼，检察机关应当依法监督。

［王松苗］谢谢元明厅长。下面进行第三项议程，请各位记者朋友提问。

［新华社记者］请通俗地解释一下，什么是民事"虚假诉讼"？虚假诉讼有何特点，有什么危害？

［元明］民事"虚假诉讼"俗称"打假官司"，是指当事人单方或者与他人恶意串通，采取伪造证据、虚假陈述等手段，捏造民事法律关系，虚构民事纠纷，向人民法院提起民事诉讼，企图通过诉讼、仲裁、调解等方式，侵害国家利益、社会公共利益或他人合法权益，妨害司法秩序的行为。

虚假诉讼的特点和危害主要有：

（一）侵害利益多元化，严重妨害司法秩序

虚假诉讼行为人通过各种方式手段达到获取不法财产利益的目的。这种虚设债权债务、伪造变造证据等行为不仅损害第三人利益，还损害国家利益、社会公共利益，妨害司法秩序和国家治理，损害司法权威和司法公信，破坏社会诚信和公序良俗，浪费司法资源和诉讼成本，人民群众对此反映强烈。

（二）方式隐蔽多样，发现查处难度大

一是虚假诉讼主体之间通常具有特殊利益关系，隐蔽性强。虚假诉讼案件一般由

当事人双方合谋制造，通常具有特殊的利益关系，多表现为亲戚、朋友或关联企业、上下级单位等密切关系，双方表面对立，但实质相互串通，往往采取隐瞒事实、异地起诉、伪造代理手续等方式，在诉讼过程中默契配合，"一个巴掌拍不响"，双方勾结进行虚假诉讼，从而逃过法官的审查。二是虚假诉讼手段隐蔽，难以识别。虚假诉讼行为人一般具备丰富的法律专业知识，具有一定的造假能力。个别律师充当司法掮客，"勾兑"当事人和承办法官，成为虚假诉讼的"智囊"，为虚假诉讼的顺利进行出谋划策，有的法官收受当事人贿赂后，充当虚假诉讼的"保护伞"。

（三）表现形式往往缺乏对抗性，以调解结案居多

在双方串通型虚假诉讼中，当事人双方具有共同的利益，对抗性明显不足，举证、质证流于形式，往往采取自认、和解、放弃答辩等方式进行，以迅速结束诉讼程序，取得法院法律文书，达到非法目的。调解结案居多，一审以判决结案的，当事人通常也不会上诉。不像一般案件针锋相对，火药味十足。

（四）案件数量仍然处于高发阶段，类型集中于涉财型纠纷

近年，虚假诉讼案件量整体呈上升趋势，仍处于高发阶段。从案件领域情况来看，财产性纠纷案件成为发生虚假诉讼的多发领域，从以民间借贷为主，逐步扩展到房地产纠纷、离婚析产纠纷、追索劳动报酬纠纷以及保险理赔、仲裁、公证等领域。

［中央人民广播电台记者］司法实践中，虚假诉讼集中在哪些领域？近年来有哪些新变化、新花样？

［元明］近年来，虚假诉讼在民商事审判多领域频发，主要集中在民间借贷纠纷、房地产权属纠纷、离婚涉财纠纷、追索劳动报酬等几类。其中，因民间借贷纠纷案件的事实简单，合同履行的路线短促，成诉的证据要求低，除借据外，汇款凭证还可通过银行交易后将款项返回打款者的形式轻松获取，尤其是在诉讼经验丰富、深谙技巧的高手策划包装下，虚假诉讼的证据形式在外观上更加规范、真实而不易被觉察，致使民间借贷纠纷成为虚假诉讼的"重灾区"。

随着虚假诉讼案件监督工作的深入开展，检察机关涉足的案件类型不断增多，监督领域也在不断扩展。在以下方面有新变化、新花样：积极发现、查处涉及黑恶势力的虚假民事诉讼案件，加大对农村土地承包经营权、道路交通事故等虚假诉讼案件监督力度，着力查办制约当地经济社会发展的拆迁安置、房地产权属、建设工程合同等领域虚假诉讼案件。

此外，对于机动车保险、医疗保险、企业财险等保险理赔类虚假诉讼案件，涉及虚假仲裁、虚假债权公证、虚假公示催告、虚假司法确认等领域的虚假诉讼案件，加大发现与查处力度。

［张雪樵］虚假诉讼主要是财产纠纷，跟债有关，双方恶意串通，虚构债务，主

要达到两个目的，一个是逃避按照法律规定应当归还的债务。如张三欠王五10万元，他不想归还，就让李四来起诉他，虚构欠李四20万元的债务。张三家里有10万元，通过虚假诉讼给了李四，王五的债权就无法实现。即使打官司赢了也执行不了。另一个是通过虚假诉讼去拿到按照正常的法律规定或者程序拿不到的钱。比如，国家为保障农民工工资建立了绿色通道，农民工的工资要优先清偿，有的普通债权按照正常途径不能全部拿到，可能打三折、两折，通过伪造劳动关系，利用工资优先受偿程序能拿到所有的债权，这也是规避法律。所以，虚假诉讼的主要目的一是获取不正当利益，二是规避法律。

[新华网记者]办理监督虚假诉讼案件与办理其他民事检察案件有什么不一样的地方，工作中是否遇到一些难题，又是如何破解的？能否请李检察官结合自己的办案经历谈谈。

[广东省广州市人民检察院民事行政检察处三级高级检察官李征]我们平时办理的民事案件，法律关系和证据一般都是真实的，我们只需要审查法院的判决是不是正确，在认定事实和适用法律等方面是不是有错误。但虚假诉讼案件不同，虚假诉讼的案件事实和法律关系往往是假的，证据也往往是伪造的。这是两类案件的根本区别。

我来自广州市检察院，广州市检察机关近年来办理了一些虚假诉讼案件。在办理这些案件的过程中，我深刻地感受到，查办虚假诉讼案件最大的难点是"调查难"。因为虚假诉讼行为人的手段往往都非常隐蔽。他们习惯采用捏造事实、伪造证据的方式，来掩盖其非法目的。检察机关办理此类案件的关键就在于，必须充分进行调查核实，获取真实证据，揭露假象，挖掘出案件的真实面目。

以广州乙置业公司案件为例，这是一起涉及民间借贷的虚假诉讼，案件的突破点就是证明这是一笔假借款。针对此类案件，我们总结出了"调查核实三步法"。第一步，查阅大量的诉讼资料。通过调阅法院民事诉讼和张某刑案卷宗，确认当事人在诉讼中全无对抗性，发现张某等人早有侵吞国有资产的打算，引起了我们的高度重视。第二步，向多部门调查核实。确定突破方向后，我们分别从工商、税务、银行等部门调查取证。在工商方面，我们审查涉案公司的企业法人营业执照等资料后，确认借款的几个公司之间存在关联；在财税方面，我们通过调取报税资料、会计账册等发现，广州乙置业公司没有自有资金和自有业务，其资金来源于代管的甲农工商公司资金；在银行方面，我们通过调取银行流水清单，证明借款没有真实发生。第三步，向当事人询问确认。基于以上证据，我们制定了详细的询问方案，询问当事人后确认他们的确存在造假的故意。通过上述调查核实工作，我们获取了大量的证据材料，确保了检察监督的实效。该案件于2018年成功结案，这是我们广州市检察机关办理的第一起涉及支付令的虚假诉讼案件，为国家挽回了1.09亿余元的财产损失。

[《新京报》记者] 在依法惩治民事虚假诉讼活动，维护司法秩序，保护公民、法人和其他组织合法权益方面，检察机关采取了哪些有力监督举措？今年最高检在监督纠正"假官司"上会有哪些举措，将在哪些领域重点发力？

[张雪樵] 最高人民检察院为促进虚假诉讼监督工作开展，作了以下考虑：第一，把现阶段取得的工作经验进行总结、宣传、推广，把"盆景"变成"风景"。我们通过今天发布的五个指导性案例指导各级检察机关依法开展对虚假诉讼的监督，提高监督质效，"魔高一尺，道高一丈"。第二，针对线索发现难问题，部署各地检察机关积极运用人工智能、大数据技术，研发办案辅助软件，对法院已经公布的生效裁判文书进行检索。从虚假诉讼文书存在规律性的特点出发发现线索，比如，虚假民间借贷有以下特点：一是债务是假的，有的案件是没有通过银行转账。二是大多数是调解结案，并且从案件的起诉到法院的立案、开庭、庭审到形成的调解时间短，没有对抗性，没有你来我往的那种交锋，不符合真实诉讼的特点。我们根据这些虚假诉讼存在的特点运用大数据、人工智能去发现现有裁判文书存在的共同特点，找线索，提高发现线索的能力。第三，我们本着双赢、多赢、共赢的理念，积极探索开展溯源治理。目前，我们办理的虚假诉讼案件都是法院已经作出生效裁判的，我们是事后监督。现在，我们按照习近平总书记提出的要加快社会治理现代化的要求，尽量将虚假诉讼案件消灭在萌芽状态，防患未然。检察机关是事后监督，比检察机关更有经验或者更有机会来防范虚假诉讼案件的应该是在审判一线的审判工作人员。我们要通过监督促使有关司法人员加强对虚假诉讼的识别和预防。就像中医扁鹊所说的"治未病"。

刚才记者问的第二个问题我们今年将在哪些领域重点发力，检察机关办案要服务于大局，我们要结合中央部署的三大攻坚战，如在脱贫攻坚战中涉及农民工工资领域的虚假诉讼，我们要继续办理，防止虚假诉讼恶意挤占，保障农民工工资的绿色通道，不能让虚假诉讼影响农民工工资的发放。还有，根据中央提出的扫黑除恶专项工作，在与黑恶势力相关的"套路贷"领域，充分发挥监督作用。另外，我们将通过对虚假诉讼的监督，服务好污染防治攻坚战、防范金融风险攻坚战。虚假诉讼有很多案件是金融领域的，有的数额非常高，这个问题不解决会带来金融风险。

[中央电视台记者] 检察机关在开展虚假诉讼检察监督中还存在哪些难点？针对民事法律监督"短板"，检察机关在力量配备、能力建设上采取了哪些新措施？

[张雪樵] 我们检察机关在查办民事虚假诉讼案件过程中，要依法办案。目前办案当中存在的突出问题之一是法律供给不足。

刑事诉讼法对检察机关办理虚假诉讼刑事案件，规定得很详细。但虚假诉讼主要是在民事诉讼中，而民事诉讼法对检察机关办案程序的规定只有原则性规定，不像刑事诉讼法规定得那么详细。如民事诉讼法规定检察机关在办理民事监督案件中有权进行调查核实，但是没有规定调查核实的手段、程序和保障措施等问题。

公安机关有办案的侦查权，我们很多案件通过案件移送，与公安机关配合侦查和调查，往往就有利于查清案件的事实。与人民法院也应加强协作配合，通过外部协作和内部配合，加大对虚假诉讼的查办力度。

程序法没有相应的规定，检察机关办案时面临法律依据不足的问题，法律概括性太强，缺乏可操作性的具体规定。如当事人不配合调查，我们也没有相应的制裁措施。这个问题制约了检察机关的办案，是一个制度性的欠缺。法律规定虽然不充分，但是我们不能等到法律修改了再去办案，要不等不靠，主动积极作为。人民群众的需求就是我们的办案方向。要用足用好现有法律规定，通过建立工作机制，与公安机关、人民法院协调配合办好案件。

还要强调一点，虚假诉讼这个毒瘤要得到根本的解决，不是靠检察机关一家，甚至不是靠法院、检察院两家，或者司法机关能够解决的，这是一个社会治理的综合工程。真正的原因在于有些当事人诚信缺失，法律意识淡薄，对此问题，我们要完善法律制度，应用现代科学技术，行政机关加强监管，司法机关公正执法，通过法律的修改提高虚假诉讼的违法成本，加大对违法造假者的制裁力度。

最终需要通过科学立法、严格执法、公正司法、全民守法，实现老百姓对法律可信赖、司法可信赖、正义可期待、权利可保障，让老百姓在每个案件中感受到公平正义，检察机关要以人民为中心，为民办案，让人民群众有更多的获得感和幸福感，这是我们工作的方向和努力的目标。

［法制网记者］在建设有中国特色的社会主义法治国家进程中，惩治虚假诉讼的法律规定有何变化？最高法、最高检《关于办理虚假诉讼刑事案件适用法律若干问题的解释》实施后，对于打击遏制虚假诉讼成效如何？

［元明］党的十八大之前，只有民事诉讼法规定了虚假诉讼法律责任的承担。民事诉讼法第一百一十二条、第一百一十三条规定，当事人之间恶意串通，企图通过诉讼、调解等方式侵害他人合法权益或逃避履行法律文书确定的义务的，人民法院应当驳回其请求，并根据情节轻重予以罚款、拘留；构成犯罪的，依法追究刑事责任。

党的十八大以来，随着全面依法治国深入推进，对于惩治虚假诉讼的立法和司法解释也不断加强，立法机关和司法机关共同行动，织密打击虚假诉讼活动的"法律之网"。2014年10月，党的十八届四中全会通过《关于全面推进依法治国若干重大问题的决定》，明确提出要加大对虚假诉讼的惩治力度。2015年8月，全国人大常委会通过《刑法修正案（九）》，决定在《刑法》第三百零七条后增加一条，作为第三百零七条之一，增设虚假诉讼罪，加强对虚假诉讼的刑事打击。2016年6月，最高人民法院下发《关于防范和制裁虚假诉讼的指导意见》，要求各级法院努力探索通过多种有效措施防范和制裁虚假诉讼行为。2018年9月，最高人民法院、最高人民检察院联合下发《关于办理虚假诉讼刑事案件适用法律若干问题的解释》，进一步明确了惩治虚假诉讼犯罪的一些问题。

法律和司法解释的不断健全与发展，为检察机关扎实开展对虚假诉讼的监督，积极防范和打击虚假诉讼违法犯罪行为提供了有力武器。最高法、最高检《关于办理虚假诉讼刑事案件适用法律若干问题的解释》实施后，2018年10月至2019年3月全国检察机关办理虚假诉讼犯罪案件，共批捕206件319人，决定起诉138件315人，法院作出生效判决87件157人，均为有罪生效判决。公检法机关相互配合，打击虚假诉讼犯罪成效显著。

〔王松苗〕因为时间关系，提问就到这里。各位记者朋友，随着全面依法治国深入推进，各级检察机关坚持以人民为中心，聚焦人民群众关心关切的重点领域和法治热点，不断加强对虚假诉讼的监督，持续"做强"民事检察工作，目的只有一个，就是维护司法公正，共筑司法诚信，努力让人民群众在每个案件中感受到公平正义。

希望大家继续关注关心这项工作，广泛宣传检察机关亮剑虚假诉讼，推进民事检察监督的新举措、新作为，形成增强惩治虚假诉讼的合力，动员全社会力量共同参与"诉讼打假"，让打"假官司"者无处遁形。今天的发布会到此结束。谢谢大家！

来源：最高人民检察院

【厅局长访谈】冯小光：诉讼打假如何做到火眼金睛

（2020年5月13日）

"在民事检察工作中，我们讲精准监督，这并不是说我们的工作是选择性地监督。"2020年5月11日，最高人民检察院第六检察厅厅长冯小光在接受记者专访时表示，只要符合法律规定，就应予以监督，这是民事检察监督的原则和底线。

精准监督，是民事检察工作创新发展的新理念，旨在补齐质效不高等工作短板。理念一新天地宽。冯小光表示，新理念给民事检察监督标准、方式以及程序带来变革与重塑。他说："这需要我们在实践中认真研究和把握。"

新格局——民事检察如何做强？

记者：过去的一年，是"四大检察"全面协调充分发展的起步之年，在"做强民事检察"的布局要求下，我们的开局如何？

冯小光：2019年，我们坚持"讲政治、顾大局、谋发展、重自强"的总体要求，把握"稳进、落实、提升"的工作主题，扎实开展各项工作，可以说，新时代民事检察工作稳步推进。

一是以精准监督理念为指引，不断优化生效裁判结果监督，切实提高监督的精准性和权威性。生效裁判结果监督是民事检察的传统业务和基础性工作，是加大民事检察工作力度的重要着力点。我们优先选择在司法理念方面有纠偏、创新、进步、引领价值的典型案件，力争抗诉一件促进解决一个领域、一个地方、一个时期司法理念、政策、导向的问题。

二是以深化监督为目标，不断加强审判人员违法行为监督，着力破解深层次违法行为监督不足难题。全国检察机关民事检察部门积极完善审判人员深层次违法行为线索发现机制，努力探索与违法审判责任追究相衔接的审判人员违法行为监督机制。

三是以双赢多赢共赢理念为指引，强化民事执行监督，推动解决"执行难"问题。全国检察机关民事检察部门认真履行执行监督职能，监督、支持法院依法执行；

督促法院针对执行中存在的违法问题，反向审视立案、审判环节中有无源头性违法问题，实现检察监督与审判机关内部预防、纠错机制的良性互动。

新理念——精准监督如何贯彻到位？

记者：在民事检察工作中，经常提及精准监督工作理念，如何理解？在实践中又是如何贯彻落实的？

冯小光：针对当前民事检察监督质效不高、权威不足的情况，最高检党组和张军检察长明确提出，民事检察要树立精准监督的理念，在精准监督上下功夫，通过优化监督实现强化监督。民事检察理念的变革必然带来监督标准、监督方式、监督程序的变革与重塑。

精准监督应当坚持法定性标准与必要性标准相结合。法定性标准主要是指检察机关应当依据民事诉讼法第二百条的相关规定，审查民事裁判结果和民事审判活动的违法性；必要性标准主要是指检察机关应当结合监督的社会效果、裁判作出时的司法政策和社会背景等因素对监督的必要性进行审查，综合考量后再作出是否予以监督的决定。

民事检察办案，要适当偏重办案的社会效果和政治效果，以能否实现监督的目标来判断，其着眼点不应局限于个案公正，而应立足于整体法律价值的实现。需要特别注意的是，对于法官行使自由裁量权有一定的合理依据，但在比例分配方面稍有不当的案件，一般不宜进行监督。

应当注意，精准监督不是选择性监督，只要案件符合法律规定的监督条件，就应予以监督，这是民事检察监督的原则和底线。

记者：在监督方式和监督程序上，精准监督理念又给具体办案带来了哪些影响？

冯小光：精准监督要求合理设置民事检察监督方式。对于在司法理念方面有纠偏、创新、进步、引领价值的典型案件，一般选择提请抗诉的监督方式；对不具有典型性但依法应予监督的案件，一般选择再审检察建议的方式；对无须改变裁判结果的瑕疵类案件，一般选择检察建议的方式进行监督。

在程序上，精准监督要求对相关程序进行优化设计。目前，我们要求省级院对提请最高检抗诉的民事诉讼监督案件，必须经过本院检察委员会讨论和专家咨询委员会咨询论证。此外，我们先后出台了《关于实行案件繁简分流暂行工作办法》《关于民事诉讼监督案件简化办理程序的若干规定（试行）》，明确规定了案件繁简分流的工作机制。

新期待——诉讼打假如何做到火眼金睛？

记者：2019年5月，最高检召开新闻发布会，并发布第十四批指导性案例，为何将虚假诉讼作为民事检察办案的重点？实践中又有哪些具体部署？

冯小光：虚假诉讼俗称"打假官司"，不仅侵害了他人合法权益，而且严重破坏社会诚信，损害了司法的公平、公正和公信，对于此类行为，受害人苦不堪言，人民群众也是深恶痛绝。

为此，我们全面梳理全国检察机关2017年以来开展民事虚假诉讼监督工作情况，筛选出5件具有指导意义的案例作为指导性案例，这也是最高检首次发布民事检察指导性案例。为了进一步形成合力，我们还将案例发送最高法、司法部、人力资源和社会保障部，促进实现双赢多赢共赢的法律效果和社会效果。

此外，我们还编辑出版图书，对5件指导性案例和53件典型案例进行详细解读。可以说，一系列部署安排、推进措施有力地指导了各地的司法实践。

来源：《检察日报》

最高人民法院发布指导案例 68 号：上海 OB 生物科技有限公司诉辽宁 TLW 置业发展有限公司企业借贷纠纷案

【关键词】
民事诉讼　企业借贷　虚假诉讼

【裁判要点】
人民法院审理民事案件中发现存在虚假诉讼可能时，应当依职权调取相关证据，详细询问当事人，全面严格审查诉讼请求与相关证据之间是否存在矛盾，以及当事人诉讼中言行是否违背常理。经综合审查判断，当事人存在虚构事实、恶意串通、规避法律或国家政策以谋取非法利益，进行虚假民事诉讼情形的，应当依法予以制裁。

【相关法条】
《中华人民共和国民事诉讼法》第一百一十二条

【基本案情】
上海OB生物科技有限公司（以下简称OB公司）诉称：OB公司借款给辽宁TLW置业发展有限公司（以下简称TLW公司）8650万元，用于开发辽宁省东港市TLW国际花园房地产项目。借期届满时，TLW公司拒不偿还。故请求法院判令TLW公司返还借款本金8650万元及利息。

TLW公司辩称：对OB公司起诉的事实予以认可，借款全部投入TLW国际花园房地产项目，房屋滞销，暂时无力偿还借款本息。

一审申诉人谢某诉称：TLW公司与OB公司，通过虚构债务的方式，恶意侵害其合法权益，请求法院查明事实，依法制裁。

法院经审理查明：2007年7月至2009年3月，OB公司与TLW公司先后签订9份借款合同，约定TLW公司向OB公司共借款8650万元，约定利息为同年贷款利率的4倍。约定借款用途为：只限用于TLW国际花园房地产项目。借款合同签订后，OB公司先后共汇款10笔，计8650万元，而TLW公司却在收到汇款的当日或数日后立即将其中的6笔转出，共计转出7050万余元。其中5笔转往上海某实业发展有限公司（以下简称HH公司），共计6400万余元。此外，OB公司在提起一审诉讼要求TLW公司还款期间，仍向TLW公司转款3笔，计360万元。

OB公司法定代表人为宗某光，该公司股东曲某丽持有73.75%的股权，姜某琪持有2%的股权，宗某光持有2%的股权。TLW公司原法定代表人为王某新，HH公司持有该公司90%的股权，王某持有10%的股权，2010年8月16日，法定代表人变更为姜某琪。工商档案记载，该公司在变更登记时，领取执照人签字处由刘某君签字，而刘某君又是本案原一审诉讼期间OB公司的委托代理人，身份系OB公司的员工。HH公司2002年3月26日成立，法定代表人为王某新，前身为上海TLW化妆品有限公司，王某新持有该公司67%的股权，曲某丽持有33%的股权，同年10月28日，曲某丽将其持有的股权转让给王某。2004年10月10日，该公司更名为HH公司，公司登记等手续委托宗某光办理，2011年7月5日，该公司注销。王某新与曲某丽系夫妻关系。

本案原一审诉讼期间，OB公司于2010年6月22日向辽宁省高级人民法院（以下简称辽宁高院）提出财产保全申请，要求查封、扣押、冻结TLW公司5850万元的财产，王某以其所有的位于辽宁省沈阳市和平区澳门路建筑面积均为236.4平方米的两处房产为OB公司担保。王某鹏以其所有的位于沈阳市皇姑区宁山中路建筑面积为671.76平方米的房产为OB公司担保，沈阳SQ化妆品有限公司（以下简称SQ公司，股东为王某义和修某芳）以其所有的位于沈阳市东陵区白塔镇小羊安村建筑面积分别为212平方米、946平方米的两处厂房及使用面积为4000平方米的一块土地为OB公司担保。

OB公司与TLW公司的《开立单位银行结算账户申请书》记载地址均为东港市新兴路1号，委托经办人均为崔某芳。再审期间，谢某向辽宁高院提供上海市第一中级人民法院（2008）沪一中民三（商）终字第426号民事判决书一份，该案系张某珍、贾某克诉HH公司、OB公司特许经营合同纠纷案，判决所列HH公司的法定代表人为王某新，OB公司和HH公司的委托代理人均系HH公司员工宗某光。

二审审理中另查明：

（一）关于OB公司和TLW公司之间关系的事实

工商档案表明，沈阳TLW化妆品连锁有限责任公司（以下简称沈阳TLW）成立于2000年3月15日，该公司由OB公司控股（持股96.67%），设立时的经办人为宗某光。公司登记的处所系向沈阳某专业护肤中心承租而来，该中心负责人为王某义。2005年12月23日，TLW公司原法定代表人王某新代表OB公司与案外人张某珍签订连锁加盟（特许）合同。2007年2月28日，霍某代表TLW公司与SA建设集团有限公司（以下简称SA公司）签订关于TLW国际花园项目施工的《补充协议》。2010年5月，魏某丽经TLW公司授权办理银行账户的开户，2011年9月又代表OB公司办理银行账户开户。两账户所留联系人均为魏某丽,联系电话均为同一号码,与OB公司2010年6月10日提交辽宁高院的民事起诉状中所留TLW公司联系电话相同。

2010年9月3日,OB公司向辽宁高院出具《回复函》称:同意提供位于上海市青浦区苏虹公路332号的面积12026.91平方米、价值2亿元的房产作为保全担保。OB公司庭审中承认,前述房产属于上海TLW护肤品股份有限公司(以下简称上海TLW)所有。上海TLW成立于2002年12月9日,法定代表人为王某新,股东有王某新、HH公司的股东王某、邹某,OB公司的股东宗某光、姜某琪、WQ等人。王某同时任上海TLW董事,宗某光任副董事长兼副总经理,WQ任副总经理,霍某任董事。

2011年4月20日,OB公司向辽宁高院申请执行(2010)辽民二初字第15号民事判决,该院当日立案执行。同年7月12日,OB公司向辽宁高院提交书面申请称:"为尽快回笼资金,减少我公司损失,经与被执行人商定,我公司允许被执行人销售该项目的剩余房产,但必须由我公司指派财务人员收款,所销售的房款须存入我公司指定账户。"2011年9月6日,辽宁高院向东港市房地产管理处发出《协助执行通知书》,以相关查封房产已经给付申请执行人抵债为由,要求该处将前述房产直接过户登记到案外买受人名下。

OB公司申请执行后,除谢某外,TLW公司的其他债权人SA公司、江西LC建筑安装工程总公司、东港市QY建筑安装工程总公司也先后以提交执行异议等形式,向辽宁高院反映OB公司与TLW公司虚构债权进行虚假诉讼。

HH公司的清算组成员由王某新、王某、姜某琪担任,王某新为负责人;清算组在成立之日起10日内通知了所有债权人,并于2011年5月14日在《上海商报》上刊登了注销公告。2012年6月25日,王某新将HH公司所持TLW公司股权中的1600万元转让于王某,200万元转让于邹某,并于2012年7月9日办理了工商变更登记。

SQ公司的股东王某义和修某芳分别是王某新的父亲和母亲,OB公司的股东WG系王某新的哥哥王某鹏之女,王某新与王某系兄妹关系。

(二)关于OB公司与案涉公司之间资金往来的事实

OB公司尾号为8115的账户(以下简称OB公司8115账户),2006年1月4日至2011年9月29日的交易明细显示,自2006年3月8日起,OB公司开始与TLW公司互有资金往来。其中,2006年3月8日,OB公司8115账户汇给TLW公司尾号为4891账户(以下简称TLW公司4891账户)300万元,备注用途为借款,2006年6月12日转给TLW公司801万元。2007年8月16日至23日,从TLW公司账户转入OB公司8115账户近70笔款项,备注用途多为货款。该账户自2006年1月4日至2011年9月29日与SQ公司、沈阳TLW、HH公司、上海TLW均有大笔资金往来,用途多为货款或借款。

OB公司在中国建设银行东港支行开立的账户(尾号0357)2010年8月31日至2011年

11月9日的交易明细显示：该账户2010年9月15日、9月17日由OB公司以现金形式分别存入168万元、100万元；2010年9月30日，支付东港市AB房地产开发有限公司工程款100万元；2010年9月30日，自TLW公司账户（尾号0549）转入100万元，2011年8月22日、8月30日、9月9日自TLW公司账户分别转入OB公司该账户71.6985万元、51.4841万元、62.3495万元，2011年11月4日，TLW公司尾号为5555账户（以下简称TLW公司5555账户）以法院扣款的名义转入该账户84.556787万元；2011年9月27日，以"往来款"名义转入OB公司8115账户193.5万元，2011年11月9日，转入OB公司尾号4548账户（以下简称OB公司4548账户）157.995万元。

OB公司设立在中国工商银行上海青浦支行的账户（尾号5617）显示，2012年7月12日，该账户以"借款"名义转入TLW公司50万元。

OB公司在中国建设银行沈阳马路湾支行的4548账户2013年10月7日至2015年2月7日期间的交易明细显示，自2014年1月20日起，TLW公司以"还款"名义转入该账户的资金，大部分又以"还款"名义转入王某鹏个人账户和上海TLW的账户。

HH公司建设银行上海分行尾号为4917的账户（以下简称HH公司4917账户）2006年1月5日至2009年1月14日的交易明细显示，TLW公司4891账户2008年7月7日转入HH公司该账户605万元，同日HH公司又从该账户将同等数额的款项转入TLW公司5555账户，但自HH公司打入TLW公司账户的该笔款项计入了TLW公司的借款数额，自TLW公司打入HH公司的款项未计入该公司的还款数额。该账户同时间段还分别和OB公司、SQ公司以"借款""往来款"的名义进行资金转入和转出。

TLW公司5555账户2006年6月7日至2015年9月21日的交易明细显示，2009年7月2日，自该账户以"转账支取"的名义汇入OB公司的账户（尾号0801）600万元；自2011年11月4日起至2014年12月31日止，该账户转入OB公司资金达30多笔，最多的为2012年12月20日汇入OB公司4548账户的一笔达1800万元。此外，该账户还有多笔大额资金在2009年11月13日至2010年7月19日期间以"借款"的名义转入SQ公司账户。

SQ公司在中国光大银行沈阳和平支行的账户（尾号6312）2009年11月13日至2011年6月27日的交易明细显示，TLW公司转入SQ公司的资金，有的以"往来款"或者"借款"的名义转回TLW公司的其他账户。例如，2009年11月13日，自TLW公司5555账户以"借款"的名义转入SQ公司3800万元，2009年12月4日又以"往来款"的名义转回TLW公司另外设立的尾号为8361的账户（以下简称TLW公司8361账户）3800万元；2010年2月3日，自TLW公司8361账户以"往来款"的名义转入SQ公司账户4827万元，同月10日，又以"借款"的名义转入TLW公司5555账户500万元，以"汇兑"名义转入TLW公司4891账户1930万元，2010年3月31日，SQ公司又以"往来款"的名义转入TLW公司8361账户1000万元，同年4月12日，以系统内划款的名义转回TLW公司8361账户1806万元。TLW公司转入SQ公司账户的资金有部分流入了沈阳TLW的账户。例如，2010年5月6日以"借款"的名义转入沈阳TLW1000万元，同年7月29日以"转款"的名义转入沈阳TLW2272万元。此外，OB公司也以"往来款"的名义转入该账户部分资金。

OB公司和TLW公司均承认，OB公司4548账户和在中国建设银行东港支行的账户（尾号0357）由王某新控制。

【裁判结果】

辽宁高院2011年3月21日作出（2010）辽民二初字第15号民事判决：TLW公司于判决生效后10日内偿还OB公司借款本金8650万元及借款实际发生之日起至判决确定给付之日止的中国人民银行同期贷款利息。该判决发生法律效力后，因案外人谢某提出申诉，辽宁高院于2012年1月4日作出（2012）辽立二民监字第8号民事裁定再审本案。辽宁高院经再审于2015年5月20日作出（2012）辽审二民再字第13号民事判决，驳回OB公司的诉讼请求。OB公司提起上诉，最高人民法院第二巡回法庭经审理于2015年10月27日作出（2015）民二终字第324号民事判决，认定本案属于虚假民事诉讼，驳回上诉，维持原判；同时作出罚款决定，对参与虚假诉讼的OB公司和TLW公司各罚款50万元。

【裁判理由】

法院生效裁判认为：人民法院保护合法的借贷关系，同时对于恶意串通进行虚假诉讼意图损害他人合法权益的行为，应当依法制裁。本案争议的焦点问题有两个：一是OB公司与TLW公司之间是否存在关联关系，二是OB公司和TLW公司就争议的8650万元是否存在真实的借款关系。

一、OB 公司与 TLW 公司之间是否存在关联关系的问题

《中华人民共和国公司法》第二百一十七条规定，关联关系，是指公司控股股东、实际控制人、董事、监事、高级管理人员与其直接或间接控制的企业之间的关系，以及可能导致公司利益转移的其他关系。可见，公司法所称的"关联公司"，既包括公司股东的相互交叉，也包括公司共同由第三人直接或者间接控制，或者股东之间、公司的实际控制人之间存在直系血亲、姻亲、共同投资等可能导致利益转移的其他关系。

本案中，曲某丽为OB公司的控股股东，王某新是TLW公司的原法定代表人，也是案涉合同签订时TLW公司的控股股东HH公司的控股股东和法定代表人，王某新与曲某丽系夫妻关系，说明OB公司与TLW公司由夫妻二人控制。OB公司称两人已经离婚，却未提供民政部门的离婚登记或者人民法院的生效法律文书。虽然辽宁高院受理本案诉讼后，TLW公司的法定代表人由王某新变更为姜某琪，但王某新仍是TLW公司的实际

控制人。同时，OB公司股东兼法定代表人宗某光、WQ等人，与TLW公司的实际控制人王某新、法定代表人姜某琪、目前的控股股东王某共同投资设立了上海TLW，说明OB公司的股东与TLW公司的控股股东、实际控制人存在其他的共同利益关系。另外，沈阳TLW是OB公司控股的公司，SQ公司的股东是王某新的父亲和母亲。可见，OB公司与TLW公司之间，前述两公司与SQ公司、上海TLW、沈阳TLW之间均存在关联关系。

OB公司与TLW公司及其他关联公司之间还存在人员混同的问题。首先，高管人员之间存在混同。姜某琪既是OB公司的股东和董事，又是TLW公司的法定代表人，同时还参与HH公司的清算。宗某光既是OB公司的法定代表人，又是HH公司的工作人员，虽然OB公司称宗某光自2008年5月即从HH公司辞职，但从上海市第一中级人民法院（2008）沪一中民三（商）终字第426号民事判决载明的事实来看，该案2008年8月至12月审理期间，宗某光仍以HH公司工作人员的身份参与诉讼。WQ既是OB公司的监事，又是上海TLW的董事，还以该公司工作人员的身份代理相关行政诉讼。王某既是TLW公司的监事，又是上海TLW的董事。王某新是TLW公司原法定代表人、实际控制人，还曾先后代表OB公司、HH公司与案外第三人签订连锁加盟（特许）合同。其次，普通员工之间存在混同。霍某是OB公司的工作人员，在本案中作为OB公司原一审诉讼的代理人，2007年2月23日代表TLW公司与SA公司签订建设施工合同，又同时兼任上海TLW的董事。崔某芳是TLW公司的会计，2010年1月7日代TLW公司开立银行账户，2010年8月20日本案诉讼之后又代OB公司开立银行账户。OB公司当庭自述魏某丽系TLW公司的工作人员，2010年5月魏某丽经TLW公司授权办理银行账户开户，2011年9月诉讼之后又经OB公司授权办理该公司在中国建设银行沈阳马路湾支行的开户，且该银行账户的联系人为魏某丽。刘某君是OB公司的工作人员，在本案原一审和执行程序中作为OB公司的代理人，2009年3月17日又代TLW公司办理企业登记等相关事项。刘某以TLW公司员工名义代理本案诉讼，又受王某新的指派代理上海TLW的相关诉讼。

上述事实充分说明，OB公司、TLW公司以及其他关联公司的人员之间并未严格区分，上述人员实际上服从王某新一人的指挥，根据不同的工作任务，随时转换为不同关联公司的工作人员。OB公司在上诉状中称，在2007年借款之初就派相关人员进驻TLW公司，监督该公司对投资款的使用并协助工作，但早在OB公司所称的向TLW公司转入首笔借款之前5个月，霍某就参与该公司的合同签订业务。而且从这些所谓的"派驻人员"在TLW公司所起的作用来看，上述人员参与了该公司的合同签订、财务管理到诉讼代理的全面工作，而不仅是监督工作，OB公司的辩解，不足为信。辽宁高院关于OB公司和TLW公司系由王某新、曲某丽夫妇控制之关联公司的认定，依据充分。

二、OB公司和TLW公司就争议的8650万元是否存在真实借款关系的问题

根据《最高人民法院关于适用〈中华人民共和国民事诉讼法〉的解释》第九十条规定，当事人对自己提出的诉讼请求所依据的事实或者反驳对方诉讼请求所依据的事实，应当提供证据加以证明；当事人未能提供证据或者证据不足以证明其事实主张的，由负有举证证明责任的当事人承担不利的后果。第一百零八条规定："对负有举证证明责任的当事人提供的证据，人民法院经审查并结合相关事实，确信待证事实的存在具有高度可能性的，应当认定该事实存在。对一方当事人为反驳负有举证证明责任的当事人所主张事实而提供的证据，人民法院经审查并结合相关事实，认为待证事实真伪不明的，应当认定该事实不存在。"在当事人之间存在关联关系的情况下，为防止恶意串通提起虚假诉讼，损害他人合法权益，人民法院对其是否存在真实的借款法律关系，必须严格审查。

OB公司提起诉讼，要求TLW公司偿还借款8650万元及利息，虽然提供了借款合同及转款凭证，但其自述及提交的证据和其他在案证据之间存在无法消除的矛盾，当事人在诉讼前后的诸多言行违背常理，主要表现为以下7个方面：

第一，从借款合意形成过程来看，借款合同存在虚假的可能。OB公司和TLW公司对借款法律关系的要约与承诺的细节事实陈述不清，尤其是作为债权人OB公司的法定代表人、自称是合同经办人的宗某光，对所有借款合同的签订时间、地点、每份合同的己方及对方经办人等细节，语焉不详。案涉借款每一笔均为大额借款，当事人对所有合同的签订细节甚至大致情形均陈述不清，于理不合。

第二，从借款的时间上看，当事人提交的证据前后矛盾。OB公司的自述及其提交的借款合同表明，OB公司自2007年7月开始与TLW公司发生借款关系。向本院提起上诉后，其提交的自行委托形成的审计报告又载明，自2006年12月开始向TLW公司借款，但从TLW公司和OB公司的银行账户交易明细看，在2006年12月之前，仅OB公司8115账户就发生过两笔高达1100万元的转款，其中，2006年3月8日以"借款"名义转入TLW公司账户300万元，同年6月12日转入801万元。

第三，从借款的数额上看，当事人的主张前后矛盾。OB公司起诉后，先主张自2007年7月起累计借款金额为5850万元，后在诉讼中又变更为8650万元，上诉时又称借款总额1.085亿元，主张的借款数额多次变化，但只能提供8650万元的借款合同。而谢某当庭提交的银行转账凭证证明，在OB公司所称的1.085亿元借款之外，另有4400多万元的款项以"借款"名义打入TLW公司账户。对此，OB公司自认，这些多出的款项是受王某新的请求帮忙转款，并非真实借款。该自认说明，OB公司在相关银行凭证上填写的款项用途极其随意。从本院调取的银行账户交易明细所载金额来看，OB公司以借款名义转入TLW公司账户的金额远远超出OB公司先后主张的上述金额。此外，还有其

他多笔以"借款"名义转入TLW公司账户的巨额资金，没有列入OB公司主张的借款数额范围。

第四，从资金往来情况来看，OB公司存在单向统计账户流出资金而不统计流入资金的问题。无论是案涉借款合同载明的借款期间，还是在此之前，甚至诉讼开始以后，OB公司和TLW公司账户之间的资金往来，既有OB公司转入TLW公司账户款项的情况，又有TLW公司转入OB公司账户款项的情况，但OB公司只计算已方账户转出的借方金额，而对TLW公司转入的贷方金额只字不提。

第五，从所有关联公司之间的转款情况来看，存在双方或多方账户循环转款问题。如上所述，将OB公司、TLW公司、HH公司、SQ公司等公司之间的账户对照检查，存在TLW公司将已方款项转入HH公司账户过桥OB公司账户后，又转回TLW公司账户，造成虚增借款的现象。TLW公司与其他关联公司之间的资金往来也存在此种情况。

第六，从借款的用途来看，与合同约定相悖。借款合同第二条约定，借款限用于TLW国际花园房地产项目，但是案涉款项转入TLW公司账户后，该公司随即将大部分款项以"借款""还款"等名义分别转给HH公司和SQ公司，最终又流向OB公司和OB公司控股的沈阳TLW。至于OB公司辩称，TLW公司将款项打入HH公司是偿还对HH公司借款的辩解，由于其提供的HH公司和TLW公司之间的借款数额与两公司银行账户交易的实际数额互相矛盾，且从流向上看大部分又流回了OB公司或者其控股的公司，其辩解不足为凭。

第七，从OB公司和TLW公司及其关联公司在诉讼和执行中的行为来看，与日常经验相悖。OB公司提起诉讼后，仍与TLW公司互相转款；TLW公司不断向OB公司账户转入巨额款项，但在诉讼和执行程序中却未就还款金额对OB公司的请求提出任何抗辩；OB公司向辽宁高院申请财产保全，TLW公司的股东王某却以其所有的房产为本应是利益对立方的OB公司提供担保；OB公司在原一审诉讼中另外提供担保的上海市青浦区房产的所有权，竟然属于王某新任法定代表人的上海TLW；OB公司和TLW公司当庭自认，OB公司开立在中国建设银行东港支行、中国建设银行沈阳马路湾支行的银行账户都由王某新控制。

对上述矛盾和违反常理之处，OB公司与TLW公司均未作出合理解释。由此可见，OB公司没有提供足够的证据证明其就案涉争议款项与TLW公司之间存在真实的借贷关系。且从调取的OB公司、TLW公司及其关联公司账户的交易明细发现，OB公司、TLW公司以及其他关联公司之间，同一公司的不同账户之间随意转款，款项用途随意填写。结合在案其他证据，法院确信，OB公司诉请之债权系截取其与TLW公司之间的往来款项虚构而成，其以虚构债权为基础请求TLW公司返还8650万元借款及利息的请求不应支持。据此，辽宁高院再审判决驳回其诉讼请求并无不当。

至于OB公司与TLW公司提起本案诉讼是否存在恶意串通损害他人合法权益的问题。首先，无论OB公司，还是TLW公司，对TLW公司与一审申诉人谢某及其他债权人的债权债务关系都是明知的。从案涉判决执行的过程来看，OB公司申请执行之后，对查封的房产不同意法院拍卖，而是继续允许该公司销售，TLW公司每销售一套，OB公司即申请法院解封一套。在接受法院当庭询问时，OB公司对TLW公司销售了多少查封房产，偿还了多少债务陈述不清，表明其提起本案诉讼并非为实现债权，而是通过司法程序进行保护性查封以阻止其他债权人对TLW公司财产的受偿。虚构债权，恶意串通，损害他人合法权益的目的明显。其次，从OB公司与TLW公司人员混同、银行账户同为王某新控制的事实可知，两公司同属一人，均已失去公司法人具有的独立人格。《中华人民共和国民事诉讼法》第一百一十二条规定："当事人之间恶意串通，企图通过诉讼、调解等方式侵害他人合法权益的，人民法院应当驳回其请求，并根据情节轻重予以罚款、拘留；构成犯罪的，依法追究刑事责任。"一审申诉人谢某认为，OB公司与TLW公司之间恶意串通提起虚假诉讼损害其合法权益的意见，以及对有关当事人和相关责任人进行制裁的请求，于法有据，应予支持。

来源：最高人民法院

最高检发布民事再审检察建议典型案例

实例指引，把"两高"《意见》转化为实实在在的办案成效

近日，最高人民法院、最高人民检察院联合印发《关于规范办理民事再审检察建议案件若干问题的意见》（简称《意见》），对人民法院、人民检察院办理民事再审检察建议案件程序予以明确规范。为配合《意见》的落地实施，在征求最高法意见后，最高检编发民事再审检察建议典型案例，用以指导各级检察机关高质效办理民事生效裁判监督案件，持续提升民事再审检察建议案件办理质效和影响力。

本批典型案例以基层检察院所办案件为主，也有收录地市级检察院和最高检办理的案件，涉及对虚假诉讼监督、检法协作化解矛盾、维护民生民利等多种办案类型。

这批典型案例共10起，分别是：孟某清与梁某离婚纠纷等再审检察建议系列案，王某国与某互联网科技公司买卖合同纠纷等再审检察建议系列案，黄某萍与朱某、颜某、舒某民间借贷纠纷再审检察建议案，张某友与黄某生民间借贷纠纷再审检察建议案，张某与史某珍、路某毛确认合同效力纠纷等再审检察建议系列案，姜某与某烫金材料公司、某印刷物资公司等买卖合同纠纷再审检察建议案，李某与卓某婚约财产纠纷等再审检察建议系列案，秦某奎与某建设工程公司劳动争议纠纷再审检察建议案，曹某与田某离婚后财产纠纷再审检察建议案，郑某安与某物业发展公司商品房买卖合同纠纷再审检察建议案。

最高检第六检察厅相关负责人表示："民事再审检察建议是法律规定的检察机关对民事生效裁判实行法律监督的重要方式。下一步，最高检将持续认真贯彻落实《意见》，通过制发检察机关办理再审检察建议案件指导意见、选编再审检察建议指导性案例、组织开展培训等，积极推动《意见》转化为实实在在的办案成效，努力让人民群众在每一个民事检察案件中感受到公平正义。"

案例一　孟某清与梁某离婚纠纷等再审检察建议系列案

【基本案情】

孟某清（女）、高某（男）二人原籍为河南，2015年4月，二人在河南省驻马店市民政部门办理结婚登记手续。2018年8月至9月间，孟某清为获取北京市户籍，先通过赵某飞等中间人将其本人户籍迁至河北省涞水县，后经中间人牵线，与具有北京市农业户籍的未婚适龄男子梁某串通，持赵某飞等人伪造的孟某清与梁某3年前在涞水县民政局登记结婚的结婚证，到梁某所在村村委会和镇政府开具相关身份证明。孟某清利用外地女子与北京市农业户籍男子结婚满3年即可以"夫妻投靠"方式落户北京的户籍政策，与梁某持上述伪造的结婚证和身份证明材料到梁某所在地派出所办理户籍迁入手续，孟某清落户梁某户籍地。

2018年11月，孟某清持伪造的结婚证将梁某起诉至北京市大兴区人民法院，诉请离婚。经大兴区人民法院诉前调解，二人达成离婚协议，大兴区人民法院为孟某清与梁某制作民事调解书。

2019年2月，孟某清持上述民事调解书与高某分别以"离异"和"未婚"身份在北京市大兴区民政局登记结婚，意图再次为高某非法获取北京市户籍。

【监督与再审情况】

2019年下半年，北京市大兴区人民检察院在开展虚假诉讼专项监督活动中发现该院办理的赵某飞、孟某清、梁某涉嫌伪造国家机关证件罪案件存在虚假诉讼线索。另查明，除孟某清外，南某雨、杨某平、庞某珊等3名非京籍女性亦是通过上述非法手段落户北京市，后又通过诉讼方式骗取法院出具准予离婚的民事调解书。2020年5月7日，大兴区人民检察院向大兴区人民法院提出再审检察建议，同时针对相关民政部门办理婚姻登记中存在的审查把关不严等问题提出社会治理检察建议。

大兴区人民法院收到再审检察建议后，启动再审程序，并对类似案件自行启动专项排查。2020年9月，大兴区人民法院作出民事裁定，撤销前述4份民事调解书，驳回孟某清等人的起诉。同时，大兴区人民法院作出刑事判决，对孟某清、南某雨、杨某平等人虚假诉讼、伪造国家机关证件等犯罪行为给予刑事处罚。上述民事裁定、刑事判决均已发生法律效力。上述4起虚假诉讼案件当事人的北京户籍被公安机关注销。相关民政部门针对社会治理检察建议，及时研究整改措施，并将整改情况回函检察机关。

【典型意义】

户籍既是与社区、住户、人口相关的市政管理和其他行政管理的必备基础，也与确认并依法保护户籍持有人合法权益等司法活动密切相关。与此同时，户籍管理制度也面临多重困局，如婚姻登记与户籍管理尚未实现全面共享等，易被不法行为人恶意利用。本案就是一起当事人恶意串通、伪造证据，利用北京"夫妻投靠"政策违法落户，并持伪造的结婚证向法院提起虚假离婚诉讼，意图再次非法谋取北京市户籍的虚假诉讼案件。该类案件不同于当事人为逃避债务，或为牟取非法财产利益等财产类虚假诉讼案件，其侵犯的是婚姻登记和户籍管理制度，属于新领域、新类型的虚假诉讼。检察机关结合地域特点和案件规律，加强对此类虚假诉讼案件情况的研判，综合运用再审检察建议、社会治理类检察建议等监督方式，积极协同法院和行政管理机关履职，依法监督此类虚假诉讼案件，维护司法公正和正常社会管理秩序。

案例二　王某国与某互联网科技公司买卖合同纠纷等再审检察建议系列案

【基本案情】

2017年2月16日，王某国以93000元的价格购买某互联网科技公司经销的吉利牌轿车一台，当日支付首付款13700元（含定金2000元），并办理车贷42570元。双方签订汽车销售合同，约定除已支付的首付款、定金及办理的车贷外，王某国需分三期向某互联网科技公司支付剩余款项共计36730元，含购置税4500元、保险费6000元、GPS费3580元、落户中介费920元、精品费8350元、部分首付款13380元；分期利息为月利率2%，共偿还本息38934元，分别于2017年3月16日、4月16日、5月16日偿还8934元、15000元、15000元。张某刚和王某勇为保证人。同日，某互联网科技公司要求王某国签署欠据，载明因购买车辆需要，王某国欠某互联网科技公司93000元，如王某国未能在2017年2月19日前还款，某互联网科技公司将案涉吉利牌轿车无条件收回，不退还任何费用。王某国到期未偿还欠款。

2017年10月28日，某互联网科技公司诉至黑龙江省牡丹江市爱民区人民法院，请求判令王某国立即偿还购车款36730元，支付律师费3000元、利息5852.31元，合计45582.31元；张某刚、王某勇对上述债务承担连带责任。2017年11月17日，爱民区人民法院作出民事调解书，明确王某国向某互联网科技公司偿还欠款45582.31元，张某刚、王某勇承担连带清偿责任。

【监督与再审情况】

2019年3月，黑龙江省牡丹江市人民检察院在法律援助工作中发现黑龙江省牡丹江市公安局爱民分局立案侦查的"套路贷"案件中存在虚假诉讼线索，遂将线索移送牡丹江市爱民区人民检察院办理。爱民区检察院查明，某互联网科技公司以只需要交纳少量购车款，另推荐足够数量的他人购车即可获得高额返利为诱饵，推出"全民经纪人"购车模式。该购车模式实际上以汽车销售的合法形式掩盖"套路贷"诈骗的非法目的，通过隐瞒合同内容、虚增合同价款等手段虚构债务。本案中，某互联网科技公司未向王某国说明汽车销售合同中增加义务或者减少权益的条款，合同签订后未交王某国留存汽车销售合同。该汽车销售合同及欠据中虚增精品费、保险费等并虚设首付款13380元。王某国贷款、支付定金和首付款、偿还垫付款数额，已超出案涉吉利牌汽车实际价款。另查明，除王某国案外，另有7件法院已审结民事案件为某互联网科技公司以此种形式虚构债务，并通过提起民事诉讼获取非法利益。2019年6月5日，爱民区人民检察院向爱民区人民法院提出8件再审检察建议。

爱民区人民法院收到再审检察建议后，启动再审程序。2020年6月22日，爱民区人民法院以林某东犯诈骗罪，敲诈勒索罪，妨害信用卡管理罪，伪造公司、企业印章罪；黄某犯诈骗罪、敲诈勒索罪；孙某丽、王某莉犯诈骗罪；丁某智犯妨害信用卡管理罪，伪造公司、企业印章罪；张某犯诈骗罪，对该6人分别判处十六年到一年八个月不等有期徒刑，并处750000元到20000元不等罚金，该案一审刑事判决已生效。2020年12月至2022年8月，爱民区人民法院作出8份民事判决，撤销8份民事调解书，全部驳回某互联网科技公司的诉讼请求。某互联网科技公司在法定期限内未提起上诉，该8份民事判决已经生效。

【典型意义】

虚假诉讼严重扰乱诉讼秩序、浪费司法资源、损害司法公信力，但因此类诉讼行为具有手段上的隐蔽性、表象上的合法性、关系上的特殊性、形式上的多样性等特点，线索发现和查明事实难度较大。检察机关与法院应当加强在虚假诉讼领域联动协作配合，推动形成互联共享、有序衔接、合力整治、共商共建的内外联动格局，充分发挥各自专业优势，合力打击民事虚假诉讼行为。本案中，检察机关与法院通过建立打击和惩治虚假诉讼会商研判机制，就案件事实认定及法律适用问题进行会商研讨，在虚构债务的事实认定、合同效力的法律适用以及虚假诉讼的认定标准等方面达成共识，有效识别新类型虚假诉讼，强化打击惩治力度，共同营造诚信公平法治环境，促进司法公正。

案例三　黄某萍与朱某、颜某、舒某民间借贷纠纷再审检察建议案

【基本案情】

2014年上半年，朱某陆续向徐某借款1049万元，后无力偿还。为骗取担保转嫁债务，徐某与朱某、黄某坚串通，由朱某向黄某坚姐姐黄某萍出具金额1200万元的借条，骗取其合作伙伴江西企业主颜某、舒某作为保证人在借条上签字。此后，徐某指使朱某在借条上私自手写"1200万元汇入徐某账户，用于归还朱某尚欠徐某的借款"，并指使黄某坚通过资金循环转账方式制造相应的款项交付记录。

2015年11月2日，徐某指使黄某萍向浙江省衢州市柯城区人民法院提起诉讼，要求朱某归还借款1200万元及利息，颜某、舒某承担连带清偿责任。经柯城区人民法院主

持达成调解协议：朱某归还黄某萍借款1200万元及相应利息，颜某、舒某就未清偿债务的三分之二款项承担连带清偿责任等。后该案进入执行程序，柯城区人民法院对朱某、颜某、舒某的银行账户、房产、车辆采取查封、扣押、冻结等执行措施。

【监督与再审情况】

颜某认为本案系虚假诉讼，向江西省某县公安局报案，但一直未能刑事立案，后向衢州市柯城区人民检察院申请监督。柯城区人民检察院查明，黄某萍系下岗职工，经济状况较差，没有能力出借1200万元钱款；案涉借款1200万元由案外人转入黄某萍账户，经过一系列流转后又重新回到案外人账户；案涉款项未实际交付，确系借贷双方恶意串通骗取保证人担保。2019年3月25日，柯城区人民检察院向柯城区人民法院提出再审检察建议。

柯城区人民法院收到再审检察建议后，启动再审程序。柯城区人民检察院经与柯城区人民法院沟通，由柯城区人民法院提前解除对颜某的部分查封措施。2020年6月28日，柯城区人民法院作出民事裁定，撤销民事调解书，驳回黄某萍的起诉；同时与柯城区人民检察院沟通后，将案件涉嫌虚假诉讼犯罪线索移送公安机关。徐某不服一审裁定，提起上诉。2020年10月21日，浙江省衢州市中级人民法院作出民事裁定，驳回上诉，维持原裁定。2021年8月13日，柯城区人民法院以虚假诉讼罪分别判处徐某、朱某、黄某坚二年到一年不等刑期的有期徒刑，并处罚金共计29万元，一审刑事判决已生效。因黄某萍犯罪情节轻微，检察机关对其作出不起诉决定。

【典型意义】

虚假诉讼既扰乱司法秩序，也损害国家利益和社会公共利益。本案系当事人恶意串通型虚假诉讼，尤其难以识别，检察机关查明虚假诉讼事实后，以再审检察建议提出监督意见，得到法院认同。因本案涉及虚假诉讼犯罪，检察机关、法院与公安机关加强沟通，协同推进刑事案件与民事纠纷处理，在监督纠正虚假民事诉讼案件的同时依法追究虚假诉讼行为人相应的刑事责任。

案例四　张某友与黄某生民间借贷纠纷再审检察建议案

【基本案情】

张某友与雷某芬的婚姻关系存续期间为2001年2月14日至2020年7月28日。黄某生系雷某芬的姨父。2015年2月27日，张某友因买房需要向黄某生借款30万元，黄某生通过现金方式支付给张某友。张某友自借款之日起一直未予偿还。

2020年6月25日，张某友驾驶车辆发生交通事故致廖某明死亡。2020年9月10日，张某友因交通肇事罪被重庆市开州区人民法院判处有期徒刑一年。2020年7月8日，死者廖某明近亲属以机动车交通事故责任纠纷起诉张某友等人，同年12月30日，开州区人民法院作出一审民事判决，判令张某友等人连带赔偿死者廖某明近亲属494883.83元。一审判决生效后，死者廖某明近亲属于2021年3月2日申请执行。

2020年7月11日，张某友将自己名下20万元定期存款转移至其姐夫谭某万银行卡中。次日，谭某万将20万元以现金方式取出。

2020年7月28日，张某友、雷某芬在开州区民政局办理离婚登记，在离婚协议中将一套夫妻共有房屋约定由雷某芬一人所有。

2021年9月9日，张某友刑满出狱后，因黄某生想起诉张某友，要求其偿还30万元借款，双方经商量后，张某友给黄某生补充出具"还款计划书"，落款时间提前到2020年8月13日，并且将本没有约定利息的借款写上月利率1.5%。

2021年11月1日，黄某生以民间借贷纠纷为由起诉张某友。2021年12月6日，开州区人民法院作出一审民事判决，判令张某友偿还黄某生借款本金30万元，并以30万元为基数支付相应利息。一审判决生效后，黄某生于2022年2月15日申请执行。

【监督与再审情况】

2022年3月23日，死者廖某明近亲属向重庆市开州区人民检察院提出控告，认为黄某生与张某友民间借贷纠纷案系为逃避法院执行而进行的虚假诉讼。开州区人民检察院在重庆市人民检察院第二分院指导下开展调查核实工作后查明，黄某生与张某友恶意串通、捏造虚假高额利息，意图稀释死者廖某明近亲属受偿比例。2022年10月10日，开州区人民检察院向开州区人民法院提出再审检察建议，同时对黄某生在民间借贷纠纷中伪造证据虚构利息债务、指使证人出庭作出虚假陈述、干扰法院审判秩序等妨害民事诉讼的行为，建议开州区人民法院对黄某生采取罚款、拘留等强制措施。2022年8月29日，开州区人民检察院向重庆市开州区公安局移送张某友、谭某万涉嫌拒不执行判决的犯罪线索。

开州区人民法院收到再审检察建议后，启动再审程序。2023年5月8日，开州区人民法院作出再审民事判决，撤销原审判决，判令张某友偿还黄某生借款本金30万元，驳回黄某生的其他诉讼请求。该一审民事判决已生效。2023年5月31日，开州区人民法院决定对黄某生罚款1万元。2023年1月3日，开州区人民法院以拒不执行判决罪判处张某友有期徒刑七个月，缓刑一年。因谭某万在共同犯罪中作用较小，犯罪情节较轻，认罪态度较好，检察机关对其作出相对不起诉处理，同时向公安机关发出检察意见书，建议对谭某万进行行政处罚。2023年3月16日，谭某万被处行政拘留5日，并处罚款500元。

2022年10月1日，张某友向开州区人民法院缴纳执行案款519175元，死者廖某明近亲属的交通事故赔偿款全部执行到位。

【典型意义】

诉讼活动是化解当事人之间争议的最后一道防线，体现司法公信力。虚假诉讼当事人往往通过捏造事实、隐瞒真相、虚构法律关系，骗取法院作出对自己有利的裁判，侵害他人合法权益、损害司法权威和司法公信力。本案中，张某友为逃避法院强制执行、减少债务承担，与黄某生恶意串通、虚构远大于本金数额的利息债务，与雷某芬通过协议离婚的方式将共同所有的房屋约定由雷某芬单独所有，在交通事故死者家属起诉后短期内将定期存款20万元转移给其姐夫谭某万，并向法院提起本案虚假诉讼。对此，检察机关与法院、公安机关分工负责、互相配合、互相制约，采取民事案件、刑事案件并进方式，依法惩治虚假诉讼、拒不执行判决等违法犯罪行为。一方面，本案再审检察建议发出后，虚假诉讼得到法院再审改判，交通事故死者家属拿到全部赔偿款，真实权利人的民事权利得到保障，司法权威和公信力得到维护；另一方面，张某友因虚假诉讼逃避法院强制执行被追究刑事责任，谭某万因帮助张某友转移财产被公安机关给予行政处罚，黄某生因虚假诉讼被法院处以罚款，打破虚假诉讼及相关违法犯罪行为人"零成本"的幻想和"低成本"的惯例，有利于增强全社会对虚假诉讼及相关违法犯罪的防范意识，推动形成诚信诉讼的社会氛围。

案例五　张某与史某珍、路某毛确认合同效力纠纷等再审检察建议系列案

【基本案情】

2019年9月23日，购房人张某通过房产中介路某毛与卖房人史某珍签订《存量房屋买卖合同》，合同约定：张某购买史某珍坐落于南京市浦口区园胜路××号房屋一套，房屋转让价款为102万元，史某珍配合张某办理过户；若在合同履行中发生争议，应至中介户籍地（河南省固始县）起诉。

后张某以史某珍未依合同约定配合办理过户为由，起诉至河南省固始县人民法院，请求确认上述购房合同有效，并继续履行过户手续。2020年1月19日，固始县人民法院开庭审理本案，当庭调解确认上述购房合同有效且双方均同意继续履行。2020年3月11日，固始县人民法院按上述调解内容作出民事调解书，并送达各方。

调解书生效后，张某向固始县人民法院申请强制执行。2020年4月26日，固始县人民法院作出执行裁定，将案涉房屋过户给张某。2020年5月13日，南京市浦口区不动产登记中心依据上述执行裁定书及协助执行通知，将案涉房屋过户至张某名下。

此外，吕某等3名购房人均通过路某毛以上述相同方式签订合同，起诉并执行过户。

【监督与再审情况】

河南省固始县人民检察院在履职中发现该4起民事调解案件均存在同日受理、同日

结案、同一原告代理人、同一被告代理人以及同一房产中介等异常情况，可能存在虚假诉讼行为，遂依职权启动监督程序。经调查查明，2019年9月，张某等4名购房人与史某珍等房屋所有人为规避南京市新购房屋5年或3年内不得转让的限制交易政策，通过固始县房产中介路某毛签订格式存量房屋买卖合同，并在合同中约定管辖法院为固始县人民法院；为达到使房屋尽快过户的目的，路某毛找到固始县法律工作者周某、吴某峰分别担任原、被告代理人，在固始县人民法院提起4起民事诉讼，均请求确认合同有效，并尽快配合过户；固始县人民法院经审理后均调解结案，调解生效后，张某等人立即向固始县人民法院申请强制执行，现房屋已过户到张某等人名下。2022年10月14日，固始县人民检察院向固始县人民法院提出4件再审检察建议，同时针对执行中存在的问题，向该法院提出执行监督检察建议。固始县人民检察院将相关当事人涉嫌虚假诉讼犯罪线索及相关审判、执行人员涉嫌职务犯罪线索移送有关机关或部门处理。

固始县人民法院收到再审检察建议后，启动再审程序。2023年1月3日，固始县人民法院作出4份民事判决，均判决撤销原调解书，驳回原告的诉讼请求。该4份一审民事判决已生效。固始县人民法院采纳执行监督检察建议，健全完善内部印章管理、案件把关、文书审核、流程监督等制度。固始县人民法院针对本辖区此类案件开展专项倒查活动，依法纠正2019年11月至2020年1月起诉的35起类似案件。

固始县人民检察院、人民法院、公安局、司法局搭建协作机制，会签《关于加强防范与惩治虚假诉讼协助配合工作的意见》，形成虚假诉讼联防联惩共治格局。

【典型意义】

房屋限购政策是国家坚持"房住不炒"总原则，压投机保民生，实现居者有其屋，促进房地产市场平稳健康发展的重要举措。实践中，有的购房人、房产中介为规避限购政策，利用协议管辖的方式在异地提起诉讼，获得虚假裁判文书，并通过法院强制执行实现所购房产顺利过户，严重扰乱房地产市场秩序，破坏司法权威，损害社会公共利益。本案中，检察机关精准发现异常线索，依法开展调查核实查明事实，向人民法院提出再审检察建议的同时，主动与人民法院沟通会商、凝聚共识。人民法院及时作出回应，采纳再审检察建议，启动再审程序纠正个案，并同步开展系统排查，自行纠正一批类似案件。检察机关与人民法院在此基础上，强化协同治理，联合其他部门会签防范惩治虚假诉讼协作配合意见，就加强涉房屋限购等案件重点甄别、审查把关、有效监督等健全机制，推动形成信息互通、情况互商、数据共享的协同治理格局，共同维护司法公正和司法权威，合力推动政府民生政策落实落地。

案例六　姜某与某烫金材料公司、某印刷物资公司等买卖合同纠纷再审检察建议案

【基本案情】

2017年2月至6月，某印刷物资公司向某烫金材料公司购买共计28万余元的电解铝产品。某烫金材料公司通过姜某承包的某快递公司陆续发货，但某印刷物资公司称仅收到少部分货物，并拒绝支付剩余货款。2018年5月，某烫金材料公司就买卖合同纠纷向浙江省苍南县人民法院提起诉讼，要求某印刷物资公司支付剩余货款19万余元。诉讼中，某印刷物资公司否认收到全部货物，而某快递公司的快递签收联仅保留半年且无物流电子数据，某烫金材料公司提交的快递面单无签收记录，只能证明其将货物交由姜某收寄，无法证明某印刷物资公司收货情况，苍南县人民法院据此判决某印刷物资公司支付自认的欠付货款2.5万余元及利息。一审判决生效后，某烫金材料公司又以运输合同纠纷提起诉讼，要求某快递公司、姜某赔偿货物损失，苍南县人民法院判决支持。某烫金材料公司申请执行，某快递公司无财产可供执行，姜某被执行6000余元后被列入失信人名单。

【监督与再审情况】

姜某不服上述买卖合同纠纷、运输合同纠纷案件一审生效判决，申请再审均被驳回，遂向浙江省苍南县人民检察院申请监督。姜某提出其有通过微信与客户确认物流信息的习惯，但因手机问题无法提供。苍南县人民检察院遂委托温州市检察院司法鉴定中心，通过技术手段恢复并提取姜某与某印刷物资公司负责人的微信聊天记录，梳理发货记录与快递清单的对应关系。苍南县人民检察院举行公开听证，围绕某印刷物资公司是否收到全部货物，现场出示检察机关提取的微信聊天记录等新证据组织质证。某印刷物资公司负责人对聊天记录显示货物已签收及自称"我还卡了他20万元的货款"等情况均无法作出合理解释。苍南县人民检察院综合本案证据，认定某印刷物资公司已收到案涉货物。2021年4月21日、2023年3月14日，苍南县人民检察院分别就上述买卖合同纠纷、运输合同纠纷案件向苍南县人民法院提出再审检察建议。

苍南县人民法院收到再审检察建议后，对上述买卖合同纠纷、运输合同纠纷案件均启动再审程序。2022年5月30日，苍南县人民法院就上述买卖合同纠纷案作出一审判决，认定姜某已将某烫金材料公司27万余元货物发至某印刷物资公司或其指定地点，并改判某印刷物资公司支付某烫金材料公司货款15.3万余元和赔偿利息损失。某印刷物资公司不服一审判决，提出上诉。2023年1月19日，浙江省温州市中级人民法院作出二审判决，驳回上诉，维持原判。2023年7月7日，苍南县人民法院、人民检察院就上述运输合同纠纷案共同组织庭前调解，双方在庭前达成和解协议，苍南县人民法院调解结案。

【典型意义】

司法实践中，部分当事人因法治意识淡薄、取证能力有限等因素，导致被动承受举证不能的不利后果。在上述买卖合同纠纷案中，检察机关通过依法行使调查核实权，借助检察技术协作，恢复并提取当事人自身难以获取的电子数据，并组织公开听证进行质证，确保查清事实，实现精准监督，让失信者担责、守信者受益。

案例七 李某与卓某婚约财产纠纷等再审检察建议系列案

【基本案情】

2020年3月，卓某以婚约财产纠纷向安徽省灵璧县人民法院提起诉讼，请求李某退还给付的彩礼款。2020年5月9日，灵璧县人民法院作出民事调解书，调解协议内容为："一、李某自愿于2020年5月10日前偿还卓某3万元，2020年6月28日前偿还6000元，2020年7月28日前偿还6000元，2020年8月28日前偿还6000元，2020年9月28日前偿还6000元，2020年10月28日前偿还6000元，卓某同意并自愿放弃其他诉讼请求；二、若李某未按照上述第一项协议约定的时间节点及时、足额偿还欠款，卓某有权就全部债权（扣除已支付部分）申请强制执行；三、案件受理费1460元，减半收取计730元，李某自愿负担。"后李某未履行该民事调解书确定的义务，卓某向灵璧县人民法院申请强制执行。

此外，邓某、李某雷、王某报等3人以婚约财产纠纷或民间借贷纠纷向灵璧县人民法院提起诉讼，请求李某退还给付的彩礼款或偿还借款。灵璧县人民法院对其中2件调解结案，对另1件因原告申请撤诉而裁定准许撤回起诉。

【监督与再审情况】

安徽省灵璧县人民检察院在履职中发现上述婚约财产纠纷等案件中，被告均为李某，灵璧县人民法院作出民事调解书时间较为集中，且案件均因被执行人李某联系不上、没有查询到可供执行的财产而终结本次执行，这些异常点均指向被执行人李某可能存在骗婚嫌疑，遂对上述婚约财产纠纷等案件依职权启动监督程序，并将李某涉嫌诈骗犯罪线索移送公安机关处理，公安机关对李某涉嫌诈骗罪立案侦查。结合公安机关侦查情况，灵璧县人民检察院查明，2016年3月至2019年9月，李某在其合法婚姻关系存续期间，以"相亲"为名，骗取卓某、邓某、李某雷、王某报等4人彩礼约317400元。后李某均以各种理由推脱，不再和卓某等4人见面并拒绝与他们结婚，不予返还收受的"彩礼"。从而围绕李某引发了4起婚约财产纠纷或民间借贷纠纷。2021年12月至2022年10月，灵璧县人民检察院对上述4件婚约财产纠纷、民间借贷纠纷案件提出再审检察建议。

灵璧县人民法院收到再审检察建议后，对4件案件均启动再审程序。2022年10月至

2023年2月，灵璧县人民法院以李某涉嫌诈骗犯罪已被公安机关立案侦查，本案不属于民事案件受案范围为由作出4份民事裁定，撤销原民事调解书、裁定书，驳回卓某等4人的起诉。该4份民事裁定已生效。2023年9月25日，灵璧县人民法院以诈骗罪判处李某有期徒刑十年，并处罚金10万元，对其违法所得予以追缴并返还被害人。该刑事案件中，李某当庭认罪认罚，没有提出上诉，刑事判决已生效。

【典型意义】

检察机关、法院在办理民事案件时，要坚持依法能动、融合履职，保障民事法律的统一正确实施。要依法运用调查核实措施，查明案件事实，准确区分当事人之间是民事纠纷还是刑事犯罪，精准办好"刑民交叉"案件。对违背公序良俗等损害国家利益和社会公共利益的民事调解行为要及时监督并纠错，形成协同保障民生民利的合力，做到维护合法权益与打击犯罪并重，以高质效检察监督和审判监督提升司法公信力。

案例八　秦某奎与某建设工程公司劳动争议纠纷再审检察建议案

【基本案情】

2018年4月起，秦某奎在某建设工程公司承建的重庆市石柱县某项目从事木工，该公司为秦某奎缴纳工伤保险费用。2018年8月6日上午10时许，秦某奎在该项目作业时摔伤，后在石柱县人民医院治疗，住院3次共计65天，医疗费共计73065.77元，已由某建设工程公司支付。秦某奎第一次住院31天，由其家属护理；第二次和第三次住院期间系某建设工程公司请人护理并支付相关费用；该公司还支付秦某奎停工留薪期工资共计32000元。2018年12月3日，经秦某奎申请，石柱县人力资源和社会保障局作出《认定工伤决定书》，认定秦某奎所受伤害为工伤。2019年4月6日，石柱县劳动能力鉴定委员会作出《初次鉴定结论书》，鉴定结论为伤残八级。2019年12月3日，秦某奎向某建设工程公司邮寄《解除劳动关系申请书》，申请解除与该公司的劳动关系。同年12月17日，秦某奎向石柱县劳动人事争议仲裁委员会提出仲裁申请，该仲裁委员会以申请不符合受理条件为由不予受理。2020年1月7日，秦某奎向重庆市石柱土家族自治县人民法院提起诉讼，请求判令解除其与某建设工程公司劳动关系；某建设工程公司向其支付工伤保险待遇220669.6元、解除劳动合同经济补偿金13628元。秦某奎起诉后，某建设工程公司向其支付5000元。

石柱土家族自治县人民法院一审认为，秦某奎与某建设工程公司的劳动关系已协商一致解除，不属于《中华人民共和国劳动合同法》第四十六条规定的向劳动者支付经济补偿金的情形。某建设工程公司已为秦某奎建立工伤保险关系，并且为秦某奎缴纳工伤保险费用，秦某奎主张工伤保险待遇，依据《工伤保险条例》规定，应由工伤保险基金支付的部分，不予支持；应由用人单位支付的工伤保险待遇，包括停工留薪期待遇、住院期间护理费、停工留薪期满至定残日前生活津贴、一次性伤残就业补助金等共计135911.6元，予以认定。扣除某建设工程公司已支付秦某奎的医药费73065.77元和其他费用37000元，认定某建设工程公司还应支付秦某奎相关工伤保险待遇25845.83元。据此，一审法院判决：确认秦某奎、某建设工程公司的劳动关系解除，某建设工程公司支付秦某奎鉴定费、停工留薪期待遇、住院期间护理费、生活津贴、一次性伤残就业补助金等共计25845.83元，驳回秦某奎的其他诉讼请求。

秦某奎不服一审判决，向重庆市第四中级人民法院提出上诉。某建设工程公司在二审中同意支付秦某奎解除劳动关系的经济补偿金，重庆市第四中级人民法院予以认可。二审中，工伤保险基金将其应支付的工伤保险待遇支付至某建设工程公司账户，该公司支付给秦某奎，其中医疗费用部分有7206.25元未予报销。

二审法院认为，依据《工伤保险条例》相关规定，应由某建设工程公司支付的工伤保险待遇中的医疗费用部分，秦某奎未能举证证明超出工伤保险诊疗项目目录、工伤保险药品目录、工伤保险住院服务标准的范围，某建设工程公司已经支付的医疗费用可以抵扣其应支付的费用。据此，二审法院判决：确认秦某奎、某建设工程公司的劳动关系解除，某建设工程公司支付秦某奎停工留薪期待遇、住院期间护理费、生活津贴、一次性伤残就业补助金、经济补偿金共计39473.83元，驳回秦某奎的其他诉讼请求。

【监督与再审情况】

秦某奎不服二审判决，向重庆市高级人民法院申请再审被驳回，后向重庆市人民检察院第四分院申请监督。重庆市人民检察院第四分院查明，工伤事故发生之后，秦某奎住院治疗三次：第一次为2018年8月6日至2018年9月6日，共31天，治疗费用54090.92元；第二次为2019年3月13日至2019年4月1日，共20天，治疗费用11843.31元；第三次为2019年8月25日至2019年9月9日，共16天，治疗费用7131.54元。因某建设工程公司未在秦某奎受伤之日起30日内申请认定工伤，对受理秦某奎工伤认定申请之日前的医疗费等费用，工伤保险基金不予报销；秦某奎第二次、第三次治疗费中，有7206.25元未报销的原因是不符合工伤保险诊疗项目目录、工伤保险药品目录和工伤保险住院服务标准。二审判决生效后，某建设工程公司已按二审判决内容支付秦某奎39473.83元。重庆市人民检察院第四分院认为，根据《工伤保险条例》第十七条第一款、第四款，《重庆市工伤保险实施办法》第十二条第一款等规定，在工伤事故发生之日起30日内，用人单位没有申请认定工伤，事故受害人在1年内自行申请认定工伤的，自事故发生之日起至社会保险行政部门受理工伤认定申请之日止，期间产生的医疗费、伙食补助费等符合《工伤保险条例》规定的工伤保险待遇，应由用人单位承担。秦某奎发生事故伤害后30日内，某建设工程公司未申请认定工伤，秦某奎受伤后第一次住院治疗时间在石柱县人力资源和社会保障局受理秦某奎工伤认定申请之前，治疗费用54090.92元及该次治疗的其他合理费用应由某建设工程公司承担。二审判决在认定某建设工程公司应当支付的工伤保险待遇时，将本应由该公司支付的前述医疗费予以抵扣，导致未将秦某奎第一次住院产生的医疗费等合理费用认定为应由用人单位支付的工伤保险待遇。对因不符合工伤保险诊疗项目目录、工伤保险药品目录和工伤保险住院服务标准而未获工伤保险基金报销的7206.25元治疗费用等，某建设工程公司未提供证据证明秦某奎在治疗过程中存在不合理或过度医疗的情形，对该部分费用，由某建设工程公司负担符合公平原则，也符合《工伤保险条例》的立法宗旨。2022年1月17日，重庆市人民检察院第四分院提出再审检察建议。

重庆市第四中级人民法院收到再审检察建议后，启动再审程序。2022年8月27日，重庆市第四中级人民法院作出民事判决，采纳检察机关监督意见，判决：确认秦某奎、某建设工程公司的劳动关系解除，某建设工程公司支付秦某奎工伤保险待遇61545.17元，驳回秦某奎的其他诉讼请求。

【典型意义】

检察机关、法院在办理涉及工伤保险待遇案件中，要注重把握《工伤保险条例》的立法宗旨，准确适用法律，保护劳动者合法权益。保障因工作遭受事故伤害或者患职业病的职工获得医疗救治和经济补偿，促进工伤预防和职业康复，分散用人单位的工伤风险，是工伤保险制度的重要价值。按照《工伤保险条例》第十七条规定，用人单位自事故伤害发生之日起30日内未向社会保险行政部门提出工伤认定申请的，在此期间发生的符合《工伤保险条例》规定的工伤保险待遇等有关费用，应由用人单位承担。该规定是对用人单位的一种惩戒，目的是督促用人单位在劳动者发生工伤事故后，及时向社会保险行政部门提出工伤认定申请，保障工伤职工及时获得医疗救治和经济补偿。用人单位不得因怠于申请认定工伤的行为获益。此外，《工伤保险条例》第三十条规定，超出工伤保险诊疗项目目录、工伤保险药品目录、工伤保险住院服务标准的治疗费用，不予核准报销，但对该部分费用由谁承担，《工伤保险条例》没有明确规定，通常认为合理部分应由用人单位承担。处理该问题应当区分情况：第一，工伤保险赔偿系法定的无过错责任，超出"三项目录"的医疗费用，原则上仍应由用人单位负担；第二，在治疗工伤过程中，没有必要采用超出"三项目录"范围的药品、医疗器械，但劳动者采用目录外药品、器械的，所产生的未报销费用，不宜一律要求用人单位承担；第三，对超出"三项目录"的医疗费用存在非合理性和非必要性的问题，用人单位应当承担证明责任，如用人单位未提供证据证明其存在明显的非必要性和非合理性，仍应由用人单位承担。

案例九　曹某与田某离婚后财产纠纷再审检察建议案

【基本案情】

2013年,曹某(男,中国澳门特别行政区居民)与田某(女)在澳门特别行政区登记结婚。双方签订婚前协议约定:"常居地"为澳门特别行政区,并将缔结的婚姻采用"一般共同财产制"。曹某名下有珠海与上海两套房产。珠海的房产是曹某2011年购买的商品房。上海的房产原是曹某父母承租的公有住房,2015年,按上海公有住房改革政策,曹某父母、曹某有权购买该房,经协商,曹某父母将该房产确定为曹某个人所有,田某作为配偶也需签名,田某因故无法回到上海,特出具《委托书》,表示同意将上海房产产权人变更为曹某,委托曹某父亲全权处理。曹某与上海某公司签订《上海市公有住房出售合同》,享受各种优惠后,最终出售单价是281.71元/平方米,曹某父亲支付12940元。诉讼中,上海房产的评估价值为3489547元。

2016年,澳门特别行政区法院判决曹某与田某离婚。之后,田某向广东省珠海市香洲区人民法院起诉,请求分割曹某名下的上述两套房产。一审法院认为,依照《澳门民法典》关于一般共同财产制的规定,珠海、上海房产均属于夫妻共同财产。一审法院判决:上述两套房产归曹某所有,曹某补偿上述两套房产价值一半款项给田某。曹某不服,认为上海的房产属于其个人财产,遂向广东省珠海市中级人民法院提起上诉。该院作出二审判决,维持原判。

【监督与再审情况】

曹某不服二审判决,向广东省高级人民法院申请再审被驳回,其后向广东省珠海市人民检察院申请监督。珠海市检察院查明,上海房产来源于曹某母亲单位调配和曹某父亲出资承租;曹某申请并户购买该房时,田某出具《委托书》,同意上海房产变更为曹某,并委托曹某父亲全权处理;曹某购买上海房产时,不仅享受曹某父亲24年工龄优惠,还享受地段、朝向、楼层、成新折扣率、面积折扣率、已租住房优惠率等,是以成本价支付的房款;《关于出售公有住房的暂行办法》(沪府发〔1994〕19号)规定,购买成本价公有住房的对象,应为具有上海市常住户口的公有住房承租人或其同住成年人和符合分配住房条件的职工。珠海市检察院认为,本案夫妻财产关系的准据法应为《澳门民法典》。双方约定采用一般共同财产制。珠海的房产是双方结婚时已登记在曹某名下的财产,依照《澳门民法典》第1609条规定,该房产属夫妻共同财产。上海的房产虽然登记在曹某名下,但该房来源凝聚了曹某父母特定身份、资金投入等巨大的福利权益,按上海公有住房政策,曹某父母将该房巨大权益无偿地由曹某享有,本质上是赠与。《澳门民法典》第1609条是一般共同财产制的一般规定,第1610条a)款是排除规定:赠与给夫妻一方的财产不属夫妻共同财产。上海房产权属

317

的认定应适用《澳门民法典》第1610条a）款。2020年1月22日，珠海市检察院提出再审检察建议。

珠海市中级人民法院收到再审检察建议后，启动再审程序。2021年12月29日，该院作出民事判决，采纳检察机关监督意见，认定上海房产是曹某父母赠与曹某个人的财产，不属夫妻共同财产，不应予以分割。法院判决：珠海、上海房产归曹某所有，曹某补偿珠海房产价值一半款项给田某。

【典型意义】

本案为涉澳夫妻离婚后财产纠纷，根据双方结婚时的选择，应适用《澳门民法典》作为准据法。《澳门民法典》关于夫妻共同财产的认定，在规定一般共同财产制的同时，还作出"赠与给夫妻一方的财产不属夫妻共同财产"的排除规定。检察机关通过调查核实，查明上海房产源自曹某父母、购买公房时田某出具《委托书》及上海市政府房改政策等重要事实。从该房产购买来源、协议签订主体、买卖公有住房行为发生地、支付对价及登记权利人取得过程，足以认定上海房产的赠与不是以通常的赠与协议方式完成，而是以购买公有住房的手续、程序完成。相关协议中虽然没有"赠与"的表述，但实质是赠与性质。本案应属于《澳门民法典》夫妻共同财产规定的例外情形，不应认定为夫妻共同财产，不应予以分割。

案例十 郑某安与某物业发展公司商品房买卖合同纠纷再审检察建议案

【基本案情】

2004年3月13日，郑某安与某物业发展公司订立《商品房买卖合同》，约定购买商业用房，面积251.77平方米，单价2万元/平方米，总价503.54万元。合同还约定了交房日期、双方违约责任等条款。郑某安付清首付款201.44万元，余款302.1万元以银行按揭贷款的方式支付。2005年6月，某物业发展公司将案涉商铺交付郑某安使用，后郑某安将房屋出租。郑某安称因某物业发展公司未提供相关资料，导致案涉商铺至今未办理过户手续。2012年1月16日，某物业发展公司与某百货公司订立《商品房买卖合同》，将包括郑某安已购商铺在内的一层46~67号商铺2089.09平方米，以单价0.9万元/平方米，总价1880.181万元，出售给某百货公司。2012年1月20日，双方办理房屋产权过户手续。某物业发展公司向某百货公司依约交接一层46~67号商铺期间，某物业发展公司与郑某安就商铺回购问题协商未果。

2013年2月28日，郑某安将某物业发展公司诉至青海省高级人民法院，请求判令：解除双方签订的《商品房买卖合同》，返还已付购房款503.54万元，并承担已付购房款一倍的赔偿及房屋涨价损失。一审法院委托评估，郑某安已购商铺以2012年1月20日作为基准日的市场价格为：单价6.5731万元/平方米，总价为1654.91万元。一审法院认定,某物业发展公司于2012年1月20日向某百货公司办理案涉商铺过户手续,导致郑某安与某物业发展公司签订的《商品房买卖合同》无法继续履行,构成违约。因违约给郑某安造成的损失,应以合同正常履行后可获得的利益为限,某物业发展公司应按此时的案涉商铺市场价与购买价之间的差价1151.37万元,向郑某安赔偿。郑某安主张的按揭贷款利息为合同正常履行后为获得利益所支出的必要成本,其应获得的利益在差价部分已得到补偿。某物业发展公司在向某百货公司交付商铺产权时,曾就案涉商铺问题与郑某安协商过,并且某物业公司以同样方式回购了其他商铺,因此,某物业发展公司实施的行为有别于"一房二卖"中出卖人存在欺诈或恶意的情形,郑某安请求某物业发展公司承担已付购房款一倍503.54万元的赔偿责任,不予支持。据此,一审判决:解除《商品房买卖合同》,某物业发展公司向郑某安返还已付购房款503.54万元、赔偿商铺差价损失1151.37万元。

郑某安、某物业发展公司均不服一审判决,向最高人民法院提出上诉。二审法院认定,某物业发展公司与郑某安订立《商品房买卖合同》时,《最高人民法院关于审理商品房买卖合同纠纷案件适用法律若干问题的解释》已经实施。因此,某物业发展公司应当预见到如其违反合同约定,根据该司法解释第八条规定,可能承担的违约责任,除对方当事人遭受直接损失外,还可能包括已付购房款一倍的赔偿。综合本案郑某安实际占有案涉商铺并出租获益6年多,以及某物业发展公司将案涉商铺转售他人的背景、原因、交易价格等因素,一审判决以合同无法继续履行时点的市场价与郑某安购买价之间的差额作为可得利益损失,判令某物业发展公司赔偿郑某安1151.37万元,导致双方当事人之间利益失衡,超出当事人对违反合同可能造成损失的预期。根据《中华人民共和国合同法》第一百一十三条第一款规定精神,为了更好平衡双方当事人利益,酌定某物业发展公司赔偿郑某安可得利益损失503.54万元。据此,二审判决:解除《商品房买卖合同》,某物业发展公司向郑某安返还已付购房款503.54万元、赔偿商铺差价损失503.54万元。

【监督与再审情况】

郑某安不服二审判决,向最高人民法院申请再审被驳回,其后向最高人民检察院申请监督。最高人民检察院认为,第一,关于郑某安主张的房屋差价损失1151.37万元是否属于可得利益损失及应否赔偿问题。郑某安依约支付购房款,其主要合同义务履行完毕,某物业发展公司亦已将案涉商铺交付郑某安。因不可归责于郑某安的原因,案涉商铺未办理产权过户手续。其后,某物业发展公司再次出售案涉商铺给某百货公司并办理过户,构成违约,应当承担违约责任。依照《中华人民共和国合同法》规定,违约损失赔偿额相当于因违约造成的损失,包括合同履行后可以获得的利益,但不得超过违反合同一方订立合同时预见到或者应当预见到的因违反合同可能造成的损失。某物业发展公司作为从事房地产开发的专业企业，订立合同时应预见到，若违反合同约定，将承担包括差价损失赔偿在内的违约责任。某物业发展公司再次出售案涉商铺时，对案涉商铺市价应当知悉，对因此给郑某安造成的房屋差价损失也是明知的。因此，案涉房屋差价损失1151.37万元属于可得利益损失，某物业发展公司应予赔偿。第二，关于生效判决酌定某物业发展公司赔偿郑某安可得利益损失503.54万元是否属于适用法律确有错误问题。某物业发展公司擅自再次出售案涉商铺，主观恶意明显，具有过错，应受到法律否定性评价。郑某安出租商铺收取租金，是其作为房屋合法占有人享有的权利，不应作为减轻某物业发展公司民事赔偿责任的事实依据。案涉商铺第二次出售价格虽仅为0.9万元/平方米，但郑某安所购商铺的评估价格为6.5731万元/平方米，某物业发展公司作为某百货公司发起人，将案涉商铺以较低价格出售给关联企业某百货公司，双方存在利害关系，故案涉商铺的第二次出售价格不应作为减轻某物业发展公司民事赔偿责任的事实依据。综上，生效判决适用法律确有错误，且有失公平。2019年1月21日，最高人民检察院提出再审检察建议。

最高人民法院收到再审检察建议后，于2020年3月31日作出民事裁定，再审本案。再审中，在法庭主持下，郑某安与某物业发展公司达成调解协议，最高人民法院出具民事调解书，对调解协议依法予以确认。

【典型意义】

根据《中华人民共和国合同法》第一百一十三条[①]规定，当事人一方不履行合同义务或者履行合同义务不符合约定，给对方造成损失的，损失赔偿额应当相当于因违约所造成的损失，包括合同履行后可以获得的利益。"一房二卖"纠纷中，出卖人先后与不同买受人订立房屋买卖合同，后买受人办理房屋产权过户登记手续的，前买受人基于房价上涨产生的房屋差价损失，属于可得利益损失，可以依法主张赔偿。同时，在计算和认定可得利益损失时，应当综合考虑可预见规则、减损规则、损益相抵规则等因素，合理确定可得利益损失数额。本案系通过再审检察建议的方式开展监督，法院采纳监督意见进行再审后，依法促成双方当事人达成调解协议，实现案结事了人和。在监督实务中，检察机关应当根据案件实际情况，合理选择抗诉或再审检察建议的方式开展监督，实现双赢多赢共赢。

来源：《检察日报》

---

① 该条款已废止，现为《民法典》第五百八十四条。

民事检察依职权监督典型案例

依职权监督既是民事检察监督启动的重要方式之一，也是检察机关依法能动履职的具体体现。民事检察部门依法履行依职权监督职能，有利于更好地维护国家利益和社会公共利益、提升民事检察监督质效。

为进一步贯彻落实《中共中央关于加强新时代检察机关法律监督工作的意见》，指引各级检察机关依职权能动履行民事检察职责，实现民事检察高质量发展，最高人民检察院第六检察厅日前从各地报送的案件中选编了4件民事检察依职权监督典型案例。现将4件典型案例予以刊发，供各地办案时参考借鉴。

案例一 应某喜与贵州某医药公司等民间借贷纠纷依职权监督案

【关键词】

民间借贷 虚假诉讼 调查核实 能动履职

【基本案情】

2010年10月8日，应某喜与贵州某医药公司签订借款协议，约定：贵州某医药公司向应某喜借款270万元，期限为三个月，借款期限内按借款金额以每月1.4%计算利息；如逾期还款，则按人民银行同期贷款利息4倍计算利息，而且还需从借款之日起按逾期还款额每日千分之三向应某喜支付违约金。黄某荣、杨某利、李某鹄在上述协议上签字，提供连带担保责任。同日，应某喜与贵州某医药公司、四川某变电公司签订协议书，约定：四川某变电公司代应某喜向贵州某医药公司支付借款270万元。2010年12月3日，四川某变电公司出具270万元的转账支票，然后交给贵州某医药公司，贵州某医药公司签收后出具收到借款确认书。四川某变电公司在中国银行某支行的相关账户交易记录显示，该账户于2010年12月6日发生一笔支出业务，金额为270万元。借款到期后，贵州某医药公司未履行还款义务，黄某荣、杨某利、李某鹄亦未承担担保责任，应某喜遂向重庆市第三中级人民法院提起诉讼。重庆市第三中级人民法院经审理，判决贵州某医药公司向应某喜偿还借款270万元及相应利息，并判决黄某荣、杨某利、李某某鹄对上述借款及利息承担连带清偿责任。贵州某医药公司不服一审判决，向重庆市高级人民法院提出上诉，请求驳回应某喜的全部诉讼请求。重庆市高级人民法院经审理，判决驳回上诉，维持原判。

【依职权监督情况】

贵州省遵义市公安局红花岗分局在侦办贵州某医药公司内部员工内外勾结职务侵占一案过程中，发现相关事实与法院判决所认定的事实存在矛盾，于2014年3月4日就应某喜等人涉嫌犯罪情况向检察机关进行了通报。因涉及虚假诉讼，重庆市人民检察院依职权对本案进行审查后，向最高人民检察院提请抗诉。最高人民检察院审查后，认为本案涉及虚假诉讼，依法向最高人民法院提出抗诉。最高人民法院指令重庆市高级人民法院再审本案。重庆市高级人民法院经审理，依法判决撤销一审、二审判决，并驳回应某喜的诉讼请求。

重庆市人民检察院、最高人民检察院在依职权办理该案的过程中，进行了大量的调查核实工作，通过询问双方当事人、查阅原审案卷及调取相关款项的往来情况，查实了本案涉及虚假诉讼的相关情况，这是本案抗诉成功的关键所在。

一是通过调查核实查明应某喜与贵州某医药公司之间并不存在真实的借款关系。据公安机关对应某喜及刘某刚的询问材料及应某喜自愿放弃执行申请书等证据证实，应某喜本人并没有与贵州某医药公司协商借款事宜，也没有参与实施行为，而仅仅是根据刘某刚的委托在协议文本上签署了自己的名字（应某喜系刘某刚的姐夫）。

二是通过调查核实查明刘某刚与贵州某医药公司之间亦不存在真实的借款关系。刘某刚系与贵州某医药公司的黄某荣将另案中400万元真实借款的利息、逾期贷款利息和违约金，共计270万元变更为借贷关系，所谓借贷意思表示并不真实。事实上，此借条的目的是固定双方约定的远远超过国家允许的利率和违约金的款项，掩盖刘某刚高利贷的非法利益。

三是通过调查核实查明四川某变电公司并未代为履行涉案借款协议。经公安机关查实，四川某变电公司在签订该代付借款协议前已被工商局注销，其主体资格归于消灭，且该公司并未在中国银行某支行开立过银行账户。以该公司名义在中国银行某支行开设账户并开出270万元转账支票系应某喜、刘某刚等人冒用，且根据重庆某电器厂的法定代表人刘某洪的陈述，开出涉案转账支票270万元所需的款项系由其支出。

四是通过调查核实查明贵州某医药公司并未实际收到应某喜、刘某刚履行270万元"借款"的转账支票，也未从中实际获益。综观全部履行环节，270万元的转账支票系在加盖了虚假的贵州某医药公司财务专用章后将支票背书转让给重庆某电器厂，使该270万元的转账支票顺利地回到了刘某刚和实际出资人刘某洪控制的私人企业，其真实目的是使刘某刚取得借以向贵州某医药公司主张270万元"借款"的虚假证据。

【典型意义】

检察机关依职权进行调查核实,既是依法能动履职的重要方式,也是加强民事诉讼精准监督的重要保障。根据《人民检察院民事诉讼监督规则》的有关规定,检察机关因履行民事法律监督职责的需要,在民事判决可能存在法律规定需要监督的情形,仅通过阅卷及审查现有材料难以认定的,可以向当事人或者案外人调查核实有关情况。本案中,检察机关能动履职,通过采取向公安机关和金融机构查询、调取相关证据材料,询问当事人和案外人等调查措施,查明应某喜与贵州某医药公司之间并不存在真实的借款关系,刘某刚与贵州某医药公司之间亦不存在真实的借款关系,四川某变电公司并未代为履行涉案借款协议,贵州某医药公司并未实际收到应某喜、刘某刚履行270万元"借款"的转账支票等事实,使相关证据形成了完整的证据链条,有效证明了应某喜、刘某刚等人单方进行虚假诉讼,掩盖高利贷非法利益的有关情况,实现了精准监督的目标。

案例二 张某与某实业公司民间借贷纠纷依职权监督案

【关键词】

民间借贷 虚假诉讼 规避执行 跟进监督

【基本案情】

2002年3月,原大同市某运输公司(国有)决定企业改制,分设成立了某实业公司。某实业公司注册资本409.6万元,其中,国有股104万元、职工股305.6万元。2003年8月,某实业公司出资新建玻璃生产车间,承建单位为某建筑公司,工程于2003年10月开始施工。2004年4月,某实业公司将该玻璃生产车间注册为某玻璃厂。2004年7月,玻璃生产车间竣工,工程总造价为889万余元,某实业公司尚欠某建筑公司561万余元未给付。2006年7月,某玻璃厂因亏损与张某合作,张某注资300万元,某实业公司以设备作价200万元。2006年9月6日,张某将某玻璃厂重新注册为某玻璃公司。2007年6月13日,某实业公司因经营不善,经股东会研究决定将职工股以405.9万元的价格转让给张某,股权转让后,张某有权处置某实业公司的资产,并根据受让股份承担某实业公司的债权债务。协议达成后,张某即行使某实业公司的经营决策权。2008年4月10日,张某担任某实业公司的法定代表人,同年6月3日,法定代表人变更为高某(张某姐夫)。2009年12月16日,某建筑公司与某实业公司建设工程施工合同纠纷一案,经法院终审判决,某实业公司给付某建筑公司工程欠款本息688万余元。2009年12月29日,张某以与某实业公司存在民间借贷纠纷为由申请诉前保全。大同市矿区人民法院于2009年12月31日作出裁定,对某实业公司在银行的存款480万元或相当财产依法冻结、查封,并随即查封某实业公司名下的两宗土地使用权。其后,某建筑公司向大同市中级人民法院申请强制执行，该两宗土地使用权被该院轮候查封。2010年1月4日，张某弟弟以原价200万元购买了某实业公司在某玻璃公司的股份，公司股东变更为张某兄弟二人。

2010年2月9日，张某将某实业公司诉至大同市矿区人民法院，称2007年7月至12月间，某实业公司共12次向其借款，借款金额合计480万元，口头约定月息为同期银行贷款利率4倍，要求某实业公司偿还其借款本息；同年2月26日，张某再次将某实业公司诉至大同市矿区人民法院，称2007年7月起，某实业公司共4次向其借款，借款金额合计495万元，口头约定月息为同期银行贷款利率4倍，要求某实业公司偿还其借款本息。某实业公司在庭审中对借款及约定利息的事实无异议并同意还款。经法院主持调解，双方达成协议，某实业公司分别确认欠张某借款本金480万元及利息322万余元；本金495万元及利息252万余元，并均同意10日内还款。大同市矿区人民法院于2010年4月20日分别作出民事调解书确认协议效力。2010年5月21日，张某向大同市矿区人民法院申请执行上述两民事调解书。2010年7月12日，大同市矿区人民法院将两案裁定合并执行。张某以该债权作为投资入股某玻璃公司为由提出执行人变更申请，大同市矿区人民法院裁定将申请执行人张某变更为某玻璃公司。2010年7月27日，大同市矿区人民法院作出执行裁定：将某实业公司名下的两宗土地使用权以2007年5月21日山西某地产评估咨询服务有限公司土地估价1007万余元用以抵偿部分债务。因某实业公司所有的国有土地使用权无法变更至某玻璃公司名下，且该土地使用权被轮候查封，2013年5月28日，张某遂以用该土地及土地上的房产作为抵押向银行贷款偿还欠某玻璃公司的债务为由，申请大同市矿区人民法院对两宗土地使用权解封。2013年9月16日，大同市矿区人民法院向大同市国土资源局发出协助执行通知书，要求大同市国土资源局为某实业公司办理行使他项权的各种相关事宜。2013年10月21日，大同市矿区人民法院向大同市国土资源局发出协助执行通知书，解除对该两宗土地的查封。张某以其名下的某汽车销售公司的名义，用上述两宗土地使用权作抵押向银行借款2000万元。

【依职权监督情况】

某建筑公司在申请执行某实业公司时无任何财产可供执行，认为张某存在虚假诉讼行为，向大同市云冈区人民检察院进行举报。云冈区人民检察院认为，本案涉嫌虚假诉讼，遂依职权予以受理，并由山西省人民检察院挂牌督办。检察机关经过近一年的调查取证，共计调取法院案卷20余册，五大银行10家分行26个账户流水凭证，5家公司工商信息、企业档案及纳税信息，询问相关证人15人，查明：（1）张某为某实业公司的控股股东、实际控制人。（2）某实业公司及法定代表人高某的银行账户中无借款资金流入记录。（3）张某主张的涉案借款975万元共16笔借款全部转入张某控制的4家关联公司，关联公司账目中也无转入记录，某实业公司自认的借款并未用于该公司生产经营。（4）某实业公司法定代表人为高某，系挂名法人，且系张某亲姐夫。公司财务人员对于借款来源、支付方式、借款流向表述不一。

2019年11月21日，云冈区人民检察院向云冈区人民法院发出再审检察建议，建议对该两案进行再审。主要理由：（1）调解书认定的张某与某实业公司之间的借款事实，缺乏证据证明。两起民间借贷纠纷案件中，张某仅凭收款收据和现金日记账提起诉讼，对资金来源和借款用途均未提供证据。某实业公司委托代理人对借款来源及用途均不知情。两起借贷当事人相同，庭审无对抗性，某实业公司对张某主张的事实、证据及诉讼请求全部认可，陈述高度一致，快速达成调解协议。（2）张某将退还职工集资款作为借款涉嫌虚构债权债务。某实业公司决定将职工股转让给张某时，以偿还职工集资款534.76万元及利息为先决条件。协议约定股权转让后，张某有权处置某实业公司资产，并根据受让股份承担该公司的债权债务，故上述集资款应由张某承担。张某在本案中主张借款用于退还职工集资款200余万元，将本应由其个人偿还的债务又作为某实业公司支付的高额利息向其借款后予以偿还，并经过诉讼成为某实业公司债权人，属于虚构债权债务。（3）张某虚假诉讼的目的在于规避债务执行，所达成的调解协议损害了案外人合法权益。张某通过虚假诉讼并抢先申请诉讼保全，迅速达成调解协议并执行，导致法院作出错误的民事调解书和民事裁定书，后续强制执行措施导致某实业公司无财产可供执行，损害了其他申请执行人的合法权益。（4）审判人员违反级别管辖规定受理案件，未严格审查相关证据、未查明案件事实进行调解。两起借贷当事人相同，本金975万元是分16笔给付，间隔时间紧密，本息合计1500余万元。依据当时山西省人民法院案件级别管辖规定，基层人民法院受理标的额在500万元以下的案件，本案明显系张某为规避级别管辖而拆分起诉。

2019年12月16日，云冈区人民法院认为，本案调解书不涉及国家利益和社会公共利益，对再审检察建议函复不予受理。云冈区人民检察院审查认为，《最高人民法院关于适用〈中华人民共和国民事诉讼法〉的解释》第413条规定，人民检察院依法对损害国家利益、社会公共利益的发生法律效力的判决、裁定、调解书提出抗诉，或者经人民检察院检察委员会讨论决定提出再审检察建议的，人民法院应予受理。云冈区人民检察院认为，法院作出的不予受理决定违反了上述规定，于同年12月20日再次发出检察建议，要求法院予以纠正。云冈区人民法院于2020年3月30日受理立案，并于2020年5月25日分别作出民事决定书，认为该两案民事调解书不符合损害国家利益和社会公共利益的情形，决定不予采纳检察建议。2020年6月5日，云冈区人民检察院决定跟进监督，提请大同市人民检察院抗诉。2020年7月1日，大同市人民检察院向大同市中级人民法院提出抗诉。

2020年8月4日，大同市中级人民法院指令大同市云州区人民法院再审。2020年12

月30日，云州区人民法院分别作出再审民事判决，撤销原一审民事调解书，驳回张某的诉讼请求。张某不服提出上诉，因其未在规定期限内预交上诉费，2021年3月23日，大同市中级人民法院裁定按自动撤诉处理。

再审判决生效后，检察机关就该案执行回转问题发出执行监督检察建议。就审判人员违纪违规线索移送纪委、监委；就执行人员涉嫌滥用职权、枉法裁判移送刑执部门；就案件当事人张某涉嫌骗取贷款罪，银行工作人员涉嫌违法发放贷款罪，国资经营公司相关人员涉嫌徇私舞弊低价折股、出售国有资产罪线索移送纪委监委和公安机关。案涉立案、审判、执行环节的4名审判人员被纪委监委责令作出书面检查，4名审判人员被纪委监委立案调查，执行法官涉嫌执行判决、裁定滥用职权罪被立案侦查并移送审查起诉，张某与执行法官涉嫌行贿罪、受贿罪被纪委监委一并立案调查。

【典型意义】

跟进监督既是检察机关依职权启动监督程序的重要情形，也是增强民事检察监督刚性的必要措施。《人民检察院民事诉讼监督规则》第一百二十四条规定："有下列情形之一的，人民检察院可以按照有关规定再次监督或者提请上级人民检察院监督：（一）人民法院审理民事抗诉案件作出的判决、裁定、调解书仍有明显错误的；（二）人民法院对检察建议未在规定的期限内作出处理并书面回复的；（三）人民法院对检察建议的处理结果错误的。"本案中，张某通过虚假诉讼并抢先申请诉讼保全，迅速达成调解协议并执行，导致法院作出错误的民事调解书和民事裁定书，后续强制执行措施导致某实业公司无财产可供执行，损害了其他申请执行人的合法权益。在云冈区人民检察院第一次采取监督措施后，云冈区人民法院认为本案调解书不涉及国家利益和社会公共利益，对再审检察建议函复不予受理。云冈区人民检察院再次监督，但云冈区人民法院审理后仍决定不予采纳检察建议。云冈区人民检察院提请大同市人民检察院抗诉，大同市人民检察院向大同市中级人民法院提出抗诉，后经法院审理终获改判。检察机关通过跟进监督既使虚假诉讼案件得以纠正，又在跟进监督中彰显了民事检察的监督刚性，实现了办案政治效果、社会效果和法律效果的有机统一。

案例三 裴某飞与苏某翠民间借贷纠纷依职权监督案

【关键词】

民间借贷 虚假诉讼 逃税 依职权监督

【基本案情】

2018年3月4日，裴某飞向陕西省府谷县人民法院提起民事诉讼，请求法院判令苏某翠偿还借款本金50万元及利息。为证明借款事实，裴某飞向法院提交了苏某翠出具的借条一张，载明2013年4月2日，苏某翠向裴某飞借款50万元，约定月利率2分。经裴某飞申请，府谷县人民法院对登记在苏某翠名下的位于陕西省西安市曲江新区芙蓉西路曲江公馆某房产予以查封。2018年3月16日，裴某飞、苏某翠达成调解协议：苏某翠自愿于2018年3月16日起至19日前偿还裴某飞借款本金50万元，于2018年3月19日起至4月29日前偿还裴某飞利息54万元。府谷县人民法院作出民事调解书对上述调解协议予以确认。

2018年3月20日，裴某飞以苏某翠未能自动履行偿还义务为由，向府谷县人民法院申请强制执行。2018年3月27日，府谷县人民法院主持执行和解，苏某翠自愿将其名下的曲江公馆某房产出卖给第三人付某，用以偿还裴某飞的借款本息共计104万元。2018年3月28日，府谷县人民法院作出执行裁定：（1）解除苏某翠名下曲江公馆某房产的查封；（2）将苏某翠所有的该套房产过户至付某名下，原房产证作废；（3）买受人付某可持本裁定书到房屋登记机构办理相关产权过户登记手续。2018年3月28日，府谷县人民法院因双方当事人达成和解协议并已履行完毕裁定将案件终结。

【依职权监督情况】

2019年9月，府谷县人民检察院在开展虚假诉讼专项监督行动中，排查梳理到本案，发现本案存在以下疑点：（1）法院审理、执行异常。该案从审理到执行完毕只用了24天，审执期限明显异常；被查封的房屋未进行评估拍卖，而是直接裁定过户，执行裁定书中也未载明房产的面积大小、过户价格等详细信息。（2）诉讼无对抗性。苏某翠对裴某飞主张的事实、证据及诉讼请求全部同意，且迅速达成调解协议。经审查，检察机关认为本案可能涉嫌虚假诉讼，且审执人员可能存在违法情形，遂决定依职权立案。

检察机关依法向法院调阅了本案审判、执行卷宗，赴银行查询当事人的账户交易明细，赴房产交易中心和税务部门查询涉案房屋历次交易金额和缴税情况，询问了裴某飞、苏某翠等相关人员，最终查明以下事实：当事人自述的借款时间内双方并无转账汇款记录，涉案房屋系苏某翠于2014年9月16日以364.0321万元购买，后苏某翠以698万元价格将涉案房屋出卖给付某，苏某翠应缴纳的税额约为69.6万元，为逃避交易税费，苏某翠和裴某飞在中介人员边某、白某明的介绍斡旋下，虚构借贷关系提起本案诉讼。审理本案的审判法官柴某、执行法官郝某举与边某系同学关系，在边某的说情撮合下，府谷县人民法院最终以190万元的价格将房屋裁定过户给付某。苏某翠实际缴税额5.7万元。柴某、郝某举滥用职权、玩忽职守，造成国家税收损失60余万元，涉嫌职务犯罪。

府谷县人民检察院于2019年11月18日向府谷县人民法院发出再审检察建议书。主要监督理由：一审调解认定本案裴某飞向苏某翠借款50万元缺乏证据证明，认定事实不清，依法应当予以再审。府谷县人民检察院于2019年11月19日向府谷县人民法院发出检察建议书，提出以下建议：第一，建议府谷县人民法院依法纠正错误，撤销执行裁定，责令当事人按照实际成交价格补缴税款，挽回国家经济损失；第二，建议府谷县人民法院依法查清本案案情，查明是否有法官参与本案执行裁定税费偷逃问题，若有则按法律规定办理；第三，建议府谷县人民法院对审理、执行过的同类民事案件进行专项自查自纠，查明是否有类似虚假案例存在。

2020年7月21日，府谷县人民法院作出再审民事判决，认为本案属于虚假诉讼，遂判决撤销原一审民事调解书，驳回裴某飞的诉讼请求。2020年8月6日，府谷县人民法院裁定撤回本案的执行裁定，责令当事人补缴税额及滞纳金共计90万余元。公安机关依法对本案涉嫌虚假诉讼犯罪人员立案侦查，并由神木市人民检察院向神木市人民法院提起公诉。2020年11月12日，神木市人民法院作出一审刑事判决，认定本案诉讼参与人裴某飞、苏某翠与中介人白某明、边某犯虚假诉讼罪，分别判处六个月至一年六个月有期徒刑不等。当事人不服一审判决提起上诉，榆林市中级人民法院于2021年4月25日裁定驳回上诉，维持原判。检察机关依法对柴某、郝某举涉嫌司法工作人员职务犯罪问题立案侦查。2020年7月13日，神木市人民检察院对审判法官柴某以涉嫌玩忽职守罪、执行法官郝某举以涉嫌滥用职权罪向神木市人民法院提起公诉。

【典型意义】

虚假诉讼监督既是检察机关依职权启动监督程序的重要情形，也是推动民事检察提质增效的重要途径。根据《人民检察院民事诉讼监督规则》的有关规定，人民检察院在履行职责中发现当事人存在虚假诉讼等妨害司法秩序行为的，应当依职权启动监督程序。实践中，虚假诉讼案件在受理、审查、开庭、调解或判决直至执行等环节中，往往存在程序、证据、事实等多方面的异常情况，这些异常情况通常表现在诉讼期限短、证据单一、庭审无对抗性、双方当事人陈述高度一致、调解结案居多、进入执行程序快、当事人选择以执行和解结案等方面。检察机关在进行虚假诉讼监督时，要善于发现案件中存在的疑点和漏洞，开展必要的调查核实，以查明案件真相，维护法律公正权威。本案中，检察机关通过调查核实发现苏某翠在出售房屋时，为达到逃税的目的，与裴某飞、中介人员及审判与执行法官共同制造了虚假诉讼，严重损害了国家税收利益，损害了司法权威和司法公信力，应当依法予以监督纠正。同时，检察机关在虚假诉讼监督过程中要注重加强一案多查，通过对生效裁判结果、审判程序、执行程序的多方位、全流程监督，实现程序监督与实体监督、对事监督与对人监督及公权监督与私权救济的有机结合，最大限度地提升民事检察监督效能。

案例四　彭某枫系列民间借贷纠纷依职权监督案

【关键词】

民间借贷　虚假诉讼　数字检察　依职权监督

【基本案情】

2014年以来，程某君先后纠集彭某枫等10余名社会闲散人员和刑满释放人员，以其经营的典当行和二手车行为据点，在浙江省绍兴市上虞区及周边地区从事高利贷业务，通常月利率达到30%，付款时预扣首月利息，并要求借款人出具虚增借款金额的借条。在欠款人无力归还本息的情况下，程某君等人通过使用暴力胁迫、限制他人人身自由，或者侵入他人住宅，恐吓、跟踪、骚扰他人等手段催收非法债务。在催收无效的情况下，程某君主要指派彭某枫出面提起民事诉讼，隐瞒借款真实情况，获取非法利益。2016年6月至2018年5月期间，彭某枫陆续向上虞区人民法院起诉吕某均、马某军、马某焕等70余名借款人员，上虞区人民法院作出相应生效裁判60余件，涉案金额合计310余万元。

【依职权监督情况】

2018年5月，绍兴市人民检察院利用"民事裁判文书智慧监督系统"对近3年30万余份裁判文书进行检索，以同一原告、证据格式化、缺席判决、民间借贷的要素进行数量排序，梳理全市民间借贷纠纷案件，发现以彭某枫名义提起诉讼的频率畸高，遂对其名下72件民事裁判文书进行二次分析研判，发现这批案件普遍存在诉讼标的额不大（件均5.433万元）、借条格式化（统一格式、出借人名字空白、无利息约定、无支付凭证）、被告缺席判决等模式化特征，怀疑存在虚假诉讼行为，遂决定依职权立案，并开展了以下工作：一是数据碰撞，判定主体。通过对原告的人员关系、社保缴纳、资金流向等信息进行检索和大数据分析，发现彭某枫年仅25岁，系外地来虞无业人员，借款人支付和法院执行到位的"本息"并非最终全部流入其银行账户，初步判断彭某枫不是资金所有人，存在与程某君等人一起高息放贷的可能。二是深入查询，厘清脉络。通过向公安机关查询涉彭某枫刑事前科及警情举报信息，按人员出现频次和出警原因排序筛查，发现彭某枫、程某君等人不仅具有刑事犯罪前科，且多次被举报敲诈勒索，而起因均为非法讨债。通过大数据有选择性地寻找借款人做询问笔录，发现普遍存在虚增借条金额、隐瞒部分还款起诉、暴力讨债等情形，不少借条载明的借款金额甚至达到实际借款金额的3倍。三是引导侦查，取证固证。经初步分析，认为彭某枫涉嫌"套路贷"黑恶势力犯罪，将初查报告及相关材料移送公安机关侦查，并同步告知刑检部门立案监督。经与刑检部门配合，一起引导公安机关侦查，补充完善民事监督相关证据。

2018年9月到2019年12月期间，绍兴市人民检察院、上虞区人民检察院决定对彭某枫系列虚假诉讼监督案中的61件案件进行监督，其中抗诉10件，发出再审检察建议51件。主要理由：程某君等人通过扣除首期利息、手续费，要求借款人出具出借人栏空白、虚增借款金额的借条等形式进行高利放贷，如借款人逾期不还，经暴力催收无果后，由彭某枫持虚增借款金额借条起诉，并在诉讼中隐瞒还款情况，骗取生效裁判，相关诉讼构成虚假诉讼，依法应当予以再审。经审理，绍兴市中级人民法院对包含彭某枫诉吕某均在内的10件抗诉案件均予以改判；上虞区人民法院对51件再审检察建议均予以采纳，进行改判。

【典型意义】

数字检察既是破解民事监督案件线索发现难的有效方式，也为民事检察部门能动开展依职权监督提供了便利条件。在大数据时代，实现民事检察工作的创新发展，迫切需要运用大数据、人工智能等现代科技，全面整合法检法律数据资源，进行加工、关联和分析，构建以案件为核心的民事检察数据库，并利用技术手段促进民事检察办案的全流程、动态化监督。通过智慧借助，检察机关可以运用大数据精准分析和推送风险案件，有效提升民事监督案件线索发现的概率与效率。本案中，相关系统从裁判文书基本信息分析，基础数据以原告、被告、案由、代理人为要素，并对这类借贷类案件的特性进行分析，进一步归纳出同一原告、密集起诉、公告送达、证据格式化、缺席判决等要素点，然后通过数据排序，经列表形式推送了一批原告（诉讼代理人）集中度高、手段雷同的案件。对发现的案件线索，再采用汇总分析、关联查询、信息验证等审查方式深入分析研判，极大地提高了监督的精准度。

来源：山西检察 《检察日报》

最高法发布依法惩戒规避和抗拒执行典型案例（节录）

2021年12月1日，最高人民法院发布一批依法惩戒规避和抗拒执行的典型案例。全国政法队伍教育整顿开始以来，各级法院坚决贯彻落实党中央决策部署，在深入开展执行领域突出问题集中整治的同时，把解决好群众"急难愁盼"问题放在首要位置，积极部署开展"我为群众办实事"——高效为民执行专项行动，要求各级法院聚焦人民群众反映强烈长期难以解决的涉执行信访案件、影响群众获得感的10万元以下小标的案件、影响群众幸福感的涉民生案件、涉小微企业案件等，用足用好搜查、拘传、罚款、拘留、追究拒执罪等强制性措施，依法加大对规避、抗拒执行的惩戒力度，尽最大努力、穷尽一切措施兑现胜诉当事人合法权益。

本次发布的8件典型案例，集中展现了人民法院面对逃避、对抗执行行为时积极主动、因案施策的经验做法，体现了执行干警灵活运用多种方式向被执行人施加压力的执行智慧。人民法院打击规避和抗拒执行，维护了司法权威，保障了申请执行人的胜诉权利，起到了对被执行人强有力的震慑作用，实现了法律效果和社会效果的有机统一，体现了新时代执行干警司法为民、勇于担当的工作作风。下一步，全国法院将以党的十九届六中全会精神为引领，巩固深化队伍教育整顿成果，继续加大对规避和抗拒执行行为的惩戒力度，集中力量执结一批与群众利益切身相关的案件，推动高效为民专项执行行动取得更大成效。

依法惩戒规避和抗拒执行典型案例

案例4 丁某杨等人虚构债务被判拒执罪案

【案情简介】

中国民生银行分别诉丁某杨夫妇、庞某明夫妇欠款纠纷案，在案件审理期间，丁某杨等人串通各自亲属在法院保全前以各自房产为虚构的借款设定抵押并进行了公证。案件进入执行程序，执行法院苏州工业园区人民法院裁定拍卖了丁某杨夫妇、庞某明夫妇名下的两处房产，其亲属则以抵押权为由申请在拍卖价款中优先受偿。此外,其亲属以虚构的借款在异地起诉,并取得了生效判决,其持判决向执行法院申请参与分配。因抵押借贷存疑,执行法院向两案被执行人及其亲属就虚假诉讼逃避执行等法律规定作出释明,各当事人仍坚称抵押借贷真实存在并愿意承担法律责任。后执行法院调查确认,所谓的借款在出借后经过二十余次流转最终又回到了出借人处,借贷的事实并不成立。执行法院对两案被执行人虚构债务、虚假抵押、虚假诉讼规避执行的行为作出了总计罚款60万元的决定,因虚假诉讼取得的判决亦被再审撤销。2021年3月,苏州中院部署开展打击拒执犯罪专项行动,本案根据联动机制实现快移、快侦、快诉和快审。移送起诉期间,被执行人丁某杨夫妇将其所涉全部债务履行完毕。2021年4月,苏州工业园区人民法院以拒不执行判决、裁定罪,分别判处各被执行人从拘役六个月(缓期执行六个月)至一年三个月有期徒刑不等的刑罚。

【典型意义】

2021年以来,全国法院结合各地实际情况,部署开展打击拒执犯罪专项行动,并协调公安、检察等单位专题会商,对案件立案标准、证据采信、是否构罪等核心问题提前达成共识,充分凝聚打击拒执罪的工作合力,对拒执案件快移、快侦、快诉、快审,充分发挥了解决执行难的联动机制优势,彰显了打击拒执犯罪的决心,并通过集中组织旁听拒执罪庭审的方式在社会上起到了"判处一例、震慑一批、教育一片"的良好社会效果。

案例6 深圳某甲科技有限公司逃避执行案

【案情简介】

深圳某甲科技有限公司申请执行深圳某乙科技有限公司买卖合同纠纷一案,2019年5月15日,双方在人民法院主持下达成调解协议:确认深圳某乙科技有限公司欠深圳某甲科技有限公司货款195000元,深圳某乙科技有限公司所欠货款分期支付至深圳某甲科技有限公司法定代表人权某某个人名下银行账户。执行中,深圳市龙华区人民法院依据生效调解书依法冻结并扣划了深圳某乙科技有限公司账户存款205625元,并在扣除执行费用后拟支付给申请执行人深圳某甲科技有限公司。但处理款项期间,执行法院通过关联案件检索发现,以深圳某甲科技有限公司为被执行人的案件共有四件,即贺某红等四名劳动者与该公司劳动争议纠纷执行案,执行标的额共计120399元。在上述案件执行过程中,该院未发现被执行人有可供执行财产,已于2019年5月10日终结本次执行程序。龙华区人民法院经审查,在该上述四案执行过程中,深圳某甲科技有限公司在其账户已被人民法院冻结的情况下,通过另案诉讼调解的方式将属于该公司的应收账款195000元约定支付至该公司法定代表人权某某个人账户,以达到其转移财产的目的,并已实际转入50000元。该公司行为直接影响了上述四案的强制执行,严重损害了贺某红等四名劳动者的合法权益。龙华区人民法院依法对深圳某甲科技有限公司罚款人民币10万元，对其法定代表人权某某罚款人民币5万元，并将该公司与深圳某乙科技有限公司买卖合同纠纷执行案件中执行到位的款项划拨至上述四案，保障了四位劳动者的合法权益。

【典型意义】

本案被执行人以"合法民事法律行为"作为掩饰，逃避法律义务，具有很强的隐蔽性和欺骗性。本案执行中，执行人员综合利用信息化手段，积极主动进行查询，发现并掌握被执行人转移财产、逃避执行的行为，及时予以处理，既保护了另案劳动者的合法权益，又对拒不执行法院生效判决、裁定的行为进行了司法惩戒，取得了良好的法律效果和社会效果。本案是审执信息化平台在执行工作中的有效应用实例，具有一定的典型性。

来源：最高人民法院

最高检印发第二批民事检察跟进监督典型案例（节录）

（2021年12月1日）

近日，最高人民检察院印发第二批民事检察跟进监督典型案例。最高检第六检察厅有关负责人表示，典型案例体现了民事检察精准监督的理念，既有对常见高发虚假诉讼行为的跟进监督，又有聚焦公共利益保护的民事检察监督，还包括一些民事执行领域的新旧问题，具有较强的实践指导作用。

这5件典型案例分别是：利用挂靠经营便利，将个人债务转嫁为被挂靠单位债务的范某传与吴某某等九人虚假诉讼跟进监督案；阐述"刑民并行"办案理念的周某凤与林某辉、武夷山市华某大酒店有限公司民间借贷纠纷跟进监督案；聚焦公共利益，避免生态公益林遭滥伐的赵某章与康某勇、康某成买卖合同纠纷跟进监督案；网络司法拍卖文字说明严重失实导致竞买人权利受到严重损害的陈某振申请执行监督跟进监督案；对执行人员违法违纪行为处理过轻及时"亮剑"的张某伟与江某勇等民间借贷纠纷跟进监督案。

在格式上，典型案例分为关键词、基本案情、检察监督、典型意义等四部分内容。在检察监督部分，案例又进行了细分，分为初次监督和跟进监督两部分，清晰地还原了民事检察跟进监督工作的流程。

该负责人表示，在印发第一批民事检察跟进监督典型案例的基础上，再次印发案例，旨在进一步明确法定性与必要性相结合的民事检察监督标准，培育权力监督与权利救济相结合的民事检察思维，做到敢于监督与善于监督相统一。

民事检察跟进监督典型案例

（第二批）

范某传与吴某某等九人虚假诉讼跟进监督案

【关键词】

虚假诉讼　再审检察建议　跟进抗诉　失信惩戒

【基本案情】

范某传是安徽某建设集团有限公司四分公司（以下简称某建设集团四分公司）负责人范某浩的侄子。范某浩、范某传自1999年至2008年借用安徽某建设集团有限公司（以下简称某建设集团）施工资质和名义承揽工程建设项目。2008年12月起，范某传也开始挂靠其他建筑公司从事项目承建。从2009年底开始，范某传不再以某建设集团名义承接工程。2010年至2013年间，范某传因工程建设需要周转资金，以个人名义从吴某某等人处借款。2014年7月、8月间，范某传因无力偿还个人借款，向吴某某等人出具私自加盖某建设集团四分公司财务专用章及公司负责人范某浩私章的新借据，借款金额、借款时间、借款利息等其他内容保持不变。随后，范某传委托代理律师缴纳诉讼费用，指使吴某某、李某展、范某升等十一人持新借据以某建设集团四分公司、某建设集团为被告向法院起诉。

2014年12月，吴某某、李某展、范某升等十一人以民间借贷纠纷为由向安徽省合肥高新技术产业开发区人民法院（以下简称高新区法院）起诉，诉请法院判令某建设集团四分公司、某建设集团偿还借款本金及利息。理由是某建设集团四分公司因建设工程资金周转需要，从吴某某等十一名出借人处借款共计597万元，某建设集团四分公司分别向他们出具《借支单》或《借条》，借据上加盖有某建设集团四分公司财务专用章和负责人范某浩个人印章。2016年7月，上述十一名出借人中因李某展在一审审理中撤回起诉、范某升自认借款系范某传个人借款、吴某某提交证据存在矛盾，该三个案件一审被判败诉。除此之外，其他八名出借人一审均胜诉。某建设集团、某建设集团四分公司不服该八个案件的判决结果，向安徽省合肥市中级人民法院（以下简称合肥市中院）提起上诉。出借人之一吴某某不服一审败诉结果亦提出上诉。2016年12月、2017年3月二审法院先后作出九份终审判决，维持八名出借人一审胜诉的判决结果；改判吴某某二审胜诉；驳回了某建设集团及其四分公司的上诉请求。

某建设集团收到一审民事诉状后，以上述十一起民间借贷自己毫不知情、相关民事诉讼涉嫌诈骗为由，向安徽省合肥市公安局经济开发区分局报案。2015年6月2日，该分局以范某传及相关债权人的行为属于民事欺诈为由，作出不予立案的决定。某建设集团向安徽省合肥高新技术产业开发区人民检察院（以下简称高新区检察院）申请立案监督。经检察机关监督，2017年7月28日公安机关决定立案侦查。2018年5月30日，高新区检察院以范某传涉嫌虚假诉讼罪向高新区法院提起公诉。2018年8月20日，一审法院判决范某传犯虚假诉讼罪，判处有期徒刑9个月并处罚金30000元。安徽省合肥市人民检察院（以下简称合肥市检察院）以一审判决量刑畸轻为由向合肥市中院提出抗诉。2018年12月19日，合肥市中院以虚假诉讼罪改判范某传有期徒刑四年，并处罚金50000元。

【检察监督】

（一）初次监督

审查情况 在范某传涉嫌虚假诉讼罪一案提起公诉后，合肥市检察院依职权对相关民事案件进行了审查，确认存在虚假诉讼事实。

监督意见 2018年9月14日，合肥市检察院向合肥市中院提出再审检察建议，认为范某传因无力偿还个人借款，向十一名出借人出具了私自加盖某建设集团四分公司财务专用章及负责人私章的新借据，并以提供代理律师、缴纳诉讼费用等方式，指使上述十一人持捏造的借据向人民法院提起民事诉讼，诉请某建设集团及其四分公司偿还借款本金利息，涉及金额本金达597万元，致使人民法院作出九份错误的生效民事判决。范某传指使他人以捏造的借据提起民事诉讼，妨碍司法秩序并严重侵害某建设集团及其四分公司的合法权益，构成虚假诉讼，建议法院启动再审程序。

监督结果 2018年11月7日，合肥市中院向合肥市检察院复函，决定对上述民事案件按审判监督程序处理。再审审查过程中，吴某某等九人申请撤回起诉。合肥市中院认为，吴某某等人撤回起诉的请求，不损害国家利益、社会公共利益和他人合法权益，遂于2018年12月作出民事裁定，准许撤回起诉。

合肥市检察院认为准予撤诉处理明显不当，提请安徽省人民检察院抗诉。

（二）跟进监督

审查情况 安徽省人民检察院查明，范某传指使吴某某等人持伪造的借据提起民事诉讼，致某建设集团为应诉支出律师代理费、案件受理费、鉴定费等费用合计达30余万元。二审判决生效后，吴某某等人申请强制执行，某建设集团被列入中国执行信息公开网失信被执行人名单，长达一年多不能参与招投标活动，也不能申请金融贷款。此外，吴某某等人在原审法庭上作虚假陈述，误导法院作出错误判决。

监督意见 2019年11月4日，安徽省人民检察院就合肥市中院前述九份民事裁定书，向安徽省高级人民法院提出抗诉，认为吴某某等九人受范某传指使，以伪造的借据提起民事诉讼，妨碍司法秩序，侵害他人合法权益，损害了国家和社会公共利益，应该受到法律的否定性评价。对吴某某等人提出的撤诉申请，人民法院应严格审查，依法判决驳回其诉讼请求，并对参与虚假诉讼的违法行为人予以惩戒。原审法院作出准予撤诉的民事裁定，属适用法律明显错误。

监督结果 2020年6月8日，安徽省高级人民法院作出再审判决，撤销了合肥市中院原审裁定及高新区法院原审判决，驳回吴某某等九人的诉讼请求，同时决定对吴某某等九名起诉人分别给予2000元至20000元不等的罚款惩戒。对于代理律师焦某决定给予其罚款20000元的民事诉讼制裁措施，并就代理律师参与虚假诉讼的违法问题，向安徽省司法厅、安徽省律师协会发出司法建议。此外，吴某某等人还向某建设集团自愿赔偿律师费等直接经济损失45万元。

【典型意义】

（1）本案对建筑工程领域挂靠现象具有重要的警示意义，有利于规范建筑市场秩序。实践中，建筑工程领域借用资质承包工程、高息借用资金垫付工程款等违法违规现象较为普遍。一旦发生纠纷，有的行为人为转嫁债务或谋取非法利益，通过双方恶意串通或单方捏造事实等方式实施虚假诉讼，意图将个人债务转嫁给第三方。本案中，范某传利用之前挂靠某建设集团四分公司的便利条件，向吴某某等人出具私自加盖某建设集团四分公司财务专用章及公司负责人范某浩私章的新借据，将个人债务转嫁为公司债务，并企图通过司法程序将违法转嫁债务的行为合法化，属于典型的虚假诉讼行为。本案的处理，既是对虚假诉讼行为人的打击，也给被挂靠人一个警示，出借资质不仅违反行政法规，还可能给违法行为人以可乘之机，最终得不偿失。对上述情况，一方面，检察机关应当加强监督，及时维护人民群众合法利益；另一方面，建筑工程领域从业者应当严格依法承揽工程、组织施工、加强对公章和资质的管理，防止不法行为人有机可乘。

（2）检察机关应当依法加大对虚假诉讼的惩治力度，对初次监督后，法院无正当理由不采纳或者处理不当的，可以依法跟进监督，及时惩治虚假诉讼行为。本案中，范某传利用之前挂靠某建设集团四分公司的便利条件，向吴某某等人出具私自加盖某建设集团四分公司财务专用章及公司负责人范某浩私章的新借据，将个人债务转嫁为第三方公司债务，并企图通过司法程序固化虚假债权，属于典型的虚假诉讼行为。对此，检察机关及时向法院发出了再审检察建议，指出范某传伪造证据、串通吴某某等人实施虚假诉讼，骗取法院生效民事判决的事实，应当予以严惩。在法院以不损害国家利益、社会公共利益和他人合法权益准许吴某某等人撤回起诉的情况下，检察机关依据《中华人民共和国民事诉讼法》第一百一十二条、第一百一十三条及《最高人民法院〈关于审理民间借贷案件适用法律若干问题的规定〉》第十九条关于"人民法院对当事人提出的撤诉申请应严格审查，查明涉案诉讼为虚假民间借贷诉讼，依法对撤诉申请不予准许，同时判决驳回其诉讼请求，对制造、参与虚假诉讼的违法行为人依法予以惩戒"的规定，依法跟进监督，通过抗诉促使上级法院再审判决驳回了吴某某等的诉讼请求，并对相关当事人予以罚款惩戒，有力震慑了虚假诉讼行为。

周某凤与林某辉、武夷山市华某大酒店有限公司民间借贷纠纷跟进监督案

【关键词】

虚假调解　逃避债务　刑民交叉　跟进监督

【基本案情】

2017年8月11日，周某凤向福建省武夷山市人民法院（以下简称武夷山市法院）起诉武夷山市华某大酒店有限公司（以下简称华某大酒店）及法定代表人林某辉。周某凤称华某大酒店、林某辉因资金周转需要，于2014年9月29日至2016年5月31日期间，多次向周某凤借款共计1505万元。2016年12月31日，双方签订《还款确认书》，对借款金额、利息、还款时间以及实现债权费用等予以确认。周某凤诉请判令华某大酒店、林某辉偿还借款本金1505万元及利息，承担实现债权的律师代理费等其他费用，并于2017年8月14日申请诉中财产保全。2017年8月22日，武夷山市法院依据周某凤提出的申请裁定查封华某大酒店房产。案件审理中，双方达成调解协议，被告认可原告全部诉讼请求。武夷山市法院遂作出民事调解书，对调解协议予以确认。周某凤随即向该法院申请执行，拍卖华某大酒店房产。

【检察监督】

（一）初次监督

案件来源 案外人何某清系林某辉债权人，对林某辉享有750万元的债权。何某清得知上述情形后，向武夷山市法院反映周某凤与林某辉、华某大酒店恶意串通，虚构事实，骗取法院民事调解书，进而参与执行分配，侵犯了其合法利益。武夷山市法院以现有证据不足以证实该案系虚假诉讼为由，未予处理。2019年3月13日，案外人何某清向福建省武夷山市人民检察院（以下简称武夷山市检察院）提出控告。

审查情况 武夷山市检察院接到控告后，对上述案件进行审查，发现该案存在以下异常：一是诉讼时间节点异常。华某大酒店房产因与何某清等人民间借贷纠纷案，于2016年8月23日被武夷山市法院裁定查封，后经双方协商，2017年7月13日，法院裁定解封。同年8月11日，周某凤即向法院起诉华某大酒店、林某辉，并于8月14日申请查封华某大酒店房产，存在逃债嫌疑。二是原被告双方为亲属关系。林某辉系华某大酒店法定代表人，是周某凤的舅舅。三是涉案金额巨大，庭审却无对抗性，双方很快达成调解协议。针对上述疑点，武夷山市检察院随即开展调查核实工作，在对华某大酒店、周某凤、林某辉等人名下的银行账户进行调查时，发现周某凤账户有100万元流水异常。周某凤通过其名下一个账户将100万元转给华某大酒店账户后不久，华某大酒店实际控制人林某辉利用其控制的其他人账户将100万元返回到周某凤名下同一账户。通过初步调查核实，2019年6月18日，武夷山市检察院认为，周某凤与林某辉、华某大酒店涉嫌虚假诉讼违法犯罪，遂将案件线索移送至福建省武夷山市公安局。公安机关经过初查发现，本案涉及的9笔借款中有8笔共计1405万元在短期内又通过其他主体的账户回流至周某凤银行账户。但公安机关初查后未予立案。武夷山市检察院向公安机关发出《要求说明不立案理由通知书》，福建省武夷山市公安局随后立案，查明了周某凤、华某大酒店、林某辉犯虚假诉讼罪的案件事实。

监督意见 武夷山市检察院于2019年9月27日向武夷山市法院发出再审检察建议，认为：林某辉、华某大酒店与周某凤不存在真实债权债务关系。案涉《民事调解书》确认周某凤借款给华某大酒店共计1505万元，但经公安机关侦查，上述9笔借款中的8笔共计1405万元，均有证据证明林某辉通过其他主体不同的银行账户短期内打回给周某凤银行账户，林某辉、华某大酒店与周某凤虚构债权债务关系，并合谋诉至法院达成调解协议，上述虚假诉讼行为，旨在恶意串通损害第三人何某清的利益，同时损害了社会公共利益与国家利益。

监督结果 再审检察建议发出后，2019年11月27日，武夷山市法院作出《民事决定书》，按照"先刑后民"原则，认为本案的处理应当以刑事案件的最终处理结果为依据，决定对再审检察建议不予采纳。

武夷山市检察院认为，法院仅以"先刑后民"为由对人民检察院的再审检察建议不予采纳，显属不当。武夷山市检察院决定启动跟进监督程序，提请福建省南平市人民检察院（以下简称南平市检察院）抗诉。

（二）跟进监督

监督意见 南平市检察院审查后向福建省南平市中级人民法院（以下简称南平中院）提出抗诉。理由是：周某凤向林某辉、华某大酒店转账的1505万元款项，经公安机关后续侦查发现，在周某凤起诉前林某辉均已偿还。故周某凤起诉时双方之间不存在真实的债权债务关系；林某辉与周某凤虚构借贷事实，共谋提起虚假诉讼，双方恶意串通侵害了何某清的合法权益，致使何某清无法通过拍卖华某大酒店名下房产实现债权。周某凤、林某辉实施的虚假诉讼行为扰乱正常诉讼秩序，损害司法权威和司法公信力。在现有证据能够证明本案属于虚假诉讼的情形下，民事案件并非必须以刑事案件的处理结果为依据，不宜适用"先刑后民"原则。武夷山市法院收到再审检察建议后，应该对出具的本案调解书是否存在错误，本案是否属于虚假诉讼进行审查。至于再审后案件的事实认定是否要以刑事案件的调查结果为依据，应启动再审程序后法院再行决定，武夷山市法院直接决定不予再审不当。

监督结果 2020年6月3日，南平中院裁定提审，中止原调解书的执行。2020年10月9日，武夷山市法院判决华某大酒店犯虚假诉讼罪，判处罚金人民币10万元，林某辉犯虚假诉讼罪，判处有期徒刑二年，缓刑三年，并处罚金人民币10万元，周某凤犯虚假诉讼罪，判处有期徒刑一年，缓刑二年，并处罚金人民币5万元。2021年2月20日，南平中院裁定撤销武夷山市法院民事调解书，驳回周某凤的起诉。

【典型意义】

实践中处理刑民交叉案件，存在如何准确适用"先刑后民"原则的认识分歧。

根据《最高人民法院、最高人民检察院、公安部、司法部关于进一步加强虚假诉讼犯罪惩治工作的意见》第十四条规定，"刑事案件的审理结果不影响民事诉讼程序正常进行的，民事案件应当继续审理"。检察机关要在查清案件事实的基础上，对法院未予纠正的错误判决持续跟进，综合运用多种监督方式，确保监督效果。特别是在虚假诉讼监督案件中，检察机关要敏锐察觉案件的异常特征并进行调查核实，如认定民事案件为虚假诉讼，对其处理不需要依赖刑事判决认定的事实和结果，也就不必机械按照"先刑后民"原则，而可以"刑民并行"，以利于及时保护相关民事主体的合法权益。本案中，武夷山市检察院发现周某凤100万元流水异常后，将案件线索移送公安机关，公安机关侦查发现9笔借款中的8笔共计1405万元，均有证据证明系林某辉通过其他不同主体的银行账户短期内快速回款给周某凤。检察机关亦查明原、被告为亲属关系，庭审无对抗性等事实，据此综合认定本案为虚假诉讼。检察机关依法履行跟进监督职责，针对虚假诉讼案件接续运用再审检察建议、抗诉监督方式，打击了虚假诉讼行为，及时维护了当事人的合法权益。

来源：最高检微信公众号

人民法院整治虚假诉讼典型案例

为进一步加大对虚假诉讼的整治力度，净化诉讼环境，提升司法公信力，促进社会诚信体系建设，2021年11月9日，最高人民法院举行新闻发布会，向社会公开发布10件整治虚假诉讼典型案例。其中包括5件民事和5件刑事虚假诉讼典型案例。

5件民事虚假诉讼典型案例的情况

虚假诉讼是诚信缺失在诉讼领域最集中的表现形式，不仅严重侵害当事人及案外人的合法权益，而且违背民事诉讼诚实信用原则，扰乱正常的诉讼秩序，损害司法权威和司法公信力，助推了社会失信与道德滑坡，社会危害性极大。最高人民法院坚决贯彻落实党中央决策部署，高度重视对虚假诉讼的依法整治工作，通过发布司法文件、指导案例、典型案例等方式，逐步健全了虚假诉讼案件的甄别、防范和治理机制。

这5件典型案例涉及执行异议之诉、民间借贷、伪造离婚协议逃避执行、虚构劳动债权骗取拆迁补偿款等实践中常见的虚假民事诉讼形式和手段。其中，案例1是被执行人甲公司为逃避执行，捏造事实，冒用艾某某等63人名义提出执行异议而引发系列虚假诉讼，影响极为恶劣，人民法院在查明案件事实的基础上判决继续执行，并依法对甲公司从重处罚。案例2是职业放贷人周某隐瞒民间借贷债务已经全部清偿的事实提起民事诉讼，要求他人履行已经消灭的债务，对其行为应以"以捏造的事实提起民事诉讼"论处，认定为虚假诉讼。案例3是被执行人的原配偶高某某依据虚假离婚协议向人民法院提出执行异议，意图转移财产逃避执行。高某某在民事执行程序中采取伪造证据、虚假陈述等手段提出执行异议的行为，妨害了正常民事诉讼秩序，也属于虚假诉讼行为，应予处罚。案例4是甲公司与员工恶意串通，意图通过虚构劳动债权骗取拆迁补偿款而制造的虚假诉讼，属于典型的恶意串通型虚假诉讼。因该虚假诉讼实际由甲公司及其法定代表人张某主导，人民法院对该公司及张某予以处罚。案例5是虚假诉讼行为人被追究刑事责任后，又因其虚假诉讼行为侵害他人合法权益而被判令承担相应民事侵权责任，因为虚假诉讼致人损害符合侵权行为一般特征和构成要件，属于侵权行为。根据民法典第一百八十七条规定,行为人因虚假诉讼行为承担刑事责任,不影响其承担侵权责任。这一点在侵权责任法中也曾有明确规定。

防范和打击虚假诉讼是一项长期性、系统性工程。希望各级人民法院通过这5件典型案例,统一对于民事诉讼中虚假诉讼行为构成要件、法律责任、处罚原则的认识,在民事审判工作中进一步加大对虚假诉讼的甄别、查处力度。诉讼不是儿戏。当事人也应当引以为戒,依法诚信行使诉讼权利,不要铤而走险,切莫打了"假官司",惹上"真麻烦"。

5件刑事虚假诉讼典型案例的情况

虚假诉讼行为的社会危害性十分严重,有必要通过刑罚手段予以规制。人民法院高度重视虚假诉讼犯罪惩治工作,始终坚持依法从严惩处,依法判处了一大批虚假诉讼犯罪分子。2015年11月,《刑法修正案(九)》在刑法中增设虚假诉讼罪以来,人民法院每年审结的虚假诉讼罪案件数量、定罪人数以及判处有期徒刑五年以上重刑人数逐年递增,取得了良好效果。与此同时,最高人民法院先后研究出台多个司法解释和规范性文件,统一虚假诉讼犯罪案件裁判标准。其中,2018年9月与最高人民检察院联合公布《关于办理虚假诉讼刑事案件适用法律若干问题的解释》,明确了虚假诉讼罪的具体法律适用标准;2021年3月与最高人民检察院、公安部、司法部联合公布《关于进一步加强虚假诉讼犯罪惩治工作的意见》,对虚假诉讼犯罪的甄别和发现、线索移送和案件查处、程序衔接、责任追究和协作机制等方面问题作出了进一步规定。《意见》提出,人民法院、人民检察院、公安机关、司法行政机关落实"谁执法谁普法"的普法责任制要求,通过定期开展法治宣传、向社会公开发布虚假诉讼典型案例、开展警示教育等形式,增强全社会对虚假诉讼违法犯罪的防范意识,震慑虚假诉讼违法犯罪。此次公开发布虚假诉讼典型案例,是最高人民法院落实普法责任制要求的重要举措。

此次公开发布的刑事虚假诉讼典型案例共有5个,针对司法实践中存在争议的问题,进一步明确了虚假诉讼罪的行为特征、定罪标准、共同犯罪认定、总体处罚原则等法律适用和刑事政策把握问题。其中,案例6和案例7分别是通过捏造债权债务关系和以物抵债协议并提起民事诉讼、通过捏造事实骗取民事调解书并据此申请参与执行财产分配等手段实施的虚假诉讼犯罪,对刑法和司法解释规定的虚假诉讼罪的行为方式和定罪标准作了进一步明确;案例8是"套路贷"虚假诉讼犯罪,进一步表明了人民法院依法严厉打击"套路贷"虚假诉讼违法犯罪的总体原则;案例9和案例10分别是法院工作人员、律师与他人串通共同实施的虚假诉讼犯罪,明确法院工作人员利用职权与他人共同实施虚假诉讼犯罪的,应当依法从重处罚,律师与民事诉讼当事人通谋、共同以捏造的事实提起民事诉讼的，构成虚假诉讼共同犯罪。上述典型案例可以为司法机关依法审理虚假诉讼犯罪案件提供指引，同时充分表明了人民法院依法严厉打击虚假诉讼违法犯罪、维护司法公正和司法权威、保护人民群众合法权益的鲜明态度和坚定决心，警醒社会公众要诚信诉讼、依法行使诉权，否则可能被追究刑事责任，具有很强的警示教育意义。

案例1 被执行人捏造事实，冒用他人名义制造系列虚假诉讼案件的，应当从重处罚

【基本案情】

2019年，被执行人甲公司为阻却人民法院对其名下房产的强制执行，冒用自然人艾某某等63人身份，以案外购房人名义，向某高级人民法院提出执行异议，致使该院作出部分错误执行异议裁定和执行异议之诉判决。后在关联的执行异议之诉案件审理中，该虚假诉讼行为被人民法院查实。

【处理结果】

人民法院依法裁定，准许对甲公司名下相应房产继续执行；两级法院对甲公司处以每案100万元、共计6300万元罚款，相关犯罪线索和有关材料移送侦查机关。

【案例分析】

甲公司为阻却人民法院强制执行其名下房产，向人民法院提供虚假证据材料，虚构购房事实，冒用艾某某等63人名义提出执行异议，案涉房屋相关执行异议均为虚假。《最高人民法院关于人民法院办理执行异议和复议案件若干问题的规定》第二十八条、第二十九条规定的排除执行的条件在本案中并不具备，人民法院在查明案件事实的基础上，应当判决继续执行，并依法对虚假诉讼行为人进行处罚。

【典型意义】

在执行异议之诉中，被执行人冒用他人名义提出虚假的执行异议申请，进而引发申请执行人执行异议之诉。因案外人名义系虚假冒用，并无真实执行异议人，故不存在被执行人与执行异议人恶意串通的可能。被执行人单方冒用他人名义提出虚假执行异议申请的行为，属于虚假诉讼行为。在一审法院依据被冒名案外人提出的虚假执行异议申请，先后作出支持其虚假执行异议的错误裁判后，二审法院在查明案件确属被执行人提起的虚假诉讼的情况下，可以进行实质性处理，直接判决支持申请执行人继续执行的诉讼请求。

当事人参加民事诉讼应当严格遵守《中华人民共和国民事诉讼法》第十三条第一款规定的诚实信用原则，向人民法院提交真实的证据，并如实陈述案件事实。但是，甲公司向人民法院提供虚假授权委托书、虚假房屋买卖合同、虚假付款付费单据，并

虚构案件事实，冒用案外人名义提起虚假的执行异议，进行虚假诉讼，试图侵害他人合法权益，破坏了社会诚信，扰乱了正常司法秩序，应当依法予以制裁。当事人制造系列虚假诉讼案件逃避执行的，社会影响更恶劣，应当依法从重处罚。

案例2　隐瞒民间借贷债务已经全部清偿的事实提起民事诉讼，要求他人履行已经消灭的债务的，构成虚假诉讼

【基本案情】

2011年10月至2012年1月间，原告周某与甲公司先后签订三份借款合同，合同载明周某共向甲公司出借1600万元，实际仅向甲公司支付500万元借款本金。甲公司已经偿还借款合同项下的全部本金，并支付了超出法定利率上限的利息。周某仍以甲公司负责人出具的对账单、催款回执等为依据向某区人民法院提起民事诉讼，主张甲公司归还前述借款合同项下的全部本金及利息。针对甲公司关于借款本息已实际清偿完毕的抗辩及相关举证，周某称甲公司归还的是其他借款。周某在法庭上的虚假陈述和其提交的对账单、催款回执等证据，导致人民法院作出错误判决。经再审法院查明，周某系职业放贷人，曾使用暴力、胁迫方式向甲公司催收高利贷非法债务，并非法拘禁甲公司负责人。甲公司负责人在被拘禁期间被迫在前述对账单、催款回执上签字。

【处理结果】

人民法院依法判决驳回周某的诉讼请求，对周某处以罚款，并将相关犯罪线索移交侦查机关。

【案例分析】

本案中，周某在民事诉讼过程中多次作虚假陈述，虚构基本案件事实，属于伪造证据、妨碍人民法院审理案件的行为，故人民法院依据《中华人民共和国民事诉讼法》第一百一十一条之规定对其处以罚款。同时，周某还刻意隐瞒案涉借款系高息放贷产生的非法债务，且甲公司实际已清偿借款本金及合法利息的事实，向人民法院提起诉讼，要求甲公司履行已经消灭的债务，对其行为应以"以捏造的事实提起民事诉讼"论处，认定为虚假诉讼。

【典型意义】

民间借贷关系中，出借人为牟取暴利，往往利用借款人急于用款的心理迫使其接受远高于法定民间借贷利率保护上限的高额利息约定，在借款人已经实际清偿完借款本金及依法应予保护的利息后，仍通过诉讼方式向借款人主张偿还借款本息。针对借款人已经清偿完借款本息的抗辩及举证，出借人往往伪称借款人主张的还款系归还其他借款，导致案件审理难度进一步加大。因此，在民间借贷案件中，人民法院要高度

重视对职业放贷人的审查和甄别，同时要重点审查借贷关系真实性、本金借贷数额和利息保护范围等问题。对于出借人隐瞒债务已经全部清偿的事实又向人民法院提起民事诉讼的行为，应依法予以处罚，涉嫌犯罪的应及时将线索依法移送侦查机关，务必防范职业放贷人等通过虚假诉讼获取非法高额收益。

案例3 为逃避执行，依据虚假离婚协议向人民法院提出执行异议的，构成虚假诉讼

【基本案情】

某区人民法院在执行申请执行人李某某与被执行人冯某某等民间借贷纠纷一案中，异议人高某某提出书面异议，请求排除对冯某某名下房屋的强制执行，并提供了虚假的离婚协议书。该离婚协议书关于财产分割的约定与双方在某区民政局婚姻登记处存档的离婚协议书约定不一致。

【处理结果】

人民法院依法裁定驳回案外人高某某提出的执行异议，对高某某处以罚款。

【案例分析】

本案中，高某某与被执行人冯某某原系夫妻关系，在冯某某与李某某民间借贷纠纷一案审理期间，协议离婚。民间借贷纠纷案判决生效并进入执行程序后，为转移财产逃避执行，高某某又提出执行异议，在异议审查过程中向人民法院提供虚假的离婚协议书，请求排除对冯某某名下房屋的强制执行。高某某采取伪造证据、虚假陈述等手段，在民事执行程序中对执行标的提出异议，妨害正常民事诉讼秩序，属于虚假诉讼行为，故人民法院依法对高某某进行处罚。

【典型意义】

执行异议和执行异议之诉是当前虚假诉讼增长较快的领域，在被执行人与案外人具有亲属关系、关联关系等利害关系时，人民法院更要高度警觉是否存在虚假诉讼的可能性，依法加大依职权调取证据力度，结合当事人关系、案件事实、执行依据取得过程等多方面情况审查判断是否存在虚假诉讼情形。本案中，高某某故意提供虚假的离婚协议书，虚构案件事实，意图排除对其原配偶冯某某名下房屋的强制执行，侵害他人合法权益。执行法院在审查高某某提出的执行异议时，并未轻信当事人提交的证据，而是向有关国家机关调取其保存的资料，最终认定高某某存在提供虚假证据、滥用执行异议权利的行为，对其进行司法处罚，维护了申请执行人的合法权益，同时对不讲诚信、铤而走险进行虚假诉讼的当事人起到了有力的震慑作用，达到了"办理一案、教育一片"的良好效果。

案例4　公司与员工恶意串通虚构劳动债权，意图骗取拆迁补偿款的，构成虚假诉讼

【基本案情】

原告陈某、黄某系夫妻关系。二人诉称于2013年1月起在被告甲公司工作，陈某负责基建和材料等工作，月薪4.5万元；黄某负责清洁、做饭等工作，月薪1.5万元。二人共工作52个月，工资累计312万元。陈某、黄某与甲公司于2018年8月形成工资结算协议，确认甲公司尚欠陈某、黄某工资286万元。甲公司认可陈某、黄某的主张，双方在庭前已自行达成和解协议。人民法院经审理查明：陈某、黄某系甲公司法定代表人张某的亲属，因甲公司面临拆迁，为虚构甲公司营业损失，以便尽可能多获得拆迁补偿款，张某与陈某、黄某商定由陈某、黄某对甲公司提起虚假诉讼。诉讼事宜均由张某操作，工资结算协议也系张某起草。

【处理结果】

人民法院依法裁定驳回陈某、黄某的起诉，对甲公司及其法定代表人张某罚款共计100万元，涉嫌犯罪线索和相关材料移送侦查机关。

【案例分析】

《中华人民共和国民事诉讼法》第一百一十二条规定："当事人之间恶意串通，企图通过诉讼、调解等方式侵害他人合法权益的，人民法院应当驳回其请求，并根据情节轻重予以罚款、拘留；构成犯罪的，依法追究刑事责任。"《最高人民法院关于适用〈中华人民共和国民事诉讼法〉的解释》第一百九十一条规定："单位有民事诉讼法第一百一十二条或者第一百一十三条规定行为的，人民法院应当对该单位进行罚款，并可以对其主要负责人或者直接责任人员予以罚款、拘留；构成犯罪的，依法追究刑事责任。"本案中，陈某、黄某与甲公司之间并无工资债权纠纷，既无提起诉讼的基本事实依据，更无进行诉讼的必要，仍捏造甲公司拖欠其巨额工资的虚假事实提起民事诉讼。在人民法院正式开庭审理前，双方当事人又自行达成和解协议，共同要求人民法院对协议予以确认，意图骗取生效裁判文书谋求不法利益。本案原告、被告以捏造事实提起民事诉讼的行为构成虚假诉讼。该虚假诉讼实际由甲公司及其法定代表人张某主导，根据前述规定，人民法院应当对该单位进行罚款，并可以对其主要负责人或者直接责任人员予以罚款。

【典型意义】

《国有土地上房屋征收与补偿条例》第二十三条规定，应根据房屋被征收前的效益、停产停业期限等因素确定对因征收房屋造成停产停业损失进行补偿。甲公司在面临拆迁补偿之际，并未依法主张权利，而是为了骗取更多补偿，由法定代表人张某一

手炮制了本案诉讼,其行为不仅严重扰乱了正常诉讼秩序、浪费了司法资源,更损害了司法的权威性和公共利益,司法机关要及时甄别、惩处此类虚假诉讼行为。诉讼不能儿戏。当事人在民事诉讼中应当遵循诚信原则,捏造事实提起虚假民事诉讼的,将受到道德和法律的双重否定。

案例5 当事人因虚假诉讼行为被追究刑事责任后,仍应当为其侵权行为承担民事赔偿责任

【基本案情】

2015年2月,为转移甲公司财产逃避债务,该公司实际控制人傅某与同学邵某共谋,虚构该公司向邵某借款200万元的事实并伪造了相应的银行转账凭证,又将公司机器设备等主要资产虚假抵押给邵某。人民法院在对该公司强制执行后,傅某以邵某对公司机器设备享有抵押权为由,以邵某名义提出执行异议,企图阻却强制执行。其间傅某还操作该公司将部分抵押物低价转让。2018年10月,傅某、邵某因犯虚假诉讼罪被追究刑事责任。同年12月,该公司被宣告破产。2019年7月,公司债权人毛某代表全体债权人向人民法院提起诉讼,要求判令邵某在造成公司流失的价值370万余元抵押物范围内对公司所有破产债权未受偿部分承担赔偿责任。

【处理结果】

人民法院认定,邵某因与傅某构成共同侵权,应承担连带赔偿责任,判决邵某向甲公司债权人赔偿222万余元,赔偿款项归入甲公司财产。

【案例分析】

邵某协助傅某伪造银行流水、签订虚假合同、提起虚假诉讼、委托傅某处置财产、提起执行异议等一系列行为的根本目的和客观后果均是对抗甲公司债权人实现债权、阻挠对甲公司财产的执行。邵某对其协助傅某实施上述行为的目的和法律后果均应当具有明确的预见,仍对傅某予以协助和配合,唯有二人采取共同的行动才足以导致本案损害结果的最终发生,依据《中华人民共和国侵权责任法》第八条规定,二人构成共同侵权,邵某应当对损害结果承担连带赔偿责任。综合考虑二人虚构借款本金数额、抵押物实际可变现价值等因素,人民法院依法作出上述判决。

【典型意义】

虚假诉讼致人损害符合侵权行为一般特征和构成要件,属于侵权行为,故行为人因虚假诉讼致人损害的,受害人有权依据《中华人民共和国侵权责任法》相关规定要求虚假诉讼行为人承担侵权责任。同时,根据《中华人民共和国侵权责任法》第四条规定,侵权人因同一行为应当承担行政责任或者刑事责任的,不影响依法承担侵权责任。《最高人民法院关于防范和制裁虚假诉讼的指导意见》第12条也规定,虚假诉讼

侵害他人民事权益的，虚假诉讼参与人应当承担赔偿责任。《中华人民共和国侵权责任法》的前述相关规定，在2021年1月1日起施行的《中华人民共和国民法典》中也有相应体现。因此，虚假诉讼行为人被判处刑罚并不免除其民事责任。让虚假诉讼行为人在承担败诉风险之外，既受到刑事处罚，又承担民事赔偿责任，对于有效威慑不法行为人、保护受害人合法权益都具有积极意义。

案例6 故意捏造债权债务关系和以物抵债协议，向人民法院提起民事诉讼，致使人民法院开庭审理，干扰正常司法活动的，构成虚假诉讼罪

【基本案情】

2019年5月至9月间，被告人彭某某与他人恶意串通，故意捏造债权债务关系和以物抵债协议。后彭某某又与被告人赵某通谋，委托赵某担任诉讼代理人，向某区人民法院提起民事诉讼，致使人民法院开庭审理，干扰正常司法活动。彭某某、赵某于2020年6月19日被公安机关抓获。

【处理结果】

人民法院依法以虚假诉讼罪判处彭某某有期徒刑七个月，并处罚金人民币7000元；判处赵某有期徒刑六个月，并处罚金人民币6000元。

【案例分析】

虚假诉讼罪，是指自然人或者单位以捏造的事实提起民事诉讼，妨害司法秩序或者严重侵害他人合法权益的行为，核心行为要件是"捏造的事实"和"提起民事诉讼"。"捏造的事实"包括行为人自己捏造事实和利用他人捏造的事实，"提起民事诉讼"包括利用自己捏造的事实和利用他人捏造的事实向人民法院提起民事诉讼。《中华人民共和国刑法》第三百零七条之一第一款规定："以捏造的事实提起民事诉讼，妨害司法秩序或者严重侵害他人合法权益的，处三年以下有期徒刑、拘役或者管制，并处或者单处罚金；情节严重的，处三年以上七年以下有期徒刑，并处罚金。"根据《最高人民法院、最高人民检察院关于办理虚假诉讼刑事案件适用法律若干问题的解释》第一条第一款的规定，采取伪造证据、虚假陈述等手段，捏造民事法律关系，虚构民事纠纷，向人民法院提起民事诉讼的，应当认定为刑法第三百零七条之一第一款规定的"以捏造的事实提起民事诉讼"。上述司法解释第二条第二项规定，以捏造的事实提起民事诉讼，致使人民法院开庭审理，干扰正常司法活动的，应当认定为刑法第三百零七条之一第一款规定的"妨害司法秩序或者严重侵害他人合法权益"。

本案中，彭某某与他人恶意串通，捏造债权债务关系和以物抵债协议，后又与赵某通谋，委托赵某担任诉讼代理人，向人民法院提起民事诉讼，致使人民法院开庭审理，干扰正常司法活动，符合《中华人民共和国刑法》和司法解释规定的虚假诉讼罪

的行为特征和定罪条件。故人民法院依法以虚假诉讼罪分别判处彭某某、赵某有期徒刑，并处罚金。

【典型意义】

实践中，故意捏造债权债务关系和以物抵债协议的行为多发生在离婚等类型的民事诉讼和民事执行过程中，行为人往往意图通过上述行为，达到多分配夫妻共同财产或者非法转移被执行财产的目的。此类行为不仅会受到道德的谴责，更会受到法律的严惩。司法机关要及时甄别、发现、惩处此类虚假诉讼违法犯罪行为，依法追究行为人的刑事责任，保护人民群众合法权益。

案例7 捏造事实骗取民事调解书，据此申请参与执行财产分配的，构成虚假诉讼罪

【基本案情】

2019年5月至2020年1月间，易某分多次陆续向被告人张某某借款共计200余万元，后相继归还其中的100余万元，尚欠90余万元未还。易某还向郭某某等人大额借款未能归还，郭某某将易某起诉至某市人民法院。2020年3月26日，该市人民法院判决易某偿还郭某某借款132.6万元，后该案进入执行程序，该市人民法院准备强制执行易某名下房产。张某某为达到在强制执行过程中多分执行款的目的，与易某进行了预谋。同年4月2日，张某某和易某恶意串通，张某某隐瞒易某已经偿还借款100余万元的事实，以易某拖欠其借款共计182.5万元不还为由，向该市人民法院提起民事诉讼。该市人民法院经开庭审理后，在法庭主持下，易某与张某某达成调解协议，由易某支付张某某欠款182.5万元，该市人民法院据此作出民事调解书。张某某以该民事调解书为执行依据，申请参与分配被执行人易某的财产。债权人郭某某报案后，公安机关将张某某抓获。

【处理结果】

人民法院依法以虚假诉讼罪判处张某某有期徒刑一年，并处罚金人民币1万元。

【案例分析】

根据《最高人民法院、最高人民检察院关于办理虚假诉讼刑事案件适用法律若干问题的解释》第一条的规定，采取伪造证据、虚假陈述等手段，捏造民事法律关系，虚构民事纠纷，向人民法院提起民事诉讼的，应当认定为刑法第三百零七条之一第一款规定的"以捏造的事实提起民事诉讼"；向人民法院申请执行基于捏造的事实作出的仲裁裁决、公证债权文书，或者在民事执行过程中以捏造的事实对执行标的提出异议、申请参与执行财产分配的，属于"以捏造的事实提起民事诉讼"。实施上述行为，达到《中华人民共和国刑法》和司法解释规定的定罪标准的，应当以虚假诉讼罪

定罪处罚。上述司法解释第二条第三项规定，以捏造的事实提起民事诉讼，致使人民法院基于捏造的事实作出裁判文书、制作财产分配方案，或者立案执行基于捏造的事实作出的仲裁裁决、公证债权文书的，应当认定为刑法第三百零七条之一第一款规定的"妨害司法秩序或者严重侵害他人合法权益"。

本案中，张某某先后多次向易某出借款项，共计200余万元。二人之间实际上形成了数个债权债务关系。后易某向张某某偿还借款100余万元，二人之间的一部分债权债务关系已经消灭。在易某名下财产面临人民法院强制执行的情况下，张某某与易某恶意串通，隐瞒一部分债权债务关系已因债务人易某的清偿行为而消灭的事实，以该部分债权债务关系仍然存在为由提起民事诉讼，致使人民法院基于捏造的事实作出民事调解书，并以骗取的民事调解书为执行依据，申请参与分配易某的财产，符合《中华人民共和国刑法》和司法解释规定的虚假诉讼罪的行为特征和定罪条件。故人民法院依法以虚假诉讼罪判处张某某有期徒刑，并处罚金。

【典型意义】

通过虚假诉讼方式干扰人民法院正常执行活动、为自己或者帮助他人逃避人民法院生效裁判文书确定的执行义务的行为严重妨害司法秩序，侵害其他债权人的合法权益，社会危害严重。此类行为往往以债权人和债务人恶意串通的形式出现，且多数在民事诉讼过程中自行达成调解协议，隐蔽性强，甄别难度大。司法机关要加大审查力度，提高甄别能力，重视对被害人报案和控告、群众举报等线索来源的调查审查工作，及时发现虚假诉讼犯罪，依法从严惩处。

案例8 依法严厉打击"套路贷"虚假诉讼违法犯罪

【基本案情】

2013年9月至2018年9月，被告人林某某通过其实际控制的两个公司，以吸收股东、招收业务人员等方式发展组织成员并大肆实施"套路贷"违法犯罪活动，逐步形成了以林某某为核心的层级明确、人数众多的黑社会性质组织。林某某主导确定实施"套路贷"的具体模式，策划、指挥全部违法犯罪活动，其他成员负责参与"套路贷"的不同环节、实施具体违法犯罪活动、负责以暴力和"软暴力"手段非法占有被害人财物，并长期雇用某律师为该组织规避法律风险提供帮助。该黑社会性质组织及成员实施"套路贷"违法犯罪过程中，以办理房屋抵押贷款为名，诱使、欺骗多名被害人办理赋予借款合同强制执行效力、售房委托、抵押解押的委托公证，并恶意制造违约事实，利用公证书将被害人名下房产过户到该黑社会性质组织或组织成员名下，之后再纠集、指使暴力清房团伙，采用暴力、威胁及其他"软暴力"手段任意占用被害人房产，通过向第三人抵押、出售或者与长期雇用的律师串通、合谋虚假诉讼等方式,将被害人房产处置变现以谋取非法利益,并将违法所得用于该黑社会性质组织的发展壮大、组织成员分红和提成。该黑社会性质组织通过采取上述方式,有组织地实施诈骗、寻衅滋事、敲诈勒索、虚假诉讼等一系列违法犯罪活动,攫取巨额非法经济利益,并利用获得的非法收入为该组织及成员提供经济支持。该黑社会性质组织在长达5年的时间内长期实施上述"套路贷"违法犯罪活动,涉及多个市辖区、70余名被害人及家庭,造成被害人经济损失高达上亿元,且犯罪对象为老年群体,致使部分老年被害人流离失所、无家可归,严重影响社会稳定。其中,2017年4月至2018年6月间,林某某为将诈骗所得的房产处置变现,与他人恶意串通,故意捏造抵押借款合同和债务人违约事实,以虚假的债权债务关系向人民法院提起民事诉讼,欺骗人民法院开庭审理并作出民事裁判文书。

【处理结果】

人民法院依法对林某某以组织、领导黑社会性质组织罪判处有期徒刑十年,剥夺政治权利二年,并处没收个人全部财产;以诈骗罪判处无期徒刑,剥夺政治权利终身,并处没收个人全部财产;以敲诈勒索罪判处有期徒刑十一年,并处罚金人民币22万元;以寻衅滋事罪判处有期徒刑九年,剥夺政治权利一年,并处罚金人民币18万元;以虚假诉讼罪判处有期徒刑六年,并处罚金人民币12万元,决定执行无期徒刑,剥夺政治权利终身,并处没收个人全部财产。

【案例分析】

根据《最高人民法院、最高人民检察院、公安部、司法部关于办理"套路贷"刑事案件若干问题的意见》的规定,"套路贷",是对以非法占有为目的,假借民间借贷之名,诱使或迫使被害人签订"借贷"或变相"借贷""抵押""担保"等相关协议,通过虚增借贷金额、恶意制造违约、肆意认定违约、毁匿还款证据等方式形成虚假债权债务,并借助诉讼、仲裁、公证或者采用暴力、威胁以及其他手段非法占有被害人财物的相关违法犯罪活动的概括性称谓;对于在实施"套路贷"过程中多种手段并用,构成诈骗、敲诈勒索、非法拘禁、虚假诉讼、寻衅滋事、强迫交易、抢劫、绑架等多种犯罪的,应当根据具体案件事实,区分不同情况,依照刑法及有关司法解释的规定数罪并罚或者择一重处;三人以上为实施"套路贷"而组成的较为固定的犯罪组织,应当认定为犯罪集团,对首要分子应按照集团所犯全部罪行处罚;符合黑恶势力认定标准的,应当按照黑社会性质组织、恶势力或者恶势力犯罪集团侦查、起诉、审判。

本案中,林某某纠集、指挥多人实施"套路贷"违法犯罪,行为符合《中华人民共和国刑法》规定的组织、领导黑社会性质组织罪的构成要件;在实施"套路贷"过程中,诈骗、敲诈勒索、寻衅滋事、虚假诉讼等多种手段并用,行为还构成诈骗罪、敲诈勒索罪、寻衅滋事罪、虚假诉讼罪等多种犯罪，故人民法院对林某某依法予以数罪并罚。

【典型意义】

"套路贷"违法犯罪严重侵害人民群众合法权益，影响社会大局稳定，且往往与黑恶势力犯罪交织在一起，社会危害极大。司法机关必须始终保持对"套路贷"的高压严打态势，及时甄别、依法严厉打击"套路贷"中的虚假诉讼、诈骗、敲诈勒索、寻衅滋事等违法犯罪行为，依法严惩犯罪人，切实保护被害人合法权益，满足人民群众对公平正义的心理期待。

案例9　法院工作人员利用职权与他人共同实施虚假诉讼犯罪的，从重处罚

【基本案情】

2010年4月，基层法律服务工作者杨某某在协助房屋中介办理某市经济适用房买卖过户过程中，为规避经济适用房5年内不准上市交易的政策规定，找到时任某县人民法院副院长的被告人魏某，二人预谋以虚构民间借贷纠纷诉讼的方式规避政策规定，商定由买卖双方签订虚假民间借贷合同，并在合同中约定纠纷由该县人民法院管辖，在起诉状中编造当事人住址在该县的虚假内容，以该县人民法院名义出具以房抵债民事调解书，然后由杨某某带领房屋买卖双方持民事调解书办理经济适用房交易过户手续。2010年4月至2013年3月，魏某利用职务之便，伙同杨某某共同实施虚假诉讼行为，先后出具多份虚假的以房抵债民事调解书，导致多套经济适用房被违规低价过户，造成重大损失。魏某还利用职务上的便利非法收受他人财物，案发后已退缴全部赃款赃物。

【处理结果】

人民法院依法对魏某以滥用职权罪判处有期徒刑六年；以受贿罪判处有期徒刑十一年，并处没收个人财产人民币5万元，决定执行有期徒刑十五年，并处没收个人财产人民币5万元。

【案例分析】

《中华人民共和国刑法》第三百零七条之一第四款规定，司法工作人员利用职权，与他人共同实施前三款行为（虚假诉讼犯罪行为）的，从重处罚；同时构成其他犯罪的，依照处罚较重的规定定罪从重处罚。根据《最高人民法院、最高人民检察院关于办理虚假诉讼刑事案件适用法律若干问题的解释》第五条的规定，司法工作人员利用职权，与他人共同实施虚假诉讼犯罪行为的，从重处罚；同时构成滥用职权罪，民事枉法裁判罪，执行判决、裁定滥用职权罪等犯罪的，依照处罚较重的规定定罪从重处罚。

本案中，魏某实施虚假诉讼行为时，《中华人民共和国刑法修正案（九）》尚未在《中华人民共和国刑法》中增设虚假诉讼罪，但人民法院对法院工作人员利用职权与他人共同实施虚假诉讼犯罪行为依法予以严惩的态度和决心一以贯之。故人民法院依法以滥用职权罪从重判处魏某有期徒刑六年，与所犯受贿罪数罪并罚，决定执行有期徒刑十五年，并处没收个人部分财产。

【典型意义】

法律是维护社会秩序、保护人民群众合法权益的公器，不是可用于谋取违法利益的工具。法院工作人员应当带头遵守法律，捍卫法律尊严。法院工作人员利用职权，与他人共同实施虚假诉讼犯罪行为，严重影响司法公正和司法权威，与其他虚假诉讼犯罪行为相比，影响更恶劣，危害更严重，必须从严追究刑事责任。人民法院始终坚持刀刃向内，坚决清除害群之马，对法院工作人员利用职权参与虚假诉讼违法犯罪的行为予以严厉打击，依法从严从重追究法律责任，该判处重刑的坚决判处重刑，切实维护司法公正和司法权威，有效遏制了此类违法犯罪行为，维护了社会公平正义。

案例10　律师多次为当事人出谋划策，共同伪造证据进行虚假诉讼并在民事诉讼中担任代理人的，构成虚假诉讼共同犯罪

【基本案情】

被告人杜某系某律师事务所律师。2017年至2019年间，杜某与多人通谋，先后4次共同采取伪造证据、虚假陈述等手段，捏造民事法律关系，虚构民事纠纷，并担任诉讼代理人向人民法院提起民事诉讼，致使人民法院基于捏造的事实先后作出4份民事调解书并进行强制执行。杜某通过实施上述行为，意图帮助他人规避住房限售、限购政策，达到违规办理房产过户手续等非法目的，自己谋取非法经济利益。2020年5月13日，公安机关在杜某执业的律师事务所内将其抓获。案件审理过程中，杜某自愿退缴违法所得12.5万元。

【处理结果】

人民法院依法以虚假诉讼罪判处杜某有期徒刑一年三个月，并处罚金人民币3万元。

【案例分析】

根据《最高人民法院、最高人民检察院关于办理虚假诉讼刑事案件适用法律若干问题的解释》第二条第三项的规定，以捏造的事实提起民事诉讼，致使人民法院基于捏造的事实作出裁判文书、制作财产分配方案，或者立案执行基于捏造的事实作出的仲裁裁决、公证债权文书的，应当认定为刑法第三百零七条之一第一款规定的"妨

害司法秩序或者严重侵害他人合法权益"。上述司法解释第六条规定，诉讼代理人、证人、鉴定人等诉讼参与人与他人通谋，代理提起虚假民事诉讼、故意作虚假证言或者出具虚假鉴定意见，共同实施刑法第三百零七条之一前三款行为（虚假诉讼犯罪行为）的，依照共同犯罪的规定定罪处罚。

本案中，杜某系执业律师，与他人通谋，捏造民事法律关系，虚构民事纠纷，并担任诉讼代理人向人民法院提起民事诉讼，欺骗人民法院作出裁判文书以获取非法利益。杜某实施虚假诉讼行为，致使人民法院基于捏造的事实作出民事调解书，已经达到《中华人民共和国刑法》和司法解释规定的虚假诉讼罪的定罪条件。故人民法院依法以虚假诉讼罪判处杜某有期徒刑，并处罚金。

【典型意义】

《中华人民共和国律师法》规定，律师应当维护当事人合法权益，维护法律正确实施，维护社会公平和正义；律师执业必须遵守宪法和法律，恪守律师职业道德和执业纪律；律师执业必须以事实为根据，以法律为准绳。律师作为从事法律服务工作的专业人员，具有娴熟的法律专业知识，熟悉相关法律规定和民事诉讼程序，应当严格遵守法律。律师利用自己的法律专业知识故意制造和参与虚假诉讼，将导致虚假诉讼违法犯罪更加难以甄别，造成更加严重的社会危害。本案的判决结果，有力震慑了虚假诉讼违法犯罪，警醒律师、基层法律服务工作者等法律从业人员要依法执业，严格依照法律规定开展法律咨询、诉讼代理等业务活动，不能知法犯法、玩弄司法。

来源：最高人民法院

最高检发布民事检察参与社会治理典型案例（节录）

关于印发民事检察参与社会治理典型案例的通知

各省、自治区、直辖市人民检察院第六检察部，解放军军事检察院第四检察厅，新疆生产建设兵团人民检察院第五检察部：

　　为进一步促进民事检察能动履职，将办案职能向社会治理领域延伸，积极参与推进市域社会治理现代化，不断增强民事检察监督的主动性、精准度和实效性，我厅选编了4件民事检察参与社会治理典型案例。经高检院领导批准，现将4件典型案例印发，供各地办案时参考借鉴。

最高人民检察院第六检察厅

2021年11月9日

向金融监管部门提出检察建议
促进加强小额贷款行业监管

【关键词】

"套路贷"　金融监管　社会治理　检察建议

【问题发现】

　　2019年，安徽省阜阳市两级检察机关在开展民事虚假诉讼领域深层次违法行为专项监督活动中，发现何某才等人涉"套路贷"虚假诉讼系列案件线索，遂依职权启动民事诉讼监督程序。经审查发现：2013年4月，何某才等人注册成立某投资咨询有限公司，何某才是实际负责人。该公司先后在阜阳市颍州区、颍东区、颍泉区、太和县、临泉县、阜南县、颍上县、六安市金寨县、亳州市利辛县等地设立加盟店共21个。公司登记经营范围为：投资信息咨询、企业管理咨询、财务会计信息咨询等。该公司成立后，对外宣称其业务为：牵线搭桥，促成投融资双方借贷关系成立。而何某才等人却以非法占有为目的，以"高收益、零风险"的理财模式为诱饵，向社会不特定公众吸收资金用于非法高利放贷。放贷前，以"利息低、放款快"为诱饵，吸引他人借款。放贷时，一方面以行业规矩和公司规定为由，让借款人签订空白合同、阴阳合同、三方协议、房屋抵押、买卖及租赁合同、公证文书等不利于借款人的各类手续，且并不给借款人留存；另一方面以"保证金""砍头息""服务费"等费用为由，以收取现金的方式，变相收取借款人高额利息后，再通过直接或"点对点"形式（集资参与人按照何某才等人要求，直接将钱款转入借款人账户）将借款转入借款人的银行账户，制造虚假的全额给付银行流水凭证。放贷后，以何某才为首的25人团伙肆意否认借款人还款事实，将高额利息虚增为债务，制造虚假资金流水，以贷还贷、垒高债台，虚列债务，任意处置借款人抵押的财物。借款人未及时归还借款时，使用滋扰、恐吓、威胁、殴打、拘禁等手段逼迫借款人还款或签订更高金额的借条。在借款人无力还款的情况下，虚构债权债务主体，假借他人名义，隐匿还款证据，虚增借款金额向人民法院提起诉讼，骗取民事生效判决，实施"套路贷"诈骗行为。经会计师事务所审计，何某才的投资公司自2017年5月至2019年5月，非法吸存总额37385.60万元，累计1604人次；非法放贷金额22322.00万元，累计917人次。

上述"套路贷"虚假诉讼案件数量多、人数多、金额大，为防范"套路贷"频发引发的金融风险，阜阳市人民检察院成立类案监督办案小组，在全市范围对具有类似情形和问题的案件进行全面排查及溯源分析，发现阜阳市颍上县、颍州区、颍泉区、颍东区内的一些信贷担保公司、投资咨询公司、投资管理公司、小额贷款公司、借贷担保公司、典当行亦存在无资质经营、团伙性放贷、多伴随虚假诉讼、采用非法方式实现债权等问题。

【监督情况】

2020年8月5日，安徽省阜阳市人民检察院向阜阳市地方金融监督管理局制发社会治理类检察建议书，主要内容如下。一是建议及时进行排查工作。针对全市范围内已登记报备的融资租赁公司、担保公司、典当行，重点检查是否实际经营、资金流动是否正常；针对未注册或备案登记，且带有"投资""担保""融资租赁"等字样的违法经营主体进行撒网式排查，了解其是否参与"套路贷"、非法吸收公众存款、职业放贷等活动。一经发现违法行为，要采取有力措施立即叫停，并依法依规化解存量债权债务。二是建议突出监督管理重点。重点查处非法高利放贷、以不法手段收贷等"套路贷"违法行为，提升对违法违规"套路贷"苗头性或倾向性问题的监管效能，实现监管的规范化、常态化。三是建议开展行业专项整治。着重清理手机贷款App软件、贷款网站，排查并取缔有关民间借贷或互联网金融机构带有误导性的贷款营销违法广告，加大处罚力度。四是建议构筑立体监管体系。在联席会议成员单位之间建立打击"套路贷""职业放贷"的信息交流共享平台,设立举报电话、奖励机制等,并广泛发动群众,增强群众法治意识和金融风险防范意识,构筑社会立体监督体系,消除监督盲区,提高打击的灵敏性和有效性,铲除"套路贷"滋生的社会土壤。五是建议加强正规贷款宣传。组织正规金融机构开展贷款业务宣传,鼓励引导正规金融机构改进金融服务,增强社会责任意识,大力推进普惠金融服务,开发面向不同群体的信贷产品,最大限度地满足社会金融弱势群体的需要,让不法民间放贷活动无机可乘。

【监督结果】

2020年9月30日,安徽省阜阳市地方金融监督管理局向阜阳市人民检察院回函称,该部门接到检察建议后,高度重视,认真研究,采取有效措施,从全面开展清理排查、强化金融监管力度、开展行业专项治理、建立健全监管体系、加强金融安全宣传等方面加强对地方性金融组织的管理,同时建立健全风险防控机制、严厉打击非法集资活动,着力防范重大金融风险,取得成效;表示今后将进一步强化地方金融监管,坚决打击各类非法金融活动,持续优化金融生态环境,切实维护地方金融安全稳定。同时,阜阳市地方金融监督管理局根据检察建议内容,全面开展清理排查工作,开展行业专项整治,整顿规范非持牌金融机构,加强地方金融行业规范整顿,并制定了《关于加强投资类公司监督管理的指导意见》等制度性文件,加固防范化解重大金融风险的堤坝。

【典型意义】

检察机关向金融监管部门提出检察建议,促进加强小额贷款行业监管,既有利于维护人民群众的合法权益,也有利于维护正常的金融秩序和社会秩序,助力防范化解系统性金融风险。在现实生活中,一些不法行为人以"小额贷款公司""投资公司""网络借贷平台"等名义对外进行宣传,以低息、无抵押、快速放款等为诱饵吸引被害人借款,以"保证金""行规"等虚假理由诱使被害人基于错误认识签订金额虚高的"借贷"协议。这不仅直接侵害被害人的合法财产权益,而且其中掺杂的暴力、威胁、虚假诉讼等索款手段容易诱发其他犯罪,严重扰乱金融秩序和社会秩序。在这种背景下,检察机关应当积极履职,充分发挥民事检察办案优势,践行由"个案监督"到"类案监督"并延伸至"行业治理"的类案监督理念,结合监督办案,主动做好类案问题的发现、梳理、研判、处理及监督意见的跟进落实,助力金融监管部门依法加强监管,在防范与化解金融风险中体现民事检察担当。

向人力资源和社会保障部门提出检察建议
促进加强虚假劳动仲裁监管

【关键词】

虚假劳动仲裁　执行监督　社会治理　检察建议

【问题发现】

2017年8月，福建省武平县人民检察院在开展执行监督专项活动中发现，武平县人民法院对被执行人甲茶叶公司的拍卖款进行分配时，突然新增多名自称甲茶叶公司员工的申请执行人，以仲裁调解书为依据申请参与执行款分配。鉴于甲茶叶公司已于2014年停产，本案存在虚假仲裁的可能性。经审查发现：2014年，王某兴借款339500元给甲茶叶公司原法定代表人王某贵，后多次催讨未果。2017年5月，甲茶叶公司因所欠到期债务未偿还，厂房和土地被武平县人民法院拍卖。2017年7月下旬，王某兴为实现其出借给王某贵个人的借款能从甲茶叶公司资产拍卖款中优先受偿的目的，与甲茶叶公司新法定代表人王某福（王某贵之子）商议申请仲裁事宜。双方共同编造甲茶叶公司拖欠王某兴、王某兴妻子及女儿等13人共414700元工资款的书面材料，并向武平县劳动人事争议仲裁委员会申请劳动仲裁。2017年7月31日，仲裁员曾某明在明知该13人不是甲茶叶公司员工的情况下，作出武劳仲案（2017）19号仲裁调解书，确认甲茶叶公司应支付给王某兴等13人工资款合计414700元，由武平县人民法院在甲茶叶公司土地拍卖款中直接支付到武平县人力资源和社会保障局农民工工资账户，限于2017年7月31日履行完毕。同年8月1日，王某兴以另外12人委托代理人的身份向武平县人民法院申请强制执行。同月4日，武平县人民法院立案执行，裁定：（1）冻结、划拨甲茶叶公司在银行的存款；（2）查封、扣押、拍卖、变卖甲茶叶公司的所有财产；（3）扣留、提取甲茶叶公司的收入。武平县人民检察院通过调查核实，认为上述当事人伪造证据，虚构劳动争议的事实申请劳动仲裁，获取仲裁调解书，并向法院申请强制执行，构成虚假诉讼，遂分别向武平县劳动人事争议仲裁委员会和武平县人民法院发出了检察建议书，建议撤销仲裁调解书，终结案件执行。相关检察建议得到武平县劳动人事争议仲裁委员会和武平县人民法院的采纳，当事人及仲裁员亦被追究刑事责任。

福建省人民检察院分析认为，上述个案中发现的问题可能具有更大范围的普遍性，遂在全省检察机关开展涉及虚假仲裁执行监督专项调研活动。经全面梳理排查，2016年至2018年期间，漳州市漳浦县、三明市将乐县等地也存在虚假劳动仲裁执行的情况，相关检察机关经审查后向人民法院发出检察建议31件，向劳动仲裁机构发出检察建议2件，均得到采纳纠正，挽回相关经济损失达290万余元，并向有关部门移送3人犯罪线索，均已作出有罪判决。

【监督情况】

2019年11月22日，福建省人民检察院向福建省人力资源和社会保障厅发出社会治理类检察建议书，指出当前劳动仲裁工作存在以下问题：一是部分基层劳动仲裁机构未能严格执行劳动仲裁程序规定。比如，武平县人民检察院查办的王某等13人虚假劳动仲裁案，仲裁员曾某与王某系亲属关系，却未主动回避，接受王某等人请托帮助造假，作出虚假劳动仲裁。又如，漳浦县人民检察院查办的漳州市某农业公司虚假劳动仲裁案，仲裁申请人有17人，所涉案情、法律关系基本相同，但该县劳动人事争议仲裁委员会却将该案拆分为17起案件，仅由一名仲裁员独任仲裁，违反应当由三名仲裁员组成仲裁庭审理的规定。二是有的仲裁员未尽到对案件事实和证据的谨慎审查责任。比如，漳浦县人民检察院查办的漳州市某农业公司虚假劳动仲裁案，证明劳动关系存在的证据仅有工资欠条，证据明显单一、薄弱，且企业实际上已经停产，而仲裁员未进一步调查核实，导致虚假劳动仲裁的产生。又如，将乐县人民检察院查办的将乐某煤矿机械厂虚假劳动仲裁案，13名申请人主张的平均欠薪在10万元以上，数额相对较大，且申请人主张的150多万元欠薪总额与双方达成的调解协议金额完全一致，但以上情形未能引起仲裁员的足够重视，没有做必要的调查核实，导致其作出虚假仲裁调解书。三是虚假劳动仲裁的监督纠错机制不健全。2016年至2018年期间，福建省检察机关监督的虚假劳动仲裁案件均以仲裁调解结案。监督制约机制不健全，案外人救济途径缺位，影响了对虚假劳动仲裁的防范和查处力度。四是个别仲裁员廉洁自律意识亟须加强。如武平县人民检察院查办的王某等13人虚假劳动仲裁案，曾某身为仲裁员，为当事人造假"出谋划策"，指导当事人对虚假仲裁申请材料补正完善，使工资册中拖欠工资时间与公司经营状况能够吻合，并修改了调解协议上的履行期限和落款时间，作出虚假劳动仲裁调解书，受到了法律制裁。

针对上述问题，福建省人民检察院向福建省人力资源和社会保障厅建议：一是要加强对劳动仲裁工作的指导和对仲裁员的管理，指导劳动仲裁机构和仲裁员严格执行劳动仲裁工作规则；二是要通过完善虚假劳动争议仲裁防范告知制度、依法适用独任仲裁和仲裁庭仲裁、严格执行仲裁员回避制度、完善劳动仲裁案件公开审理制度等方面规范办案程序；三是要强化劳动仲裁案件证据审查，督促劳动仲裁机构强化证据意识，对可能存在虚假劳动仲裁的，加大依职权调查取证力度；四是要强化管理和培训，加强仲裁员队伍建设，建立多部门协作配合共同防范和查处虚假劳动仲裁的工作机制。

【监督结果】

2020年2月26日，福建省人力资源和社会保障厅向福建省人民检察院正式回复了检察建议书的办理情况：一是研究部署虚假劳动仲裁防范工作，做好检察建议书传达通报工作，要求全省各级人社部门牢固树立防范意识，研究虚假劳动争议仲裁产生的原因以及办案管理漏洞；二是研究制定防范虚假劳动仲裁规定，下发《关于进一步做好防范虚假劳动人事争议仲裁工作的通知》，引导各地进一步树立防范意识、规范办案程序、强化证据审查、加强工作应对和强化仲裁员队伍管理；三是全面规范劳动仲裁办案程序，建立受理警示告知制度，严格制定回避制度，落实仲裁公开审理规定，从严审查调解协议，规范集体争议处理程序，从严从实防范虚假劳动仲裁；四是强化劳动仲裁队伍管理，从严把握仲裁员任职条件，在仲裁员业务培训中特别增加防范虚假劳动争议仲裁内容，扎实开展行风建设专项活动，建设公正、高效、廉洁的劳动仲裁队伍。

【典型意义】

检察机关向人力资源和社会保障部门提出检察建议，促进加强虚假劳动仲裁监管，既有利于维护正常的司法秩序和劳动仲裁秩序，也有利于促进诚信社会建设。在司法实践中，虚假诉讼不断向公证、仲裁等领域蔓延，且造假手段不断翻新，监督难度越来越大，仅靠检察机关以个案监督方式难以从根本上解决问题。检察机关作为法律监督机关，不仅要依法办理虚假诉讼监督案件，通过法律监督工作打击虚假诉讼，还要延伸监督触角，积极参与到防范虚假诉讼社会治理当中去，真正变各职能部门"单打独斗"为"多元共治"。检察机关要善于利用办案优势，及时将个案监督中发现的问题进行梳理分类、研究分析，向相关职能单位提供治理建议，督促有关行政主管部门发挥主体监管作用，倡导多管齐下，统筹进行系统性、源头性治理并形成长效机制，做到前端、中端和末端等环节的治理，形成源头上减少虚假诉讼增量的系统完整的工作闭环，不断提升检察监督的政治效果、社会效果和法律效果。

最高检印发4件民事检察跟进监督典型案例（节录）

监督后仍有明显错误和违法情形，检察机关应跟进监督

2021年10月29日，最高人民检察院印发4件民事检察跟进监督典型案例。最高检第六检察厅有关负责人表示，跟进监督是实现民事检察精准监督的重要手段，对于初次监督后仍然存在明显错误和违法情形，检察机关应依法履职，通过跟进监督达到应有监督质效。

最高检近日发布的2021年1月至9月全国检察机关主要办案数据显示，民事检察办案规模扩大，监督质效走势向好。据悉，2020年，全国检察机关共受理生效裁判结果监督的跟进监督案件1150件，同比上升1.2倍，审查后提出抗诉74件，同比上升2.5倍。2021年1月至9月，受理生效裁判结果监督的跟进监督案件1107件，同比上升79.4%，审查后提出抗诉60件。

该负责人介绍，此次发布的4件典型案例涉及司法实践中常见的民间借贷、金融借款、执行异议和虚假调解等领域的常见多发问题，对民事检察监督具有纠偏和引领价值。

2021年8月1日起施行的《人民检察院民事诉讼监督规则》明确规定了"跟进监督"这一民事检察监督机制。

有下列情形之一的，人民检察院可以按照有关规定再次监督或者提请上级人民检察院监督：人民法院审理民事抗诉案件作出的判决、裁定、调解书仍有明显错误的，人民法院对检察建议未在规定的期限内作出处理并书面回复的，人民法院对检察建议的处理结果错误的。

对此，该负责人表示，跟进监督不仅是实现民事检察精准监督、提升民事检察监督质效的重要手段，也是体现民事检察公权力监督和私权利救济双重效果、实现权力纠错和权利救济的重要机制。

对于下一步工作，该负责人表示，第六检察厅将以最高检发布前三季度主要办

案数据为契机，积极贯彻落实《中共中央关于加强新时代检察机关法律监督工作的意见》中精准开展民事诉讼监督各项工作要求，继续强化民事检察跟进监督工作，通过制发案例、检察办案等方式进一步明确法定性与必要性相结合的民事检察监督标准，培育权力监督与权利救济相结合的民事检察思维，切实体现敢于监督、善于监督的能动司法理念。

民事检察跟进监督典型案例

某建筑公司与某置业公司建设工程施工合同纠纷跟进监督案

【关键词】

建设工程　虚假调解　调查核实　跟进监督

【基本案情】

2017年10月12日，某建筑公司起诉某置业公司至浙江省金华市浦江县人民法院，诉称：2014年7月2日，某建筑公司中标某置业公司开发的某小区二期工程项目，并于2014年7月8日签订建设工程施工合同，约定工程由某建筑公司承建，建筑总面积102358平方米，工程总造价约35000万元。承包方式为包工包料，工程量按实计处，按照1994浙江省建筑工程预算定额作为计价依据，土建工程综合费率31.5%；水电安装工程综合费率201.8%，由某造价咨询公司进行跟踪审计，双方依据该跟踪审计结果结算工程进度款。所有工程验收合格后，20天内付已完成工程总造价90%，审价报告确认后15天内支付至97%，另有3%作为工程质保金。2017年9月22日，某小区二期工程通过竣工验收。同日，经某造价咨询公司审定工程造价为25121万元，某置业公司现已支付工程款15800万元，剩余工程款未能给付。故某建筑公司请求法院判令某置业公司支付工程欠款9321万元，并就案涉工程折价或变卖的价款优先受偿。某置业公司对某建筑公司诉称事实无异议，辩称因资金紧张未能按时给付。案件审理过程中，双方达成调解协议，约定：某置业公司欠某建筑公司工程款共9321万元，于2017年12月16日前付清，如某置业公司未按期履行，某建筑公司有权申请强制执行；某建筑公司就案涉工程折价或者拍卖的价款在9321万元的限额内享有优先受偿权。浦江县人民法院出具民事调解书对上述调解协议内容予以确认。

【检察监督】

初次监督　2019年5月，案外人某集团公司主张本案系虚假诉讼，向浙江省金华市浦江县人民检察院提出控告。浦江县人民检察院审查认为本案涉嫌虚假调解，遂依职权立案并开展调查核实。检察机关查明，2014年4月某置业公司全部股份被某集团公司收购，法定代表人变更为潘某义；杜某春为某建筑公司法定代表人。检察机关赴浦江县公共资源交易中心调取了备案施工合同文本，发现备案施工合同签订日期为2014年

6月13日（以下简称《六月合同》），而向法院提交的施工合同签订日期为2014年7月18日（以下简称《七月合同》），两份合同在工程综合费率、定额人工单价等方面有较大差异，浙江省早已按照2010定额标准进行造价控制，双方却采用1994定额标准，不符合市场行情。检察机关询问某置业公司的法定代表人潘某义得知，潘某义因融资需要多次以个人名义向杜某春等人借款，某小区二期工程完工后，杜某春为了让潘某义偿还欠款，跟潘某义合谋，将潘某义个人欠款计入工程款，编造《七月合同》，提高综合费率和人工造价，虚增工程价款，以期通过工程款优先受偿。工程监理、预决算、跟踪审计人员均证实工程实际均按照《六月合同》履行，某置业公司也是按照该合同支付相应阶段工程款，并提供了工程预决算报告、计量汇总表、工程费用汇总表等涉及工程款结算的基础材料，印证了上述人员的陈述。

浦江县人民检察院审查认为，潘某义与杜某春恶意串通，伪造建设工程施工合同，通过虚假诉讼手段骗取人民法院民事调解书，侵害了某置业公司合法权益，破坏了正常司法秩序，损害了国家利益和社会公共利益，遂于2019年6月28日向浦江县人民法院提出再审检察建议。2019年9月25日，浦江县人民法院函复浦江县人民检察院，认为现有证据不足以证实案涉民事调解书损害国家利益和社会公共利益，对再审检察建议不予采纳。

跟进监督 浦江县人民检察院认为，浦江县人民法院未予采纳再审检察建议确有错误，决定依法跟进监督。2019年9月29日，浦江县人民检察院向金华市人民检察院提请抗诉。金华市人民检察院抗诉认为：（1）有证据证明《七月合同》不符合常理，且在实际施工过程中并未依此结算工程款。工程监理、预决算、跟踪审计人员的询问笔录证实工程实际按照《六月合同》履行。《七月合同》将定额人工单价由"41.5元/工日"调增为"88.24元/工日"，土建工程综合费率由14%提高到31.5%；水电安装工程综合费率由77.58%提高到201.8%，明显不符合建筑市场行情。（2）案涉民事调解书是杜某春、潘某义相互串通形成的。潘某义自认通过编造《七月合同》提交给某造价咨询公司，进而形成《工程造价审定单》，并向法院提起虚假诉讼的事实。杜某春虽予以否认，但相关工程管理人员的陈述均可以证实工程实际按《六月合同》约定的计价标准结算工程款。工程结算标准为施工实质性内容及核心条款，如双方合意更改，应有充分协商的痕迹，不可能在履行过程中没有通知其他管理人员且未留存工作记录。同时二人均明知某置业公司实际控股人系某集团公司，将潘某义个人债务虚构混入公司债务，具有虚假诉讼故意，严重妨害司法秩序，损害国家利益和社会公共利益。

监督结果 2019年10月30日，金华市中级人民法院裁定提审本案，中止原调解书的执行。2020年2月20日，金华市中级人民法院作出裁定，撤销原审民事调解书，将本案发回浦江县人民法院重审。2020年12月24日，浦江县人民法院重审后作出民事判决，判令某置业公司支付某建筑公司工程款2223万元及相应利息，并据此确认某建筑公司优先受偿范围。

【典型意义】

（1）加强建设工程领域虚假诉讼监督，有利于净化建筑行业生态。建筑市场违法违规现象多发，屡禁不止，存在阴阳合同、虚增工程价款、层层转包挂靠等乱象，给司法机关查明事实真相、梳理法律关系增加了难度。伪造证据虚增工程量是建设工程领域虚假诉讼常见的表现形式，检察机关在办理建设工程领域相关案件时应保持办案敏锐性，充分行使调查核实权，发现违法违规线索。重点围绕案涉协议签订时间、协议内容差异、施工决算情况等关键问题，审查当事人不符常理或者行业惯例的异常行为，固定关键证据，查明伪造证据、虚假诉讼的事实，依法予以监督，进一步规范建筑市场行业秩序。

（2）加强跟进监督，有利于实现公权监督与私权救济有机统一。虚假诉讼不是双方当事人之间的私权争议，而是违法犯罪行为，既损害了司法秩序，也损害了国家利益和社会公共利益，检察机关应当依法监督。《中华人民共和国民事诉讼法》规定，当事人企图通过诉讼、调解等方式，侵害他人合法权益或逃避履行义务的，应当根据情节轻重予以罚款、拘留；构成犯罪的，依法追究刑事责任。《中华人民共和国民事诉讼法》同时也赋予了遭受虚假诉讼侵害的案外人维护合法权益的救济渠道，第三人因不能归责于本人的事由未参加诉讼，但有证据证明发生法律效力的判决、裁定、调解书的部分或者全部内容错误，损害其民事权益的，可以提起第三人撤销之诉。由于虚假诉讼隐蔽性较强，第三人搜集证据证明相关事实存在客观困难，检察机关在发现线索后应依法调查核实取得虚假诉讼的充分证据并予以监督。本案中，检察机关依法跟进监督，通过抗诉促使上级法院撤销了虚假调解书，维护了司法权威，保护了相关当事人的合法权益。

来源：最高人民检察院

加强民事检察跟进监督，实现公权监督与私权救济有效结合——最高人民检察院第六检察厅厅长冯小光就民事检察跟进监督典型案例答记者问

2021年10月29日，最高检印发4件民事检察跟进监督典型案例。作为《人民检察院民事诉讼监督规则》施行后的一项重要民事检察监督方式，如何通过跟进监督增强民事检察监督刚性？4件民事检察跟进监督典型案例在法律适用、民事检察监督方面又释放了哪些信号？就此话题，记者对最高检检委会委员、第六检察厅厅长冯小光进行了专访。

记者：这次发布的是民事检察的跟进监督典型案例。对于跟进监督，社会大众还比较陌生，请问什么是跟进监督？现在跟进监督的实践情况是什么样的？

冯小光：跟进监督来源于《人民检察院民事诉讼监督规则》的明确规定，针对人民法院审理民事抗诉案件作出的判决、裁定、调解书仍有明显错误的，人民法院对检察建议未在规定的期限内作出处理并书面回复的，人民法院对检察建议的处理结果错误的等三种情形，人民检察院可以按照有关规定再次监督或者提请上级人民检察院监督。

在民事检察实践中，跟进监督的主要表现形式有以下几种：一是再审检察建议未被采纳后，人民检察院提起抗诉；二是抗诉后作出的判决、裁定、调解书仍有明显错误的，再次提起抗诉；三是关于执行活动违法、审判活动违法监督的检察建议未被采纳或对检察建议的处理结果错误的，人民检察院再次制发检察建议。

近年来，跟进监督案件数量呈现逐步升高趋势。2020年，全国检察机关共受理生效裁判结果监督的跟进监督案件1150件，同比上升1.2倍，审查后提出抗诉74件，同比上升2.5倍。2021年1月至9月，受理生效裁判结果监督的跟进监督案件1107件，同比上升79.4%，审查后提出抗诉60件。

记者： 检察机关跟进监督的意义体现在哪些方面？

冯小光： 一是跟进监督是实现民事检察精准监督的重要手段。精准监督注重选择适当的监督方式对有纠偏和引领价值的案件进行监督，从而促进解决一个领域、一个地方、一个时期司法理念、政策、导向问题，尤其是涉及公共价值或公共利益的问题。《中共中央关于加强新时代检察机关法律监督工作的意见》提出，检察机关应当精准开展民事诉讼监督，增强监督的主动性、精准度和实效性。因此，对于民事检察履职过程发现的具有纠偏和引领价值的案件，如果监督后明显错误和违法的情形仍然存在，更要通过跟进监督达到应有的监督质效。

二是跟进监督是体现民事检察公权监督和私权救济双重效果的重要方式。民事检察监督是对民事审判权和民事执行权的监督，检察机关通过纠正法院在审判权和执行权行使过程中的违法行为及相关后果，保障国家法律统一正确实施，维护国家利益、社会公共利益，保护公民、法人和其他组织的合法权益。如果检察监督目的还未最终实现，检察机关有责任依职权再次监督，在对公权力行为纠错的同时也实现了对申请监督人的私权利救济。

记者： 麻烦您介绍下这批案例的总体情况。

冯小光： 经过多轮筛选，我们选出了4个案例，分别涉及实践中常见的民间借贷纠纷、金融借款纠纷、执行异议、虚假调解等领域的常见多发问题。例如李某莉与朱某文、朱某惠民间借贷纠纷跟进监督案涉及的焦点问题是抵押权设定和抵押合同成立生效的区分原则，检察机关通过跟进监督促进了物权法中这一基础性规范的正确统一适用。再如杨某、耿某强与天津某银行津南支行金融借款合同纠纷跟进监督案涉及的是对金融借款的保证合同的效力和法院的送达程序问题，检察机关调查核实发现案涉保证合同中保证人的签名系伪造、法院因送达不到位问题导致当事人未能参与诉讼，通过跟进监督认定伪造签名的合同不发生效力并从实体上进行改判，体现了民事检察公权力监督和私权利救济的双重效果。还比如辽宁某集团公司第四分公司申请执行跟进监督案是关于涉第三人的诉讼保全异议和执行异议的问题，检察机关通过三次监督，促使法院纠正民事执行违法行为，厘清了民事执行领域长期存在的一些具有代表性的问题，如在诉讼保全中审判权要发挥应有的作用等。最后的某建筑公司与某置业公司建设工程施工合同纠纷跟进监督案涉及的是建设工程领域中当事人通过虚假诉讼形成民事调解书，检察机关调查核实查明了原被告双方虚假调解的事实，并通过跟进监督最终促使上级法院撤销了虚假调解书。由于虚假诉讼损害的是司法秩序等国家利益及社会公共利益，检察机关作为保护"两益"的重要力量，在此类案件中应当加强跟进监督的能动性。

记者： 我们看到辽宁某集团公司第四分公司申请执行跟进监督案一共进行了三次监督，该案有什么特色吗？

冯小光： 本案的基本案情是某木材销售公司起诉李某江支付货款等款项，申请诉讼保全。诉讼保全中，法院向第三人辽宁某集团公司第四分公司发出协助执行通知书，要求该公司停止向李某江支付在另案法律关系中的工程款536万元。该公司没有提出异议，履行了不向李某江支付的通知义务。生效裁判作出后，某木材销售公司申请强制执行，因李某江无其他财产，执行法院向辽宁某集团公司第四分公司发出裁定扣留被执行人李某江在该公司的工程款536万元。辽宁某集团公司第四分公司不服，提出执行异议，执行法院和上级复议法院皆以该公司在诉讼保全阶段未提出异议为由，驳回执行异议。辽宁某集团公司第四分公司向检察机关申请监督，区市两级人民检察院发出的检察建议都未被采纳，最终辽宁省人民检察院发出检察建议书，被辽宁省高级人民法院采纳。

本案中，三级检察机关通过三次执行监督，为民事执行领域的一些普遍性问题提供了指导意义，如第三人在诉讼保全阶段的协助义务是一种消极不作为义务，第三人只要不履行其对被执行人的债务即可，不能因为在诉讼保全阶段中未提出异议，就否定其在执行程序中提出执行异议的权利；执行异议审查中不能"以执代审"，当第三人在执行阶段提出异议后，第三人和被执行人之间的实体法律关系应交由审判部门进行审理，执行部门不应进行实体判断。

来源：最高人民检察院

最高检发布7起检察机关依法追诉诈骗犯罪典型案例（节录）

（2021年10月26日）

坚持从严惩治从重打击诈骗犯罪

近日，最高人民检察院发布7起检察机关依法追诉诈骗犯罪典型案例。这些案例有的涉及诈骗医保基金犯罪，在对医疗服务协议性质的准确界定等难点上具有典型性；有的涉及骗取失业保险金犯罪，在突破取证难准确认定诈骗金额的同时，及时堵塞社会管理漏洞；有的涉及利用期货交易平台实施的新型诈骗犯罪，围绕罪名确定等争议焦点，准确认定犯罪嫌疑人的犯罪性质。

此次发布的典型案例包括杨某某、黎某等3人诈骗医保基金案，昝某、凡某雨、林某永等人诈骗失业保险金案，李某、黄某某等10人编造"皇家资产"诈骗案，周某等人虚假诉讼诈骗案，杨某等43人虚构收藏品拍卖诈骗案，洪某源、张某发、彭某明等61人利用期货交易平台诈骗案，腾某珠、童某散等7人"骗婚"诈骗案。

据了解，从受案情况来看，诈骗犯罪仍属常见高发犯罪，且上升幅度较大。数据显示，今年前三季度，全国检察机关共受理审查逮捕案件625783件940036人，其中诈骗案件为57594件92514人，诈骗案件分别占受理总数的9.2%、9.84%，同比分别上升14.72%、5.25%。受理审查起诉案件1202156件1693233人，其中诈骗案件为63182件110152人，分别占比5.26%和6.51%，同比分别上升13.24%、7.16%。

最高检第一检察厅负责人介绍，为遏制诈骗犯罪高发多发态势，全国检察机关充分发挥"捕诉一体"优势，严把审查逮捕、审查起诉诈骗案件的事实关、证据关、程序关和法律适用关，坚持依法严惩的政策导向，落实同级同步介入侦查制度，专案专办，快捕快诉，有力增强了震慑效应。与此同时，鉴于诈骗犯罪呈现团伙化、专业化趋势，近年来，检察机关严格落实宽严相济刑事政策，贯彻少捕慎诉慎押刑事司法政策,秉持分层处理、分类打击原则,有效精准打击诈骗犯罪。

该负责人表示:"下一步,我们将打击诈骗犯罪案件作为一项重点工作来抓,充分发挥检察职能,进一步加大依法惩治力度,不断完善工作机制,形成打击诈骗犯罪的整体合力,注重延伸检察职能,推进社会综合治理。"

检察机关依法追诉诈骗犯罪典型案例

典型案例四:周某等人虚假诉讼诈骗案

【基本案情】

被告人周某,女,原系杭州H公司法定代表人,同时又系杭州J公司实际控制人。

2012年4月,浙江R集团出资1200余万元向周某收购H公司股份(含商会大厦房产),并签订并购协议,约定H公司对J公司的债务由周某负责偿还。2013年至2015年期间,周某指使J公司法定代表人肖某某、曹某某等人通过虚增借款、虚增交易环节、归还金额不入账等方式,制造H公司欠J公司巨额债务的假象,利用虚假债权起诉R集团。周某还通过伪造证据,制造H公司在被收购前已将商会大厦房产转让给胡某某的假象,指使胡某某起诉R集团,诉讼金额共计2100余万元。R集团民事诉讼败诉,截至案发,已被法院执行700余万元。

2019年7月至9月,浙江省杭州市萧山区人民检察院对涉案人员以诈骗罪提起公诉。2020年3月至8月,杭州市萧山区人民法院以诈骗罪判处周某有期徒刑10年6个月并处罚金10万元,判处肖某某有期徒刑7年并处罚金7万元,判处胡某某有期徒刑4年6个月并处罚金4.5万元,判处曹某某有期徒刑3年2个月并处罚金3万元。2021年1月21日,杭州市中级人民法院裁定驳回上诉,维持原判。

【检察机关履职情况】

(1)精准研判,成功追诉漏犯。2017年2月,杭州市萧山区人民检察院在办理周某等人骗取贷款、拒不执行判决裁定案的过程中,浙江R集团向检察机关反映情况,称企业在并购过程中被骗2100余万元,已被法院执行700多万元,后续还将面临1400余万元的损失。检察机关经过分析研判、引导公安机关初查,发现周某是J公司实际控制人,H公司与J公司的债务存在重大疑点。经对胡某某进行大数据信息分析,发现胡某某无正当职业,银行账户资金流水不大,出资300万元收购商会大厦房产的可能性极低。经进一步深挖取证,追诉了胡某某、肖某某、曹某某。

(2)公开审查,提升办案质效。检察机关通过大数据银行资金流水分析,推断周某父母在上海的别墅系由周某早年出资购买。为了加快追赃速度,提升办案效果,召集侦查人员、被害企业代表、嫌疑人辩护律师先后进行两次公开审查。第一次公开审查,主要围绕民营企业损失核定、犯罪嫌疑人资产状况、防止资产转移等方面进行沟通协调，充分了解损失情况及给嫌疑人一方主动退赃提供机会。第二次公开审查，主要围绕退赃工作推进、上海别墅拍卖、认罪认罚等方面进行协调。为了表达良好的认罪态度，周某家属自愿将别墅拍卖，不仅代为退赔700余万元的刑事赃款，还主动归还了剩余1100余万元的民事欠款。

（3）保护民企，推进企业合规。2020年4月，R集团送来感谢信，并在市人代会上充分肯定检察机关关心、支持、保障民营企业工作。为推进企业合规建设，萧山区人民检察院联合萧山区工商联开展服务"六稳""六保"护航民企发展检察开放日活动，邀请区人大代表、政协委员、人民监督员、媒体代表及各行各业民营企业家等共15人走进检察机关，了解检察工作。

【典型意义】

（1）为办理同类案件提供指引，保护民营企业健康有序发展。检察机关成功追诉一起在企业并购领域针对上市民营企业的虚假诉讼型诈骗案。在办理本案过程中，检察机关以保护民营经济为宗旨，细致分析，精准研判，通过数字化办案，为民营企业主持公道，避免企业2100余万元的损失，更为企业挽回声誉。本案中运用数字化办案方式、证据审查方法、追赃挽损途径，为检察机关办理同类案件提供了工作指引，同时通过公开审查，为民营企业反映诉求、化解纠纷提供了畅通的渠道。本案的办理体现了恢复性司法理念，实现了"三个效果"有机统一，充分发挥检察机关的诉前主导责任。

（2）本案的判决有利于预防和警示企业并购领域犯罪。本案系杭州地区企业并购领域诈骗第一案，R集团在向检察机关送感谢信时，表示目前R集团在企业数十亿元的并购过程中，都会注意仔细核查被收购企业资产和债务的真实性，并会出示本案判决书给被收购企业，提醒被收购企业要真实、合法申报企业财务信息，否则可能会被追究刑事责任。本案的办理不仅帮助企业追回损失，挽回声誉，维护法律公正，更重要的是，对于全国民营企业而言，在进行并购项目时，对收购方和出售方均具有警示、预防的指导意义。

来源：最高人民检察院

民事检察类案监督典型案例（节录）

关于印发民事检察类案监督典型案例的通知

各级人民检察院：

为进一步贯彻落实《中共中央关于加强新时代检察机关法律监督工作的意见》中关于加强民事检察工作、健全法律监督方式的要求，发挥类案监督在统一法律适用、增强精准监督质效方面的优势，现将涉公民代理类案监督案等4件民事检察类案监督典型案例印发你们，供办案时参考借鉴。

最高人民检察院
2021年9月27日

涉农村"三资"领域虚假诉讼类案监督案

【关键词】

农村"三资"　虚假诉讼　类案检察建议

【类案问题】

黑龙江是农业大省，承担着维护国家粮食安全"压舱石"的重任。然而，一些不法分子利用农村村集体在财务管理上存在的漏洞，恶意串通或者单方采取伪造证据、虚假陈述等手段捏造事实，虚构与农村集体组织之间的民事纠纷，通过虚假诉讼非法牟取农村集体"资金、资产、资源"（以下简称农村"三资"）。针对当地农村"三资"领域虚假诉讼恶性蔓延滋长的态势，齐齐哈尔市两级检察机关主动开展农村"三资"领域虚假诉讼专项监督活动，对齐齐哈尔两级法院近5年涉农村"三资"纠纷诉讼案件进行集中审查，建立台账，逐案跟踪，特别是对以调解方式结案，案件立、审、执过于迅速，诉讼均由代理人操办，缺席判决等反常现象案件，进行重点审查。齐齐哈尔市两级检察机关共调阅涉农村"三资"领域案件卷宗1917册，确定重点排查案件1283件。

经对齐齐哈尔市涉农村"三资"案件中发现的问题进行全面系统梳理，发现法院在审理该类案件中存在以下主要问题：一是部分法院对单方谋利型案件防范意识不强。对于一方当事人明显通过虚构事实、隐瞒真相或伪造证据等手段，提起民事诉讼侵害村集体利益的案件，部分法院防范、规制意识不强。二是部分法院存在审查不充分的问题。部分案件未对案件事实和证据进行实质审查，就以调解形式结案。三是部分法院审判、执行程序不规范。部分案件不严格执行法定送达程序、条件，留置送达、公告送达不规范；部分案件缺席判决；部分执行案件不当划扣村委会资金。四是部分法院惩戒力度不够。部分法院对发现的涉农村"三资"虚假诉讼裁定准予撤回起诉，不作出否定性评价，未依法采取民事制裁措施，较少移送违法犯罪线索。

【检察机关履职情况】

齐齐哈尔市检察机关共梳理出涉农村"三资"管理类不规范问题57个，审判人员违法情形9类26个。齐齐哈尔市检察机关就农村"三资"虚假诉讼案件分别发出再审检察建议36件、审判程序违法检察建议10件、执行违法检察建议4件。

2021年1月，齐齐哈尔市两级检察机关分别与同级法院召开系列座谈会，建议法院采取完善涉农村"三资"案件审查流程、对涉农村"三资"案件强化证据实质性审查、建立诉讼失信人档案、对曾参与虚假诉讼的当事人提起的民事诉讼案件从严审查等措施，切实防范、规制虚假诉讼。

对齐齐哈尔市检察机关提出的监督意见，齐齐哈尔市两级法院采取措施，加大防范和打击农村"三资"虚假诉讼案件力度，完善流程、规范机制。一是建立涉农村"三资"案件立案后通报当地乡镇党委、政府制度，引导、协助进行诉讼外化解纠纷；二是实行诉讼当事人签订诚信诉讼承诺书制度；三是涉农村"三资"案件村委会负责人拒签传票、不出庭应诉、不答辩等不履职行为的，实行通告乡镇政府负责人制度；四是要求法官审理涉农村"三资"案件必须进行实质性审查；五是要求法官对发现的违法违纪线索及时移送相关部门进行处理。

【典型意义】

开展农村"三资"领域民事虚假诉讼类案监督活动，是检察机关贯彻落实中央有关大力促进社会主义新农村建设精神的重要体现。农村"三资"领域虚假诉讼案件多为诉讼双方恶意串通损害国家、集体利益，极少侵犯个体利益，举报线索模糊，发现和查处难度大。检察机关应当充分发挥检察职能，树立服务大局意识，针对当地存在的农村"三资"问题，以民事检察监督部门为主导，防范和制裁农村"三资"领域违法行为，为推进农村基层治理贡献检察智慧、检察力量。检察机关通过开展专项监督工作，集中时间和力量进行突破，系统梳理、排查、纠正农村"三资"虚假诉讼，积极支持法院完善机制、加强管理，促使法官提高甄别、规制虚假诉讼的意识和能力，促进法院加强对农村"三资"虚假诉讼的防范和惩治,切实提高司法公信力,维护司法秩序。通过开展专项类案监督活动,深化类案监督效果,给农民群众一本"明白账",让农民群众吃上"安心丸",有利于促进农村矛盾化解,密切干群关系,维护农村社会和谐稳定。

来源:《检察日报》

刑民交叉案件六大典型案例（节录）

为深入贯彻中央关于保护产权及保护企业家权益、构建良好法治营商环境的要求，进一步明确刑民交叉案件裁判规则，防止办案机关利用刑事手段干预经济纠纷，2019年7月11日，最高人民法院司法案例研究院和国家检察官学院共同主办的第十九期"案例大讲坛"在杭州市人民检察院举行。大讲坛发布了对处理刑民交叉案件有参考和指导意义的系列典型案例。

潘某与金某民间借贷纠纷抗诉案

【案情简介】

2017年6月15日，被告金某向原告潘某出具借条一份，约定：借款金额为40000元，借款期限为1个月，2017年7月14日前归还，借款月利率按1%计算；如被告未能在约定的还款期限内向原告归还本息40400元，被告愿意向原告支付每日借款总金额1%的滞纳金。同日，原告通过银行汇款将40000元款项交付至被告。原告陈述，借款发生后被告未支付过利息及归还过本金。原告诉请判令被告向原告归还借款本金40000元，利息400元，以及违约金（从2017年7月15日至今的每天400元整）。

浙江省绍兴市越城区人民法院经审理认为，原告潘某与被告金某之间的民间借贷关系，双方主体适格，意思表示真实，内容未违反法律及行政法规的强制性规定，应认定合法有效。根据原告提供的证据并结合其庭审陈述可认定被告金某尚欠原告借款本金40000元、利息400元，对原告要求被告归还上述借款本息的诉讼请求，该院予以支持。原告主张的违约金，虽在借条中有约定，但已超出法律允许的范围，该院依法调整为按年利率24%计算，经计算，截至原告起诉之日的违约金为880元。判决：被告金某归还原告潘某借款本金40000元，支付利息400元，并支付违约金880元，共计41280元，于本判决生效之日起十日内履行；驳回原告潘某的其他诉讼请求。一审判决后，各方均未上诉，判决已发生法律效力。

检察机关在履行职责中发现潘某等人涉嫌"套路贷"有关犯罪，浙江省绍兴市柯桥区人民检察院已于2018年3月16日以涉嫌虚假诉讼罪批准逮捕犯罪嫌疑人潘某、朱某。绍兴市人民检察院审查后认为，潘某等人涉嫌"套路贷"犯罪行为损害了国家和社会公共利益，启动依职权监督程序，进行了调查和审查，查明事实如下：从2017年3月开始，潘某、朱某恒、朱某根、杜某军、李某5人未经依法注册审批，在越城区财源中心大厦开设了"昊瑞"公司，非法从事小额贷款业务。该公司假借民间借贷，针对本地人只需要身份证贷款，向不特定人员放贷。通过向受害人收取保证金、平台费、业务费等虚高手续费用，并在贷款中直接扣除第一期还款本息，随后以潘某个人名义与被害人签订大幅虚增借款数额的借条，并要求被害人写下还款承诺书，以此达到非法获利的目的。受害人如果逾期不还，潘某就会凭借虚增金额借条、还款承诺书等证据，向法院提起诉讼；而受害人往往因为在案前受到胁迫，只能在审判阶段完全"承认"借款事实。目前，绍兴市柯桥区人民检察院对潘某、朱某恒、朱某根以涉嫌虚假诉讼罪批准逮捕。从案件性质上考虑，潘某涉嫌刑事犯罪事实清楚，证据充分。

检察机关于2018年5月10日向法院提出抗诉。主要理由如下：原审判决依据原告潘某的庭审陈述及其所提供借条，认定被告金某欠原告潘某借款40000元。依据公安机关对潘某等人所制作的侦查讯问笔录，他们均承认金某出具的借条金额为40000元，但通过收取保证金、平台费、业务费等虚高手续费用，并在贷款中直接扣除第一期还款本息等方法后，金某实际拿到的借款仅仅为26000元左右，原告潘某违反有关法律法规的规定，依据借条大幅虚增借款数额提出诉讼请求，已涉嫌"套路贷"犯罪，原审法院支持其请求判决金某归还40000元借款，显属不当。

法院再审审理后认为，人民法院作为民事纠纷受理的案件，经审理认为不属于民事纠纷而有犯罪嫌疑的，应当裁定驳回起诉。根据抗诉机关的抗诉意见和本案当事人的陈述，本案有疑似"套路贷"之犯罪嫌疑。检察机关目前正在审查起诉中。据此，依照《最高人民法院关于审理经济纠纷案件中涉及经济犯罪嫌疑若干问题的规定》第十一条和《最高人民法院关于适用〈中华人民共和国民事诉讼法〉的解释》第四百零八条之规定，裁定：撤销浙江省绍兴市越城区人民法院（2017）浙0602民初9351号民事判决，驳回原审原告潘某的起诉。

【典型意义】

本案是一起典型的名为民间借贷、实为"套路贷"犯罪案件，犯罪分子通过收取保证金、平台费、业务费等虚高手续费用，虚增债权债务、制造银行流水痕迹等方式，形成证据链条闭环，并借助民事诉讼程序实现非法目的。本案原审原告潘某的行为已涉嫌犯罪，依照《最高人民法院关于在审理经济纠纷案件中涉及经济犯罪嫌疑若干问题的规定》和《最高人民法院关于审理民间借贷案件适用法律若干问题的规定》，应裁定驳回起诉。

洪某聪诉曹某林、杨某龙等民间借贷纠纷案

【案情简介】

2017年11月3日，案外人方某良、肖某与被告曹某林之妹曹某妹签订《借款合同》，约定向其出借人民币250万元（以下币种均为人民币）；同日，肖某又与曹某林另一妹徐某玲签订《借款合同》，约定向其出借350万元；曹某林为上述两笔借款（以下简称借款1）提供连带保证。同日，肖某向曹某妹、徐某玲（以下简称曹家姐妹）分别转账250万元和350万元；曹家姐妹收款后，立即将钱款如数转账给被告杨某龙。2018年1月12日，原告洪某聪与曹某林签订《借款合同》（以下简称涉案协议），约定洪某聪为曹某林提供借款600万元（以下简称借款2），被告杨某龙、万某平提供连带保证。同月16日，洪某聪由银行向曹某林转账600万元；同日，由曹某林担任法定代表人的上海淼升管线设备配套有限公司（以下简称淼升公司）分别向曹家姐妹转账250万元和350万元，曹家姐妹收款后立即将钱款全部转给方某良，并在汇款时备注"还款"。后洪某聪因借款2与曹某林、杨某龙、万某平产生争议，故将三人诉至上海市闵行区人民法院，请求判令曹某林归还借款本金600万元及利息，杨某龙、万某平对上述债务承担连带保证责任。

一审法院认定借款2合法有效，判决支持原告洪某聪关于本金和利息等大部分诉讼请求。曹某林等三人不服，上诉请求改判驳回原告全部诉讼请求。曹某林上诉称，借款1、借款2的实际出借人都是方某良，肖某和洪某聪都是方某良任法定代表人的上海杰初资产管理有限公司（以下简称杰初公司）的员工。借款1的实际用款人也不是曹某林而是杨某龙，借款1已经由杨某龙陆续归还完毕，方某良于2018年1月16日转给其的600万元，是根据方某良的要求，其拿出自有资金600万元，依次经由淼升公司打给曹家姐妹，曹家姐妹打款给方某良，然后方某良再将上述款项还给自己。其之所以与洪某聪签订涉案协议，是为了给杰初公司平账之用。故曹某林从未拿到过任何钱款，借款2乃其受到欺骗签订的虚假合同。

二审期间，二审法院分别召集双方当事人、案外人方某良进行单独谈话。各方在关于"借款1是否已经归还""借款2是否实际发生""涉案协议的真实用途""曹某林是否具有真实的借款意愿和需求"等关键问题的表述上存在明显相互矛盾和推诿之处，针对诸多细节的描述亦有悖常理和交易习惯。二审法院由此认定，本案存在相关人员以非法占有为目的，借民间借贷之名，虚构债权债务关系，同时借助诉讼手段非法占有他人财物之嫌疑，即涉嫌"套路贷"。据此，二审法院最终裁定撤销一审判决，驳回洪某聪的起诉。

【典型意义】

本案中虽然相关刑事案件还未立案,但二审法院发现该案存在诱使被害人签订"借贷""担保"协议、制造资金走账流水等虚假给付事实、故意制造违约、借助诉讼程序意图非法占有被害人财物等明显的"套路贷"特征,依职权对此进行了调查和取证。经过与各方当事人的单独谈话,以及对各方当事人提交的证据逐一比对分析,最终认定该案涉嫌"套路贷",存在诈骗犯罪之嫌疑。根据现有证据,虽无法判定具体诈骗之主体,但此问题无法在该案审理中得以解决,必须依赖刑事案件的处理结果而定,据此裁定驳回起诉。

来源:最高人民法院司法案例研究院

民事诉讼和执行活动法律监督典型案例（节录）

（2018年10月25日）

虚假诉讼监督案例

郭某等人通过虚假诉讼套取公积金案。2018年4月，黑龙江某县检察院在办案中发现，该县法院上百起以住房公积金为执行标的的调解案件，均具有约定管辖、当天立案当天结案、证据只有借款凭证无转账证明等特点。经调查，郭某为了达到帮助他人套取公积金并从中牟利的目的，通过微信群和朋友圈发布能够提取公积金的广告，多人看到广告后与其联系提取公积金。郭某以自己及其女儿、女婿等人的名义，用虚构的债权向法院提起诉讼，由法院出具调解书，再用调解书执行对方当事人住房公积金。2017年7月至2018年4月，郭某先后为128人套取公积金620万余元，本人获利40万余元。县检察院审查认为，郭某为达到违法套取公积金的目的，与他人恶意串通，伪造证据，虚构借款事实，致使法院作出错误的民事调解书，其行为不仅妨碍司法秩序，还严重破坏了住房公积金管理秩序，决定向法院发出再审检察建议，建议撤销郭某等人涉嫌虚假诉讼的128份民事调解书。县法院收到再审检察建议后，经审委会讨论决定再审，现已审结42件，均采纳了检察机关的监督意见，其余案件正在审理中。

王某福等人"以房抵债"系列虚假诉讼案。2014年初，某地法院将系列"以房抵债"涉嫌虚假诉讼材料移送检察机关。检察机关审查查明：2012年初，某商业咨询有限公司经理王某军因与某市法院法官王某福、王某江、周某峰很熟，遂从房屋中介公司收集大量购买二套商品房委托办理过户的信息，与法律工作者周某串通，共同伪造了借款协议、委托代理书、调解协议以及证明该市法院有管辖权的证明资料等全套材料，于2012年9月至2013年11月，分别以原、被告诉讼代理人身份，向该市法院申请司法确认。王某军明确告知三名法官上述诉讼材料均系伪造及申请司法确认的目的。王某福、王某江在未办理受理立案登记、未经审理的情况下，直接套用其他案件的案号或虚设案号制作民事调解书60份；周某峰在办理受理登记后制作18份调解书，私自加盖院印后，交给王某军到外省市某区帮助78户二套房购买人办理了房产过户登记。2013年6月，该区住建委要求提供法院民事判决书且由法院执行才能办理过户。应王某军的要求，王某福、王某江套用其他案件案号或虚设案号，伪造13份民事判决书、13份执行裁定书，私自加盖院印，与司法警察施某民一起到外省市办理了13套房屋产权过户。王某福、王某江、施某民接受王某军吃请、提供的免费旅游等服务，王某福收受王某军贿赂7万元。取得房产证的买房人各给王某军5万元感谢费。检察机关分别以涉嫌民事枉法裁判罪和受贿罪、玩忽职守罪、滥用职权罪等对王某福等5人立案侦查，5人均受到刑事处罚。2014年5月，某市检察院向该市法院发出检察建议，建议撤销78份虚假调解书；针对13件虚假判决书的执行发送检察建议，建议撤销执行裁定。检察机关对13份虚假民事判决提出了抗诉。

刘某等9人与某贸易公司财产租赁合同纠纷虚假诉讼监督案。某贸易公司因拖欠商业贷款，法院判决清偿欠款本息共计3000余万元，其所属的码头用地土地使用权将被执行拍卖。刘某等9人分别起诉贸易公司，请求判令解除运输车辆租赁合同并支付租金、滞纳金等。法院作出9份民事判决书，判令解除刘某等9人与贸易公司签订的运输车辆租赁合同，贸易公司支付租金、逾期滞纳金共计9346万余元。贸易公司持上述判决书至执行法院申请参与拍卖款分配。检察机关经过调查核实，查明：贸易公司负责人钟某在案外人黄某介绍下，串通律师李某、伙同公司职员刘某，伪造了运输车辆租赁合同、催收通知书等证据，虚构合同关系，9名原告均为钟某的亲属、公司员工或关联公司。检察机关认为，本案民事判决认定事实的主要证据均系伪造，符合以虚构事实取得法院生效裁判文书、申请参与执行分配的情形，依法向法院提出抗诉。法院再审后，判决撤销原判，驳回原告的诉讼请求，并对刘某和贸易公司分别罚款3万元和80万元。钟某、黄某、李某、刘某分别因妨害作证罪、帮助伪造证据罪被追究刑事责任。

虚假仲裁监督案例

王某兴等13人与某茶业公司劳动争议纠纷虚假仲裁案。某茶业公司因欠债权人巨额债务，其厂房和土地被法院拍卖，拍卖款被冻结并拟向债权人进行分配。王某兴获悉后，为向该公司原法定代表人王某贵索回其个人借款33.9万余元，与公司现法定代表人王某福（系王某贵之子）商议，共同编造该公司拖欠王某兴及其亲戚等13人劳动工资共计41.4万余元的书面材料，并向劳动人事争议仲裁委申请劳动仲裁。仲裁员曾某明知该13人不是公司员工并且不存在拖欠工资情形，仍作出仲裁调解书，确认某茶业公司应当支付给王某兴等13人拖欠的工资款。随后，王某兴以该仲裁调解书向法院申请执行。法院裁定查封、冻结某茶业公司的财产，并拟将上述工资债权作为优先债权予以分配。检察机关在虚假诉讼专项监督活动中发现该案线索,在查清相关事实后,分别向劳动人事争议仲裁委、法院提出检察建议,建议撤销仲裁调解书、终结该案执行。同时,将王某兴、王某福涉嫌虚假诉讼犯罪线索移送公安机关。劳动人事争议仲裁委采纳检察建议撤销了仲裁调解书,法院采纳检察建议裁定对本案终结执行。王某兴、王某福分别被追究刑事责任。

来源:《检察日报》

检察机关民事诉讼监督典型案例（节录）

典型案例5　刘某与陈某民间借贷纠纷虚假诉讼监督案

一、基本案情

郑某与广东省深圳市居民陈某于2012年4月25日签订《房地产买卖合同》，郑某购买陈某位于深圳市罗湖区的房屋一套，价格1500多万元，陈某应当于2012年6月24日之前履行完交房和过户手续。郑某按合同约定支付了70万元首付款，并交付了380万元的监管资金。后郑某发现该房已经被陈某以"抵债"的方式转让给刘某，并由法院强制执行办理了过户手续，致使签订的合同无法履行。郑某向广东省翁源县检察院提出控告举报，认为上述欠债是虚构的债务，翁源县法院违法出具民事调解书。

翁源县检察院查明，2012年5月6日，陈某将本案房产以1630万元的价格转让给刘某，并签订了《房屋转让合同书》。为了掩盖一房二卖的事实，陈某勾结刘某、房产中介人谢某、翁源县法院官渡法庭庭长梁某，虚构了10万元欠款的虚假诉讼，并由翁源县法院出具了民事调解书，将价值1630万元的房产以物抵债，抵偿了并不存在的"10万元的债务"。随后，翁源县法院出具了协助执行通知书并派梁某到深圳完成房产强制过户手续。

二、监督情况及结果

翁源县检察院对上述民间借贷纠纷案向翁源县法院发出纠正违法通知书。翁源县法院作出了民事裁定，对上述案件的民事调解书及相应的协助执行通知书予以撤销。

因本案相关人员已经涉嫌刑事犯罪，翁源县检察院民事行政检察部门将案件线索移送该院职务犯罪侦查部门审查处理。该院侦查部门立案后，将梁某涉嫌受贿罪、滥用职权罪一案移送广州市黄埔区检察院提起公诉。广州市黄埔区法院作出了刑事判决，梁某因犯滥用职权罪和受贿罪，被判处有期徒刑六年。梁某未上诉。谢某因犯行贿罪被判处有期徒刑三年，缓刑五年。谢某未上诉。

典型案例6　刘某等诉广州某贸易公司财产租赁合同纠纷虚假诉讼监督系列案

一、基本案情

广东省广州市某贸易公司（下称贸易公司）因拖欠商业贷款被中国民生银行股份有限公司某分行诉至法院，经法院判决，贸易公司负责清偿的欠款本息共计30721967.65元。经广东省高级法院指令执行，2010年11月3日，阳江市江城区法院将贸易公司所属的码头用地38854平方米的土地使用权以43703315元的价格公开拍卖。

刘某等9人分别于2010年12月向广东省增城市法院起诉贸易公司，称刘某等9人与贸易公司于2007年12月分别订立《运输车辆租赁合同》，合同约定，刘某等9人出租车辆给贸易公司，贸易公司每月支付租金，并对租金的数额及支付时间等作了详细约定。因贸易公司拖欠租金，刘某等人诉请法院判决解除《运输车辆租赁合同》；贸易公司给付租金、滞纳金9346万余元。2011年1月21日，增城市法院作出9份民事判决书，判令：解除刘某等9人与贸易公司签订的《运输车辆租赁合同》；贸易公司支付租金、逾期滞纳金共计9346万余元给刘某等9人。刘某等9人的委托代理人持判决书至阳江市江城区法院申请参与拍卖款的执行分配。

中国民生银行股份有限公司某分行向有关部门反映情况，增城市检察院获悉后，依职权进行监督。该院查明，贸易公司负责人钟某，为参与对公司执行款项的分配，在案外人黄某介绍下，串通律师李某、伙同公司职员刘某，伪造了《运输车辆租赁合同》《催收通知书》等证据，虚构合同关系，9名原告均为钟某的亲属、公司员工或关联公司。在骗取法院判决书后即向阳江市阳城区法院申请参与执行款分配。

二、监督情况及结果

增城市检察院对上述9起财产租赁合同纠纷案提请广州市检察院抗诉。广州市检察院提出抗诉后，广州市中级法院于2013年8月作出再审民事判决，撤销增城市法院作出的民事判决，驳回刘某等9人的诉讼请求或起诉。广州市中级法院同时作出罚款决定书，对刘某和贸易公司分别罚款3万元和80万元。

因本案相关人员已涉嫌刑事犯罪，增城市检察院将案件线索移送公安机关审查处理。公安机关经侦查后，将钟某、李某、黄某、刘某涉嫌犯罪一案移送审查起诉，经增城市检察院提起公诉。增城市法院作出刑事判决，钟某因犯妨害作证罪，黄某、李某、刘某因犯帮助伪造证据罪，均被追究相应的刑事责任。

典型案例7　芜湖某投资公司诉杨某民间借贷纠纷虚假诉讼监督案

一、基本案情

2011年8月25日，安徽省芜湖市某投资公司（以下简称投资公司）与私营矿主杨某签订一份价值1200万元的转让某石英脉水晶矿的转让协议。2011年9月2日,投资公司将首笔转让款710万元汇入杨某个人账户。

2011年9月,投资公司业务员任某与杨某签订了一份时间为2011年1月6日的800万元的协议,约定:投资公司向杨某提供本金为800万元的借款,借款期限为5个月,若杨某到期未能还款,则以抵押的某石英脉水晶矿全部资产归投资公司所有,用于归还借款。杨某与投资公司并未就某石英脉水晶矿在当地国土部门办理采矿权抵押备案手续,而是将采矿许可证、营业执照等证照原件交给了投资公司。

2011年9月5日,投资公司诉至安徽省芜湖市中级法院,要求杨某归还800万元借款。经芜湖市中级法院主持调解,投资公司和杨某于当日达成调解协议,法院以此调解协议为依据制作了调解书,确认当事人双方达成如下协议:杨某同意以其所有的某石英脉水晶矿的矿山开采权及矿山现有建设及道路作价人民币800万元,于本调解协议生效时抵偿给投资公司;杨某于本调解协议生效后5日内负责将前述矿山开采权变更登记至投资公司名下。2011年9月15日,投资公司提出执行申请。2011年9月19日,芜湖市中级法院作出执行裁定书,裁定将某石英脉水晶矿的采矿权人由杨某变更为投资公司,并向国土资源局送达了协助执行通知书,随后国土资源局将采矿权人变更为投资公司。

芜湖经济技术开发区检察院在办理两起行贿案件中发现上述案件可能存在虚假诉讼的情形,遂将线索移送给芜湖市检察院审查处理。芜湖市检察院查明,该案中800万元的借款协议系双方当事人为了达到非法转让矿山采矿权和逃避相关税费的目的而签订。

二、监督情况及结果

芜湖市检察院对上述民间借贷纠纷案提请安徽省检察院抗诉。安徽省检察院提出抗诉后,安徽省高级法院将该案指令芜湖市中级法院再审。芜湖市中级法院作出再审判决,撤销原审民事调解书,驳回投资公司的诉讼请求。

典型案例8 张某等诉颜某彬民间借贷纠纷虚假诉讼监督系列案
一、基本案情

任某、颜某彬于2004年登记结婚。2009年10月12日,任某提起诉讼,请求判令解除婚姻关系并对夫妻共同财产进行分割。在案件审理期间,颜某彬向法庭陈述其在婚姻存续期间曾向外举债11万元用于治疗自身所患疾病,并提交河南省封丘县法院作出的两份生效民事判决书作为证据,任某对此予以否认。2010年11月15日,河南省新乡市红旗区法院对该离婚诉讼作出判决,认定被告颜某彬在婚姻存续期间为治疗疾病借款11万元，有生效民事判决书加以印证，该债务原、被告应各承担5.5万元。

颜某彬在上述离婚诉讼中提供两份生效判决书的案件分别为：（1）张某诉颜某彬民间借贷纠纷一案。原告张某提供的借据载明，颜某彬分别于2007年8月12日和2008年9月10日共向张某借现金6万元整。2010年7月27日，张某诉至法院，要求颜某彬偿还借款。封丘县法院于2010年8月27日判决，颜某彬偿还张某借款6万元整。（2）颜某广诉颜某彬民间借贷纠纷一案。原告颜某广提供的借据载明，颜某彬于2009年1月10日借颜某广现金5万元整。2010年7月27日，颜某广诉至法院，要求颜某彬偿还借款。封丘县法院于2010年8月27日判决，颜某彬偿还颜某广借款5万元整。

在离婚诉讼中，任某不服红旗区法院一审判决，向新乡市中级法院提起上诉。在二审期间，任某向检察院举报，认为颜某彬主张的两笔借款不真实，请求检察院依法进行监督。封丘县检察院查明，颜某彬为和任某离婚时增加共同债务减少本人经济损失而与颜某广、张某串通虚构债务，骗取法院生效判决。

二、监督情况及结果

封丘县检察院对上述2起民间借贷纠纷案提请新乡市检察院抗诉。新乡市检察院提出抗诉后，新乡市中级法院指令封丘县法院再审。封丘县法院作出再审判决，撤销原审民事判决，驳回颜某广、张某的诉讼请求。封丘县法院作出了民事制裁决定书，对颜某彬罚款2万元，对张某、颜某广各罚款1万元。

在民间借贷纠纷案审查过程中，检察机关及时将监督情况及相关证据抄送主审离婚诉讼的法院，法院对任某与颜某彬的离婚诉讼依法作出二审改判，认定颜某彬在离婚诉讼中有虚构债务的行为，依据婚姻法的相关规定，决定对颜某彬在分割夫妻共同财产时予以少分。

典型案例9　吴某等申请支付令虚假诉讼监督系列案

一、基本案情

2005年1月21日，吴某向湖南省长沙市岳麓区法院申请支付令，要求湖南某大酒店有限公司给付违约金及利息共计840万元。同日，长沙市岳麓区法院根据吴某提交的支付令申请书、购房合同及湖南某大酒店有限公司向吴某出具的承诺函等，发出了支付令：湖南某大酒店有限公司应当自收到本支付令之日起15日内，给付吴某违约金及利息共计840万元。同年2月16日，吴某向长沙市岳麓区法院申请执行该支付令。同年2月20日，长沙市岳麓区法院作出裁定：冻结、划拨湖南某大酒店有限公司银行存款850万元，或扣留、提取其收入850万元，或查封、扣押、冻结其价值相应的其他财产。

2005年10月27日和2006年10月12日，湖南某交通设施工程有限公司、湖南某数码科技有限公司也分别向长沙市岳麓区法院申请支付令,要求湖南某大酒店有限公司给付欠款。长沙市岳麓区法院均发出支付令:湖南某大酒店有限公司分别给付湖南某交通设施工程有限公司欠款486.6万元,给付湖南某数码科技有限公司欠款1150.053万元。

2011年10月,长沙市检察院在查办受贿案件中发现,上述支付令案件可能存在虚假诉讼的情形,遂将线索交由长沙市岳麓区检察院审查处理。长沙市岳麓区检察院查明,2005年,湖南某投资公司意欲收购湖南某大酒店有限公司名下的大厦,在向湖南某大酒店有限公司支付了1000万元收购款后,发现该大厦消防设施不合格,收购风险太大,决定放弃收购,并要求湖南某大酒店有限公司退还已支付的收购款。为促使收购成功,湖南某大酒店有限公司法定代表人孙某授意该公司法律顾问胡某虚构事实,分别制作了吴某、湖南某交通设施工程有限公司、湖南某数码科技有限公司三方与湖南某大酒店有限公司的虚假债权债务资料,并以上述个人和公司的名义向岳麓区法院申请支付令,致使岳麓区法院错误作出3份支付令,确认前述三方对湖南某大酒店有限公司拥有虚假债权合计2400余万元,从而使湖南某投资公司误以为湖南某大酒店有限公司已经资不抵债,自己支付的1000万元收购款难以收回。迫于形势,湖南某投资公司只好继续收购该大厦。

二、监督情况及结果

长沙市岳麓区检察院向长沙市岳麓区法院发出了3份检察建议书,建议该法院撤销上述支付令。长沙市岳麓区法院收到检察建议后,裁定撤销原支付令,驳回原申请人的申请。

长沙市岳麓区检察院对吴某案、湖南某交通设施工程有限公司申请强制执行案,向长沙市岳麓区法院发出了检察建议书,建议撤销原执行裁定。长沙市岳麓区法院作出执行裁定书,撤销原执行裁定,驳回原申请执行人的申请。

典型案例11 冯某申请执行监督案

一、基本案情

山东省滨州市某煤业有限公司(以下简称煤业公司)因经营需要向冯某借款174.6万元。后经冯某多次催要,煤业公司拒不偿还。冯某遂向法院起诉。法院受理后,查封了煤业公司价值近200万元的设备及煤炭,后判决煤业公司向冯某归还借款174.6万元。煤业公司法定代表人韩某为逃避公司债务,与崔某、温某等人恶意串通,虚构借款法律关系,伪造借条,由崔某、温某等人分别向法院起诉。诉讼中,煤业公司自愿偿还借款,法院均以调解书的形式予以确认。2013年3月,崔某、温某等人通过法院的强制执行程序,将冯某已申请保全、处于查封状态的价值200万元的设备和2000吨煤炭全部非法处置。冯某向检察机关申请对法院的执行活动进行监督。

二、监督情况及结果

阳信县检察院受理冯某的申请后,调取了涉案的执行卷宗,通过阅卷发现诸多疑点:崔某、温某作为两起案件的申请执行人,在同一天申请强制执行,同一天与被执行人达成执行和解协议,内容一致;强制执行申请书的书写格式、文字表述风格雷同;被执行人自愿以明显不合理价格的财产折抵债务等。办案人员判断3人有合谋虚假诉讼的嫌疑,遂依据法定程序展开调查。调查中,韩某承认了与崔某、温某合谋虚假诉讼的事实。阳信县法院原执行二庭庭长管某在执行中没有尽到审查义务,致使未经特别授权的代理人田某与崔某、温某两人达成和解协议,崔某、温某两人将冯某申请保全的财产转移,给冯某造成了巨大损失,涉嫌职务犯罪,相关线索移送自侦查部门,经侦查又发现了其他职务犯罪。

2014年5月13日,阳信县检察院向阳信县法院发出检察建议书,要求法院对执行中的违法行为予以纠正。2014年7月11日,阳信县法院回复采纳检察建议,为冯某挽回部分损失。2014年7月、12月,阳信县检察院、滨州市检察院就该案所涉虚假调解书分别发出再审检察建议。阳信县法院、滨州市中级法院分别于2015年5月、9月采纳再审检察建议,依法裁定撤销原调解书。

2015年5月,参与虚假诉讼的韩某因犯妨害作证罪被判刑,崔某因犯帮助伪造证据罪被判刑。温某涉嫌帮助伪造证据罪一案正在审理中。2015年6月,阳信县法院原执行二庭庭长管某因犯执行判决、裁定失职罪和受贿罪、贪污罪、挪用公款罪,被判处有期徒刑十五年零八个月。

来源:《检察日报》

检察机关加强产权司法保护典型案例（节录）

2022年1月9日，最高人民检察院以"充分履行检察职能，加强产权司法保护"为主题召开新闻发布会，发布《关于充分履行检察职能加强产权司法保护的意见》，通报了近年来全国检察机关加强产权司法保护工作有关情况，并发布9起典型案例。其中，典型案例的发布彰显检察机关充分发挥惩治、预防、监督、教育、保护等各项职能作用，切实维护各类产权主体合法权益，为促进经济平稳健康发展和社会和谐稳定提供有力司法保障。

典型案例8　宁波某洁具有限公司虚假诉讼案

（一）基本案情

2007年4月19日，宁波某洁具有限公司（以下简称"某洁具公司"）起诉至四川省自贡市中级法院，请求判令被告陈某立即停止使用并撤销其在中国互联网络信息中心注册的域名，赔偿经济损失5万元。

自贡市中级法院于2007年7月25日作出判决，认定某洁具公司注册的商标属我国驰名商标，判决被告陈某立即停止使用其注册的域名，并赔偿某洁具公司经济损失5万元。

2010年10月14日，自贡市检察院以该案承办法官李某涉嫌民事枉法裁判罪决定立案侦查。在侦查过程中，自贡市检察院对该案原告某洁具公司、被告陈某以及代理人和上海乔柏律师事务所相关人员进行了调查。上述人员均承认，某洁具公司诉陈某计算机网络域名侵犯商标专用权纠纷一案是上海乔柏律师事务所与某洁具公司恶意串通故意制造的虚假诉讼案件，目的是利用司法手段为商标认定驰名商标提供便利，本案中涉及陈某侵权的相关证据均系伪造。

2014年9月28日，自贡市检察院以该案涉及虚假诉讼为由提请四川省检察院抗诉。四川省检察院于2015年1月20日向四川省高级法院提出抗诉。四川省高级法院受理该案后，指令自贡市中级法院再审。自贡市中级法院再审后支持了检察机关的抗诉理由，认定该案系虚假诉讼案件，判决驳回了该案原告的诉讼请求，并对该案原告进行了当庭训诫。

2011年11月4日，四川省威远县检察院以该案承办法官李某涉嫌民事枉法裁判罪提起公诉。2015年8月5日，威远县法院判决被告人李某构成受贿罪，免予刑事处罚。

（二）典型意义

虚假诉讼行为披着合法的外衣侵害国家、集体或第三人合法权益，扰乱了正常的诉讼秩序，严重损害了法律的公信力。本案及其余3起案件，系四川省检察机关办理的首批非法认定驰名商标案件，其中两案提出抗诉，两案提出再审检察建议。四川省检察机关反渎职侵权部门与民事行政检察部门通力配合，查实了案件当事人为通过诉讼方式达到非法获取"驰名商标"司法认定的目的，制造民事虚假诉讼的非法行为。除该案代理律师和涉案法官被追究刑事责任外，该系列案件民事部分全面获法院再审改判。检察机关依法实施民事检察监督，严厉打击了驰名商标认定领域的虚假诉讼行为，有力地维护了司法公正，保障了驰名商标认定的正常秩序。

来源：《检察日报》

最高人民法院公报案例：张某云与朱某民、田某芳第三人撤销诉讼纠纷案

【裁判摘要】

债权人提起第三人撤销之诉，主张债务人与案外人通过另行提起的虚假诉讼获取调解书，并对债务人的财产采取保全措施且不实际执行，损害债权人的合法利益。经人民法院审理，认为债务人与案外人另行提起的民事诉讼属于虚假诉讼的，对于债权人的诉讼请求应当予以支持。

原告：张某云，女，67岁，汉族，住江苏省徐州市。
被告：朱某民，男，51岁，汉族，住江苏省徐州市。
被告：田某芳，女，54岁，汉族，住江苏省徐州市。

原告张某云因与被告朱某民、田某芳发生第三人撤销之诉纠纷，向江苏省徐州市云龙区人民法院提起诉讼。

原告张某云诉称，原告在与被告田某芳借贷纠纷一案的诉讼过程中，提出了财产保全的申请，云龙区人民法院查封了田某芳名下的位于本市东吴庄7号房屋一套。该案进入执行阶段后，原告申请对查封的被执行人田某芳的房屋进行评估拍卖，法院却告知原告：该房产系轮候查封，第一顺位查封的申请人是被告朱某民。该房产不具备拍卖条件，需中止执行。此后，原告了解到朱某民与田某芳之间的借贷纠纷案件已经由云龙区人民法院调解结案，生效调解书确认田某芳欠付朱某民20万元借款及利息。基于田某芳在向执行人员陈述其与朱某民之间的借贷经过时含糊其词，吞吞吐吐，不能说明来龙去脉且落荒而逃；其向朱某民出具的借条与在执行机关的陈述相互矛盾；朱某民在调解书生效后迟迟不申请法院执行所查封的房产等事实情况，原告有理由认为朱某民和田某芳之间的借贷事实是虚假的。两被告之间的诉讼行为涉嫌虚假诉讼，并且严重损害了原告的合法权益。因此原告提起诉讼，请求撤销徐州市云龙区人民法院

389

作出的（2014）云民初字第2253号民事调解书。

被告朱某民辩称，其与被告田某芳之间的借款行为是客观真实的，有充分的证据可以证实，且证据已经在（2014）云民初字第2253号案件庭审中呈交法庭。原告张某云的诉讼请求没有事实和法律依据，应予以驳回。

被告田某芳辩称，执行法官与其谈话过程中，法官为避免其与原告张某云争吵让其先行离开，并非原告所说的落荒而逃。田某芳和被告朱某民之间的借贷行为是真实的，有相关借款的票据可以证明。如有虚假，其愿意承担一切法律责任。

徐州市云龙区人民法院一审查明：

2014年5月6日，原告张某云提起诉讼，要求被告田某芳、仝某银归还借款本息299621元。案号为（2014）云民初字第1569号。同年7月7日，被告朱某民亦提起诉讼，要求田某芳归还借款20万元及利息。该案案号为（2014）云民初字第2253号。立案后，朱某民又于7月9日提出财产保全申请，要求查封登记在田某芳名下的本市东吴庄7号和尚东花园两处房产。法院于当日作出（2014）云民初字第2253号民事裁定书，裁定查封田某芳的坐落在本市东吴庄7号房屋一套及其在本市经济开发区汉源大道尚东花园的房产。2014年7月16日，法院向协助执行单位徐州市产权处送达了（2014）云民初字第2253号民事裁定书及协助执行通知书。徐州市产权处亦履行了协助义务。2014年7月23日，张某云也向法院提出财产保全的申请：要求冻结田某芳、仝某银的银行存款29.9621万元或查封、扣押其相应价值的其他财产。法院亦于当日作出（2014）云民初字第1569号民事裁定书，裁定冻结被告田某芳、仝某银的银行存款29.9621万元或查封、扣押价值相等的其他财产，并于裁定书作出的次日向徐州市房产管理处送达了该裁定书及协助执行通知书。徐州市房产管理处亦履行了协助查封义务。朱某民与田某芳借贷纠纷一案，经法院主持调解，双方于2014年7月17日达成调解协议。协议内容为：田某芳自愿于2014年9月30日前一次性偿还朱某民借款20万元及利息（以20万元为基数自2013年6月1日起计算至给付之日，按照月息2分计算）；田某芳如到期不履行还款义务仍按照月息2分计算利息直至全部还清借款止。法院根据双方协议内容于当日作出了（2014）云民初字第2253号民事调解书，并送达双方。该案调解结案后，田某芳虽未能按照调解协议的约定履行全部还款义务，但陆续偿还了部分借款，故朱某民在短时期内未向法院申请强制执行，后于2015年11月9日才向法院申请强制执行。张某云与田某芳、仝某银借贷纠纷一案，法院经审理后于2014年7月31日作出（2014）云民初字第1569号民事判决，判决田某芳、仝某银于判决生效之日起五日内给付张某云借款本息295525元并承担诉讼和保全费用4920元。该判决生效后，田某芳和仝某银未履行还款义务，张某云遂于2014年8月26日申请法院强制执行。该案执行过程中，张某云得知朱某民已先行申请查封了田某芳的房产，而且在田某芳未向其履行还款义务的情况下，朱某民既不要求解除对房产的查封又不向法院申请强制执行。由此，张某云对朱某民和田某芳之间借贷关系的真实性产生怀疑。另外，张某云结合自己了解的朱某民和田某芳的相关情况，遂认为朱某民和田某芳系相互串通，虚构债权债务并通过虚假诉讼的方式以达到逃避法院执行的目的。此后，张某云即向法院提出撤销之诉。

另查明，（2014）云民初字第2253号案件中，朱某民向田某芳主张债权的凭据为两张借款金额均为10万元的借据，借款时间分别为2010年3月18日和2012年5月11日。一张借据的借款人为田某芳和仝某银，另一张为田某芳个人。两张借据的内容包括仝某银的签名均为田某芳书写。对于第一笔10万元借款，朱某民和田某芳均陈述系由朱某民从其银行账户中取现金交付；第二笔借款系朱某民以银行转账方式交付。朱某民在（2014）云民初字第2253号案件审理过程中，提交了其于2010年3月18日从江苏银行取款10万元的交易明细清单复印件以及2012年5月11日从农业银行向田某芳转款10万元的银行卡业务回单原件。在本案审理期间，法院至农业银行户部山支行、民富园支行，江苏银行城东支行调取了朱某民和田某芳相关账户的取款、转款和存款的交易明细单，该部分银行交易明细单印证了朱某民所提交证据的真实性，而且未发现朱某民和田某芳之间存在相同款项往返的记录。

以上事实，有原、被告双方陈述，（2014）云民初字第1569号案件及第2253号案件的卷宗材料，法院调取的朱某民在农业银行户部山支行、民富园支行及田某芳在江苏银行城东支行的银行卡交易明细单等证据证实，法院予以确认。

江苏省徐州市云龙区人民法院一审认为：

根据《中华人民共和国民事诉讼法》关于第三人撤销之诉的规定，提起撤销之诉的第三人应当提供证据证明发生法律效力的判决、裁定、调解书存在部分或全部内容错误，损害了其民事权益。否则，其诉讼请求不能成立，不应予以支持。本案中，被告朱某民与被告田某芳之间借贷行为的真实性，有借款借据及相关银行的汇款、取款凭据予以证明。本案审理过程中，法院依据职权和原告张某云的申请进一步对朱某民和田某芳的相关银行账户进行了调查，调查结果也确认了朱某民向田某芳汇款10万元及从银行取款10万元的事实，而且未发现田某芳向朱某民返还借款的记录。此外，朱某民在（2014）云民初字第2253号案件调解书生效后，因田某芳偿还了部分借款而没有及时提出强制执行的申请，并不违反常理；朱某民与田某芳的借贷案件虽然立案时间晚于原告，但申请保全在原告之前，法院对该案采取保全措施的时间也早于原告与田某芳的案件。故朱某民查封顺位居于原告之前亦属理所当然。综上，关于原告自己应当位于涉案房产查封顺序的首位以及朱某民和田某芳为躲避债务和法院的强制执行，相互串通，虚构借款事实进行虚假诉讼的主张，没有证据予以证明。在此前提下，张某云基于对某些事实的主观猜疑和错误判断而认为，（2014）云民初字第2253

号民事调解书的内容错误并请求予以撤销，法院不予支持。

据此，江苏省徐州市云龙区人民法院依照《中华人民共和国民事诉讼法》第五十六条、第六十四条之规定，于2016年7月18日作出判决：驳回原告张某云的诉讼请求。

张某云不服一审判决，向徐州市中级人民法院提起上诉称：被上诉人朱某民、田某芳之间的借贷关系是虚构的，侵害了上诉人的合法权益。从朱某民向法院提供的银行凭据是虚假的这一事实来看，被上诉人之间是一个恶意诉讼。再从一审法院调取的朱某民借款的两次取款时间记录来看，银行显示都是当天存入当天转取，显然不合常理，以此可推定被上诉人田某芳的两张借据是后补写的。显然，被上诉人之间没有借贷关系。另外，在上诉人查封田某芳的房产时，房产部门给确定的是第一顺位查封，而到拍卖时又变成了第二顺位查封。被上诉人朱某民如何变成的第一顺位查封？综上事实，上诉人请求二审人民法院依法查明事实，请求判令：（1）依法撤销一审法院的错误判决。（2）依法撤销（2014）云民初字第2253号民事调解书。（3）要求被上诉人承担全部上诉费用。

被上诉人朱某民、田某芳辩称：（1）上诉人张某云的上诉请求无事实根据和法律依据，请求二审法院驳回张某云的上诉，维持原判。（2）二人之间的借款是客观真实的，有借据和打款、取款凭证（在案卷中），这些证据是原始证据、直接证据，均能作为定案依据。（3）查封以裁定书为准，该查封合法有效。综上，驳回张某云的上诉，维持原判。

徐州市中级人民法院二审期间，当事人围绕上诉请求依法提交了证据。法院依职权调取了相关证据，组织当事人进行了证据交换和质证。

（1）对被上诉人朱某民、田某芳之间是否存在20万元借款本金的事实，上诉人张某云在二审期间，认为被上诉人在原案（2014）云民初字第2253号案中出现证明被上诉人之间存在借款本金20万元，由田某芳书写的2010年3月18日和2012年5月11日的借据是虚假的，向法院申请鉴定。司法鉴定科学技术研究所司法鉴定中心出具意见认为：无法判断2010年3月18日借据的具体形成时间，但借据上的"2012"处、"2013"处、左侧"田某芳"处、"年5月"处、右下方"田某芳"处5枚指印为一次性捺印形成，并非标称日期分别形成；无法判断2012年5月11日借据的具体形成时间及其上指印的形成时间。对此，上诉人主张两张借据均是虚假的。被上诉人主张应当鉴定借据具体形成时间，捺印时间不能说明问题。但被上诉人在该鉴定意见质证前后，对上述两张借据如何形成表述不一。朱某民向法院提交2010年3月18日其在江苏银行622866110011×××账户取款10万元的回单证据，证明借款已经交付。张某云认为该证据是虚假的。

（2）对被上诉人田某芳在借款发生后如何向被上诉人朱某民还款事实，被上诉人间陈述不一。依照《中华人民共和国民事诉讼法》第六十四条第二款规定，法院依职权调取被上诉人之间在2012年5月11日至2013年5月11日银行账户之间的往来，证明田某芳曾于2012年12月27日、2013年2月7日、2013年3月31日、2013年5月11日四次通过银行转账方式还款各6000元。上诉人主张被上诉人间还存在其他经济往来。被上诉人主张还款是真实的。

（3）对被上诉人朱某民、田某芳在达成调解协议后如何还款的事实，被上诉人对通过何种形式还款，以及还款的具体项目不清，且未提供相关转账证据支持。上诉人张某云主张该还款是虚假的，在历次审理中，被上诉人均未提出其之间如何还款之事。

（4）对被上诉人朱某民为何仅对被上诉人田某芳申请执行9.5万元事实。朱某民称达成（2014）云民初字第2253号民事调解后，田某芳已经还款20万元，9.5万元的执行标的是其大约计算的。田某芳对朱某民的陈述予以认可。上诉人张某云对此予以否认，认为是虚假诉讼。

（5）对上诉人张某云是否具备本案诉讼主体资格问题，被上诉人朱某民向法院提供（2014）云民撤初字第0005号民事裁定，证明上诉人曾经起诉，而后撤诉，张某云再行提起本案撤销之诉，已经超过法定期间，而不应当予以准许。张某云主张在（2014）云民撤初字第0005号撤回起诉，不是其真实意思表示。

对当事人争议的事实，徐州市中级人民法院认定如下：2010年3月18日，被上诉人田某芳向被上诉人朱某民出具10万元借据一份，表明借款人为田某芳、仝某银。借据约定，月息2分，每三个月付息一次6000元，借期1年，如到期不还，除按约定利息外给付违约金3万元。后田某芳在该借据上将"10"修改为"12"。此后，田某芳在该借据上标注"2013年3月18日田某芳""2014年5月18日田某芳"。田某芳分别在前述标注日期和签名处捺印。2012年5月11日，田某芳又向朱某民出具10万元借据，约定月息2分。朱某民在（2014）云民初字第2253号起诉状表述为：被告（田某芳）做生意急需用款，两次向原告（朱某民）借款20万元并约定了利息，然被告言而无信，无奈诉讼到贵院，请判处归还借款20万元及利息，诉讼费由被告承担。在该案审理中，朱某民、田某芳未对还款等履行借款约定情形进行表述。

另查明，上诉人张某云因被上诉人田某芳未履行（2014）云民初字第1569号民事判决确定的义务，向一审法院申请对田某芳、仝某银申请强制执行，执行标的为30.0445万元。一审法院因被执行人无可供执行财产，于2015年11月6日以（2014）云执字第1470号执行裁定终结本次执行。田某芳未按（2014）云民初字第2253号民事调解书履行义务，被上诉人朱某民于2015年11月9日向一审法院申请执行，申请执行标的为9.5万元。在执行过程中，朱某民于2016年5月6日向一审法院表示，田某芳有还款意向，申请人暂不对被执行人名下房产进行拍卖。该案于2016年5月6日因穷尽执行措施仍不能结案，以（2015）云执字第2314号执行裁定终结本次执行程序。

再查明，上诉人张某云曾于2014年11月14日向一审法院对被上诉人田某芳、朱某民提起撤销之诉，后于2014年12月17日撤回起诉。一审法院于2014年12月17日作出（2014）云民撤初字第0005号民事裁定，准许张某云撤回起诉。

二审其他事实与一审查明事实一致。

江苏省徐州市中级人民法院认为，本案二审的争议焦点是：（1）上诉人张某云是否具有本案撤销诉讼的主体资格；（2）上诉人张某云行使撤销诉讼权利是否超出法定期间；（3）被上诉人朱某民与田某芳之间借款本金20万元及利息的债权债务关系是否真实存在；（4）朱某民与田某芳之间达成的（2014）云民初字第2253号民事调解书是否涉虚假诉讼；（5）张某云的合法权益是否因（2014）云民初字第2253号民事调解书而受到侵害。

（1）上诉人张某云是本案的适格诉讼主体。上诉人主张其未参加被上诉人之间的（2014）云民初字第2253号诉讼，被上诉人朱某民、田某芳之间在该案达成调解协议涉及虚假诉讼，朱某民对田某芳的20万元借款本金及利息的债权为虚设债权，朱某民先行查封田某芳房产，而不申请强制执行，妨碍上诉人对田某芳的债权实现，依照《最高人民法院关于适用〈中华人民共和国民事诉讼法〉的解释》第二百九十二条规定，应当认定上诉人是本案第三人撤销之诉的适格原告主体。

（2）上诉人张某云行使第三人撤销之诉未超过法定期间。依照《最高人民法院关于适用〈中华人民共和国民事诉讼法〉的解释》第二百九十二条规定，第三人对已经发生法律效力的判决、裁定、调解书提起撤销之诉的，应当自知道或者应当知道其民事权益受到损害之日起六个月内，向作出生效判决、裁定、调解书的人民法院提出。上诉人在2014年8月26日对被上诉人田某芳申请执行后，才知道被上诉人朱某民先于其执行名义达成（2014）云民初字第2253号民事调解协议，并得知朱某民先于其对田某芳的房产采取保全措施。而后于2014年11月14日向一审法院提起第三人撤销之诉，应当认定上诉人已在法定期间内主张权利。虽然上诉人于2014年12月17日撤回起诉，但依照《最高人民法院关于适用〈中华人民共和国民事诉讼法〉的解释》第二百一十四条规定，上诉人撤回起诉后再行提起第三人撤销之诉的，符合法律规定。

（3）被上诉人朱某民与田某芳之间在原案的20万元借款本金及利息的债权债务关系不能认定为完整、真实存在。

第一，被上诉人朱某民作为债权人不在原案向原审法院提供的2010年3月18日的10万元借款本金的借据本身存在瑕疵。证据必须是真正且无瑕疵的，才能具有诉讼法上的形式证明力，然后法院才能对证据内容是否与待证事实有关等实质上的证明力进行审查判断。2010年3月18日，借据在落款部分，多次出现标注不同时间、签名字样及指模，不同于常见借据。被上诉人田某芳作为该借据的出具人，对此表述为应债权人朱某民的要求而书写，为了证明为"续用"。在鉴定意见质证前，田某芳主张该借据的落款时间及指模为"一次一按"；朱某民作为该借据的持有人对借据上的签名、落款时间及指模的形成，作出与田某芳相近似的陈述，明确其中"10"修改为"12"次为"当时按指模"，其他表述记忆不清，在鉴定意见结论为"借据上落款部位指模为一次性形成"质证后，朱某民、田某芳对此变更原先的陈述，表述为"关键的问题借据是什么时间形成的，指纹是何时按上去的都否认不了借款的真实性"。该鉴定意见虽然没有对借据的具体形成作出结论，但对借据上的大部分指模形成有明确结论。被上诉人对该鉴定意见有异议，但未提出符合《最高人民法院关于民事诉讼证据的若干规定》第二十七条规定的情形，亦未提出反证证明鉴定意见的虚假，故应当采信该鉴定意见的结论。因被上诉人分别为该借据的持有人和出具人，其对该借据的形成无法给出合理解释，故认定2010年3月18日借据具有瑕疵，不能作为定案的依据。

第二，被上诉人朱某民作为债权人在原案提起的给付之诉，缺乏债务人田某芳明确的履约情形。按照2010年3月18日和2012年5月11日借据的约定，田某芳应向朱某民支付利息及违约金，但朱某民主张借款20万元后，被上诉人作为出借人、借款人，对如何偿还借款本金、利息及违约金等债权债务关系存在的关键事项语焉不详。不论是朱某民在起诉状的表述，还是朱某民与田某芳在原案中的陈述，对借款发生后，田某芳作为债务人如何履行约定均无表述。除此之外，朱某民在原案中的诉讼请求仅表示借款20万元，亦不明确主张利息具体数额及其计算方式，而辩称"利息没法计算，就没有算利息"，让常人无法理解。

第三，原案中证据之间存在矛盾。原案作出调解的依据分别是借据、银行流水单和回单、起诉状。银行流水单和回单仅能证明存在借款20万元交付的可能性和债权债务关系成立，但并不能证明该债权债务关系的最终状态。但借据上有明确的利息约定，并有违约金的记载，与起诉状记载明显矛盾；依照《中华人民共和国民事诉讼法》第六十三条第一款规定，当事人的陈述为证据的一种。被上诉人在原案中没有还款给付之事实的陈述与借据这一书证记载相矛盾，原案调解不符合《中华人民共和国民事诉讼法》第九十三条规定。

综上，不能仅依据被上诉人朱某民曾于2010年3月18日取款10万元和2012年5月11日向被上诉人田某芳转账10万元及借据，田某芳对此自认，而认定朱某民与田某芳之间存在借款20万元及利息的完整、翔实债权债务关系。

（4）被上诉人朱某民在原案中进行虚假陈述，被上诉人田某芳进行虚伪自认，应当认定被上诉人在原案中的诉讼为虚假诉讼。依照《中华人民共和国民事诉讼法》第十三条第一款规定，民事诉讼应当遵循诚实信用原则。当事人诉讼具有诚实信用的义务，这是要求当事人在民事诉讼中不得故意违背主观认知的真实而虚伪陈述，而非要求当事人负担依客观真实陈述的义务。

第一，被上诉人朱某民在原案中进行虚假陈述。朱某民作为债权人对借款如何归还、还款是否包含利息、利息如何给付、给付期间等问题作出前后不一的陈述，其在本案诉讼中，对其前后不一的陈述，多次辩称为"记不得""记不清""时间长忘记"等。而本案在原案调解后，上诉人张某云即对原案提出异议，并多年长时间不断向原审法院及对方当事人提出异议，朱某民仅以简单"记不得""记不清"进行辩解，而未给出充实的理由，不能让常人信服。特别是，法院出示足以否定其先前陈述的原案调解协议、鉴定意见、法院依职权调查朱某民与田某芳之间的部分银行账户之间的往来后，朱某民对前述问题的答复变换陈述，没有向法院提出充实的理由和证据，来表示自己为何进行前后不一的陈述，不能认定其陈述具有真实性，因朱某民对借据形成、利息给付方式及时间这些亲身经历事实的陈述与确认的书证和鉴定意见不一，故应当认定朱某民在原案和本案中作出虚假陈述。

第二，被上诉人田某芳在原案中进行虚伪自认。田某芳作为债务人在原案中缺乏抗辩。不论是还款是否发生、还款起止时间，还是还款的具体方式等与其自身利益密切相关的事项，田某芳在原案中均无表态，仅对债权人朱某民的主张无异议。而田某芳与朱某民之间不仅存在其在二审中自认的现金还款，而且存在通过银行账户的还款，还款期间还超出田某芳的主张。当事人故意对对方不实的主张自认，不产生拘束法院的效力。原案调解以田某芳自认为基础，有失妥当。

第三，被上诉人朱某民与田某芳之间存在串骗行为。被上诉人不仅对如何归还借款、达成调解协议后如何履行该协议前后陈述不一，而且相互陈述之间存在矛盾：一方面，被上诉人在本案二审辩称仅存在现金还款事实；另一方面，共同不向法院提供其之间的银行账户之间的多笔还款，该行为不能以简单的遗忘进行辩解，应当认定为隐匿证据。在被上诉人之间的部分银行往来流水单、鉴定意见、原案调解协议出示后，被上诉人同时变换先前陈述，形成一致的陈述，该变更陈述行为应当认定为串通。除此之外，被上诉人朱某民在达成调解协议后，对于如何归还20万元及还款范围，主张2014年8月田某芳分二次还款20万元，还款包括利息、诉讼费、保全费、部分本金。田某芳对还款具体项目没有认识，对还款事实先行模糊陈述，在朱某民明确还款时间后，再行确认。田某芳先主张通过案外人苗某银行卡在银行柜台转账还款两笔各10万元，在法院要求提供其填写的银行单据时，变称为通过自动柜员机转账还款，但又无法向法院提供其已经得到银行授权可以在自动柜员机转账5万元上限进行转账的证据。故对该20万元已经还款的事实无法予以确认。

（5）上诉人张某云债权因被上诉人朱某民、田某芳在原案中行为无法正当得到实现，而受到侵害。

第一，被上诉人朱某民作为执行人先行保全而延后申请执行，影响上诉人张某云作为债权人案件的执行：朱某民对田某芳的财产先行保全后，在2014年7月17日达成调解协议，该协议约定，田某芳自愿于2014年9月30日前一次性偿还朱某民借款20万元及利息（以20万元为基数自2013年6月1日起计算至给付之日，按照月息2分计算），田某芳如到期不履行还款义务仍按照月息2分计算利息直至全部还清借款止。在履行期届满后，朱某民并没有申请强制执行，而是至2015年11月9日才向一审法院申请强制执行。张某云作为债权人于2014年8月26日向一审法院申请强制执行，因朱某民在先的保全行为而落空。

第二，被上诉人朱某民采取高保全额、低执行申请标的、不申请变更保全方式影响上诉人张某云债权的实现。朱某民以28万元的保全标的，对田某芳的两套房产进行保全，田某芳在被保全的房产中各占40%份额，而其以（2014）云民初字第2253号民事调解书为执行名义，申请执行标的为9.5万元。朱某民一方面主张该9.5万元是一个约数；另一方面又未对被保全房产申请评估拍卖，也未申请变更执行标的物，进而影响张某云对田某芳的执行。故应当认定（2014）云民初字第2253号民事调解书侵害了张某云的合法权益。

（6）对被上诉人朱某民、田某芳在原案调解和本案一审、二审程序中恶意串通提供瑕疵证据、隐匿相关证据、虚假陈述的行为，应当予以处罚。朱某民、田某芳在（2014）云民初字第2253号案和本案一审提供的朱某民与田某芳之间的2010年3月18日借条中多次变动落款时间、多次进行捺印谎称借条的真实性，隐瞒其二人之间归还借款银行转账往来、谎称归还借款本息部分事实、通过保全措施先行查封而后不申请对已保全标的物执行，妨碍权利人权利实现，并以此在原案调解中和本案一审、二审诉讼程序中进行抗辩，在不同诉讼程序中误导法官审理，拖延案件审理长达数年，妨碍权利人权利的实现，导致上诉人不断信访。对被上诉人的非法诉讼行为，由法院另行制作决定书予以处罚。

（7）原案审理法院基于被上诉人朱某民、田某芳在原案的骗取行为而作出（2014）云民初字第2253号民事调解书，有损司法公信力。徐州市云龙区人民法院基于被上诉人提供的诉讼资料，陷入错误的判断，形成有误的内心确信。法院作出的（2014）云民初字第2253号民事调解书，导致朱某民以此创设的债权，通过保全田某芳的房产，而不申请对该已经保全房产进行强制执行，妨碍上诉人张某云对田某芳债权的实现，有损司法公信力。依照《最高人民法院关于在审理经济纠纷案件中涉及经济犯罪嫌疑若干问题的规定》第十条、《最高人民法院关于防范和制裁虚假诉讼的指导意见》第十二条的规定，本案涉及犯罪嫌疑的线索、材料移送有关公安机关、检察机关查处。

综上，原审判决认定事实不清，适用法律错误，上诉人张某云的上诉请求成立，原调解书存在虚假诉讼的情形，侵害上诉人的利益，依法应予改判。据此，江苏省徐州市中级人民法院依照《中华人民共和国民法通则》第五十五条第二项、第五十八条第一款第四项，《中华人民共和国民事诉讼法》第一百一十二条、第一百七十条第一款第二项，《最高人民法院关于适用〈中华人民共和国民事诉讼法〉的解释》第一百九十条第二款、第二百九十二条、第三百条第一款第一项规定，于2017年8月2日作出判决：撤销江苏省徐州市云龙区人民法院（2016）苏0303民撤1号民事判决；撤销江苏省徐州市云龙区人民法院（2014）云民初字第2253号民事调解书；驳回被上诉人朱某民对被上诉人田某芳归还借款20万元及利息的诉讼请求。

二审案件受理费2300元、鉴定费6600元均由被上诉人朱某民负担。

本判决为终审判决。

来源：最高人民法院

最高人民法院公报案例：赵某诉项某敏、何某琴民间借贷纠纷案

【裁判摘要】

（1）夫妻一方具有和第三人恶意串通、通过虚假诉讼虚构婚内债务嫌疑的，该夫妻一方单方自认债务，并不必然免除"出借人"对借贷关系成立并生效的事实应承担的举证责任。

（2）借款人配偶未参加诉讼且出借人及借款人均未明确表示放弃该配偶可能承担的债务份额的，为查明案件事实，应依法追加与案件审理结果具有利害关系的借款人配偶作为第三人参加诉讼，以形成实质性的对抗。

（3）出借人仅提供借据佐证借贷关系的，应深入调查辅助性事实以判断借贷合意的真实性，如举债的必要性、款项用途的合理性等。出借人无法提供证据证明借款交付事实的，应综合考虑出借人的经济状况、资金来源、交付方式、在场见证人等因素判断当事人陈述的可信度。对于大额借款仅有借据而无任何交付凭证、当事人陈述有重大疑点或矛盾之处的，应依据证据规则认定出借人未完成举证义务，判决驳回其诉讼请求。

原告：赵某，男，45岁，汉族，住上海市长宁区水城路。

被告：项某敏，男，44岁，汉族，户籍地：浙江省仙居县朱溪镇，住上海市长宁区虹古路。

被告：何某琴，女，39岁，汉族，户籍地：浙江省仙居县朱溪镇，住上海市长宁区虹古路。

原告赵某因与被告项某敏、何某琴发生民间借贷纠纷，向上海市长宁区人民法院提起诉讼。

原告赵某诉称：原告与被告项某敏系朋友关系。2007年7月20日，项某敏以装修房

屋为由向赵某借款人民币20万元，双方约定以年利率5%计息，期限为两年。当日，原告从家中保险柜中取出现金20万元，步行至项某敏经营的干洗店内向其交付借款，项某敏当场出具借条。2009年7月23日，项某敏在原告的催讨下支付利息2万元，并请求延长借款期限两年。2011年7月27日，原告再次向项某敏催讨借款，但其仍未能还款。原告认为，因本案借款系项某敏向其所借，借条和催款通知单亦由项某敏签名确认，故其仅起诉项某敏。至于被告何某琴是否应当承担共同还款责任，其不予表态。请求法院判令项某敏归还借款20万元，并以20万元为本金，支付自2009年7月23日起至判决生效之日止按照年利率5%计算的利息。

被告项某敏辩称：对原告赵某诉称的事实均无异议，但其目前无力归还借款。至于涉案借款的用途，其中10万元借款用于装修两被告名下房屋，另外10万元于2007年8月2日用于提前偿还购买该房屋时的银行贷款。因此，涉案借款是夫妻共同债务，应由两被告共同偿还。

被告何某琴辩称：首先，原告赵某主张的借款事实不存在。两被告在2007年期间自有资金非常充裕，无举债之必要。原告提供的借条是项某敏事后伪造的，何某琴原已申请对该借条的实际形成时间进行鉴定，但因不具备鉴定条件而无法进行。且原告当时并不具备出借20万元的经济能力，其也未提供任何借款交付证据。其次，何某琴对原告主张的借款始终不知情。两被告于2009年6月18日签订协议书，约定对外债务任何一方不确认则不成立。故该笔借款即使存在，也应当是项某敏的个人债务。最后，两被告于2005年9月20日结婚，2010年7月开始分居。何某琴曾分别于2010年8月25日、2011年5月12日向法院提起离婚诉讼。在这两次诉讼中，项某敏均未提及本案借款。目前，两被告的第三次离婚诉讼已在审理中。然而，除本案系争债务以外，另有两位债权人突然诉至法院要求归还借款。显然，本案是原告和项某敏通过恶意串通、企图转移财产的虚假诉讼，应追究两人的法律责任。

上海市长宁区人民法院经审理查明：

原告赵某与被告项某敏系朋友关系，两被告系夫妻关系，于2005年9月20日登记结婚。项某敏向原告出具落款日期为2007年7月20日的借条一张，载明，"今我项某敏向赵某借人民币200000元正（贰拾万元正），于2009年7月20日前归还，利息按5%计算"，落款处由项某敏以借款人身份签名。后原告书写一份催款通知单，载明，"今项某敏向赵某借款（贰拾万元正），于2009年7月20日前归还，但已超过期限，至今没还，特此向项某敏催讨借款"，落款日期为2009年7月23日。项某敏在该份催款通知单上加注："我知道，因经营不善无钱归还，恳求延长两年，利息照旧。"此后，原告再次书写一份催款通知单，载明，"今项某敏借赵某贰拾万元正，经多次催款至今没还，特此向项某敏再次催讨借款及利息"，落款日期为2011年7月27日。项某敏则在该份催款通知单上加注,"因经营不善无钱归还,恳求延长两年,利息照旧",并签署其姓名。

另查明,2007年7月19日,被告项某敏名下账号为1001×××××××××3366的中国工商银行账户内余额为167545.34元。2007年8月2日,项某敏自上述银行账户内支取100000元。当日,项某敏向中国建设银行偿还个人购房贷款100000元。

再查明,2009年6月18日,两被告签署协议书一份,确认双方生意经营、房产状况、房屋贷款等事宜,未涉及本案系争借款。双方同时约定"其他债务事宜,双方任何一方不确认则不成立"。2010年7月,两被告开始分居。2010年9月28日、2011年6月1日,何某琴分别起诉至上海市长宁区人民法院,要求与项某敏离婚。上述两案诉讼过程中,项某敏均未提及本案系争借款,后该两次离婚诉讼均经调解不予离婚。2012年8月31日,何某琴第三次起诉要求与项某敏离婚,目前该案正在审理中。

上述事实,有原告赵某提供的落款日期为2007年7月20日的借条、2009年7月23日的催款通知单、2011年7月27日的催款通知单,被告项某敏提供的中国建设银行个人贷款还款凭证,被告何某琴提供的2009年6月18日两被告签署的协议书、2010年10月13日法院调解笔录、2011年6月1日法院调解笔录,上海市长宁区人民法院依职权调取的被告项某敏名下账号为1001×××××××××2009的中国工商银行账户交易明细以及双方当事人的当庭陈述在案佐证,足以认定。

本案的争议焦点为:原告赵某与被告项某敏之间的借贷关系是否成立并生效以及在此前提之下被告何某琴是否负有还款义务。

上海市长宁区人民法院一审认为:根据民事诉讼证据规则,在合同纠纷案件中,主张合同关系成立并生效的一方当事人对合同订立和生效的事实承担举证责任。同时,根据《中华人民共和国合同法》①规定,自然人之间的借款合同,自贷款人提供借款时生效。故原告赵某主张其与被告项某敏之间存在有效的借款合同关系,其应就双方之间存在借款的合意以及涉案借款已实际交付的事实承担举证责任。现原告提供借条意在证明其与项某敏之间存在借款的合意。关于借款交付,赵某主张因其无使用银行卡的习惯,故家中常年放置大量现金,20万元系以现金形式一次性交付给项某敏。对于原告的上述主张,被告项某敏均表示认可,并称其收到借款后同样以现金形式存放,并于2007年8月2日以其中的10万元提前归还房屋贷款。被告何某琴则明确否认涉案借款的真实性。

本案中,首先,原告赵某虽表示向被告项某敏主张还款,但项某敏辩称涉案借款用于两被告夫妻共同生活,应由两被告共同偿还。事实上,经法院调查,在两被告

---

① 《中华人民共和国合同法》在2021年1月1日《中华人民共和国民法典》施行后废止。

的第三次离婚诉讼中，项某敏也始终将本案借款作为夫妻共同债务要求何某琴承担相应的还款责任。基于本案处理结果与何某琴有法律上的利害关系，法院依法将其追加为第三人参加诉讼。后因项某敏的上述抗辩，原告申请追加何某琴为被告。在此过程中，原告及项某敏一再反对何某琴参加本案诉讼，不仅缺乏法律依据，还有违常理。何某琴作为本案被告以及利害关系人，当然有权就系争借款陈述意见并提出抗辩主张。

其次，基于两被告目前的婚姻状况以及利益冲突，被告项某敏对系争借款的认可，显然亦不能当然地产生两被告自认债务的法律效果。并且，项某敏称其于2007年8月2日用涉案借款中的10万元提前归还房贷。然而，经法院依职权调查，项某敏银行交易记录却显示当天有10万元存款从其名下银行账户支取，与其归还的银行贷款在时间、金额上具有对应性。此外，项某敏银行账户在同期存有10余万元存款，其购房银行贷款也享有利率的七折优惠，再以5%的年利率向他人借款用以冲抵该银行贷款，缺乏必要性和合理性。本案于2013年3月7日开庭时，项某敏经法院合法传唤明确表示拒绝到庭。上述事实和行为足以对项某敏相关陈述的真实性产生怀疑。故基于以上原因，原告赵某仍需就其与项某敏之间借贷关系成立并生效的事实，承担相应的举证义务。

最后，原告赵某自述其名下有多套房产，且从事经营活动，故其具有相应的现金出借能力。但其亦表示向被告项某敏出借20万元时，其本人因购房负担着巨额银行贷款。为此，法院给予原告合理的举证期限，要求其提供相应的证据证明其资产状况和现金出借能力，并释明逾期举证的法律后果。嗣后，原告明确表示拒绝提供相应的证据。法院认为，原告明确表示放弃继续举证权利，而其提供的现有证据亦并未能证明涉案借款的交付事实以及原告本人的资金出借能力，其陈述的借款过程亦不符合常理，故应承担举证不能的法律后果。对于原告的诉讼请求，法院依法不予支持。至于项某敏个人对涉案借款的认可，因其与原告之间对此并无争议，其可自行向原告清偿，法院对此不予处理。

据此，依照《中华人民共和国合同法》第一百九十六条、第二百一十条，《中华人民共和国民事诉讼法》第一百四十四条，《最高人民法院关于民事诉讼证据的若干规定》第二条、第五条之规定，上海市长宁区人民法院于2013年4月19日判决如下：驳回原告赵某的全部诉讼请求。

案件受理费人民币4300元，由原告赵某负担。

一审判决后，双方均未提起上诉，该判决已经发生法律效力。

来源：《最高人民法院公报》

江苏检察机关对虚假公证债权文书及其执行裁定实施监督（节录）

2021年12月14日，江苏省人民检察院发布民事审判和民事执行监督工作情况，通报8起典型案例。

典型案例八　检察机关对虚假公证债权文书及其执行裁定实施监督
一、基本案情

为转移N公司的财产逃避债务，李某某与N公司签订虚假的《还款协议》，并在某公证处对该协议进行虚假公证。李某某持该具有强制执行效力的虚假公证债权文书向法院申请强制执行N公司2800余万元。因N公司对第三人A公司、B公司享有到期债权，某区法院以虚假公证债权文书为执行依据，裁定查封第三人的土地和房屋。

二、检察履职情况

调查核实。检察机关在办理尚某某等人黑恶势力犯罪案件过程中，发现了本案监督线索。经调阅民事卷宗发现，李某某曾对民间借贷提起民事诉讼，经法院释明主动撤诉后，又对《还款协议》进行公证。检察机关遂对李某某基本情况、社会关系以及银行流水进行调查，发现李某某已年逾七十，系N公司实际控制人尚某某的岳母，无固定收入来源，且并无明显的家庭矛盾。经调阅刑事卷宗发现，N公司总经理胡某向公安机关供述，双方并不存在协议中约定的借贷关系，签署协议的目的是转移N公司的资产，从而逃避债务。

监督意见。检察机关向某公证处发出检察建议，指出李某某与N公司伪造债权债务凭证，虚构借款事实，滥用公证程序和民事诉讼程序，意图转移财产，债权公证文书和执行裁定确有错误，建议依法撤销公证文书。某公证处撤销公证文书后，某区检察院向法院发出执行监督检察建议，建议不予执行公证债权文书。

监督结果。法院采纳检察建议，裁定不予执行公证债权文书。2021年7月，法院依法判决尚某某等人构成虚假诉讼罪。

三、典型意义

检察机关根据民事诉讼法和民事诉讼监督规则的有关规定，对仲裁裁决、公证债权文书等非诉执行活动负有法律监督职责。实践中，一些当事人为实现转移财产、逃避债务的目的，伪造证据、虚构事实骗取公证机构出具虚假公证债权文书，申请法院强制执行。检察机关通过调查核实，查清各方之间利害关系，对虚假公证债权文书及其执行裁定进行监督，助力维护司法秩序和社会诚信。

来源：江苏检察在线

江苏省法院发布审判监督十大典型案例（节录）

审判监督制度既是中国特色社会主义司法制度的重要组成部分，也是人民法院依法纠错、维护裁判权威的重要制度设计。近年来，江苏省法院始终坚持"实事求是、有错必纠"的审判监督理念，充分发挥审判职能作用，依法纠正了一批错误案件，对多名被告人再审宣告无罪，为保障人权、维护公正、保护产权、促进发展作出了积极贡献。

此次选取在依法纠错、维护裁判权威方面具有典型意义的10件案例，展示江苏省法院近年来审判监督工作成果，通过个案的再审纠正实现良法善治，努力让人民群众在每一个司法案件中感受到公平正义。

典型案例

案例七　双方当事人恶意串通、虚假诉讼损害集体利益，再审判决驳回原告诉讼请求并对其依法制裁

一、基本案情

2018年7月4日，原告巩某起诉称，其于1993年4月到淮安市某公司工作，但该公司常年不支付加班费、年休假工资等费用，请求判令公司支付加班费、经济补偿金、年休假工资、未缴纳社保费用、住房公积金费用、垫付的卫生费、土地补偿安置费共计48.6626万元。被告淮安市某公司认可原告在其处工作，也存在常年加班和未休年休假的事实。

二、裁判结果

一审法院认为，原告于1993年4月到被告公司工作，双方之间劳动关系依法成立。被告对原告主张的加班工资、经济补偿金、年休假工资以及垫付的卫生费不持异议，予以确认。原告主张的未缴纳社保费用、住房公积金费用、土地补偿安置费不属于劳动争议案件受理范围，不予理涉。据此，判决淮安市某公司支付加班工资、经济补偿

金、年休假工资以及垫付的卫生费合计29.2626万元。判决后双方均未上诉。

淮安市某公司更换管理人员后,发现本案损害公司利益,遂申请再审,主张原告巩某与其不存在劳动关系,从未在其公司工作,一审判决其支付加班工资、经济补偿金等缺乏事实和法律依据。法院再审查明,巩某自1994年起在机场村的集体企业东湖农工商公司担任业务员,2004年双方解除劳动关系。自1996年起至2017年退休,巩某一直在机场村委会及村党支部任职。而淮安市某公司系机场村2010年3月10日出资成立,仅为包括巩某在内的机场村委会工作人员缴纳社保,并未实际经营,巩某未在该公司担任任何职务和从事任何事务。因此,巩某与该公司不存在真实劳动关系,其起诉主张加班费等无事实和法律依据,遂判决撤销一审判决,驳回巩某的诉讼请求。同时,对原被告双方恶意串通,通过建立虚假劳动关系并诉讼主张加班费、经济补偿金等费用,意图侵吞集体企业资产的行为,予以司法制裁,分别对原告巩某罚款1万元、被告淮安市某公司罚款5万元,并将相关犯罪线索移送公安机关。

三、典型意义

近年来,江苏省相继出现通过劳动争议虚假诉讼侵犯他人合法权益的案件。本案再审改判对于依法惩治和严厉打击此类违法行为,具有较强的示范意义。再审判决透过被告自认原告全部诉求等不合理现象,从被告公司成立时间和实际经营情况等细节入手,认定本案构成虚假诉讼,依法纠正错误裁判,改判驳回原告诉讼请求,并对原被告恶意串通侵害集体利益的行为予以司法制裁。同时,进一步延伸审判监督职能,针对当事人和诉讼代理人的不当行为,分别向区管委会、市司法局发出司法建议,进一步规范诉讼参与人的诉讼行为,多措并举严厉打击虚假诉讼行为。

来源:江苏省高级人民法院

江苏省检察机关民事虚假诉讼监督典型案例

案例1 "掏空"医院的假官司
江苏扬州：两级院联动，破获一起巨额虚假诉讼窝案

一家刚刚建成的医院，尚未投入使用，便被众多债权人起诉，累计债权18笔，债务数额超2亿元。经扬州市两级检察机关密切跟踪监督、深挖彻查，揭露了民间借贷纠纷里暗藏的4起虚假诉讼案，涉案总金额高达6000多万元。2016年9月至2017年8月，扬州市中级人民法院先后对扬州市检察院提出的这4起再审检察建议案件作出再审判决，均驳回原告诉讼请求，这宗虚假诉讼窝案终于迎来了"拨乱反正"。江苏省人民检察院检察长刘华对此点赞：监督有力！

新建医院负债2亿元，债主怀疑有假举报

扬州市运河北路上，一片楼宇已经初见规模。按照公示牌上的规划，这里应该是一家二甲医院，为广陵新城周边十余万群众提供医疗服务。然而，这片大楼却一直空空如也，与周边热闹的街市极不搭调，其中缘由还要从几年前说起。

21世纪最初10年，我国民营医院快速发展，陈某晴也不甘人后，拉来大学同学丁某和自家兄弟陈某林，雄心勃勃地要建一家二甲医院，并将其命名为扬州市广陵区甲医院。但在支付拆迁成本和土地租金后，他们手上的1300多万元已告罄，只能另寻新的投资人。这时，他们遇到了王某华。经过一番讨价还价，双方终于达成合作意向，王某华愿意出资4000万元收购医院50%股份。由于手头资金不多，王某华便以甲医院作为担保，向一个叫刘某波的老板借款3000多万元，陆续投入甲医院的建设中。

2013年底，甲医院大楼初具规模。然而，王某华尚未来得及办理股权变更取得医院控制权，就因涉嫌刑事犯罪被刑事拘留。2014年初，院长丁某也突然"人间蒸发"。

刘某波眼看自己的3000多万元就要打水漂，于是把王某华和甲医院共同告上法庭。法院判决甲医院偿还刘某波借款本息4600余万元。

孰料，进入执行程序后，刘某波才得知，2014年至2015年，甲医院被众多债权人

起诉，累计申报债权人14人，债权18笔，数额超过2亿元。债务官司加上法人代表失踪，甲医院恰如多米诺骨牌轰然倒塌。而甲医院仅剩下一栋空楼可被拍卖，却只拍得6000多万元执行款，属于严重"资不抵债"。

一家医院初建成还未运营，怎么会欠下2亿多元债务？刘某波怀疑有人趁机浑水摸鱼，打假官司，遂向检察机关控告举报："甲医院2亿多元债务里有假！"

两级院联动，剥茧抽丝揭开虚假诉讼面纱

2015年底，扬州检察机关收到刘某波的举报后，立即启动虚假诉讼上下一体化办案机制。由扬州市检察院统筹把关，联合广陵区检察院展开初步调查，调阅了以甲医院为被告的全部案件材料，发现其中疑点重重：一家刚建成的医院，尚未投入使用，如何欠下2亿多元债务？

经查，这些案件共有10多起，案由多是民间借贷纠纷。经过仔细梳理，承办检察官发现，其中有4起案件较为可疑，起诉标的少则600多万元，多则3000多万元，但原被告双方均是当庭达成调解协议。

其中，涉案3000多万元的案件原告为陈某红，定居在美国。她诉称，甲医院多次向其借款，逾期不还，并向法庭提交了27张借条及对应的36笔银行缴款凭证，以证明甲医院共向她借款3000多万元。

在审查该案卷宗时，检察官发现其中颇有蹊跷：原来，陈某红并非外人，而是甲医院两名股东——陈某晴、陈某林两兄弟（以下简称陈氏兄弟）的亲姐姐，该案在审理期间，陈某红并未出庭，而是委托其另一个弟弟全权代理，甲医院的诉讼代理人则是该医院总账会计阮某波。从庭审笔录来看，原被告双方在法庭上，一派和气，并当庭达成调解协议。

最奇怪的是，27张借条模板不仅雷同，而且钱款去向并非甲医院公有账户，而是陈氏兄弟个人账户。这就意味着，这些债务很有可能是陈氏兄弟与陈某红的个人债务，而非甲医院的债务。

为了查清这些账目问题，检察官跑遍了案件涉及的所有银行，结果发现，案涉资金大多数是"一日游"，即刚汇入陈氏兄弟账户后，一两天内就被转入陈某红账户。2012年11月15日，陈某红将600多万元汇入陈氏兄弟账户后，当天便"原路返回"。

掌握这些疑点后，承办检察官认为，该案很可能是一桩精心策划的假官司，遂决定与甲医院的涉案人员展开正面交锋。

敲山震虎，三天挖出6000多万元虚假债务

"深入调查后我们发现，借贷纠纷、调解结案、原被告属于亲戚关系，虚假诉讼案件的这些典型特征，在这起案件中都得到了淋漓尽致的体现。"扬州市检察院第五检察部负责人介绍，"由于两级院领导高度重视，投入了较大的检察力量，所以前期调查相当扎实,案件突破很快,仅仅花了三天时间。"

第一天,承办检察官首先找来甲医院的会计兼诉讼代理人阮某波,就掌握的陈某红与陈氏兄弟的关系、借款资金流向等事实连续发问,彻底击垮了阮某波的心理防线。阮某波承认,为了挽回甲医院投资失败的损失,他在上司——陈氏兄弟的指使下,伪造、变造借条、账目等,配合原告方进行虚假诉讼。阮某波随即被公安机关拘留。

第二天,承办检察官正面接触陈氏兄弟。面对铁证和阮某波指证的事实,陈氏兄弟不得不交代,筹建甲医院失败后,他们眼看多年的积蓄全部打水漂,心有不甘,为了挽回损失,他们想到了找人打假官司。但两人交代,仅与陈某红的借贷纠纷案系假官司,其他债务关系均是真实的。

果真如此吗?将陈氏兄弟移送公安机关后,检察官想起了甲医院另外几起可疑案件,无论是证据还是调解过程,几乎和陈某红案是同一个"套路"。

第三天,为探虚实,承办检察官决定"敲山震虎",遂追问陈氏兄弟:"顾某、刘某的案件呢?你不想把这些事说清楚吗?"陈氏兄弟一听大惊失色,以为全部被识破,因此,乖乖低头认罪,并交代了犯罪事实。原来,顾某和刘某是陈氏兄弟的同学,也是债主。2012年底,甲医院被多名债主起诉后,顾某、刘某也开始向陈氏兄弟要债。陈氏兄弟便开出了一个条件:只有两人去法院起诉甲医院,才能拿回借款。后顾某、刘某便拿着陈氏兄弟捏造的借条等"证据",到法院起诉甲医院,这两起案件的涉案执行标的分别为813万元、823万元。

此后,检察官又引导公安机关继续固定证据,锁定了陈氏兄弟、阮某波等人涉嫌刑事犯罪的证据链条,并挖出了第四起赵某虚假诉讼案,涉案金额600万元。

至此,扬州市检察机关通过一条举报线索,共挖出4起虚假诉讼案,涉案金额合计6000多万元,检察机关还向公安机关移送了相关人员的犯罪线索。

刑民协作,打造虚假诉讼查处"扬州模式"

2016年4月至9月,扬州市检察院就四起虚假诉讼骗取的民事调解书向扬州中院提出4份再审检察建议,认为这4起案件双方当事人以虚构法律关系、捏造事实、伪造证据等欺诈手段,骗取生效民事调解书,损害了国家利益和社会公共利益。同时,为防止扬州广陵区甲医院6000多万元的执行款分配错误,向扬州市中级人民法院提出4份中止执行的检察建议。

扬州市中级人民法院对4份中止执行检察建议及时采纳、中止执行,并于2016年9月至2017年8月,先后对该4件虚假诉讼案件予以再审,驳回原告诉讼请求。案外合法债权人利益得到了维护。2018年8月,陈氏兄弟和阮某波被法院分别以妨害作证罪和帮助伪造证据罪,判处有期徒刑。

扬州市检察机关不仅个案查处有力，还加强机制探索。"虚假诉讼往往民、刑法律问题交织在一起，存在取证难、查处难等问题。"扬州市检察院第五检察部负责人说道，"甲医院案的成功办理，探索了检察机关与公安机关协作办理虚假诉讼监督案件的全新模式。"

2017年、2018年，扬州市检察院、广陵区检察院分别与公安机关会签《关于加强虚假诉讼查处中民事检察与刑事侦查协作配合的意见》，规定了检、公在虚假诉讼的调查核实、当事人信息查询、刑事犯罪移送等方面的协作流程，有效破解监督难题，打造虚假诉讼查处的"扬州模式"，该模式得到省委政法委、最高检民事检察部门的认可。

案例2 企业破产，凭空冒出一批"债主"
江苏启东：查办 1.1 亿余元企业破产领域虚假债权

在纷繁凌乱的账册中日夜搜索，从千万条线索中寻求突破，过亿元的虚假银行流水账浮出水面；南来北往长途跋涉，千辛万苦四处奔波，伪造债权的关键证据被牢牢锁定；多方配合、协同作战，14份虚假诉讼的生效裁判得以撤销，18名始作俑者受到制裁；深入研究发案规律，打造两个机制一个平台，为查办虚假诉讼案件提供"启东样本"。

企业破产，周边群众人心惶惶

"什么？镇上的房地产公司要破产了！那我们的房子咋办，我们的血汗钱咋办！"2014年下半年，崔某甲的房地产公司申请破产，在建的商品房烂尾了，不少群众支付的认筹金和挂念的新住房也没了着落，这在当地小镇上掀起了轩然大波，受牵连的群众寝食难安。

2009年前后，崔某甲及其名下的房地产公司在启东市吕四港镇拍得一块土地用于商品房建设，但由于资金不足，需要通过抵押土地借贷、提前认筹、借高利贷等方式多方筹措。当时正处于房地产行业快速发展、房价持续上升的时期，周边的企业、群众也都十分看好房地产开发，愿意借钱给他或是垫付资金。但崔某甲的公司在运营中最终资金链断裂，资不抵债，面临破产，债权人群体涉及138名个人、31家民营企业，债务总金额高达数亿元。

"好好的房地产企业，怎么会就这样破产呢？"绝大多数债权人都产生了这样的疑问。在破产清算中，有人发现当地知名的专职高利贷人士也在申报债权，且申报债权金额远超他人，这引起了债权人群体的强烈怀疑。但是上述债权有法院生效调解书作为申报依据，破产管理人也无可奈何，部分债权人不断上访要求政府彻查，引发巨大信访矛盾，严重困扰着当地政府。

检察介入,细致查访掌握证据

"检察机关是法律监督机关,对于错误的生效法律文书,肯定有办法。"深陷在此事中的干部群众想到具有虚假诉讼监督职能的检察机关。2017年初,吕四港镇镇长带着相关信访材料来检察院寻求帮助,该虚假诉讼系列案进入检察监督的视野。

"几十万元、几百万元的案件,双方当事人没有争议,当天起诉,当天调解,借款不给借款人本人,而是在借条中指定交给案外人,这里面肯定有猫腻。"在第一时间调阅相关案件卷宗后,承办检察官得出这样的判断,"借条可能有假,但是资金往来假不了,资金必有来源和去向,要细查严查。"于是检察官就和庞杂的资金流水较上了劲。

"这笔资金进入了银行公用结算账户,看不到下家","这笔资金提现了,去向不明","这个账户的开户行在山西"。过亿元的银行流水调查起来困难重重,尤其是部分当事人拥有多家银行的账户,相互转账,资金往来格外频繁,甚至在同一家银行开设多个账户或者借用亲友名义开设账户,更是增加了查办难度。"刘某乙在这家银行还有另一个账户,当年在用,现在已经销号了,再去银行调记录。""另一个人的账户有笔现金入账,时间在提现的一分钟后,金额、营业网点全都对,就是那笔钱款的下家。""发现一个新的异常转账记录,核查一下是否也申报了债权,是否经过诉讼。"经过一个多月艰难的调查取证,检察官走访了省内外10余家银行查询了50多个银行账户的历史交易明细并反复比对,最终掌握了涉案当事人利用同一笔资金循环转账制造大额资金交付假象,向法院提供的转账凭条指明的借款并未实际交付的关键证据。

多方协作,揭破虚假诉讼阴谋

由于案件在当地影响较大,启东市人民检察院在掌握书面证据后,第一时间向南通市人民检察院和启东市委、纪委汇报案件情况。在上级院的指导和地方党委的支持下,在纪委和公安机关的协助下,启东市人民检察院统筹安排抽调精干力量成立联合办案组继续深入调查。为了防止案件当事人串供,办案人员分为5组同时行动,其中内部4组同时与崔某甲等4名核心人员谈话,快速拆掉其攻守同盟,还原事件本来面貌。外围组则根据内部询问小组的反馈情况取证核实,对王某丙等14名原告逐一询问。经过5组人员的相互反馈、紧密衔接调查询问,短时间内固定了所有涉案人员的言辞证据,锁定全案证据链。

经调查查明,在2013年初,崔某甲名下的房产已经陷入困境,面临破产。刘某乙等3人为了使自身的高利贷利息能够在破产债权分配中享有合法地位,与崔某甲串通谋划,以14名亲友的名义制作了借条,并通过同一笔资金多次循环转账方式,制造支付大额借款的假象,为了防止资金在中转时被冻结,这些资金甚至连"借款人"的账户

411

都没有经过，最终以虚假诉讼的方式骗取法院生效调解书申报虚假债权。

依法严惩，捍卫社会公平正义

2017年3月，启东市人民检察院对涉案13件生效民事调解书，向启东市人民法院提出再审检察建议并要求对涉案人员进行司法处罚；此外，将应由上级院管辖的1件案件线索移送至南通市人民检察院，南通市人民检察院以此向南通市中级人民法院提出再审检察建议。2017年底，南通市中级人民法院和启东市人民法院分别作出再审判决：判决全部撤销涉案14份民事调解书，并对18名涉案人员及房地产公司罚款合计129万元，且对其中的7名主要人员进行司法拘留。

"看到那些不法分子被处罚，真是大快人心。感谢检察官为我们伸张正义，减少损失，我们有了新的希望。"在法院对涉案人员公开宣告司法处罚决定的现场，一位债权人如是说。启东检察人更以成功办理该案为契机，深入研究发案规律，探索创设办案样本，建立了"法院破产清算案件常态化参与机制"和"企业破产清算单位的常态化联络机制"，打造了"检察机关查处虚假诉讼涉嫌刑事犯罪案件移送公安机关"平台，聚合公、检、法以及破产管理人的力量，形成了多元化的监督模式，为维护人民群众合法权益、捍卫社会公平正义、促进经济社会健康发展起到了强有力的司法保障作用，充分体现了检察机关服务大局和保障民生的应有之义。

"虚假诉讼就是利用司法公信力掩盖违法行为，想方设法钻法律的漏洞。虽然国家的法律法规金融政策在不断完善填补漏洞，但打击虚假诉讼这根弦决不能放松，一旦被不法分子得逞，不仅是对他人合法权益的侵害，也是对司法权威的挑衅。"启东市人民检察院检察长陈新建说，"打击虚假诉讼、捍卫公平正义，检察机关义不容辞。"

案例3　巨额财产纠纷从开庭到执结仅用8天？
扬中检察"刑民联动"，揭开2000万元虚假诉讼窝案

"本以为这笔钱要不回来了，多亏检察机关伸张正义……"一起虚假诉讼案件的受害者把一面写着"公正执法、匡扶正义"的锦旗送到江苏省扬中市检察院承办检察官手中。就在此前，该受害者收到了230万元债权的最后一笔分期还款。

800万元拆迁款被移花接木

2018年1月，扬中市检察院接到一封匿名举报信称：扬中某KTV总经理曹某某欠多人债务，债权人申请了强制执行。2017年初，该KTV拆迁，800多万元拆迁款却被一次性强制执行给他人。举报人认为此案有"猫腻"。

这封匿名举报信瞬间触及了办案检察官的敏感神经，经初步调查发现，2017年6月，无业人员孙某诉至法院，要求镇江某公司法定代表人曹某偿还1156万元借款。在法院审理中，被告曹某对一张打印的结账凭证——也是该案仅有的证据载明的巨额借

款无任何异议。双方很快调解结案,并顺利完成执行。而案件中的被告曹某,正是举报信中提到的曹某某的父亲!

涉及上千万元的借贷纠纷,从开庭到执行完毕仅用8天!这样麻利的操作手段,办案检察官意识到:"这很有可能是一起虚假诉讼!"于是承办检察官立即向院领导汇报,在院领导的高度重视下,迅速立案调查。这一查,竟然查出了3起涉案总金额高达2000余万元的虚假诉讼串案。

随机应变,多方调查寻找案件突破口

因案件涉及被害人众多,涉案金额巨大,为顺利突破、精准监督,扬中市检察院组织精兵强将,成立专案组,迅速找到案件关键当事人——曹某和孙某,准备通过分开询问的方式,从二人的陈述中查找漏洞,寻找突破口。但实际办案过程一波三折,孙某接受询问时拒绝配合,要么推托有事没时间,要么不接电话,要么谎话连篇瞎说一通;而曹某已是年近花甲的老人,面对检察官的询问,曹某竟对这起巨额民间借贷一无所知,公司具体事务及KTV都是其儿子曹某某一手经营。

鉴于曹某和被举报的曹某某是父子、曹某某和孙某又是好友兼亲戚,他们很有可能早已商定好说辞,检察官随机应变、调整策略,前往银行调取曹某和孙某个人名下的银行账户和"结账凭证"所记载借款期间内所有银行流水,核查二人及涉案公司之间的资金往来,并调取涉案公司账册凭证,向公司相关人员了解情况等,最终查明曹某及涉案公司和孙某之间并无资金往来。这就意味着曹某和孙某之间1156万元的巨额借贷全是现金交易,这不符合正常交易习惯。通过继续查询孙某的银行流水,发现孙某收到执行案款后,将其中的639.6万元转入案外人丁某的账户,而丁某又分多次转给了他人。

经进一步查证,丁某原来是曹某某控制的手下人员。在曹某某的指示下,这笔执行款辗转通过孙某、丁某,最终由曹某某支配使用。

随着一个个暗仓浮出水面,检察官再次找孙某、曹某某核查时,二人却离奇"失踪"了。"不该管的事情少管,否则……"与此同时,检察官竟然收到了不明号码发来的威胁短信。

汇聚合力,拨开迷雾揪出虚假诉讼

"邪不压正,如果怕就不当检察官了!"面对威胁,承办检察官并不在乎,反而更坚定了要将此案办成铁案的信心和决心。为突破困难和阻力,扬中市检察院打出了组合拳。

一是向上借"指引力",充分发挥纵向一体化办案机制,将案件查办情况向市院汇报,寻求上级院的指导与帮助,成功将该案刑事部分实行异地办理,有效推进了办案进度;二是向内借"凝聚力",充分发挥内部横向协作机制,由检察长召集民行、公诉、侦监等部门，共同对案件进行会诊、分析、研讨，形成查处虚假诉讼全院一盘棋的工作格局；三是向外借"优势力"，充分发挥"刑民联动"配合机制，在审查虚假诉讼民事案件的同时，将曹某某、孙某涉嫌虚假诉讼犯罪线索移送公安机关处理，并引导公安机关对关键事实进行侦查，固定证据。

随着调查的深入，该案证据从零逐步累积到15本证据材料，真相终于浮出水面：原来曹某某以父亲曹某的名义租用房屋经营KTV，被拆迁后应得补偿款838万元。由于曹某某在法院尚有未执行案款3000余万元，涉及50多名债权人。为防止拆迁款被执行，他指使孙某伪造"结账凭证"，并指使其父曹某签字确认，企图通过虚假诉讼逃避执行。扣除房租后，近800万元拆迁款被强制执行进入了孙某个人账户，随后分多笔被转账、提现。

顺藤摸瓜，挖出虚假诉讼窝案

突破该案后，承办检察官凭办案经验认为，曹某某这样精心策划、早有预谋的虚假诉讼，可能不止上演过一次。经顺藤摸瓜，该院利用依托在法院设立的执行监督平台，查阅曹某某在法院的所有执行案件记录，发现曹某某在扬中市人民法院作为被执行人的执行案件共有20余件，尚未执行的标的约3000万元。

检察官迅速梳理这20余件执行案件，并对这些执行案件的执行依据进行一一核查，发现曹某某在2014年发生的两起民间借贷纠纷与此案非常相似：诉讼证据都仅有一张结账凭证，都迅速调解结案并执行到位，涉案金额分别为605万元、536万元。后经办案组查证，这两起案件均系曹某某一手策划的虚假诉讼案。

扬中市检察院随即将这3起虚假诉讼案提请镇江市检察院抗诉，2018年8月27日，镇江市中级法院分别判决撤销3份原审民事调解书，驳回原告的诉讼请求。同年9月28日，曹某某、孙某因犯虚假诉讼罪被追究刑事责任：曹某某被判处有期徒刑十个月，缓刑一年，并处罚金人民币20万元；孙某则被判处罚金人民币15万元。这也是自刑法修正案（九）实施以来，镇江地区首例虚假诉讼犯罪案件。

提升质效，彰显检察作为

曹某某的50多名债权人早就期待这笔拆迁款能够抵偿部分债务，岂料一朝落空。50多名债权人情绪激动之下多次上访。为保护其合法权益，一方面，扬中市检察院建议法院加快启动再审程序，同时建议公安机关积极追赃；另一方面，及时向被害人通报案件进展，开展个案答询，化解信访矛盾。在各方共同努力下，帮助债权人挽回经济损失500余万元，其中帮助非公企业挽回经济损失200余万元，赢得了人民群众对检察工作的信赖和认可。同时，该院针对法院执行该案中存在的不规范问题向法院提出检察建议，就加强法律工作者行业监管工作向司法局提出检察建议，并派员前往司法局开展"珍惜职业荣誉　远离虚假诉讼"讲座。

此外，以办理此案为契机，扬中市检察院于2018年7月联合法院、公安局、司法局等部门，会签《关于强化执行监督暨防范和查处虚假诉讼的司法协作实施意见》，建立联席会议制度和联络员网络，形成防范和打击虚假诉讼的合力。

案例4　徐州铜山：刺破5400万元虚假诉讼疑云

2017年11月15日，徐州市铜山区人民检察院建议再审的卢某诉江苏甲投资置业集团有限公司（以下简称江苏甲公司）、徐州甲集团房地产开发有限公司（以下简称徐州甲公司）的两起民间借贷案件开庭审理。2017年12月21日，徐州市铜山区人民法院作出民事判决，判决撤销原民事调解书、驳回原审原告的诉讼请求。该两起案件涉案标的5405万元，系徐州检察机关监督虚假诉讼标的最大的案件。

虚假诉讼，来自案外人的举报

2017年8月的一天，某公司法定代表人朱某某火急火燎地来到徐州市铜山区人民检察院，举报卢某与江苏甲公司、徐州甲公司虚假诉讼。"我公司是江苏甲投资置业集团有限公司的债权人，经了解卢某诉该公司借贷纠纷案已经法院调解结案（案值5385万元），大量财产已经诉前保全，正在执行阶段。此诉讼是为逃避正常债务发起的虚假诉讼，致使我公司合法债权无法实现……"

经过进一步了解发现，举报内容比较翔实，涉及虚假诉讼标的达5000余万元，数额非常大。且案件已经进入执行阶段，一旦执行完毕，举报人的合法债权更难以实现。

时间紧，任务重，怎样才能在最短的时间内查实相关证据？通过何种监督方式才能够更好地保障债权人的合法权益、维护司法公正？

周密部署，深入调查挖掘事实真相

涉案标的5000余万元，一旦查实，无论是在徐州市还是江苏省，都是涉及虚假诉讼标的相当大的案件。综合考虑案件的特殊性，徐州市铜山区人民检察院决定专案专办，抽调骨干形成专门办案组，迅速开展调查取证工作。

5000余万元的出借资金，卢某有没有这个经济实力？

调查发现，卢某是一个乡镇事业单位的工作人员，其个人及近亲属没有经营大的公司企业，5000余万元的资金与其收入明显不符，出借资金的来源存在重大疑点。

相对闭合的资金流，是巧合还是人为操作？

在调取卢某的银行账户明细后发现，2016年8月底至9月初，徐州乙工程有限公司（以下简称乙公司）和徐州丙发展有限公司（以下简称丙公司）多次向卢某银行账户转账，转账金额分别为5160万元和2975万元，后相关款项经卢某银行账户转账至江苏甲公司铜山分公司。结合举报信反映内容，进一步调取关联公司银行账户，确定江苏甲公司铜山分公司收到卢某转账资金后,通过其他公司周转,最终将5160万元和2975万元的款项转回乙公司和丙公司的银行账户,具有相对闭合的资金流,人为操作的迹象明显。

多家公司同一人控制,认定虚构事实有理有据

经过全方位调取证据,检察机关发现乙公司、丙公司及相关转账公司,最初由江苏甲公司和徐州甲公司的董事长夏某某注册成立,虽然法定代表人变更过,但实际上与夏某某存在密切关系,甚至是由夏某某直接控制。结合证据材料,能够认定相关诉讼为虚假诉讼。经向夏某某调查取证,其提供书面材料,进一步印证了检察机关认定的虚假诉讼事实。

综合履职,展现检察担当

检察机关认为,江苏甲公司和卢某恶意串通,伪造借款协议、担保补充协议、资金转账等证据,虚构借款事实,并通过诉讼方式,达成和解协议,查封执行公司房产,逃避债务,侵犯其他债权人利益,系虚假诉讼。遂于2017年9月22日依法向徐州市铜山区人民法院提出再审检察建议,建议法院对两个调解案件进行再审。法院再审后,判决撤销两份民事调解书,并驳回卢某的诉讼请求。

鉴于相关虚假诉讼已进行执行阶段,单纯对虚假诉讼涉及的调解书进行监督,难以有效维护其他债权人的合法权益,不足以彰显司法公正。徐州市铜山区人民检察院为阻止江苏甲公司转移资产,逃避债务,防止相关民事调解执行后难以执行回转,提出执行检察建议,建议法院暂缓相关案件的执行,保障虚假诉讼监督效果。此外,检察机关同时将卢某、江苏甲公司等涉嫌虚假诉讼犯罪的线索移交公安机关立案侦查,该案已经由检察机关提起公诉,法院正在审理中。

检察机关立足法律监督效果的综合体现,精准、高效、专业办理案件,在保障司法公正的同时,有力维护其他债权人的合法权益,实现法律效果和社会效果的有机统一。

案例5 检察监督"剑指"虚假诉讼,维护司法权威

"不但给我们清掉了莫须有的债务,还对对方公司不诚信的诉讼行为罚款,检察机关的监督确实帮了大忙啊!"2018年10月初,在收到江苏省盱眙县人民法院再审判决书后,乙公司负责人表示。

货款受偿又反悔,虚假诉讼走偏锋

2017年9月,盱眙县人民检察院在查处甲公司工作人员挪用公款案时,发现了一份以货抵债协议书和相关会议记录。根据这份协议书和相关会议记录,甲公司在与乙公司的债务已经获得全部清偿后,又以未归还货款为由向法院起诉,要求乙公司给付货

款。既然债务已经清偿为何又向法院起诉并获判决支持？该院民事检察部门的同志立即对此案进行调查。

原来，2012年4月19日，甲公司与乙公司签订普通瓦楞纸和高强度瓦楞纸销售合同各一份，约定由乙公司向甲公司购买普通瓦楞纸和高强度瓦楞纸，合同对购买的数量、单价、规格型号、付款方式等均作了约定。合同签订后，甲公司陆续向乙公司发货，双方于2012年10月31日进行对账，对账单中载明截至2012年10月31日，乙公司共欠甲公司货款2157433.22元，扣除乙公司已支付的198000元，乙公司尚欠甲公司1959433.22元。然而，由于乙公司没有足够的资金，剩余货款一直拖欠，2013年2月6日，乙公司提议，用羽绒服3568件、羽绒被304条，折价人民币2016640元折抵结欠甲公司的全部货款，乙公司履行上述物品交付义务后，双方之间无任何债权债务且无任何经济纠葛。

甲公司权衡再三同意了乙公司的提议，于是双方签订了一份以货抵债协议书。后乙公司按协议约定，将羽绒服、羽绒被发给甲公司，甲公司接收了这批货物，并进行了入库平账。

按理说，双方此笔买卖业务已经全部结束，但因这批羽绒服、羽绒被无商标、无贴牌、无厂家，甲公司在接收后的较长时间内，很难销售出去，不仅无法变现，随着积压周期的延长货品贬值加快，甲公司因此心生后悔，多次开会研究如何补救、处理这一难题。

2014年9月30日，经过精心策划，甲公司决定隐瞒与乙公司签订的以货抵债协议书，仅凭其与乙公司签订的销售合同以及对账单，向法院起诉要求乙公司返还货款1959433.22元。

由于甲公司提供的乙公司的联系方式不准确详细，后法院在邮寄未果的情况下采取公告方式通知乙公司应诉，乙公司最终未出庭应诉。庭审中，甲公司很顺利地隐匿了以货抵债协议书等主要证据，并作出虚假陈述，最终法院根据其提供的销售合同以及对账单，判决支持其诉讼请求。

检察介入揭真相，建议再审促公正

盱眙县人民检察院受理案件后，决定从两个方面入手。一方面调取甲公司与乙公司之间以货抵债协议书、甲公司入库平账等相关证据材料，以证实甲公司与乙公司协议内容已经履行完毕，双方不应存在相关债权债务；另一方面通过调阅民事诉讼案卷，检察官发现，由于甲公司提供的乙公司联系方式不准确详细，法院邮寄应诉资料时因无法送达而被退回，最终公告送达致乙公司未出庭应诉的情况，以及甲公司隐匿以货抵债协议书等主要证据，并作出虚假陈述，最终获得法院判决支持其诉讼请求的结果。

根据上述情况，盱眙县人民检察院认为，甲公司不仅滥用起诉权，且在诉讼中隐匿以货抵债协议书等主要证据，作出虚假陈述，妨碍人民法院审判秩序，损害了国家和社会公共利益。双方签订的以货抵债协议书以及甲公司入库平账等证据在原审庭审结束前客观存在，在庭审结束后检察机关依职权发现，这些属于有新的证据，且足以推翻原判决。2017年10月20日，盱眙县人民检察院向盱眙县人民法院提出再审检察建议。

2018年1月23日，盱眙县人民法院裁定对此案进行再审。

察微析疑解难题，多管齐下精预防

再审过程中，甲公司为了逃避自身隐匿证据、虚假陈述的法律责任，请求合议庭准许其撤回起诉。盱眙县人民检察院认为，依据实体法的相关规定，债务按照协议约定清偿完毕，财产所有权合法转移后，买卖合同的权利义务已经终止，一方反悔的，法院不予支持；依程序法规定的情形不同，要么驳回起诉，要么驳回诉讼请求，不存在一方当事人撤回起诉的情形。针对甲公司以货抵债未经公司同意以及货值不足以抵债的辩解，该院认为，依据合同法中后合同义务的含义，双方可以协商赔偿的相关事宜，甲公司不能依合同价款提出给付货款的诉讼。

为依法履行法律监督职责，使法院充分了解案件事实及检察机关的意见，打击虚假诉讼行为，2018年9月29日，该院检察长列席法院审判委员会，并从事实认定、证据采信、法律适用等方面发表了意见，获得采纳。法院作出再审判决，撤销原判，驳回甲公司的诉讼请求，还对甲公司虚假陈述、隐瞒重要证据的行为决定处以80万元的罚款。

以办理该案为契机，盱眙县人民检察院和盱眙县人民法院联合出台了《关于防范和查处虚假诉讼的工作意见》，对虚假诉讼涉及的案件类型、办案注意要点以及建立相关联席会议制度等进行了明确，为检法两家加强协作配合，合力查处虚假诉讼，共同维护司法权威和司法公正，提供了有力保障。

案例6　清洁工花4800万元买下5套房，检察官抽丝剥茧还原虚假诉讼真相

法院是一个庄严神圣的地方，曾几何时，却被一些别有用心的人盯上，企图利用合法手段掩饰非法行为。身为南京市高淳区某房地产公司的实际控制人孙某就是这一类人，他用虚假诉讼规避巨额债务执行，最终身陷囹圄。

蹊跷的买房人

孙某某是南京市高淳区的一名普通清洁工，丈夫是一家食品厂的工人，女儿大学毕业不久，家境一般。可是谁也没有想到，孙某某名下有多套商品房，价值数千万元。

孙某某的这些房子是如何得来的呢？早在2015年2月，孙某某就与高淳区某房地产公司签订了3份《商品房预售合同》，该公司预售孙某某5套房屋，合同约定的总价款为4900余万元。合同签订后，孙某某并未支付任何购房款。直至2015年11月中旬，在一个半月的时间里，孙某某才通过银行转账的方式，分123次向这家公司账户打款，单笔最大为55万元，总计支付4800余万元。孙某某支付完购房款后，既不主张交付又不办理权属登记，任由这数千万元财产脱离自己的控制。

两地官司

2016年2月，无锡市中级人民法院开庭审理一起民间借贷纠纷案，原告为刘某某，而被告就是孙某某买下5套房的高淳这家房地产公司，以及曾为该公司法人代表的孙某。经审理，无锡市中级人民法院对刘某某诉孙某及其公司民间借贷纠纷一案作出判决，判决孙某向刘某某归还借款本息2500余万元，其公司承担连带责任。同年9月，无锡市中级人民法院对该案采取执行措施，查封了孙某所在公司名下的房产7套，其中包括了孙某某付款的5套。

同年11月，南京市高淳区的孙某某也将这家公司起诉至高淳区人民法院，请求法院判令该公司立即交付商品房并立即配合办理商品房不动产权证。庭审中，双方没有任何争议且同意调解，法院本想调解结案，但孙某某一方请求法院出具判决书以便办理过户手续。

刘某某之疑

远在无锡的刘某某一直为了自己与孙某的案件奔走，本以为查封了连带责任人被诉公司的房产就可以高枕无忧，谁知高淳区法院的一纸判决书，让她的债权面临落空的巨大风险。刘某某坐不住了，多方查找孙某及其公司其他可供执行的财产线索，但一无所获。因为案件执行遇到了新情况，无锡的执行法官调取了孙某某与该公司案子的卷宗材料，发现孙某某的确支付了购房款。无锡法院将情况告知刘某某，但刘某某不愿接受这样的事实，她对这份突如其来的判决书只有愤怒与质疑。她带着材料四处打听，了解到原来在高淳买房子的孙某某与孙某是兄妹关系。刘某某对这桩房产买卖更加起疑，带着焦急与疑惑，她叩响了检察机关的大门。

转账之惑

听完刘某某的陈述，该院民事检察部门的检察官心想，虽然这家公司曾经的法定代表人是孙某，但法律并不禁止公司与法人的亲戚做买卖啊！而且孙某某也支付了购房款，怎么就是刘某某口中的虚假诉讼呢？但本着司法为民的态度，检察官没有轻下结论，还是接收了刘某某的材料，告诉她会认真审查，充分了解情况后给予答复。

检察官反复查看了案件的卷宗材料，除双方庭审中无实质争议符合虚假诉讼的特点外，还真没有其他破绽。但4800余万元对于任何一个家庭来说都不是一笔小钱，短时间内这样一次次转账却也有点不寻常。更重要的是，付完钱后快一年，孙某某都不主张交付或者变更登记，而刘某某的案件一采取执行措施，孙某某就行动起来，难以让人不将两起案件联系在一起。

经过研究讨论，检察官决定先不惊动孙某某这些人，而是从客观证据着手，先查查孙某某的钱是从哪儿来的。通过调取孙某某支付购房款期间的银行流水发现，同一时间段内，有两个人分别给孙某某打了钱，每转入孙某某账户一笔钱，孙某某账户就付这家公司一笔购房款。而这两人转账次数的总和也是123次，与孙某某付购房款的次数一模一样。因这两人转账的银行在高淳没有网点，其开户行设于无锡，检察官决定前往无锡往下细查。

真相浮面

这一查还真查出了问题。原来，这两人转给孙某某的钱都来源于三家公司，这三家公司的钱又都由另一家公司转入，而那家公司转入三家公司的钱又全部由高淳这家房地产公司转入。所有这些转账行为均发生在孙某某支付购房款的时间段内，且转账笔数重合。难道该公司买了自己公司的房？钱转了一圈又回到了自己公司手上？

检察官想到刘某某在来访时曾说，孙某是这家公司曾经的法定代表人，他和孙某某又是兄妹。那这些转账的公司、自然人是不是也有所关联呢？

检察官在工商部门调取了5家公司的基本信息，发现孙某与这些公司均有关联，或是曾经的法定代表人或是股东。检察官又前往公安机关，梳理了孙某某与孙某的家庭与社会关系，果然找到了重要线索。原来，给孙某某转账的两人分别是孙某的妻子和儿子。上述帮助进行转账的公司法定代表人，要么是孙某的母亲，要么是妹妹，要么是其他关系的亲戚。闹了半天，这是他们一家人自编自导，通过循环转账、金额反复累加的方式，造成支付了大额购房款假象的一出虚假诉讼剧目啊！

检察建议发力

检察官根据查实的情况，将600余笔转账记录一一整理画成图表，列明了人物关系，并制作了案件的审查报告。经过部门讨论、检委会研究，大家一致认为孙某某的案件的确是一起虚假诉讼案，遂向法院提出了再审检察建议。因该案可能涉嫌刑事犯罪，检察机关将案件线索同步移送公安机关处理。公安机关立案侦查后，检察机关还牵头与公安等部门召开联席会议，积极推进该案民事、刑事的办理进程。

发出再审检察建议后，检察官联系了刘某某，告诉了她检察机关的处理情况。电话那头的刘某某十分激动，除了说谢谢还是谢谢。

2017年4月17日，高淳区人民法院对该案裁定再审。同年7月1日，经再审后裁定撤销原判，驳回孙某某的起诉，并将该案移送公安机关侦查。

2017年4月28日，公安机关对孙某某、孙某（公司实际控制人）以涉嫌虚假诉讼罪立案侦查。同年8月11日移送审查起诉。后公安机关认为孙某某的犯罪行为显著轻微，撤回了对孙某某的起诉。检察机关经审查后认为，孙某及某房地产公司的行为触犯了刑法中关于虚假诉讼罪的规定，遂依法提起公诉。

2018年，法院作出刑事判决，孙某因犯虚假诉讼罪，被判处有期徒刑两年，并处罚金人民币5万元；其所在公司因犯虚假诉讼罪，被判处罚金人民币20万元。

办理该案的高淳区检察院民行检察科负责人李海杰表示，虚假诉讼的双方往往存在千丝万缕的联系，具有极强的隐蔽性，因而有发现难、调查难、纠错难的现实困境，但其对他人合法权益的损害，对司法秩序与权威的践踏不容小觑。检察机关在办理该案时，充分运用了调查核实权，结合案外人提供的线索，从资金来源入手，倒查该案资金流水，最终层层抽丝剥茧，查明了当事人实际通过循环转账、累加金额的方式造成了支付大额购房款的假象。在此基础上，检察机关又进一步查明转账企业与自然人之间的亲属关系，还原了案件本来面目，为后续精准监督打下了坚实基础。同时，为深化监督效果，对虚假诉讼形成有效震慑，检察机关牵头在民事、刑事两端发力，联合公安、法院形成打击合力，进一步彰显了法律的严肃性与权威性。

来源：江苏检察在线

江苏省法院打击拒执犯罪典型案例（节录）

为确保"基本解决执行难"工作有效推进，进一步宣传法院打击拒执犯罪的努力和成果，营造尊重生效判决、崇尚诚实守信的良好氛围，江苏省法院现集中发布一批拒执罪典型案例。2016年至2018年7月底，全省法院共判决拒执罪232人、非法处置查封扣押冻结财产罪70人。通过这些典型案例向社会传达法院系统打击拒执犯罪决心的同时，敦促被执行人牢固树立诚信意识，自觉履行法定义务，莫为自己的抗拒执行行为付出人身自由的代价。

案例六　王某、黄某拒不执行裁定案

【案情简介】

2012年10月18日，宿迁市中级人民法院对招商银行股份有限公司南通分行诉王某、宿迁某医药有限公司借款担保合同纠纷一案作出民事调解书，确认王某尚欠招商银行股份有限公司南通分行借款本金13778841.42元以及逾期利息142846.58元，并于2012年10月20日前将上述本息给付招商银行股份有限公司南通分行。如王某未能按约全额履行，则招商银行股份有限公司南通分行可向该院申请执行，并对王某提供的全部抵押房地产折价或者以拍卖、变卖所得价款优先受偿。因王某未按调解书约定履行义务，招商银行股份有限公司南通分行向该院申请强制执行。该院立案执行后，作出执行裁定，裁定对王某所有的位于启东市的商铺及座下土地使用权涤除租赁权进行拍卖。

2017年2月23日，王某指使黄某向宿迁市中级人民法院提交租赁合同以及400万元的转账记录，虚构关于被执行商铺的租赁关系，向该院提出执行异议，要求法院带租拍卖或拍卖后补偿预付租金。该院审查后驳回黄某的异议请求。王某又指使黄某提出执行异议之诉，该院立案受理后，在审理该案过程中，黄某提出撤诉申请，该院裁定准许黄某撤回起诉。王某、黄某通过上述虚假诉讼的方式，拒不执行宿迁市中级人民法院作出的裁定。

该虚假诉讼的进行，导致执行工作难以推进，在被拖延的这段时间内，案涉商铺市场行情出现较大波动，财产处置困难，申请执行人合法权益无法得到保障。江苏省宿迁市宿城区人民法院经审理，认为被告人王某、黄某对人民法院的裁定有能力执行而拒不执行，情节严重，其行为已构成拒不执行裁定罪。被告人王某当庭自愿认罪，可以酌情从轻处罚；被告人黄某归案后如实供述自己的罪行，可以从轻处罚。该院遂判处：被告人王某犯拒不执行裁定罪，判处有期徒刑十个月；被告人黄某犯拒不执行裁定罪，判处拘役六个月，缓刑十个月。

【法官说法】

虚构租赁合同规避执行，在涉房产执行过程中较为常见，租赁关系是否构成，需要司法实践中结合多种证据予以综合分析认定。本案中，王某、黄某合谋串通，利用虚假诉讼规避执行，虚假证据"环环相扣"，违法手段十分隐蔽，不仅导致案件无法执行，更造成司法资源的大量浪费。对王某、黄某依法判处刑罚，维护公平正义，既是打击不诚信诉讼的需要，也是推动"基本解决执行难"工作顺利开展的有效手段。

来源：江苏省高级人民法院

虚假诉讼：为取不义之财，打场"假官司"——贵州省高院发布适用民法典典型案例（十九）

熊某与熊某某、某实业公司建设工程分包合同纠纷案

【裁判要旨】

案件审理中若存在原告起诉的动机可疑、有关的法律关系内容明显有悖常理、诉讼双方配合默契且不存在实质性的诉辩对抗等情况，法官应当主动进行调查取证，谨慎审查以排除虚假诉讼。存在涉嫌虚假诉讼的，防止机械适用"谁主张、谁举证"证明规则，法官应从证据与案件事实的关联程度、证据之间的联系等方面，依法全面、客观地审核各方当事人提交的证据，充分运用逻辑推理和日常生活经验对证据进行综合审查，以判断是否存在虚假诉讼可能。

【基本案情】

被告某实业公司承建某某公路工程，被告熊某某是该项目管理负责人，原告熊某与被告熊某某签订《运输承包协议》，后项目完工，原告熊某与被告熊某某进行结算确认某实业公司欠付原告工程价款120000元，由被告熊某某出具欠条，并加盖某实业公司印章。案件审理中，法院依职权调查发现被告熊某某提供的《运输承包合同》和欠条上加盖的某实业公司的印章系伪造，同时原告熊某主张的工程土石方的运输单价、运输路程、渣土堆放位置、运输车辆等诸多内容与施工现场情况严重不符，证据证明原告熊某、被告熊某某存在恶意串通、伪造证据、捏造事实侵害某实业公司财产的可能。

【裁判结果】

法院经审理认为，原告熊某、被告熊某某伪造某实业公司印章虚构经济合同进行虚假诉讼，本案不属于经济纠纷案件而是具有经济犯罪嫌疑，裁定驳回原告熊某的起诉，并将犯罪线索移交公安机关。

【案例解读】

本案是虚假诉讼现象的一个缩影。虚假诉讼社会危害巨大，既动摇司法权威，影

响法院的司法公信力；又严重干扰正常的审判秩序，造成司法资源的不必要浪费；并且严重背弃诚实信用原则，损害他人合法权益。因此，在民事审判中加强对虚假诉讼的防范和打击，对维护他人合法权益、社会诚信和诉讼秩序，提升司法权威和司法公信力有十分重要的意义和作用。所有民事主体应当遵守诚信原则，行使民事权利、履行民事义务、承担民事责任时秉持诚实、善意，信守自己的承诺。人民法院要努力培育和践行社会主义核心价值观，严厉惩处虚假诉讼行为，推进诉讼诚信建设。

【相关法条】

《中华人民共和国民法典》第七条 民事主体从事民事活动，应当遵循诚信原则，秉持诚实，恪守承诺。

《最高人民法院关于在审理经济纠纷案件中涉及经济犯罪嫌疑若干问题的规定》第十一条 人民法院作为经济纠纷受理的案件，经审理认为不属经济纠纷案件而有经济犯罪嫌疑的，应当裁定驳回起诉，将有关材料移送公安机关或检察机关。

什么是虚假诉讼？实践中如何体现？

虚假诉讼，俗称"打假官司"，是指民事诉讼各方当事人恶意串通，采取虚构法律关系、捏造案件事实方式提起民事诉讼，或者利用虚假仲裁裁决、公证文书申请执行，使法院作出错误裁判或执行以获取非法利益的行为。

当前司法实践中虚假诉讼的表现主要是：（1）当事人为夫妻、父母等近亲属关系或者关联企业等共同利益关系；（2）原告诉请司法保护的标的额与其自身经济状况严重不符，被告存在经济状况恶化意图转移有效资产等特殊情况；（3）原告起诉依据的事实和理由明显不合常理；（4）诉讼参与人之间无实质性民事权益争议，被告主动应诉并同意原告诉讼请求；（5）诉讼参与人提供的证据单一，前后矛盾，不能形成证据链条，或者诉讼参与人提供的证据只能证明案件事实存在，但双方并不存在争议焦点；（6）案件证据不足，但双方仍然主动迅速达成调解协议，请求人民法院出具调解书等。

另外，实践中需注意认定是否构成虚假诉讼的重点之一在于考察行为人是否有捏造民事法律关系的行为，以下行为一般不构成虚假诉讼：一是行为人转让债权并与债权受让人相互串通，以债权受让人名义提起民事诉讼要求债务人履行债务；二是行为人以诉讼时效期间届满的民事法律关系提起民事诉讼要求义务人履行义务的；三是行为人故意制造虚假的管辖连接点意图改变民事案件地域管辖的。

进行虚假诉讼的当事人可以撤诉吗？

当事人的撤诉在实体上不得有规避法律的行为，不得违反现行法律、法规的规定，不得有损于国家、集体和他人的利益。根据《最高人民法院关于在民事诉讼中防范与惩治虚假诉讼工作指引（一）》规定，人民法院发现当事人可能存在虚假诉讼嫌疑的，可以依法进行释明告知法律后果，当事人申请撤诉的，人民法院可以准许。人民法院经查明认定属于虚假诉讼，原告申请撤诉的，人民法院不予准许，并依照民事诉讼法第一百一十二条的规定驳回诉讼请求。

应对虚假诉讼有哪些救济途径？

一是在诉讼中推翻虚假诉讼中形成的权利义务关系。应诉中若涉及虚假诉讼，当事人应当结合虚假诉讼案件的特点及时向法院举示证据，以便人民法院更快更准依职权调查收集证据及作出判断。

二是可以向公安机关报案震慑虚假诉讼行为人。若当事人自认证据已然充足，又不希望放弃通过刑事途径争取利益，可持相关线索向公安机关报案。

三是通过检察机关寻求救济。《人民检察院民事诉讼监督规则》第三十七条明确将虚假诉讼等妨害司法秩序行为纳入检察院依职权监督的程序范围，亦可向检察机关举报相关虚假诉讼行为。

四是强化自身风险防范。强化自身风险防范包括认真识别签署经济合同内容，对证据原件以及证据来源等进行核实，一定程度固化案件背景信息等。

进行虚假诉讼承担什么责任？民事责任与刑事责任可以竞合吗？

法院根据《中华人民共和国民事诉讼法》的规定对虚假诉讼行为人适用罚款、拘留等强制措施，若发现涉嫌犯罪的，及时移送有管辖权的机关处理。若其行为进一步被认定为虚假诉讼罪，可依据《中华人民共和国刑法》第三百零七条进行判罚。民事责任与刑事责任可以竞合，同时根据《最高人民法院、最高人民检察院、公安部、司法部关于进一步加强虚假诉讼犯罪惩治工作的意见》规定，对虚假诉讼刑事案件被告人判处罚金、有期徒刑或者拘役的，人民法院已经依照民事诉讼法规定给予罚款、拘留的，应当依法折抵相应罚金或者刑期。

来源：贵州省高级人民法院

贵州省检察机关发布 5 起虚假诉讼监督典型案例

案例一　石某康与 B 公司买卖合同纠纷虚假诉讼监督案

【基本案情】

2014年10月，铜仁市某县政府向A公司采购桂花树用于城市绿化，并由A公司实际控股的B公司（某县政府招商引资企业）履行合同。合同履行过程中，吴某芬、石某康通过变造《补栽桂花树购买合同》《送货单》、伪造《收据》等方式，虚构了冉某斌（B公司总经理）代表B公司与石某康签订补栽桂花树合同，石某康为B公司种植桂花树1049株应收种植款2002820元的事实。

2017年4月5日，石某康向某县人民法院提起民事诉讼，以前述的《补栽桂花树购买合同》《送货单》《收据》为主要证据主张债权，请求判令B公司向其支付货款、违约金以及资金占用利息。2017年7月17日，B公司法定代表人周某成在并不知道本案的真实情况下，与石某康达成调解协议：B公司欠石某康桂花树总价款2002820元及违约金50000元，石某康放弃其余诉讼请求。后经石某康申请法院强制执行，陆续得到执行款2078357.9元。

2019年5月31日，吴某芬、石某康因涉嫌合同诈骗犯罪被公安机关立案侦查，讯问中，吴某芬供述实际上不存在石某康为B公司栽种桂花树的事实。

【检察机关监督情况】

德江县人民检察院在审查起诉石某康等人涉嫌刑事犯罪案件中，发现前述的民事调解案件可能涉嫌虚假诉讼，遂通过详细审查核实法院民事诉讼卷宗、公安机关刑事卷宗等材料，发现吴某芬利用其为B公司股东身份的便利条件，与石某康恶意串通，借用合法的民事诉讼程序获得生效调解书，又通过申请法院强制执行实现了虚假的合同债权。

2020年2月10日，铜仁市人民检察院就该案向铜仁市中级人民法院提出抗诉，认为吴某芬、石某康以谋取非法经济利益为目的，违反民事诉讼诚实信用原则，恶意串通、虚构补栽桂花树的案件事实和债权债务关系，借用合法的民事诉讼程序实现虚假的合同债权，侵害了B公司的合法权益，严重损害了国家司法权威、司法公信及正常的司法秩序，已构成民事虚假诉讼。2020年4月28日，铜仁市中级人民法院作出（2020）黔06民抗1号民事裁定书，认为现有新的证据证明石某康诉B公司买卖合同纠纷一案，系石某康、吴某芬涉嫌虚构案件事实提起的虚假民事诉讼，指令某县人民法院对该案进行再审。

【指导意义】

依法保护民营企业合法权益，为民营企业营造良好的营商环境和公平正义的司法环境，是检察机关义不容辞的责任和义务。检察机关要充分发挥民事检察职能作用，为民营经济发展贡献检察力量。本案中，B公司作为某县政府招商引资企业，为地方经济发展和城市建设作出了积极贡献。石某康与B公司股东吴某芬恶意串通、虚构案件事实和债权债务关系，借用合法的民事诉讼程序，并在诉讼中通过法院调解达成调解协议，以获取生效调解书、申请法院强制执行等方式，致使B公司损失200余万元，系典型的虚假诉讼。检察机关通过依法监督，对保护民营企业合法权利、净化市场营商环境、维护司法公正和司法权威具有积极意义。

案例二　陆某科、杨某民间借贷纠纷虚假诉讼监督案

【基本案情】

2013年9月，陆某科向杨某借款5万元，按照"行规"出具10万元的双倍借条（月利率3%），口头约定月息8%，扣除当月利息和手续费后，陆某科实际得款4.55万元。陆某科到期无法偿还本金，杨某于2016年11月29日持借条向册亨县人民法院提起诉讼，诉请陆某科偿还借款本金人民币10万元。诉讼中双方和解，册亨县人民法院以（2016）黔2327民初990号民事调解书予以确认：陆某科自愿于2017年1月5日前一次性支付杨某欠款本金人民币8万元。后因陆某科无力偿还借款，杨某申请强制执行，陆某科履行1.5万元后无力偿还，被迫同意将其位于册亨县者楼镇灵芝花园的一套房屋抵偿给杨某。2017年6月1日，法院裁定将陆某科房子作价163973.48元给杨某，杨某负责偿还陆某科欠银行房屋借款本息98073.48元。

【检察机关监督情况】

黔西南州检察机关在提前介入侦查和审查起诉"3·28""套路贷"涉黑专案中，发现杨某等人存在实施虚假诉讼的违法行为，遂成立专案组开展民事虚假诉讼监督工作，经排查梳理认定民事虚假诉讼案件线索33件，涉案金额495.453万元，本案系系列民事虚假诉讼案件之一。黔西南州检察机关调取了本案涉及的公安机关刑事侦查卷宗、检察机关审查起诉材料、法院民事审判卷宗等证据，对受害人开展走访调查，提审犯罪嫌疑人，查明了杨某等人实施"套路贷"，利用双倍借条，以根本不存在的虚假借贷关系起诉至法院，谋取非法利益的虚假诉讼行为。黔西南州人民检察院于2019年6月9日向黔西南州中级人民法院提出抗诉。2019年12月15日，册亨县人民法院作出（2019）黔2327民再3号民事判决书，确认杨某因犯组织、领导、参加黑社会性质组织罪被判刑，本案系杨某犯罪事实的一桩，原审调解依据的基本事实系虚构，判决撤销原调解书，杨某返还陆某科人民币41500元，执行费1114元。

【指导意义】

当事人以"套路贷"的方式虚构债务，恶意诉讼以达到非法目的，其行为不仅侵害受害人的合法权益，损害司法公信力，更动摇了地方司法权威，对国家利益造成损害，构成虚假诉讼。检察机关紧密结合扫黑除恶专项斗争，实施民间借贷等重点领域精准监督，注重与公安机关和纪委监委的协作配合，严惩了黑恶势力犯罪，为检察机关监督虚假诉讼夯实证据基础。

案例三　王某与李某友民间借贷纠纷虚假诉讼监督案

【基本案情】

2012年，王某在原乌当区野鸭乡上麦村十二滩农用地上修建的一栋约955.32平方米的房屋（无产权证）面临征用。因有合法产权的房屋补偿款比无合法产权的多，为达到多骗取国家征收补偿款的非法目的，王某遂与李某友合谋串通，虚构涉案房屋属李某友所有，并伪造借据及房屋抵押合同。2012年9月29日，王某向乌当区人民法院提起民事诉讼，请求判令李某友归还借款45万元。诉讼中双方迅速达成和解，乌当区人民法院作出（2012）乌民初字第1785号民事调解书，确认李某友于2012年10月12日前一次性偿还王某借款45万元。2012年10月14日，王某申请强制执行，执行中双方达成以房抵债和解协议，乌当区人民法院作出（2012）乌执字第531号执行裁定书，将涉案房屋抵偿给王某，后王某持该执行裁定书办理了房产证。在涉案房屋被征收时，王某因持有房产证，多获得了国家征收补偿款540735元。

【检察机关监督情况】

2018年9月，观山湖区人民检察院在办理王某、李某友涉嫌诈骗罪一案时，发现可能涉及虚假诉讼，遂将案件线索移交乌当区人民检察院。乌当区人民检察院与观山湖区公安分局取得联系，调取相关证据材料，对王某、李某友虚构合同骗取国家补偿款的事实进行调查核实，同时向观山湖区房屋征收管理中心调查了解房屋的补偿情况，最终查明了王某与李某友合谋串通，虚构民事法律关系，通过合法诉讼形式最终达到非法目的的事实。2018年9月28日，乌当区人民检察院就乌当区人民法院前述民事调解书提出再审检察建议，指出王某、李某友的虚假诉讼行为损害了国家利益，建议人民法院撤销涉案调解书。2018年11月20日，乌当区人民法院裁定采纳再审检察建议，并于2019年9月24日判决撤销（2012）乌民初字第1785号民事调解书，驳回原审原告王某的诉讼请求。

【指导意义】

当事人恶意串通、虚构债务，骗取法院调解书，并在执行过程中达成和解协议，通过以房抵债的方式办理权属证明，以达到骗取国家征收补偿款的非法目的，破坏司法秩序，损害国家利益，构成虚假诉讼。检察机关对此类案件依法进行监督，充分发挥法律监督职能，维护司法秩序，保护国有资产。检察机关发现和办理虚假诉讼案件，应善于借助公安机关的刑事侦破优势，夯实民事监督的证据基础，弥补民事检察调查权刚性不足的问题。

案例四　T公司与S公司合同纠纷虚假诉讼监督案

【基本案情】

2013年10月，范某华与S公司法定代表人任某颖民间借贷纠纷一案，经六盘水市钟山区人民法院审理作出（2013）黔钟民初字第2202号民事判决，判令任某颖偿还范某华借款本息4143500元。该案在执行过程中，范某华与任某颖、S公司达成执行和解：任某颖自愿于2014年6月15日前一次性支付范某华4168474元，S公司承担担保责任。期限届满后，因任某颖并未偿还款项，钟山区人民法院遂于2014年8月7日作出（2013）黔钟执字第172号裁定，扣划了S公司名下的土地补偿款490.89万元。

2013年12月，任某颖之夫徐某祥向陈某涛借款100万元，并约定4分月息，徐某祥支付部分利息后无力偿还借款。为了达到清偿债务的目的，陈某涛、任某颖分别以T公司、S公司名义签订合伙投资协议，约定：T公司与S公司合作建房，T公司在协议签订三日内将定金255万元打入案外人时某燕建行账户。2015年4月23日，T公司以S公司作为被告，以合伙投资协议及2012年4月28日陈某涛向案外人时某燕转款255万元凭证等为据提起诉讼，请求返还定金255万元，并支付违约金182万元。

2015年5月11日，都匀市人民法院作出（2015）都民商初字第188号民事调解书：S公司于2015年5月20日前归还T公司合作投资款255万元及违约金180万元，共计435万元。在执行过程中，人民法院将此案与范某华、任某颖民间借贷纠纷一案合并执行，按比例分配执行款，范某华分配得2534385元，T公司分配得2238467元。

【检察机关监督情况】

2016年2月3日，范某华向检察机关进行控告，认为都匀市人民法院作出的（2015）都民商初字第188号民事调解书系陈某涛、任某颖提起的虚假诉讼，目的是稀释其应得的执行款。经初步梳理法院卷宗，检察机关发现该案诉讼中的异常现象，将该案线索移交都匀市公安局，并对相关涉案人员进行询问，查明：2012年4月28日，陈某涛借给案外人黄某255万元，此款通过陈某涛农业银行账户转账存入黄某之妻时某燕建设银行账户。同年5月7日，该笔款中的225.8万元转入王某菊建设银行账户内，用于偿还时某燕对王某菊的借款。由此可见，T公司与S公司之间并不存在合伙投资关系，所谓的255万元投资款实为陈某涛对案外人黄某的个人借款。双方签订《合伙投资协议》是为了将个人债务转化为公司债务，并以公司名义提起诉讼获取调解书，在执行中参与分配有限执行款。且T公司向法院提交的证据收据和合伙投资协议均系复印件，《个人结算业务申请书》也与银行的原始单据不相符。黔南州人民检察院向黔南州中级人民法院提出抗诉，认为，本案陈某涛等人虚构事实，借民事诉讼之名，行非法占有之实，损害了另一执行案当事人范某华的利益，构成虚假诉讼。黔南州中级人民法院于2019年2月25日作出（2018）黔27民再62号民事裁定，撤销了都匀市人民法院（2015）都民商初第188号民事调解书，将案件发回都匀市人民法院重新审理。

【指导意义】

虚假诉讼的民事调解有其特殊性，此类案件从外表来看是在处分自己的民事权利义务，与他人无关。但其实质是当事人利用调解书形式达到自己的非法目的，获取非法利益，损害他人合法权益。这种利用人民法院审判权实现自己非法目的或利益的行为，不仅妨碍司法秩序，损害司法权威，也是对司法资源的浪费。本案是其中一方当事人在其为被告的另案已进入执行程序的情形下，伙同本案另一方当事人通过隐瞒事实真相、虚构民事法律关系，以获取法院调解书参与到另案执行分配，达到稀释另案执行款的目的的虚假诉讼。此案的办理，不仅彰显了检察机关的法律监督作用，也为检察机关办理此类虚假诉讼案件积累了有益经验。

案例五　黄某诉任某贵民间借贷纠纷虚假诉讼监督案

【基本案情】

2014年8月，任某贵经人介绍向马某兴借款45.6万元。因不能依约还款，马某兴遂要求其出具借款合同、借款收据、还款承诺书等债权凭证。2015年8月11日，马某兴利用其保管的任某贵所有的一张银行卡，从其妻黄某的银行账户向任某贵账户转账51万元并随即转回。同年8月27日，马某兴以任某贵欠其借款未偿还为由诉至七星关区人民法院，该法院判决任某贵偿还欠马某兴45.6万元借款及利息，后马某兴通过申请执行获得了借款本金及应得利息。2016年8月2日，马某兴之妻黄某以任某贵2015年8月11日向其借款51万元不还为由提起民事诉讼。法院经审理认为，黄某所举借款合同、借款收据、网上银行电子回单、银行交易明细清单等证据能够综合证明黄某于2015年8月11日向任某贵出借51万元以及约定月利率3%的事实，判决任某贵返还黄某借款本金51万元及利息。

【检察机关监督情况】

2018年8月，毕节市人民检察院在开展"发挥检察职能作用依法保护企业家合法权益营造企业健康发展法治环境"专项工作期间，发现该案可能涉嫌虚假诉讼。根据案件线索，检察机关重点开展了以下调查核实工作：一是通过查询工商登记，询问知情人、案外人，调卷审查关联案件后，发现马某兴涉嫌从事违法放贷活动，在马某兴、黄某等人提起的多起民间借贷纠纷诉讼中，马某兴诉任某贵一案高额利息等非法利益的诉请未得到支持。二是通过调查任某贵涉案银行卡账户的开户、交易情况，发现存在该卡留存电话号码非任某贵使用，涉案51万元借款进入该账户后，随即被分为两笔转入马某、黄某涛账户等异常情况。三是向公安机关依法移交马某兴涉嫌非法经营等刑事犯罪案件线索，借助公安机关侦查查明马某、黄某涛与马某兴、黄某存在亲戚关系，黄某与任某贵之间无借贷关系；马某、黄某涛与任某贵之间没有因借贷等需资金往来的情况。四是在掌握虚假诉讼初步证据后，对马某兴进行调查，其承认操作黄某、任某贵、马某、黄某涛账户进行51万元资金空转的事实。

2019年5月21日，毕节市人民检察院以马某兴、黄某隐瞒案件事实提起民事虚假诉讼，侵害他人合法权益，影响人民法院司法审判权威，损害国家利益和社会公共利益为由对黄某诉任某贵民间借贷纠纷一案提出抗诉。2020年3月17日，七星关区人民法院作出再审判决，认为原审属虚假诉讼，判决撤销原审判决，驳回黄某的诉讼请求。黄某不服上诉至毕节市中级人民法院，该院经二审后，判决驳回上诉，维持原判。

【指导意义】

伪造证据、隐瞒还款事实提起诉讼，骗取人民法院判决书，不仅损害他人合法权益，而且妨害司法秩序、损害司法权威，构成虚假诉讼。检察机关应当通过依法行使民事检察调查核实权，加强对案件中异常现象的调查核实，并加强与公安机关、人民法院的沟通配合，形成打击合力，查明虚假诉讼的真相。在虚假诉讼案件中，当事人为了掩盖案件真实情况，往往会变造、伪造出一套环环相扣且完整的证据，这些证据如不根据证据内容及形成环境展开外围调查核实，很难发现其中涉嫌虚假的内容。本案中，检察机关通过采取询问有关当事人或者知情人，查阅、调取公安机关相关案件材料，查询金融机构交易明细、银行存款记录等调查措施，最终查明了虚假诉讼的事实。

来源：贵州检察

内蒙古检察机关服务民营经济典型案例（节录）

依法平等保护民营企业合法权益、为民营经济发展营造良好法治环境，是检察机关义不容辞的责任，"检察机关要做服务保障民营经济健康发展的'老娘舅'"。为更好满足民营企业司法需求，做好以案释法、以案示警工作，结合政法队伍教育整顿"我为群众办实事"实践活动要求，内蒙古自治区人民检察院拣选了涉民营经济和民营企业的典型案例。

呼伦贝尔市人民检察院办理的甲建筑工程有限公司与张某等人劳务合同纠纷虚假诉讼监督系列案

【基本案情】

2014年9月4日，甲建筑工程有限公司承包基本农田整治项目工程后，将该工程转包给韩某，韩某又二次转包给郑某、白某。双方约定郑某负责雇用工人、施工管理，白某负责沙石、器械等的投入和供应。2017年5月，工程结束后，为优先获取工程款，郑某伙同其妻子先后找到张某等23人获取身份证复印件及捺有手印的空白授权委托书，伪造了工人考勤表、授权委托书，虚构了雇用工人工资146.764万元的事实。之后，郑某以张某等23人的名义向陈巴尔虎旗人民法院提起诉讼，请求甲建筑工程有限公司、韩某等支付劳务费。一审法院判决郑某、白某二人共同给付张某等人劳务费150余万元，甲建筑工程有限公司和韩某对该债务承担连带给付责任。该建筑公司不服，提起上诉，呼伦贝尔市中级人民法院驳回上诉，维持原判。

【案件办理情况】

2019年10月，陈巴尔虎旗人民检察院通过同级公安机关发现该案件线索后，迅速向呼伦贝尔市人民检察院报告，依托一体化办案优势，两级检察机关上下联动，成立专案组，对该案立案监督。通过查阅案卷、分析研判，专案组确定了"刑民同步"的查办方案。针对本案可能存在虚假诉讼违法行为的多处疑点，检察机关民事检察部门配合刑事检察部门提前介入引导公安机关开展侦查工作，刑事侦查与民事调查取证同步进行。办案中,民事检察部门人员充分发挥熟悉虚假诉讼案件规律的优势,对尽快突破被告人心理防线、获取关键性言辞证据起到了关键作用。经过公安机关、检察机关缜密细致的工作,陆续调取到郑某等人涉嫌虚假诉讼行为的报案材料、欠条、职工考勤表、授权委托书等主要证据,证据链条逐渐完备。

调查发现,虚假诉讼中的23名务工人员,真正在工地工作过的仅有12人,而这12人中,有的仅在工地工作几天,大多数人只工作过一两个月,但在虚假诉讼中,伪造的考勤表却显示最短的劳务时间也长达275天。2019年11月11日,呼伦贝尔市人民检察院向市中级人民法院发出23件再审检察建议,建议对虚假的甲建筑工程有限公司与张某等人劳务合同纠纷案撤销原判,驳回张某等人的诉讼请求。呼伦贝尔中级人民法院全部采纳检察机关意见,依法启动再审后对23件案件全部改判。

2019年11月28日,陈巴尔虎旗人民检察院以郑某、张某等22人涉嫌虚假诉讼罪(不含实际务工的2人)向法院提起公诉。法院判处郑某、张某等22人犯虚假诉讼罪,承担刑事责任。

【典型意义】

本案是全国检察机关开展"虚假诉讼深层次违法行为监督"专项活动中的一起典型案件。办案中,检察机关充分发挥"一体化"优势,两级院上下联动,改"单兵出击"为"集团作战",为办案凝聚更大合力;充分考虑民营企业经营需要,改变"先刑后民"的传统办案模式,实现民事监督和刑事犯罪同步取证,避免因民事监督迟延而导致当事人民事权利不能得到及时有效的救济,有力保障了民营企业合法权益的尽快实现。检察机关通过办理虚假诉讼系列案件,对优化营商环境起到积极作用。

来源:内蒙古自治区人民检察院

浙江高院发布防范和打击虚假诉讼第一批典型案例

1. 利用相近字号催讨已抵扣债务构成虚假诉讼罪——原告宁国市海河转椅厂诉被告唐某华借款合同纠纷、原告楼某秀诉被告唐某华民间借贷纠纷两案

【典型意义】

在日常经济往来中，当事人草草出具借条、欠条等债权凭证，在债务清偿后又缺乏收回、销毁债权凭证的自我保护意识，容易给不诚信的出借人"换个马甲"二次催要债务的可乘之机。法院在审理过程中注重对虚假诉讼的审查和防范，在发现疑点后讲究策略，层层拨开案件事实"面纱"，依法果断认定涉嫌虚假诉讼，且对原告的撤诉申请坚决不予准许，不姑息放纵，及时移送公安机关侦查，将涉虚假诉讼当事人绳之以法。

【案情与裁判】

章某清、唐某华二人合伙经营宁国市中溪海河转椅厂，章某清系实际经营人，楼某秀系该厂财务人员（又系章某清女儿），唐某华系生产厂长。唐某华于2019年2月、6月分别向该厂借款285000元、115000元，但在出具的两份借条中所载借款对象却分别列为"海河转椅厂"和"楼某秀"。同年11月，该两合伙人产生矛盾致合伙终止。结算时，章某清在扣除了唐某华上述两笔共计40万元借款后，还需支付唐某华80余万元退伙款。后尚余约30万元拖欠未付。同年12月，章某清注册设立名为"宁国市海河转椅厂"（相比原厂名少"中溪"二字）的新厂。2020年6月，章某清持前述两份借条，分别以新厂、楼某秀为原告诉至安吉县人民法院，要求唐某华归还借款计40万元。新厂在开庭前申请撤诉。

安吉县人民法院审查认为，新厂诉唐某华一案，借条所载借款时间明显早于新厂设立时间，故借条中的"海河转椅厂"并非该案原告，原、被告之间并未真实发生借款关系；楼某秀诉唐某华一案，款项虽源自楼某秀个人账户，但该账户实际用于原合伙厂的日常资金进出，且转账当日该账户余额在40万元以上，作为生产厂长的唐某华若不向该厂而向楼某秀个人借款，不合常理，楼某秀主张系其个人出借疑点重重。

安吉县人民法院认定两案均涉嫌虚假诉讼,对新厂的撤诉申请不予准许,均裁定驳回起诉,并移交公安机关处理。安吉县人民检察院以章某清的前述行为构成虚假诉讼罪为由提起公诉,后章某清以该罪名被判处有期徒刑八个月,缓刑一年,并处罚金8000元。

【法官评述】

合伙终止后的债务纠纷容易产生债务混淆,导致"浑水摸鱼"。法官通过合理引导双方围绕争议事实充分举证;明确要求当事人本人到庭陈述事实以增加内心确信;注重关联案件的审理兼顾,先易后难逐个击破;注重发挥好民事裁判对虚假诉讼事实的侦查指引功能,将民事诉讼中查明的当事人陈述不符常理、不合逻辑等细节在向公安机关移送案件时尽可能详细载明,以便公安机关有针对性地开展后期侦查。两案从移送公安机关侦查到破案、检察机关审查起诉、法院刑事宣判,用时不足4个月,亦证明了此点。

2. 破产程序中重复申报已清偿完毕的债权构成虚假诉讼
——债务人L公司破产重整案

【典型意义】

因破产管理人并未全程参与债权债务关系的形成、变更和终止,存在信息不对称的现象,在破产程序中,容易让虚假申报债权的不法分子"趁火打劫"。本案从公平清偿的角度出发指导管理人收集固定存疑债权证据,最终将虚假申报行为人绳之以法,充分体现了承办法官的职业敏感性、责任感,也大力彰显了人民法院打击虚假诉讼、维护法律权威、提升司法公信力的决心。

【案情与裁判】

L公司与Z公司于2014年订立《电缆销售合同》,L公司拖欠尾款4.4万元,Z公司于2016年诉诸江苏省宜兴市人民法院要求偿付本息6.8万元,获得支持。

L公司因经营管理不善陷入财务危机,于2017年开始集中涉诉,并在强制执行过程中被移送破产审查,Z公司向破产管理人申报了上述6.8万元债权。该笔债权存在诸多疑点:(1)债权申报时间距该案生效时间已逾法定申请强制执行期限,若未曾申请强制执行则已失权;(2)若已申请执行,又未附相关执行记录;(3)L公司当时实力尚可,具备该数额债权的偿付能力,该债权未得到执行的可能性较低。管理人通过向原诉讼法院函询执行情况、对债务人L公司的高管谈话核实该笔债务履行情况、查阅接管的财务资料等,最终查明该债权已执行完毕,并已支付给Z公司。2020年10月,常山县人民法院以Z公司重复申报已清偿完毕的债权,构成虚假诉讼,扰乱司法秩序为由,对Z公司罚款5万元。后Z公司主动支付了罚款。

【法官评述】

从事破产审判的法官，要时刻保持严惩虚假诉讼的职业敏感性，主动加强研判，强化对管理人的指导和监督，切实发挥司法在公平清偿债权债务方面的保驾护航作用。特别注意以下两个方面：一是申报破产债权等同于提起民事诉讼，二是申报已清偿的债权属于"捏造"事实。捏造不仅包括积极捏造，即虚构并不存在的法律关系，俗称"无中生有型"的捏造；也包括消极捏造，即隐瞒已消灭的法律关系，俗称"隐瞒真相型"的捏造。重复申报已清偿完毕的债权属于"隐瞒真相型"的捏造事实，应当予以严惩。

3. 法律工作者作为虚假诉讼罪共犯定罪处罚
——被告人王某青虚假诉讼罪一案

【典型意义】

法律工作者不同于普通的自然人，其具备一定的法律专业知识，谙熟民事诉讼程序规则和证据认定标准，其利用自己的专业知识协助当事人进行虚假诉讼，会增加法院识别虚假诉讼的难度，也会更大程度损害司法公信力。本案的典型性在于有法律工作者共同参与虚假诉讼犯罪，具有较大的警示意义，有助于推动全面规范行业管理，促进法律职业共同体共同维护司法权威，捍卫社会公平正义。

【案情与裁判】

2017年，被告人章某方、徐某珠、章某为审批"零土地技改"项目，需将某制衣厂的土地使用权转户至某塑料厂，遂伙同法律工作者被告人王某青伪造了制衣厂与塑料厂的土地买卖协议，并伪造了一张制衣厂已收到塑料厂支付的土地款25万元的收条，落款签署时间均为1998年，而塑料厂成立于2013年。2017年8月，王某青基于上述伪造的土地买卖协议、收条等代理塑料厂提起房屋买卖合同纠纷诉讼，经法院调解，制衣厂确认上述土地使用权及地上附着物均转为塑料厂所有。

案件进入执行阶段后，有多处疑点：（1）涉案土地买卖协议的落款时间为1998年，而塑料厂于2013年才成立；（2）收条落款时间同样是1998年，但收条使用的纸张为2001年才设立的高桥街道的文书稿纸。两份证据显属伪造。案件移送公安机关侦查后，被告人均主动投案，但仅法律工作者王某青未如实供述犯罪事实。

法院经审理认定被告人章某方、章某、徐某珠伙同被告人王某青，以捏造的事实提起民事诉讼，妨害司法秩序，其行为均已构成虚假诉讼罪，判处九个月至一年三个月不等的有期徒刑，其中以虚假诉讼罪判处被告人王某青有期徒刑十个月，并处罚金1万元。王某青上诉后，台州中院维持原判。

【法官评述】

虚假诉讼共同犯罪的结构形式多样，主要有共同原告之间恶意串通，意图损害被告的合法权益；原、被告间恶意串通、勾结，意图损害案外第三人的合法权益；原告与其他诉讼参与人恶意串通，捏造事实、虚构证据，以侵犯被告或案外第三人的合法权益；原告与司法工作人员之间恶意串通，为原告谋取利益，侵害被告或案外第三人的合法权益等。本案中，被告人王某青作为从事法律服务行业的法律工作者，代理章某方等人进行民事诉讼时，帮助、教唆虚假诉讼行为人捏造事实及证据，并以捏造的事实向法院提起虚假的民事诉讼，其行为构成虚假诉讼罪（帮助犯、教唆犯）与帮助当事人伪造证据罪，属于想象竞合情形，按从一重处罚原则处理。

4. 虚构在先转让事实，妨害执行被处罚款
——原告B公司与被告X公司、L公司申请执行人执行异议之诉案

【典型意义】

执行异议之诉是虚假诉讼的高发领域，被执行人通过与案外人串通，虚构买卖合同、租赁合同、赠与合同或离婚协议书等，由案外人据此向法院主张相关权利，并要求停止司法拍卖。由于虚假合同在审判实践中较难认定，需纵观全案，发现矛盾之处，着眼细节，揪出"狐狸尾巴"。加大对执行阶段虚假诉讼行为的打击力度，有利于规范司法秩序，维护债权人的合法权益，提升法院司法公信力，促进社会和谐。

【案情与裁判】

L公司于2013年起租赁X公司厂房，部分自营、部分转租。2020年初，L公司因经营不善，拖欠房租达260万元，并于1月向X公司出具字据，将应收的加工费100万元、材料款80万元（表述为"设备款厂房内材料80万元"存在争议）、转租收入80万元等折抵给X公司冲抵房租。同年3月上旬，X公司疫情后复工，使用了L公司留存的涉案机器设备。同年3月25日，B公司起诉L公司要求其支付货款65.4万元及相应利息，并申请法院保全了L公司留存的上述机器设备。后双方达成调解后，L公司未按约履行，进入执行程序。

案外人X公司向绍兴市越城区人民法院提出执行异议，提供了与L公司签订的落款为"2020年3月1日"的设备转让协议，认为其已受让上述机器设备，要求解除查封。该异议获支持，B公司不服，提起本案执行异议之诉。

法院经审理查明，X公司虽已于2020年3月初接手L公司，占有使用案涉机器设备，但并未在法院查封前达成抵债合意。X公司提交的设备转让协议系查封后倒签日期，是虚假证据。遂判决继续查封前述设备。判决后双方当事人均未上诉，案已生效。后法院认为，X公司为阻碍执行而伪造证据，处以罚款5万元。L公司积极配合调查、悔过态度良好，作书面检讨。

【法官评述】

执行异议之诉案件中的虚假诉讼行为甄别困难，尤其是倒签合同难以通过现有技术进行有效甄别，而被执行人往往已经停止经营或下落不明，增加了法官查明案件事实的难度。本案中，一是通过案件蛛丝马迹发现矛盾之处。据业内了解，L公司留存在厂房内价值约80万元的生产材料、该公司应收款、提前退租所余租金等已够足额冲抵所欠租金，无须再以机器设备款抵冲，故前述字据应仅涉材料款，与设备无涉，而设备转让协议以设备价值80万元抵冲厂房租金存疑。二是L公司在调查中并未否认倒签协议，以及厂房租金已经全部抵冲的情况，对此未能作出合理解释，且执行异议程序中的证人又存在陈述相矛盾的情况。三是引导虚假诉讼的当事人及时悔过，配合法院查明案件事实。被执行人L公司法人代表四处躲债，承办法官经与其细致沟通，并严肃告知虚假诉讼行为将面临的法律后果后，其最终如实陈述了协议签订经过。

5. 捏造欠薪事实，构成虚假诉讼被处罚款——涉浙江C公司系列案

【典型意义】

追索劳动报酬纠纷是虚假诉讼高发案件类型。本系列案涉及当事人多，金额大，且存在以借款、加工款、货款等多种形式的欠款捏造为欠薪的虚假诉讼行为，具有较强代表性、典型性。在后疫情时代，此案也能更好地警示面临经营困难的企业，务必合法有序退出市场，严守诚信诉讼的基本准则。

【案情与裁判】

龚某民等人在C公司厂房经司法拍卖所得执行款临界分配之际，向余姚市人民法院提起58起追索劳动报酬纠纷诉讼，各案原告均持C公司出具的欠条起诉，涉案金额共计382万余元。

案件受理后，承办法官结合双方陈述，在对劳动合同、欠条、工资清单及考勤表等证据进行审查后，多次走访基层组织及劳动侦查大队，分别对各案原告及C公司法定代表人、会计等制作了70余份询问笔录，调取了C公司及其关联公司F公司历年的工商企业年报、小企业会计准则资产负债表、会计账本、社保缴纳情况、两公司及相关责任人的银行账户往来情况，以及各案原告社保缴纳情况等证据。

经查，C公司与龚某民等9人恶意串通，虚构劳动关系，提供虚假劳动合同书、工资清单、考勤表、欠条等证据提起诉讼；C公司与袁某妹恶意串通，隐瞒劳务款已清偿事实，试图获取不法收益，亦涉嫌刑事犯罪。上述10起在诉讼中已查实存在虚假诉讼行为的案件，依法判决驳回各原告诉讼请求，对C公司罚款50万元，对龚某民等人分别处罚款1万元至2万元不等，对袁某妹等人进行训诫。其余48起案件，虽未在诉讼中查实有虚假诉讼行为，但庭审情况及调取的证据显示，C公司与孙某芳等47名原告（其中

439

两案原告系同一人）恶意串通，捏造债权债务关系进行虚假诉讼的可能性较大，48案所涉债权一旦认定，将对其他债权人的合法债权实现产生重大影响，故依法裁定驳回各原告的起诉，并将有关线索移送公安机关。

【法官评述】

虚假诉讼案件甄别的难点在于，如何逐一识别并剥离由虚假证据精心编织的华丽外衣。承办法官在审理此系列案件过程中，总结出了"高度警惕，回归常识；能动司法，重点突破；群策群力，联动甄别"这一应对虚假诉讼的办案思路。通过对当事人陈述及证据疑点的查证，发现案件不合常理之处；进而主动出击，多方查证，重点突破；同时，通过庭内法官讨论、专业法官会议等机制，完善审判思路，最终查实虚假诉讼10起，并将其他案件相关线索移送公安机关，取得较好警示效果。

6. 虚构债权、虚设车辆抵押登记申请实现担保物权，构成虚假诉讼罪
——申请人卢某旭诉被申请人杨某武等6人申请实现担保物权系列案

【典型意义】

受杭州小客车总量调控政策影响，带增量指标车辆司法拍卖火热，老旧车辆往往溢价上十倍，不少不法分子瞄准了借司法拍卖变相倒卖浙A牌照赚取高额利润的"商机"，欲通过诉讼变相牟利。法院在审理此系列案时，紧抓各案事实、证据雷同等疑点，结合地方政策，"各个击破"，查明虚构借贷关系事实后，坚决不准予撤诉并移送公安机关处理，进而查获假借司法拍卖套现浙A牌照的虚假诉讼犯罪。通过刑事制裁，有力震慑了不法分子。

【案情与裁判】

2017年7月5日，卢某旭持其分别与杨某武等6人签订的《借款协议书》《汽车抵押合同》向杭州市萧山区人民法院提起申请实现担保物权6案，要求准予拍卖、变卖各被申请人名下浙A牌照汽车，并对变价所得价款在借款5万元范围内优先受偿。萧山区人民法院经查发现，上述6案《借款协议书》、收条均为同一格式，借款均为5万元，均系现金交付且借款、抵押登记时间均在2017年6月初，借期均为15天，抵押车辆以浙A牌照10年以上报废车辆为主；申请人对借款交付等细节事实陈述不清，各被申请人均明确表示未实际借款，协议、收条均为虚构。综合以上情节，认定各案均未真实发生借款关系，涉嫌虚假诉讼。另查明，同月受理的K公司与汪某生申请实现担保物权等17案与前述6案案情、证据、请求事项均一致，经审查亦认定涉嫌虚假诉讼。其间，23案申请人申请撤诉。8月2日，萧山区人民法院对各案均不准许撤诉，裁定驳回申请，并将涉案线索移送公安机关。侦查发现K公司法定代表人沈某峰、员工王某等5人合谋，由王某出面收购浙A牌照老旧车辆并带车主到K公司做虚假抵押贷款，再以借款到期未

还为名起诉，借司法拍卖将抵押车辆变相牟利的多起犯罪事实。公诉机关认定，23案申请人因犯罪情节轻微，作相对不起诉处理；汪某生因犯罪事实证据不足，作存疑不诉处理；其余22案均作为虚假诉讼犯罪事实认定，杨某武等22人及沈某峰等5人均被提起公诉。2018年8月17日，萧山区人民法院以虚假诉讼罪对杨某武等27人判处有期徒刑一年二个月至拘役五个月不等刑期，并处罚金。

【法官评述】

申请实现担保物权案历来是虚假诉讼重灾区，法院在审理时，要注重审查主合同效力、期限、履行情况、担保物权是否有效设立、被担保债权范围、是否已届清偿期等担保物权实现条件，以及是否损害他人合法权益等相关事实，防止双方恶意串通、虚假诉讼。得益于萧山区人民法院申请实现担保物权案件专人专办、集中审理、快审机制，23案从民事立案到审结用时不到一个月，刑事立案、判决用时不到一年，实现了快速排查、高效甄别、有力惩治。

7. 以虚假诉讼行为进行合同诈骗犯罪——张某伟合同诈骗罪案

【典型意义】

实务中，对以虚假诉讼行为进行合同诈骗的犯罪，要注意两罪名的区分，主要考虑两个方面：一是犯罪主观目的。虚假诉讼行为往往不是目的，而是犯罪分子为获取非法利益或达成其他非法目的的手段和过程。二是罪刑相适应。要综合考虑犯罪情节进行量刑对比，依照处罚较重的罪名进行定罪处罚。本案通过对两罪名的厘清，正确定罪量刑，对同类案件的处理有一定借鉴意义。

【案情与裁判】

2012年12月，傅某其、李某兰夫妇向张某伟注资用于开发龙泉市某大厦，投资款计253万元。张某伟另于2014年12月向傅某其借款100万元。2012年12月，张某伟注册F公司，之后开发建造该大厦。2015年3月，叶某为购买大厦办公用房注册T公司，之后两公司签订商品房买卖合同并备案登记，约定T公司以1168万余元购买大厦第十层四套办公用房，叶某实付约500万元。后因未办成抵押贷款，张某伟以归还现金、以物抵债方式将房屋回购，并取得T公司营业执照、商品房买卖合同、公章等。

2015年，傅某其向张某伟提出退股，双方约定，傅某其以872万元购买T公司名下上述四套房产，该公司法定代表人变更为李某兰。2015年11月20日，T公司法定代表人由叶某变更为李某兰，同日T公司、F公司签订《购房补充协议》，约定购房款抵扣投资款及利润、借款本息后仍需支付293万余元，李某兰先支付230万元，余款6个月内结清。后李某兰按约支付了230万元。

2016年10月，张某伟将上述房产再次出售给龙泉市G公司。2017年1月，张某伟让叶某以T公司法定代表人身份向龙泉市人民法院口头起诉，要求解除前述商品房买卖合同，张某伟并向法院提供了叶某为法定代表人的营业执照复印件、法定代表人身份证明等。后法院作出民事调解书。张某伟凭调解书等向住建局提出退房申请，G公司取得不动产权证。

2020年5月，龙泉市人民法院以合同诈骗罪判处张某伟有期徒刑十一年，并处罚金10万元；责令退出违法所得230万元，返还被害人。张某伟上诉后，丽水中院裁定驳回上诉，维持原判。

【法官评述】

张某伟隐瞒T公司法定代表人变更的事实，并捏造事实提起诉讼，利用民事调解书非法获取已预售登记在T公司名下的房产。其行为虽符合虚假诉讼罪构成要件，但根据刑法相关规定，构成虚假诉讼行为的，非法占有他人财产或逃避合法债务，又构成其他犯罪的，依照处罚较重的规定定罪从重处罚。本案中，张某伟合同诈骗金额230万元，属于该罪中数额特别巨大情节，量刑在十年以上有期徒刑或无期徒刑，而虚假诉讼罪最高量刑仅七年，若判处虚假诉讼罪则无法贯彻罪刑相适应原则。同时，张某伟的虚假诉讼行为仅是其实施合同诈骗的手段和过程，从其隐瞒一房多卖且拒不向被害人退还购房款等事实来看，非法占有的主观目的明显，以合同诈骗罪论处更恰当。

8. 以虚假仲裁裁决申请执行构成虚假诉讼罪
——被告人王某、左某文等人虚假诉讼罪一案

【典型意义】

通过劳动仲裁讨要工资，本是劳动者维护自身权益的合法途径，却被不法分子钻空子。本案中，王某等人利用被执行人无法发声的窘迫和职工工资优先受偿的便利，"无中生有"捏造工资欠款，掏空公司转移资产，让被执行人成为"替罪羊"。法院在执行中注重对以虚假仲裁裁决申请执行的监督和防范，通过关联执行案件发现虚假诉讼线索，适时邀请公安机关提前介入，通过对人员关系的梳理和证据实质审查，一步步厘清案件事实真相，待相关证据固定后及时移送公安机关立案，最终对犯罪分子依法制裁，成功追回了执行款。

【案情与裁判】

左某文于2014—2017年承包某公司厂房。2016年12月，左某文得知某公司不动产即将被拍卖，遂伪造一份"2016年3月至11月某公司未发工资清单"，指使相关人员签署文书材料，以此向武义县劳动人事争议仲裁委员会申请仲裁，要求某公司支付拖欠工资共计128万余元，并授意陈某仙冒充公司财务主管代表公司进行仲裁。王某、严某胜等人明知左某文用伪造的未发工资清单进行仲裁，经左某文授意，在相关文书上

签字，帮助左某文进行虚假诉讼，王某还帮助左某文转移部分人的执行款。2017年1月19日，仲裁委员会作出仲裁调解书，后左某文等人以调解书为依据向武义县人民法院申请执行。执行立案后，根据该调解书将某公司不动产拍卖款优先支付给了左某文等人。该128万余元款项大部分被左某文用于还债或支付拖欠工程款等。2019年9月，武义县人民法院在办理某公司另一起执行案件时，发现前案可能涉嫌虚假诉讼。经查发现，该案执行款发放后多数被转入同一账户，王某等人与某公司的劳动关系存在虚假，左某文等人系基于捏造的欠薪事实进行劳动仲裁并申请执行，故将该案移送公安机关处理。后武义县人民检察院以虚假诉讼罪对左某文等人提起公诉。武义县人民法院以虚假诉讼罪对左某文等人判处有期徒刑三年六个月至八个月不等，并处罚金。

【法官评述】

以虚假劳动仲裁裁决申请执行的虚假诉讼案件近年频发。在办理此类案件时，应着重把握如下几点：一是提升甄别执行阶段虚假诉讼的敏锐性，注重关联执行案件的线索把握，警惕存在虚假诉讼的风险。对利害关系人提出的异议，应高度重视、认真核查。二是注重审核证据，加大对可疑诉讼的调查力度。通过对证据的细致审查，形成内心确信。三是及时对接公安机关，形成打击虚假诉讼合力。此案因涉及人数多、证据收集困难，法院在调查阶段就邀请公安机关提前介入，借助公安系统分析资金流向、查询身份信息，快速核查相关可疑事实。法院第一时间将事实、证据固定并移送公安机关，并提出下一步侦查意见，以便公安机关有针对性地开展后期侦查，顺利将行为人绳之以法。

9. 虚构公司债务妨害民事诉讼构成虚假诉讼罪
——被告人赵某阳等人诈骗、虚假诉讼系列案

【典型意义】

一些不法分子为规避债务，与债权人重新签订借条、对账单等债权凭证，虚构债务数额，私盖公司公章，债权人则以虚假债权凭证提起民事诉讼，从而将个人债务转化为公司债务，严重妨害了司法秩序。缙云法官在案件审理过程中，注重对虚假诉讼的审查和防范，在发现疑点后，依法裁定驳回起诉并及时将线索移送公安机关侦查，最终将涉虚假诉讼当事人绳之以法。

【案情与裁判】

2014年4月27日，赵某阳、陈某秋夫妇同沈某强、吕某夫妇签订合同，将其二人名下Y公司股权转让给沈某强夫妇，并对公司债权债务承担作出约定。但赵某阳夫妇隐瞒了公司原有公章2枚的事实。5月26日，赵某阳夫妇将尾号为"520"的公章移交给沈某强，私藏了尾号为"566"的公章。因合同履行出现分歧，股权转让未能如期

进行。2015年2月，沈某强夫妇向缙云县人民法院提起确权诉讼。6月19日，法院判决确认沈某强、吕某分别享有Y公司80%、20%股权。赵某阳夫妇不服提出上诉，丽水中院判决驳回上诉，维持原判。同年12月23日，Y公司股权被强制变更为沈某强夫妇所有。同年5—8月，李某强等人分别以借条、对账单作为证据提起民事诉讼，要求Y公司及赵某阳还款。李某强等人曾对赵某阳夫妇享有债权，但形成时间均晚于股权转让合同签订时间，且无证据证实系用于公司经营。李某强等人明知赵某阳夫妇已签订股权转让合同，将Y公司股权转让给沈某强夫妇，仍同意赵某阳的提议，虚构欠款额度，加盖赵某阳私藏的Y公司公章，并提起诉讼，试图将赵某阳个人债务转化为Y公司债务。经鉴定，李某强等人借条、对账单上加盖的Y公司公章印文系2015年2—5月盖印形成。

缙云县人民法院依法判决，赵某阳、陈某秋犯虚假诉讼罪，分别判处有期徒刑一年六个月、一年，并处罚金；其二人并因其他犯罪事实被判处诈骗罪、拒不执行判决罪，数罪并罚，受到相应刑事制裁。李某强等人犯虚假诉讼罪，均判处罚金。赵某阳夫妇不服判决，提出上诉。丽水中院裁定驳回上诉，维持原判。

【法官评述】

虚假诉讼罪的常见情形是通过伪造书证、物证或者双方恶意串通提起民事诉讼，《中华人民共和国刑法》规定的"妨害司法秩序或者严重侵害他人合法权益"系虚假诉讼行为造成的危害结果。无论从时间还是空间上看，本罪实行行为与危害结果之间都存在一定的间隔。行为开始实施时，并不意味着立刻产生危害结果，只有在特定危害结果发生时才能认定犯罪既遂。在认定此罪时，要注意与妨害民事诉讼的违法行为进行区分。民事诉讼中，当事人基于趋利避害的本能选择自己的行为方式，《中华人民共和国民事诉讼法》对虚假诉讼行为的处罚有明确规定。因此必须遵循刑法的谦抑性原则，慎重确定处罚范围。此案赵某阳等人恶意串通，通过私藏公章、伪造对账单的方式将个人债务捏造成公司债务并提起诉讼，扰乱正常审判秩序，严重浪费司法资源，符合虚假诉讼罪的构罪要件，应以此罪论处。

10. 将普通债权捏造为优先于抵押权的租赁权并提出执行异议，构成虚假诉讼罪——被告人张某龙虚假诉讼案

【典型意义】

在民事执行程序中，案外人单方或与被执行人恶意串通，通过伪造虚假租赁合同等手段要求"带租拍卖"，对抗执行的情况时有发生，对执行工作造成严重干扰。准确认定此类行为的性质，正确把握定罪处罚的条件，对不法分子及时绳之以法，有助于维护良好的执行秩序，推进解决执行难问题。

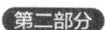

【案情与裁判】

王某荣于2011年4月15日向被告人张某龙借款300万元，后无力偿还。2012年5月，张某龙要求王某荣出租其经营的G公司名下厂房用以抵偿借款本息。王某荣告知该厂房已于2011年12月2日抵押给建行龙湾支行，张某龙遂要求倒签租赁协议，落款日期为2011年4月15日，起租时间为2011年5月1日。后该厂房交由张某龙转租给案外人董某、张某弟和杨某寨等人使用。

2019年5月28日，龙湾区人民法院发布上述厂房的拍卖预告，并要求张某龙腾空。张某龙遂以案外人身份，持上述倒签租赁协议提出执行异议申请，要求法院在处置涉案不动产时应保障其作为承租人的优先购买权，并进行"带租拍卖"。龙湾区人民法院经调查取证，驳回张某龙的执行异议申请。同年12月20日，龙湾区人民法院以张某龙涉嫌虚假诉讼罪移送公安机关侦查，后张某龙主动投案。龙湾区人民检察院以虚假诉讼罪对被告人张某龙提起公诉。

龙湾区人民法院审理认为，张某龙以捏造的事实提起民事诉讼，妨害司法秩序，严重侵害他人合法权益，其行为已构成虚假诉讼罪。张某龙有自首情节，认罪认罚，对其以虚假诉讼罪从轻判处有期徒刑六个月，并处罚金2万元。

【法官评述】

将普通债权捏造为优先权，将直接影响不同利益主体对财产的分配顺位和多寡，对部分债权人带来实质不利后果，系从根本上改变了该债权债务关系的性质，妨害司法秩序或者严重侵害他人合法权益，根据实质性判断的要求，应当认定为"无中生有"，捏造事实。本案中，王某荣因非法集资犯罪被判处刑罚，其名下资产根本不足以覆盖普通债权。张某龙要求法院"带租拍卖"和享有"优先购买权"，如其执行异议成立，势将造成法院错误执行，损害抵押权人合法权益。因此，张某龙的行为属于"无中生有型"虚假诉讼行为。同时，以捏造事实提出执行异议，导致人民法院开展调查取证的，应认定亦构成"妨害司法秩序或者严重侵害他人合法权益"。

来源：浙江天平

浙江高院发布防范和打击虚假诉讼第二批典型案例

1. 伪造证据虚构名誉权侵权构成虚假诉讼罪
——原告陈某某与被告某银行一般人格权纠纷案

【典型意义】

法院审理名誉权侵权纠纷案件，要注重审核原告证据的真实性，特别是在短信、微信等电子证据作为关键证据的情况下，更要严加审查，要特别注意观察原告本人在庭审中的言谈举止。在发现疑点后，要抓住重点进行突破，固定关键证据。对存在虚假诉讼行为的当事人，对其撤诉申请应不予准许，并果断移送公安机关侦查，依法有力制裁虚假诉讼行为，绝不姑息纵容。

【案情与裁判】

陈某某向某银行进行网络借款，发生逾期后收到催收短信。陈某某向法院提起民事诉讼，称某银行催收员在其家门口实施了张贴"卖身还债"侮辱性大字报等催收行为，导致其婚约被取消、失业，使其遭受精神损害和名誉损失，要求被告某银行赔偿精神损失费59万元、名誉损失费1万元，并赔礼道歉。陈某某提交了催收短信，带有威胁、侮辱内容的大字报，及与此关联的其与"男友"、"未来婆婆"、近亲属、邻居及合作伙伴的微信聊天记录截图等证据。

法院于2020年10月19日开庭审理该案。原告陈某某于同年11月10日提出撤诉申请。

法院审查认为，被告某银行提供的催收员手机号的短信详单连续完整，详单显示，并无向原告所称158×××0013手机号码发送短信的记录。原告作为证据提供的所谓催收员手机号与原告158×××0013手机号的两段短信聊天截图，显然存在虚假的可能性。法院认定该案涉嫌虚假诉讼，对原告的撤诉申请不予准许，判决驳回原告的诉讼请求，并将线索移交公安机关调查处理。

2021年10月25日，检察院对陈某某的前述行为以虚假诉讼罪提起公诉。同年11月30日，法院作出刑事判决，被告人陈某某犯虚假诉讼罪，判处有期徒刑八个月，并处罚金1000元。被告人明确表示不上诉，该刑事判决已生效。

【法官评述】

本案是一起较为少见的涉及名誉权的虚假诉讼案，但当事人伪造证据的情形非常典型。短信、微信聊天记录截图等电子证据容易伪造、篡改，必须仔细审查真实性，穷追不舍，彻底查明案件真相。虚假诉讼不仅侵害对方当事人权益，更损害司法权威和司法公信力。即便在对方当事人出于息事宁人等原因有调解意愿的情况下，也不能放松警惕以调解或准予撤诉处理。

法官在审理时，一是通过庭审"察言观色"，发现疑点。庭审时，法官要求原告出示手机查看短信、微信的原始载体，原告表示在截图后均已删除。法官立即追问细节，并观察原告的反应。二是及时启动虚假诉讼调查程序，抓住重点进行突破。法官怀疑原告提交的关键证据——两段短信截图系伪造，要求双方作出说明，并针对该短信截图要求被告提交催收员手机运营商的短信详单。被告补充提交的短信详单证明在相关时间段催收员只向原告178开头的手机号发送了一条催收短信。而原告随后提交了《情况说明》，称其提交的短信截图是催收员发给其另一个已注销的手机号158×××0013的。同时，原告提交了所谓移动App的截图，显示该手机号在相关时间段有与催收员手机号的短信记录。法官仔细审查发现，催收员的短信详单中没有向158×××0013手机号发送短信的记录，而有两条发送给案外人158×××0045手机号的短信记录，只是详单中数字"0045"较模糊，易看成"0013"。法官判断，系原告根据被告提交的短信详单，将尾号"0045"错看成"0013"后，伪造了催收员发送消息给158×××0013的移动App短信记录截图并补充提交。三是全面搜索关联案件，增加内心确信。法官发现在相同时期，原告在另一法院也有2起类似起诉其他网贷公司人格权纠纷案件，理由、证据均与本案相似，原告意在通过该种方式拒绝还款并获取高额赔偿。四是移送说明细节具体丰富，便利侦查。民事法官作为虚假诉讼当事人的最先接触人，掌握第一手细节情况。向公安机关移送案件时详尽说明当事人涉嫌虚假诉讼的具体过程和各个细节，包括其在其他法院的类似诉讼情况，以便侦查机关调查。本案陈某某被抓获归案后，经审讯坦白了其为牟取不法利益，利用网络资源伪造证据的事实，最终受到法律的严厉制裁。

（杭州市西湖区人民法院）

2. 高新技术企业伪造电子证据被处罚
——原告X公司与被告占某等股东损害债权人利益责任纠纷案

【典型意义】

随着电子证据在民事诉讼中发挥日益重要的作用，法官对电子证据的审查与判断能力也受到了愈加严峻的考验。由于电子证据具有易被伪造、篡改，且痕迹隐蔽等特点，调查核实的难度远高于传统证据，过程亦较为复杂。本案中，法官克服电子证据审核过程中存在的调查取证权限、个人信息保护、技术存储等困难，最终有效甄别电子证据真伪，查清真相，对当事人予以惩处，体现了人民法院打击虚假诉讼的决心与信心，维护了司法权威和司法秩序，也为电子证据的审查和证据规则的完善作了有益的探索。

【案情与裁判】

2021年2月，X公司以股东损害债权人利益责任纠纷向法院起诉占某等三被告，认为X公司与T公司存在借贷关系，三被告作为祥通公司注销前的股东需承担相应责任。X公司在该案中主张曾向祥通公司出借款项，而三被告则主张祥通公司并未拖欠借款，质疑款项性质，且认为X公司的诉请已过诉讼时效。

X公司在庭后补充提交了其法定代表人谢某辉分别于2013年、2015年、2017年、2018年向占某发送的四份电子邮件，用以证明借贷以及催讨事实。承办法官进入双方邮箱系统核对后，发现谢某辉发件箱中确实存在该四份邮件，且状态为发送成功，但占某坚称从未收到过。综合全案证据及庭审情况，法院认为此案存在疑点：占某邮箱中保留了其与谢某辉的历年邮件，却唯缺该四份邮件，而谢某辉邮箱中删除了其与占某的其他邮件，唯独保留了该四份邮件；从起诉至庭审结束，X公司从未提及存在该四份邮件；该四份邮件的发送时间紧扣诉讼时效，且内容均涉及催讨借款，似为应对被告的答辩内容"量身打造"。考虑到X公司本身是一家通信公司，存在利用技术手段伪造的可能性，法官在向双方告知伪造证据以及虚假陈述的后果后即启动调查。

经咨询鉴定机构以及公安机关相关部门，得知无法鉴定邮件真伪，法官遂决定向邮箱运营商调查核实。其间，法院工作人员克服了民事案件取证权限、个人信息保护、技术存储等重重困难，经历多番沟通交涉并远赴广州向邮箱运营商等调查取证。经过与运营商反复论证、抓取数据、解析代码，最终法院查实确认：占某的邮箱从未收到过案涉邮件；案涉邮件缺失部分正常信息，未经过邮箱系统发送；邮件发送时间倒挂，邮件显示经Foxmail邮件客户端7.2.18版本发送，而该版本发布时间为2020年。综合以上核实结果，能够确认案涉邮件系X公司通过技术手段伪造。

获得调查结果后，法院组织第二次庭审并要求X公司法定代表人谢某辉本人到庭，谢某辉通过移动微法院参与在线庭审并最终承认邮件系伪造。庭审后，X公司申请撤回起诉，法院裁定不予准许，并判决驳回X公司的全部诉讼请求。

法院认为，X公司作为一家高新技术通信企业，滥用自身技术优势，在参与诉讼活动中使用技术手段伪造电子证据，违背行业守则，违反诚实守信的民事诉讼基本原则，损害电子证据的可信度，增加法院甄别难度，浪费司法资源，严重妨害人民法院审理案件，决定对X公司罚款10万元。处罚决定作出后，该公司未申请复议并按期缴纳了罚款。

【法官评述】

电子邮件是典型的电子证据,本案法官在登录邮箱系统核对后发现确实存在发送成功的邮件,此时依照审判实践及证据规则已很难否认其真实性。调查过程能够体现在判决书上的不过寥寥数语,但这其中过程的曲折不易以及查清真相后获得的成就感都非文字所能表达。该案惩处时,最高人民法院《关于在民事诉讼中防范与惩治虚假诉讼工作指引(一)》尚未正式下发,法官办案中实际上体现了该指引的精神,从证据与案件事实的关联程度、证据之间的联系等方面,依法全面、客观地审核各方当事人提交的证据,充分运用逻辑推理和日常生活经验对证据进行综合审查判断,合理分配当事人举证责任,发现疑点,深入挖掘,主动依职权调查取证,最终查清真相,并在X公司申请撤诉后裁定不予准许,驳回全部诉讼请求,同时采取相应民事制裁措施,有力体现了人民法院对虚假诉讼的惩治力度,取得了良好的法律效果和社会效果。

(宁波市鄞州区人民法院)

3. 恶意串通签订虚假资产转让协议、伪造银行转账凭证侵害他人权益,构成虚假诉讼罪——原告刘某林与被告Z公司、第三人周某华返还原物纠纷案

【典型意义】

在司法实践中,当事人恶意串通,通过伪造证据、虚构事实、隐瞒真相等手段捏造事实、骗取法院裁判文书的行为,已成为虚假诉讼的一种重要类型。由于其隐蔽性强,证据链完整,对法官查明案件事实真相造成极大干扰。司法机关要有效甄别、发现、惩处此类虚假诉讼违法犯罪行为,需要法院与检察、公安、司法等多部门加强协作,在打击虚假诉讼过程中明确分工、强化监督配合,形成整治合力,共同营造公平竞争的市场环境,促进社会诚信体系建设。

【案情与裁判】

周某华对C公司享有大量债权,C公司无力归还。2017年10月29日,周某华基于无权处分,与Z公司法定代表人沈某强等人签订《债权转让协议》,约定周某华向沈某强转让其对C公司享有的900万元债权,周某华将C公司约10亩无证土地承买权或租赁权转让给沈某强一方。2017年12月30日,沈某强按约向周某华支付款项。后双方签订补充协议,约定10亩无证土地及建筑物归沈某强所有,厂区外两幢房屋10年租期归Z公司所有。

2018年1月22日,法院受理C公司破产清算一案。同年8月31日,周某华与C公司管理人签订《资产转让协议》,将C公司的无证房屋(包括厂区外两幢房屋)等以110万元的价格转让给周某华,因缺少资金,周某华让刘某林帮忙出资90余万元予以购买。事后,周某华欲将厂区外两幢房屋转让给Z公司,但认为Z公司出价太低,为攫取更多

收益，周某华意图通过诉讼给Z公司施压。但鉴于双方之前已签订协议约定该两幢房屋10年租期归于Z公司，周某华担心直接起诉Z公司要求返还的胜诉概率较小，遂与刘某林合谋，于2018年9月27日签订一份虚假的《资产转让协议》，约定周某华以138万元的价格将上述无证资产转让给刘某林。次日，周某华指使刘某林向他人借款130万元用于制作银行凭证，制造出已支付合同价款的假象。2019年1月2日，刘某林以Z公司侵权为由，向法院起诉要求Z公司返还上述资产，法院追加周某华为第三人，周某华、刘某林在庭审中均隐瞒事实真相，并提交虚假的《资产转让协议》及银行转账凭证作为证据。2019年9月26日，法院判决Z公司停止侵权，将案涉房屋返还给刘某林。后Z公司上诉，湖州中院于2020年4月30日裁定撤销原判，发回重审。

重审期间，法院于2020年9月25日、2021年2月7日分别作出刑事判决，周某华、刘某林犯虚假诉讼罪，分别判处有期徒刑。上述刑事判决生效后，法院于2021年3月26日作出民事判决，认定刘某林与周某华虚构事实，签订虚假《资产转让协议》提起虚假诉讼，驳回刘某林的全部诉讼请求。该民事判决已生效。

【法官评述】

本案原一审中，法官为了查明案件事实，依职权追加周某华为第三人，但因刘某林与周某华事先串通，对法官可能询问和审查的内容做了充分准备，且从形式上看，刘某林提交的证据能够相互印证，已达到高度盖然性的证明标准，故判决支持了刘某林的诉讼请求。由于民事案件的案件调查存在诸多局限性，对疑点问题，在反复询问细节和一般调查的基础上如无法找到突破口，容易使虚假诉讼就此得逞。此案发回重审后，法院通过与公安、检察机关等联动协作，将案件线索移交公安机关侦查后，最终查明了案涉虚假诉讼事实。在刘某林涉嫌虚假诉讼罪被立案侦查后，法院作出中止民事诉讼的裁定，保持刑民协同。在刑事案件判决生效后，及时恢复民事案件审理且不准许原告撤诉，对虚假诉讼行为坚决予以否定性评价，有力保护了当事人合法权益，维护了司法权威和公信力。

（湖州市南浔区人民法院）

4. 变造管辖条款被处罚款
——原告某物业公司与被告某小区业主物业服务合同纠纷系列案

【典型意义】

当事人在诉讼过程中应当遵循诚信原则，若为了方便诉讼，变造证据，"耍小聪明"，企图蒙混过关，妨害人民法院的正常审理，则将承担相应的法律责任。本案在立案审查阶段发现管辖条款疑点后，及时收集、固定证据，最终对虚假诉讼当事人进行处罚，充分体现了法院立案人员的辨别能力，有效打击了损害司法权威、浪费司法资源的行为。

【案情与裁判】

2018年5月4日，某物业公司与某小区业主委员会签订《物业服务合同》一份，约定某物业公司为某小区提供物业服务，物业服务期限自2018年1月1日起至2023年12月31日止，如业主逾期缴纳物业费，则按每天应交费用的千分之三缴纳滞纳金。后多位业主未按合同约定缴纳物业费，某物业公司遂向法院提起诉讼。某物业公司首次向该院提交立案申请时，立案人员审核后告知其《物业服务合同》约定管辖为提交嘉兴仲裁委仲裁，遂将案件退回。某物业公司在明知法院没有管辖权后，变造合同的管辖条款，将《物业服务合同》第43条第1种方式（嘉兴仲裁委仲裁）改成了第2种方式（向法院起诉），重新打印后放入原合同向法院提交，并再次申请立案。这一次，引起了立案法官的高度警惕，法院并未再次将案件即时退回，而是通知某物业公司法定代表人吴某浩携带提交立案的合同到法院，并对其做了笔录，仔细询问双方合同约定的管辖条款内容，但吴某浩坚持以双方约定管辖为由向法院起诉。随后法官前往该小区业主委员会，调取了保存在业主委员会的合同原件以固定证据，并再次传唤吴某浩前来法院，询问其为何双方提供的合同管辖约定不一致，在确凿证据面前，吴某浩最终承认了在立案时为方便诉讼变造证据的事实。因吴某浩行为严重违反诚实信用原则，妨害诉讼秩序，损害司法权威，造成司法资源的浪费，法院遂作出罚款1万元的处罚决定。吴某浩罚款已缴纳到位。

【法官评述】

诚信原则是民事诉讼的基本原则之一，诉讼参与人在诉讼过程中，应提供真实合法的证据。实践中，虚假诉讼多发于审理阶段，当事人采取伪造证据、虚假陈述等手段，捏造民事纠纷事实、虚构民事法律关系，法院往往是在案件受理后的实体审查过程中发现涉虚假诉讼线索。而本案发生于立案阶段，当事人为将纠纷提交法院审理而变造了管辖条款，把原本应由仲裁处理的纠纷更改为向法院起诉，扰乱了正常的诉讼秩序。且该案并非个案，物业纠纷往往会形成大批量系列案件，涉及人数多，社会影响大，容易出现"程序空转"。在法院案多人少的背景下，会严重浪费司法资源，损害司法权威和司法公信力。立案作为守护良好诉讼秩序的第一道防线，如何从入口开始从严防范虚假诉讼行为，除了全过程履行告知义务、进行关联检索、加强警示提醒外，还需要立案人员严把程序关，主动加强审查。一旦发现疑点，就可以通过传唤当事人本人到庭接受询问、要求当事人提交原始证据、依职权调取证据以及实地走访等方式深入核查，第一时间甄别虚假诉讼，并予以有力制裁，从而真正减轻群众诉累，避免"程序空转"，有效节约司法资源，维护司法权威。

（嘉兴市秀洲区人民法院）

5. 捏造部分借条提起民事诉讼构成虚假诉讼罪
——被告人张某垒、金某君虚假诉讼罪案

【典型意义】

此案是一起掺杂真伪借款凭证合并起诉的虚假诉讼犯罪案件。虚假诉讼罪实行行为中的捏造事实包括作为形式的捏造事实和不作为形式的隐瞒真相，在此案中均有体现。实践中，基于多张借条一并提起民事诉讼的情况较为常见，对于这种标的可分的民事法律关系，应根据每张借条承载的债权债务关系是否真实分别进行法律评价，对捏造事实、隐瞒真相的行为依法作出处置。

【案情与裁判】

2016年12月21日，被害人项某红经人介绍向被告人金某君借款2万元，出具借条为凭。2017年5月15日，因项某红欠徐某锋宕渣款4.5万元，徐某锋欠金某君2万元，经协商，由项某红另向金某君出具2万元借条，承担徐某锋欠金某君的2万元债务。后徐某锋拒绝平账，并自行归还了金某君2万元欠款，然金某君收到款项后却未将项某红另出具的2万元借条归还项某红。同期，被告人张某垒因与项某红有债务纠纷，欲以他人名义起诉项某红（张某垒当时系法院被执行人），遂从金某君处借得稠州银行卡，制造从该卡中取款49900元的流水，让项某红在取款凭证上签字并注明"已收到借款"，同时出具一张5万元的空白借条（出借人处空白），实际未交付该5万元借款。张某垒将该5万元借条及取款凭证交给金某君，让其代为起诉。2017年8月，金某君委托律师持项某红出具的两张2万元借条、一张5万元借条及项某红签字确认收到借款的取款凭证，对项某红及其妻子陈某云提起民事诉讼。富阳区人民法院判决项某红夫妻二人归还金某君借款9万元并支付相应利息。该判决生效后进入强制执行，致项某红夫妻二人银行卡均被冻结。后公安机关在侦办金某君涉嫌非法拘禁罪一案的过程中，发现金某君、张某垒另涉嫌虚假诉讼罪，张某垒向公安机关投案。

法院经审理认为，被告人张某垒伙同他人以捏造的事实提起民事诉讼，妨害司法秩序，严重侵害他人合法权益，已构成虚假诉讼罪，因张某垒具有自首情节且自愿认罪认罚，依法予以从轻处罚，以虚假诉讼罪判处其有期徒刑六个月，并处罚金3000元；被告人金某君以捏造的事实提起民事诉讼，妨害司法秩序，严重侵害他人合法权益，已构成虚假诉讼罪，以虚假诉讼罪判处其有期徒刑九个月，并处罚金5000元，因其另犯非法拘禁罪，故予以数罪并罚。上述刑事判决已生效。

【法官评述】

审判实践中，当事人基于自身利益需求及规避法律的目的进行虚假诉讼行为的表现形式较为多变。本案中，金某君提起民事诉讼的主要证据由三张借条构成，其中一

笔2万元、一笔5万元的借条对应的债权债务关系均属于捏造事实。民事诉讼根据诉讼标的可否分割，存在可分之诉与不可分之诉的区别。在可分之诉中，当事人具有同一种类多个诉讼标的，并不具有共同的权利或义务关系，人民法院可分别审理，就其中涉及的多个诉讼标的及对应的民事法律关系分别进行判断，行为人捏造其中部分诉讼标的的，可就该部分诉讼标的对应的民事法律关系认定为虚假诉讼罪。此案所涉三张借条所承载的法律关系均可以分别进行独立评价，故应分别进行甄别。其中，2016年12月21日的2万元借条对应的债权债务关系真实；5万元借条对应的债权债务关系中，张某垒采用制造银行流水并签订空白借条等方式，制造出借人为金某君且借款已交付的假象，与金某君恶意串通、捏造事实进行诉讼，属于"无中生有型"捏造；项某红另出具的2万元借条，系在当事人协商债权债务转让后，原债务人拒绝平账并自行还款，导致金某君享有的债权实际消灭，而金某君隐瞒已获清偿的事实提起民事诉讼，属于"隐瞒真相"型捏造，但该节事实中，张某垒与金某君无意思联络，故不应评价为张某垒的犯罪行为。该案在进入执行后对被害人进行了财产保全，符合虚假诉讼罪中"妨害司法秩序或者严重侵害他人合法权益"的定罪要件，故应以虚假诉讼罪追究其二人刑事责任。

（杭州市富阳区人民法院）

6. 以虚构租赁关系提起执行异议，构成拒不执行判决、裁定罪
——被告单位浙江W公司，被告人黄某平、孙某波拒不执行判决、裁定罪案

【典型意义】

自觉履行生效裁判是公民应尽的法律义务，任何规避、阻碍、抗拒执行的行为都应受到法律的严厉制裁。本案中，当事人采取拒不腾退厂房、捏造虚假租赁协议提出执行异议等多种方式阻碍执行。执行法官从诉讼主体、证据三性、案件事实之间的关联程度等方面，全面审查案件事实及法律关系的真实性，综合判断是否存在捏造事实提出执行异议的情形，最终揭开当事人虚假诉讼的面纱，还原事实真相，保障了申请执行人的合法权益，实现了法律效果和社会效果的有机统一，对引导被执行人力戒侥幸心理、切莫以身试法、主动履行义务具有典型意义。

【案情与裁判】

2019年4月，宁波W公司无力偿还银行贷款，法院依法将该公司名下位于慈溪市周巷镇的一处工业房地产进行司法拍卖，后由案外人竞得。为不履行确权裁定，2019年5月，关联公司浙江W公司向法院提出执行异议，以法院未保障其优先购买权为由要求撤销拍卖。若执行异议成立，执行工作将面临难以交付厂房及撤销拍卖的双重风险。

执行异议过程中，异议人提供了经公证的"租赁合同"、水电费发票、设备买卖

协议等证据，但并未提供支付租金的相关凭据。据法官调查，被告人黄某平曾明确表示厂房由宁波W公司在使用，并未出租。且在现场查封公告及拍卖预告张贴后拍卖成交之前，并无案外人提出异议。本案当事人表述前后矛盾、提出异议时间蹊跷、缺失关键证据及两家公司存在关联，这些问题均引起了法官对虚假诉讼的怀疑。因异议人浙江W公司证据不足，法院裁定驳回异议请求。浙江W公司又提出复议申请。

根据执行复议期间不停止执行的规定，2019年6月，法院张贴腾退公告，责令该房地产的各使用人限期迁出上述房地产。因浙江W公司拒不腾退，且法定代表人孙某波态度蛮横，故法院对孙某波司法拘留15日。后根据调取的银行流水等证据以及实地走访，法院查实浙江W公司并未支付租金，故以虚假诉讼为由对孙某波再次处以司法拘留15日，并将该案以涉嫌虚假诉讼罪，拒不执行判决、裁定罪移送公安机关。

经公安机关侦查，本案租赁协议是浙江W公司及宁波W公司实际控制人黄某平为保全公司资产，在案发前签订的虚假租赁协议。黄某平不甘公司资产被拍卖，为掩盖公司资产在查封期间另行出租的事实，阻碍法院交付厂房，因此伙同孙某波，以浙江W公司的名义向法院提出执行异议。直至2019年12月，上述房地产才最终腾空交付给买受人。

2020年1月，法院以拒不执行判决、裁定罪分别判处被告单位浙江W公司罚金人民币18万元，被告人黄某平有期徒刑两年六个月、缓刑三年六个月，被告人孙某波有期徒刑两年、缓刑三年。

【法官评述】

本案办理过程中，执行法官凭借丰富的执行经验和防范虚假诉讼行为的职业敏感性，坚持规范执行，严格落实现场查封、张贴拍卖预告、前期调查等措施，最终有力揭开了虚假诉讼行为的面纱。在办理执行异议案件过程中，执行法官要注意对照当事人前后表述，在提出异议时间、关键证据的固定及证据关联性等方面加大审查力度；要善于运用执行复议不停止执行等法律规定，以强制腾退、拘留、移送拒执犯罪等强制执行手段促使当事人还原事实真相，依法履行法律义务；要发扬"钉钉子精神"，坚持能动司法，加大主动依职权调查的力度，一旦发现涉嫌虚假诉讼行为线索，要果断亮剑，坚决移送公安机关侦查，努力维护生效判决的权威，营造风清气朗的诉讼环境。

（慈溪市人民法院）

7. 债权人与企业主恶意串通、捏造破产企业劳动债权并申请司法确认，构成虚假诉讼罪——被告人方某平、余某兰虚假诉讼罪案

【典型意义】

在破产案件中，债权人为了就破产财产优先清偿，利用破产程序中劳动债权多数会由破产维稳基金先行垫付的规则，与破产企业法定代表人恶意串通，将个人债权非法捏造为劳动债权的情形较为常见。行为人通过相互串通签订人民调解协议，进而申请法院予以司法确认，致使法院基于捏造的事实作出司法确认裁定书，并在破产审理过程中对捏造的债权予以确认，不仅严重侵害其他破产债权人的合法权益，也会妨害司法秩序。本案充分运用惩治虚假诉讼行为工作机制，将"合伙欺诈型"的虚假诉讼线索及时移送公安机关，在保障债权人合法权益、打击虚假诉讼行为的同时，也维护了司法的权威与公正。

【案情与裁判】

被告人方某平开办的A公司因经营不善濒临破产，承包该公司食堂的被告人余某兰得知企业即将破产后，了解到企业拖欠的职工工资可以优先受偿，便向法定代表人方某平提议，将公司拖欠其的7万元餐费捏造成拖欠其与其丈夫、姐姐的工资，纳入公司员工工资表，并在人民调解组织主持下达成调解协议。2019年10月，方某平、余某兰依据调解协议向法院申请司法确认，致使法院基于捏造的事实作出了司法确认裁定书。

2020年1月，经债务人A公司申请，法院依法裁定受理了对该公司的破产清算申请，并于同日依法指定了破产管理人。先期，管理人经初步调查发现A公司存在"两套工资表"，从而对部分在册"员工"是否为该公司职工产生怀疑。经深入调查发现，余某兰及其丈夫、姐姐三人系公司食堂承包人而非公司职工，公司拖欠该三人的资金实际上是食堂承包押金及餐费。方某平在明知债权性质的情况下，指使三人捏造虚假员工工资表，并通过人民调解组织达成调解协议。据此，管理人在作出暂缓认定A公司职工债权的同时，依职责向法院提交了关于方某平涉嫌虚假诉讼罪的工作报告。

法院在收到管理人报告后予以高度重视，依法将方某平、余某兰涉嫌虚假诉讼罪线索移送公安机关立案侦查。后由检察院提起公诉。法院经审理，以虚假诉讼罪判处余某兰、方某平有期徒刑六个月，并各处罚金人民币1万元。2020年9月，法院主动启动审判监督程序，裁定撤销前述司法确认裁定。

【法官评述】

企业在进入破产程序后，亟须解决的首要问题便是涉及民生的欠薪问题，破产管理人应在法院的监督下尽快对破产企业的职工债权进行审核并作出认定。实务中，破产企业欠薪问题涉及的职工人数往往多达几十、上百甚至是上千人。某些债权人在个人利益的驱使下，利用职工债权优先受偿的规则，与破产企业恶意串通，捏造事实，篡改债权属性，以虚假诉讼行为为非法目的编织合法外衣。如何高效、准确地审核、认定破产企业的职工债权，在实务中不仅考验管理人是否勤勉尽责、忠实执行职务，也考验法院如何更好地监督、指导管理人履职工作。在审理过程中，要做到两手抓：

一是微观上的严审核。职工债权的认定不同于其他债权，几乎所有的证据材料都来源于破产企业，需要以更加严谨、审慎的态度援引破产企业职工资料。全面审查劳动合同、工资表、考勤表、历年来工资发放记录及社保缴费记录，甄别是否确为破产企业职工、具体职工工资及工资浮动是否正常等。二是宏观上的大把关。结合破产企业正常生产经营期间的生产、销售等情况，进一步论证该期间职工工资的真实性。本案当事人的虚假诉讼行为，大大延长了破产案件的审理期限，严重浪费司法资源，扰乱司法秩序。法官在审理过程中精准识别、掌握虚假诉讼线索，及时移送公安机关立案侦查，使犯罪分子依法受到严厉制裁，彰显了人民法院维护诉讼诚信的态度和决心。

（开化县人民法院）

8. 恶意串通办理抵押登记取得优先受偿权，构成虚假诉讼罪
——被告人李某某、付某某、傅某某虚假诉讼罪案

【典型意义】

司法实践中，部分被执行人为逃避执行，与他人恶意串通，捏造债权债务关系与担保物权，并据此提起虚假诉讼，从而达到非法转移被执行财产的目的。此类行为不仅损害其他真实债权人的合法利益，还浪费司法资源，严重损害司法权威和司法公信力。本案提醒并警示每一位诉讼参与人，应恪守诚信原则，坚持善意维权、履约，切勿对不诚信诉讼手段抱有任何侥幸与期待。

【案情与裁判】

债权人陈某某自2015年以来多次向被告人李某某、付某某夫妇追讨债权，均未果。2015年10月，该夫妇企图逃避债务，遂商定串通其侄子即被告人傅某某转移财产。同年11月，付某某以其名下的两套北京房产先后为傅某某办理了抵押登记，并通过多个银行账户间循环资金转账的方式虚构转账记录。同年12月，陈某某向北京朝阳法院提起诉讼，要求李某某夫妇返还本金600万元及相应利息。2016年1月，李某某伪造了两张分别欠傅某某600万元、800万元的借条。同年8月，北京市朝阳区人民法院判决支持陈某某诉讼请求，李某某夫妇不服，提起上诉。2017年7月，北京市第三中级人民法院判决驳回上诉，维持原判。同年8月，李某某夫妇与傅某某商定以虚假诉讼的方式使傅某某取得两套北京房产的优先受偿权。随后，经陈某某申请，北京市朝阳区人民法院对付某某名下的两套房产立案执行。在执行过程中，傅某某分别就李某某、付某某与其600万元、800万元的债务纠纷向瑞安市人民法院提起诉讼，要求还本付息，并主张就抵押房产享有优先受偿权。同年8月，瑞安市人民法院对两案合并审理，傅某某、李某某分别作为原、被告出庭，傅某某提交了上述伪造的借条、银行流水等相关证据，二人在庭审时均作虚假陈述，对相关债务和证据均予以确认。傅某某诉请获法

院支持。判决后，傅某某持上述两份判决到北京市朝阳区人民法院请求参与分配付某某名下两套房产的拍卖、变卖所得价款。

2018年7月，陈某某向瑞安市人民检察院申请检察监督。同年8月，公安机关予以立案，并将傅某某传唤到案。同年10月，李某某夫妇先后到瑞安市公安局投案。2019年5月，瑞安市人民法院以虚假诉讼罪判处李某某夫妇有期徒刑一年九个月，并各处罚金2万元；判处傅某某有期徒刑一年，并处罚金1万元。之后，法院主动对原生效民事判决提出再审建议，并展开虚假诉讼专项案件评查。

【法官评述】

房产抵押登记、银行转账记录、借条，客观证据充分，且能相互印证，一切看似毫无破绽，却经不起细细推敲。本案在审理时，主要通过以下几个方面进行甄别：一是银行转账记录与借条的具体时间、金额存在矛盾，且被告人无法合理解释。傅某某于2015年11月、2016年1月分五笔共计向付某某转账1400万元。李某某却早在2015年11月就向傅某某分别出具两张金额为800万元和600万元的借条。转账总额和借款总额虽一致，但其中一笔200万元的借款转账记录发生在借条出具之后的2016年1月，在借款事实发生之前即出具借条，不符常理，傅某某接受公安机关讯问时，亦无法作出合理解释。二是出借资金的目的和来源不明。一方面，傅某某供述其明知李某某夫妇存在资金问题，却在其本人并无大量现金存款的情况下，向亲戚、朋友大额举债后出借，又未向李某某实际收取约定的利息，其出借资金的目的存疑；另一方面，傅某某又未对外支付利息，出借资金的真实来源存疑。经查，傅某某亲戚、朋友转账给他的钱，最初即来源于李某某夫妇。三是结合银行交易记录、证人证言、借款本息支付情况，还原借贷关系真实面目。本案在对证据审查存疑的基础上，通过刑事侦查手段还原了李某某夫妇与傅某某恶意串通、捏造事实提起虚假诉讼的经过，并予以严厉打击。

随着法律知识与诉讼常识的普及，虚假诉讼当事人的证据伪造水平大幅提升，虚假诉讼行为的隐蔽性越来越强。法官在民间借贷案件审理过程中，不仅要审查原、被告双方之间的交易记录，还应注重审查原告的支付能力、借款金额大小、当事人之间关系以及当事人陈述的借款经过。对于原告支付能力较弱，却出借大额资金的，要进一步核查出借目的和资金来源，主动依职权调查取证，依法进行全面、客观的审查。法院应积极推进防范和打击虚假诉讼工作全面覆盖立审执各环节，通过成立打击虚假诉讼专项行动领导小组和甄别小组，完善虚假诉讼案件办理协作机制等方式，不断加大对虚假诉讼违法犯罪活动的打击力度；同时，要持续加强与公安、检察机关的沟通联系，完善司法机关之间线索移送、立案衔接、调查处置等相互配合机制，形成打击合力，共同提升司法公信力。

来源：瑞安市人民法院

9. 父母与子女虚构借贷事实妨害民事诉讼被处罚
——原告倪某松、杨某娣与被告倪某霞、刘某民间借贷纠纷案

【典型意义】

家庭成员作为利益共同体，相互关心、相互帮助，符合人伦美德，但不能共谋实施非法行为以实现不法目的。若家庭成员间相互串通、虚构债务，企图通过虚假诉讼规避执行，就触碰了法律底线，应受到法律制裁。本案中，父母子女之间虚构借贷事实提起虚假诉讼，法院不仅驳回了当事人的全部诉请，还对妨害民事诉讼的行为予以处罚，取得了良好的社会效果与法律效果，具有较强的教育警示作用。

【案情与裁判】

原告倪某松、杨某娣系夫妻，被告倪某霞、刘某系两原告的女儿、女婿。2017年12月6日，两被告向两原告出具欠条一份，载明：2016年4月15日至2017年11月6日期间，两被告向两原告借款218.5万元，利息按月息3%的标准从2017年11月起算，如未按时还清欠款本息，两原告有权处置被告方的安置房屋以清偿债务。2018年2月8日，双方共同签订一份《偿债协议书》，再次明确两被告尚欠两原告借款218.5万元及相应利息，两被告同意以安置房屋全部份额作价218.5万元抵偿全部借款本息。此案诉至法院后，双方当事人对债务均无异议，并要求调解。承办法官留意到此案双方当事人系近亲属，又携手调解，存在虚假诉讼嫌疑。经开庭审理，承办法官发现双方当事人对于款项来源、借款经过、利息约定、还款情况等事实陈述不清，且所述部分事实存在矛盾。经查，两原告转给被告倪某霞的款项中，有近100万元系家庭共有房屋的拆迁补偿款，两被告对该补偿款享有份额。而被告刘某作为被告倪某霞的配偶，在后续庭审中陈述案涉欠条、协议书其均系配合两原告及被告倪某霞所写，目的在于倪某霞财产被强制执行时可凭案涉欠条所载债权分得部分款项。另查明，倪某霞在本案诉讼前因拖欠债务被法院强制执行，尚有410余万元款项未执行完毕，倪某松户（包括两原告、两被告）的安置房屋及相关补偿款已被法院查封冻结。

法院经审理认为，本案当事人之间系近亲属关系，不同于普通民间借贷。双方当事人对于借款相关关键事实的陈述前后矛盾。结合被告刘某的陈述以及欠条、协议书形成的特殊背景，仅凭该欠条、协议书并不能当然认定双方之间发生真实的民间借贷。两被告本身即对两原告主张的借款享有权益。以上细节表明案涉借款并非真实借款，其实质是原告倪某松、杨某娣与被告倪某霞恶意串通、虚构债务，企图通过诉讼确认债权，以分得执行财产的虚假诉讼行为。最终，法院依法判决驳回了两原告的全部诉讼请求，对两原告及其女儿每人罚款2万元。

【法官评述】

民间借贷纠纷因债权凭证相对简单易伪造，款项交付事实难以查明，一直是虚假

诉讼的高发领域。审理此类纠纷时,法官应侧重从借贷事由、借贷合意、款项来源、款项交付、款项用途等细节入手,结合借贷行为发生的背景进行综合认定。要特别注意对案件的可疑之处保持敏锐的辨别力和足够的警惕心,不放过任何蛛丝马迹。譬如在本案中,法官从诉讼双方系近亲属关系,对借款事实均无异议,且在进入诉讼后即主动要求调解等诸多细节中,产生了虚假诉讼的合理怀疑,并随之展开调查。法官通过系统查询,得知被告倪某霞作为被执行人身负巨额债务尚未执行到位,倪某松户的安置房屋及相关补偿款已被法院查封冻结,由此进一步推断本案存在虚假诉讼可能。通过多次组织对当事人的单独询问,发现双方对借贷事实的陈述前后不一、相互矛盾。通过对相应银行交易明细的核查,发现当事人对款项的来源、去向、数额等存在虚假陈述。为进一步增强内心确信,法官又向当事人所在社区了解情况,得知倪某霞无固定工作,无大额收入来源,但有赌博恶习,其与父母意欲通过虚增债务分得执行款。再结合刘某在后续庭审中的自认,最终抽丝剥茧,还原了倪某霞等人虚假诉讼的事实,使得行为人的不法企图落空,并受到了法律制裁。

(杭州市西湖区人民法院)

10. 指使他人伪造证据进行虚假诉讼,抗拒法院执行——被告人吕某松妨害作证罪,拒不执行判决、裁定罪,被告人胡某、倪某等人帮助伪造证据罪案

【典型意义】

执行过程中,被执行人为使特定债权在拍卖财产所得价款中优先受偿,会通过与案外人相互串通,提起虚假诉讼的方式对抗执行。本案系一起典型的公司老板指使员工捏造欠薪事实、提起虚假诉讼抗拒执行的案件。该类案件往往涉案当事人多、金额大、关系复杂,有一定甄别难度。本案通过立审执各部门协同配合,多措并举,查明事实后及时移送公安机关,最终使得虚假诉讼行为人受到应有制裁,有力打击了拒执行为,保护了当事人合法权益,对规范债权人诉讼行为亦具有警示意义和威慑作用。

【案情与裁判】

2019年,C公司因资不抵债,集团厂房被司法拍卖。公司法定代表人吕某松为使公司内部债权人能优先分得财产,伙同公司副总胡某、财务总监倪某等人,伪造虚假工资欠条,指使32名当事人凭该欠条向法院提起诉讼并作虚假陈述,起诉金额合计高达252.2万元。

该批案件在立案阶段,立案法官发现该32名当事人并未在劳动保障部门有讨薪维权行为,且每张欠条的格式相同、落款日期一致,遂在向当事人送达诚信诉讼承诺书的同时就案件相关情况作了笔录,并对双方进行诉前调解的请求不予准许。事后立案法官通过关联案件检索,发现该公司在该院有多个执行案件,其厂房在其他法院已被

司法拍卖正在分配过程中,遂将该情况向院领导汇报。后该院指定3名法官成立专项小组,专门负责审理该批案件。审理中,专项小组找来全部当事人进行隔离谈话,发现32名当事人对公司何时拖欠工资、拖欠数额等关键事实陈述相差较大,遂又调取了涉案当事人近年来的全部银行流水,核查后发现欠条所载时间段的工资已经全部结清。后专项小组到公司实地走访,发现2名当事人并未在该公司工作过,公司厂房也已被他人租用。据此,法院认定该系列案涉嫌虚假诉讼,依法驳回该32名当事人的诉讼请求。另在调查吕某松执行系列案件中,又发现其曾拒不履行以C公司及其为被告的、标的总计400余万元的15件民事判决,涉及与他人签订租用协议,倒签落款日期,将公司名下部分厂房及设备出租给他人,隐瞒租金收入,并将部分公司财产低价处理,所得收益均用于偿还其他债务等拒执行为,遂一并将上述线索移送公安机关。

2020年9月8日,法院以妨害作证罪,拒不执行判决、裁定罪依法判处吕某松有期徒刑三年三个月;以帮助伪造证据罪分别判处倪某、胡某有期徒刑一年六个月、缓刑两年,有期徒刑一年两个月、缓刑两年。

【法官评述】

追索劳动报酬纠纷作为虚假诉讼易发领域,往往会以系列案的形式出现。法院在甄别该类案件时,要以当事人虚假诉讼的目的、动机为排查方向,特别注重从以下几个方面进行防范和打击:一是立案时注重信息收集和关联案件检索。立案法官发现该批案件使用相同格式、日期的欠条后,第一时间提高防范虚假诉讼的警惕性,诉前向诉讼代理人了解案件相关情况并作笔录,在合理怀疑的基础上,拒绝当事人进行诉前调解和司法确认的要求。二是审理中主动加强依职权审核和证据调取。主审法官全面核查当事人是否有到过劳动保障部门维权的记录,当事人的陈述是否基本一致,欠薪的时间和数额是否符合常理,公司关联诉讼案件和执行案件情况如何,双方是否存在其他利益关系,双方对抗性的意见和情绪如何,等等,抽丝剥茧,最终破除当事人虚假陈述及表面证据的蒙蔽。三是法院立审执部门分工协作、紧密配合、有力衔接。从立案至审结不到一个月即实现了精准甄别,依法有力严惩虚假诉讼当事人,体现了人民法院整治虚假诉讼的责任和担当。

(磐安县人民法院)

来源:浙江天平

浙江高院发布防范和打击虚假诉讼第三批典型案例

1. 虚假劳动仲裁逃避执行被罚款——申请执行人商某某等5人与被执行人浙江某机床公司劳动争议仲裁纠纷执行案

【典型意义】

诚实信用是民事活动的基本原则。在劳动争议仲裁案件中，部分当事人认为自己被欠工资是事实，对虚增工资的行为不以为意，对行为法律后果缺乏清醒认识。本案对虚假劳动仲裁的查处，给予此类讨薪行为以严正警示，对于规范劳动法律关系，强化对基于劳动仲裁文书申请执行是否涉嫌虚假诉讼的审查力度，有效保护合法劳动秩序，具有积极意义。

【案情与裁判】

浙江某机床公司系一系列执行案件的被执行人。2021年12月，法院拟对该机床公司一处不动产进行拍卖。与此同时，商某某等5人以《劳动合同书》《拖欠工资清单》为主要证据向仲裁机构申请劳动仲裁，并于2022年1月就工资款与该机床公司顺利达成调解协议。仲裁机构作出仲裁调解书，确定该机床公司需支付商某某等5人工资款364.50万元。同年3月，商某某等5人向法院申请强制执行。

在案件执行中，通过审查材料、了解案情等方式，执行干警发现疑点重重。一是最早拖欠工资款的起始时间为2018年3月，最长的被拖欠时间为41个月，在工资被长时间拖欠情况下迟迟未维护自身权益的举动不合常理；二是工资款拖欠金额高达300余万元，如此大的金额却恰巧在不动产拍卖变价款分配前向法院申请执行；三是《劳动合同书》存在倒签嫌疑，其内容真实性有待考证。

为查明真相，法院主动邀请检察机关启动联合调查，对案件开展虚假诉讼甄别筛查。经调查，为多拿拍卖款，商某某等5人和浙江某机床公司在劳动仲裁调解过程中均隐瞒倒签《劳动合同书》的事实，将附条件工资伪造成固定工资，变相虚增工资金额；同时，《拖欠工资清单》系商某某制作，记载的"工作期间""欠工资月数"均为商某某等5人单方确定，无其他任何证据证明工作起止时间，且综合相关银行交易记录足以认定商某某等人已领取部分工资。

查明真相后，法院依法对执行案件终结执行。同时，因执行案件存在串通虚增工资情况，隐瞒了足以影响公正裁决的事实，妨碍司法公正，构成虚假诉讼，法院依法对商某某等5人处以3000~5000元不等的罚款，对该机床公司处以罚款5万元。

【法官评述】

劳动仲裁领域虚假诉讼具有高发、易发、多发的特点。有关部门要依法严厉查处基于虚假仲裁文书等申请执行行为，增强全社会防范虚假仲裁意识，进一步从源头上防止虚假诉讼行为发生。执行领域作为整治虚假仲裁的主战场，为防止虚假诉讼在劳动仲裁领域抬头，执行法官要严格落实法律法规规定，重点防范当事人基于捏造的事实所获取的仲裁裁决、仲裁调解书等非诉法律文书申请执行的行为。一要练就"火眼金睛"，加大对仲裁文书实质性审查力度，从不合逻辑与常理的蛛丝马迹中审视细节、发现端倪；二要探索协同整治，对于该类虚假诉讼的甄别，坚持系统思维，在外部积极争取支持，完善联动调查机制，凝聚起惩治虚假诉讼的强大合力；三要严厉依法查处，对于通过虚假仲裁等方式逃避履行法律文书确定的义务，妨害司法秩序，损害国家利益、公共利益或者他人合法权益的行为，要敢于亮剑，坚持"从严从紧"鲜明导向，依法予以严厉打击。

（嵊州市人民法院）

2. 被执行人与案外人恶意串通虚增工资，达成诉前调解参与分配被罚款
——执行人方某、某雨衣厂金融借款合同纠纷系列案

【典型意义】

执行程序中的参与分配环节，存在债务人转移财产、稀释债务等风险，属于虚假诉讼的"重灾区"。在本案执行过程中，执行法官发现案外人参与分配的"敏感依据、敏感身份、敏感节点"等诸多疑点，通过分析研判、走访调查、固定证据，查清事实真相，对被执行人与案外人恶意串通虚增工资达成诉前调解后参与分配的虚假诉讼行为予以严惩，切实保障了其他债权人的合法权益，打击利用诉前调解骗取执行依据的行为，维护了司法权威和司法秩序，对此类行为具有强烈的警示作用。

【案情与裁判】

2021年以来，方某和其经营的某雨衣厂因无力偿还银行贷款和其他借款而产生系列诉讼。上述案件经审理后进入执行程序。执行中，法院依法拍卖该厂名下的工业房地产，但仍不足以清偿其所有债务。在财产分配中，法院收到沈某的参与分配申请，要求方某及某雨衣厂支付劳动报酬。鉴于沈某参与分配的执行依据系其与方某、某雨衣厂在诉前调解阶段达成的调解协议，且双方达成调解协议的时间节点在法院财

产分配期间，执行法官凭借丰富的执行经验和防范虚假诉讼的职业敏感性，坚持规范执行，对沈某的参与分配申请进行了严格审查。执行法官从税务机关调取某雨衣厂的税务申报信息，仔细核查该厂的工资发放凭证、社保缴纳记录、采购单等材料，并传唤沈某到庭接受询问调查。经查明，沈某自2011年起担任该厂兼职会计，工资7200元/年，因该厂效益逐年下降，自2017年以来未再给其发过工资，沈某承担的兼职工作也几近停滞。2022年1月，方某与沈某协商，提出可在该厂财产分配过程中为其补发工资，工资标准大幅提高至18000元/年，按两年半进行计算。沈某予以默许并在3张工资清单上签字。随后，沈某在诉前调解阶段与方某、某雨衣厂达成调解协议。经司法确认调解协议有效后，沈某向法院申请强制执行。

法院经审查认为，被执行人方某和案外人沈某恶意串通，以虚增高额工资的方式通过诉前调解获取执行依据参与执行分配的行为，损害他人的合法权益，构成虚假诉讼，依法作出对方某罚款2万元、对沈某罚款5000元的决定。

【法官评述】

本案系一起典型的用工双方恶意串通、虚增劳动报酬，经诉前调解后参与执行分配的虚假诉讼。该类案件法律关系相对简单，伪造证据、虚构事实较为容易，当事人相互串通达到非法目的不易被发现，较为隐蔽。司法确认过程中，要加强实质审查，对特殊身份关系当事人或有虚假诉讼嫌疑当事人，应通过传唤相关人员到庭接受询问、依职权调查取证等方式进行全面审查，仔细甄别是否存在恶意串通或虚假调解等情形。执行中，要加强主动审查，一方面注重对申请人参与分配资格的核实；另一方面严格审核申请人参与分配的债权的真实性，发挥财产线索调查、强制措施适用等机制优势，进一步提升审查效率，提高审查质量。对于查实的虚假诉讼行为，应从严从重处罚，从而形成有效社会震慑，打造诚信有序的诉讼环境。

（桐庐县人民法院）

3. 刻意隐瞒合同变更事实，骗取管辖权被处罚款
——原告某混凝土公司与被告某建设公司买卖合同纠纷案

【典型意义】

随着民众法律意识的不断增强，合同中约定管辖的情形愈加普遍。实践中，当事人为寻求诉讼便利，隐瞒有关约定管辖的关键事实骗取管辖权的情况也时有发生。本案中，原告为在当地法院诉讼，刻意隐瞒与被告之间已达成补充协议并变更约定管辖法院的事实，以变更前的合同为依据起诉，企图蒙混过关。原告的行为妨碍正常的诉讼秩序，浪费司法资源，侵害对方当事人合法权益。法院依法对原告予以罚款处罚，有效打击此类在立案阶段隐瞒管辖约定、投机取巧的行为，把好打击虚假诉讼的入口关。

【案情与裁判】

原告某混凝土公司与被告某建设公司因工程需要签订《商品混凝土购销合同》，并在合同中约定发生纠纷时的管辖法院。原告在起诉时提供了一份2018年12月5日签订的合同，合同约定发生纠纷由原告住所地法院管辖。被告在答辩期间提出管辖权异议，并提供一份同日签订的合同，该合同却约定由被告住所地法院管辖。两份合同除管辖条款不同外，标的额也存在不同。在缺乏其他证据的情况下，法院驳回了被告提出的管辖权异议。后被告就管辖异议裁定提出上诉，在案件上诉移送期间，又提供了双方于2019年10月13日签订的《补充协议》作为新证据，该协议内容与被告在一审时提交的合同基本一致，只是标的额发生变动。法院审查认为，原告可能存在隐瞒已变更约定管辖法院的事实以骗取管辖权的情况，遂当即向原告发出《涉嫌虚假陈述告知书》，敦促原告主动纠正。原告在收到告知书后认识到事态严重性，主动承认其利用已作废的在先合同起诉骗取管辖权的事实。后法院裁定将案件移送至被告住所地法院审理，并对原告作出罚款5万元的处罚决定。

【法官评述】

管辖权纠纷案件中，当事人在立案阶段不提交具有约定管辖条款的合同、提供"阴阳合同"等情形频发。法院审理此类管辖权纠纷案件时，应结合交易主体、交易方式等细节，及时发现可疑线索，敦促当事人提交真实合同，并及时告知虚假诉讼的行为后果，引导其作出真实陈述。本案中，双方均为已经营多年的大型企业，在管辖权条款上多次磋商并明确约定的可能性较高，当事人出于自身利益考虑，在提交证据材料时有所保留，法院从现有证据推断出原告存在虚假陈述、隐瞒事实的较大可能性，遂及时向其发出《涉嫌虚假陈述告知书》，引导其作出真实陈述，使其骗取管辖权的企图落空，并受到法律制裁。

（玉环市人民法院）

4. 恶意串通骗取担保构成虚假诉讼罪——被告人徐某、朱某、黄某坚虚假诉讼罪案

【典型意义】

实践中，保证人往往出于对债务人的信任或碍于情面而提供担保，多不参与主合同的实际履行，因此当借贷双方恶意串通，假借订立合同骗取保证人担保时，相较于一般的虚假诉讼，其隐蔽性更强，危害性更大，甄别难度更高。本案运用联合惩治虚假诉讼行为工作机制，充分发挥政法部门协同打击优势，会同公安机关有效甄别、惩治虚假诉讼行为，保护了当事人的合法权益。

【案情与裁判】

借款人朱某自2014年1月至5月陆续从徐某处借款1049万元，后无力偿还。同年10

月6日，徐某与朱某、黄某坚串通，由朱某向黄某坚的妹妹黄某萍出具1200万元借条，并由颜某、舒某作为保证人在该借条中签字。事后，徐某指使朱某在该借条中手写添加"1200万元用于归还徐某借款"。同年10月13日，徐某指使黄某坚通过循环资金转账方式虚构借款交付记录。2015年11月2日，黄某萍向法院提起诉讼，要求朱某归还借款1200万元及利息，颜某、舒某承担连带清偿责任。同年12月16日，徐某、黄某坚、朱某、舒某、颜某在酒店协商，徐某、黄某坚表示起诉只是走过场，不会向法院申请强制执行。次日，朱某明知借款未实际交付，仍向法院作出虚假陈述。经调解，约定由保证人舒某、颜某对朱某借款1200万元、利息及律师费2万元中不能清偿部分的三分之二向黄某萍承担连带清偿责任，法院据此制作了民事调解书。2017年9月12日，黄某萍持上述调解书向法院申请强制执行。后颜某举报，法院经审查认为，徐某、朱某、黄某萍、舒某相互串通达成的民事调解协议涉嫌虚假诉讼，遂再审裁定驳回起诉，并移送公安机关。徐某不服上诉，后被驳回。经公安机关立案侦查，2021年8月13日，法院以虚假诉讼罪分别判处徐某有期徒刑两年，缓刑三年，并处罚金15万元；朱某有期徒刑一年六个月，缓刑一年十个月，并处罚金7万元；黄某坚有期徒刑一年，缓刑一年六个月，并处罚金7万元。

【法官评述】

本案是一起较为典型的假借订立合同骗取保证人担保的情形。该类虚假诉讼行为具有以下特征：一是隐蔽性强。行为人为虚构借款关系，往往会穷尽一切办法使借款在形式上具有合法性，以增强其隐蔽性。二是甄别难度高。借款担保合同关系中，保证人往往不清楚借款合同的履行情况，而借贷双方在诉讼过程中又恶意隐瞒相关事实，若保证人不积极应诉，往往会增加该类虚假诉讼行为的甄别难度。三是危害性大。该类虚假诉讼行为不仅妨害国家的正常司法秩序，也严重侵害保证人的合法权益，破坏人与人之间基本的信任关系，对社会关系的稳定和谐有着极大危害。

法官在审理时，一是要引导担保人积极应诉并如实全面陈述案件事实。恶意串通骗取担保型虚假诉讼中，借方往往积极应诉，且与贷方缺乏激烈对抗，甚至出现借贷双方共同对抗担保人的情形，因此担保人的应诉抗辩尤为必要。二是要加大实质性审查力度。出现借方自认贷方诉讼请求或者借贷双方共同对抗担保人情形时，应加大依职权调查力度，着重审查借贷双方是否存在其他经济纠纷、借款来源、款项用途等，以查清全案事实。三是用好整治虚假诉讼协同机制。政法部门联合整治虚假诉讼行为工作机制细化了虚假诉讼线索材料内部审查和移送衔接等内容，强化推动建立了信息互联共享、程序有序衔接、整治协调配合、制度共商共建的虚假诉讼整治工作格局。

（衢州市柯城区人民法院）

5. 原告虚构事实起诉、诉讼代理人伪造证据、被告冒充他人参加诉讼被"一案三罚"
——原告胡某军与被告王某江、吴某燕等7人民间借贷纠纷案

【典型意义】

民间借贷是虚假诉讼的高发领域。原告及其委托诉讼代理人通过虚增借款金额、伪造证据等手段向法院提起民事诉讼，企图利用法院的裁判获取非法利益，此类案件常常表面上证据确实充分，极易使对方当事人及法院作出错误判断，从而导致相关权利人利益受侵害，司法公信力受损。本案中，原告、被告及代理人三类主体，囊括虚增借贷金额、伪造授权委托书、提供虚假证据等多种虚假表现，反映出民间借贷领域虚假诉讼行为在"意思自治"外衣的掩饰下依然猖獗。承办法官根据涉案违法行为的具体性质、情节、当事人参与程度等因素对三人均予以严惩，体现了法院对虚假民间借贷"零容忍"及对不诚信诉讼行为严厉打击的态度，彰显了有效甄别虚假诉讼的司法智慧，有利于净化诉讼环境、维护司法权威。

【案情与裁判】

2016年5月，原告胡某军持200万元借条及转账凭证起诉王某江、吴某燕等7人，要求借款人王某江、王某军兄弟归还借款本金200万元，吴某燕（王某江妻子）、吴某青（吴某燕妹妹）、章某奇（吴某青丈夫）等5名保证人承担连带清偿责任。同年10月，吴某燕持借款人及其余保证人的授权委托书与胡某军的委托诉讼代理人陈某波协商，因王某江夫妇欠陈某波多笔借款合计800余万元未还，且涉案借款事项均是由陈某波出面办理，故吴某燕看到借条金额与转账金额相对应，以为是800余万元借款的一部分，便与陈某波签订了还款协议，约定借款人归还借款200万元，5名保证人对借款承担连带保证责任。后案件进入执行程序，保证人章某奇、吴某青以未在授权委托书上签字及实际借款本金仅为100万元为由申请再审。后经法院重审查明，胡某军与陈某波当初私下约定各出资100万元出借给王某江、王某军，对外由胡某军作为出借人，胡某军将其出资的100万元转账给陈某波后未再介入，具体借款手续由陈某波操办；陈某波与王某江私下约定出具200万元借条，其中100万元为本金、另100万元为利息，但双方未将此约定告知另一借款人和保证人；之后陈某波利用控制王某江银行卡的便利，在转账时刻意制造了200万元的银行转账记录（100万元走账2次）。因查明陈某波实际只交付了100万元，故法院判决借款人、保证人只需要对实际借款金额100万元承担还款责任，同时认定陈某波伪造证据，胡某军虚构事实起诉，吴某燕伪造授权委托书、冒充他人参加诉讼，严重妨害民事诉讼秩序，导致司法资源的大量浪费，遂决定对胡某军、陈某波、吴某燕分别罚款2万元、4万元、4万元。

【法官评述】

虚假诉讼行为，不仅是对司法程序的肆意扰乱，更是对法律庄严和司法权威的

亵渎，应予以严厉打击。本案中，胡某军虚构事实起诉，其委托代理人陈某波刻意制造转账凭证，表象上交付200万元借款清楚，致使借款人妻子吴某燕及承办法官都被误导，从而调解结案。该案后又经执行、再审、发回重审等程序才使借款事实得以查清，其间历时五年，耗费了大量的司法资源，严重扰乱了正常的民事诉讼秩序。法院经审查认为，胡某军轻信陈某波已交付200万元的陈述，按200万元提起诉讼，属于"虚增诉讼标的"的虚假诉讼行为；委托诉讼代理人陈某波制造虚假款项交付记录，不仅属于胡某军虚假诉讼行为的"共犯"，也构成"伪造证据"虚假诉讼行为；吴某燕擅自签署授权委托书，属于冒充他人参加诉讼情形，法院决定对胡某军、陈某波、吴某燕均予以惩罚。本次"一案三罚"，体现了法院严打虚假诉讼的坚定决心和有效举措。

（绍兴市上虞区人民法院）

6. 伪造转账记录骗取民事调解书，申报虚假债权构成虚假诉讼
—— HT公司与HF公司、吴某光等人虚假诉讼案

【典型意义】

随着虚假诉讼手段的渐趋隐蔽复杂，单纯依靠人民法院自身力量识别查证虚假诉讼的传统方法，不断面临新的严峻挑战。通过调动债权人、破产管理人在发现、核查相关线索中发挥积极作用，创新运用虚假诉讼线索悬赏机制，人民法院最大化、最高效、最精准地实现了对虚假诉讼的甄别查处。本案为在破产审判领域如何准确识别查证虚假诉讼提供了全新思路，对于切实有效保护破产债权人的合法权益、优化提升法治化营商环境，具有积极的警示价值和现实意义。

【案情与裁判】

2017年1月间，HF公司在有高额债务未偿还的情况下，以其自身及关系人吴某光等五人名义分别向HT公司借款，借款期限均为三个月，累计借款金额2624万元，HF公司则以其名下35套刚刚取得产权证书的房产提供抵押担保。借款到期后，上述人员均未偿还任何借款本息，HT公司于2017年5月11日将上述五人诉至法院。

经调解，上述五人于同年6月7日同HT公司达成调解协议，并由法院分别出具五份民事调解书，确认HT公司对上述五人享有的债权，并确认HT公司对上述35套抵押房产享有优先受偿权。

2020年1月，HF公司进入破产程序，后HT公司依据上述民事调解书申报债权。法院在对破产企业债权申报情况进行抽检复核时，通过悬赏获得其他债权人对HT公司债权不实的举报，迅速启动重大问题线索核查机制，全程指导管理人收集证据材料。经过近一个月连续调取相关人员的银行流水进行综合梳理比对，初步查明：HT公司虽有向上述五人账户转账"借款"，但嗣后五人账户的"借款"迅速被转入HT公司的关联

人员账户，后又立即通过二级关系人账户流回HT公司账户，以此循环往复，伪造出虚假的借款流水记录，HT公司实际未出借任何款项。

查明上述情况后，法院立即将相关犯罪线索及证据移送公安机关。2022年3月，公安机关立案侦查，各涉案人员均对虚假诉讼事实供认不讳、认罪认罚。现该案已由检察院审查起诉。同年11月，法院就上述五份民事调解书，依法作出再审民事裁定。

【法官评述】

在破产案件中，管理人承担着审查确认债权是否真实的关键职能，是防范虚假诉讼的第一道防线。但实践中，由于不同管理人的履职能力存在差异，人民法院在破产案件中仍需加大实质性审查力度，以确保经管理人审查确认债权的真实性。本案中，人民法院主动对破产债权进行抽样复核，指导管理人采取公开或定向等方式，发布线索悬赏公告，鼓励潜在知情人积极举报虚假诉讼线索，达到了既扩大线索来源渠道，又震慑潜在虚假诉讼行为人的良好效果。在接到线索举报后，法院迅速介入指导管理人开展调查取证，固定相关证据、排除存疑可能，最终以最短时间、最低成本，查实这一组织严密、涉及人员多、涉案金额大、时间跨度久、合法外观齐备的有组织虚假诉讼行为，并坚决移送公安机关打击处理，对于促进当事人依法诚信诉讼，具有积极的警示和引导作用。

（温州市鹿城区人民法院）

7. 以收条虚构欠款事实构成虚假诉讼罪——被告人张某虚假诉讼罪案

【典型意义】

当事人心存侥幸，通过捏造欠款事实向人民法院提起诉讼，企图谋取不当利益，其行为严重损害他人合法权益，扰乱正常司法秩序，损害司法权威，必须受到依法严惩。本案中，原告为拿回已支付的按揭款及过户费用，捏造欠款事实，虚构欠款金额，构成虚假诉讼犯罪。法院严惩此类虚假诉讼行为不仅具有广泛的教育意义，而且警醒社会公众应恪守诚实信用原则。

【案情与裁判】

2015年，因徐某洪欠他人债务50万元无力归还，担保人叶某遂与徐某洪、徐某（徐某洪女儿）约定将徐某名下房产以房抵债，并通过房屋买卖形式过户到叶某女儿名下，叶某代徐某洪偿还50万元债务。因该房屋存在按揭款尚未付清，双方再次协商后，由叶某妻子张某另行垫付了房屋按揭款、过户手续费等相关费用共计15万元后完成过户，徐某因此向张某出具15万元借条。2015年4月20日和5月20日，叶某按约定分两笔帮徐某偿还债务共计50万元。其间，结合两次取款时间节点，张某要求徐某洪出具18万元和17万元的收条两张，并保留银行提取相应金额的取款凭条为证。

2015年10月28日，因徐某洪未归还垫付房屋按揭款等费用，张某凭上述15万元借条以民间借贷纠纷向法院提起诉讼，后因借款关系证据不足被驳回诉请。嗣后，张某又以叶某的名义，依据前述两张共计35万元的收条，隐瞒以房抵债事实，并结合上述15万元的借条，再次起诉要求徐某洪等人偿还50万元债务及相应利息。法院受理此案后，结合相关证据及案件事实，认为张某的行为可能涉嫌虚假诉讼犯罪，遂将该案移送公安机关立案侦查，后检察院就本案提起公诉。

法院经审理认为，被告人张某以捏造的事实提起民事诉讼，妨害司法秩序，其行为构成虚假诉讼罪，最终以虚假诉讼罪判处被告人张某拘役三个月，缓刑七个月，并处罚金5000元。宣判后，张某当庭表示认罪服判。

【法官评述】

本案中，因房屋买卖与担保债务偿还的事实相互交织，导致虚假诉讼行为错综复杂，难以识别认定，具有一定典型性。张某利用民事诉讼的合法形式掩盖其非法目的，假借真实存在的收条，将实际上的购房款虚假陈述为担保还款，并编造资金交付等细节，企图以捏造的事实获得法院支持，给法官审理案件造成干扰，最终自食恶果，受到法律严惩。借贷纠纷作为虚假诉讼的高发领域，在当事人一方提交的证据仅有收条或银行流水的情况下，虽然证据本身可能属实，但难以排除当事人借"真证据"作"假陈述"的可能，例如把其他款项往来陈述成借款等。此类案件甄别难度大，因此审理过程中需格外注意原、被告双方的陈述，尤其是被告能作出合理说明的抗辩意见。法官应重点审查双方经济往来情况、款项来源、交付方式及时间、地点等内容，再结合庭审情况，形成全面、综合的判断。对于参与虚假诉讼的当事人应依法予以民事制裁，对涉嫌刑事犯罪的要坚决移送公安机关，注重加大打击力度，坚决做到"有假必惩"。

（景宁畲族自治县人民法院）

8. 将个人债务捏造为公司债务参与执行分配，虽未获利但仍构成虚假诉讼犯罪既遂
——被告人鲁某平虚假诉讼罪案

【典型意义】

债权人与债务人恶意串通，合谋通过虚假诉讼方式将真实的个人债务，捏造为虚假的公司债务，并参与公司执行财产分配，虽未实际获取不法利益，但仍应认定符合"以捏造的事实提起民事诉讼"要件，构成虚假诉讼罪既遂。本案呈现的上述涉案情节具有较强的代表性、典型性，对加强执行领域虚假诉讼的甄别、打击工作有较好的引领示范作用。

【案情与裁判】

2014年11月，HG公司的法定代表人傅某因资金周转困难，向鲁某平借款100万元。因拖欠银行贷款，HG公司于2016年被法院强制执行。为将个人债务转嫁给公司并从公司不动产执行款中得到分配，傅某找到被告人鲁某平，捏造鲁某平与HG公司的虚假工程款债权债务关系及担保关系，以HG公司名义出具83万元和160万元的虚假欠条、工程结算单以及承包合同等债权债务凭证。2016年6月，鲁某平以上述虚假债权债务凭证向法院提起民事诉讼，并与HG公司达成调解。同年8月，鲁某平向法院申请强制执行并申请参与分配。后因不动产拍卖所得价款尚不能满足优先受偿权的另案申请执行人，鲁某平作为普通债权人未获得实际利益。2020年8月18日，傅某在公检法联合打击过程中，被公安机关以涉嫌虚假诉讼犯罪立案侦查。2021年1月4日，鲁某平得知傅某被逮捕后，主动向公安机关投案自首，对虚假诉讼犯罪事实供认不讳。

法院经审理认为，被告人鲁某平与傅某恶意串通，以捏造的事实提起民事诉讼，企图将傅某的个人债务捏造为公司债务参与执行分配，妨碍司法秩序，其行为已构成虚假诉讼罪，判处有期徒刑十一个月、缓刑一年六个月，并处罚金15000元。在另案中，对傅某以虚假诉讼罪判处其有期徒刑一年十个月，并处罚金5万元。

【法官评述】

本案系典型的债权人与债务人恶意串通，捏造事实，将个人债务转嫁为公司债务并参与分配，以达到多受偿、稀释债权或者非法转移被执行财产等目的，从根本上改变了债权债务关系性质的案件，构成虚假诉讼罪。该犯罪行为危害极大，不仅挤占了合法债权人的受偿份额，更损害了法律的权威、蚕食司法公信力。在审理民事案件过程中，特别是"无纠纷型"调解案件中，人民法院应当积极采用主动审查、到庭询查、外围协查、串案并查、怀疑尽查、威慑核查、倒推溯查等审查方式，提高甄别能力，努力杜绝虚假参与分配，维护良好的执行秩序，确保司法公器不被恶意利用。

（金华市金东区人民法院）

9.伪造证据虚构欠款关系被罚款
——原告陈某与被告潘某龙、潘某寅买卖合同纠纷案

【典型意义】

行为人维护自身的合法权益本无可厚非，但若为实现自身权益，不择手段，随意伪造证据，破坏审判秩序、浪费司法资源、损害他人合法权益，则应受到惩罚。本案中，原告货款被拖欠属实，但其为早日拿到货款，通过伪造证据的方式选择权利主张对象，构成虚假诉讼，应给予明确的否定性评价。本案对于权利人应如何以合理合法的方式保护自身权利，具有明确的警示意义。

【案情与裁判】

潘某寅与潘某龙系亲兄弟。自2019年起，陈某与潘某寅产生布匹交易。2020年9月30日，潘某寅委托潘某龙与陈某进行结算，核对无误后，潘某龙在对账单上签字确认。后陈某私自在对账单上潘某龙署名前添加"欠款人"三个字，并将修改后的对账单作为证据向人民法院提起民事诉讼。潘某龙认为，其与原告陈某未形成实际买卖关系，只是替潘某寅对账，且对账单上潘某龙署名前"欠款人"三个字系原告事后私自添加。起初陈某否认系其私自添加，后经承办法官多次询问后，并告知虚假诉讼的法律后果，陈某才承认"欠款人"三个字系其事后私自添加。陈某浪费司法资源，严重妨害人民法院正常诉讼活动，其行为已经构成虚假诉讼，应予处罚。法院遂对原告陈某罚款1万元，现罚款已履行。

【法官评述】

《中华人民共和国民事诉讼法》第一百一十四条第一款第一项规定，诉讼参与人伪造、毁灭重要证据，妨碍人民法院审理案件的，人民法院可以根据情节轻重予以罚款、拘留；构成犯罪的，依法追究刑事责任。本案买卖合同结欠货款的基本事实是真实的，但原告陈某为获取不正当利益，在明知被告潘某龙、潘某寅与其之间的买卖关系存在争议，买卖合同相对方并非潘某龙的情况下，仍故意采取伪造证据手段捏造案件事实，向人民法院提起民事诉讼，浪费司法资源，严重妨害人民法院正常诉讼活动，符合民诉法规定的虚假诉讼的构成要件，应予以民事制裁。法院在被告潘某龙提出自己并非买卖合同相对方，更没有在结算单上标注"欠款人"，特别是在结算单涉嫌部分篡改添加的情况下，应当对全案进行审查，必要时进行笔迹鉴定，确保核查准确，避免因案件事实不清导致裁判错误。

（长兴县人民法院）

10. 提供虚假证据、重复起诉被处罚款拘留
——原告严某角与被告宁波L公司普通破产债权确认纠纷案

【典型意义】

在破产案件的审理中申报虚假债权，是虚假诉讼的重要表现形式之一。但此类虚假诉讼行为往往是债权人和债务人串通，较为隐蔽，给甄别、打击虚假诉讼造成困难。因此，案件审理过程中重点关注核实证据真实性，厘清当事人背后关系，发现不寻常之处，以此作为突破口予以严格审查，显得尤为重要。本案中，承办法官全方位深入核查，最终查实原告的虚假诉讼行为，驳回其诉请，并对虚假诉讼行为作出严厉处罚，有效保护了全体债权人的合法权益，维护了司法公正和司法权威，促进了诚信社会的构建。

【案情与裁判】

原告严某角以债权不予确认通知书、房屋抵押协议、欠条、借款日记等作为证据，诉请确认其对被告L公司享有96万元的债权。案件审理中，原告无法提供涉案款项交付依据，且对款项来源的多次陈述不一致。经承办法官多次告知虚假诉讼法律后果，原告自认诉请中的40万元系其子严某挺的银行贷款。经关联案件检索，严某角与L公司的法定代表人杨某达系连襟关系，严某角妻子邱某娟、儿子严某挺、女儿严某娜均与L公司存在借贷关系，在2017年原告严某挺诉被告L公司、杨某达、邱三某的民间借贷纠纷一案中，法院已经作出生效判决，确定L公司需归还原告严某挺借款65万元，其中的40万元便系该笔严某挺从银行获取的贷款40万元。根据原告严某角的到庭陈述，法院认定涉案款项的40万元系重复起诉，其提供的借款日记中出借时间和借款金额均与其最终认可的不一致，其确认该证据系为诉讼临时制作，法院认定其重复起诉40万元及向法院提交虚假证据的行为系虚假诉讼行为。

本案法院最终以证据不足判决驳回了原告严某角的全部诉请，并已生效。法院另对原告严某角的虚假诉讼行为，作出罚款5万元并拘留15日的处罚决定。

【法官评述】

本案原告为了能够在破产清算中获取财产分配提起诉讼，但原告在诉讼过程中对款项来源、交付方式却陈述不清。结合原告的经济实力，原、被告之间的关系，原告现金交付涉案款项的依据不足，以及通过对L公司法定代表人杨某达及其妻子邱三某的询问，二者对借款经过也陈述不清等情节，法院形成合理怀疑，并加强关联案件检索，主动出击发现L公司与其法定代表人配偶邱三某的多名亲戚存在借贷关系，且大部分无法提供银行交易流水，原告严某角的妻子、子女也在其中，遂以此为突破口，发现了本案中的重复起诉行为。本案的虚假诉讼行为隐藏较深，经承办法官抽丝剥茧，通过关联案件检索、证据证伪，最终认定原告存在虚假诉讼行为，并予以罚款、拘留的严厉处罚，起到了规范诉讼秩序、惩戒虚假诉讼、警示教育公众的良好效果。

（宁海县人民法院）

来源：浙江天平

2021年度浙江省检察机关法律监督典型案例发布（节录）

为充分发挥典型案例示范引领作用，提升全省检察机关法律监督工作质效，浙江省检察院组织评出2021年度全省检察机关法律监督典型案例，其中刑事检察4件、民事检察2件、行政检察2件、公益诉讼检察3件，现予以发布。

案例六 数字赋能民事检察精准监督，多手段综合治理车损理赔乱象
——保险合同纠纷虚假诉讼监督系列案

针对多家保险公司反映车险理赔中不正常的数额高、诉讼率高、伤残率高现象，绍兴市检察机关依托"民事裁判智慧监督系统"进行梳理，进而调查发现绍兴市越城区某汽车修理厂、上虞区某某汽车修理厂经营者伙同员工采用虚增、篡改、捏造事故车维修项目的方式，以进厂维修事故车保险权益受让人的身份提起民事诉讼，虚高金额理赔。绍兴市检察机关通过民刑"双轮驱动"，开展融合监督，其中，绍兴市越城区人民检察院发出再审检察建议24件，上虞区人民检察院提抗及发出再审检察建议12件，目前法院再审改判11件。对刑事犯罪线索调查核实后移送公安机关并引导侦查，周某某、宋某某、任某某等10人被法院依法判处有期徒刑四年至六个月不等的刑罚。同时，针对办案中发现的鉴定费用分担、鉴定评估程序不规范等问题，向鉴定评估管理部门制发检察建议，推动整改落实。

在办理该系列案中，检察机关坚持"以数字检察为牵引、以类案监督为核心、以促进严格执法和社会治理为目标"，通过监督，不仅促使民事案件改判，并追究相关人员刑事责任，真正达到惩治、教育目的，还向相关机构制发检察建议推动社会治理，促进车保行业的规范健康发展，真正做到办理一批案件，整治一个行业，净化一个领域。

来源：浙江检察

浙江法院发布刑事打击虚假诉讼十大典型案例

坚决贯彻落实党的十八届四中全会关于加大对虚假诉讼、恶意诉讼、无理缠诉行为惩治力度的要求，是人民法院肩负的政治责任、法律责任和社会责任。2018年以来，浙江各级法院在省高院的统一部署下，已连续五年开展打击虚假诉讼专项行动，取得积极成效。为进一步加大对虚假诉讼的惩治力度，净化诉讼环境，提升司法公信力，促进社会诚信体系建设，省高院从全省法院范围内挑选了10件刑事打击虚假诉讼的典型案例。这些案例从多角度体现了当前刑事审判实践中涉虚假诉讼犯罪的特点，对虚假诉讼行为罪与非罪、此罪与彼罪、罪轻与罪重的认定和把握标准有一定参考价值。

1. 虚构借款事实骗取购车指标，构成虚假诉讼罪
——淳安县王某某等六人虚假诉讼案

【案情与裁判】

2016年7月，被告人王某某等人在明知浙A车牌不能私自转让的情况下，为了将吴某某等车主名下的浙A车牌变现，王某某和吴某某勾结签订虚假的3万元借款借据和车辆抵押合同，虚构吴某某向王某某借款无力偿还、用车辆抵押的事实。后王某某以该笔虚假债权向法院起诉吴某某，并在法院调解下达成协议成功获取调解书。进入执行程序，法院通过淘宝网司法拍卖网络平台拍卖吴某某的车辆和车牌，拍得价格人民币4.9万元（包含车辆评估价格1421元）。法院将执行到的3万元作为王某某的借款予以发还，并将超过执行标的的余款15023元退还吴某某。王某某等人采用类似手段参与虚假诉讼19起，共计非法获利18万余元。

淳安县人民法院经审理，以虚假诉讼罪分别判处王某某等人有期徒刑三年三个月至八个月，并处罚金人民币30000元至7000元不等的刑罚，并启动再审程序对原民事判决予以纠正。

【典型意义】

本案属于典型的"无中生有型"虚假诉讼，双方恶意串通，捏造虚假的借款和车辆抵押事实，通过虚假诉讼方式拍卖车牌非法获利。该犯罪行为不仅妨害司法秩序，损害司法权威，还扰乱了政府的车辆限牌政策，妨害政府行政管理效果，依法应予严惩。该类案件双方串通，隐蔽性强、证据链完整，在民事诉讼中较难甄别。在本案的民事审判中，承办法官发现王某某类似的车辆抵押借贷案件有好几起，而且都是通过调解结案，曾怀疑可能存在虚假诉讼。在案件审理中，尽管法官一再告知虚假诉讼的后果，但面对双方当事人有意为之的相互串通，捏造虚假的借款和车辆抵押事实，仅通过民事审查手段，确实难以识破。但法网恢恢、疏而不漏，当其他地区在一段时间也频频出现通过诉讼的方式拍卖车牌非法获利时，引起了人民法院的关注，人民法院通过与公安、检察等多部门的协同合作，形成打击虚假诉讼的合力，让虚假诉讼无所遁形，共同营造诚信诉讼的良好氛围。

2. 恶意串通虚构债务构成虚假诉讼罪
——宁海县徐某某、尤某某、袁某某虚假诉讼案

【案情与裁判】

2019年2月，徐某某、尤某某夫妻二人得知自己名下的房产将要被法院拍卖，便与亲戚袁某某串通，合谋以2013年徐某某与袁某某因贷款流转产生的320万元银行流水为凭据，编造徐某某、尤某某曾向袁某某借款320万元的事实，并伪造相应的借条，再由袁某某持相关证据到法院起诉，要求徐某某、尤某某归还虚假的借款，后骗得法院立案、作出民事调解书，支持袁某某320万元虚假债权的诉求。此外，在法院处置徐某某、尤某某的房产过程中，徐某某、尤某某、袁某某又合谋，声称袁某某系该房产的租户，虚构袁某某享有180万元的装修价值，并以此向法院提出在执行分配中保留相应价值的诉求。后三人虚假诉讼行为被发现，并被移送公安机关立案侦查。

宁海县人民法院经审理，以虚假诉讼罪判处徐某某等三人有期徒刑一年两个月、缓刑两年至有期徒刑一年四个月不等刑罚，并处罚金人民币各10万元。

【典型意义】

本案是一起典型的"恶意串通型"虚假诉讼案件，原告与被告恶意串通，虚构民间借贷债务，提起民事诉讼要求归还虚假借款，并骗取人民法院立案及作出民事调解书，构成虚假诉讼罪。该犯罪行为危害极大，不仅挤占合法债权人的债权受偿份额，扰乱司法机关的工作秩序，更降低人民群众对司法机关的信任，损害法律的威严和正义，必须依法予以严厉打击。本案系在执行过程中甄别发现虚假诉讼案件线索，后移送至公安机关立案侦查并最终查清犯罪事实。人民法院对原、被告存在特殊关系的民

事案件，需详细询问债权债务形成经过，要求双方提供详尽证据，深入分析、发现问题，对案件存在的疑问，更应审慎处理，确保司法公器不被恶意利用。

3. 存在真实债权债务关系情况下，在民事诉讼中恶意串通、伪造证据虚增货款，构成妨害作证罪、帮助伪造证据罪——余姚市孙某等妨害作证、帮助伪造证据案

【案情与裁判】

被告人孙某1与被告人孙某2系姐弟关系，两人经营的公司存在长期业务往来关系，存在尚未结清的货款及借款。后被告人孙某1经营不善，其经营的公司欠下了大量债务，2014年初被裘某诉至武汉某地法院，被告人孙某1控制的公司名下土地被诉前保全。孙某1为优先归还被告人孙某2的欠款，经事先预谋，多次伪造对账单、欠条、借据、承兑汇票复印件等证据。2014年6月至7月，被告人孙某2以买卖合同纠纷、民间借贷纠纷为由，将孙某1及其经营的公司列为共同被告向法院提起了三起民事诉讼，并提供了上述伪造的证据，涉诉标的合计1540万元。案件审理期间，被告人孙某2指使被告人孙某1口头承认上述伪造证据的真实性，致使法院作出民事调解书，并在执行阶段通过执行和解的方式，将被告人孙某1控制的公司名下的土地，折价人民币1400万元过户至被告人孙某2控制的公司等名下，引起利害关系人信访、举报，导致三案再审。

余姚市人民法院经审理认为，被告人孙某2指使被告人孙某1伪造证据，提起诉讼；被告人孙某1帮助伪造证据，情节严重，分别构成妨害作证罪与帮助伪造证据罪，分别判处有期徒刑两年至三年不等刑罚。

【典型意义】

民事诉讼案件数量巨大，且具体情况比较复杂，人民法院在办案过程中，必须精准把握虚假诉讼罪的核心构成要件，"以捏造的事实提起民事诉讼"，系"无中生有"的行为。本案存在真实债权债务关系，两被告人伪造证据、虚假陈述的目的是虚增债权债务数额而非捏造债权债务关系，不符合"以捏造的事实提起民事诉讼"要件，不构成虚假诉讼罪。但二人串通伪造证据，作出虚假陈述骗取民事调解书的行为，破坏了司法的公信力，扰乱了诉讼活动的正常秩序，应当以帮助伪造证据罪及妨害作证罪论处。

4. "套路贷"中诈骗罪与虚假诉讼罪的竞合
——宁波市鄞州区庞某某、徐某某诈骗案

【案情与裁判】

2017年4月，庞某某趁被害人夏某某急需资金向其借款之时，以民间借贷为诱饵，

实际以"平台费""手续费""押金""行业惯例"等名义诱骗夏某某等人签订了金额虚高的共计220万元两份格式化的借款合同,在实际交付150万元的情况下,伙同徐某某、丁某某通过各类手段制造出夏某某已取得全部借款的痕迹。借贷期满后,因夏某某无法偿还被虚高的高额本息,庞某某便指使徐某某诱骗夏某某签下总计60万元的多份借款格式合同,并备注现金收取,实际并未支付。为准备针对上述虚假合同提起民事诉讼,庞某某指使徐某某安排他人伪造对应虚假借款合同金额的银行取现凭证,以虚构夏某某从其处取得借款的事实。2018年初,庞某某方分别以上述借款合同为依据,分五案向法院提起民事诉讼,要求夏某某等借款人、担保人偿还上述借款合同涉及的280万元本金及利息。其间,庞某某向法院提交了之前伪造的银行取现凭证作为证据。在庞某某提起民事诉讼前,夏某某方已实际归还了146万元。该五案中涉诉讼标的本金共计60万元的三件民事案件均判决庞某某方胜诉。后庞某某方与夏某某方在法院主持下,达成了调解协议,约定由夏某某方返还100万元,了结上述全部五案。签署调解协议后,夏某某方即经法院支付给庞某某30万元,后又先后支付了3.01万元。

鄞州区人民法院经审理,以诈骗罪分别判处庞某某、徐某某有期徒刑三年六个月、两年六个月,并各处罚金10万元、5万元。

【典型意义】

行为人在施行"套路贷"犯罪中,往往牵连实施虚假诉讼、伪造证据甚至敲诈勒索、寻衅滋事等犯罪,从欺骗、引诱或者强迫被害人签订借款合同,继而通过伪造证据等手段垒高、虚增债务,最后借助民事诉讼手段向被害人索取虚高债务,以达到非法占有被害人财物之目的。该行为不仅侵害被害人财产权、人身权,还危害公共秩序,破坏金融秩序,又挑战司法权威,严重妨害司法公正,其行为社会危害性大,应依法予以严惩。本案中,庞某某、徐某某伪造证据、捏造事实提起民事诉讼的行为系"套路贷"诈骗犯罪有机组成部分,不能简单地割裂予以单独评价,同时两人的上述手段行为与全案诈骗目的行为存在刑法上的牵连关系,依法应当择一重罪以诈骗罪追究其刑事责任。

5. 将普通债权捏造为优先于抵押的租赁权并提出执行异议,构成虚假诉讼罪
——温州市龙湾区张某某虚假诉讼案

【案情与裁判】

张某某于2011年4月15日借款300万元给王某某,后王某某无力偿还借款本息。2012年5月,张某某要求与王某某经营的公司签订租赁协议书,将公司名下厂房租赁给张某某,租赁时间13年,租金289万元,另有设备押金11万元,合计300万元。该过程中,王某某告知张某某已将该公司厂房抵押给建设银行,抵押登记日期为2011年12月

2日。张某某遂要求将租赁协议书落款日期倒签为2011年4月15日,起租时间为2011年5月1日。2014年间,王某某仍无力支付300万元借款本息,后根据租赁协议将公司厂房交由张某某转租给他人使用。

2019年5月28日,龙湾区人民法院发布拍卖预告,拟对涉案厂房拍卖,并要求张某某腾空。同年5月31日,张某某以案外人身份向法院提出异议申请,并提供租赁协议,主张享有的租赁权成立时间早于土地使用权抵押时间及法院查封时间,法院应保障其作为承租人的优先购买权并进行"带租拍卖"。法院执行工作人员经向多人调查取证后,于2019年10月15日裁定驳回张某某的执行异议申请。调查期间,张某某仍声称对涉案房产享有优先租赁权。2019年12月20日,法院以张某某涉嫌虚假诉讼罪移送公安机关侦查。后张某某主动投案。

龙湾区人民法院经审理认为,张某某以捏造的事实提起民事诉讼,妨害司法秩序,严重侵害他人合法权益,其行为已构成虚假诉讼罪。张某某有自首情节,愿意接受处罚,予以从轻处罚。据此,以虚假诉讼罪判处被告人张某某有期徒刑六个月,并处罚金2万元。

【典型意义】

在民事执行程序中,案外人单方或者与被执行人恶意串通,通过伪造虚假租赁合同等手段要求带租拍卖,对抗执行的情况时常发生,对执行工作造成严重干扰。人民法院应当正确认定此类行为的性质,正确把握定罪处罚的条件,对妨碍执行工作、损害司法权威的行为依法进行严惩。本案中,张某某要求倒签租赁起始时间,捏造具有优先购买权的事实,并要求法院"带租拍卖",属于"无中生有型"虚假诉讼行为。该行为系执行程序中的单方欺诈型虚假诉讼,同样妨害司法秩序,侵害他人合法权益,如其执行异议成立,势必将造成法院错误执行,损害抵押权人的合法权益,应认定"妨害司法秩序或者严重侵害他人合法权益",以虚假诉讼罪定罪处罚。

6. 被执行人捏造事实骗取调解协议书,后申请司法确认,参与执行财产分配,构成虚假诉讼罪——永嘉县季某、周某虚假诉讼案

【案情与裁判】

2020年,因被告人季某、周某夫妇未履行生效裁判文书确定的义务,永嘉法院将其位于温州市鹿城区某小区套房司法拍卖用于偿还债务。其间,季某伙同郑某(另案处理)商谋,虚构欠付工资、借款等,被告人周某在欠条、还款承诺书等材料上签字。2020年8月7日,季某、周某伙同郑某到永嘉县民商事纠纷人民调解委员会,就上述虚构债务达成调解协议,其后由季某、周某及郑某共同向法院申请司法确认,要求确认虚构债务,从而参与房屋拍卖款的分配。同日,法院作出民事裁定,裁定确认

季某、周某共同偿还郑某借款本息42万元及工资36万元。2020年11月10日，郑某就民事裁定书确定的债务42万元放弃参与房屋拍卖款的执行分配。法院发现虚假诉讼情况后，撤销民事裁定，驳回季某、周某、郑某的确认申请，并将犯罪线索和相关材料移送公安机关立案侦查。

永嘉县人民法院经审理，依法以虚假诉讼罪判处季某有期徒刑七个月，并处罚金人民币12000元；判处周某有期徒刑六个月，并处罚金人民币10000元。

【典型意义】

司法确认程序是民事诉讼法规定的特别程序，法院依据双方当事人申请，对当事人在诉讼程序外达成的民事调解协议进行自愿性、合法性的审查并赋予其强制执行力的非讼程序。由于司法确认程序缺乏开庭审理环节，以捏造的事实，利用特别程序漏洞误导法院作出错误裁判文书的行为隐蔽性强，甄别难度大。本案中，季某、周某为参与执行财产分配，与郑某恶意串通，捏造欠款凭证后向人民调解委员会申请调解，骗取调解协议书，再向法院申请司法确认，误导法院作出错误裁判文书。面对该类行为，人民法院在司法确认程序中应当加大审查力度，重视对被害人报案和控告、群众举报等线索来源的调查审查工作，必要时通知当事人同时到场，当面询问当事人，要求补充陈述及证明材料，及时发现虚假诉讼犯罪，依法从严惩处。

7. 虚构代偿事实提起代偿权纠纷诉讼，构成虚假诉讼罪
——海宁市李某某虚假诉讼案

【案情与裁判】

2012年间，姚某某因赌博向李某某借款，后经李某某联系，又前往上海某赌场赌博并欠下赌债。2012年5月，李某某以帮助姚某某了结赌债为名，让姚某某向周某某出具借款20万元的借条1张，并以李某某及姚某某亲属经营的海宁市某塑料包装有限公司为担保人。之后，姚某某以该赌场诈赌为由，拒绝按照借条所书偿还钱款。2020年7月，李某某拍摄一张他人在银行捧着大量现金的照片，声称自己已经代替姚某某归还周某某借款20万元，并以向姚某某、海宁市某塑料包装有限公司追偿20万元为由，向法院提起民事诉讼。在案件审理过程中，李某某得知法院核查还款行为是否真实，遂找到周某某，授意其提供虚假证明，周某某应李某某的要求，向代理律师作"周某某借款20万元给姚某某，且李某某已代为归还"等虚假陈述。之后，在法官向周某某核实情况时，周某某主动承认作虚假证言的事实。李某某得知其行为被法院发现后，于2020年12月16日提出撤回起诉的申请。同年12月30日，法院依法开庭审理并判决驳回李某某的全部诉讼请求。

海宁市人民法院经审理认为，李某某与他人恶意串通，以捏造的事实提起民事诉

讼，妨害司法秩序，严重侵害他人合法权益，以虚假诉讼罪，判处李某某有期徒刑一年，并处罚金人民币1万元。

【典型意义】

在办理虚假诉讼案件过程中，人民法院对于是否属于"无中生有"捏造民事法律关系，应当坚持实质性判断，不能简单化、形式化、机械化认定。本案被告人为掩盖借贷关系中涉及赌博等不法事实，进而捏造代偿民事法律关系，并且指使他人提供虚假证言。这既是"单方欺诈"提起民事诉讼的行为，又包含了与他人"恶意串通"捏造民事法律关系的行为，其行为浪费司法资源、干扰正常司法活动，应予严惩。海宁市人民法院在本案审理过程中，明察秋毫，通过多方调查核实，最终促使曾经提供虚假证言的证人主动向法院坦白事实，使虚假诉讼行为得到依法惩治。

8. 虚构借条骗取民事调解书，构成虚假诉讼罪
——金华市金东区傅某某、吴某芝等人虚假诉讼案

【案情与裁判】

中国银行某支行诉H公司金融借款合同纠纷一案，经婺城区人民法院判决生效，于2016年进入执行阶段。被告人傅某某作为H公司股东、法定代表人，为将其夫妻个人债务减少或转嫁给公司，于2016年6月联系债权人吴某芝、吴某良、傅某萍、楼某某等人，策划以公司名义捏造虚高债权债务关系，并通过诉讼从公司的房地产拍卖执行款中分得款项。其间，傅某某向吴某芝等人出具虚假借条或借款结算单，共计人民币703万元。吴某芝等人分别于2016年6月、7月以签订的虚假债权债务凭证向金东区人民法院提起民事诉讼，并与公司法人代表傅某某达成调解协议，由法院制作民事调解书，对上述债权债务本金及利息共计854.8万元进行确认。后吴某芝等人向法院申请参与执行分配。因房产拍卖所得价款尚不能满足优先受偿权，故吴某芝、楼某某等人作为普通债权人未获得实际利益。

金东区人民法院经审理认为，被告人傅某某与吴某芝等人恶意串通，以捏造的事实提起民事诉讼，妨害司法秩序，其行为已构成虚假诉讼罪，分别判处有期徒刑七个月、缓刑一年至有期徒刑一年六个月，并处罚金人民币1万元至4万元不等刑罚。

【典型意义】

本案系典型的债权人与债务人恶意串通，捏造事实，出具虚假债权债务凭证，逃避法院生效裁判文书确定的履行义务的虚假诉讼案。债务人以公司名义与多人签订虚高债权债务凭证，向法院提起民事诉讼，在诉讼中达成调解协议，骗取承办法官出具民事调解书，后以该调解书参与公司执行分配，企图稀释其他合法债权人利益，多分款项冲抵个人借款，最终因房产拍卖所得价款尚不足以满足优先受偿权，故普通债权

人未能获得实际利益。该虚假诉讼行为虽然最终未造成严重后果，但其行为不但浪费宝贵的司法资源、扰乱司法秩序，而且误导法官作出错误的裁判文书，严重妨害司法公信力和判决权威性，应当依法严惩。

9. 将普通债权捏造为能够优先受偿的农民工工资参与民事诉讼，其行为构成虚假诉讼罪——庆元县某建设有限公司及其法定代表人吴某某虚假诉讼案

【案情与裁判】

2017年11月24日，丽水中院拍卖了浙江某智能印刷设备有限公司的财产，其中，某建设有限公司（以下简称某建设公司）在建工程价值为人民币12844989元。拍卖后，某建设公司的债权人申请参与分配上述款项，莲都区人民法院、景宁畲族自治县人民法院、南湖区人民法院等先后对上述款项进行了冻结。

2018年，为了优先受偿上述款项，时任某建设公司法定代表人吴某某指使或授意他人冒充或找人冒充某建设公司建筑工地的工人，虚报工资，并指示某建设公司员工刘某某、胡某某等人制作虚假的工资表等证据材料，帮助冒充的务工人员于2018年5月前后以向某建设公司主张欠付工资为由向庆元县人民法院提起诉讼。被告人吴某某对虚假的农民工工资表予以确认，代表某建设公司与冒充的务工人员达成调解，导致庆元县人民法院作出民事裁定并将虚假工资执行到位。经统计，被告单位某建设公司为了优先受偿被法院冻结的执行款，伙同他人进行虚假的民事诉讼共53起，导致法院作出53份民事裁定，并执行到位人民币1566890元。

庆元县人民法院经审理认为，被告单位某建设公司以捏造的事实进行民事诉讼，严重干扰正常司法活动、损害司法公信力，情节严重；被告人吴某某作为该公司的法定代表人，在单位犯罪活动中起决定、指挥作用，并参与具体犯罪行为实施，是直接负责的主管人员，均构成虚假诉讼罪。法院遂以虚假诉讼罪判处被告单位某建设公司罚金人民币30万元；判处被告人吴某某有期徒刑三年八个月，并处罚金人民币5万元。被告单位、被告人提出上诉后，丽水中院裁定驳回上诉，维持原判。

【典型意义】

假借追索劳动报酬纠纷进行虚假诉讼是常见的扰乱司法秩序的行为。本案被告人利用农民工工资能够优先受偿且诉讼成本低等便利条件，将借款、货款、投资款等多种普通债权捏造为能够优先受偿的农民工工资，参与民事诉讼，导致法院作出裁定并执行到位。该行为从根本上改变了债权债务关系的性质，属于凭空虚构民事法律关系的行为，是典型的"无中生有型"虚假诉讼，不仅侵害了他人的合法权益，还浪费了司法资源，严重损害司法权威和司法公信力。面对该类案件，办案法官应保持高度敏锐性，对"讨薪""借贷"等批量司法确认案件，加强甄别、认真核查，让打"假官

司"的人付出"真代价",增加虚假诉讼人员的违法成本,引导教育面临经营困难的企业合法有序主张权利,严守诚信诉讼底线,营造不敢、不能、不愿虚假诉讼的法治环境,保障市场经济平稳有序高效发展。

10. 隐瞒清偿事实、以"显名"债务多次向法院起诉构成虚假诉讼罪
——玉环市袁某青虚假诉讼案

【案情与裁判】

2017年12月7日,彭某某以张某夫的名义向被告人袁某青借款人民币30万元,被告人袁某青以其姐姐袁某娟的名义出借。2018年4月3日至2019年2月4日期间,彭某某通过本人微信账户及其朋友王某某的银行账户陆续向袁某娟的中国农业银行账户(实际使用人系被告人袁某青)及袁某青微信账户转账还款共计人民币35万元。2018年11月15日,陆某某、张某法向被告人袁某青借款人民币7万元,被告人袁某青以袁某娟名义出借,当日袁某娟中国农业银行账户向陆某某账户转账人民币7万元;2018年11月21日,陆某某向袁某娟上述账户转账还款人民币7万元。后被告人袁某青先后于2019年8月22日、2020年5月6日两次指使袁某娟以上述款项尚未归还为由,向法院起诉张某夫、陆某某、张某法偿还借款及利息。法院认定上述债务已清偿完毕,均判决驳回袁某娟的诉讼请求。

玉环市人民法院经审理,以虚假诉讼罪判处被告人袁某青有期徒刑一年,并处罚金人民币2万元。

【典型意义】

民间隐名借贷中虚假诉讼行为常有发生。本案中,因被告人袁某青与实际借款人为失信被执行人,所以假借亲属名义及银行账户,多次"隐名"从事民间借贷行为并赚取利息,后又隐瞒实际债务人已经全部清偿债务的事实,指使"显名"债权人提起民事诉讼,意图获得具有强制执行力的生效判决,侵害他人合法权益,妨害司法秩序。法院在案件审理过程中,透过"显名"外壳,以双方之间的不正当转账等证据发掘案件本质,梳理民事法律关系,厘清虚假诉讼事实,依法追究被告人袁某青的刑事责任,不仅彰显了人民法院维护司法权威的决心,还对此类虚假诉讼犯罪起到了震慑作用,实现了"三个效果"的有机统一。

来源:浙江天平

河北省人民检察院发布3件全省检察机关民事虚假诉讼监督专项活动典型案例

案例一 承德市某物贸有限公司、小井铁矿与高某、李某某、北京某商贸公司虚假诉讼监督案

【简要案情】

北京某商贸公司与高某、李某某签订了股权转让合同，将其持有的承德某矿业有限公司的股权转让给高某、李某某。合同签订后，高某、李某某欠付北京某商贸公司股权转让款本金、违约金及利息共计约231万元。高某为减轻其还款责任，私刻承德市某物贸有限公司的公章，伪造还款担保书，以承德市某物贸有限公司、小井铁矿的名义对上述债务承担保证责任。北京某商贸公司依据还款担保书将高某、李某某、承德市某物贸有限公司及小井铁矿诉至法院，要求承担还款责任。诉讼中，高某提供了承德市某物贸有限公司及小井铁矿诉讼代理人的授权委托书，其上的盖章亦为假公章。法院依据上述文书作出民事调解书，要求高某、李某某、承德市某物贸有限公司、小井铁矿分四次支付北京某商贸公司股权转让款并互负连带给付责任。

承德市某物贸有限公司、小井铁矿不服该调解书，向承德市中级人民法院申请再审，请求该院撤销该民事调解书，驳回北京某商贸公司的诉讼请求。承德市中级人民法院驳回了承德市某物贸有限公司与小井铁矿的再审申请。

承德市某物贸有限公司、小井铁矿不服再审裁定，向检察机关申请监督。

【检察机关履职情况】

2018年，承德市双桥区人民检察院在审查一起合同纠纷申请监督案时发现涉嫌虚假诉讼，及时向上级检察院请示，上级检察院对此案高度重视，专门派员参与案件审查。市区两级检察机关上下联动、一体办案，通过依法调取法院卷宗、复印审查相关证据材料、询问当事人和案外人等方式，积极审慎运用法律赋予的调查核实职权。最后查明，高某、李某某使用其私刻的承德市某物贸有限公司公章，虚构承德市某物

贸有限公司出具还款担保书，为高某、李某某欠付北京某商贸公司的股权转让款提供担保的事实；还使用盖有虚假公章的授权委托书，委托律师代表承德市某物贸有限公司、小井铁矿参与民事调解，在承德市某物贸有限公司、小井铁矿对诉讼毫不知情的情况下，与北京某商贸公司达成了由承德市某物贸有限公司、小井铁矿和高某、李某某共同给付股权转让款的调解协议。该虚假诉讼行为损害了申请人的利益，破坏了司法秩序，损害了国家利益。

2019年10月，检察机关向法院提出抗诉，法院采纳检察机关的抗诉理由，判决撤销民事调解书，驳回北京某商贸公司要求承德市某物贸有限公司、小井铁矿承担给付责任的诉讼请求。

【典型意义】

民事虚假诉讼，主要是指在民事诉讼活动中当事人、其他诉讼参与人之间恶意串通或者单方采取虚构法律关系、捏造事实、伪造证据等手段，妨害司法秩序，损害国家、社会公共利益或他人合法权益，或逃避履行法律文书确定的义务的行为。本案例就是一起典型的通过虚构法律关系、伪造证据侵害他人的合法权益、破坏正常商业活动秩序的虚假诉讼案件。该案的成功办理体现了检察机关在服务"六稳""六保"过程中的司法担当。加强民事生效裁判监督，营造良好的司法环境，有利于释放市场主体活力。本案中，检察机关从解决民营企业的实际问题出发，"想企业之所想，急企业之所急"，及时启动民事生效裁判案件的监督程序，督促人民法院纠正错误的裁判，成功挽回了民营企业高达200余万元的经济损失，保障了民营企业的合法权益。

该案例也提示广大企业在商业活动中应提高警惕，发现侵害自身合法权益的虚假诉讼行为后，及时向检察机关提供案件线索，配合检察机关对虚假诉讼的惩治和防范工作，共同营造良好的市场环境。

案例二 张某某与陈某某借款合同纠纷非诉执行检察监督案

【简要案情】

陈某某与赵某某、段某某签订《借款合同》，约定赵某某、段某某向陈某某借款600万元，涞水某运输公司、赵某某、河北某燃气公司、张某某分别为上述债务提供不可撤销的连带保证责任的担保，其中张某某以自有房屋为该笔债务提供抵押担保，同时约定本合同在履行过程中发生的争议，向北京仲裁委员会仲裁。因赵某某、段某某到期未按约还款，陈某某伪造张某某的《房屋他项权证》向北京仲裁委员会申请仲裁。北京仲裁委员会作出裁决书，裁决：陈某某对案涉房产享有拍卖、变卖所得款项的优先受偿权。陈某某依据该裁决，向保定市中级人民法院申请强制执行。保定市中级人民法院于2017年3月作出执行裁定书，裁定查封张某某用于抵押的自有房屋。张某某以未向案涉借款提供担保为由向保定市中级人民法院提出异议,保定市中级人民法院驳回张某某异议申请。张某某向检察机关申请监督。

【检察机关履职情况】

2019年1月,检察机关依法受理,并初步审查发现陈某某提交的《房屋他项权证》与张某某提交的《房屋他项权证》存在较大差异,认为该案涉嫌虚假诉讼,遂依法采取调取、查阅案件卷宗,走访相关部门等调查措施,对张某某提供的《保定市房屋抵押权设立登记申请书》《房屋他项权证》进行审查核实,发现《保定市房屋抵押权设立登记申请书》《房屋他项权证》系赵某某向陈某某借款时,张某某为赵某某提供的抵押担保,与本案赵某某、段某某向陈某某的借款无关,从而确认本案中的《房屋他项权证》是陈某某伪造的。此外,检察机关发现保定市中级人民法院在裁定驳回张某某执行异议中关于申请已超过法律规定期限的认定,适用法律错误,遂向法院提出检察建议,建议法院撤销执行裁定书,不予执行北京仲裁委员会裁决书。2019年9月,法院对检察建议予以采纳,及时纠正了错误执行行为。

【典型意义】

仲裁作为一种兼具"私权"与"准司法"的特殊纠纷处理机制,其价值在于追求和实现公平正义及效率相统一。虚假仲裁的出现破坏了仲裁的价值追求,损害了仲裁和司法秩序,造成了仲裁和司法资源的浪费。检察机关对虚假仲裁进行监督,修正了受损的法律关系,维护了司法公正。

本案中,检察机关通过与行政部门的配合,主动核实张某某向涞水县不动产登记中心调取的《保定市房屋抵押权设立登记申请书》及涞水县《房屋他项权证》,确认虚假证据,查明案件事实,确认当事人存在伪造证据骗取仲裁裁决书的行为。最终,检察机关以检察建议的方式,推动法院撤销依据仲裁作出的相应执行裁定,维护了司法权威和仲裁制度公平正义的价值取向。

案例三 某保险南皮支公司与某保险河北分公司刘某、魏某机动车交通事故责任虚假诉讼案

【简要案情】

舒某驾驶魏某所有的小轿车与刘某驾驶的车辆发生相撞,造成魏某的车辆损坏,公安交警大队经现场勘验认定刘某一方负该事故的全部责任。刘某驾驶的车辆在某保险河北分公司投有交强险、某保险南皮支公司投有保险金额为20万元的三者险且不计免赔,事故发生在保险期间内。事故发生后,魏某将其事故车辆以3万元左右的价格卖给某汽车维护厂,该厂委托律师崔某以魏某的名义向南皮县人民法院提起诉讼,要求刘某、某保险南皮支公司和某保险河北分公司赔偿各项损失共计9.8万元,并提交了某

评估事务所出具的事故车辆损失评估报告书。

南皮县人民法院经审理支持了上述全部诉讼请求。某保险南皮支公司不服一审判决提出上诉，二审法院维持原判。

某保险南皮支公司向检察机关申请监督。

【检察机关履职情况】

检察机关受理该案后，认为该案涉嫌虚假诉讼，遂依职权进行调查核实。

经调查发现，法院案卷中起诉书上魏某的签名是机打的，魏某在授权委托书、送达回证等法律文书上的签名前后笔迹不一致，且未参加诉讼。案涉事故车辆损失评估报告书的评估机构不具有保险行业评估资质。评估是公安交警大队自行委托，没有当事人申请，合法性存疑。经向税务机关调查核实，评估依据的拆解费发票是某汽车维护厂虚开的，证实了其出具的评估报告书不具有真实性。检察机关通过询问魏某及其代理律师崔某，查明起诉书是由律师崔某所写，上面的手印也是其所捺，魏某对该案整个诉讼过程完全不知情。经向法院、县财政局、农村信用合作社调查核实，得知该案执行款由律师崔某领取后直接背书给某汽车维护厂。

检察机关核实情况后，于2020年5月依法向法院提出抗诉。2020年11月，法院裁定再审后，撤销原民事判决，驳回魏某的起诉；同时，对公安交警大队相关人员、律师崔某等涉嫌违法违纪，以及一审卷宗中送达凭证涉嫌伪造等情况，及时反馈并移送给有关部门依法处理。

【典型意义】

随着我国人均机动车持有量的不断提高，机动车交通事故理赔领域成为虚假诉讼的高发地带。一些不法分子利用机动车交通事故当事人疏忽或不谨慎，伪造证据进行虚假诉讼。本案中，虚假诉讼行为人伪造证据提起诉讼，牟取不当利益。检察机关敏锐发现起诉书中明显不符合常理的情况，开展深入的调查核实工作，一步步揭开虚假"面纱"，还原案件事实真相，有力地打击了机动车交通事故理赔领域虚假诉讼，提升了检察机关法律监督权威，取得了良好的政治效果、社会效果和法律效果。

同时，本案机动车交通事故当事人魏某未能审慎地处理自身权益，而是将事故车辆直接卖给汽车维护厂，使不法分子有机可乘。广大交通活动参与人也应该引起警示，合法审慎地处理自身财产和权益，共同维护公平公正的社会环境。

来源：河北省检察院第六检察部

"河北省检察机关民事虚假诉讼监督专项活动"新闻发布会问答环节实录

《河北日报》记者：检察机关开展民事虚假诉讼监督有哪些优势？

河北省人民检察院党组成员、副检察长梁红继：谢谢您的提问。首先，检察机关开展民事虚假诉讼监督在国家法律制度设计层面具有优势。人民检察院是国家的法律监督机关。人民检察院通过行使检察权，保障法律正确实施、维护社会公平正义。法律监督是党、国家、宪法、法律赋予我们的政治责任、法治责任、检察责任。依法开展民事虚假诉讼监督既是检察机关履行职能的应有之义，也是检察机关的使命所在、职责所系。这为检察机关开展民事虚假诉讼监督提供了坚实的制度基础。其次，检察机关开展民事虚假诉讼监督在职能设置方面具有优势。检察机关的法律监督职能涵盖刑事检察、民事检察、行政检察、公益诉讼检察四大领域，有利于在开展民事虚假诉讼监督中跨部门跨领域、全方位多角度地展开监督工作，打好民事虚假诉讼监督的"组合拳"。最后，检察机关开展民事虚假诉讼监督在组织领导方面具有优势。检察机关上下级是统一领导的关系，"检察一体化"既是我们在组织领导方面的特点，也是开展工作的一个有力武器。全省检察机关在开展民事虚假诉讼监督工作中，树立"全省一盘棋"的思想，统一工作目标，统一全局指挥，统一调度力量，在办案组织、线索管理、办案流程、调查核实、公开听证等多方面发挥一体化优势，形成了协调有力、协作紧密、运转规范有序的工作新格局，有效提升了对民事虚假诉讼监督的工作效能和效果。

长城新媒体记者：据了解，此次专项监督活动中检察机关查办了一批虚假诉讼案件，从办案情况来看，我省目前民事虚假诉讼主要多发在哪些领域，有何特点？

河北省人民检察院第六检察部主任程彦军：谢谢您的提问。近年来，虚假诉讼在民商事诉讼中频频发生，从此次专项活动的情况来看，目前，我省民事虚假诉讼主要集中在民间借贷纠纷、追索劳动报酬、机动车交通事故责任、虚假仲裁、虚假债权公证等几个主要领域。其中，民间借贷类纠纷案件居多，因此类纠纷中涉及的借据、汇款凭证等证据类型容易通过各种手段进行伪造，在外观形式上相对比较规范，不易被觉察，致使民间借贷纠纷成为虚假诉讼的"重灾区"。特别是，存在两种常见的类型：一是在涉及担保责任的民间借贷案件中，很多虚假诉讼行为人恶意串通，虚构证据和事实，损害担保人的合法权益；二是行为人为了逃避按照法律规定应当要归还的真实债务，通过与他人虚构另一借贷事实，达到转移财产的目的。

此外，追索劳动报酬类虚假诉讼也是一种常见的类型。虚假诉讼行为人利用法律、政策对劳动者权益的优先保护，通过虚构劳动关系、伪造劳动关系证明文件等手段骗取劳动仲裁调解书等执行依据，以达到套取公司法人财产的目的。

随着我省民事虚假诉讼检察监督工作的深入开展，全省检察机关在监督类型和领域上也在不断扩展。我们有信心有能力开展好民事虚假诉讼监督工作，无论虚假诉讼行为如何隐蔽，如何花样翻新，都必将受到法律应有的制裁。

《检察日报》记者：检察机关在开展民事虚假诉讼监督中还存在哪些难点？采取了哪些措施来攻克这些难点？

河北省人民检察院第六检察部主任程彦军：谢谢您的提问。目前，检察机关在开展民事虚假诉讼监督过程中存在的主要难点之一是相关法律法规较少，规定也比较原则，给实际工作带来一定的难度。从目前来看，刑事诉讼相关法律及司法解释对检察机关办理虚假诉讼刑事案件，规定得比较详细。但是，涉及民事虚假诉讼的规定就比较原则，不像刑事诉讼法规定得那么详细。比如，对民事虚假诉讼的定义、构成要件，目前还没有一个统一权威的规定。又如，民事诉讼法规定检察机关在办理民事监督案件中有权进行调查核实，但是没有规定调查核实的手段、程序和保障措施等问题。这些问题在一定程度上制约了检察机关履行监督职能的效果。

全省检察机关在开展工作中立足为大局服务、为人民司法，主动积极作为，在用足用好现有法律法规以及政策规定的基础上，努力探索建立具有我省特色的工作实施细则。一方面认真贯彻落实好《中共中央关于加强新时代检察机关法律监督工作的意见》的相关要求，充分运用好两高《关于办理虚假诉讼刑事案件适用法律若干问题的解释》、两高两部《关于进一步加强虚假诉讼犯罪惩治工作的意见》中涉及民事虚假诉讼监督的有关规定；另一方面探索建立与公安机关、审判机关、司法行政机关协作配合的工作机制。2021年5月，省检察院与省法院、省公安厅、省司法厅共同会签了《关于防范和惩治民事虚假诉讼的规定》，对民事虚假诉讼的防范和惩治工作相关内容进行了细化，推动形成全省防范和惩治民事虚假诉讼的合力。在下一步工作中，我们还要继续落实、细化相关工作流程，切实提高全省防范和惩治民事虚假诉讼工作的水平，营造公平正义的司法环境，让群众在每一个司法案件中感受到公平正义。

来源：河北检察

河北省检察机关发布民事检察监督典型案例（节录）

近年来，河北省检察机关认真贯彻落实最高检、省委相关要求，紧紧围绕经济社会发展大局，坚持以司法办案为中心，充分发挥民事检察监督职能，办理了一批具有较好政治效果、法律效果、社会效果的民事诉讼监督案件，有力促进了社会稳定，维护了司法权威。为充分发挥典型案例的指导、引领和示范作用，省检察院从全省各地办理的案例中选出十个典型案例，予以发布。此次发布的案例中，以民事生效裁判监督类案例为主，其中涉及民间借贷纠纷、买卖合同纠纷、损害赔偿纠纷、担保合同纠纷、土地经营权纠纷等多种常见法律纠纷类型，特别是其中的虚假诉讼监督类案例对于我省检察机关开展虚假诉讼监督工作具有很好的指导作用。具体案例情况如下。

案例八　承德某公司与高某、李某某、北京某公司股权转让合同纠纷监督案

【基本案情】

2009年3月18日，高某、李某某与北京某公司签订了股权转让合同，欠付该公司股权转让款等合计2310356元。2014年9月26日，高某、李某某伪造承德某公司公章，以该公司名义出具还款担保书，为上述欠付的股权转让款提供担保。2015年2月11日，北京某公司诉至承德市双桥区人民法院，要求高某、李某某与承德某公司连带给付欠付款项。在诉讼中，高某、李某某再次使用伪造的承德某公司公章出具授权委托书，委托律师代表承德某公司参与民事调解，在承德某公司对诉讼毫不知情的情况下，与北京某公司达成了由承德某公司与高某、李某某共同给付股权转让款的调解协议。2015年3月30日，法院依据调解协议作出（2015）双桥民初字第836号民事调解书。

承德某公司认为上述民事调解书涉嫌虚假诉讼，向检察机关申请监督。

【办理结果】

承德市人民检察两级院通过调查核实取证，并对本案关键性证据进行深入分析，认为该案系虚假诉讼案，依法向承德市中级人民法院提出抗诉。法院再审后撤销了该案民事调解书，驳回了由承德某公司承担连带给付责任的诉讼请求。

【主要做法及效果】

虚假诉讼监督难，特别是虚假调解案件，缺乏诉讼对抗性，更具隐蔽性和欺骗性，仅从诉讼活动表面难以发现和甄别，要求检察人员在履职过程中具有敏锐的线索发现意识，并且要综合运用调查手段。本案中，检察人员深挖细查，精准发力，综合运用了多种调查措施：一是运用检察机关上下联动、一体办案模式，通过依法调阅法院卷宗、复印审查相关证据材料、询问专家等方式，发现还款担保书和授权委托书上的公章没有编码的疑点，去工商登记部门核实比对，发现公章伪造的事实；二是深入询问有关当事人或知情人，在高某因涉嫌诈骗罪被开庭审理的休庭过程中，与法院积极沟通，对其虚假诉讼案件事实进行询问，积极审慎运用法律赋予的调查核实职能，高某最终承认其伪造公章，制造虚假还款担保书的情形。

该案系承德市人民检察院第一起对调解结案的虚假诉讼案提出抗诉获改判的案件，为承德某公司挽回直接经济损失200余万元。

案例九　李某某与张家口某公司虚假诉讼监督案

【基本案情】

2013年10月，张家口某公司董事长孙某某因筹建公司向某单位工作人员宋某某先后三次借款共计1000万元。后双方因还款发生纠纷，宋某某指使李某某向张家口市万全区人民法院提起诉讼。法院立案受理适用简易程序调解结案，并作出民事调解书，认定张家口某公司偿还李某某借款本金1000万元。案件进入执行程序，法院将张家口某公司的财产进行查封扣押，孙某某以该案涉嫌虚假诉讼为由，并向张家口市万全区人民检察院申诉。

【办理结果】

张家口市万全区人民检察院对当事人的经济能力及当事人双方进行了详细调查核实，认为该案确系存在虚假诉讼，向张家口市万全区人民法院发出再审检察建议。后张家口市中级人民法院作出裁定书，指令该案由怀安县人民法院再审，怀安县人民法院再审判决驳回了李某某的诉讼请求。

【主要做法及效果】

检察机关审查认为，法院案卷内的证据不足以证实李某某与张家口某公司之间存在真实的借贷关系。首先，调取有关李某某身份和经济能力的证据，查明李某某及其配偶为低保户，不具备出借1000万元的经济能力。其次，分别询问案件当事人李某某和孙某某，他们均承认不存在债务纠纷。检察机关进行详细调查后查实：张家口某公司与李某某之间并不存在借贷关系，实际是宋某某和孙某某之间存在借贷关系。宋某某以自己不便参加诉讼为由，指使无业人员李某某作为本案原告提出虚假诉讼，扰乱了正常司法秩序。该案的成功办理，有效保护了张家口某公司的合法权益，有力地打击了破坏司法秩序的虚假诉讼行为，维护了司法权威和司法公信。

案例十　范某琴和范某梅虚假诉讼监督案

【基本案情】

2014年4月，张某某和范某琴向河北某典当公司（法人代表：贾某某）借款380万元，借款期限三个月。2014年7月借款到期后，张某某和范某琴未能按时还款，河北某典当公司将其二人起诉至盐山县人民法院。经调解，双方自愿达成协议：至2015年1月1日前，张某某和范某琴付清河北某典当公司380万元，如不能按调解书的内容自动履行，河北某典当公司按380万元本金申请强制执行。履行期限到期后，所欠债务仍未归还。2014年5月，范某梅（范某琴的姐姐）以范某琴向其借款50万元购房，到期未能还款为由，将范某琴诉至沧州市运河区人民法院。法院作出调解：被告范某琴用四套房产偿还原告范某梅借款50万元。

河北某典当公司认为，范某梅与范某琴虚构事实、恶意串通、逃避执行，损害了其合法权益，向沧州市运河区人民检察院申请监督。

【办理结果】

检察机关通过询问本案当事人及律师并对银行转账等进行详细调查核实，发现本案存在诸多虚假诉讼情形，向沧州市运河区人民法院提出再审检察建议，建议法院依法再审。沧州市运河区人民法院再审后改判：撤销原民事调解书，驳回原告诉讼请求。

【主要做法及效果】

检察机关通过调取范某琴和范某梅民间借贷纠纷审判案卷，询问范某琴和范某梅，核查范某琴和范某梅的银行转账明细，发现二人在诉讼中对50万元借款事实叙述细节存在矛盾，且没有银行转账记录证实范某琴向范某梅借款实际履行，证明其二人有虚构事实的情形；通过查询范某梅代理律师董某某代理案件情况发现，在范某琴与范某梅民间借贷纠纷案件诉讼期间，范某梅代理律师董某某实际为范某琴的法律顾问。据此，检察机关查实了范某梅和范某琴虚假诉讼的事实，提出再审检察建议。

本案是比较典型的通过虚假诉讼逃避执行的案例，范某琴通过与其姐姐范某梅恶意串通，虚构债务，并通过虚假诉讼将其名下可供执行的四套房产过户给范某梅，从而逃避其对河北某典当公司合法债务的执行。本案通过监督，切实保护了河北某典当公司的合法权益，取得了良好效果。

来源：河北省检察院第六检察部

湖南省人民检察院第六检察部发布典型案例并答记者问

2022年5月27日，湖南省人民检察院召开"湖南民事检察虚假诉讼监督工作"新闻发布会，省检察院第六检察部发布了虚假诉讼十大典型案例，并回答了记者提问。

为充分发挥优秀典型案例的引领作用，加大对虚假诉讼的打击力度，经广泛征集、严格筛选，并反复征求有关方面意见，最终筛选出10件案例正式发布。这10件案例分别如下：

（1）**蒋某、何某华、范某等民间借贷纠纷虚假诉讼监督系列案**。债权人蒋某等人为实现其债权，在不法获取第三人资兴某投资公司印章后，伪造该公司出具的担保函，在案涉借款协议上私盖印章，据此向法院提起诉讼，骗取法院生效判决，致使该公司承担连带担保责任，无辜背负巨额债务。长沙市两级检察机关主动作为，通过调查核实，查明案件真相，综合运用抗诉、再审检察建议等多种监督方式，促使该系列案再审改判，避免了企业合法财产被强制执行，使企业恢复正常运转，有力地维护了民营企业的合法权益。

（2）**谭某涉"校园贷"民间借贷纠纷虚假诉讼监督系列案**。为规避金融监管，不具备金融放贷资质的湖南某投资咨询公司违规向在校学生发放"校园贷"，假借自然人名义提起诉讼，侵害借款学生合法权益。检察机关发现案件线索后，依法能动履职，精准监督，经调查核实认定该系列案构成虚假诉讼，向法院发出再审检察建议获法院采纳，有力打击了规避金融监管的行为，保障了借款学生合法权益，维护了司法秩序。

（3）**董某、邓某某等退伙纠纷虚假诉讼监督案**。邓某某因涉及多起民间借贷诉讼，企图处置长沙市区一限售房逃避债务。经与中介机构董某等人串通，虚构合伙经营酒吧不成而退伙的事实，由董某提起诉讼获得生效民事调解书后，申请执行并拍卖房产。检察机关依职权启动监督程序，通过调查核实还原事实真相，提出再审检察建议监督，纠正该虚假调解案件，并向有关机关移送虚假诉讼及职务犯罪线索，保障了国家房地产调控政策的实施，维护案外人合法权益和司法公信，查处司法掮客和司法蠹虫。

（4）杨某华与肖某才民间借贷纠纷虚假诉讼监督案。杨某华与肖某才串通虚构民间借贷法律关系，提起诉讼骗取民事调解书，通过民事强制执行套取住房公积金。检察机关通过调查核实查明虚假诉讼的事实，抗诉后法院再审改判撤销原虚假调解，有力打击了妨碍诉讼秩序、损害司法权威的行为，维护了国家住房公积金管理秩序。

（5）凌某朝与肖某房屋买卖合同纠纷虚假诉讼监督案。凌某红对肖某享有民间借贷债权，因肖某有多起债务纠纷，为尽快实现债权，凌某红虚构其弟凌某朝与肖某存在房屋买卖关系的事实，以凌某朝名义提起诉讼，骗取法院判决。检察机关发现该案虚假诉讼线索后，及时展开调查核实，提出再审检察建议，法院再审后进行了改判。该案严厉打击捏造事实、伪造证据等虚假诉讼行为，维护其他债权人的合法权益，促进社会诚信体系建设，维护司法公正与司法权威。

（6）黄某某等民间借贷纠纷虚假诉讼监督系列案。杨某某通过伪造借款合同，虚构民间借贷关系提起民事诉讼，骗取人民法院调解书后申请强制执行，意图通过借款的形式将赌债合法化。检察机关根据对杨某某系列虚假诉讼案件的调查，深挖出杨某某黑社会团伙涉黑涉恶的犯罪事实与"保护伞"，另挖掘出关联民事虚假诉讼案件线索50余件。检察机关将虚假诉讼监督与"破网""打伞"统筹推进，彰显了检察机关惩治虚假诉讼的职能优势，促进了社会治理的优化和社会秩序的维护。

（7）孙某、冯某等民间借贷纠纷检察监督系列案。孙某、冯某等人通过"砍头息""制造虚假流水"等"套路贷"方式，迫使童某等九名借款人签订空白欠条、数倍于实际借款金额的借款合同，以虚构的事实和证据向人民法院提起民事诉讼，骗取人民法院的民事调解书、判决书，对其虚构的债权债务予以确认，并通过申请法院强制执行侵占被害人的财物。孙某、冯某等人因组织、领导、参加黑社会性质组织罪、虚假诉讼罪等依法判处相应刑罚。检察机关贯彻落实中央防范和惩治虚假诉讼的要求，在打击"套路贷"违法犯罪活动的同时，依法对虚假诉讼案件进行监督，促使法院依法改判，有效维护了当事人的合法权益。

（8）龙某某等追索劳动报酬纠纷虚假诉讼监督案。龙某某为在某砂石场破产程序中优先实现其债权，与该砂石场实际控制人夏某某恶意串通，虚构砂石场欠付多名农民工工资的事实，向人民法院提起25起追索劳动报酬纠纷，骗取法院民事调解书，优先实现了其债权，侵害其他真实债权人的合法权益。检察机关依职权监督发出再审检察建议后，法院撤销民事调解书，龙某某、夏某某领取的执行款被追回，二人还因虚假诉讼罪被追究刑事责任。该案的成功办理，不仅维护了真实债权人的合法权益，还确保了企业破产制度在司法轨道正常运行。

（9）段某某等破产债权纠纷虚假诉讼监督案。某实业公司因资不抵债进入破产程序，债权人段某某为确保其债权得到实现，与某建设公司高管段某恶意串通，伪造建设工程施工合同、验收单等证据，虚构段某某分包案涉工程尚欠工程款未结清的事实，前后通过仲裁、诉讼等方式骗取仲裁裁决、民事判决书，确认其享有建设工程价款优先受偿权。检察机关依职权调查还原事实真相，依法提出抗诉，法院再审判决撤销原判，驳回原告的诉讼请求。检察机关依法惩治建设工程领域虚假诉讼，切实保护了合法债权人的权益，净化了建筑行业生态，维护了司法秩序和社会稳定。

（10）湘乡某某小贷公司公证执行虚假诉讼监督案。湘乡某某小贷公司利用刘某等人急需资金的心理，与刘某等人签订借款协议、保证合同、委托收款证明并办理公证，但并未将借款实际支付给刘某。公证机关违规出具公证债权文书，该小贷公司据此向人民法院申请执行。检察机关调查还原虚假公证的事实真相，发出检察建议后，法院裁定对案涉公证债权文书不予执行。该案是检察机关以执行监督为切入点，将监督向公证、仲裁领域延伸，扼制非诉领域不诚信行为的典型案例。

近年来，全省检察机关加强虚假诉讼民事法律监督取得了较好成效，我想请问的是虚假诉讼具备哪些特点？

答：感谢记者朋友的提问！结合近年来我省和外省检察机关虚假诉讼监督的实践，我们归纳总结，虚假诉讼具有以下主要特点：

（1）从行为手段来看，极具欺骗性和隐蔽性。虚假诉讼行为人以"当事人"名义出现，以提起诉讼的合法形式掩盖非法目的，介入人民法院的审理裁判活动，具有合法的外衣，因此，具有极强的欺骗性和隐蔽性。由于民事诉讼对认定案件事实的证据及证明力要求相比刑事诉讼要低，法官具有较大的自由裁量权，对诉讼进程的推进具有主导作用；同时，民事诉讼当事人对程序和实体权利有较大的自由处分权，甚至可以全权委托代理人完成诉讼。这些制度相互交织，使得虚假诉讼意图很容易被调解、诉权处分（如放弃答辩权、申请鉴定权、辩论权、上诉权）等合法外衣所掩盖，过去对虚假诉讼的监督多以第三人利益受损后举报而发现，否则很难发案。

（2）从案件审级来看，虚假诉讼主要发生在基层法院。基层法院受理民事案件占主导。同时，民事诉讼法规定的简易程序、小额诉讼程序、司法确认程序、督促程序，都只能为基层法院所用，而大量案情简单、事实清楚、标的和争议不大的案件，由基层法院通过这些程序结案。相应地，"当事人"利用这些程序实施虚假诉讼的概率和成功率相对较高。

（3）从办理过程来看，案件存在明显异常。如案件立案受理、审理异常迅速顺利；"当事人"出庭率低，多由代理人操办；双方配合默契，无实质性对抗，对案件事实无争议、被告方对原告方的举证无异议；双方均不上诉，无二审，快速进入执行。

（4）从结案方式来看，虚假诉讼以调解为主。根据民事诉讼制度的设计，调解贯穿民事案件审理的始终。最高人民法院提倡调判结合的审判指导思想，考核调撤率、调结率，评选调解能手等工作举措，更助推了各级法院特别是基层法院加大调解力度，基层法院几乎对全部民事案件以调解为必经程序。这就使虚假诉讼的"当事人"有了可乘之机，双方配合默契，快速达成调解协议，从而掩盖了虚假诉讼的事实和目的。也有少数以判决、督促支付令、司法确认裁定为结案方式的。

（5）从行为主体来看，"当事人"双方关系特殊。一般是家人、亲戚、朋友等互为"原被告"；多为团伙作案、共同作案，有的是"当事人"与鉴定人员、法律工作者、律师合谋造假；有的是审判人员出谋划策或直接参与，由"当事人"或者双方共同完成。

（6）从案由来看，虚假诉讼类型和领域相对集中。多出现在民间借贷、房屋买卖、以物抵债、离婚析产、机动车交通事故赔偿、破产分配等领域，案件类型化特征明显。

刚刚发布词中提到了"数字赋能检察监督"，那您能向我们介绍一下检察机关如何运用大数据筛查虚假诉讼线索？目前成效如何？

答：感谢这位记者朋友的提问。

数字赋能检察监督，是指以检察大数据战略赋能新时代法律监督，助力提升法治体系建设效能。按照最高人民检察院的统一部署，湖南省检察机关自2020年11月开始试运行"智慧民事检察监督平台"。通过该平台的应用，虚假诉讼民事检察监督实现了由过去传统的"数字驱动、个案办理、案件审查"的个案办理式监督向"质效导向、类案为主、数据赋能"的类案治理式监督方式转变。平台以公开的海量裁判文书数据为基础，通过梳理、构建、运用各类虚假诉讼监督模型，利用信息技术手段挖掘异常信息、可疑信息，主动发现监督线索。具体而言，分以下四步：第一，将裁判文书信息要素化。对裁判文书中可以被要素化的信息，如文书类型、当事人（代理人）基本信息、案件时间信息和审判信息等进行整理分类，使其成为能够被自由检索的数据。第二，提炼检察监督点。对于虚假诉讼高发多发的纠纷领域分类归纳多个具体的检察监督点。第三，由计算机进行智能分析和处理。根据检察监督点，依托海量可被自由检索的裁判文书，采取数据碰撞、分层检索等方法进行信息分析，并将检索出的案件按风险等级由高到低进行排序推送。检察人员可以对案件具体信息及异常监督点进行查看，以便下一步分析研判。第四，人工审查和研判。平台推送的风险案件，属于"异常判决"，但并不表示该案件一定是错误裁判。检察人员还需对异常判决开展汇总分析、关联查询、信息验证、延伸调查等方面的专门审查和研判，综合整体情况作出判断。

如长沙市芙蓉区人民检察院办理的谭某涉"校园贷"民间借贷纠纷虚假诉讼检察监督系列案，就是这样被筛查出来的。通过"智慧民事检察监督平台"排查发现，2019年全年，谭某作为原告的"批量"起诉民间借贷案件数量较大；均采取格式化借款协议；借贷金额小，一般为几千元；债务人均为在校学生；为"校园贷"这一虚假诉讼高发多发领域；除1件外，其他案件均为缺席判决。异常风险系数"5颗星"。检察人员通过对该案系列判决列表比对、关联查询、延伸调查，遂判断该系列案为虚假诉讼案件。

近年来，全省检察机关深入贯彻落实习近平总书记关于推动大数据、人工智能等科技创新成果同司法工作深度融合的重要指示，认真落实最高人民检察院检察大数据战略部署，推进检察工作质量、效率、动力变革，强化监督手段、提升监督实效。通过数字赋能，全省检察机关发现了大量虚假诉讼线索，虚假诉讼线索成倍增加，监督领域不断拓展；线索成案率较高，办结的虚假诉讼案件数占比超过三分之一；通过提出再审检察建议和抗诉，虚假诉讼案件均获得改判。大数据筛查虚假诉讼线索实现了人工筛查不能满足的全量、高效和精准。随着虚假诉讼手段的不断翻新和检察机关办理虚假诉讼案件规律的不断总结，"智慧民事检察监督平台"数字模型不断丰富，筛查能力不断提高，"智商"越来越高，通过大数据筛查虚假诉讼线索的成效必将进一步凸显，从而真正实现数字赋能新时代法律监督的目标。

请问，湖南省检察机关对虚假诉讼开展民事检察监督工作，下一步有什么打算？

答：谢谢记者朋友的提问！惩治和预防虚假诉讼，是维护司法秩序、实现司法公正、促进社会诚信建设的必然要求。检察机关作为法律监督机关，是惩治和预防虚假诉讼的重要力量。湖南省检察机关将全面依法履职，坚定不移地推动虚假诉讼的惩治和预防工作。对虚假诉讼开展民事检察监督，下一步将着力从以下三个方面展开：

一是贯彻落实上级决策部署，系统推进虚假诉讼监督工作。《中共中央关于加强新时代检察机关法律监督工作的意见》《中共湖南省委关于加强新时代检察机关法律监督工作的实施意见》对加强虚假诉讼的民事检察监督作出了部署。全省检察机关将在党委的坚强领导下，积极争取人大、政府及各方面的关心支持，加强与审判机关、公安机关协作配合，进一步健全对虚假诉讼的防范、发现和追究机制，系统化推进对虚假诉讼的民事检察监督。

二是破解监督瓶颈，深层次推动虚假诉讼监督工作。坚持问题导向，持续推动多元甄别、一体办案、协同问责等监督能力建设，着力破解线索发现难、调查核实难、追责问效难。通过数字赋能，积极推动大数据、人工智能等现代科技应用于虚假诉讼的防范、识别与查处。适时组织专项监督活动，加强对民间借贷纠纷、劳动争议、离婚析产纠纷、企业破产纠纷、公司分立（合并）纠纷、涉房屋限购和机动车配置指标调控等宏观调控政策的买卖合同、以物抵债纠纷、执行异议之诉等虚假诉讼易发领域案件的查办，坚持对事监督与对人监督相结合，深入推进精准监督、类案监督、深度监督。

三是坚持依法能动履职，推动形成各有侧重、齐抓共管的惩治预防虚假诉讼工作格局。全省检察机关在加大办案力度的同时将加强对虚假诉讼类型及成因的研究，适时提出社会治理类检察建议，以"我管"促"都管"，进一步压缩虚假诉讼存在的空间，铲除虚假诉讼滋生的土壤。严格落实"谁执法谁普法"责任，通过以案释法、风险提示等方式加强法治宣传，大力弘扬诚实守信的社会主义核心价值观，积极引导人民群众依法诚信诉讼，让法安天下、德润人心。

来源：湖南检察

四川省高级人民法院发布 2021 年度全省法院十大典型案例（节录）

全省法院十大典型案例评选活动

2021年8月，四川高院启动了2021年度全省法院十大典型案例评选活动，面向全省三级法院、省律师协会征集2020年11月以后审结的裁判结果公正、人民群众关注度高、影响重大，在社会主义核心价值观等方面具有重要示范引领作用的典型案例。截至2021年11月底，共征集备选案例178件。经初步筛选后，四川高院召开了人大代表、政协委员、法学专家、律师及资深法官代表参加的案例评审会议，对备选案例进行了全面、深入的论证评审。

经四川高院审判委员会讨论，最终评选出2021年度全省法院十大典型案例。相关案例经人大代表、专家学者提出权威点评意见，进一步阐释了典型案例蕴含的核心价值与导向功能。

案例九　周某琼、邓某泉等"家族式"虚假诉讼案

【基本案情】

被告人周某琼、邓某泉系夫妻。2015年3月，周某琼、邓某泉为逃避债务，与被告人周某成（系邓某泉同母异父的哥哥）签订《借款协议书》。随后，周某琼通过其弟弟周某祝、被告人周某胜筹集到220万元资金，制造了周某成向周某琼转款220万元的银行流水记录，成功虚设了周某琼、邓某泉向周某成借款220万元的债权债务关系，并将名下两套房屋抵押给周某成。2018年底，周某琼、邓某泉得知债权人起诉要求其归还欠债，为保住财产，唆使周某成以此前捏造的《借款协议书》等材料向法院起诉，取得民事调解书和多份执行法律文书。周某琼、邓某泉二人根据法律文书，将名下一套房屋抵偿给周某成，导致相关债权人的债权无法实现，后又在周某成的协助下以358万元出售，周某琼将其中的338万元交由周某胜代为保管。周某胜在明知该款项系周某

琼通过虚假诉讼所获赃款的情况下,通过向周某琼出具虚假借条、安排他人将现金散存于多个银行账户等方式,对赃款予以掩饰、隐瞒,逃避公安机关侦查。另外,周某成之妻曾某平在侦查过程中,故意作虚假陈述。检察机关以虚假诉讼罪,掩饰、隐瞒犯罪所得、犯罪所得收益罪,伪证罪对相关人员提起公诉。

【裁判结果】

四川天府新区成都片区人民法院经审理认为,周某琼、邓某泉与周某成恶意串通,捏造债权债务关系向人民法院提起民事诉讼,妨害司法秩序,严重损害他人合法权益,情节严重,三被告人的行为均已构成虚假诉讼罪;周某胜明知案涉款项系通过虚假诉讼取得的房产售卖后所得赃款,依然予以掩饰、隐瞒,其行为构成掩饰、隐瞒犯罪所得、犯罪所得收益罪;曾某平在刑事诉讼中故意向侦查机关作虚假证明,意图隐匿他人罪证,其行为构成伪证罪。遂依法判处周某琼有期徒刑三年六个月,并处罚金4万元;判处邓某泉有期徒刑三年,并处罚金4万元;判处周某成有期徒刑两年,缓刑四年,并处罚金3万元;判处周某胜有期徒刑三年,缓刑五年,并处罚金4万元;判处曾某平拘役四个月,缓刑一年。

一审宣判后,本案在法定期间内没有抗诉、上诉。一审判决已发生法律效力。

【典型意义】

整治虚假诉讼,是党的十八届四中全会部署任务。2015年《刑法修正案(九)》增设了虚假诉讼罪,2021年发布《关于深入开展虚假诉讼整治工作的意见》。依法严厉打击虚假诉讼,对于践行社会主义核心价值观,构建诚信社会、保护群众权利、保障经济发展、维护司法权威、建设法治国家具有重要意义。本案是一起典型的"家族式"虚假诉讼案,亲属间恶意串通捏造虚假债务、转移财产,以此逃避人民法院生效裁判文书确定的执行义务,犯罪手段隐蔽、社会影响恶劣。通过对各被告人的依法严惩,不仅充分表明了人民法院依法严厉打击虚假诉讼违法犯罪、维护司法秩序与司法公信力、保护人民群众合法权益的鲜明态度和坚定决心,同时警醒社会公众要诚信诉讼、依法行使诉权,引导社会公众明晰情与法的边界,守住法律与道德的底线,进一步增强全社会对虚假诉讼违法犯罪的防范意识,震慑虚假诉讼违法犯罪。

【专家点评】

点评人:曾文忠,省人大代表、省人大民族宗教委员会委员,四川瀛领禾石律师事务所管委会主任。

一般来说,虚假诉讼意指民事诉讼各方当事人恶意串通,采取虚构法律关系、捏造案件事实方式提起民事诉讼,或者利用虚假仲裁裁决、公证文书申请执行,使法院作出错误裁判或执行,以获取非法利益的行为。虚假诉讼是诚信缺失在诉讼领域最集中的表现形式,不仅严重侵害当事人及案外人的合法权益,而且扰乱正常的诉讼秩序，损害司法权威和司法公信力，助长社会失信与道德滑坡，危害性极大。近年来，最高人民法院先后出台《关于房地产调控政策下人民法院严格审查各类虚假诉讼的紧急通知》《关于防范和制裁虚假诉讼的指导意见》《关于进一步加强虚假诉讼犯罪惩治工作的意见》《关于深入开展虚假诉讼整治工作的意见》等多部文件，加强虚假诉讼整治工作，维护司法秩序，树立司法权威，保护当事人合法权益。本案被告人周某琼和邓某泉夫妻为逃避债务，和家族亲属恶意串通，虚构借款协议，伪造银行交易流水，违法作价抵偿房屋，并通过亲属掩饰、隐瞒犯罪所得，隐匿虚假诉讼罪证，逃避公安机关侦查。后经债权人向公安机关报案，案件事实才逐渐浮出水面，并得以最终侦破。本案系多人共同犯罪，人民法院在证据基础上准确认定主犯、从犯，并结合具体从轻、减轻处罚情节，分别判处相应的刑罚，做到了罪责刑相适应，达到了惩罚和预防犯罪的目的，确保了裁判法律效果和社会效果的统一。

特别需要指出的是，在遵循意思自治原则与权利自主处分原则的私法领域，诉讼准入门槛较低，虚假诉讼者所能获得的非法利益或达到的非法目的较之法律风险与代价严重失衡，导致虚假诉讼类案件的频发。本案公正公开的审理，可以达到办理一案、治理一片的效果，具有重大的警示教育意义。

来源：四川高院

四川省检察机关民事检察监督典型案例（节录）

经四川省人民检察院案例评选委员会决定，现发布蒲某某申请执行人执行异议之诉纠纷裁判结果监督案等八件四川省检察机关民事检察监督典型案例。

韩某甲、韩某乙与四川某房产开发有限公司"套路贷"虚假诉讼裁判结果监督系列案

（川检例第23号）

【关键词】

"套路贷"虚假诉讼　刑民协同　民营经济保护

【要旨】

"套路贷"放贷人为达到双重受偿目的，隐瞒借款关系，凭借借据和为借款担保而签订的商品房买卖合同分别提起民事诉讼，骗取人民法院民事判决，严重侵害了当事人的合法权益。检察机关对在"套路贷"刑事案件办理中发现的虚假诉讼启动民事诉讼监督程序，有效维护正常的司法秩序和民事案件当事人的合法财产权。

【基本案情】

2013年7月至2014年3月，四川某房产开发有限公司（以下简称四川某房产公司）法定代表人江某因开发三台县石安镇"适安上城"房产项目资金不足，向韩某甲借款。韩某甲以需要提供借款抵押物为由，要求江某安排四川某房产公司制作59份商品房买卖合同并出具总金额为1087.9038万元的购房收款收据，将"适安上城"楼盘中的59套商品房分别网签备案至韩某甲、韩某乙名下。后韩某甲向江某放贷500万元，并由江某出具借条3张。

2014年7月，韩某甲、韩某乙以四川某房产公司为被告向三台县人民法院提起59起民事诉讼，请求确认商品房买卖合同有效、被告支付逾期交房违约金。四川某房产公司虽抗辩称商品房买卖合同实为借款合同的担保，双方并未发生真实的房屋买卖关系，但法院认为原被告签订的商品房买卖合同合法有效，且有收款收据予以佐证，

判决四川某房产公司继续履行商品房买卖合同，并给付逾期交房违约金。后双方在三台县人民法院主持下达成执行和解，四川某房产公司将40余套房屋移交韩某甲、韩某乙。

2015年12月，韩某甲又依据前述3张借条，提起民间借贷诉讼，要求四川某房产公司偿还借款本息。诉讼中，四川某房产公司抗辩称与韩某甲、韩某乙签订了商品房买卖合同，讼争的借款已抵销了购房款，但三台县人民法院以四川某房产公司的辩解无证据证明，对其主张不予支持。2016年1月8日，三台县人民法院一审判决四川某房产公司偿还韩某甲500余万元借款本息。

2020年8月，韩某甲、韩某乙、周某某等人因涉嫌组织、领导、参加黑社会性质组织罪，寻衅滋事罪，诈骗罪，虚假诉讼罪等，被三台县人民检察院提起公诉。2020年11月3日，三台县人民法院以组织、领导、参加黑社会性质组织罪，诈骗罪，虚假诉讼罪，敲诈勒索罪，寻衅滋事罪，非法侵入住宅罪，数罪并罚判处韩某甲有期徒刑二十五年，剥夺政治权利两年，并处没收个人全部财产，其余12名被告分别被判处十二年至一年三个月不等有期徒刑，并处罚金。其中，对四川某房产公司所涉案件，一审刑事判决认定韩某甲构成诈骗罪。

【检察机关履职情况】

2020年4月初，三台县人民检察院在"扫黑除恶"专项斗争中，发现韩某甲、周某某等人在组织、领导、参加黑社会性质组织，寻衅滋事等案的过程中，存在为达到双重受偿目的，凭借借据和本为借款担保而签订的商品房买卖合同分别提起民事诉讼，骗取人民法院民事判决的虚假诉讼行为。三台县人民检察院遂依职权启动民事监督程序并向绵阳市人民检察院报告。

绵阳市人民检察院立即抽调辖区检察干警，成立"4·15民事监督案件专案组"开展调查核实。办案组对刑事卷宗材料进行了细致审查和梳理，发现该涉黑组织在三台县人民法院提起了大量同类型民间借贷、确认合同有效的诉讼，且证据链条完整，胜诉率高。办案人员以公安机关侦查卷宗证据为突破口，着重从关联人物图谱、当事人供述或陈述及资金流向三个方面收集完善证据，初步固定虚假诉讼证据。之后，民事检察办案人员与刑事检察办案人员密切协作，共同确定补充侦查提纲，引导公安机关调查取证，补强证据链条。在主犯零口供情况下，检察机关从其他犯罪嫌疑人的供述和证人证言相互印证的细节中寻找到案件突破口，还原了虚假诉讼的全过程。经查，韩某甲通过诱骗债务人签订虚假房屋买卖合同、隐瞒真实借款法律关系等手段，先依据以虚假商品房买卖合同提起房屋买卖合同诉讼骗取胜诉判决，后又以四川某房产公司没有归还借款本金和利息为由，向法院提起民间借贷诉讼，最终达到了既讨要民间借贷债务又恶意占有债务人房产的非法目的。

三台县人民检察院认为，韩某甲、韩某乙与四川某房产公司之间的商品房买卖合同诉争事实系当事人捏造，相应案涉款物依法应当执行回转，向三台县人民法院提出再审检察建议59份、执行监督检察建议59份，并将本案审执人员涉嫌违法违纪的线索移送三台县纪检监察部门。

三台县人民法院采纳再审检察建议，再审裁定撤销原判，驳回原告起诉，同时启动相关执行回转程序。三台县纪检监察部门对涉案的1名审判人员和1名执行人员立案调查，拟移送审查起诉。

【典型意义】

（1）关注新型"套路贷"，增强识别虚假诉讼的敏锐性和洞察力。该案属新型"套路贷"，不法行为人以提供民间借贷担保为由，诱骗借款人签订房屋买卖合同，其后又以房屋买卖合同和借款合同分别提起民事诉讼，"债""物"并举，达到对同一法律关系双重受偿的目的。这类"套路贷"行为既危害性大又极具隐蔽性，客观上增加了查办的难度。检察机关应当高度关注新类型"套路贷"虚假诉讼的特征和规律，重点审查民事合同的实际履行情况及不同民事法律关系之间的关联性，准确发现和识别不法行为人以借款合同及作为借款担保的房屋买卖合同分别提起民事诉讼的"套路贷"行为，切实提高查办相关虚假诉讼案件的能力。

（2）强化内外协同配合，打好惩治虚假诉讼的组合拳。检察机关在虚假诉讼监督案件办理中，要综合调动各方面力量，形成监督合力。一是运用一体化办案机制，做到上下联动。由上级检察院牵头，抽调辖区内精干力量，组成专案组集中攻坚克难。二是加强刑民配合，实行内部互动。民事检察部门要主动与刑事检察部门对接，共同分析研判、梳理证据；利用刑事检察部门较强的侦查能力，引导公安机关开展虚假诉讼侦查，查明案件关键事实；发挥民事检察部门的专业优势，厘清经济犯罪与正常民事纠纷之间的界限，为"套路贷"犯罪侦查提供支持。三是"人""案"监督并举，提升监督效果。将办案中发现的审执人员涉嫌违法违纪线索及时移送纪检监察部门，实现"对人监督"与"对事监督"的有机结合。

（3）加大虚假诉讼打击力度，提升服务民营经济发展水平。全省各级检察机关要切实贯彻落实《关于新时代四川省检察机关依法保障和促进民营经济健康发展的意见》，结合办案加强对民营企业合法权益的保护，通过依法监督改判促进修复被损的民商事关系，挽回当事人的财产损失，维护守法经营的市场主体特别是民营企业的合法权益，为有效强化金融、房地产等行业规范化治理，维护健康稳定的市场秩序和法治化营商环境提供检察支持。

【相关规定】

《中华人民共和国民事诉讼法》第十四条、第一百一十九条

《最高人民法院关于适用〈中华人民共和国民事诉讼法〉的解释》第四百一十三条
《人民检察院民事诉讼监督规则（试行）》[①]第八十三条

熊某某、周某某合伙协议纠纷虚假诉讼裁判结果监督案

（川检例第24号）

【关键词】

虚假诉讼罪　生效调解书　再审检察建议

【要旨】

当事人恶意串通、虚构债务提起诉讼，骗取法院调解书，损害其他债权人合法权益，妨害了司法秩序和司法权威，涉嫌虚假诉讼犯罪。检察机关与公安机关强化协作联动，合力查清当事人合谋制造虚假诉讼的犯罪事实，在打击虚假诉讼犯罪的同时依法对虚假民事调解书提出再审检察建议，实现对虚假诉讼的全方位监督。

【基本案情】

周某某因另案工程款债务被乐至县人民法院强制执行。为参与被法院强制执行的工程款分配，用于偿还周某某欠熊某某的债务和其他债务，周某某与熊某某共谋伪造了三份熊某某投资周某某畅通工程、日月岛工程、土地整理工程的投资协议，以及六张共计160万元的投资款收条，并找到唐某某、宋某某、许某某、周某甲和郑某等5人作为见证人在伪造的投资协议上签字。

2018年12月20日，熊某某用伪造的投资协议和投资款收条提起民事诉讼，请求法院判令周某某返还投资款及利润。乐至县人民法院当日受理，当日开庭审理，当日达成调解协议，当日制作民事调解书：由被告周某某于2018年12月23日前一次性支付原告熊某某合伙协议投资款160万元和合伙协议利润40万元以及诉讼费1万元，合计201万元。熊某某持该虚假调解书向法院申请参与另案工程款分配。

【检察机关履职情况】

2019年5月，周某某的另案债权人唐某某向乐至县人民检察院举报前述民事调解涉嫌虚假诉讼。

针对该案审判程序中存在的异常点，乐至县人民检察院通过调查、走访了解案涉工程相关情况，查询相关银行流水，初步查明熊某某不是前述三个工程的实际承包人或合伙人，双方当事人的银行记录中也无相关款项的流转情况，本案具有高度的虚假诉讼嫌疑，随即将本案涉嫌犯罪线索移送乐至县公安局。乐至县公安局迅速以周某

[①]　《人民检察院民事诉讼监督规则（试行）》已废止，《人民检察院民事诉讼监督规则》于2021年8月1日起施行。

某、熊某某涉嫌虚假诉讼罪立案侦查，乐至县人民检察院同步介入，引导公安机关侦查，重点询问了案涉当事人及在该虚假协议上作为见证人签字的相关人员，固定了相关证据，最终查明该民事调解案实质是通过虚构被告周某某的债务，参与法院前期执行到位工程款的分配，损害其他债权人的利益。

乐至县人民检察院就该案向乐至县人民法院提出再审检察建议。乐至县人民法院采纳再审检察建议，再审裁定撤销案涉民事调解书，驳回原告熊某某的诉讼请求。熊某某、周某某二人因涉嫌虚假诉讼罪，被乐至县人民法院追究刑事责任。

【典型意义】

（1）依法监督虚假调解书，维护相关债权人的合法权益。当事人恶意串通、虚构债务骗取人民法院民事调解书是民事虚假诉讼的一种典型形式，虽然从表面上看是当事人处分自己的民事权利义务，但实质是当事人利用民事调解书的强制执行效力牟取非法利益。检察机关应当将肆意突破民事诉讼处分权范畴、损害第三人合法权利的民事虚假调解作为虚假诉讼监督的重点，切实维护正常的司法秩序和司法权威。

（2）重点查核捏造事实行为，精准判定真实法律关系。检察机关开展对虚假调解的调查核实，应当从调解案件快速立案、快速审理、快速结案等程序异常，以及当事人主动放弃相关诉讼权利、庭审无对抗性等庭审活动异常情况入手，通过调阅案卷资料、询问知情人、查询银行款项记录、咨询相关专业机构等调查措施，查明当事人是否合谋以捏造的事实启动民事诉讼程序骗取法院调解文书，为后续监督奠定良好基础。

（3）强化检警协作办案模式，探索虚假诉讼监督新路径。虚假诉讼中民事与刑事法律关系往往相互交织，存在着取证难、查处难等问题。检察机关可以采取民事诉讼监督与刑事侦查协同办案模式，探索与公安机关协作打击虚假诉讼的路径，做到优势互补、合力共赢。一是将虚假诉讼涉嫌犯罪线索及时移送公安机关，充分发挥公安机关在取证、技术手段等方面的优势，有效固定相关证据；二是利用在刑事案件中提前介入、引导侦查优势，与公安机关密切配合，强化对证据的研判和运用，最终查明虚假诉讼涉案事实。

【相关规定】

《中华人民共和国民事诉讼法》第十四条、第二百一十六条

《最高人民法院关于适用〈中华人民共和国民事诉讼法〉的解释》第四百一十四条

《人民检察院民事诉讼监督规则（试行）》第九十九条

来源：四川省人民检察院

2020年度四川省法院十大典型案例（节录）

案例是"鲜活的法治"，
是司法为民、公正司法的生动印记

四川高院自2003年起，在全省三级法院建立案例工作机制，并陆续发布系列具有典型性和指导意义的案例。2014年起，四川高院建立年度十大典型案例制度。2020年，四川高院面向全省法院、律协和社会公众征集人民群众关注度高，社会影响大，对公平正义、社会主义核心价值具有重要示范引领作用的案例288件，邀请省人大代表、省政协委员、法学专家、律师与资深法官代表组成案例评审委员会，对备选案例进行全面深入讨论，确保案例的代表性与典型性。通过层层筛选，最终确定了2020年度四川省法院十大典型案例。

案例三　润某公司、唐某斌、严某等虚假诉讼案

【基本案情】

2015年1月至5月，润某公司及其实际控制人唐某斌因修建"巨龙广场"工程多次向严某借款合计393.2万元。2016年5月，唐某斌再次向严某提出借款500余万元。为担保该笔债权，二人商议虚构借款510万元，与原借款393.2万元，一并向法院提起诉讼，骗取法院裁判，企图在强制执行过程中将"巨龙广场"的在建项目抵押给严某，从而使不能办理抵押登记的"巨龙广场"项目成为润某公司及唐某斌履行债务的担保。之后，严某提起诉讼，骗取法院调解书。在强制执行过程中，严某因未能如愿取得"巨龙广场"工程抵押，故不愿再出借510万元，后案发。被告人李某新作为润某公司的法定代表人，明知他人捏造债务提起虚假诉讼而共同伪造证据，并积极参与诉讼。

【裁判结果】

四川省苍溪县人民法院经审理认为，润某公司及唐某斌、严某、李某新的行为构成虚假诉讼罪，且情节严重，对润某公司判处罚金人民币20万元，对唐某斌、严某、

李某新分别判处一至三年不等有期徒刑,并分别处罚金5万元、3万元、1万元。

宣判后,被告人唐某斌、严某提起上诉。四川省广元市中级人民法院裁定驳回上诉,维持原判。一审判决已经发生法律效力。

【典型意义】

司法是维护社会公平正义的最后一道防线。维护司法权威、提升司法公信力对建设更高水平的法治四川意义重大。假借合法形式谋取不正当利益的虚假诉讼,不仅违背诚信底线、侵害他人权益,也极大地损害司法权威,干扰司法秩序,浪费司法资源,已经成为诚信社会建设中的"毒瘤"。本案中,唐某斌、严某恶意串通捏造借款事实,骗取人民法院裁判文书,严重损害司法公信与权威,已经触犯刑法。人民法院依法追究虚假诉讼者的刑事责任,有效震慑了犯罪分子,维护了法律权威,有利于引导全社会自觉践行社会主义核心价值观。

【专家点评】

点评人:陈自强,西南石油大学法学院副教授。

本案中,唐某斌、严某恶意串通、捏造借款事实并通过提起虚假诉讼骗取人民法院裁判文书,情节严重,理应受到刑事制裁。虚假诉讼犯罪行为与其他违法犯罪行为不同,它不仅严重损害其他民事主体的合法权益,严重影响当地经济社会发展,更重要的是这种犯罪行为挑战了司法权威,干扰了司法公正,严重影响了司法公信力,损害了司法形象,践踏了国家法律。

近年来,虚假诉讼犯罪案件呈上升趋势,客观上与越来越亲民的立案、庭审改革有一定关联。百姓不再畏讼,有问题找法院的思维方式开始普及,这是好现象。但同时难免会有不法分子弄虚作假,泥沙俱下。我们的法律制度设计应正视这一客观现实,从全面推进社会主义现代化强国和全面推进社会主义法治国家建设的高度认识惩治虚假诉讼的重要性。依法打击此类破坏司法公信力的犯罪,对于维护司法权威、提升司法公信力、优化营商环境、助力诚信社会建设、推动经济社会发展都具有十分重要的意义。

司法部门和各级政府对虚假诉讼现象应当实施综合治理,形成全社会共同关注并严厉谴责虚假诉讼行为的氛围。对实施虚假诉讼犯罪的企业和个人除进行刑法上的制裁外,还应对其违反诚信等行为进行行政和民事惩治,将企业或个人列入诚信黑名单。通过齐抓共管,最大程度维护司法公信力,建设诚信的营商环境。

案例八 四川省红粮液酒业有限公司伪造重要证据被处罚款案

【基本案情】

原告四川省宜宾五粮液集团有限公司(以下简称五粮液公司)以侵害商标权及不

正当竞争纠纷为由起诉被告四川省红粮液酒业有限公司（以下简称红粮液公司）、胡某仁等人，诉讼中，红粮液公司及其法定代表人胡某仁向法院出示盖有"四川省绵阳市某工商部门广告管理专用章"的户外广告样稿，以及盖有"贵州省仁怀市某工商部门"印章的贴牌加工协议、备案通知等证据，并主张其于1998年、2004年在工商部门对上述证据进行备案，以证明其早于五粮液公司使用与"五粮春"酒近似的商标、包装、装潢。经法院核实，样稿及贴牌加工协议上印制的手机号码开通时间晚于上述证据的落款时间；贴牌加工协议并未备案，协议上的签署意见、单位印章等均不是工商部门出具的。

【审理结果】

成都市中级人民法院经审理认为，红粮液公司、胡某仁伪造本案重要证据，妨碍人民法院审理案件，符合采取民事强制措施的条件。遂决定对红粮液公司、胡某仁分别罚款50万元和10万元。罚款决定书作出后，红粮液公司不服，申请复议。四川省高级人民法院决定驳回申请，维持原决定。

【典型意义】

虚假诉讼不仅严重侵害相关主体合法权益，破坏社会诚信，也扰乱正常诉讼秩序，损害司法权威和公信力。本案中，红粮液公司、胡某仁提交多份虚假证据，严重违反诚信诉讼基本原则，损害对方当事人权益，干扰法院正常诉讼秩序，浪费司法资源，行为性质恶劣。本案对当事人失信诉讼、无视法院司法权威的虚假诉讼行为进行依法制裁，不仅彰显了人民法院保护知识产权的力度与决心，也表明了法院坚决维护诉讼秩序的态度与立场，有助于引导社会公众依法诉讼、诚信诉讼。

【专家点评】

点评人：赵鑫，四川省律协民商事专业委员会副主任。

以事实为依据，以法律为准绳，是诉讼法的基本原则。当事人对案件有争议的事实或于己有利的主张，有权利也有义务进行举证。审判机关通过庭审质证对证据进行审查，以查明、认定案件基本事实，进一步依照法律法规规定，作出公平正确的处理。因此，证据的采信与否直接关系案件裁判结果。当事人参加诉讼活动、提交涉案证据、发表诉讼言论等，均应遵守诚实信用原则。

本案中，红粮液公司、胡某仁为实现非法目的，置案件客观事实、诚实信用原则于不顾，伪造重要证据，妄图误导审判机关作出错误事实认定，一方面严重干扰正常审判秩序，另一方面试图借公权力侵害对方当事人权益，主观恶意明显，行为性质极其恶劣，应当予以惩处。

人民法院对红粮液公司、胡某仁处以罚款，于个案而言，不仅及时制止了红粮液公司、胡某仁的诉讼违法行为，有效保护了对方当事人合法权益，也彰显了人民法院保护知识产权的决心；于整个社会法治建设而言，对诉讼违法行为"零容忍"，不仅捍卫了司法权威，也体现了法治对于优化营商环境的保驾护航作用，有助于引导社会公众依法诚信诉讼，推动诉讼诚信体系建设。

来源：四川省高级人民法院

2020年四川检察机关民事检察优秀案例（节录）

案例八　尹某某等追索劳动报酬纠纷虚假诉讼检察监督系列案

【关键词】

生效裁判结果监督　虚假调解　农民工工资优先受偿

【要旨】

虚构诉讼主体，虚构法律关系，伪造工资表，将建设工程款虚构为民工工资，提起诉讼，骗取人民法院调解书，利用国家对民工工资保护政策，在执行环节中突破执行顺位，不仅可能损害他人合法权益，而且可能损害国家和社会公共利益，妨害司法秩序、损害司法权威，构成虚假诉讼。检察机关主动依职权监督，创新办案模式，上下联动，一体化办案，高效打击虚假诉讼，有力维护司法秩序。

【基本案情】

2014年，四川某甲建筑工程有限公司（以下简称某甲公司）将从四川某乙房地产开发有限公司（以下简称某乙公司）处承揽的"左岸春天"工程项目进行分包，尹某某等15人均为分包施工班组组长。"左岸春天"项目完工后，某甲公司无力支付刘某某、夏某某等人材料款，多个民间借贷债权人借款以及包括尹某某等15人在内的多个工程分包施工班组剩余工程款。某甲公司尚有应收工程款680万元，刘某某、夏某某对该笔工程款申请了财产保全。

为获得优先受偿顺位，尹某某等人伪造工资表，或将亲友虚构为参与施工的工人，将材料款虚构为工资，或将工程款虚构为实际已结算完毕的工人工资，并由某甲公司将上述材料款或工程款以工人工资的名义出具欠条，虚构未支付尹某某等15个班组200余名工人工资的事实。2016年1月19日，由尹某某等15人以个人名义代表班组工人向什邡市人民法院起诉，索要劳动报酬。

同日，某甲公司与尹某某等15人达成调解协议，什邡市人民法院作出15份民事调解书，对尹某某等主张的劳动报酬予以确认。执行中，尹某某等人依据民事调解书从某甲公司应收工程款中优先受偿262万余元。

【检察机关监督情况及结果】

2020年3月，什邡市人民检察院在办理刘某某、夏某某申请民事执行检察监督案时，发现尹某某等15人诉某甲公司追索劳动报酬纠纷案均为当天立案、当天调解结案，且刘某某、夏某某向检察机关反映15个班组内存在大量未实际参与施工的"假民工"。什邡市人民检察院经调阅卷宗材料，发现部分班组存在多数工人与班组长间系亲属关系、工资发放表中领取人签名字迹雷同等疑点，初步判断该系列案件存在虚假诉讼嫌疑，遂依法受理审查。

德阳市人民检察院依托"一体化"办案模式，在全市抽调11名民事、刑事检察办案骨干组成专案组，同时请求四川省人民检察院第六检察部派员实地督导，实现省市县三级检察院联动。专案组采取"先外再内、齐头并进"的办案思路，迅速深入当事人工作场所、所在村社，仅用一周时间突破了6个班组，完成了对25名案涉人员的调查核实，查明了尹某某等15人隐瞒事实，虚构劳动法律关系，将其应得的合同约定价款，伪造为民工工资款，利用国家保护民工工资的政策，获得优先受偿，损害刘某某、夏某某等其他债权人合法权益的事实。

2020年7月16日，德阳市人民检察院对尹某某与某甲公司追索劳动报酬纠纷案提出抗诉。2020年7月21日，什邡市人民检察院对其余14案向什邡市人民法院发出再审检察建议。2020年7月31日，德阳市中级人民法院作出（2020）川06民抗1号民事裁定，裁定再审尹某某与某甲公司追索劳动报酬纠纷案。什邡市人民法院也采纳了再审检察建议，对其余14案裁定再审。

【典型意义】

（1）一体办案、上下联动，探索民事监督案件办理新模式。一是构建"一体化"办案机制。德阳市人民检察院抽调全市检察机关11名办案骨干进行突破，有效应对办理系列案面临的人员不足、经验缺乏和力度不够等问题。四川省人民检察院第六检察部多次指导，以省、市、县三级检察机关一体联动的模式，实现了线索管理、线索研判、案件调度、力量调配、办案指挥的"五统一"。二是实行"团队化"办案模式。为了查实查深隐藏在虚假诉讼背后的事实真相，办案组实行审查、外调、询问团队化办案，在办案过程中加强分析研判和沟通交流，真正实现系列案件办理的优快结合。该系列案件，最终抗诉1件，发出再审检察建议14件，从启动调查到提出抗诉、发出检察建议仅用时17个工作日。

（2）多点出击、协调推进，妥善处理办理虚假诉讼监督案件中的涉稳风险。因本案涉案人员众多，且涉及农民工工资等敏感领域，为防止涉案当事人制造群体性事件，向党委政府、检察机关及法院施压，德阳市检察机关在办案中一方面对办案过程中发现的农民工工资支付、信访维稳、部分律师执业不规范等问题，与人民法院、人社局等单位共享信息,并就查办过程中发现的情况及时向党委政府报告,主动建言献策,以检察力量助力社会治理;另一方面做好风险研判和预案制定,帮助当事人解决实际困难,确保矛盾不激化、纠纷不上交。

来源:四川省人民检察院

四川省人民检察院发布2019年民事检察十大典型案例（节录）

2020年1月16日，四川省人民检察院召开新闻发布会，通报全省检察机关2019年民事检察工作情况并发布了十大典型案例。其中，既有检察机关对生效裁判提出抗诉、再审检察建议的案例，又有对审判程序、执行活动提出检察建议的案例；既有监督虚假诉讼、维护司法权威的案例，又有贯彻落实"川检10条"、平等保护民营企业合法权益的案例；既有促成双方当事人和解、在检察环节化解矛盾纠纷的案例，又有支持农民工起诉、切实维护弱势群体利益的案例。

省检察院第六检察部主任王昱介绍："发布的这10件典型案例，基本覆盖了民事检察监督全领域，能够比较全面地反映2019年全省检察机关民事检察工作的主要成绩。"

典型案例3 虚构借款2280万元，法检合力打击虚假诉讼

2018年11月12日，席某某之子刘某虚构席某某与广西某公司存在民间借贷纠纷，以席某某为原告、广西某公司为被告，起诉至法院，请求判令广西某公司偿还借款本金310万元、借期利息及逾期还款利息，并提交了借款合同、收条等证据材料。2018年12月5日，法院作出民事判决，支持席某某全部诉讼请求。席某某于2019年1月5日向法院申请强制执行。2019年5月13日，刘某又以席某某为原告，将重庆某公司（系广西某公司的母公司）起诉至法院，请求判令重庆某公司偿还借款本金1970万元、借期利息及逾期还款利息，并提交了相关证据材料。

法院在审理席某某与重庆某公司民间借贷纠纷案时，认为原告提交的证据有疑点，可能涉嫌虚假诉讼，遂按照法检协作机制邀请检察机关对案件进行会商。检察机关与法院就本案事实和证据会商后认为，两起诉讼涉案金额高达2280万元，席某某已是86岁高龄，无固定收入，缺乏出借大额款项的能力，不合常理。且在席某某诉广西某公司借款纠纷案中，原、被告均未参加庭审，双方诉讼代理人出席法庭，被告方对

原告方主张的事实、证据及诉讼请求全部认可,双方在整个诉讼过程中陈述高度一致,缺乏对抗。席某某提起的两起民间借贷纠纷诉讼均涉嫌虚假诉讼,遂依法受理监督。

检察机关随即开展了大量的调查核实,经审查认为,席某某与广西某公司民间借贷纠纷案构成虚假诉讼,遂向法院发出再审检察建议。另外,对法院正在审理的席某某诉重庆某公司民间借贷纠纷一案发出虚假诉讼预警,将刘某等人涉嫌虚假诉讼犯罪线索移送公安机关。

2019年9月20日,法院对席某某与广西某公司民间借贷纠纷作出再审判决,撤销原一审判决,改判驳回席某某的诉讼请求。2019年10月22日,法院对席某某与重庆某公司民间借贷纠纷案作出判决,驳回席某某的诉讼请求。2019年11月20日,公安机关对刘某等人涉嫌虚假诉讼罪立案侦查。

【典型意义】

虚假诉讼妨害司法秩序、损害司法权威,对虚假诉讼的打击应当聚集司法机关合力。检察机关在监督本案虚假诉讼中,从外围证人、资金流水入手开展调查核实,及时收集当事人的证言,查清案涉资金往来、诉讼过程和当事人动机,还原虚假诉讼的全过程。检察机关通过加强与公安机关、法院协作配合,形成打击虚假诉讼的合力,既纠正错误民事判决,又追究行为人刑事责任,共同维护司法权威和社会公平正义,共同营造诚信守法的社会环境。

来源:《四川法治报》

河南法院重拳出击整治民间借贷领域虚假诉讼

2022年6月7日上午，河南省高级人民法院召开新闻发布会。会上，省法院党组成员、副院长郭保振通报了近年来全省法院整治民间借贷领域虚假诉讼工作开展情况，省法院民五庭庭长史昶伟介绍6起典型案例的基本情况及警示意义。全国人大代表程芳、省人大代表宋肃远应邀在开封、商丘通过视频形式出席发布会，省人大代表张志华应邀现场出席发布会。

郭保振副院长指出，党的十八届四中全会明确提出要加大对虚假诉讼的惩治力度。最高人民法院也多次发文，要求构建贯穿立案、审判、执行全流程的虚假诉讼整治机制。省法院一直以来坚持把虚假诉讼整治工作作为人民法院肩负的政治责任、法律责任和社会责任，多措并举，压缩虚假诉讼存在的空间，铲除虚假诉讼滋生的土壤，为促进诚信社会建设提供司法助力。近年来，虚假诉讼的案由分布日趋广泛，作为民商事诉讼中数量最多的民间借贷纠纷，一直是虚假诉讼的高发领域，也是虚假诉讼整治的重点领域。

郭保振副院长从三个方面通报了全省法院开展民间借贷领域虚假诉讼整治工作的有关情况。

一是提高思想认识，提高甄别和查处虚假诉讼的能力。将甄别和查处民间借贷领域的虚假诉讼纳入法官培训和考核范围，通过典型案例分析、审判业务交流等多种形式，提高法官甄别和查处虚假诉讼的司法能力。

二是坚持穿透式审判，做到分类施策，严防虚假诉讼发生。省法院印发《关于进一步规范民间借贷案件审理的通知》，为全省法院提供审判指引。当事人主张以现金方式支付大额借款的，要对出借人现金来源、取款凭证、交付情况等细节事实进行审查，结合出借人经济能力、当地交易习惯、交易过程是否符合常理等事实对借贷关系作出认定。当事人主张通过转账方式支付大额借款的，要对是否存在"闭环"转账、循环转账、明走账贷款暗现金还款等事实进行审查。通过"砍头息"、伪造证据等手段，虚增借贷本金的，依据出借人实际出借金额认定借款本金数额。虚构民间借贷关系，逃避执行、逃废债务的，对原告主张不予支持。虚假诉讼行为情节恶劣、后果严重或者多次参与虚假诉讼的，依法采取罚款、拘留等措施。涉嫌犯罪的，依法移送公安机关查处。

三是开展专题调研，注重成果转化，构建惩治虚假诉讼的长效机制。省法院在重拳打击虚假诉讼的同时，将"民事虚假诉讼认定标准疑难问题研究""民间借贷领域虚假诉讼问题研究"作为全省法院重点调研课题，相关调研报告在省委政研室《调查研究》和《人民法院报》刊发，注重成果转化，积极构建标本兼治、惩防并重的长效机制。

郭保振副院长强调，省法院将以"能力作风建设年"活动为契机，进一步深化思想认识，强化责任担当，加强与公安、检察以及金融行业监管机构之间的协调联动，凝聚惩治民间借贷和金融审判领域虚假诉讼的强大合力，为诚信河南建设作出积极的努力。

代表点评　全国人大代表程芳

虚假诉讼既浪费司法资源，也妨害司法公正，还影响社会诚信建设，影响很恶劣。近年来，河南法院在整治虚假诉讼方面的工作成效是有目共睹的，不仅出台了相关文件加强对下指导，而且依托智慧法院建设，运用审判大数据，及时发现虚假诉讼问题线索，关口前移，强化了对虚假诉讼的预警和防范。相信在全省法院和全社会的共同努力下，虚假诉讼的整治工作一定会取得更大成绩。

代表点评　省人大代表张志华

虚假诉讼行为社会危害大，群众反映强烈。作为人大代表，我曾提出过关于规制恶意诉讼的相关建议。今天听了新闻发布会，我感到省法院对这项工作高度重视，在整治虚假诉讼工作方面采取了一系列强有力的措施。通过专项调研，对虚假诉讼的成因、类型等进行探索，推动了防范和整治虚假诉讼长效机制的构建。通过和公安、检察以及其他监管机构之间的联动，形成了打击虚假诉讼的强大合力。希望省法院继续加强并指导下级法院做好虚假诉讼的立案预警工作，严把案件入口关，不给虚假诉讼提供任何可乘之机。

代表点评　省人大代表宋肃远

作为一名企业界人大代表，我在不同场合提出过严厉打击虚假诉讼的意见建议。河南法院对打击治理虚假诉讼工作有决心、有措施、有效果。始终坚持零容忍的态度和重拳出击的态势，部署开展专项治理行动，严惩虚假诉讼违法犯罪行为；探索建立起一套贯穿司法全流程的虚假诉讼整治机制，为甄别、认定、打击虚假诉讼提供规范指引；发布典型案例，发挥警示教育作用，营造诚信诉讼的良好氛围。相信在省法院的有力指导下，全省法院一定能够有效整治虚假诉讼，为助力诚信社会建设、优化法治化营商环境、推动经济社会发展贡献河南法院的智慧和力量。

民间借贷领域虚假诉讼典型案例

一、洛阳某物流公司与广州某物流公司、张某杰民间借贷案

2019年8月,出借人洛阳某物流公司、借款人广州某物流公司、担保人张某杰签订借款金额为1000万元的借款担保协议,案外人洛阳某商贸公司向洛阳某物流公司转账180万元,之后该180万元资金在洛阳某物流公司、广州某物流公司、案外人宋某前之间反复流转,最终返回案外人洛阳某商贸公司账户。洛阳某物流公司、广州某物流公司以资金空转方式制造银行流水痕迹,虚构债权债务关系,申请保全相关财产并达成调解协议。后洛阳市老城区人民法院再审撤销该民事调解书,改判驳回洛阳某物流公司的诉讼请求,依法对洛阳某物流公司和广州某物流公司分别罚款10万元,对张某杰罚款1万元,并将案件线索移送公安机关。

案件警示:本案出借人和借款人通过案外人提供的资金,合谋制造银行流水,形成资金闭环流转,虚构债权债务关系,其虚假诉讼手段虽然隐蔽,自认为"天衣无缝",但最终"现了原形"。人民法院再审改判驳回洛阳某物流公司全部诉讼请求的同时,对恶意制造虚假诉讼的洛阳某物流公司和广州某物流公司以及参与虚假诉讼的张某杰处以罚款,并将线索移送公安机关,印证了"假的永远真不了"。

二、侯某霞与郑某兵、侯某娥民间借贷案

夏某辉与郑某兵、侯某娥夫妇之间存在借款关系,郑某兵、侯某娥为了逃避债务履行,与侯某娥胞妹侯某霞相互串通,虚构双方之间存在40万元债权债务关系,将侯某娥名下一套房产以500元明显不合理的价格售予侯某霞并办理了产权登记手续。夏某辉遂提起诉讼,请求撤销该房产转让行为。焦作市中级人民法院在查明案件事实的基础上支持了夏某辉的诉请。为对抗执行,郑某兵、侯某娥、侯某霞又以双方存在40万元借款纠纷为由提起诉讼,企图对其虚构的债权债务进行确认。温县人民法院认为,本案涉嫌虚假诉讼,判决驳回侯某霞的诉讼请求,并将案件线索移送公安机关。

案件警示:当事人自己或者帮助他人为达到逃避债务或执行义务的目的,虚构债权债务关系提起虚假诉讼,侵害了合法债权人和申请执行人的合法权益,严重干扰了人民法院的正常审判和执行活动。此类行为往往以双方恶意串通的形式出现,在民事诉讼中双方自认,并自行达成调解协议,隐蔽性强,甄别难度大。人民法院应依法加大审查力度,提高甄别能力,一旦发现虚假诉讼线索后及时移送公安机关,不给不法分子可乘之机。

三、何某良与何某举民间借贷案

何某良持2016年9月和2017年10月的两份借据将何某举起诉到夏邑县人民法院，请求判令何某举偿还借款5000元和151000元。对于2016年9月的借款，何某举辩称已由双方签订相关结算协议并实际履行完毕，经审理查证属实。对于2017年10月的借款，何某举对借据的真实性不予认可，并申请司法鉴定。鉴定意见认为，该借据"相关手写字迹符合改动的特点"。夏邑县人民法院依法判决驳回何某良的诉讼请求，并将案件线索移送公安机关。何某良因犯虚假诉讼罪，被判处有期徒刑一年，并处罚金2000元。

案件警示：当事人在诉讼中应当如实陈述案件事实并提供证据，切莫抱着侥幸心理伪造、变造证据。人民法院在案件审理过程中，一旦发现当事人通过伪造、变造证据等进行虚假诉讼，将坚决予以打击，构成犯罪的，依法追究其刑事责任。

四、刘某法与雷某伟民间借贷案

2019年11月，刘某法将一辆轿车卖给雷某伟，因未同时支付车款，雷某伟向刘某法出具两张借条。后雷某伟未按借条约定支付款项，刘某法随即自行将案涉车辆取回。事后，刘某法持雷某伟向其出具的两张借条提起诉讼，谎称其以现金方式出借款项给雷某伟。清丰县人民法院查明上述事实后，认定刘某法涉嫌虚假诉讼犯罪，遂将案件线索移送公安机关。最终，刘某法因犯虚假诉讼罪，被判处拘役四个月，并处罚金5000元。

案件警示：基于其他法律关系形成的借款凭证，当事人在诉讼中应如实陈述和举证，依法维权。本案借条虽然真实，因刘某法已自行取回车辆，借条依据的车辆买卖关系已发生变化，但刘某法仍以该借条提起诉讼并虚构现金交付借款，存在明显恶意。人民法院对刘某法追究刑事责任，也警示其他当事人依法维权，千万不要"聪明反被聪明误"。

五、李某芳与栗某杰、王某红民间借贷案

李某芳持借据和转款凭证起诉请求判决栗某杰、王某红还款130万元。武陟县人民法院经审理查明，案涉借款由案外人赵某禄转账给李某芳，李某芳收款后转账给栗某杰，栗某杰收款后转回给案外人赵某禄，栗某杰、王某红并未实际取得该款项。栗某杰、王某红辩称上述转账完成后，李某芳又现金交付130万元，该主张明显不符合常理且无现金交付借款的证据。后李某芳申请撤诉，武陟县人民法院以涉嫌虚假诉讼为由不予准许，依法判决驳回李某芳的诉讼请求，并将案件线索移送公安机关。

案件警示：自然人之间的借款合同，自出借人提供借款时成立。本案借款虽有

转款凭证，但在案证据不足以证明借款人已实际取得借款，不能认定双方借款关系成立。人民法院审理此类案件时，坚持穿透式审判思维，依法对当事人的出借能力、款项来源及最终流向、双方诉辩等进行综合审查。经查明属于虚假诉讼的，原告申请撤诉，人民法院不予准许，并依法判决驳回其诉讼请求。

六、洛阳某油脂公司民间借贷案

2015年7月，王某英向洛阳某油脂公司出借30万元，该公司在借款合同、借据、收据、还款计划书上加盖公章。在案件审理中，该公司主张案涉借款合同、借据等材料上加盖的公章均无编码，并非该公司公章，但洛阳市中级人民法院二审时调取证据发现，该公司曾使用过一枚不带编码的公章，且在公安机关留存有印模，在洛阳市中级人民法院向该公司出示调取的上述证据时，该公司又以该印模与案涉合同上无编码的公章非同一枚公章为由申请司法鉴定。因该案同时还存在其他法定情形，洛阳市中级人民法院将该案发回重审。重审中，该公司放弃申请司法鉴定，但在重审判决作出后，该公司再次提起上诉，依然主张案涉合同上的公章非该公司公章，却仍不申请司法鉴定。洛阳市中级人民法院在查明案件事实的基础上驳回该公司的上诉请求，维持原判，并对该公司虚假陈述、滥用诉权的行为罚款10万元。

案件警示：民事诉讼应当遵循诚实信用原则，诉讼参与人不得在诉讼中作虚假陈述，滥用诉讼权利。本案中，洛阳某油脂公司因公章问题申请司法鉴定，在人民法院将案件发回重审后，该公司放弃申请司法鉴定，一审判决作出后却再次提起上诉否认公章真实性，但依然不申请司法鉴定。该公司的明显不诚信诉讼、滥用诉讼权利的行为，不仅扰乱审判秩序，而且损害司法权威、浪费司法资源。人民法院通过对该公司进行处罚，威慑和打击了不诚信诉讼、滥用诉权的行为。

来源：豫法阳光

河南高院发布 5 起惩治虚假诉讼典型案例

近年来,执行裁决案件中虚假诉讼呈易发多发态势,扰乱了正常司法秩序,浪费了有限的司法资源,对司法权威造成了严重损害。2021年3月4日,两高两部发布了《关于进一步加强虚假诉讼犯罪惩治工作的意见》,为贯彻落实该意见,规范执行异议权的行使,打击和制裁虚假诉讼等违法犯罪行为,为全面解决"执行难"营造良好司法环境,现筛选出一批典型案例予以发布。

1. 商丘市某置业公司出具虚假证明案

【基本案情】

河南省高级人民法院在审理上诉人王某建与被上诉人姬某东、高某卫、商丘市某置业公司申请执行人执行异议之诉案件中,查明:姬某东、高某卫在庭审中提交了姬某东与商丘市某置业公司于2012年4月2日签订的抵债协议和房屋清单,以及2015年10月25日商丘市某置业公司出具的证明,欲证实二人在查封前签订了涉案房屋的抵债协议,并在查封前占有使用该房屋。该院经审查认为,该抵债协议及房屋清单中没有涉案房屋;商丘市某置业公司的证明系在查封后出具,不能证实2014年3月至5月口头约定涉案房屋抵债给姬某东;且姬某东与商丘市某置业公司民间借贷纠纷一案的一审、二审判决均在2014年9月1日查封之后作出,已生效的民事判决认定姬某东与商丘市某置业公司之间的借款未清偿数额及实际抵债房屋不包含涉案房屋,说明涉案房屋的抵债行为不真实或者抵债行为发生在生效判决之后,不可能发生在查封之前。商丘市某置业公司出具的证明记载内容虚假。

【处理结果】

河南省高级人民法院对商丘市某置业公司罚款10万元。

【典型意义】

商丘市某置业公司出具虚假证明,意图逃避履行法律文书确定的义务,侵害王某建及其他债权人的合法权益,妨害民事诉讼。在案件审理过程中,法院对抵债协议、房屋清单等证据进行综合判断，认定商丘市某置业公司出具的证明记载内容虚假，依法对其予以处罚，打击了虚假诉讼行为，维护了申请执行人的合法权益。

2. 张某旺等人虚假诉讼案

【基本案情】

郑州市二七区人民法院在审理阮某起诉张某勇、成某林、张某旺、王某萍借款合同纠纷一案中，于2017年4月18日将张某旺位于沁阳市西小区的一处房产查封。因张某旺在沁阳市人民法院有多起被执行案件，沁阳市人民法院于2017年9月10日商请郑州市二七区人民法院将张某旺的房产移交至沁阳市人民法院进行处置，2017年9月13日，郑州市二七区人民法院将该房产处置权交由沁阳市人民法院处理。张某旺在此期间得知自己房产将被拍卖的消息后，指使王某捏造张某旺欠其45万元的虚假事实，张某旺为王某出具虚假借据；张某旺指使贾某强向法院出具虚假的借款明细，在法庭上作虚假陈述。贾某强、王某分别于2017年5月22日、2017年7月16日向沁阳市人民法院提起民事诉讼，致使沁阳市人民法院作出张某旺偿还王某、贾某强本金及利息的裁定，并对张某旺所有的房产拍卖款进行分配。

张某联和张某旺共谋后，于2017年7月16日以捏造的张某旺向张某联借款45万元的借款关系向法院提起民事诉讼，骗取法院以民事裁定的形式确认张某旺和张某联的调解协议有效，并以该民事裁定书向法院申请强制执行。经法院执行，张某联分得张某旺房产拍卖款人民币13844.2元。

李某祥和张某旺共谋后，于2017年7月20日以捏造的张某旺向李某祥借款50万元的借款关系向法院提起民事诉讼，骗取法院以民事裁定的形式确认张某旺和李某祥的调解协议有效，并以该民事裁定书向法院申请强制执行。经法院执行，李某祥分得张某旺房产拍卖款人民币15382.40元。

黄某平和张某旺共谋后，于2017年5月11日以捏造的张某旺向黄某平借款30万元的借款关系向法院提起民事诉讼，骗取法院以民事裁定的形式确认张某旺和黄某平的调解协议有效，并以该民事裁定书向法院申请强制执行。经法院执行，黄某平分得张某旺房产拍卖款人民币9229.5元。沁阳市人民检察院以张某旺犯虚假诉讼罪、妨害作证罪，王某犯虚假诉讼罪，贾某强犯帮助伪造证据罪向沁阳市人民法院提起公诉。

【裁判结果】

沁阳市人民法院经审理，认定被告人张某旺犯虚假诉讼罪，判处有期徒刑五年，并处罚金人民币15万元；犯妨害作证罪，判处有期徒刑一年四个月。决定合并执行有期徒刑六年，并处罚金人民币15万元。被告人王某犯虚假诉讼罪，判处有期徒刑一年十个月，并处罚金人民币3万元。被告人贾某强犯帮助伪造证据罪，判处有期徒刑一年二个月。被告人张某旺与王某的违法所得人民币13844.2元，被告人张某旺与贾某强的违法所得人民币9229.5元，被告人张某旺与其他同案犯的违法所得人民币38456.1元，依法继续追缴并由执行机构重新分配。

宣判后，沁阳市人民检察院未提起抗诉，被告人张某旺等人未提起上诉。

【典型意义】

该案系被告人相互串通，提供虚假证据，试图牟取非法利益，构成虚假诉讼罪。人民法院对相关当事人依法追究刑事责任，有效维护了申请执行人的合法权益，对不讲诚信、铤而走险进行虚假诉讼的当事人起到了有力的震慑作用，达到了办理一案、打击一片的良好效果。

3. 李某辉滥用异议权案

【基本案情】

巩义市人民法院在审理路某宾与牛某华、刘某生案外人执行异议之诉一案中，李某辉作为证人出庭作证，称其与路某宾之间是借款关系，房子属于路某宾；其与刘某生亦未签订房屋租赁合同。在李某辉与牛某华、刘某生案外人执行异议之诉一案中，李某辉作为原告，称其与路某宾之间是房屋买卖关系，签订了房屋买卖合同，其与刘某生之间签订了房屋租赁合同。

庭审结束后，该院依职权对李某辉进行调查，查明以下事实：（1）关于房屋买卖合同的真实性问题，李某辉称其给路某宾钱时没有签房屋买卖合同，只是出具了一张收据，后来其让刘某生找路某宾补手续，刘某生拿了一份房屋买卖合同，合同上当时已经签了路某宾的名字；（2）关于房屋租赁合同的真实性问题，李某辉称其在提出执行异议时还没有租赁协议，后来为了在执行异议之诉中使用，李某辉自己打印了两份合同，让刘某生、刘某娜签字。结合以上事实，法院认定李某辉存在虚假陈述以及滥用执行异议权利的情形。

【处理结果】

巩义市人民法院对李某辉拘留7日，罚款3000元。

【典型意义】

该案系当事人提供虚假证据，伪造租赁合同，妨害了诉讼秩序，影响了司法机关的审判活动。巩义市人民法院在审理过程中不轻信当事人的陈述，努力追求客观真实，在查清相关事实的基础上，对有关当事人予以司法制裁，维护了正常司法秩序。

4. 高某飞伪造证据案

【基本案情】

在郑州市二七区人民法院办理高某飞执行异议一案中，高某飞提交的《离婚协议书》显示，男方高某飞、女方冯某培因夫妻感情破裂，自愿离婚；该协议第二条"财产分割"第二项为"未过户房产一套：男方于2016年9月30日购买房产一套，地址位于郑州市郑东新区，面积192.25平方米，由男方支付定金35万元，2017年6月14日男方支付首付款105万元，因女方生孩子并长期在家照顾孩子，长期没有固定收入，为保证三个孩子有个稳定的住所，离婚后该房产由女方和三个孩子居住，未经男方允许，女方不得变卖、转让该房屋。该房屋产权归长子所有，因孩子未满18周岁，暂由女方代持。长子年满18周岁后，于一个月内办理产权过户手续"。上述协议显示的签订日期为2017年8月15日。

上述约定内容与郑州市金水区民政局婚姻登记处存放的高某飞、冯某培签订的《离婚协议书》不一致，该协议第二条"财产分割"中未显示高某飞、冯某培对本案执行标的即位于郑州市郑东新区的房屋进行分割。高某飞存在虚假陈述、滥用执行异议权利的情形。

【处理结果】

郑州市二七区人民法院对高某飞罚款人民币3万元整。

【典型意义】

该案系当事人伪造《离婚协议书》，意图排除对案涉房屋的执行。郑州市二七区人民法院在审理过程中不轻信当事人提交的证据，向有关国家机关调取其保存的资料，最终认定高某飞存在提供虚假证据的情形，依照有关规定对其进行处罚，打击了虚假诉讼行为，维护了司法权威。

5.朱某艳虚假陈述案

【基本案情】

在郑州市金水区人民法院办理朱某艳执行异议一案中，朱某艳称其和被执行人胡某辉签订了《房屋租赁合同》，租赁包括被执行人胡某辉两套案涉房屋在内的四套房屋，一次性支付房租300万元。法院经审理查明，朱某艳提交的转账记录转账金额为400万元，与约定租金数额不符，且转账用途为"购房款"，不能认定系支付租金，且一次性支付300万元房租也不符合交易习惯。据此，法院认定朱某艳的行为构成虚假陈述。

【处理结果】

郑州市金水区人民法院对朱某艳罚款5000元。

【典型意义】

该案系当事人伪造付款凭证，意图通过虚构租赁事实排除对案涉房屋的执行。人民法院通过对转账记录及租金支付方式的审查，依法认定租赁关系不成立，并对虚假陈述的当事人进行了处罚，维护了申请执行人的合法权益。

来源：豫法阳光

河南法院涉职业放贷、"套路贷"、虚假诉讼典型案例

1. 焦作张某旺、贾某强、李某祥等虚假诉讼系列案

2017年5月,张某旺因在外欠债过多,被诉后其被查封的房产即将拍卖并分配执行款,为了阻挠申请执行人正常分配执行款项,张某旺在没有真实借贷关系的情况下,分别向同乡、亲戚贾某强、李某祥、王某、张某联、黄某平、田某征6人出具欠条,而后贾某强等6人分别以原告身份向沁阳市人民法院起诉要求张某旺归还"借款"。上述各方经诉前调解达成调解协议并申请了司法确认,贾某强等6人持生效的债权文书向沁阳市人民法院申请强制执行,参与分配并领取了张某旺房产的部分拍卖款,后贾某强等人将取得的拍卖款返还给张某旺。本案中,张某旺在得知自己房屋即将被拍卖偿还债务的情况下,伙同贾某强等6人虚构借款事实,进行虚假诉讼,参与分配拍卖款。沁阳市人民法院以虚假诉讼罪、妨害作证罪数罪并罚判处张某旺有期徒刑6年并处罚金15万元,贾某强等人也分别因虚假诉讼罪、帮助伪造证据罪等被判处有期徒刑1年2个月至2年不等,并依法追缴违法所得。

【典型意义】

张某旺伙同贾某强等人采取伪造证据、虚假陈述等手段,捏造民事法律关系,虚构民事纠纷提起诉讼,继而申请参与执行款分配等行为,严重扰乱司法秩序、损害司法权威,受到了应有的严厉制裁。当事人应当诚信、如实履行生效判决,如有异议可以通过正当程序依法行使诉讼权利,如果凭"小聪明"采取虚构事实、隐瞒真相等方式提起诉讼谋取不当利益、损害他人权益和社会秩序的,必将害人害己"吃大亏"。本系列案属于典型的逃避履行债务的虚假诉讼案件,具有一定的代表性,也能警示教育广大群众依法诉讼、诚信诉讼。

2. 平顶山鲁山某农业开发公司与河南某地产置业公司虚假诉讼案

2019年8月14日,平顶山鲁山某农业开发公司(以下简称某农业公司)起诉河南某地产置业公司(以下简称某地产公司)称,2019年7月12日,某地产公司因支付工程款

向某农业公司借款1.5亿元,以某项目九层会所作为抵押物,约定在借款合同生效之日起7日内办妥房产抵押登记手续。某农业公司依约支付了1.5亿元借款,后因无法办理抵押登记且某地产公司未按合同约定用途使用借款,于7月23日向某地产公司发出借款全部立即到期并要求立即清偿的函。8月1日,某地产公司偿还某农业公司3000万元但未支付利息。某地产公司认可上述事实,称正在组织资金,拟于近期清偿本息。某农业公司在提起诉讼后即申请保全了某地产公司的土地征收补偿金。原审中,两公司达成调解协议,平顶山市中级人民法院据此制作了调解书。调解书生效后,案外人以某农业公司与某地产公司存在关联关系,该案系虚假诉讼且侵犯其利益为由,请求再审本案。经平顶山市中级人民法院审查并再审认定某农业公司与某地产公司恶意串通,伪造借款协议,伪造银行流水,意图通过虚假诉讼方式逃避执行,再审改判驳回某农业公司的诉讼请求,并对某农业公司和某地产公司各罚款50万元。

【典型意义】

虚假诉讼巧借合法诉讼外衣,利用司法公权力作为谋取不法利益的手段,其影响恶劣,应予以严厉打击。本案涉案标的1.2亿余元,数额巨大,侵害案外人的合法权益,破坏司法公信力,造成恶劣的社会影响。平顶山市中级人民法院在再审改判驳回某农业公司全部诉讼请求的同时,对制造参与虚假诉讼的某农业公司和某地产公司分别处以50万元罚款且已执行到位,彰显了人民法院对于虚假诉讼案件的从严打击态度。

3. 新乡职某亮"套路贷"、职业放贷、虚假诉讼案

职某亮以原告身份涉诉的民间借贷纠纷等案件40余件,标的近100万元,系未取得经营贷款资质但以营利为目的向不特定对象放贷。在单笔借款中,虽未约定借款利息,但结合借款人身份及诉讼中的抗辩发现,职某亮在该系列案中存在提前收取"砍头息"、多次利用同一笔借款让借款人和担保人分别出具借据并依据两份借据分别起诉借款人和担保人、凭已实际清偿的借据诉至法院、催收时采取暴力胁迫等手段等情形,谋取非法利益,符合职业放贷、"套路贷"和虚假诉讼特征。发现上述情形后,辉县市人民法院审委会研究决定将职某亮违法犯罪线索移送公安机关。经侦查、起诉和审判,辉县市人民法院认定职某亮犯寻衅滋事罪、非法拘禁罪、妨害公务罪、虚假诉讼罪,数罪并罚决定执行有期徒刑10年4个月,并处罚金50万元。

【典型意义】

职某亮采取收取"砍头息"、骗取借款人和担保人分别出具借据、保证人代偿后重复向借款人索取借款、暴力催收、借款人清偿后仍向法院提起诉讼等手段,谋取非法利益,严重扰乱社会秩序,损害人民法院司法权威。辉县市人民法院依法纠正并重

拳打击职某亮的违法犯罪行为，对此类"套路贷"、虚假诉讼、职业放贷行为及人员具有深刻的警示意义，警醒社会公众守法经营、依法维权。

4. 郑州覃某东职业放贷系列案

2017年9月29日，覃某东向原某丽出借本金188907元，约定年利率9.52%，违约收取日8‰违约金。原某丽向覃某东出具收条称收到188907元，其中银行转账或第三方代付收款148900元，现金收款40007元。覃某东提交的电子回单显示，该日某案外人向原某丽转款148900元。庭审中覃某东提交了借款合同、收据、转款凭证等证据，并认可原某丽已经偿还本金80650.45元，利息9776.43元，本金剩余108256.55元未还。因原某丽未出庭应诉，金水区人民法院依据上述证据支持了覃某东的诉讼请求。除上述案件外，覃某东在郑州市金水区、管城回族区、二七区、新密市、登封市、新郑市、巩义市人民法院以原告身份涉诉100余件，覃某东向外出借款项的行为符合未经有关部门批准向社会不特定对象提供资金以赚取高额利息，具有反复性、经常性、营利性特征，违反《银行业监督管理法》第十九条、《合同法》第五十二条等规定，覃某东即俗称的"职业放贷人"。覃某东系列案经相关法院审查后依法启动再审，在查清相关事实基础上依法认定借款合同无效，并依法改判借款人按实际收到款项数额并按银行同期贷款利率支付资金占用费。

【典型意义】

对于亲友熟人之间偶尔临时资金拆借，只要不以营利为目的，属于正常人际交往中的互相帮衬救助，一般不认定为职业放贷。但是以本案覃某东为代表的职业放贷人，未经有关机关批准，以营利为目的向社会不特定对象提供资金以赚取高息，违反了《银行业监督管理法》等规定，扰乱了正常的金融秩序，应依法认定借款合同无效，借款人返还借款并按银行同期贷款利率支付利息损失。职业放贷因隐藏在普通诉讼之中，以前因不易发现和举证故难以惩处，但现在人民法院和当事人通过大数据系统、智能筛查和文书检索，易于发现职业放贷的相关证据，所以提醒广大无经营贷款资质的单位和个人，不要参与以营利为目的的放贷活动。

5. 洛阳王某、张某国虚假诉讼案

2014年11月，王某诉吕某等民间借贷纠纷时提供了14张共计2600万元的银行流水等转账凭证，其中包含许某洁在2013年7月10日通过兴业银行向吕某转款的22万元、2013年7月10日通过兴业银行向吕某转款的208万元以及2013年7月11日通过POS机刷卡消费600万元的三份共计830万元的转账凭证。法院依据上述转账凭证判决支持王某的诉讼请求。后2015年5月，张某国诉吕某等民间借贷纠纷时，再次使用上述三份共计

830万元转账凭证，由于被告吕某等人的代理人未对上述问题提出异议，因两案时间相差一年有余且承办合议庭不同，审理中未发现该问题，法院亦判决支持了张某国的诉讼请求。省法院通过交叉比对案件证据，发现上述转账凭证重复使用问题，经省法院审判委员会讨论决定再审该两案。

【典型意义】

王某、张某国两案中，由于债务人吕某本人未出庭，其代理人也未对原告重复使用证据的情况提出异议。在债务人不能抗辩或举证的情况下，法官很难在个案中发现当事人重复使用证据的情形。省法院在评查中通过对系列、关联案件的交叉比对，对转账凭证等关键证据进行逐笔核实，发现了隐藏在数十份转账凭证中的涉及数额高达830万元的三份重复转账凭证并立即启动纠错程序，将按再审查明的事实予以判决和惩处。在此提醒当事人不要侥幸重复使用转账凭证等证据，同时提醒民间借贷案件当事人本人要积极出庭，对于必须到庭才能查清案件事实的原被告无正当理由不到庭的，人民法院可以拘传到庭，以便于核实每一笔钱款往来，防止转账凭证等证据因代理人不知情而被重复认定。

来源：豫法阳光

河南高院发布6起关于防范和打击利用破产程序逃废债务典型案例（节录）

在破产程序中，部分债务人及其利害关系人通过提供虚假材料、虚构债权、转移隐匿资产等方式，意图利用破产程序逃废债务，对此全省法院予以严格审慎审查，坚决予以防范打击和遏制，取得了一定的积极效果。为进一步规范企业破产案件办理，充分发挥破产审判的正向价值作用，努力营造诚信守法的司法环境，省法院精选发布以下6起典型案例，予以通报。

案例三　关于洛阳某置业有限公司破产清算案件——虚构债权不予确认案件
【基本案情】
申请人盛某某因被申请人洛阳某置业有限公司（以下简称某置业公司）不能清偿到期债务，且明显缺乏清偿能力，向洛阳市中级人民法院申请对某置业公司进行破产清算。该院经初步审查认为，某置业公司已不能清偿到期债务，资产不足以清偿全部债务，符合破产清算条件，于2019年8月5日作出（2019）豫03破申16号民事裁定，受理盛某某对某置业公司的破产清算申请。2020年6月2日，第一次债权人会议对无异议债权审议核查通过后，经管理人申请，洛阳市中级人民法院作出（2019）豫03破16-6号民事裁定，确认某置业公司19位债权人的债权资格、债权数额，其中盛某某的债权数额为220.8万元。2020年6月5日，洛阳市中级人民法院作出（2019）豫03破16-7号民事裁定，宣告某置业公司破产。2021年8月31日，洛阳市中级人民法院认为，某置业公司破产财产分配方案已经裁定认可并已执行，作出（2019）豫03破16-18号民事裁定，终结某置业公司的破产程序。

2020年9月2日，洛阳某商贸有限公司（以下简称某商贸公司）向洛阳市中级人民法院起诉某置业公司、盛某某，要求确认盛某某对某置业公司不享有债权220.8万元。

【处理结果】

洛阳市中级人民法院经审理认为，盛某某主张对某置业公司享有债权的事实依据不足，作出（2020）豫03民初202号民事判决书，确认盛某某对某置业公司不享有债权220.8万元。2021年3月9日，洛阳市中级人民法院作出（2019）豫03破16-11号罚款决定书，认为盛某某在申报债权的过程中未如实提交证据、证人证言，其行为已影响到破产案件公正处理，妨害司法秩序。决定：对盛某某罚款5万元，该罚款已经缴纳。

2021年10月13日，洛阳市中级人民法院向洛阳市公安局洛龙分局递交线索移送函，认为盛某某的行为可能涉及虚假诉讼犯罪，将上述虚假犯罪线索移送至洛阳市公安局洛龙分局，并向洛阳市人民检察院发出建议函，建议洛阳市人民检察院予以法律监督，洛阳市公安局洛龙分局已对虚假诉讼相关线索进行立案侦查。

【典型意义】

虚构债权是虚假诉讼的一种表现形式，不仅严重损害债权人、债务人及利害关系人的合法权益，而且扰乱正常的诉讼秩序，损害司法权威和司法公信力，社会危害性极大，人民法院有必要通过刑罚手段予以规制。

本案中，盛某某与某置业公司之间存在大量流水往来，盛某某向人民法院申报债权时对银行流水掐头去尾，提供虚假的支付凭证，并恶意串通某置业公司财务人员作虚假陈述，意图虚构债权，从而侵犯债权人、债务人及利害关系人的合法权益，破坏社会诚信，扰乱正常司法秩序，应当依法予以制裁。洛阳市中级人民法院在该案处理方面内外兼修，打出组合拳。先运用司法程序对虚假申报债权予以纠正，后运用司法制裁手段进行罚款，又将线索移送公安机关予以立案，同时运用法律监督手段向检察院发出建议函。这对威慑不法行为人、保护破产司法程序方面有着积极意义，彰显了人民法院打击"逃废债"的决心，一以贯之倡导当事人诚信诉讼，维护诉讼案件程序正义的态度，达到了"办理一案、教育一片"的良好效果。同时，加强与公安、检察等政法单位协作配合，共同形成打击合力，努力构建不敢假、不能假、造假者必受惩戒的良好诉讼环境。

来源：豫法阳光

2020年山东法院弘扬社会主义核心价值观十大典型案例（节录）

社会主义核心价值观既是社会主义核心价值体系的内核，也是社会主义法治建设的灵魂。人民法院作为国家审判机关，承担着执法办案、明断是非、定分止争、惩恶扬善、维护正义的神圣职责，肩负着培育和践行社会主义核心价值观的重要使命。近年来，山东法院充分发挥司法裁判的指引、评价、教育功能，努力把社会主义核心价值观融入法院工作全领域全过程。其间，涌现出许多弘扬社会主义核心价值观的优秀案例。

山东高院研究室前期征集了一批弘扬社会主义核心价值观的典型案例，经公开遴选、专家评审，最终评选出2020年发生法律效力、广受社会关注和群众赞誉的10件弘扬社会主义核心价值观典型案例。10件案例涵盖了英烈保护、见义勇为、公序良俗、诚信友善、惩恶扬善等不同层面，以小案例诠释大道理，用司法力量守护中华传统美德，用公正裁判弘扬社会主义核心价值观。

虚假诉讼入刑案

【基本案情】

2018年8月，被告人李某某、张某某、高某合谋采取虚假诉讼的方式来保全张某某的工资。由张某某伪造欠高某29万元的两张欠条，捏造二人之间的债权债务关系，李某某起草民事起诉书，并帮助高某到肥城市人民法院起诉。法院于当日立案并另日开庭审理，李某某还起草诉讼财产保全申请书，帮助高某申请保全张某某的财产，但未获得法院许可。

【裁判结果】

肥城市人民法院认为，被告人李某某、张某某、高某以捏造事实提起民事诉讼，妨害司法秩序，其行为构成虚假诉讼罪。依法判决被告人李某某有期徒刑二年，并处罚金人民币3万元；判决被告人张某某有期徒刑一年六个月，缓刑一年六个月，并处罚金人民币2万元；判决被告人高某拘役六个月，缓刑六个月，并处罚金人民币1万元。宣判后，被告人李某某不服判决提出上诉，泰安中院二审裁定驳回上诉，维持原判。

【典型意义】

诚实守信是中华民族的传统美德，是法治国家与法治社会建设的重要内容，也是社会主义核心价值观的重要方面。本案当事人恶意串通、虚构债权债务关系，意图通过法院判决获取非法利益，其行为妨害了正常诉讼秩序，严重损害了司法权威和社会公信。本案是对虚假诉讼行为的一次重拳出击，表明了人民法院依法严惩虚假诉讼的坚定立场。同时，本案对引导社会公众遇事依法维权、诚信诉讼起到了良好导向作用，对弘扬社会主义核心价值观、加强诚信社会建设起到了积极促进作用。

来源：山东高法

山东省人民检察院发布六起全省检察机关办理的民事虚假诉讼监督和执行监督部分典型案例

案例一　甲供应链公司等调解协议司法确认虚假诉讼监督案

【关键词】

调解协议　司法确认　虚假诉讼　检察建议

【要旨】

当事人伪造授权委托书等证据在诉前调解中达成调解协议,通过申请司法确认的方式骗取民事裁定,据此向人民法院申请强制执行,违反调解自愿原则,构成虚假诉讼。此种行为不仅损害他人合法权益,而且损害国家和社会公共利益。检察机关办理涉及司法确认的虚假诉讼监督案件,应当重点围绕调解协议是否违反自愿原则等方面进行审查,以确认是否构成虚假诉讼,依法予以监督。

【基本案情】

2018年8月8日,青岛某贸易公司起诉至青岛市某区人民法院,请求法院判令甲供应链公司、国有企业乙控股公司、张某、李某向其退还预付款及赔偿损失共计4519250元,支付4519250元的资金占用成本,直到钱款付清为止并支付律师费20万元。同年9月3日,各方当事人同意在青岛市某区人民法院委托调解中心进行调解。当日,该法院委托调解中心作出(2018)诉前调字第3575号调解协议。各方当事人自愿达成调解协议:"一、甲供应链公司欠青岛某贸易公司货款3722500元、损失费796750元、律师费200000元,共计4719250元。由甲供应链公司分别于2018年9月30日前付给青岛某贸易公司1000000元、10月30日前付1000000元、11月30日前付1000000元、12月30日前付1000000元,余款719250元于2019年1月30日前全部付清。二、如甲供应链公司未能按时付清上述任何一笔欠款,应按未偿还部分年利率24%计算利息,自2018年8月9日起至全部付清款项之日止。三、国有企业乙控股公司、张某、李某对上述款项自愿承担连带清偿责任。四、青岛某贸易公司自愿放弃其他诉讼请求。"

2018年9月3日，青岛某贸易公司、甲供应链公司、国有企业乙控股公司、张某、李某申请青岛市某区人民法院对（2018）诉前调字第3575号调解协议进行司法确认。同日，青岛市某区人民法院作出（2018）民特918号民事裁定，认为申请人达成的调解协议，符合司法确认调解协议的法定条件。依照《中华人民共和国民事诉讼法》第一百九十五条规定，裁定：申请人青岛某贸易公司与甲供应链公司、国有企业乙控股公司、张某、李某于2018年9月3日经青岛市某区人民法院委托调解中心主持调解达成的（2018）诉前调字第3575号调解协议有效。当事人应当按照调解协议的约定自觉履行义务。一方当事人拒绝履行或者未全部履行的，对方当事人可以向人民法院申请强制执行。涉案民事裁定发生法律效力后，甲供应链公司仍未按照调解协议的约定履行义务，青岛某贸易公司向青岛市某区人民法院申请强制执行。2019年3月5日，青岛市某区人民法院作出（2019）执736号失信决定书，决定将甲供应链公司、国有企业乙控股公司列入失信人名单，失信期限2年。

国有企业乙控股公司发现其被列入失信人名单、公司账户被查封等情况后启动公司内部调查，发现甲供应链公司的实际控制人孙某私刻国有企业乙控股公司公章并伪造劳动合同、委托书等材料，以国有企业乙控股公司的名义参与（2018）民特918号案件。随后，国有企业乙控股公司向公安机关报案。2019年4月4日，北京市公安局某分局决定对国有企业乙控股公司公章被伪造立案侦查。2019年5月9日，北京市公安局某分局委托青岛某科司法鉴定所对（2018）民特918号卷宗材料中的法定代表人身份证明书、授权委托书、营业执照、保证函、劳动合同（末页落款处章和骑缝章）中加盖的"国有企业乙控股公司"印文与提供的样本"国有企业乙控股公司"印文是否为同一枚印章盖印进行鉴定。2019年5月22日，青岛某科司法鉴定所出具〔2019〕文痕鉴字第79号司法鉴定意见书，认为法定代表人身份证明书、授权委托书、营业执照、保证函印文与提供的样本同名印文不是同一枚印章盖印形成，倾向认为劳动合同印文与提供的样本同名印文不是同一枚印章盖印形成。2019年6月11日，国有企业乙控股公司向青岛市公安局某分局派出所报案，请求公安机关依法对孙某的虚假诉讼行为立案侦查。2019年6月12日，青岛市公安局某分局决定对孙某涉嫌虚假诉讼罪立案侦查。

【检察机关履职情况】

线索发现 2019年7月，青岛市某区人民检察院到公安机关走访调研中发现本案虚假诉讼线索。公安机关遂将本案线索移交检察机关审查。青岛市某区人民检察院依职权启动监督程序，针对本案召开检察官联席会议并成立办案组，对案件线索深入分析研判、制定调查方案。

调查核实 办案组调取青岛市某区人民法院诉前调解卷宗和确认调解协议案件卷宗，结合北京市公安局某分局委托青岛某科司法鉴定所出具的鉴定意见，制定了翔实的调查核实方案。先赴北京市公安局某分局调取了孙某的讯问笔录、公安机关立案材料等，完善本案涉及的法定代表人身份证明书、授权委托书、营业执照、保证函等材料所盖印章均系伪造的相关证据。同时，到国有企业乙控股公司调取了孙某的情况自述、孙某移交私刻公章的交接清单等证据材料，并从银行调取青岛某贸易公司银行交易明细及案发时间段的资金流向等，上述证据形成完整的证据链。

监督意见 2019年7月25日，青岛市某区人民检察院发出检民（行）违监〔2019〕27号检察建议书，指出青岛市某区人民法院（2018）民特918号民事裁定存在确认的调解协议侵害他人合法权益、违反自愿原则等情形。根据查明的案件事实，孙某伪造国有企业乙控股公司公章后制作了联络函、保证函等，造成国有企业乙控股公司为甲供应链公司提供连带责任保证的假象。青岛某贸易公司起诉后，孙某又伪造其与国有企业乙控股公司的劳动合同、国有企业乙控股公司的授权委托书等参与诉讼，并作为国有企业乙控股公司的委托代理人与青岛某贸易公司达成调解协议。孙某伪造国有企业乙控股公司公章并参与诉讼的过程，国有企业乙控股公司不知情，更未授权孙某在诉讼中达成调解协议同意为甲供应链公司承担连带清偿责任，明显违背国有企业乙控股公司真实意思表示，违反自愿原则。同时，涉案调解协议约定国有企业乙控股公司为甲供应链公司承担连带清偿责任，致使产生国有企业乙控股公司成为案件被告、被执行人被列入失信名单、公司账户被查封等系列后果，严重侵害了国有企业乙控股公司的合法权益，建议法院依法撤销涉案民事裁定。

监督结果 2019年9月10日，青岛市某区人民法院作出（2019）民特监1号民事裁定，确认国有企业乙控股公司、青岛某贸易公司、甲供应链公司、张某、李某于2018年9月3日达成的调解协议，系孙某伪造国有企业乙控股公司的公章代理国有企业乙控股公司达成的调解协议，不是国有企业乙控股公司的真实意思表示，该调解协议不符合法律规定，遂裁定撤销（2018）民特918号民事裁定。

【典型意义】

（1）虚假诉讼监督是检察机关主动优化营商环境、服务经济社会健康发展的有效方式。党的十八届四中全会提出，要加大对虚假诉讼、恶意诉讼、无理缠诉行为的惩治力度。对虚假诉讼的检察监督，充分彰显了以人民为中心的发展思想，在维护国家利益、社会公共利益和他人合法权益的同时，有利于平等保护各类市场主体，营造法治化营商环境，服务经济社会高质量发展。本案中，通过检察监督为受害国有企业避免损失近500万元，使其被查封的账户获得解封，并从失信人名单中撤出，企业的经营运转得以恢复正常。通过虚假诉讼检察监督，不仅维护了国有企业的合法权益，也使诚信、公平等民法基本原则得以贯彻落实，进一步弘扬了社会主义核心价值观，促进各类企业依法、公平、良性竞争，推动经济社会健康发展。

（2）通过申请司法确认调解协议骗取民事裁定成为虚假诉讼的一种表现形式，应当加强检察监督。确认调解协议案件作为民事诉讼法规定的特别程序的一种类型，旨在使当事人高效便捷地通过司法确认程序取得民事裁定，解决民事纠纷。确认调解协议案件程序作为一种非讼性的审查程序，当事人之间的对抗和辩论不足，法官对调解协议相关内容的审查更多停留在形式性审查层面。个别当事人利用确认调解协议案件程序重形式审查、轻实体审查的特点，以伪造证据的方式参与诉前调解并达成调解协议，严重侵害了国家利益、社会公共利益和其他当事人合法权益。本案中，孙某伪造国有企业乙控股公司印章后制作联络函、保证函等材料，又伪造国有企业乙控股公司的授权委托书参与诉讼，并作为国有企业乙控股公司的委托代理人与青岛某贸易公司达成调解协议，后对调解协议申请司法确认，构成虚假诉讼。由于人民法院在作出民事裁定时仅对当事人提供的调解协议，双方当事人的身份、住所、联系地等相关内容进行形式审查和有限的实体审查，因此，通过申请司法确认调解协议骗取民事裁定的虚假诉讼案件通常具有相当的隐蔽性，检察机关应当加强对此类案件的监督。

（3）办理申请司法确认调解协议的虚假诉讼案件，要重点围绕调解协议是否违反自愿原则等方面进行审查。检察机关在对人民法院司法确认调解协议案件进行监督时，应重点审查调解协议是否违反自愿原则，损害国家利益、社会公共利益、他人合法权益，违反法律强制性规定，违背公序良俗等方面。违反自愿原则的情形主要体现在违背当事人真实意思表示的情况下签订调解协议、强迫当事人签订调解协议、调解协议显失公正等。司法实践中常见的是违反自愿原则情形，对查实为虚假诉讼的，应建议人民法院撤销确认调解协议效力的民事裁定。本案办理过程中，检察机关调取了公安机关立案材料、孙某讯问笔录、司法鉴定意见书等材料，完善本案涉及的法定代表人身份证明书、授权委托书、营业执照、保证函等材料所盖印章均系伪造的相关证据。同时，通过调取孙某的情况自述、孙某移交私刻公章的交接清单、青岛某贸易公司银行交易明细及案发时间段的资金流向等材料，形成完整的证据链，均指向孙某伪造证据参与调解、申请司法确认调解协议骗取民事裁定的行为。

（4）检察机关发现申请司法确认调解协议案件存在虚假诉讼的，应依法采取检察建议的方式进行监督。根据《中华人民共和国民事诉讼法》《最高人民法院关于适用〈中华人民共和国民事诉讼法〉的解释》的相关规定，当事人申请司法确认调解协议，人民法院应当裁定驳回申请的法定情形包括：违反法律强制性规定的，损害国家利益、社会公共利益、他人合法权益的，违背公序良俗的，违反自愿原则的，内容不明确的，其他不能进行司法确认的情形等。根据《人民检察院民事诉讼监督规则（试行）》相关规定，对于人民法院通过特别程序所作民事裁定确有错误但不适用再审程序纠正的，同级人民检察院应当依法提出检察建议。检察机关在办理虚假诉讼案件中，发现司法确认调解协议案件属于裁定驳回申请情形的，应当发出检察建议，监督法院依法纠正。本案中，青岛市某区人民法院收到检察建议后，经审查认为，案涉调解协议不是国有企业乙控股公司的真实意思表示，该调解协议不符合法律规定，遂裁定撤销原民事裁定。

【相关规定】

《中华人民共和国民事诉讼法》第一百九十四条、第一百九十五条

《最高人民法院关于适用〈中华人民共和国民事诉讼法〉的解释》第三百五十八条、第三百六十条

《人民检察院民事诉讼监督规则（试行）》第九十九条

案例二　山东甲双孢菇股份有限公司等关联公司之间恶意串通伪造证据虚假诉讼监督案

【关键词】

关联公司　伪造证据　虚假诉讼　再审检察建议

【要旨】

关联公司之间恶意串通，伪造证据、虚构事实提起诉讼，通过财产保全、骗取法院生效判决等方式，逃废债务，侵害他人合法权益，损害司法秩序和司法权威，构成虚假诉讼。检察机关对此类虚假诉讼应当强化调查核实能力，查明违法事实，监督纠正错误裁判，维护司法秩序和社会诚信。

【基本案情】

关于举报人汤某群与山东甲双孢菇股份有限公司（以下简称甲公司）的民间借贷纠纷，某县级市人民法院于2017年5月31日作出（2017）民初字第1762号判决，判决甲公司向汤某群偿还本息合计412.8万元，同年11月27日二审法院予以维持。

2018年2月1日，某县级市乙现代农业科技有限公司（以下简称乙公司）起诉甲公司，请求某县级市人民法院判令甲公司偿还其经营借款802万元，并提供了甲公司出具的20笔借款的借条及银行转账单。诉讼中，经乙公司申请，某县级市人民法院冻结、查封了甲公司的银行账户、土地使用权及地上菇房等资产。

某县级市人民法院于2018年3月19日作出（2018）民初1122号判决，认为双方形成借贷合同关系，甲公司欠乙公司借款，事实清楚，证据充分，应予偿还，判决甲公司偿还乙公司借款本金802万元并支付资金占用期间的利息（以802万元为基数，按年利率6%为标准，自2018年1月21日起计算至借款付清之日止）。判决作出后双方均未提出上诉。

【检察机关履职情况】

线索发现　2019年11月27日，汤某群向某县级市人民检察院举报，认为（2018）

民初1122号民事案件为虚假诉讼，称由于某县级市人民法院对该判决予以强制执行，其对甲公司412.8万元的债权无法实现。

调查核实　某县级市人民检察院调取查阅本案原审卷宗后，发现涉案802万元借款的20笔借条中，有3笔借条所书借款转入账户与银行转账电子回单中的转入账户明显不一致，且甲公司对该3笔192万元借款未提出任何异议，明显不合常理。经办案人员实地查看以及对甲、乙两公司银行账户信息、营业执照及公司人员进行调查发现，上述两家公司实际位于同一生产经营场所，厂房门口左右两侧分别标示两家公司的名称。乙公司成立后，并没有自己独立的经营地点和设备，而是继续沿用甲公司的厂房和设备。乙公司成立时的具体经办人张某系甲公司财务人员，后同时兼任甲、乙两公司的会计。乙公司财务总监邢某飞的医疗保险参保资料载明，邢某飞工作单位为乙公司，但2016—2017年度企业养老保险缴纳单位为甲公司。此外，两家公司的银行账户显示，2017年至2018年之间，不仅有乙公司在原审诉称的借给甲公司的802万元，还有甲公司转给乙公司的两笔款项共计1260万元，且两公司之间经常发生无对价的资金流动。

监督意见　通过大量的调查核实工作查明，乙公司与甲公司之间存在企业资产、管理人员不分，组织机构混同、财产混同、业务混同的情形，两公司明显系关联公司。原审中两公司利用关联公司的便利条件，恶意串通，通过伪造借贷关系提起虚假诉讼，侵害了第三人汤某群的利益，损害了国家利益和社会公共利益。经检察委员会讨论决定，某县级市人民检察院于2019年12月2日向某县级市人民法院提出再审检察建议，同时将相关人员涉嫌犯罪的线索移送公安机关。公安机关立案后，于2020年7月21日对甲公司董事长黄某一、总经理黄某二，乙公司董事长黄某三刑事拘留，后取保候审，目前案件正在侦查过程中。

监督结果　某县级市人民法院于2020年2月10日作出（2019）民再21号再审判决，认为：甲公司与乙公司存在企业资金、管理人员不分，组织机构混同、财产混同、业务混同的情形。在2017年11月27日某市中级人民法院终审确认甲公司拖欠举报人汤某群个人借款本息412.8万元之后，2018年2月1日，乙公司起诉甲公司欠款802万元。诉讼中，乙公司申请法院冻结、查封了甲公司的资产，致使举报人汤某群的债权实现出现困难。两家公司表面上是原来甲公司的债务通过乙公司拨付资金进行清偿，实际上却是甲公司的正常经营活动被乙公司所取代。甲公司决议成立乙公司的目的就是规避甲公司企业债务，摆脱经营困境，实现"脱壳经营"。两公司之间的诉讼系规避甲公司原债务，构成虚假诉讼。判决：撤销（2018）民初1122号民事判决，驳回乙公司对甲公司的诉讼请求。乙公司不服提起上诉，2020年6月18日，某市中级人民法院二审维持原判。

【典型意义】

（1）关联公司之间利用法人独立人格恶意串通，为逃废债务，伪造证据、捏造法律关系提起的虚假诉讼，系当前越发严重的一种新型虚假诉讼表现形式，不仅侵害他人合法权益，损害司法权威，还严重扰乱正常市场经济秩序和营商环境，检察机关应当加强对此类案件的监督。虚假诉讼通常隐藏在"合法"诉讼救济的外衣之下，认定过程非常艰难。检察机关作为国家法律监督机关，对于利用司法"公器"谋取私利的行为，应当加强法律监督，充分运用法律赋予的调查核实权，同时加强与其他司法机关的协调和配合，形成办案合力，通过犯罪线索移送、提出抗诉或再审检察建议等方式予以监督，从而达到纠正错误裁判、依法惩戒有关违法行为人、维护正常的市场经济秩序和营商环境之目的。

（2）加强协作配合是开展调查核实的重要途径。关联公司之间利用合法外衣作掩护，作案手法隐秘，仅从诉讼活动表面难以甄别，这就要求检察人员在履职过程中充分行使调查核实权，精准收集证据。在办理该案过程中，检察官通过走访现场，发现经营厂房大门东西两边分别标示两公司的厂名，两公司前后使用同一厂房和设备；值班室墙上显示乙公司的业务员为丁某光，同时任甲公司的财务人员。在调取两公司营业执照时，发现两公司业务范围相同。结合甲公司庭审时对3笔192万元借款无任何异议不合常理的做法，检察官联席会议认为，两公司高度疑似关联关系、脱壳经营，但尚缺少两公司人格混同的证据。如何去伪存真，揭开两公司人格混同的"面纱"？检察官联席会议决定在公安机关已对虚假诉讼立案的基础上，联合公安机关调取两公司及其财务人员银行账户流水清单，由公安机关依法询问虚假诉讼案件证人张某、丁某光，不仅收集到了关键的证人证言，而且取得了大量的客观证据，锁定了两公司使用同一财务人员，两公司经常发生无对价的资金流动，进而否定两公司具有独立公司企业法人人格，充分还原了案件事实。

（3）查明人格混同是认定关联公司"脱壳经营"的关键环节。检察机关应根据《最高人民法院关于审理民间借贷案件适用法律若干问题的规定》第十九条列举的十种情形，综合判断是否属于虚假民事诉讼，不仅要审查债权凭证，还要严格审查借贷发生的原因、时间、地点、款项来源、交付方式、款项流向以及借贷双方的关系、经济状况等事实。在本案办理过程中，两公司间的关系既有民事上独立的责任区分，又客观存在着各种错综复杂的联系，认定两公司系关联公司存在较大难度。检察机关通过收集梳理财务、人员、经营业务等多方面混同的证据，最终认定甲公司另行组建乙公司，是一种典型的滥用法人人格逃避公司债务的行为，可以认定当事人进行"脱壳经营"，严重破坏了市场经济交往中的诚信原则。同时，关联公司"脱壳经营"的认定，也为虚假诉讼的认定打下了坚实基础。

【相关规定】

《中华人民共和国民法总则》第一百五十四条

《中华人民共和国民事诉讼法》第一百一十二条、第二百条、第二百零八条

《最高人民法院关于审理民间借贷案件适用法律若干问题的规定》第十九条

案例三 宫某燕、张某江与乔某科、张某玲、某市A养殖有限公司民间借贷虚假诉讼监督案

【关键词】

民间借贷　虚假诉讼　再审检察建议　跟进监督

【要旨】

民间借贷纠纷案件是虚假诉讼的高发地带。债务人通过诉讼的形式企图达到转移财产、逃避债务的目的，不仅侵害了他人的合法权益，还扰乱了正常的司法秩序，损害了司法权威和司法公信力。检察机关对虚假诉讼实施法律监督，应当注重充分发挥一体化办案优势，综合运用调查核实、犯罪线索移送、再审检察建议等方式；人民法院对再审检察建议不予采纳的案件，检察机关应当及时启动跟进监督，依法用抗诉手段增强监督刚性。系列监督措施的组合运用，是检察机关加强精准监督、做优做强监督主业、构筑诚信社会的有力举措。

【基本案情】

2017年7月26日，宫某燕、张某江等5人分别向某市A区人民法院提起诉讼，请求判令乔某科和张某玲夫妇、某市A养殖有限公司（第三人，以下简称A公司）偿还借款，并申请对乔某科、张某玲、A公司名下相应的财产进行保全。同年7月31日，某市A区人民法院作出（2017）民初1491—1495号民事裁定书，查封了乔某科、张某玲、A公司名下的房产及346头奶牛。8月9日，A区人民法院组织进行庭前调解，并主持当事人达成调解协议，制作了（2017）民初1491—1495号民事调解书。其中，1494号（宫某燕案）、1495号（张某江案）民事调解书主要内容是乔某科、张某玲、A公司分别偿还宫某燕、张某江借款1175130元、102万元。

【检察机关履职情况】

线索发现　2019年1月，某市B区人民检察院向市人民检察院提供案件线索，B区人民法院有十几起被执行人为乔某科、张某玲、A公司的案件因A区人民法院的另案查封而不能执行，而A区人民法院审理案件的三方当事人住所地均为B区。市人民检察院通过研判，认为案件可能涉嫌虚假诉讼，遂指令A区人民检察院依职权启动监督程序。

调查核实　一是调阅A区人民法院审理5个相关案件诉讼卷宗，发现5起案件均为民间借贷纠纷，均约定A区人民法院管辖，5名原告均由同一个律师代理，诉讼过程中双方没有对抗，当庭即达成调解合意，调解当日即达成以物抵债协议。其中，张某江案除了借据外没有其他付款凭证，且借据落款时间与内容有明显不符合常理之处。上

述诉讼异常,具备了虚假诉讼的表象特征。二是调取涉案人员的户籍登记、涉案企业的工商登记,并进行实地走访调查,查明A公司是乔某科为一人股东的有限公司;5名原告均与乔某科、张某玲有亲属或其他密切关系,其中,宫某燕为A公司监事,张某江为张某玲之兄。当事人之间的特殊关系,具备了虚假诉讼的主体特征。三是调取涉案人员、公司不动产轮候查封资料及涉及的其他案件执行卷宗资料,查明自2017年下半年开始,乔某科、张某玲、A公司先后在B区被多位债权人起诉,明显资不抵债。上述5起案件的查封在其他案件查封之前,有对抗其他债权人执行的企图及进行虚假诉讼的动机。四是调取涉案人员、企业的银行资金来源、去向资料,发现宫某燕起诉提供的民生银行账户有诸多疑点:第一,款项进出多为购买饲料等与养殖有关的往来;第二,2016年9月28日由乔某科账户转入100万元,系乔某科在泰安银行的贷款;第三,2017年7月26日支付A区人民法院9万余元,系上述5起案件的诉讼费;第四,该账户与乔某科、张某玲的其他账户有多笔款项往来,且转入乔某科、张某玲账户的金额明显小于乔某科、张某玲账户转入该账户的金额。由此可以推定,宫某燕的该民生银行账户应系乔某科、张某玲实际使用,主要用于公司经营,宫某燕以该民生银行账户与乔某科、张某玲账户的往来作为起诉依据极有可能是虚假的。

移送线索 A区人民检察院通过对以上证据的分析研判,认为当事人可能涉嫌虚假诉讼犯罪,遂将案件线索移送市公安局A区分局。经公安机关立案侦查,取得了乔某科、张某玲、宫某燕、张某江等进行虚假诉讼的言辞证据和其他证据。

查明事实 A公司主要从事奶牛养殖,由乔某科、张某玲实际控制。2017年六七月份,A公司开始陷入债务危机。因担心被其他债权人起诉、查封财产,乔某科主动找到与其关系密切的宫某燕、张某江等5人,商议由乔某科聘请律师、支付诉讼费,该5人通过约定管辖的方式,同时到A区人民法院起诉乔某科、张某玲、A公司,以保住乔某科、张某玲、A公司的资产。在A区人民法院民事调解书作出的当日,乔某科、张某玲、A公司与张某江、宫某燕等5人签订协议,内容为:乔某科、张某玲、A公司名下的奶牛346头、牛场牛舍2个、挤奶厅1个、仓库1个、搅拌车1辆(共计461.83万元)抵顶给张某江、宫某燕等5人,具体由以上5人自行分配。诉讼结束后,乔某科向5名原告的代理人支付了诉讼代理费。之后,以上资产仍由乔某科、张某玲实际控制、经营、收益。乔某科、张某玲和A公司的十余个其他债权人陆续在B区人民法院及其他人民法院起诉并胜诉,申请法院强制执行时,因无财产可供执行而被B区人民法院裁定终结本次执行,涉案金额300余万元。

(1)宫某燕案。宫某燕在A公司从事采购等工作。2013—2014年,乔某科请宫某燕帮忙联系借款,后经宫某燕介绍,乔某科、张某玲先后从向某处借款20万元,从宫某明处借款28万元(包括6万元工资),从谭某玲处借款10万元,乔某科、张某玲分别为上述3人出具了欠条。2016年下半年，经宫某燕介绍，郧某冰先后5次通过宫某燕向乔某科、张某玲提供借款57.5万元，其中10万元由郧某冰的父亲郧某永提供，该10万元由宫某燕个人向郧某永出具了借据，余下的47.5万元系郧某冰在重庆商业银行或小贷公司的贷款，乔某科、张某玲、宫某燕没有给郧某冰提供借据。乔某科、张某玲一直按月通过宫某燕向郧某冰支付借款本息、向郧某永支付借款利息。起诉前，乔某科、张某玲参照上述借款数额伪造了一份借据，内容为："因公司资金困难，现以公司名义向宫某燕借款。如到期不还，公司同意出借人查封其公司名下相关财产。截止到2017年2月20日的借款清单共计997000.00元，如后续增加借款，公司同意按照同等利息年利率5%向出借人还款。如协议产生纠纷协商解决，协商不成由某市A区法院管辖。"为能顺利诉讼，宫某燕将其用于A公司经营的民生银行卡上与乔某科、张某玲的部分资金往来进行整理汇总，并提交法院作为其支付借款的证据。

（2）张某江案。乔某科、张某玲、张某江称，张某江在A公司工作，乔某科、张某江口头约定每月工资5000元。为公司经营，张某江多次提供资金给乔某科，具体方式为张某江出钱买奶牛，张某江把奶牛租赁给乔某科进行养殖，乔某科按每头牛每年2000元支付租金，到期归还买牛本金，牛归乔某科所有。关于张某江提供的款项具体时间、方式、每次数额、总额及用以购买奶牛的数量，乔某科、张某玲及张某江的多次陈述不一致，但均认可总额不足50万元且乔某科从未支付工资、租金或归还本金给张某江。除乔某科、张某玲、张某江的陈述及张某玲笔记本的零星记载外，并无其他证据能够佐证张某江与乔某科、张某玲、A公司之间法律关系的性质及具体情况。为顺利提起诉讼，乔某科、张某玲为张某江出具借条，内容为："2014年4月10日、2015年6月3日、2015年9月10日，分三次从张某江处拿三张支票共取金额为50万元，约定利息为年利率20%。我夫妻二人公司同意将每月5000元，自2014年4月10日起支付张某江39个月的红利，共计195000元，作为公司给予合作人的特别贡献奖。如产生纠纷同意某市A区法院管辖。"张某江、乔某科、张某玲均认可该借条是为起诉写的，内容与事实不符。上述借条是张某江起诉的唯一书证。

监督意见 A区人民检察院向A区人民法院发出两份再审检察建议，认为：（2017）民初1494号调解书系宫某燕与乔某科、张某玲伪造证据、虚构借贷关系、捏造借贷事实和借贷纠纷而进行的虚假诉讼；（2017）民初1495号民事调解书系张某江与乔某科、张某玲虚增借款数额、虚构借款关系、伪造借款证据而进行的虚假诉讼。两案当事人恶意串通，妨害了司法秩序，损害了司法公正和司法尊严，损害了国家利益，应当依法予以撤销。

监督结果 对于宫某燕案，A区人民法院作出（2019）民监3号民事裁定书裁定再审，中止原调解书的执行，并于2019年11月8日作出（2019）民再3号民事判决书，认为：乔某科、张某玲、A公司为逃避执行，与宫某燕伪造借条，通过诉讼骗取法院民事调解书，系虚假诉讼行为，宫某燕的诉讼请求应予驳回。宫某燕、乔某科、张某玲、A公司进行虚假民间借贷诉讼，妨害了正常的诉讼秩序，应依法予以制裁。经该院审判委员会讨论决定，判决：撤销（2017）民初1494号民事调解书，驳回宫某燕的诉讼请求。同日，该院作出了（2019）司惩2号决定书，决定对宫某燕、张某玲各罚款2万元，对乔某科罚款5万元，对A公司罚款20万元。乔某科、张某玲、A公司不服，向市中级人民法院申请复议，2020年1月14日，市中级人民法院作出（2020）司惩复2号复议决定书，决定驳回复议申请，维持原决定。

对于张某江案，A区人民法院作出（2019）民监4号民事决定书，认为（2017）民初1495号民事调解书确认借款本金50万元、按年利率20%支付利息、欠付工资19.5万元属实，决定不予采纳检察建议。A区人民检察院提请市人民检察院跟进监督。市人民检察院经审查认为该案构成虚假诉讼，理由如下：第一，A区人民法院对张某江据以起诉的借条中明显不符合常理之处并未进一步审查查明案件事实即出具了调解书，违反了《中华人民共和国民事诉讼法》第九十三条关于人民法院审理民事案件应当"在事实清楚的基础上分清是非，进行调解"的规定。第二，从现有证据来看，乔某科、张某玲、张某江均称双方之间系签订的奶牛租赁协议，而诉讼时编造为借贷法律关系。张某江据以提起本案诉讼的借条系在起诉前伪造，借条中载明的借款时间系虚构，张某江主张借款为50万元，但除双方当事人陈述及张某玲笔记本的零星记载外，没有其他有效证据佐证上述款项是否真实支付。即便双方存在真实的资金往来，关于款项性质、支付时间、次数、每笔数额亦不确定；乔某科、张某玲、张某江均陈述款项总额不足50万元，但具体数额没有一致的陈述，即诉讼时虚增了本金和利息。第三，张某江诉称的19.5万元红利，双方均陈述是张某江为乔某科工作期间的工资，系为了规避劳动仲裁程序，虚构为公司红利，亦属变造法律关系。且除双方陈述外，亦无其他证据证明双方存在劳动关系或具体欠付工资数额。第四，本案诉讼前，乔某科为张某江等原告聘请诉讼代理人，诉讼中，对张某江所称与事实不符的诉讼请求均表示认可并当庭达成调解；双方于调解当日签订协议，将人民法院尚在保全的财产进行处置；诉讼后A公司的财产继续由乔某科、张某玲实际控制、经营、收益，乔某科为张某江等原告支付诉讼代理费。根据以上行为可以认定，本案诉讼系张某江配合乔某科、张某玲利用人民法院的裁判以达到逃避履行其他债务且继续实际控制、经营、管理A公司的目的而有意为之。2019年12月6日，市人民检察院向市中级人民法院提出抗诉。2019年12月30日，市中级人民法院作出（2019）民抗3号民事裁定书，提审本案。2020年5月19日，该院作出（2020）民再6号民事判决，认为涉案当事人涉嫌恶意串通，虚构欠款事实，并借用合法的民事程序进行虚假诉讼，侵害了案外人的合法权益。因此，原审民事调解书违反合法原则，应予撤销。判决：撤销A区人民法院（2017）民初1495号民事调解书，驳回张某江的诉讼请求。2020年8月11日，市中级人民法院作出（2020）民再6号决定书，决定对张某江罚款5000元。

【典型意义】

由于虚假诉讼具有手段隐蔽、方式多样的特点，发现虚假诉讼、实现案件突破、还原案件事实是监督过程中面临的难点。充分运用法律赋予检察机关的调查核实权，实行多维度、一体化的审查，并将虚假诉讼案件线索移送公安机关，最终实现案件突破，是本案办理的成功之处。此外，对于人民法院不采纳检察建议的案件进一步分析研判，由上级检察机关依法跟进监督，并取得人民法院改判的良好效果，增强了检察机关监督刚性，是本案的又一亮点。

（1）以查明案件事实为导向，实行多维度的审查。一是时间维度。虚假诉讼案件往往不是孤立发生的，其发生前后可能会牵涉多起诉讼，因此，进行调查时，要充分借助裁判文书检索系统，查明虚假诉讼案件发生前后一段时间内涉及双方当事人的诉讼情况，从而有利于厘清案件发生的前因后果，从中可能会发现突破案件的线索。二是空间维度。通谋型虚假诉讼，当事人往往会利用诉讼规则，规避管辖。因此，应当调查是否因有关联诉讼而规避管辖。本案所有当事人住所地均在某市B区，却约定A区人民法院管辖，目的就是规避存在大量诉讼的某市B区人民法院管辖。三是证据维度。恶意串通、伪造证据是通谋型虚假诉讼的特点，检察机关调查时应尽量取得足以推翻原判决的书证，除此之外，有些案件当事人的陈述对定案更具决定意义。通过分析本案公安机关制作的乔某科、张某玲、宫某燕、张某江等人笔录部分还原了案件事实，也发现了当事人笔录中的矛盾之处，从而成为案件改判的关键。四是诉讼过程维度。将诉前或诉中是否申请财产保全，诉后是否申请强制执行、是否以物抵债、被告财产流向等情况结合起来进行分析。本案乔某科、宫某燕在取得法院的调解书后迅速达成以物抵债协议，达到了转移资产、逃避债务、继续控制公司财务的目的。

（2）以民事检察部门为主导，实行一体化审查。在多维度的审查过程中，民事检察部门一家往往力不从心，特别是基层民事检察部门更是力量薄弱，在查办虚假诉讼案件时，构建以民事检察部门为主导的一体化审查机制势在必行。一是内部纵向，由市人民检察院民事检察部门牵头成立办案组，由主任检察官统一指挥、调度案卷审查、调查核实情况，定期汇总研判案件进展，上下两级院民事检察部门的联动和配合，大大提高了工作效率。二是内部横向，对经调查核实、分析研判，有重大虚假诉讼罪嫌疑的案件，民事检察部门与刑事检察部门联合，将涉嫌犯罪的线索由刑事检察部门移交公安机关，并监督立案。三是外部合作，与公安机关加强联系，信息共享，引导公安机关调查取证，最终当事人如实陈述了实施虚假诉讼行为的过程和细节，实现了案件的突破。

（3）以法律统一正确实施为目标，及时跟进监督。跟进监督与初次监督相比，责任更重、要求更严。对跟进监督案件更应深刻把握"精准监督"理念，更加严格审慎处理，否则既不利于检察机关监督权的行使，又浪费司法资源。对张某江案，在某市A区人民法院不予采纳再审检察建议后，先是由提出再审检察建议的基层检察院就宫某燕与张某江两案的不同监督结果进行分析研判，比较两案的异同，分析法院不采纳的原因，确定张某江案是否属于确有错误而不予纠正的情形。之后，市人民检察院对A区人民法院同时审理的5起案件的证据进行比较分析，对张某江案的证据进行严格审查和把关，对当事人的诉讼行为性质进行深入探讨和论证，对下级法院的意见进行详细全面审查，并补充了相关证据，在抗诉书中增加了论证和说理。最后，对跟进监督提出抗诉的案件及时跟进，积极与人民法院阐明、探讨检察机关的观点，最终获得再审法院对抗诉观点的支持，改判驳回原告的诉讼请求。

【相关规定】

《中华人民共和国民事诉讼法》第十四条、第九十三条、第一百一十一条、第一百一十二条、第一百一十五条、第一百一十六条、第二百条、第二百零八条、第二百一十条

《人民检察院民事诉讼监督规则（试行）》第一百一十七条

案例四　张某岭与常州市A园林工程有限公司买卖合同纠纷虚假诉讼监督案

【关键词】

恶意串通　调查核实　检察长列席审委会　双方惩戒　深层次违法行为监督

【要旨】

当事人恶意串通，伪造证据、捏造事实进行诉讼，骗取人民法院民事判决书或者民事调解书，侵害他人合法权益，损害司法秩序和司法权威，构成虚假诉讼。人民检察院应当依法监督，与纪检监察机关、公安机关、审判机关形成合力，共同严厉打击虚假诉讼，维护司法秩序。同时，人民检察院应当充分利用检察长列席审委会的方式，依法发表监督意见，树立检察监督权威。

【基本案情】

2013年7月，尹某福自张某岭等多名出借人处借款。2013年8月20日，尹某福挂靠于常州市A园林工程有限公司（以下简称A公司），利用A公司的建设施工资质与某县甲镇人民政府签订《建设工程施工合同》，由尹某福具体承建某县甲镇园林绿化工程。尹某福所欠张某岭借款到期后，张某岭多次催要欠款无果。2015年12月，为规避其他债权人、使自己的债权获得优先清偿，张某岭与尹某福共谋，虚构张某岭向A公

司提供建筑材料、用于修建甲镇园林绿化工程的事实，伪造买卖合同和出料单等，并于2015年12月16日，由张某岭以买卖合同纠纷为由向县人民法院起诉A公司和第三人甲镇人民政府，要求A公司偿还建筑材料款2870104元及利息。县人民法院受理后，适用简易程序审理。诉讼中，A公司与张某岭达成协议，约定A公司偿还张某岭建筑材料款2870104元及利息574208元，并同意用A公司在甲镇人民政府享有的到期债权进行偿还。2015年12月28日，县人民法院作出（2015）商初字第1819号民事调解书，对此予以确认。2017年6月至2018年1月，甲镇人民政府分五次将A公司在其处的债权支付给张某岭，共计3444312元。

【检察机关履职情况】

线索发现 因尹某福与张某岭产生纠纷，2019年11月，尹某福向检察机关举报，称张某岭涉嫌黑恶势力犯罪，并通过捏造事实、伪造证据等手段，签订虚假买卖合同，骗取人民法院民事调解书，给其他债权人造成重大损失。检察机关经初步梳理案件线索，认为本案存在虚假诉讼的可能性，遂依职权启动监督程序。

调查核实 根据案件线索，县人民检察院依法调取了张某岭与A公司、甲镇人民政府买卖合同纠纷一案的卷宗，并对主审法官进行了调查。经调查核实发现：一是张某岭与A公司之间在诉讼过程中不存在实质性抗辩。本案涉及建筑材料买卖且标的额达300余万元，根据司法实践，这类案件交易数额往往存在较大争议，庭审过程对抗激烈。但是本案中，原、被告双方对另一方提出的主张均予以认可，无实质性抗辩，从立案到以调解方式结案不到15天时间，双方快速达成调解协议，有悖常理。二是张某岭是该县某小额信贷公司员工，自身存在多起民间借贷诉讼，并无从事建筑材料工作的经历。三是通过关联检索在本案之前尹某福作为被告的民间借贷纠纷案件，发现其尚欠其他债权人70余万元，目前均未得到有效执行。检察机关认为，本案涉嫌虚假诉讼，遂及时与公安机关对接，由民事检察部门和刑事检察部门组成联合办案组，将调查核实中发现的线索向公安机关移送，提前介入引导侦查。经公安机关立案侦查，张某岭与尹某福均承认双方并不存在真实的建筑材料买卖关系，本案中的买卖合同、进料单、欠条等均系双方伪造，但因双方之间确实存在真实的债权债务关系，公安机关审查后认为二人的行为不构成犯罪，遂予以终结。检察机关在调查时还发现，本案人民法院原审卷宗中能够证明双方买卖关系和债权债务关系的证据缺失。

监督意见 2019年11月25日，检察机关在查明相关案件事实的基础上，向该县人民法院发出再审检察建议，认为本案当事人恶意串通，伪造证据、捏造债权债务关系，骗取法院的民事调解书，构成虚假诉讼，不仅严重干扰了司法秩序、损害了司法权威、浪费了司法资源，还损害了他人的合法权益、侵害了国家利益和社会公共利益。该县人民法院于2019年11月28日裁定对本案进行再审。再审期间，2020年4月16

日，检察长列席法院审委会。再审法官在向审委会汇报案件时，就本案是否构成虚假诉讼及是否对双方当事人进行司法惩戒提出不同意见。针对此问题，列席法院审委会的检察长结合本案调查核实及处理情况发表意见，认为张某岭与尹某福串通后又作为原告提起诉讼，A公司明知此为捏造的买卖关系而予以配合、纵容，属于双方恶意串通，妨害司法秩序，严重侵害其他债权人合法权益，构成虚假诉讼，应对双方当事人进行司法惩戒。同时，县人民检察院依法向县纪委监委移交了案件调查报告，建议对办案法官存在的违纪问题进行调查。

监督结果 县人民法院审委会全部采纳了检察监督意见。2020年4月26日，该县人民法院作出（2020）民再2号民事判决，撤销原调解书，驳回张某岭的诉讼请求。同时，法院依据《中华人民共和国民事诉讼法》第一百一十二条之规定，对张某岭、A公司分别罚款3万元、10万元。县纪委监委依法依纪对本案两名原审法官分别作出党内严重警告和党内警告处分。

【**典型意义**】

（1）人民检察院办理虚假诉讼案件，应当将检察机关调查核实权和公安机关侦查权相结合，形成打击合力。一方面，检察机关要加强对案件异常现象的调查核实，充分发挥法律智慧、检察智慧，查微析疑，查明虚假诉讼的真相；另一方面，充分借助公安机关强有力的侦查手段，开展虚假诉讼调查。两者形成打击合力，有效维护了司法秩序、司法权威和其他债权人合法权益。本案中，检察机关通过调查核实，查明了案件事实中的各种有悖常理之处：一是买卖合同涉及标的额高达300余万元，但庭审过程中无实质性抗辩；二是人民法院自立案至调解结案历时不足15天，双方迅速达成和解协议；三是张某岭无从事建筑材料工作的经历。同时，检察机关将案件线索移送公安机关，并同步引导侦查，借助公安机关刑事侦查手段获取的证据，进一步查清了双方当事人共同伪造证据虚构法律关系提起民事诉讼的事实，证实了人民法院民事调解书确认的事实无合法基础，损害他人合法权益，妨害司法秩序。据此，检察机关向人民法院提出再审检察建议，督促人民法院对该案重新审理，维护案外人的合法权益，保障司法权威。

（2）人民检察院应当充分利用检察长列席审委会，依法发表监督意见，树立检察监督权威。检察机关在发出再审检察建议后，在充分尊重法官审判权的前提下，通过主动与再审法官沟通、利用检察长列席审委会等方式，及时阐述对案件事实的看法和法律适用的意见，有助于审委会委员全面充分了解案情，作出正确决定。本案中，针对再审法官"对认定虚假诉讼有异议，如果认定虚假诉讼建议仅对一方当事人作出司法惩戒"的不同意见，检察长通过对本案调查核实及处理情况发表意见，再次阐明了当事人恶意串通，妨害司法秩序，严重侵害其他债权人合法权益，明显构成虚假诉讼，应对双方当事人进行司法惩戒。最终，人民法院审委会全部采纳了检察监督意见，树立了检察监督权威。

（3）人民检察院应当依法与纪检监察机关衔接，实现深层次监督。本案中，检察机关积极开展虚假诉讼领域深层次违法行为监督专项活动，全面充分发挥法律监督职能，不断加大对虚假诉讼的监督力度，通过与纪检监察机关建立信息共享机制，将案件调查报告及时移送纪检监察机关，有助于及时惩处法官违法违纪行为，实现深层次违法行为监督，维护正常诉讼秩序和司法权威。

【相关规定】

《中华人民共和国刑法》第三百零七条之一

《中华人民共和国民事诉讼法》第一百一十二条、第二百条、第二百零八条

《最高人民法院、最高人民检察院关于办理虚假诉讼刑事案件适用法律若干问题的解释》第一条

《人民检察院民事诉讼监督规则（试行）》第七十七条

案例五　山东甲融资担保公司等与仲裁员、执行法官串通骗取虚假仲裁裁决执行监督案

【关键词】

虚假仲裁　恶意串通　执行监督　检察建议

【要旨】

当事人与仲裁员、执行法官恶意串通，伪造仲裁条款，骗取虚假仲裁裁决并申请法院强制执行，侵害其他当事人的诉讼权利，损害司法秩序，构成虚假诉讼。检察机关应加强对此类仲裁裁决非诉执行案件的监督，深入调查仲裁人员和执行人员参与的违法行为，加大对虚假诉讼的打击力度。

【基本案情】

2017年至2018年间，山东甲融资担保公司及其关联公司的一批债权已经临近或者超过诉讼时效，原合同中双方约定的争议解决方式为诉讼。为谋取非法利益，该公司负责人汪某与市中级人民法院执行局副局长兼执行一庭庭长马某、市仲裁委员会仲裁员刘某串通后，通过在合同文本中加盖印有"争议由仲裁委仲裁"字样印章的方式，伪造仲裁条款并申请仲裁。马某先后从汪某处支取"顾问费"35万元，刘某收取财物价值6000余元。

2018年6月至9月，刘某独任仲裁作出（2018）第38、42、43、56号裁决书，裁令当事人王某、蔡某等向山东甲融资担保公司等偿还代偿款合计1151823.21元。2018年11月至2019年6月间，市中级人民法院作出（2018）执208、210号和（2019）执175、176

号执行裁定书。该批案件由马某负责执行,案发时尚未执结。

现马某与刘某分别因受贿罪、枉法仲裁罪及其他职务犯罪被追究刑事责任。

【检察机关履职情况】

线索发现 2019年5月,某县人民检察院在审查监察机关移送的马某、刘某职务犯罪案件过程中,发现二人涉及多起虚假仲裁,遂将线索移交市人民检察院。市人民检察院对二人参与的案件进行全面排查,发现职务犯罪案发时马某正在执行的山东甲融资担保公司该批追偿权纠纷案存在明显异常,遂依职权启动监督程序。

调查核实 检察人员查阅了该批案件执行卷宗后,发现存在以下共性:一是合同中均加盖"争议由仲裁委仲裁"字样的印章,而合同文本中原约定争议解决方式为诉讼;二是仲裁案件的被申请人均未到庭,均缺席仲裁,庭审无对抗性;三是仲裁案件均由仲裁员刘某独任仲裁,并由执行法官马某负责执行,形成了经常性、稳定性的衔接。检察人员进一步调查发现,马某和刘某分别居住在某小区同一单元的15楼和17楼,二人交往甚密。2011年至2019年间,马某多次到山东甲融资担保公司讲课,累计收取"顾问费"35万元。据当事人供述,该系列案件均由马某策划,三方串通后实施,因直接在合同原条文上改写仲裁条款过于明显,经马某建议,由山东甲融资担保公司刻制并单方在一批合同上加盖了印有仲裁条款的印章,然后由刘某独任仲裁作出支持申请的裁决。经检察机关向部分仲裁案件中缺席的被申请人进行调查核实,进一步确认了该仲裁条款系伪造的事实。

监督意见 在查明相关事实后,为尽快纠正仲裁和执行的错误,避免造成更大损失,检察机关在马某、刘某职务犯罪案件提起公诉前,就该批虚假仲裁执行案件先行予以监督。2019年6月12日,检察机关向市仲裁委员会发出检察建议书1份,建议对相关仲裁裁决予以纠正。2019年7月至8月,市人民检察院向市中级人民法院发出检察建议书4份,建议对该4起虚假仲裁案件不予执行。

监督结果 2019年7月24日,市仲裁委员会书面回复称,已将相关仲裁文书书面申请市中级人民法院予以撤销,并以此为戒,加强对仲裁人员的管理。2019年11月27日,市中级人民法院采纳检察建议,决定对相关案件不予执行。

【典型意义】

(1)审查涉及虚假仲裁非诉执行案件,应当坚持"穿透式监督"的理念。仲裁具有一裁终局的特点,裁决一经生效,即可向人民法院申请执行。由于仲裁裁决本身缺乏有效的监督方式,检察机关在执行阶段应坚持"穿透式监督"的理念,增强对虚假仲裁的敏感性,加大对虚假仲裁的审查和监督力度。在本案中,当事人通过在合同上加盖仲裁条款印章的方式提起虚假仲裁,违反了双方的真实意思表示,侵害了对方当事人的合法权利,且仅凭肉眼难以甄别,严重妨害了正常的仲裁程序。检察机关应当加大对此类虚假仲裁案件的监督力度,同时注重加强与法院、仲裁机构及其主管部门的沟通与联系,形成打击虚假劳动争议仲裁和虚假诉讼共识,共同维护司法公信力。

(2)对涉及非诉执行的虚假诉讼案件进行审查,应找准切入点。非诉执行的依据,主要包括仲裁裁决书、公证书、劳动仲裁裁决书、人民调解书等。执行依据的错误不仅包括事实认定和法律适用方面的技术性错误,也要注意审查是否涉及虚假诉讼等违法行为。审查的重点包括以下方面:一是执行依据作出的程序是否合法,是否存在违反仲裁、调解、公证相关法律程序的情形;二是案涉法律关系是否真实存在,主体是否适格、意思表示是否真实、标的数额是否准确等;三是各方之间是否存在特殊利害关系,是否存在经常性联系,是否通过非诉的方式规避法律规定,侵害国家、集体或者其他主体的合法权益等;四是注重类案监督,注重从"套路贷"及仲裁、公证、执行人员相关职务犯罪刑事案件线索中排查分析、寻找异常,增强发现虚假诉讼线索的敏锐性。

(3)办理涉及虚假诉讼的非诉执行监督案件,应当坚持"对事又对人"。在办理此类案件时,应当加大追查力度,既对事又对人。检察机关发现仲裁、公证机构作出虚假法律文书的,应当向该机构发送检察建议,责令其纠正错误,并对相关人员加强管理,避免类似情况再次发生。检察机关发现虚假的非诉法律文书进入执行程序的,应当向人民法院发出检察建议,要求对裁决不予执行或者终结执行,确有必要的进行执行回转。仲裁、公证人员或者执行人员与当事人串通参与虚假诉讼的,严重侵害当事人合法权益、破坏司法秩序、损害司法权威,对相关人员必须严惩。对制造虚假诉讼的当事人也应进行惩戒,建议建立相应的黑名单,达到警示的效果。

【相关规定】

《中华人民共和国民事诉讼法》第二百三十五条

《中华人民共和国刑法》第三百八十五条

《中华人民共和国仲裁法》第五十八条、第五十九条

《人民检察院民事诉讼监督规则(试行)》第一百零二条

《人民检察院检察建议工作规定》第三条

《最高人民法院、最高人民检察院关于办理虚假诉讼刑事案件适用法律若干问题的解释》第一条第三款、第二条第一款

《山东省高级人民法院、山东省人民检察院、山东省公安厅、山东省司法厅关于防范和惩治虚假诉讼的若干意见》第十五条、第十七条、第二十一条

案例六 袁某与菅某甜等民间借贷虚假诉讼系列监督案

【关键词】

虚假诉讼 "套路贷" 调查核实 检察建议 综合治理

【要旨】

放贷人通过虚增债务、暴力催收，利用民事诉讼程序，骗取判决或调解书，企图通过合法手段实现侵占他人财产的非法目的，是虚假诉讼的一种形式。此类行为破坏社会诚信，扰乱社会秩序，损害司法权威和司法公信力，应当认定为损害国家利益、社会公共利益。检察机关应当立足监督职能，通过建立和完善惩治虚假诉讼体系，构建检察机关内部查办虚假诉讼一体化联动工作机制，建立诉讼失信人黑名单制度，强化与法院、地方金融部门、司法行政部门协作配合，从根源上铲除滋生虚假诉讼的土壤，以检察监督助推社会治理创新发展。

【基本案情】

袁某系某县无业人员，自2015年下半年开始面向社会发放小额贷款，其中多次向刚出校门涉世未深的年轻人高利放贷。袁某的惯用做法是编造预设违约金等理由，骗取被害人签订"虚高借款合同"或让债务人写借条时虚增借款数额，利率大大超过法律规定标准，然后再从实际借款数额中预扣当月利息，将剩余款项支付给债务人。之后为获取非法经济利益，追讨虚高债务与"违约金"，袁某纠集多人通过威胁、上门滋扰、强拿硬要等手段给被害人施压，多次实施非法讨债违法犯罪活动，侵占被害人财产，形成恶势力犯罪团伙。

（1）袁某与菅某甜借款案。2018年3月，22岁的菅某甜（女）因炒股需要，通过朋友添加了袁某的微信，向其借款1万元。急需用钱的菅某甜认为，通过炒股很快就能挣到钱偿还该笔借款，于是应袁某要求为其出具了金额为3万元的借条和收到条各一张。袁某按照月利率20%扣除当月的利息2000元后，实际交付给菅某甜8000元现金。一个月后，菅某甜通过微信转给袁某2000元利息之后实在无力偿还，袁某通过电话、微信不断地向菅某甜索要欠款。2018年6月，袁某以与菅某甜之父相识，不便于出面参与诉讼为由找到好友温某波，提出让温某波以债权人名义起诉菅某甜偿还3万元以及利息，温某波同意。2018年6月5日，温某波诉至某县人民法院，要求菅某甜偿还借款3万元及利息，并承担本案的诉讼费用。某县人民法院于2018年8月16日作出（2018）民初2069号民事判决，判令菅某甜偿还温某波本息31800元。菅某甜未上诉，该判决生效。

（2）袁某与吕某坤借款案。2016年1月，24岁的吕某坤急需用钱，经多方打听要到袁某电话，袁某答应借给吕某坤5000元，但需吕某坤提供保证人。2016年1月2日，吕某坤找朋友张某瑞作担保。袁某让吕某坤分别书写了5000元的借条和收到条、15000元的借条和收到条各一份，约定月利息800元，每月通过微信转账的方式支付。袁某又以张某瑞是担保人，若吕某坤不能偿还借款即向张某瑞主张债权为由，要求张某瑞按照吕某坤书写的内容，以张某瑞的名义又分别出具了金额、利息、支付方式等内容完全相同的5000元的借条和收到条、15000元的借条和收到条各一份。在扣除当月800

元利息及给中间人500元的好处费后，吕某坤最终实际收到现金3700元。吕某坤支付四个月利息3200元后无力偿还外出躲债。袁某带领吕某久、苏某维（二人与袁某系同案犯，均因寻衅滋事被判刑）持张某瑞手写的15000元借条多次到张某瑞家中讨债，并对张某瑞的母亲进行言语威胁，迫于压力，张某瑞的母亲尹某平支付袁某9800元。2018年6月25日，袁某持吕某坤出具的15000元借条和收到条诉至某县人民法院，要求偿还借款15000元及利息9000元，并承担本案的诉讼费用。在诉讼过程中，当事人达成和解协议：吕某坤于2018年9月6日前一次性偿还袁某借款本息共计22000元，袁某自愿放弃本案其他诉讼请求。2018年9月3日，某县人民法院作出（2018）民初2364号民事调解书对此予以确认。经袁某申请强制执行，吕某坤的父亲于2019年1月25日、2月1日分两次向法院账户转账22000元。

（3）袁某与李某借款案。2017年6月，李某因急需还清其他债务，通过同学贾某（与袁某系同案犯，因寻衅滋事、非法拘禁被判刑）向袁某借款1万元，袁某让李某书写3万元的借款协议。李某不解，袁某和贾某解释说是行业规矩，且两人态度蛮横。李某迫于压力又因急需用钱，同意出具3万元的借条和收到条，借条上未约定利息。李某与袁某口头约定月息15%，每月通过微信转账支付。扣除当月1500元利息后，李某实际收到8500元现金。2017年7月，因其他欠款未还清，李某再一次通过贾某向袁某借款1万元。袁某要求李某再次书写3万元的借款协议和收到条，月息15%，每月微信转账支付。李某按袁某要求写下3万元的借款协议和收到条。扣除当月1500元利息后，李某实际收到借款8500元。之后，自2017年7月到2018年5月，李某通过微信转账的方式每月支付贾某3000元利息，贾某收取后提出现金转交袁某，共计支付利息约3万元。2018年6月起，李某无力支付高额利息，停止给贾某转账。之后，贾某多次去李某父母家讨债并进行言语威胁。2018年6月13日，袁某在李某2017年6月出具的3万元借条上模仿李某的笔迹写下"月息：2分"的字样后诉至该县人民法院，要求李某偿还借款3万元及利息，并承担本案的诉讼费用。2018年12月6日，该县人民法院作出（2018）民初2211号民事判决，判令李某偿还袁某借款3万元及利息7200元。李某未上诉，该判决已生效。

（4）袁某与郭某借款案。2018年7月，21岁的郭某因急需用钱欲借高利贷，求助朋友张某鑫为其提供担保。郭某带领张某鑫到袁某处，欲向袁某借款5000元。袁某以行业规矩为由要求郭某出具了15000元的借条和收到条，张某鑫作为郭某的担保人亦被要求出具了15000元的借条和收到条。扣除当月利息后，郭某实际收到现金4000元。借款后，郭某未能偿还。袁某带人到张某鑫家要钱，并对张某鑫的父母及其他亲属威胁恐吓。2018年8月22日，袁某持张某鑫出具的15000元借条和收到条诉至某县人民法院，要求张某鑫偿还借款15000元及利息，并承担本案的诉讼费用。2019年1月9日，某县人民法院作出（2018）民初3298号民事判决，判令张某鑫偿还袁某本金15000元及利息340元。张某鑫未上诉，该判决已生效。

以上四起案件均是由袁某以同样的"套路"欺骗或胁迫借款人或担保人写下虚高金额的借条，以合法的民事程序获取非法利益，均为"套路贷"案件。2019年12月30日，袁某因寻衅滋事罪被某县人民法院判处有期徒刑5年并处罚金5000元。

【检察机关履职情况】

线索发现 2018年10月9日，菅某甜的父亲菅某年向某县纪委举报袁某、温某波胁迫敲诈菅某甜借款并高利放贷的问题，某县纪委于2018年10月30日向公安机关移交了线索。公安机关立案侦查后，于2019年7月26日以袁某、温某波等人涉嫌诈骗罪、敲诈勒索罪、寻衅滋事罪、虚假诉讼罪等提请某县人民检察院批准逮捕。某县人民检察院刑事检察部门在审查逮捕阶段发现袁某存在"套路贷"、虚假诉讼等问题，遂将线索移交该院民事检察部门，依职权受理审查本案。

调查核实 某县人民检察院民事检察部门受理案件后，充分行使民事诉讼法赋予的调查核实权，就案件是否为虚假诉讼展开调查核实。因案涉借贷大部分为现金交易，为了固定相关证据，民事检察部门对案件事实进行了详细的调查核实。一是调阅了原审人民法院民事审判及关联诉讼卷宗材料，结合袁某等人涉嫌犯罪的刑事卷宗，进行详细比对；二是对关联诉讼案件的当事人进行调查询问，对借贷情况进行详细了解，排查是否存在虚假诉讼的情形；三是多次到看守所会见袁某，就其在放贷中的套路和每一笔借贷金额、起诉金额以及开庭情况进行详细的调查核实。

经调查发现，自2015年下半年以来，袁某开始面向社会发放小额贷款，借"违约金"名义骗取、胁迫借款人或担保人出具虚高金额的借条及收到条。之后为获取非法利益，追讨虚高债务与"违约金"，袁某纠集吕某久、苏某维等人多次通过逞强耍横等威胁手段给借款人及其亲属施压，侵占借款人财产，形成恶势力犯罪团伙，多次实施非法讨债犯罪行为。在非法讨债达不到目的时，袁某即通过虚构事实、隐瞒真相的方式向人民法院起诉，骗取判决书、调解书，并通过人民法院的强制执行达到非法侵占他人合法财产的目的。

监督意见 经检察委员会讨论决定，某县人民检察院分别于2019年10月25日、2020年4月7日发出4份再审检察建议书，建议某县人民法院对该4起虚假诉讼案件进行再审，并建议某县人民法院就温某波涉嫌虚假诉讼的行为依据《中华人民共和国民事诉讼法》第一百一十二条的规定予以罚款或拘留。

同时，某县人民检察院结合在本案及该院办理的其他"套路贷"案件中发现的小额贷款公司在设立及经营方面存在严重监督管理漏洞的问题，于2019年12月24日向某县开发区管委会发送检察建议，建议其对辖区内现有的小额贷款公司等经营民间借贷业务的公司进行全面集中整治，依法取缔未经批准成立并经营的小额贷款公司，发现涉经营高利放贷、涉恶人员暴力讨债等线索，应及时移送公安机关处理。

监督结果 2020年6月12日，某县人民法院作出（2020）民再4号、5号、6号、7号民事判决，认为袁某在原诉讼过程中隐瞒真相、虚构事实，使法院作出了错误的事实认定，损害了司法公信力，使国家利益和社会公共利益受到严重侵害，判决撤销3份民事判决书及1份民事调解书，驳回了原告的全部诉讼请求。同时，某县人民法院决定对在袁某与营某甜借款案中代替袁某提起诉讼的温某波予以惩戒，罚款3000元。

2019年12月27日，某县开发区管委会书面回复，全面采纳检察机关建议，立即组织整改。

【典型意义】

（1）坚持以人民为中心，提升监督质效。2018年初，党中央在全国范围内部署开展扫黑除恶专项斗争，明确了打击整治的重点行业、领域，"套路贷"违法犯罪行为是打击的重点之一。本案中，袁某组成恶势力团伙进行非法讨债，并通过虚假诉讼确认"债权"，实施"套路贷"犯罪行为；通过虚增借贷金额、签订阴阳合同等借贷套路，并在法庭庭审过程中虚构事实、隐瞒真相，干扰人民法院正常的审判秩序和执行秩序，损害了司法公信力，扰乱了正常的司法秩序。袁某等人采取逞强要横等威胁手段给被害人施压的非法讨债行为，不仅造成被害人的自身心理产生极大的压力，亦对其家属、亲友的身心健康和生命财产安全造成极大损害。某县人民检察院严厉打击"套路贷"及其背后隐藏的黑恶势力，并及时固定民事诉讼中涉及的虚构借贷金额、隐瞒事实真相的相关证据，向人民法院提出再审检察建议，有效保护了当事人的合法权益，维护了人民群众生命财产安全，保障了金融秩序健康发展，让人民群众有更多幸福感、安全感、获得感。

（2）准确把握审查重点，提高监督精度。民间借贷纠纷是虚假诉讼的高发领域，检察机关加大对该类案件线索甄别力度，通过选准虚假诉讼案件作为监督突破口，对同一主体涉多起财产纠纷案件特别是"职业放贷人"案件予以重点关注，深挖系列案件线索，提升了办案效果。在这些系列案件中，袁某作为原告在人民法院有多起民间借贷纠纷诉讼，且案件审理过程中被告大多未参加诉讼和上诉维权，涉案被告多为刚走出校园的年轻人，因害怕打击报复不报案，更是导致该类虚假诉讼行为具有很强的隐蔽性和危害性。某县人民检察院结合案件特点，把握审查重点，找准突破口，尤其是强化对"套路贷"模式的辨别，加强对此类案件的法律监督，有效提高了监督精准度。

（3）强化内外协作配合，增强监督合力。在本案办理过程中，民事检察部门加强与本院刑事检察部门、公安机关的协调配合，建立完善了关于办理"套路贷"案件的联合办案机制，通过联席会议交流沟通工作方向，主动出击，积极运用调查核实权查清当事人虚增借款金额、虚构法律关系提起民事诉讼的事实，发现了生效法律文书存在缺乏合法事实依据、损害他人合法权益、侵害国家利益和社会公共利益的情形。据此，某县人民检察院向某县人民法院发出4份再审检察建议书。某县人民法院高度重视，由于疫情形势严峻，在依法保障原被告合法权益的情况下，通过视频开庭方式，依照审判监督程序全部纠正了原判决书、调解书，并对协助袁某进行虚假诉讼的温某波作出处罚决定，维护了受害人的合法权益，维护了国家利益和社会公共利益，彰显了司法权威不容践踏。某县人民检察院在内外协调配合下，依法行使检察监督权，与某县人民法院共同为建立防范、打击虚假诉讼的长效机制进行了有益探索，彰显了司法公正和权威。

（4）助推社会治理创新，发挥监督成效。某县人民检察院对于此类"套路贷"虚假诉讼案件，及时总结并通报或上报相关情况，地方党委政府高度重视，并将其纳入某县2020年度专项改革事项，建立健全惩治虚假诉讼体系。公、检、法、司通过联合办案、召开联席会议等方式细化完善会签文件，形成适合该县情的长效工作机制，拟于2022年对接政法互通网络，建立专门的虚假诉讼平台，与发展改革部门协作把诉讼失信人纳入诚信体系。该县人民检察院进一步采取措施，充分发挥检察建议综合治理效果，为打造公平高效、充满活力的经济生态提供坚强检察保障：一是向地方政府和金融监管机构发出检察建议，建议对于行使金融借贷职能的机构或个人加强监管，对违反有关规定的要严厉打击，彻底从源头上消除"套路贷"虚假诉讼隐患。二是充分发挥"法治副校长"的重要教育引导作用，加强对在校生的普法宣传，避免学生在校时或者刚出校门后，经受不住社会上各种诱惑而上当受害。三是向人民法院发出检察建议，严格按照民事诉讼法的规定对虚假诉讼参与人员处以罚款或拘留，加大惩戒的力度；并建议将虚假诉讼参与人员纳入失信人员名单，通过适时召开新闻发布会等形式向社会公开失信人员名单，从制度上堵塞漏洞，对虚假诉讼参与人产生威慑力，从而有效减少虚假诉讼案件的发生。相关部门积极采纳检察建议，对问题易发多发的领域进行重点监管整顿，形成共同打击虚假诉讼的合力，维护地方经济社会平稳健康发展。

【相关规定】

《中华人民共和国民事诉讼法》第一百一十二条、第二百条、第二百零八条、第二百一十条

《最高人民法院、最高人民检察院关于办理虚假诉讼刑事案件适用法律若干问题的解释》第二条

《人民检察院民事诉讼监督规则（试行）》第七十七条、第八十三条

来源：山东省人民检察院

山西民事检察十个典型案例（节录）

2021年1月14日，山西省检察院召开山西省检察机关民事检察工作新闻发布会，发布了十个典型案例。

案例二　太原市人民检察院办理的山西甲房地产开发有限公司与孟某某、山西乙房地产开发有限公司、李某某借款合同纠纷虚假诉讼再审检察建议案

【基本案情】

2013年5月25日，山西乙房地产开发有限公司与孟某某签订借款协议，向孟某某借款1300万元。同日，山西甲房地产开发有限公司、李某某为孟某某出具担保函。2013年6月4日，山西乙房地产开发有限公司为孟某某出具收据，确认收到借款1300万元。后山西乙房地产开发有限公司没有偿还借款。孟某某诉至法院要求山西乙房地产开发有限公司支付借款本金及违约金共计1350万元，山西甲房地产开发有限公司、李某某承担连带担保责任。在诉讼过程中，双方当事人自愿达成协议，山西乙房地产开发有限公司确认欠原告孟某某借款本金及违约金共计1350万元；山西乙房地产开发有限公司同意于2013年12月15日前偿还350万元，于2014年1月15日前偿还500万元，于2014年2月15日前偿还500万元；山西甲房地产开发有限公司对上述欠款中的1000万元承担连带清偿责任，李某某对上述全部欠款承担连带清偿责任。太原市中级人民法院于2013年11月13日作出（2013）并民初字第357号民事调解书，认为上述协议符合法律规定，予以确认。

【检察机关监督情况】

2019年3月15日，山西甲房地产开发有限公司向太原市人民检察院反映该案为虚假诉讼。太原市人民检察院依职权受理后，调取了双方在借款协议中明确约定的借款汇入账户的收支明细，该明细显示，案涉1300万元借款到账的当日或次日就又返回到原出借账户，借贷事实仅体现在银行资金流水上，并未真实发生，借款方并未实际使用该资金；询问了案件当事人孟某某，经耐心向孟某某讲明法律后果，孟某某承认借贷事实系虚构。2019年4月16日，太原市人民检察院向太原市中级人民法院发出再审检察建议书，认为该案系借用合法的民事程序达到侵害山西甲房地产开发有限公司财产权益非法目的的虚假诉讼案件。太原市中级人民法院采纳了再审检察建议，于2020年11月6日作出再审判决，驳回了原告孟某某的诉讼请求；对孟某某、山西乙房地产开发有限公司、李某某妨害民事诉讼的行为罚款26万元，将涉嫌犯罪线索移送公安机关。

【典型意义】

该案是一起借贷双方恶意串通，通过制作银行资金流水、虚构借贷关系、提起虚假诉讼、骗取法院民事调解书，损害担保人合法权益的虚假诉讼案件。检察机关在办案中，强化监督意识，综合运用调查核实手段，在查询银行账户、掌握关键证据的基础上，依法询问当事人，耐心做当事人的思想工作，促使其主动陈述虚构借贷关系的事实真相，进一步固定了虚假诉讼的证据。法院再审完全采纳检察机关建议，纠正了错误判决，民营企业山西甲房地产开发有限公司的合法权益得到了维护。虚假诉讼是诚信社会建设的一大"毒瘤"，不仅侵害他人合法权益，而且严重扰乱司法秩序，损害司法权威和司法公信力。本案经检察机关提出再审检察建议，法院再审改判并对当事人进行处罚，依法向公安移送涉嫌犯罪线索，也是检察机关与法院、公安合力查处虚假诉讼、优化诉讼生态的典型案例。

案例三　隰县人民检察院办理的苏某生、解某等以物抵债合同虚假诉讼监督案

【基本案情】

2009年，苏某生与马某计合伙投资修建隰县黄土镇无鲁村委马如坪村、陡坡乡三交村委曲池垣村、陡坡乡黑桑村委北沟河村三个村民小组的移民安置工程。因二人没有相关施工资质，经苏某生与解某协商，使用解某时任负责人的山西省隰县某工程有限公司第四分公司（以下简称某工程公司四分公司）资质与上述三个村委分别签订了工程施工合同。某工程公司四分公司仅提供资质，工程建设所有事宜均由苏某生与马某计实际负责。2010年底工程完工后，苏某生与马某计因账务不清产生矛盾。2019年初，苏某生为清算其与马某计之间的账务，找到解某，希望由某工程公司四分公司向苏某生提起物权保护民事诉讼。解某同意后，苏某生起草、打印了某工程公司四分公司与北沟河村、曲池垣村、马如坪村的以物抵债合同及产权证明书，并说服各村相关负责人签字，后交由解某签字并加盖某工程公司四分公司印章。2019年4月21日，律师薛某持某工程公司四分公司委托函，以诉讼代理人身份向隰县人民法院起诉苏某生。2019年5月30日，隰县人民法院作出（2019）晋1031民初235号民事裁定，驳回某工程公司四分公司的起诉，未对案外人马某计造成实际损失。

【检察机关监督情况】

2019年8月,隰县人民检察院在民事检察工作宣传中发现案外人马某计关于某工程公司四分公司诉苏某生物权保护纠纷可能涉嫌虚假诉讼的举报线索,遂对案件线索进行调查核实,查明:苏某生为清算其与马某计之间的账务,找到解某征得其同意并说服村委相关人员后,虚构债权债务,伪造以物抵债合同,由某工程公司四分公司向隰县人民法院起诉苏某生。2019年9月25日,隰县人民检察院向隰县公安局提出立案监督。因本案未对案外人马某计造成实际损失,故隰县人民检察院未向隰县人民法院提出检察建议。2019年11月6日,隰县公安局作出立案决定,对苏某生涉嫌虚假诉讼罪进行侦查。2020年8月21日,隰县人民法院作出(2020)晋1031刑初24号刑事判决书判决:苏某生犯虚假诉讼罪,判处有期徒刑十个月,缓刑一年,并处罚金人民币1万元;解某犯虚假诉讼罪,单处罚金人民币1万元;律师薛某另案处理。

【典型意义】

在司法实践中,以物抵债合同是虚假诉讼的高发领域。以物抵债是双方达成协议,以他种给付代替原定给付而消灭债务,而虚假的以物抵债往往是双方恶意串通、虚构债权债务、损害他人合法权益。本案中,检察机关充分利用调查核实权以及发挥检察一体化优势:一是注重调查核实,根据申诉人提供的线索证据,迅速询问合同相对方村委负责人杨某、刘某、李某,确定双方无真实的债权债务;二是向法院调阅案卷及向承办法官了解情况,发现苏某生提供的证据有矛盾,再结合对苏某生的询问情况,基本确定双方是恶意合谋以物抵债;三是充分发挥检察一体化监督机制,隰县人民检察院民事检察部门发现涉嫌虚假诉讼犯罪线索后,第一时间向检察长汇报,积极引导受理转办,依据相关规定函送该院刑事检察部门,并由刑事检察部门监督公安机关立案。

来源:山西检察

山西省检察机关民事检察监督十大典型案例（节录）

长治市潞州区人民检察院办理的张某波等七人与张某荣财产损害赔偿纠纷系列虚假诉讼再审检察建议案

【基本案情】

2007年至2011年11月期间，张某荣经长治市郊区（现潞州区）黄碾镇故县村委授权担任故新小区管理中心负责人。2012年11月2日，张某霞经故县村委授权担任故新小区管理中心负责人。2012年9月，张某荣持故新小区管理中心财务印章，以管理中心名义分别与故县村村民张某军等七人签订《售房协议》，将涉案7套房屋出售给张某军等七人并实际交付。张某霞担任故新小区管理中心负责人后，在张某波、路某等七人不知情的情况下，利用其掌握的张某波、路某等七人个人身份信息，虚构了张某波、路某等七人与故新小区管理中心七份《购房合同》和购房款凭证，将已交付给张某军等七人的七套房屋再次出售。之后，张某霞以张某波、路某等七人个人身份信息委托律师持七份虚假的《购房合同》和购房款凭证，以故新小区管理中心"一房二卖"不能履行合同为由，向长治市郊区人民法院提起诉讼，要求解除合同、退还房款和赔偿损失。长治市郊区人民法院支持了该七名虚假诉讼主体的诉讼请求，判决故新小区管理中心赔偿张某波等七人购房款及损失共计1532328元。判后，张某荣、长治市郊区黄碾镇故新小区管理中心和长治市郊区黄碾镇故县村村民委员会均不服一审判决，向长治市中级人民法院提起上诉。长治市中级人民法院以未能按规定预交诉讼费，也未提出司法救助申请，裁定按撤回上诉处理。

【监督意见及结果】

长治市郊区人民检察院在办理一起执行监督案件中发现该案线索，并依法调查核实，七名一审原告均未购买争议房屋，未向长治市郊区人民法院起诉张某荣财产损害赔偿案件，未委托律师代理诉讼，未领取过该案件的民事判决书，代理律师也从未见过七名原告，七份民事判决书至今在代理律师手中。该院认为，张某霞为获得非法利益，在张某波、路某等七人不知情的情况下，虚构了七份《购房合同》，并以张某波、路某等七人的名义向人民法院提起民事诉讼，严重侵害了长治市郊区黄碾镇故新小区管理中心的合法权益，影响了司法权威和公信力。2017年10月16日，长治市郊区人民检察院向长治市郊区人民法院提出再审检察建议。

长治市郊区人民法院采纳了再审检察建议，裁定对本案再审，并于2018年8月8日作出（2018）晋0411民再3—9号民事判决书，撤销了（2013）郊民初字第0663号等七份民事判决书，驳回原审原告的诉讼请求。七起系列虚假诉讼案件全部依法得到改判。同时，长治市郊区人民检察院以涉嫌虚假诉讼犯罪将相关案件线索移交长治市公安局郊区分局。现该案已由公安机关立案侦查。

【典型意义】

近年来，虚假诉讼案件多发，不仅对司法机关认定案件事实造成困扰，损害案件当事人利益，还妨害司法秩序、浪费司法资源，同时更是对司法权威的挑战。对于虚假诉讼，检察机关始终采取"零容忍"态度，近年来更是部署开展了虚假诉讼专项监督，加大打击力度。该系列案件涉及房产买卖，是虚假诉讼的易发高发区。该系列虚假诉讼监督案件的成功办理，既纠正了错误的判决，维护了真正权利人的合法权益，又依法惩治了虚假诉讼行为，维护了司法公正。

来源：山西检察

安徽省人民检察院发布服务保障民营经济健康发展十大精品案件（节录）

案例七 鲍某明等追索劳动报酬虚假诉讼监督

【基本案情】

2018年1月31日，鲍某明等三人向青阳县人民法院起诉，要求池州A公司、B建筑公司、朱某明支付拖欠的工资13.7万元。法院审理认定拖欠工资属实。据此判决B建筑公司、朱某明连带支付鲍某明等人工资报酬，并判决池州A公司在欠付工程款范围内承担责任。池州A公司向检察机关申诉后，检察机关核实查明：鲍某明系某建材厂私营企业主，从事建筑材料生产销售业务；鲍某午、甘某系其儿子和儿媳，三人均非农民工。鲍某明与他人恶意串通伪造证据，捏造务工及拖欠工资事实，虚构民事法律关系提起诉讼，其行为已构成虚假诉讼犯罪，生效民事判决应通过再审程序予以纠正。

据此，青阳县人民检察院向法院提出再审检察建议。法院采纳再审检察建议，裁定再审该三起案件，并撤销原审判决。鲍某明犯虚假诉讼罪，被判处有期徒刑六个月，缓刑一年，并处罚金1万元。青阳县人民检察院还通过全面深入调查，最终查明案涉工程引发的另31起虚假诉讼系列案，涉案金额达116万余元。青阳县人民检察院依法监督后，人民法院均启动再审改判，为民营企业挽回巨额经济损失。

【典型意义】

国家保障农民工依法按时足额获得工资报酬。当事人利用这一惠民政策，恶意串通，捏造事实、伪造证据，虚构农民工身份提起诉讼，构成虚假诉讼。检察机关应当综合发挥刑事和民事检察职能作用，主动监督，依法维护民营企业合法权益，营造公平正义的营商环境。

来源：安徽省人民检察院

安徽省人民检察院发布6起民事检察工作典型案例（节录）

2020年12月31日，安徽省人民检察院召开以"'典'亮美好生活"为主题的新闻发布会，发布6起全省民事检察工作典型案例。

2020年全省民事检察工作典型案例

案例二　杨某军等"套路贷"虚假诉讼监督系列案

【关键词】

"套路贷"虚假诉讼　刑民协作　类案监督　行业治理

【要旨】

涉黑犯罪集团对众多受害人实施"套路贷"，通过单方采取伪造证据、虚假陈述等手段捏造事实提起民事诉讼，骗取人民法院生效民事判决，牟取非法利益，损害司法秩序，构成民事虚假诉讼。检察机关办理黑恶势力犯罪涉及的"套路贷"案件时，应当充分发挥刑事和民事检察协同作用，查清是否存在通过虚假诉讼行为实现非法利益的情形，对虚假诉讼中涉及的民事判决、裁定、调解等，应当依法开展监督。针对办案中发现的非法金融活动和监管漏洞，应当运用检察建议等方式，促进依法整治并及时堵塞行业监管漏洞。

【基本案情】

杨某军于2007年开始从事放贷活动，2012年5月，杨某军与王某恒等人开始合作高利放贷。在放贷过程中，杨某军等人反复实施以签订阴阳合同、虚假车辆或房屋买卖合同、恶意垒高借款金额、不出具还款凭证、"软暴力"逼债为主要特征的"套路贷"违法犯罪活动。为牟取更大的非法利益，进一步扩大势力，提高犯罪活动能力，杨某军等人于2013年7月注册成立金广公司，吸纳刑满释放人员为组织成员，采取公司化管理、实施"套路贷"等方式进行运作，先后成立了"宝济堂""金广华致"等多家店面从事违法犯罪活动，逐步形成以杨某军等人为组织者、领导者的黑社会性质组织。该组织通过"套路贷"模式进行高利放贷，签订月息为2%~3%的书面借款手续，实际月息多为3%~6%或6%以上，并扣除"砍头息"。对未及时还款的借贷人员，杨某军等人隐瞒当事人已经支付高额利息的事实，向法院提起民事诉讼，骗取法院生效裁判或调解书，并通过申请强制执行，逼迫借款人、担保人及其家人偿还债务，造成100余人被纳入失信被执行人名单，致使多名被害人变卖家产，债台高筑，有家不敢回、夫妻离异，精神濒临崩溃。同时，该组织还积极拉拢、腐蚀国家工作人员合伙放贷，严重破坏当地政治生态和司法公信，造成恶劣社会影响。

【检察机关履职过程】

（一）提起公诉追究刑事责任

2019年3月21日，颍上县公安局就王某恒、杨某军等人组织、领导、参加黑社会性质组织案，移送颍上县人民检察院审查起诉。后因案情重大复杂，阜阳市人民检察院依法指定颍泉区人民检察院办理该案。2019年8月8日，阜阳市颍泉区人民检察院以组织、领导、参加黑社会性质组织罪，诈骗罪，寻衅滋事罪，强迫交易罪，非法拘禁罪，虚假诉讼罪等依法对杨某军等15名被告人提起公诉。2020年8月18日，阜阳市中级人民法院作出终审刑事判决：杨某军、王某恒犯组织、领导、参加黑社会性质组织罪，诈骗罪，寻衅滋事罪，非法拘禁罪，强迫交易罪，非法吸收公众存款罪，虚假诉讼罪，数罪并罚，决定执行有期徒刑25年，剥夺政治权利3年，并处没收个人全部财产；其他被告人分别被判处1年10个月至20年不等有期徒刑，并处罚金。

（二）开展虚假诉讼案件民事监督

颍上县人民检察院在办理杨某军等人刑事犯罪案件过程中，发现涉及杨某军等人向县法院起诉及申请执行民事案件多起，可能存在虚假诉讼问题。阜阳市两级检察机关成立"杨某军等人虚假诉讼民事监督专案组"，依职权启动民事诉讼监督程序。专案组在调查核实过程中，重点开展以下工作：一是迅速查询了中国裁判文书网，以杨某军及关联原告为检索对象，初步掌握杨某军等人向法院提起民事诉讼312件，申请执行案件228件，分析了系列案件的诉讼规律及审判特点；二是调取了颍上县人民法院相关案件审判和执行卷宗，按照"一案三查"要求，逐案审查，制作《阅卷记录表》，归纳整理系列案件的共性问题及个性问题；三是调阅了杨某军等人涉嫌诈骗等犯罪的讯问笔录及相关材料，就涉黑刑事案件进行积极沟通，将公安机关已经查明的排除合理怀疑的刑事证据转化为优势民事证据；四是依法对尚未被认定为刑事案件被害人的部分案件借款人及担保人进行调查，核实相关事实，为刑事案件补充侦查提出相关意见建议；五是对系列案件及其关联案件进行分析，对金融行业是否存在金融风险隐患进行核实。

经调查核实，检察机关认为杨某军等人违反法律、行政法规强制性的规定，有组织地实施非法吸收公众存款、长期从事职业放贷，并以寻衅滋事等行为强索债务，牟取非法经济利益。在借款人无力支付利息时，杨某军即持借款条据等到法院起诉，同时采用虚增债务、隐匿、篡改还款事实等方式，虚增债权债务数额，以获取法院生效裁判或调解，以合法形式掩盖非法目的，扰乱了金融秩序，损害了国家和社会公共利益，应予以纠正。2019年4月至12月，阜阳市人民检察院向阜阳市中级人民法院提出抗诉84件，颍上县人民检察院向颍上县人民法院提出再审检察建议49件；同时，对颍上县人民法院在审理该系列案中存在的违法情形，向颍上县人民法院发出检察建议，并将案件背后涉嫌的违纪违法线索移送至颍上县纪检监察机关。

2019年8月30日，颍上县人民法院回复采纳审判程序违法监督检察建议，并对相关问题进行全面审查纠正，制发了《颍上县人民法院关于建立疑似职业放贷人名录制度的意见（试行）》和《关于进一步规范民间借贷案件审理的若干意见（试行）》等规范文件，切实加强对民间借贷案件的审查甄别，防范职业放贷人利用诉讼程序将非法利益合法化。涉案人员因违法违纪问题被纪检监察机关立案调查。2019年12月，阜阳市中级人民法院对检察机关抗诉的84件案件裁定指令颍上县人民法院再审，颍上县人民法院再审后裁定撤销原审判决，驳回杨某军等人的起诉。2020年10月，颍上县人民法院裁定49件再审检察建议案件进入再审程序。

（三）结合办案参与社会治理

针对办案中发现的问题，立足法律监督职能，着力推进社会综合治理。一是着力强化虚假诉讼惩治合力。阜阳检察机关在全市范围内组织开展打击虚假诉讼的专项活动，2019年以来，受理民事虚假诉讼生效裁判监督案件370余件，其中提出抗诉100余件，提出再审检察建议90余件，提出检察建议70余件，向公安机关和纪检监察机关移送违纪违法犯罪线索12件，相关部门已立案查处9件12人，涉及金额近1.1亿元。同时，阜阳检察机关加强与公安机关、人民法院、司法行政部门的沟通联系，就虚假诉讼行为的认定、线索受理、案件处理、防范措施和工作机制等方面达成共识。2020年6月，市检察院联合市中级人民法院、市公安局、市司法局会签印发《关于防范和查处虚假诉讼的若干意见》，建立了防范和查处虚假诉讼的长效机制。二是推动地方金融行业集中整顿。针对地方性金融组织存在的监管风险问题，市检察院及时向市金融监管部门发出行业治理类检察建议，并向市委作专题报告，市委主要领导作出批示，推动全市金融行业整顿。市金融监管部门制定印发了《关于加强投资类公司监督管理的指导意见》等制度性文件，切实加固了防范化解重大金融风险的堤坝。三是向法院提出社会治理类检察建议。就办案中发现的虚假诉讼案件高发领域、案发特点及审判风险防范等问题，阜阳市人民检察院向市中级人民法院发送社会治理类检察建议书，督促加大惩治虚假诉讼的力度，采取有效措施，形成惩治虚假诉讼工作合力。

【典型意义】

（1）检察机关要坚持民刑协同履职，加大对"套路贷"虚假诉讼的审查力度。

黑社会性质组织实施"套路贷"进行一系列犯罪活动,主要通过法院民事诉讼诈骗取得被害人财物。检察机关在办案中发现存在"套路贷"等虚假诉讼行为时,注重刑民协作,充分运用民事、刑事专业力量,形成检察办案合力;既要充分发挥刑事检察职能,严格审查追诉犯罪,又要发挥民事检察优势,以异常案件线索为基础,开展关联案件的研判分析,实施精准监督;要强化对"套路贷"案件的准确定性和法律适用,有效防止黑恶势力借用民事手段实现"套路贷"刑事案件民事化,加大对犯罪行为的打击力度,提升法律监督质效。

（2）检察机关要深入开展虚假诉讼案件深层次违法行为监督。对黑恶势力"套路贷"犯罪行为中虚假诉讼案件的监督,要严格落实最高人民检察院开展虚假诉讼领域深层次违法行为监督专项活动要求,不能只停留在对生效裁判结果的审查上,而应自觉参与扫黑除恶专项斗争,坚持从裁判结果监督向诉讼过程监督延伸,从实体违法监督向程序违法监督拓展,将监督重心从"对案监督""对事监督"转移到"对行为监督""对人监督",注重惩治虚假诉讼及其背后的违纪违法犯罪行为,努力实现办理一案、警示教育一片。

（3）检察机关要结合虚假诉讼监督办案推进社会综合治理。检察机关在法治建设和社会治理中承担着特殊使命。在办案过程中,检察机关除了要依法对生效裁判是否错误进行审查监督外,还要注重从全案审查、源头治理、社会管理角度,对发现的审判违法、社会治理等共性问题及时向相关单位发出检察建议,实现由个案监督到类案监督并延伸至行业治理。同时,检察机关还应当积极会同法院、公安、司法等单位建立健全防范和查处虚假诉讼的长效机制,形成监管合力和打击共识。本案通过个案监督、刑民并行监督、向党委报告、制发治理性检察建议等方式,推动形成虚假诉讼源头防范共同治理新格局。

案例三　张某林等103人劳动争议虚假诉讼监督案

【关键词】

虚假诉讼　农民工工资　再审检察建议　抗诉　司法救助

【要旨】

行为人采用伪造证据、虚假陈述等手段,虚构诉讼主体和劳动法律关系,利用农民工工资的特殊保护政策,先后提起劳动仲裁、参与诉讼调解,实现索要工程款的真实目的,妨碍司法秩序,构成虚假诉讼。检察机关办理劳动争议虚假诉讼监督案件,应运用调查核实,锁定关键证据,推进民刑协同,提升监督综合效果。办案中,检察机关对有生活困难的贫困农民工要依法积极开展司法救助,提高检察监督温度。

【基本案情】

2012年8月,陈某某借用Z建设集团公司资质承建辽宁省阜新市H商业广场工程,并将部分劳务工程分包给张某林。张某林以沈阳C劳务公司名义与Z建设集团公司订立口头劳务分包协议。后张某林与潘某某、肖某某等签订分包协议，将工程再次分包，由四川省夏某某等农民工施工。张某林为索要工程款，在H商业广场工程未经结算的情况下，以自行认定的工程量及工程款，按照60%的比例计算出农民工工资数额共计4773655元，并将其数额不等地分摊在其虚构的或者对案情毫不知情的夏某某等103名农民工名下。

2014年，张某林伪造授权委托书等，以夏某某等103名农民工的名义向辽宁省阜新市劳动人事争议仲裁院提起仲裁申请，请求裁决Z建设集团公司支付农民工工资。该仲裁院作出裁决：Z建设集团公司支付103名农民工工资477万余元，张某林承担连带责任。

Z建设集团公司对仲裁裁决不服，以103名农民工、张某林为被告，向蚌埠市蚌山区人民法院提起103起民事诉讼，主张Z建设集团公司不应支付农民工工资，该款项应由张某林支付。张某林再次伪造该103名农民工的授权委托书，委托代理律师作为103名农民工的诉讼代理人参与诉讼。经法院调解，Z建设集团公司支付张某林工程款210万元，张某林负责支付夏某某等农民工的工资款，夏某某等农民工不得再向Z建设集团公司主张工资款。

【检察机关监督情况】

受理情况 夏某某等人多次向张某林讨薪未果，后得知张某林以他们的名义起诉Z建设集团公司索要工资，夏某某等人对此均不知情。后夏某某向蚌埠市蚌山区人民检察院提出控告。

审查核实情况 检察机关依法受理后，由个案线索排查发现共103件类似的案件，围绕是否构成虚假诉讼，对案涉103起案件开展如下调查核实工作：一是阅卷发现疑点。通过调阅仲裁和诉讼卷宗材料发现，案件行为发生地、农民工住所、仲裁委所在地、审理法院等均在不同省份，案件中103名农民工的诉讼身份证明大多是身份证复印件或未加盖公安部门印章的常住人口登记信息表，案件存在诸多疑点。二是坚持一体化办案。针对案件涉及人员多、地域分布广等特征，蚌埠市两级检察机关实行一体化办案，成立专案组，抽调骨干力量，省检察院派员蹲点指导，明确调查重点和方向，统一监督标准和意见，形成上下一体联动监督机制。三是积极运用调查核实权。专案组多次派员到辽宁省、四川省进行调查取证，询问案件当事人和证人，查询银行资金转账记录；同时对授权委托书上农民工笔迹进行鉴定，结果均非农民工本人签名。经核实发现，夏某某等103名农民工既未申请劳动仲裁，也未参加法院的诉讼和调解过程。涉案仲裁卷宗、法院民事调解卷宗中的夏某某等103名农民工身份信息、授权委托书等均系张某林伪造。

监督意见 2020年1月、3月，蚌埠市人民检察院向蚌埠市中级人民法院提出抗诉

48件，蚌埠市蚌山区人民检察院向蚌埠市蚌山区人民法院提出再审检察建议55件。检察机关监督意见认为，张某林在仲裁、诉讼过程中冒用、盗用他人身份信息，伪造证据，虚构诉讼主体，虚构民事纠纷，构成虚假诉讼，严重妨害司法秩序，损害司法权威，侵害国家和社会公共利益。

此外，2020年4月7日，蚌埠市蚌山区人民检察院将张某林涉嫌虚假诉讼犯罪线索移送公安机关，将涉案的其他违法线索依法移送当地检察机关。

监督结果 2020年8月27日、12月10日，蚌埠市蚌山区人民法院作出（2020）皖0303民再4-107号民事判决书（裁定书），采纳检察机关监督意见，判决撤销原民事调解书，裁定驳回起诉。2020年4月25日，公安机关对涉案违法犯罪行为进行立案侦查。

【典型意义】

（1）伪造证据、虚构主体，捏造法律关系是劳动争议虚假诉讼的主要表征。在劳动争议虚假诉讼案件中，当事人冒用、盗用他人身份信息，伪造证据，虚构诉讼主体，捏造民事法律关系，通过申请虚假劳动仲裁裁决执行、提起民事诉讼等，谋取不正当利益。本案中，张某林为向Z建设集团公司索要未经结算的工程款，在仲裁、诉讼过程中冒用、盗用夏某某等103名农民工的身份信息，伪造代理手续，主张夏某某等103名农民工工资款，经仲裁委仲裁和法院调解，实现索要工程款的真实意图，该行为构成虚假诉讼。

（2）充分运用调查核实权，准确查明虚假诉讼事实。检察机关积极对案件疑点进行调查核实，发现虚假诉讼证据，揭露案件事实真相。本案通过细致审查原审卷宗、询问当事人、调取银行资金流水、委托技术鉴定等调查措施，对案件查微析疑，仔细甄别，最终查明张某林策划实施虚假诉讼的事实，为案件精准监督打下坚实证据基础。

（3）检察机关发挥民刑合力，加大虚假诉讼背后深层次违法行为审查力度。在办理虚假诉讼监督案件中，检察机关不仅要依法监督生效裁判，及时纠错，更要深挖案件背后相关人员的违纪违法犯罪行为。本案中，检察机关通过抗诉和再审检察建议，及时纠正错误的民事调解，同时将张某林等人涉嫌虚假诉讼犯罪线索移送公安机关，持续跟踪跟进监督，提升了案件办理的综合效果。

（4）开展司法救助，助力打赢脱贫攻坚战，提升检察监督获得感。检察机关要坚持以人民为中心的办案理念，将依法办案与助推精准脱贫深度融合，积极开展司法救助，保护农民工等弱势群体合法权益。本案中，因张某林没有赔偿能力，被冒名的农民工工资无法及时兑现，严重影响其正常生活。蚌埠市人民检察院发现上述情况后，决定开展司法救助，实地调查核实了贫困农民工家庭生活情况，对2位符合救助条件的受害人依法发放4.5万元司法救助金，帮助解决生活困难。

来源：安徽省人民检察院

安徽省检察机关"打击虚假诉讼"四大典型案例

2019年12月31日上午，安徽省人民检察院召开以"监督虚假诉讼，维护司法秩序，助力社会诚信"为主题的新闻发布会，通报2017年以来全省检察机关开展民事虚假诉讼监督工作情况，发布民事虚假诉讼监督典型案例。

案例一 范某传骗取判决书系列虚假诉讼监督案

【要旨】

当事人单方采取伪造证据、虚假陈述等手段捏造事实提起民事诉讼，骗取人民法院民事判决书，谋取非法利益，损害司法秩序，构成虚假诉讼。检察机关在履行职责过程中发现虚假诉讼案件线索，应当依职权受理，及时审查，全面履行法律监督职责，督促法院纠正错误裁判，追究相关人员刑事责任，维护司法秩序。

【基本案情】

2015年，郑某某等九人以民间借贷纠纷为由向合肥市高新技术产业开发区人民法院起诉甲建设集团有限公司四分公司（以下简称甲四分公司）和甲建设集团有限公司（以下简称甲建设集团），称甲四分公司因建设工程资金周转需要，从郑某某等九名出借人处借款共计479万元，甲四分公司分别向他们出具借支单或借条，借据上加盖了甲四分公司财务专用章和负责人范某某个人印章。郑某某等九人多次催要欠款未果，遂诉请判令甲四分公司、甲建设集团偿还其借款本金及利息。经合肥市高新技术产业开发区人民法院和合肥市中级人民法院两级法院的审理，除范某升自认涉案借款系范某传个人借款被判败诉外，郑某某等其他八人的诉讼请求均被合肥市中级人民法院二审判决支持。

【检察机关监督情况】

线索发现 甲建设集团收到一审民事诉状后，认为对于该九起民间借贷，自己毫不知情，相关民事诉讼涉嫌诈骗，向合肥市公安局经济开发区分局报案。该分局经过调查作出不立案的决定。甲建设集团向合肥市高新技术产业开发区人民检察院申请立案监督，经检察机关监督，公安机关决定立案侦查。合肥市检察机关民事检察部门密切跟踪案件进展，并在对范某传涉嫌虚假诉讼罪一案提起公诉后，依职权对相关民事案件进行了审查。

调查核实 检察机关调取公安刑事侦查卷宗，审查发现，2010年至2013年间，范某传以工程项目需要资金周转等理由，以个人名义从郑某某等九名出借人处借款479万元。2014年7—8月，因无力偿还个人借款，范某传向该九名出借人出具私自加盖甲四分公司公章及公司负责人范某某私章的新借据，借款金额、借款时间、借款利息等其他内容保持不变。随后，范某传提供代理律师、缴纳诉讼费用，指使该九名出借人持新借据向人民法院提起民事诉讼。

监督意见 2018年9月14日，合肥市人民检察院分别向合肥市中级人民法院提出八份再审检察建议，认为范某传指使他人以捏造的借据提起民事诉讼，妨碍司法秩序并严重侵害公司的合法权益，构成虚假诉讼，建议法院启动再审程序，撤销案涉的八份民事判决。此外，合肥市高新技术产业开发区人民检察院以范某传涉嫌虚假诉讼罪向合肥市高新技术产业开发区人民法院提起公诉。一审法院判决范某传犯虚假诉讼罪，判处有期徒刑9个月并处罚金3万元。合肥市检察机关以一审判决量刑畸轻为由向合肥市中级人民法院提出抗诉。

监督结果 2018年11月7日，合肥市中级人民法院向检察机关发送复函，对检察机关提出再审检察建议的上述8起民事案件决定按审判监督程序处理，启动再审后，上述案件民事判决均被法院裁定撤销。此外，合肥市中级人民法院作出刑事判决，以虚假诉讼罪改判范某传有期徒刑四年，并处罚金5万元。

【典型意义】

（1）单方伪造证据骗取法院判决书已成为民事虚假诉讼的一种重要类型，应加强法律监督。司法实践中，不仅包括双方恶意串通型民事虚假诉讼，还包括单方实施的民事虚假诉讼。单方实施的民事虚假诉讼主要表现为一方当事人通过伪造证据、虚构事实、隐瞒真相等手段捏造事实，提起民事诉讼，骗取人民法院作出错误的裁判，谋取非法利益，损害公共利益和他人合法权益。本案中，范某传因无力归还郑某某等九人的个人借款，向九名出借人分别出具了私自加盖甲四分公司及其负责人私章的新借据，并指使九人以公司为被告提起民事诉讼，骗取法院判决书，将个人债务无端转嫁给公司承担，构成虚假诉讼。此类案件中，可能有其他纠纷存在，虚假诉讼的事实往往比较隐蔽，检察机关应当保持对虚假诉讼的敏感性，加强监督，全面充分发挥法律监督职能作用。

（2）充分发挥刑事检察监督职能作用，依法追究虚假诉讼行为人的刑事责任。一是开展立案监督，积极引导配合公安机关对虚假诉讼犯罪的刑事侦查。本案中，对公安机关作出不立案的决定，检察机关启动立案监督工作，并在公安机关立案侦查后，及时提前介入，引导公安机关继续调取证据。二是开展刑事诉讼监督，确保刑事打击到位。检察机关以虚假诉讼罪对范某传提起公诉，一审法院判决后，检察机关认为刑事案件一审中，公诉机关已举证证明甲建设集团为应诉而支出律师代理费用、上诉受理费用、鉴定费用等直接财产损失约30万元。同时，作为一家从事建设工程的公司，因卷入多起民间借贷纠纷，尤其是被法院列为有巨额未履行债务的被执行人，致公司信用和业务严重受损。此外，本案提起虚假诉讼金额特别巨大，本息合计达900万元。范某传指使他人提起虚假诉讼的人次多，经历的诉讼阶段多，并在法院审理和刑事侦查中均指使他人作伪证，导致诉讼时间长、侦查时间长，司法资源浪费严重。一审判决对上述事实未作认定导致量刑过轻，检察机关遂提出抗诉。二审法院认为，范某传的犯罪行为严重损害司法公信力，属情节严重，应当予以严惩，遂全部采纳了检察机关的抗诉意见，使范某传的违法行为得到了应有的惩处。

（3）坚持刑事打击和民事监督纠错相结合，依法维护民营企业合法权益。为保护民营企业合法权益，帮助甲建设集团及时走出困境，检察机关一方面通过刑事诉讼监督查明了范某传的虚假诉讼行为已给甲建设集团造成严重经济损失，依法追究范某传刑事责任；另一方面及时启动系列民事生效裁判案件的监督工作。由于范某传虚假诉讼行为已被立罪判刑，案涉相关民事判决已全部丧失事实基础，应予以撤销。合肥市人民检察院对八起民事案件向合肥市中级人民法院提出再审检察建议，法院再审后，裁定撤销了八份原生效民事判决，维护了民营企业的合法权益。

案例二　芜湖某建设公司等骗取调解书虚假诉讼系列监督案

【要旨】

在建设工程领域，为逃避债务，当事人之间恶意串通，通过伪造工程量结算单、虚增工程量等方式，提起民事诉讼，骗取人民法院调解书，损害司法秩序和司法权威，构成虚假诉讼。检察机关对此类虚假诉讼行为应当依法监督，维护司法秩序和债权人合法权益。

【基本案情】

2012年2月15日，芜湖某建设公司中标芜湖某投资公司投资建设的某安置小区建设工程项目后，芜湖某建设公司分别与王某根（芜湖某建设公司实际控制人王某荣的亲家）、毛某某（王某荣的五女婿）、俞某某（王某荣的四女婿）各签订一份《内部承包协议书》，将该项目土方回填、道路下水等附属工程分包给王某根施工，合同价款暂定为1600万元；将该项目景观、绿化工程分包给毛某某施工，合同价款暂定为1200万元；将该项目三栋安置房建设工程分包给俞某某施工，合同价款暂定为960万元。2017年初，芜湖某建设公司资金链断裂，王某荣为避免公司在芜湖某投资公司的未付工程款被其他债权人保全，授意公司工作人员在制作结算单时，将王某根未实际施工的面包砖和沥青道路等工程、毛某某未施工的7栋楼景观绿化工程均计算为已完成工程量，合计虚增工程款936.47万元，同时将结算日期提前并按月息2%计算延期支付利息，合计虚增利息663.58万元；将俞某某的工程结算日期提前并按月息2%计算延期支付利息，虚增利息89万元。

2017年3月10日，王某根、毛某某、俞某某分别以芜湖某建设公司为被告诉至芜湖市弋江区人民法院，请求判令芜湖某建设公司支付王某根等三人未付工程款及延期支付利息共计4515.48万元，并就该工程折价或者拍卖的价款分别享有优先受偿权。2017年3月19日，法院根据王某根及毛某某、俞某某的申请，分别对芜湖某投资公司未付工程款予以（首轮、二轮、三轮）保全。2017年4月、6月，芜湖市弋江区人民法院相继作出了三份民事调解书，确认芜湖某建设公司欠王某根等三人工程款及延期支付利息合计4142.036万元。2017年7月，王某根向芜湖市弋江区人民法院申请强制执行，从芜湖某投资公司扣划工程款1631万元，随后王某根又将上述款项转至芜湖某建设公司和王某荣控制的账户，由王某荣支配使用。

【检察机关监督情况】

线索发现 2018年3月，芜湖市弋江区人民检察院接多名案外人举报，经对举报线索初查发现了诸多疑点，分析认为该案系虚假诉讼的可能性很大，遂决定立案审查，并将涉嫌犯罪线索移送公安机关立案侦查。

调查核实 一是通过勘察施工现场，确认工程结算单上部分工程未实际完工。二是调阅涉案卷宗材料，调取涉案银行账户流水，确认扣划的1631万元执行款最终回到芜湖某建设公司和王某荣控制的账户，同时发现芜湖某建设公司为三原告支付律师代理费和诉讼费。三是两级院上下联动一体化办案，成立专案组，提前介入引导公安机关侦查，查明当事人之间恶意串通、伪造工程量结算单、虚假调解等主要犯罪事实后，及时采取刑事拘留、逮捕强制措施。四是通过对工程量核算、利息计算等专业性问题委托评估审计、专家咨询、收集证人证言等，查明芜湖某建设公司向法院提供的工程造价评估意见书的内容不真实，进一步夯实了证据基础。

监督意见 2018年11月26日，芜湖市弋江区人民检察院向该区人民法院发送了三份再审检察建议书，指出芜湖某建设公司为逃避债务，与王某根等人恶意串通，倒签结算单时间，虚增工程量，虚构利息，以超过实际债权数额数百万元起诉并申请财产保全，骗取法院民事调解书，妨碍正常司法秩序，致使其他案外人的合法债权难以实现，建议依法再审。

监督结果 芜湖市弋江区人民法院采纳检察机关的检察建议，启动了审判监督程序。2019年5月10日，芜湖市弋江区人民法院裁定撤销前述涉案的调解书和裁定书。此外,王某荣、王某根因虚假诉讼罪被追究刑事责任。

【典型意义】

(1)伪造证据虚增工程量是建设工程领域虚假诉讼常见的表现形式,检察机关应当加强监督。本案当事人因资金链断裂,为逃避债务,采用倒签结算单时间计算延期支付利息、将未完成工程量计入已完成工程量等方式捏造虚增债权,借用建设工程施工合同纠纷案由向人民法院提起民事诉讼,并以此骗取法院快速作出首轮诉讼保全、虚假调解和执行扣划,构成虚假诉讼。双方恶意串通的虚假诉讼行为,具有很强的隐蔽性和危害性,但法院的被动审查一般很难发现,因而需要检察机关加强对此类案件的法律监督。

(2)虚假诉讼行为人之间往往具有亲属朋友关系、关联关系等特殊的利益关系,隐蔽性强,检察机关运用调查核实权,瓦解了"利益同盟";同时根据调查进展情况,引导公安机关侦查取证,及时采取刑事拘留、逮捕等刑事强制措施,并根据行为人的认罪态度,适时变更强制措施,较好地推动了本案虚假诉讼的查处。

(3)虚假诉讼调查要善于借助"外脑",提升办案能力。本案涉及实际工程量的核算、公司会计账册审计、工程款支付、延期支付利息等一系列比较专业的问题,检察机关在案件调查过程中,特别邀请了工程技术咨询专家、审计人员、评估鉴定人员参与办案,助力解决虚假诉讼监督中的"专业"难题。

(4)虚假诉讼监督需要建立多部门协作机制,形成打击合力。本案中,民事检察部门通过与公安机关、法院以及检察机关的刑事检察部门建立信息互通、密切协作的虚假诉讼调查机制,充分借助公安机关强有力的侦查手段和刑事检察部门较强的引导侦查能力,开展虚假诉讼调查,形成打击合力,有效维护了司法秩序、司法权威和其他债权人合法权益。

案例三 施某青与上海某茶叶公司民间借贷纠纷虚假诉讼监督案

【要旨】

当事人之间恶意串通,通过伪造证据、虚构民间借贷关系的方式提起民事诉讼,骗取人民法院调解书,侵害他人合法权益,损害司法秩序和司法权威,构成虚假诉讼。检察机关积极运用调查核实权,查实双方当事人之间涉嫌虚假诉讼的初步证据后,将案件线索及时移交公安机关,并积极引导公安侦查。除追究涉案当事人刑事责任外,检察机关充分发挥民事诉讼法律监督职能作用,督促法院撤销调解书,保障案外人合法权益,维护司法公正权威。

【基本案情】

2017年8月28日,施某青与上海某茶叶公司法定代表人王某在芜湖市镜湖区签订

《借款协议》，约定上海某茶叶公司向施某青借款700万元，并约定争议解决地为合同签订地法院。2017年9月18日，施某青向芜湖市镜湖区人民法院提起民事诉讼，请求判令上海某茶叶公司归还借款本息705万元。2017年9月21日，芜湖市镜湖区人民法院作出民事调解书，确认了上海某茶叶公司偿还施某青借款本金、利息及违约金合计705万元。后施某青向法院申请强制执行，双方于2017年10月15日达成执行和解协议，上海某茶叶公司将其位于上海市的一套房产（约定房价为500万元）用于抵偿施某青的债务。

【检察机关监督情况】

线索发现 2017年11月底，案外人向芜湖市镜湖区人民检察院举报称，上海某茶叶公司名下位于上海的房屋已经出卖，王某与施某青恶意串通，通过虚假诉讼的方式达成以物抵债协议，逃避房产交付义务，侵害了案外人合法权利。接到举报后，检察机关针对案卷材料进行仔细分析，认真研判，发现该案存在诸多疑点，遂决定依职权受理，并启动调查核实程序。

调查核实 一是调阅审判卷宗，仔细研判，确定调查重点。二是顺藤摸瓜，查明借款来源走向。三是固定初步证据，提前引导公安侦查。在掌握循环转账伪造借款事实的基础上，将该案线索材料移送公安机关并引导公安机关进一步收集证据，查明案件事实，为追究当事人刑事责任奠定基础。

监督意见 2018年8月10日，芜湖市镜湖区人民检察院作出再审检察建议，认为调解书依据的证据系当事人伪造，双方没有发生真实的债权债务关系，属于虚假诉讼；该虚假诉讼的行为损害了国家利益、社会公共利益，应当予以纠正，建议芜湖市镜湖区人民法院撤销涉案的民事调解书。

监督结果 2018年9月13日，芜湖市镜湖区人民法院函复芜湖市镜湖区人民检察院，已中止该民事案件的执行程序。2019年6月18日，芜湖市镜湖区人民法院民事裁定撤销了原民事调解书。此外，芜湖市中级人民法院作出刑事判决，认定施某青、王某等3人构成虚假诉讼罪，判处有期徒刑一年六个月至一年九个月不等。

【典型意义】

（1）主动运用调查核实权，查明虚假诉讼违法事实。调查核实权是法律赋予检察机关履行民事检察职责的重要手段，检察机关善于对案件中的异常现象和疑点进行调查核实，查明了虚假诉讼的真相。本案涉及标的额高达700余万元，对于案外人的控告，检察机关本着客观公正的原则，积极主动运用调查核实权，查清了施某青与上海某茶叶公司法定代表人王某等当事人之间循环转账的虚假借款事实，为最终查清案件事实打下了基础。

（2）加大协调力度，引导案件侦查工作。虚假诉讼具有隐蔽性、查处难度大的特点，检察机关与公安机关密切配合，互相借力，形成打击虚假诉讼的合力。本案中，检察机关受理该案后，抽调精干力量组成办案组对案件进行调查，在取得一定证据后，及时将案件移送公安机关。加强与公安机关的沟通协调，引起公安机关对涉案虚假诉讼的重视，并进行立案侦查，推动刑事案件的办理进度。

（3）针对虚假诉讼违法行为，检察机关敢于监督，维护了法律权威。本案是一起以捏造事实严重妨害司法秩序的虚假诉讼行为，如果这一侵害案外人合法权益的行为不能得到纠正，司法权威就会严重受损。检察机关接到当事人举报后，一方面通过调查核实，查明当事人虚假诉讼的关键证据，后将相关线索及证据移送公安机关，并同步引导侦查，依法追究虚假诉讼行为人的刑事责任；另一方面通过公安机关刑事侦查手段获取的证据，进一步查清和固定了当事人伪造证据、虚构法律关系、提起民事诉讼的事实，证实了法院生效法律文书确认的事实无合法基础，损害他人合法权益，妨碍司法秩序，侵害国家利益和社会公共利益。据此，检察机关向人民法院提出再审检察建议，督促人民法院纠正错误的调解书，维护案外人的合法权益，保障司法公正。

案例四　张某松交通事故保险理赔虚假诉讼监督案

【要旨】

在交通事故纠纷中，行为人与他人合谋串通，伪造证据，编造虚假的事故经过，非法获取原告主体资格提起民事诉讼，骗取人民法院民事判决，非法获取保险理赔款，损害他人合法权益，侵害国家利益和社会公共利益，构成虚假诉讼。检察机关在履职中发现虚假诉讼案件线索，依职权启动监督程序，及时提出再审检察建议。在建议未被采纳时，检察机关应及时跟进监督，督促法院纠正错误裁判，切实维护司法权威。

【基本案情】

2015年11月、2016年1月，张某松先后三次起诉至宣城市宣州区人民法院，称在三起交通事故中自己为三辆受损货车的实际所有人，并请求法院判令某保险公司在保险限额内承担保险赔偿款共计232290元并承担诉讼费用。宣城市宣州区人民法院于2016年3月29日、4月22日，先后作出三份民事判决，均支持了张某松的诉讼请求。

【检察机关监督情况】

线索发现　宣城市人民检察院在办理张某松故意杀人罪一案时，发现其在宣城市宣州区人民法院以交通事故责任纠纷多次起诉，很可能存在民事虚假诉讼，于是将相关线索移交宣城市宣州区人民检察院调查核实。

调查核实　宣城市宣州区人民检察院接到线索后，立即展开调查核实，查明在这三起交通事故责任纠纷案件中，三辆受损货车均未购买车损险。为了骗取保险金，张某松与王某信等八人合谋串通，隐瞒交通事故真相，伪造事故发生现场，编造虚假的事故经过，并使交警部门作出错误的事故责任认定。同时，张某松还伪造了车辆挂靠协议、货车转让协议、收条等证据，以此取得诉讼主体资格，提起民事诉讼，骗取法院作出错误的判决，非法谋取保险公司的赔偿款。

监督意见 2017年5月17日，宣城市宣州区人民检察院向该区人民法院提出再审检察建议，该区人民法院未在规定的期限内作出处理，亦未书面回复检察机关。宣城市宣州区人民检察院跟进监督，于2017年10月11日提请宣城市人民检察院提出抗诉。2017年11月9日，宣城市人民检察院审查认为，涉案判决认定事实的主要证据是伪造的，且有新的证据足以推翻原判决，遂向宣城市中级人民法院提出抗诉。

监督结果 宣城市中级人民院接受抗诉后指令宣城市宣州区人民法院再审，宣城市宣州区人民法院再审后，于2019年4月26日裁定撤销了涉案的生效民事判决。同时，张某松因故意杀人罪、保险诈骗罪数罪并罚，被判处死缓并处罚金5万元；王某信等八人因保险诈骗罪被判处有期徒刑四年到二年不等，并各处罚金1万元。

【典型意义】

交通事故保险理赔领域多发的虚假诉讼行为，不仅损害保险理赔主体的合法权益，还妨害司法秩序，浪费司法资源，违背社会诚信，损害司法权威和司法公信力。检察机关依职权对此类虚假诉讼案件加强法律监督，具有重要的意义。

（1）准确把握审查重点，提高监督精准度。保险理赔类型案件是虚假诉讼的易发区，检察机关加大对该类案件线索的甄别力度，深挖系列案件，提升办案效果。同时，选准虚假诉讼案件监督突破口，对同一主体同时在多起涉财纠纷案件中作为当事人的予以重点关注。该系列案件中，张某松作为原告在宣城市宣州区人民法院有多次因交通事故责任纠纷进行诉讼，并且案件审理过程中交通事故的肇事者大多未参与诉讼，诉讼存在异常现象。检察机关将此异常现象作为核实监督的突破口，为跟进监督打下坚实的事实基础。

（2）强化内外协作，形成虚假诉讼监督合力。该案办理过程中，检察机关积极作为，从三起系列交通事故保险理赔虚假诉讼案件入手，强化内外协作，加强与刑事检察部门、公安机关的协调配合，主动出击，综合运用调查核实、再审检察建议、抗诉等手段和监督方式，形成打击合力。当发出再审检察建议后法院没有依法回复时，宣城市检察机关又依法进行跟进监督，积极推行上下两级院一体化办案模式，形成上下联动合力，有效推进虚假诉讼监督工作，对建立防范、打击交通事故保险理赔领域虚假诉讼的长效机制进行了有益探索，彰显了司法公正和权威。

来源：安徽省人民检察院

宁夏回族自治区人民检察院发布民事诉讼监督典型案例

2020年10月12日,宁夏回族自治区人民检察院召开新闻发布会,发布宁夏检察机关民事诉讼监督工作开展情况和民事诉讼监督典型案例。

据介绍,2019年,宁夏检察机关对内设机构作了系统性、重塑性、重构性改革,重组"十大业务",形成刑事、民事、行政、公益诉讼"四大检察"的法律监督格局。经过改革,民事检察部门单独设立,为解决"重刑轻民"奠定了良好的组织基础。作为"四大检察"之一的民事检察,重点加强对审判权和执行权的监督,着力维护司法公正;综合运用抗诉、再审检察建议、检察建议等监督方式,以"做强"为目标,以提升"精准化"监督为导向,依法履行民事诉讼监督职能,形成全区三级检察院各有侧重、全面履职的多元化民事诉讼监督格局。

宁夏检察机关以受理当事人申请监督和依职权开展监督两种方式,对法院确有错误的判决裁定、损害国家利益和社会公共利益的调解书、审判程序和审判人员违法、执行活动案件,以及对虚假诉讼、支持起诉等案件进行监督,主要做了以下五个方面的工作:

(1)充分履行民事检察职能,把精准监督落实到生效裁判、调解书监督办案中。全区检察机关树立精准监督的理念,对法院民事生效裁判、调解书进行监督,监督的方式主要是向法院提出抗诉和再审检察建议。截至目前,全区检察机关提出民事抗诉案件85件,发出再审检察建议160件,法院审结68件,改变原裁判结果49件,抗诉改变率72.06%。其中,宁夏回族自治区人民检察院向自治区高级人民法院提出抗诉56件。

(2)加强对法院审判程序和执行活动的监督。监督的方式主要是向法院提出检察建议,督促法院及时纠正。2019年以来,全区检察机关提出民事审判程序违法行为监督检察建议772件,法院采纳749件,采纳率97.02%;提出民事执行活动监督检察建议899件,法院采纳785件,采纳率87.32%。

(3)深入开展民事虚假诉讼专项监督活动,打击"假官司"。自2019年6月以来,全区部署深入开展为期两年的虚假诉讼专项监督活动,加强对民事虚假诉讼案件的监督，依法监督"打假官司"案件；全区检察机关紧盯涉黑涉恶案件，以点带面，与扫黑除恶专项斗争结合，依法发现并办理了一批虚假诉讼监督案件。截至目前，提出抗诉、再审检察建议、检察建议等监督意见130件，移送犯罪线索17件；对于有重大影响、办案阻力大的案件，经宁夏回族自治区人民检察院统筹协调，挂牌督办系列案件3起；融入扫黑除恶专项斗争，聚焦虚假诉讼及其背后的司法人员违法或失职突出问题，全区检察机关监督向当地扫黑办和纪委监委移送司法人员违法违纪39人。

（4）坚持平等保护，服务民营经济健康发展。全区检察机关主动适应保障非公经济发展要求，制定服务保障民营企业意见14条，明确民营企业涉诉案件优先办理的机制。

（5）服务打好"三大攻坚战"，着力防范化解重大风险和矛盾纠纷。依法惩治涉生态保护、环境资源整治领域的虚假诉讼；积极对涉脱贫攻坚领域开展民事诉讼监督，保障民事审判、执行程序合法；依申请重点加大对农民工、贫困群众的损害赔偿、抚养费、赡养费支付的支持起诉力度。2019年以来，办理支持起诉案件937件，组织对民事监督案件公开听证15件，公开宣告送达9件。

民事诉讼监督典型案例

案例1：陕西省某建设集团总公司虚假诉讼监督案

案例2：宁夏某房地产开发公司建设工程施工合同纠纷生效裁判监督案

案例3：孙某阳民间借贷纠纷虚假诉讼监督案

案例4：张某礼、王某青与舒某民间借贷虚假诉讼监督案

案例5：宁夏某煤矿有限责任公司虚假仲裁监督案

案例6：郭某红与张某银买卖合同纠纷提请抗诉案

案例7：监督促成张某伏与赵某之间不当得利纠纷达成和解案

案例8：锁某与罗某、宁夏某建筑安装工程有限公司劳务合同纠纷等18案同案不同判监督案

案例9：高某仁与包某公路货物运输合同纠纷执行监督案

案例10：张某、康某与宁夏某小额贷款有限公司民间借贷纠纷执行活动监督案

来源：宁夏回族自治区人民检察院

宁夏检察机关民事诉讼监督典型案例汇编（节录）

案例1　陕西省某建设集团总公司虚假诉讼监督案

依法加强对民营企业平等保护、维护民营企业合法权益是检察机关履行民事诉讼监督检察职能的一项重要职责。检察机关在审查起诉杨某军伪造公司印章罪一案中发现虚假诉讼案件线索，移送至有管辖权的吴忠市利通区人民检察院。案件受理后，检察机关民事检察部门依职权对案件进行调查核实。经调阅审查公安刑事侦查卷宗发现，本案双方当事人是岳父与女婿的特定关系，采取伪造证据、虚假陈述等手段捏造事实提起民事诉讼，骗取人民法院民事裁判文书，且案件立案当天即达成调解协议并经调解结案，存在虚假诉讼。检察机关重点对此类虚假诉讼依法进行监督，纠正错误裁判，维护司法秩序和权威。

该案是一起检察机关维护民营企业合法权益的典型案例。经审查，杨某军伪造证据、捏造事实，将民营企业陕西省某建设集团总公司诉至法院，骗取法院调解书，将个人债务无端转嫁并由公司承担，构成虚假诉讼。2014年4月，杨某军挂靠陕西省某建设集团总公司借用其资质，中标青铜峡市德源牧业牛舍及配套设施建设工程五标段项目工程。后杨某军将工程61—70号牛棚的土建工程承包给强某。2017年10月，杨某军委托他人私刻"陕西省某建设集团总公司"印章，并加盖在其与强某签订的《工程承包合同》《工程结算书》《承诺书》上。2017年10月20日，强某持上述《工程承包合同》《工程结算书》《承诺书》，将杨某军和陕西省某建设集团总公司起诉至吴忠市利通区人民法院，要求杨某军和陕西省某建设集团总公司支付剩下157万元工程款。同日，杨某军假冒陕西省某建设集团总公司负责人，聘请律师作为该公司的诉讼代理人应诉，并在授权委托书及法定代表人身份证明书上加盖了其私刻的该公司印章。当日，吴忠市利通区人民法院作出（2017）宁0302民初5547号民事调解书，杨某军、陕西省某建设集团总公司支付强某工程款157万元。在该案执行过程中，吴忠市利通区人民法院将陕西省某建设集团总公司纳入失信被执行人名单，造成该公司招标受限。陕西省某建设集团总公司、陕西省某建设集团总公司宁夏分公司遂向吴忠市公安局利通分局报案。公安机关以杨某军涉嫌伪造公司印章罪立案侦查并移送检察机关审查起诉。经法院审理，依法判处杨某军犯伪造公司印章罪。在审查起诉过程中，青铜峡市人民检察院将虚假诉讼案件线索移送吴忠市利通区人民检察院。吴忠市利通区人民检察院经调查核实，认为本案涉及虚假诉讼并向吴忠市利通区人民法院提出再审检察建议，该院未予回复。对此，吴忠市利通区人民检察院进行跟进监督，提请吴忠市人民检察院抗诉。吴忠市人民检察院提出抗诉后，吴忠市中级人民法院再审撤销了原民事调解书，驳回了强某的诉讼请求。

检察机关坚持刑事打击和民事监督纠错相结合，一方面通过刑事诉讼依法追究杨某军的刑事责任；另一方面及时启动民事诉讼监督工作，加强对法院生效裁判案件进行监督，依法纠正了法院作出的错误裁判，不仅维护了司法秩序、提升了司法权威，而且保护了民营企业的合法权益。

案例3 孙某阳民间借贷纠纷虚假诉讼监督案

孙某阳民间借贷纠纷虚假诉讼监督案，是一起债权人隐瞒债务人已经全部清偿债务的事实，利用债务人未撤回的借条起诉债务人重复清偿债务的典型虚假诉讼案件。

2018年12月，李某向固原市原州区人民检察院反映，其向孙某阳偿还全部借款本金及利息后，孙某阳持其未撤回的借条将其诉至法院，法院缺席判决其向孙某阳偿还借款50万元，直至法院执行该案时其才知晓案件，但已超过申请法院再审的期限。检察机关经初步分析研判，认为该案可能涉嫌虚假诉讼，受理案件后，通过调取法院卷宗、询问孙某阳、调取银行转账记录等手段，查明了以下事实：2016年9月9日，李某向孙某阳借款50万元，借款到账后，李某于当日给孙某阳支付利息2.5万元。2016年10月13日至14日，李某通过手机银行分五笔给孙某阳转账还款50万元，借款还清后，李某未收回借条。2017年7月24日，孙某阳隐瞒李某已还款的事实，持借条向固原市原州区人民法院起诉，要求李某偿还50万元借款，并在诉讼中隐瞒李某真实联系方式及住址，致李某未能参加诉讼，法院缺席判决李某向孙某阳偿还借款50万元。

2019年2月25日，原州区人民检察院认为，孙某阳的行为构成虚假诉讼，有新的证据足以推翻原审判决，向原州区人民法院发出再审检察建议；同时，将孙某阳涉嫌虚假诉讼的线索移送公安机关。原州区人民法院采纳再审检察建议，裁定再审，并于2020年1月9日判决撤销原审民事判决，驳回孙某阳的原审诉讼请求。

该案的成功监督有力地说明，对于虚假诉讼案件，一方当事人或第三人往往因未能参与诉讼，而错过了申请法院再审的期限，检察机关应当以损害国家和公共利益为由进行监督，修复受损的司法秩序和权威。

案例4 张某礼、王某青与舒某民间借贷虚假诉讼监督案

检察机关成功监督法院纠正张某礼、王某青与舒某民间借贷虚假诉讼监督案，及

时化解了矛盾。申请人张某礼特意到检察机关给办案检察官送来感谢信和锦旗，感谢为其企业挽回经济损失493万元。检察机关借助笔迹鉴定还原了案件客观事实，审查发现这是一起虚假诉讼案件，损害司法秩序，监督法院及时纠正错误裁判，依法惩治民事虚假诉讼，维护了司法公正。

该案是检察机关监督的一起伪造证据的虚假诉讼典型案件。当事人一方利用虚假诉讼，通过伪造证据、虚构民间借贷关系的方式提起民事诉讼，骗取人民法院判决书，侵害他人合法权益，损害司法秩序和司法权威。经审查，2012年12月28日至2015年9月20日期间，宁夏某劳务有限公司法定代表人张某礼承包了宁夏某商贸有限公司某国际商贸城3号、4号楼的工程。宁夏某商贸有限公司法定代表人舒某以银行转账的方式多次向张某礼支付工程款。2015年4月2日，张某礼向宁夏银行贷款100万元，由宁夏某担保有限公司、周某、张某礼、王某青（张某礼的妻子）提供连带担保，舒某提供反担保。2016年4月1日贷款到期后，张某礼没能按期偿还借款，便通过倒贷向宁夏某担保有限公司出具了空白《借款合同》《借据》，并在其上签名捺印。后《借款合同》《借据》转至舒某手中，舒某将出借人伪造为舒某，借款金额伪造为493万元，签订合同日期和借款日期伪造为2015年1月24日，并以其伪造的《借款合同》《借据》和向张某礼支付工程款的银行转账凭证，将张某礼、王某青诉至银川市兴庆区人民法院，请求判令张某礼、王某青偿还借款本金493万元。银川市兴庆区人民法院支持了舒某的诉讼请求。在本案执行阶段，张某礼、王某青委托广东南天司法鉴定所对《借款合同》《借据》手写体部分的笔迹形成时间进行了司法鉴定，结论是：《借款合同》《借据》中"舒某"签名、身份证号码、填写内容及落款日期等手写字迹形成于2016年1月前后。张某礼、王某青向银川市兴庆区人民法院申请再审，银川市兴庆区人民法院裁定驳回再审申请。张某礼、王某青向银川市兴庆区人民检察院申请监督。检察机关经调查核实，鉴定意见与银川市兴庆区人民法院认定的《借款合同》《借据》形成时间相差一年，即舒某将《借款合同》《借据》中的出借人伪造为舒某、将借款金额伪造为493万元的时间确定在2015年张某礼承建宁夏某商贸有限公司作为发包方的某国际商贸城3号、4号楼期间，故意混淆事实。且一审法院判决张某礼、王某青偿还舒某借款493万元，但舒某仅提供了374.73万元的转款凭证。银川市兴庆区人民检察院向银川市兴庆区人民法院提出再审检察建议。银川市兴庆区人民法院采纳再审检察建议进行再审后，撤销了原判决，驳回了舒某的诉讼请求。舒某提起上诉，银川市中级人民法院二审维持原判。

检察机关借助司法鉴定科学手段，通过细致审查全案证据，仔细甄别案件，正确界定和认定案件系民事虚假诉讼，及时监督法院纠正错误判决，既维护了司法公正和司法权威，又保护了申请监督人的合法权益，化解了矛盾纠纷，取得了良好的法律效果和社会效果。

案例5 宁夏某煤矿有限责任公司虚假仲裁监督案

宁夏某煤矿有限责任公司虚假仲裁监督案，是宁夏检察机关监督的全区第一起仲裁领域虚假诉讼案件。2017年11月，石嘴山市惠农区人民检察院接到宁夏某煤矿债务人反映，在申请法院执行时发现多人与该矿的非正常劳动报酬申请执行案件。经检察机关初步分析研判，认为本案涉嫌虚假诉讼，同时引导当事人向公安机关报案，监督公安机关立案侦查，借助刑事侦查证据加强民事检察监督。

宁夏某煤矿董事长郑某客和法定代表人施某操为逃避公司债务、侵吞某煤矿因关井整治获得的补偿款，先后指使杨某祥、林某元等人联系到26名亲戚、老乡、熟人，共同虚构劳动合同、伪造工人工资欠条，并为26人聘请律师，指使26人分九批次向石嘴山市惠农区劳动人事争议仲裁委员会申请劳动仲裁，以虚开工资的方式骗取某煤矿环境整治补偿款。石嘴山市惠农区劳动人事争议仲裁委员会在2017年7月至12月期间先后作出仲裁裁决书6份、仲裁调解书3份，全部支持了当事人的仲裁请求，裁决某煤矿向26名仲裁申请人支付劳动报酬426.4万元，其中的21名仲裁申请人依据生效的仲裁文书向石嘴山市惠农区人民法院申请强制执行。2018年1月13日，公安机关对郑某客、施某操等21人以涉嫌虚假诉讼罪立案后，21名仲裁申请人向石嘴山市惠农区人民法院申请撤回执行申请并主动退还已领执行款。

针对该案的当事人人数众多且均在外地到案困难、外围调查工作量大、取证难等问题，检察机关借助公安侦查取证优势，经民事检察部门调阅审查仲裁裁决卷宗、某煤矿务工人员的考勤表、食堂就餐记录、医保社保缴纳情况，通过询问相关证人、调取工人工资单等方式开展调查核实，证实26名人员并未在某煤矿上班或者工资已经结清。检察机关认为，当事人与亲戚、朋友之间恶意串通、伪造证据，通过虚假仲裁侵吞因环保整治关闭煤矿所得的补偿款并申请法院执行，损害司法秩序和司法权威，影响其他债权人债权的实现，于2019年10月14日以伪造的证据为依据作出错误的劳动人事争议仲裁裁决，向惠农区劳动人事争议仲裁委员会发出9份检察建议，建议撤销6份仲裁裁决书和3份仲裁调解书，并提供了福建、黑龙江等省纠正虚假仲裁的典型案件供其借鉴参考。经多次沟通，仲裁委全部采纳了检察建议，撤销了6份仲裁裁决书和3份仲裁调解书，维护了煤矿和其他债权人的合法权益。

检察机关对该案的监督，为突破仲裁领域监督瓶颈、开展虚假仲裁监督提供了有益参考借鉴，阻却了当事人利用仲裁程序高效、便捷的优势和仲裁裁决以形式审查为主、一裁终局的特点解决纠纷，恶意串通、虚构债务骗取仲裁裁决获得强制执行依据的重要途径，有利于仲裁案件更加规范办理。

来源：宁夏检察

天津法院服务保障民营企业发展优化营商法治环境典型案例（第五批）（节录）

优化法治化营商环境、鼓励企业家创新创业是党中央作出的重大决策部署，而为之提供有力司法保障是人民法院肩负的重要职责和使命。

为贯彻落实习近平总书记《在企业家座谈会上的讲话》精神，最高人民法院、国家发展和改革委员会联合下发的《关于为新时代加快完善社会主义市场经济体制提供司法服务和保障的意见》，以及最高人民法院"全国法院产权和企业家权益司法保护工作推进会"要求，充分发挥以案释法工作职能，天津高院继续筛选了第五批服务保障民营企业发展典型案例予以发布，类型涉及刑事、商事和民事案件。

近年来，天津法院深入做好涉民营企业案件的审理执行工作，引导企业家增强法治意识、契约精神、守约观念，促进信用经济、法治经济发展。天津高院也将继续加强典型案例工作，向社会持续释放依法平等全面保护产权和企业家权益，营造公正、透明、可预期的法治化营商环境的积极信号。

案例二 范某某职务侵占和虚假诉讼案

【基本案情】

被告人范某某系天津市某置业有限公司（以下简称某置业公司）的法定代表人，并实际控制经营该公司。天津市某投资发展有限公司（以下简称某投资公司）是某置业公司的控股股东。2009年至2016年间，范某某以某置业公司开发合作建房项目为由，利用职务便利，以支付房屋遮阳费、返还拆迁户房款、偿还公司借款利息等名义从某投资公司领取投资款共计4300余万元占为己有。2016年1月，被告人范某某同杜某等人虚构某置业公司向杜某借款人民币2400万元的事实，由杜某作为原告起诉某置业公司，要求偿还借款及利息，并利用循环转账的银行资金流水骗得天津市某区人民法院民事调解书一份。

【裁判结果】

法院生效裁判认为，范某某利用担任法定代表人职务之便，非法占有公司财产共计4300余万元，已构成职务侵占罪，且系数额巨大。范某某以捏造的事实提起民事诉讼，妨害司法秩序，严重侵害他人合法权益，其行为已构成虚假诉讼罪。依据《中华人民共和国刑法》的有关规定，以职务侵占罪判处范某某有期徒刑十二年，以虚假诉讼罪判处范某某有期徒刑三年，并处罚金10万元；数罪并罚决定执行有期徒刑十四年，并处罚金人民币10万元，同时责令被告人范某某退赔某置业公司人民币4331.48万元。

【典型意义】

本案是人民法院依法惩处侵犯民营企业财产权犯罪的典型案例。有恒产者有恒心，经济主体财产权的有效保障和实现是经济社会持续健康发展的基础。2020年7月，最高人民法院召开全国法院产权和企业家权益司法保护工作推进会，再次强调要依法平等保护各类所有制经济产权合法权益，依法严惩企业内部人员职务侵占、挪用资金等侵犯企业权益的犯罪活动。本案即为民营企业内部高级管理人员利用职务之便、侵占公司财产、严重损害公司财产权益的典型案例。在犯罪手段上，除直接将企业财产据为己有的侵占行为外，被告人范某某还通过以捏造的事实提起民事诉讼，骗取民事调解书，侵害公司财产权益，其行为严重妨害了司法秩序。据此，本案判决依法追究被告人职务侵占和虚假诉讼的刑事责任，通过并处罚金刑加大对犯罪人经济上的制裁，并加强违法财物的追缴和退赔工作，帮助民营企业挽回经济损失。该案的裁判结果有力保障了民营企业的合法财产权利，有力维护了健康有序的市场秩序，维护了司法秩序与权威。该案亦警醒广大民营企业应大力加强规范内部管理，强化监督制约机制，健全选人用人制度，从制度上降低内部人员侵害企业权益行为发生的风险。

来源：天津法院网

2019年度福建法院十大执行案件（节录）

案例二　吴某辉以虚假诉讼方式拒执系列执行案

【案情简介】

思明区人民法院在执行申请执行人裔某琴与被执行人吴某辉民间借贷纠纷一案中，发现被执行人吴某辉在该院涉及关联案件有10件，标的1000余万元。且案件相关诉讼、执行材料大多无法直接送达吴某辉。而有一起案件，吴某辉本人却在法院主动出现并接受调解。据此异常现象，执行人员调取了该案涉借款转账记录发现，该500万元的借款系分多笔从吴某辉账户经案外人账户后又回到了吴某辉名下，借款并未实际产生。明显存在吴某辉为了稀释债权而虚构债务，企图从法院对其不动产拍卖款中分得相应款项的嫌疑。执行人员顺藤摸瓜，还从厦门中院向该院申请参与分配的崔某申请执行吴某辉民间借贷纠纷的案件材料中，发现吴某辉以同样的手段伪造了该案高达2000万元的虚假债务。执行人员遂以此为线索将被执行人吴某辉、相关当事人裔某琴以拒不执行判决、裁定罪，虚假诉讼罪移送公安机关处置。

2018年4月27日，被告人吴某辉被公安机关抓获。到案后吴某辉如实供述了上述犯罪事实，并通过家属积极与9件执行案件的申请执行人沟通，履行了真实债务的还款义务。另外，思明区人民法院对涉虚假诉讼的2件执行案件依法终结执行，对相关当事人作另案处理。思明区人民法院经审理认为：被告人吴某辉作为负有执行义务的被执行人，对人民法院的生效判决、裁定有能力执行而拒不执行，伙同他人以捏造的事实提起民事诉讼，致使人民法院基于捏造的事实作出调解文书以及执行裁定书并立案执行，严重干扰正常司法活动，其行为同时构成虚假诉讼罪和拒不执行判决、裁定罪，依法应依照处罚较重的拒不执行判决、裁定罪定罪并从重处罚。遂作出（2019）闽0203刑初304号判决：以拒不执行判决、裁定罪判处吴某辉有期徒刑二年九个月，缓刑三年。相关参与虚假诉讼的当事人裔某琴等亦被另案追究相应的刑事责任。

【综合评述】

该案的成功执结，得益于《刑法修正案（九）》新增的虚假诉讼罪。"法网恢恢，疏而不漏"，一切妄图钻法律空子、逃避债务的行为，终将受到法律的严厉制裁。本案的意义在于：第一，执行法官不应机械地形式审查，从而忽视执行依据中存在的问题。虚假诉讼一般仅有参与的当事人之间知情，线索难以发现，更遑论证据的获取。从蛛丝马迹中抽丝剥茧发现虚假诉讼，通过依法惩戒，有效执结一批关联的执行案件，是本案的一大亮点。第二，本案移送公安机关侦查之后，思明区人民法院依托本区公检法打击拒执联席会议平台进行协调，将执行和解与刑事侦查程序相结合，使得吴某辉及其家属主动履行了其名下债务真实的9件执行案件（含厦门中院1件），共计执行到位执行款800余万元。涉虚假诉讼的2件执行案件（含厦门中院1件）已被依法终结执行。配合吴某辉进行虚假诉讼的裔某琴等人亦被追究了相应的刑事责任。

来源：福建高院

江苏省镇江市人民检察院发布民事虚假诉讼监督典型案例

虚假诉讼一直是司法中的毒瘤，它不仅直接侵害了当事人、案外人的合法权益，也有损司法公正和法律权威。作为法律监督机关，江苏省镇江市检察机关始终全面依法履职，坚定不移地推动虚假诉讼惩治和防范工作。

在"打击虚假诉讼 共筑司法诚信"新闻发布会上，镇江市人民检察院除了通报全市检察机关近年来惩治和防范虚假诉讼相关工作情况外，还现场发布了三起民事虚假诉讼监督典型案例。

典型案例一 X公司与H公司虚假诉讼监督案——依法行使调查核实权，查实4800余万元虚假诉讼

2012年9月，X公司持两张借条、38张付款凭证向法院提起诉讼，要求H公司归还借款4800余万元及利息。2012年11月，法院对X公司与H公司借贷案件作出民事调解书，确认了H公司借款的事实及分期还款等内容。但H公司并未还款，后X公司向法院申请执行，法院对H公司一处国有土地使用权及房产予以查封。2014年4月，法院裁定将上述查封的财产交付X公司抵偿债务。

2016年，T公司法定代表人向检察机关控告称，法院于2014年12月判令H公司赔偿T公司损失1000余万元，但H公司早已通过诉讼将全部财产转移给了X公司，导致T公司债权未获清偿。T公司认为，X公司与H公司借贷案件系虚假诉讼，请求检察机关依法监督。

检察机关依职权受理该案后，积极开展调查核实工作：一是调银行流水，发现涉案资金流经多家企业后，绝大部分又回到付款账户；二是查人物关系，发现江某为H公司及其他多个公司法定代表人、实际控制人；三是查工商登记资料，发现X公司成立时注册资本为50万元且成立后未实际开展经营，该公司并无出借涉案款项的能力；四是委托鉴定，10份司法检验报告证实，在X公司向H公司付款当日及次日，有4300余万元又返回了付款账户，200余万元进入了江某个人账户；五是询问关系人，X公司代理律师朱某承认，H公司代理律师赵某是其师父，本案系赵某交由其代理，调解协议在起诉前就已达成，诉讼就是走个形式。检察机关经审查认为，X公司与H公司借贷案件系江某为逃避债务、转移H公司资产而制造的虚假诉讼，遂依法提请抗诉。2020年5月，法院再审裁定撤销X公司与H公司借贷案件的民事调解书，驳回X公司的起诉。

【典型意义】

一是积极履职，强化检察监督。对于民事案件中存在的异常现象，检察机关应保持高度关注，及时研判虚假诉讼线索。本案中，检察机关通过审查案件材料发现诉讼疑点，经研判认为案件涉嫌虚假诉讼，决定依职权受理审查。

二是依法行使调查核实权，查明虚假诉讼真相。因虚假诉讼具有较强的隐蔽性和欺骗性，仅从诉讼活动表面难以甄别，检察机关应依法开展调查核实，查明案件真相。本案中，检察机关有步骤地开展调查核实工作，最终查明虚假诉讼的事实。法院再审改判后，检察机关向公安机关移送刑事案件线索，推动法院作出执行回转裁定，查封了涉案土地和房产，有力地惩治了虚假诉讼行为。

典型案例二　姜某等人虚假诉讼监督案——强化协作配合，凝聚虚假诉讼打击合力

2015年7月至2016年11月间，姜某在实际经营某网贷平台的合作公司期间，伙同公司员工多次利用平台撮合的真实借贷关系，以履约保证金为名虚增债务，私下与10余名借款人另行签订虚假线下借款合同，并以自有资金制造虚假银行流水，捏造虚假借贷关系，涉案金额近500万元。借款人逾期未还款后，姜某指使员工以线下虚假合同及流水为证据向法院起诉，获判决支持。2020年5月，公安机关将姜某等人涉嫌诈骗罪一案移送某基层检察院审查逮捕，该院刑事检察部门发现此案可能存在虚假诉讼线索，遂将线索移送民事检察部门。

该院民事检察部门受理案件后，积极开展调查核实。一是全面查阅刑事卷宗，针对相关涉案人员关于实际借款金额的证言与客观书证不相符的情况，检察机关自行开展询问，充分释法说理，最终促使其如实说明相关情况，有效完善证据链条。二是针对该公司工作人员较多、流动性大的特点，该院结合姜某等人的供述材料，全面梳理公司人员名单，并与法院联动开展案件信息排查比对，发现另有2起以员工曹某、唐某名义起诉的案件，该院将该2起案件及时移送公安机关作为犯罪事实侦查。三是针对自行发现的案件当事人身处外地的情况，联合公安机关制定联动工作方案，采取由公安机关开展询问、检察机关调取书证的方式，同步协作开展调查工作，全面收集核实该起案件证人证言、书证5份。

最终，检察机关经审查认为，姜某指使公司员工以虚假合同及流水为证据向法院起诉，构成虚假诉讼，遂于2020年7月提出抗诉。2020年12月，法院再审裁定撤销3起案件的原审判决，驳回原审原告的起诉。同时，检察机关还以涉嫌虚假诉讼罪对姜某、曹某、唐某等人提起公诉，法院以姜某、曹某、唐某犯虚假诉讼罪分别判处三人一年至一年十个月不等有期徒刑。

【典型意义】

一是加强部门联动，织密监督网络。以系统思维推进检察一体化建设，加强民事检察部门与刑事检察等部门的优势互补、信息共享、相互配合。本案中，刑事检察部门将案件线索移送民事检察部门后，两部门积极沟通交流、形成共识，达到了刑事追责与民事纠错并重的办案效果。

二是注重协作配合，凝聚监督合力。加强与审判机关的协作配合，充分发挥与法院建立的虚假诉讼线索共享及民事案件卷宗调阅制度作用，通过联动信息排查，抓好线索挖掘工作。将发现的涉嫌犯罪的虚假诉讼线索及时移送公安机关，充分发挥公安机关调查取证优势，制定联动工作方案，整合刑事侦查与检察调查核实双重优势，共同打击虚假诉讼犯罪。

三是坚持全面审查，强化监督效果。收集排查高质量的案件线索是案件办理的先导，民事检察部门在接收其他部门移送的虚假诉讼案件线索后，要强化线索评估，结合当事人身份、工作性质、虚构手段等因素，综合研判是否存在关联案件。本案中，民事检察部门在接收线索后，通过全面细致审查刑事卷宗，深挖细查，以点带面，最终办理了虚假诉讼系列案件，取得了良好效果。

典型案例三　黎某、朱某与某物流公司虚假诉讼监督案
——依法跟进监督提请抗诉，为民营企业避免经济损失

2016年8月、10月，黎某、朱某分别向法院提起诉讼，要求某物流公司分别偿还150万元、175万元及其利息。法院于同年10月作出民事判决书，判决由某物流公司给付黎某欠款150万元及其利息；于同年11月作出民事调解书，确认由某物流公司归还朱某借款175万元及其利息。2018年3月，某物流公司股东耿某以两起案件涉嫌虚假诉讼损害公司利益及股东利益为由，向检察机关申请监督。

某基层检察院依职权受理两案后，立即开展调查核实工作，一方面向法院调阅卷宗审查，询问当事人、证人；另一方面向公安机关移送线索，加强协作配合。经调查查明，黎某实际借给时任某物流公司法定代表人张某76万元，朱某实际借给张某110万元。2016年5月，黎某、朱某受张某指使，分别与某物流公司、张某签订三方《债务转让协议》两份，约定张某对黎某的借款债务150万元、对朱某的借款债务175万元全部无偿转让，由某物流公司承担，并将虚增的债务74万元和65万元串通伪造借据作为起诉证据。

该院审理认为，某物流公司原法定代表人张某与黎某、朱某恶意串通将其个人债务无条件转嫁某物流公司，并虚增部分债务，严重侵害了公司及其股东权益，扰乱了诉讼活动秩序，损害了司法权威，涉嫌虚假诉讼，向法院发出再审检察建议，未被采纳。

该院持续跟进监督，于2020年7月向镇江市人民检察院提请抗诉。2020年8月，镇江市人民检察院提出抗诉。2020年12月，再审法院分别作出民事判决，撤销原审判决书、调解书，驳回原审原告黎某、朱某的诉讼请求。

【典型意义】

一是依职权跟进监督，维护国家和社会公共利益。检察机关发出检察建议后，应当依职权跟进监督，增强检察监督刚性，维护国家法律统一正确实施。

二是依托检察职能提请抗诉，保障民营企业权益。对于公司法定代表人、实际经营管理人利用职务便利，转移个人债务由公司承担，侵害公司合法权益，检察机关应当增强服务经济社会发展大局意识，依托职能在办案监督中依法保障民营企业合法权益。发现违法犯罪线索的，应当及时移送公安机关调查处理。本案中，检察机关经过抗诉，法院再审改判，驳回原告诉讼请求，为民营企业挽回325万元经济损失，是检察机关保障民营企业合法权益的生动实践。

三是与公安机关加强协调，形成打击虚假诉讼合力。由于虚假诉讼当事人关系的特殊性、恶意串通的封闭性等特点，检察机关单打独斗往往难以取得进展，与公安机关加强协调，加大调查取证力度，一定程度上有利于提升严厉打击虚假诉讼违法犯罪的效果。本案中，检察机关发现张某涉嫌职务侵占犯罪，将线索移送公安机关，经调查发现，张某与黎某、朱某存在虚假诉讼情形，很好地固定了案件证据，为案件抗诉成功最终获得再审改判奠定了坚实的基础。

来源：中国检察官 镇江检察

商丘中院发布 2021 年整治虚假诉讼典型案例

虚假诉讼不仅严重损害当事人及案外人的合法权益，严重影响当地经济社会的发展，而且扰乱正常的司法秩序，损害司法权威和司法公信力，给诚信社会建设带来巨大的负面影响。商丘中院坚决贯彻落实上级法院决策部署，高度重视对虚假诉讼的依法整治工作，通过案件评查、制定规范性文件、发布典型案例等方式，逐步健全了虚假诉讼案件的甄别、防范和治理机制。为进一步加大对虚假诉讼的整治力度，净化诉讼环境，倡导诚信诉讼，现向社会公开发布7件整治虚假诉讼典型案例，以案说法，力促社会诚信体系建设。

案例1 隐瞒民间借贷债务已经全部清偿的事实再次提起民事诉讼，要求他人履行已经消灭的债务的，构成虚假诉讼罪

【基本案情】

2015年6月，刘某向永城市人民法院提起诉讼，请求判决王某偿还5万元借款及利息。经永城市人民法院调解，刘某与王某达成调解协议，王某向刘某偿还5万元的借款及利息，永城市人民法院制作调解书予以确认，借条原件由刘某收回，复印件装卷存档。2018年1月9日，刘某持王某出具的5万元借条原件，再次向夏邑县人民法院提起诉讼要求王某还款。夏邑县人民法院向王某合法送达开庭传票后，王某未到庭参加诉讼，夏邑县人民法院判决王某承担还款责任。2020年6月2日，夏邑县人民法院通过再审程序予以纠正。

【处理结果】

夏邑县人民法院将刘某的相关犯罪线索移交侦查机关。

【典型意义】

诉权的享有和行使，关键在于民事权益纠纷的真实发生。本案中的原告刘某与王某虽存在真实的民事纠纷，但其通过在不同法院重复提起诉讼的方式，意图欺骗司法机关作出错误判决使其债权重复受偿，获得非法利益，属于虚假诉讼行为。在民间

借贷案件的审理过程中，人民法院应当通过案件关联检索等方式加大对虚假诉讼的审查甄别力度，同时要重点审查借贷关系的真实性、借贷本金数额和利息保护范围等问题。对于出借人隐瞒债务已经全部清偿的事实又向人民法院提起民事诉讼的行为，应依法予以处罚，涉嫌犯罪的应及时将线索移送侦查机关。

案例2　为侵占他人财产，在离婚诉讼中达成调解协议，分割处分他人财产的，构成虚假诉讼罪

【基本案情】

才某与袁某系夫妻关系，袁某的亲戚范某为避税，将自己位于应天国际小区的一套房产登记在袁某名下。2018年5月，才某向虞城县人民法院提起离婚诉讼，后与袁某达成调解协议，除约定离婚及子女抚养的相关事项外，还约定登记在袁某名下的应天国际小区的房产为夫妻共同财产，离婚后归才某所有。袁某协助才某办理过户登记手续，虞城县人民法院对该调解协议予以确认，并经法院执行裁定将该房产过户给才某。2019年11月11日，才某将该房产作价52万元卖给张某。2021年9月18日，虞城县人民法院作出再审判决，判令撤销调解协议中涉及处分范某房产的部分内容。

【处理结果】

才某因犯虚假诉讼罪被判处有期徒刑四年，并处罚金人民币5万元。袁某因犯虚假诉讼罪被判处有期徒刑三年三个月，并处罚金人民币3万元。才某、袁某退赔被害人范某违法所得52万元。

【典型意义】

才某与袁某在离婚诉讼中恶意串通，对他人财产进行处分并受益，其行为既扰乱了司法秩序，也侵害了他人权益，主观恶意明显，行为后果造成一定影响。案涉房产登记在袁某名下，在离婚诉讼中也没有第三人主张权利，虚假诉讼的隐蔽性更强，识别难度更大。法院最终通过刑事诉讼认定才某、袁某存在虚假诉讼行为，依法追究其刑事责任，维护了产权人的合法权益，同时对不讲诚信、铤而走险进行虚假诉讼的当事人起到了有力的震慑作用，达到"办理一案、教育一片"的良好效果。此案也提醒房屋产权所有人，勿因小利失大益，在房产交易过程中应严格遵守国家税法规定，诚信购房，依法纳税。

案例3　虚构事实办理公证债权文书，据此申请强制执行的，构成虚假诉讼罪

【基本案情】

2015年2月15日，管某、陈某利用私刻的某公司印章，签订以该公司第82、第83号土地为抵押向管某、陈某借款550万元的借款合同，并向民权县公证处申请公证。公

证员李某未对借款合同真实性进行审核，即办理了借款公证文书和强制执行文书。管某、陈某持借款公证文书向梁园区人民法院申请强制执行，2015年4月3日，梁园区人民法院裁定查封某公司第82、第83、第84号三宗土地。2017年8月8日，梁园区人民法院裁定解除对上述三宗土地的查封，终结执行。

【处理结果】

公证员李某犯出具证明文件重大失实罪，免予刑事处罚；管某构成虚假诉讼犯罪，与其他罪行数罪并罚，决定执行有期徒刑七年六个月，并处罚金人民币43000元。

【典型意义】

签订具备强制执行效力的公证债权文书能够有效节约司法资源，尽快实现权益，但也是虚假诉讼的多发区域。公证员李某未尽审查核实职责，出具了虚假的公证债权文书，其行为已构成刑事犯罪。最高人民法院为规范人民法院办理公证债权文书执行案件，于2018年10月1日颁布实施《最高人民法院关于公证债权文书执行若干问题的规定》，以确保公证债权文书依法执行，维护当事人、利害关系人的合法权益。执行部门在办理此类案件中，应当按照法律规定，严格审查标准，对公证事项进行实质性审查，发现有虚假诉讼嫌疑的，及时将犯罪线索移交侦查机关，防范当事人利用执行环节获取不法利益。

案例4 利用建筑工程施工合同，隐瞒工程款已被房产抵偿的事实提起诉讼，企图再度获利的，构成虚假诉讼罪

【基本案情】

2015年2月20日，王某与程某签订某小区外墙喷漆承包协议，施工结束后，王某用一套房子和一个车库抵偿给程某。后程某将房子和车库卖给刘某，得款342582元。2020年1月，程某持其与王某签订的某小区外墙喷漆承包协议，以王某欠付工程款为由，向夏邑县人民法院提起诉讼，夏邑县人民法院审理后判决王某支付程某工程款324178.66元。程某在民事诉讼过程中多次作虚假陈述，虚构案件基本事实，在王某已经用房产抵偿其全部债务后，仍通过诉讼方式向王某主张工程款，其行为已构成虚假诉讼。

【处理结果】

程某犯虚假诉讼罪，判处有期徒刑三年，并处罚金人民币1万元。

【典型意义】

在审判实践中，建工类案件也时有虚假诉讼发生，对此应当按照最高人民法院2021年11月11日制定下发的《关于在民事诉讼中防范与惩治虚假诉讼工作指引（一）》的规定，将建筑工程施工合同纠纷作为重点甄别虚假诉讼的案件类型之一，

严格对照可能存在虚假诉讼的情形、串通类及单方欺骗类虚假诉讼的甄别要点等加以审查认定。

案例5　捏造事实、伪造股权转让证据，虚构股权转让关系主张权利的，构成虚假诉讼罪

【基本案情】

2013年3月，某置业有限公司法定代表人盛某向王某借款用于项目开发。按王某的要求，盛某将该置业有限公司全部股权过户至吴某名下，向王某借款4200万元。2014年12月27日，盛某还清王某的借款本息后，王某安排吴某将股权返还给盛某，盛某将股权变更登记在公司股东李某名下。2017年7月20日，王某为非法占有某置业有限公司的巨额资产，捏造盛某将该公司股权出售给吴某的事实，利用盛某书写的收取800万元股权转让金收据、银行转账流水及股权转让协议，指使吴某在睢阳区人民法院对某置业有限公司现股东李某提起民事诉讼，诉请李某支付吴某股权转让金800万元。2017年12月29日，睢阳区人民法院依据王某等人提交的虚假证据判决吴某胜诉，并查封了李某名下的股权。2018年3月，吴某主动到睢阳区人民法院要求解封某置业有限公司的股权，撤回执行申请。2020年9月22日，吴某主动到公安机关投案。2021年10月13日，再审判决撤销原判，驳回吴某的诉讼请求。

【处理结果】

吴某因犯虚假诉讼罪，被判处有期徒刑六个月，并处罚金人民币2000元。王某系恶势力集团犯罪，除制造本案虚假诉讼外，另有多起罪行，后因犯虚假诉讼罪、强迫交易罪、骗取贷款罪、非法吸收公众存款罪、非法拘禁罪等数罪并罚，决定执行有期徒刑二十二年，剥夺政治权利二年，并处罚金人民币49万元。

【典型意义】

"捏造事实"和"提起民事诉讼"是虚假诉讼罪的核心行为要件。本案中，王某在盛某的某置业有限公司已将借款本息全部清偿的情形下，利用借款期间预留的债权凭证，捏造股权转让的事实，指使吴某向人民法院提起民事诉讼，破坏了社会诚信，干扰了正常的司法活动，行为性质恶劣，损害当事人利益，最终受到法律严惩。司法机关在各类诉讼活动中，要及时甄别、发现、惩处此类虚假诉讼违法犯罪行为，依法追究行为人的刑事责任，保护人民群众合法权益。

案例6　依法严厉打击"套路贷"虚假诉讼违法犯罪行为

【基本案情】

从2016年底到2017年，刘某向宋某三次借款共6万元，扣除"砍头息"2000元，刘

某实得58000元。刘某借款后陆续向宋某微信转账还款11000元。后在刘某不能按期还款时，宋某、王某等人对刘某进行威胁、辱骂、恐吓，让刘某出具了一张7万元的借条。宋某持该7万元的借条到永城市人民法院起诉刘某，请求判令刘某偿还借款7万元及利息。宋某通过在借款交付时扣除"砍头息"、暴力讨债、逼迫借款人签订不实借条等方式虚增债务金额，同时具备虚假诉讼、"套路贷"、职业放贷的特征。

除本案外，宋某、王某还以相同手法制造多起虚假诉讼，后均被侦破。

【处理结果】

宋某因犯虚假诉讼罪、诈骗罪、寻衅滋事罪，数罪并罚，决定执行有期徒刑五年六个月，并处罚金人民币112000元；王某因犯虚假诉讼罪、诈骗罪、寻衅滋事罪，数罪并罚，决定执行有期徒刑九年，并处罚金人民币4万元。

【典型意义】

"套路贷"违法犯罪严重侵害人民群众合法权益，影响社会大局稳定，且往往与黑恶势力犯罪交织在一起，社会危害极大。司法机关必须始终保持对"套路贷"的高压严打态势，及时甄别、依法严厉打击"套路贷"中的虚假诉讼、诈骗、寻衅滋事等违法犯罪行为，依法严惩犯罪人，切实保护被害人合法权益，满足人民群众对公平正义的心理期待。

案例7 提供虚假的授权委托手续，违背当事人意愿提起民事诉讼的，构成虚假诉讼罪

【基本案情】

2017年8月，虞城县人民法院受理了常某与杨某民间借贷纠纷一案，常某诉请杨某偿还借款4万元及利息。在审理过程中，常某本人未参与诉讼，代理律师持署名为"常某"的授权委托书代为参加诉讼，法院认定借款关系真实，判令杨某承担还款责任。该案判决生效后，杨某在执行期间提出该案为虚假诉讼，后经核实，常某并未授权代理律师提起诉讼，代理律师提交的授权委托书上"常某"的签名系杨某前妻刘某所签。代理律师在签订委托手续时没有让常某本人亲自签署授权委托书，在代理期间既没有见过常某，也没有向常某核实委托的真实性。2019年6月26日，再审裁定撤销原判，驳回常某的起诉。

【处理结果】

代理律师在发现授权委托书非常某本人所签后，主动向所在律所及法院说明情况，并配合查处，市律协给予其公开谴责的处分。杨某的前妻刘某构成虚假诉讼罪，被判处拘役五个月，并处罚金人民币5000元。

【典型意义】

当事人参加民事诉讼应当严格遵守《中华人民共和国民事诉讼法》第十三条第一款规定的诚信原则。刘某向人民法院提供虚假授权委托书，进行虚假诉讼，试图侵害他人合法权益，应当依法予以制裁。律师作为从事法律服务工作的专业人员，具备娴熟的法律专业知识，掌握相关法律规定和民事诉讼程序，应当严格按照法定程序开展执业活动。律师在办理授权委托程序中存在的瑕疵，将导致虚假诉讼行为更加难以甄别，造成更加严重的社会危害。本案的处理结果警醒律师、基层法律服务工作者应当严格依照法律规定开展法律咨询、诉讼代理等业务活动；同时也为办案法官敲响警钟，在审理案件过程中，办案法官应当与未到庭参加诉讼的当事人进行沟通，以核实确认委托代理关系的真实性。

来源：商丘天平之声

2020 年度成都检察机关典型案件（六）

阮某等人骗取劳动仲裁裁决参与破产程序职工债权分配虚假诉讼监督案

【基本案情】

阮某等14人持劳动合同、工资欠款凭条等伪造的证据向成都市劳动人事争议仲裁委员会申请劳动仲裁，请求高额劳动报酬。获取劳动仲裁裁决后，阮某等14人据此要求成都某置业公司破产管理人确认职工债权。因成都某置业公司拒绝移交公司内部管理资料，破产管理人通过调减14人工资标准公示职工债权。阮某等14人向破产管理人提出职工债权异议无果后，其中8人向法院提起职工破产债权确认纠纷之诉，1人被驳回起诉，1人按其工资条所示实际收入部分支持诉讼请求，其余6人因未缴纳诉讼费按撤诉处理。

【检察机关履职情况】

检察机关接到举报并初步审查后，依职权受理，成都市人民检察院统一调用四川天府新区成都片区人民检察院、崇州市人民检察院两级三院检察官组成办案组，进行了充分调查核实。首先，确认当事人捏造高额劳动报酬的事实；其次，查明当事人特殊身份；再次，确认当事人申请劳动仲裁的主要证据系伪造；最后，确认申请劳动仲裁中存在程序疑点。成都市人民检察院向成都市劳动人事争议仲裁委员会发出检察建议，建议重新审查上述14件案件，依法予以处理。成都市劳动人事争议仲裁委员会采纳了检察建议，对上述14件劳动仲裁案件进行重新审查后，作出撤销相关裁决的决定。同时，以办理此案为契机，成都市人民检察院与成都市劳动人事争议仲裁委员会会签《关于加强预防和惩治虚假劳动仲裁工作的意见》，建立常态化预防惩治和协调配合工作机制。

【典型意义】

在法律适用层面，以虚假劳动仲裁为依据参与破产程序职工债权分配，是民事虚假诉讼的一种特殊表现形式，检察机关应当依法监督。在办案理念层面，检察机关在监督虚假劳动仲裁等案件中，应主动织网布局，不断健全虚假诉讼防范、发现、查处协同监督体系。在办案机制层面,检察机关在办理虚假诉讼监督系列案中应当健全一体化办案机制,增强监督精准度和实效性。在办案方法层面,检察机关应当注重建立定量与定性相结合的类案审查标准和办案规则。

来源:成都市人民检察院

成都市人民检察院典型案例

郑某、陈某某等四人恶意调解逃避执行虚假诉讼监督系列案

2013年2月,法院判决郑某向舒某归还借款本金120万元及利息。舒某申请执行后,郑某所有的电子厂的拆迁赔偿款支付到法院账户。该案强制执行期间,案外人陈某某等4人陆续通过伪造借条以民间借贷纠纷为由起诉郑某及其电子厂,要求返还借款共计506.3万元。法院制作民事调解书,由郑某及其电子厂向上述4人返还借款,致使在执行分配中,舒某仅可分得210272.85元,另一债务人唐某仅可分得46493元,严重损害了该二人享有的合法债权。蒲江县人民检察院经审查后就涉案4起民事调解案开展"类案监督",一并向人民法院提出再审检察建议;同时将郑某涉嫌拒不执行判决、裁定罪线索移送蒲江县公安局。最终法院采纳了检察建议,认定案涉民事调解书均为虚假诉讼。郑某因拒不执行判决、裁定罪被判处有期徒刑一年,缓刑一年六个月。该系列案的监督,旨在明确行为人与他人恶意串通,炮制虚假诉讼串案,骗取民事调解书,后申请参与执行分配,严重损害第三人的合法权益,妨害司法秩序,损害司法权威,检察机关应当依法监督。当事人通过虚假诉讼骗取生效裁判文书,逃避执行,司法机关可以拒不执行判决、裁定罪追究其刑事责任。

农行成都某支行与梁某等人金融借款合同纠纷虚假诉讼监督系列案

成都甲实业发展有限公司(以下简称甲公司)假借其公司9名员工身份信息,伪造员工签名,捏造9份个人住房买卖合同,与中国农业银行股份有限公司成都某支行(以下简称农行某支行)签订《个人住房保证担保借款合同》,骗取银行贷款,损害国家利益。后农行某支行起诉该9名员工,要求其偿还案涉借款。人民法院缺席判决支持了农行某支行的诉讼请求。青羊区人民检察院在"缺席审判"送达违法专项监督活动中,运用"四步调查法"发现该9件虚假诉讼线索,主动依职权监督。经检察监督,法院再审撤销该9件原审民事判决,驳回农行某支行全部诉讼请求,同时甲公司涉嫌骗取贷款犯罪线索已移送公安机关立案侦查。该案的监督,旨在明确:选取"缺席审判"

作为虚假诉讼监督突破口,采用由表及里"四步调查法",能夯实调查核实权能;坚持横向排查法,重视类案监督,能有效持续提升虚假诉讼打击效果,对于破解虚假诉讼隐蔽性强、危害大、发现难具有借鉴意义。

向某某与李某某、韩某某民间借贷纠纷虚假诉讼跟进监督案

向某某等涉恶团伙在张某的指使下,通过诱骗李某某、韩某某等多人在两份空白借款合同、收条上签名,后以不同的出借人伪造借款合同和收条,将同一笔借款捏造成两笔借款的套路,重复起诉,骗取法院生效判决,获取非法利益,侵害借款人合法权益。金牛区人民检察院在办理以陈某为首的恶势力团伙涉"套路贷"刑事案件过程中,对涉嫌虚假诉讼系列案件,主动依职权监督,充分利用刑民协作机制优势,运用"双提前"介入调查模式,实现刑民案件同步审查,有力打击涉恶虚假诉讼行为。该系列案的监督,旨在明确:借助恶势力,通过伪造证据、虚假陈述、重复起诉,骗取生效裁判文书,不仅侵害人民群众的合法权益,而且损害国家利益,构成虚假诉讼。检察机关应注重民事检察与扫黑除恶专项斗争相结合,主动依职权监督,从"套路贷"刑事案件中深挖虚假诉讼线索,通过再审检察建议、提请抗诉方式接力跟进监督,以维护司法秩序和社会和谐稳定。

乔某某与张某某民间借贷纠纷虚假诉讼监督系列案

张某某多次参与左某、夏某(均系刑事案件犯罪嫌疑人)等人组织的"公司麻将"进行赌博,输钱后未及时归还组织者垫付的资金,于2014年9月经组织者安排向乔某某出具借据一份。后经诉讼,法院缺席判决张某某向乔某某支付借款本金5万元及利息。检察机关在办理张某等人黑社会性质组织犯罪一案中,一并发现张某等人涉黑团伙虚假诉讼线索5件,均依职权立案监督。该案经人民法院再审,采纳了检察建议,撤销原判决,发回重审。该案的监督,旨在明确:检察机关应建立刑民协作配合机制,从涉黑案件中深挖虚假诉讼线索。在运用刑事手段打击涉黑犯罪时,同步启动民事审判监督程序,纠正法院将赌债认定成合法债务予以保护的错误民事判决,扩大打击黑恶犯罪效果,维护司法权威。

蒲某某与谢某、张某某民间借贷纠纷虚假诉讼监督案

谢某隐瞒张某某已还款的事实,持有张某某出具的借条将张某某、蒲某某(系夫妻关系)诉至人民法院,要求张某某、蒲某某偿还47万元夫妻共同债务及相应利息。蒲某某因客观原因未出庭。法院依据借条认定上述债权债务关系有效,并判决张某某、蒲某某偿还谢某47万元及相应利息。蒲某某知晓案涉判决后,以案涉借款已偿还

为由向检察机关申请监督。经检察机关监督，法院再审撤销原一审判决，驳回谢某的诉讼请求。该案的监督，旨在明确：当事人一方隐瞒债务已清偿的事实，虚构夫妻共同债务，向人民法院提起诉讼，获取非法利益，构成虚假诉讼。检察机关对此类案件应当依法加强依职权监督，充分运用调查核实权能，严厉打击利用虚假诉讼获取不当利益的违法行为，维护正常司法秩序，保护妇女合法权益。

黄某某、万某骗取调解书虚假诉讼监督案

黄某某为了转移甲公司财产至其名下以获取非法利益，安排公司财务人员王某甲、李某伪造向甲公司出借800余万元借款的《借款合同》，然后甲公司与王某甲、李某、丙律师事务所签订《债权转让协议》，约定将甲公司对乙公司债权全部转让给王某甲、李某、丙律师事务所，并通过提起虚假的确认转让协议有效之诉，骗取了人民法院民事调解书。后王某甲、李某、丙律师事务所将上述债权以460万元全部转让给丁房地产开发有限公司（以下简称丁公司），并再次提起虚假的确认转让协议有效之诉，骗取人民法院民事判决书。丁公司以该民事判决申请强制执行，法院将甲公司在乙公司6000.03平方米国有土地使用权强制执行至丁公司名下。甲公司及其债权人向简阳市公安局举报黄某某、万某涉嫌职务侵占罪、虚假诉讼罪。简阳市人民检察院提前介入并引导侦查，通过"一案多查"，确定本案为虚假诉讼，就案涉民事调解书、民事判决书及执行裁定同时发出两份再审检察建议和一份执行检察建议，法院均采纳了检察建议，撤销相关裁判文书，有效实现民事检察"全面监督"。该案的监督，旨在明确：双方当事人恶意串通，伪造证据，虚构事实提起诉讼，骗取法院裁判文书，不仅损害他人合法权益，而且损害国家和社会公共利益，属于典型的"恶意串通型"虚假诉讼。检察机关可通过提前介入引导侦查，采取刑事打击与民事监督相配合、结果监督与执行监督相结合的方式，实现对虚假诉讼的一案多查和全面监督。

何某某与曾某甲、周某民间借贷纠纷虚假诉讼申请监督案

曾某甲、周某（夫妻关系）因与其父母曾某乙、何某某房屋拆迁补偿款分配产生矛盾，遂虚构借款事实，伪造其母亲何某某向曾某甲借款8万元用于购买房屋（系被拆迁房屋）的虚假借条，向人民法院起诉，请求何某某、曾某乙偿还借款，人民法院支持了其诉讼请求。何某某不服法院判决，向都江堰市人民检察院申请监督。检察机关经调查核实，认定本案为虚假诉讼，但鉴于本案系家事纠纷引起，且经释法说理，曾某甲、周某均承认错误，故向人民法院提出再审检察建议。人民法院再审撤销原判决，驳回曾某甲、周某的诉讼请求并当庭对其行为予以训诫。该案的监督，旨在明确：单方伪造证据，捏造事实，虚构法律关系，通过诉讼程序侵害他人合法权益，构

成虚假诉讼，检察机关依法应予监督。但对涉家事纠纷类的特殊型虚假诉讼，检察机关应根据案件情况及当事人主观恶性等因素综合评判，及时化解社会矛盾。

甲公司与牟某保证合同纠纷虚假诉讼监督案

乙公司、朱某某与牟某、蒋某协商关于其持有的甲公司股权转让事宜，其间乙公司、朱某某将甲公司公章交给牟某持有。后因股权转让产生纠纷，牟某、蒋某诉至法院请求乙公司、朱某某履行股权转让义务。法院判决股权转让无效，驳回牟某等人的诉讼请求。甲公司随即公告原公章作废，并重新制作了公司公章。之后牟某为了获取非法利益，利用作废公章伪造甲公司担保合同，起诉要求甲公司承担200万元借款保证责任；同时伪造甲公司特别授权委托手续，安排他人作为被告参加诉讼，最终骗取民事调解书，并向法院申请强制执行。甲公司得知该案涉诉讼后，向成华区人民检察院举报。经检察机关监督，法院再审撤销调解书，驳回牟某的诉讼请求。该案的监督，旨在明确：冒用公司名义伪造证据，炮制原、被告身份参与诉讼，骗取民事调解书，严重损害民营企业合法权益，构成虚假诉讼。检察机关对涉民营企业虚假诉讼应加强监督，严厉打击，依法平等保护民营企业，护航民营经济健康有序发展。

来源：成都市人民检察院

鲁法案例【2021】308—310

2021年9月，莒县法院启动再审程序，依法审结了3起因恶意串通、伪造证据引起的虚假诉讼再审案件，加大处罚力度，有力惩治了虚假诉讼行为。

案例一 恶意串通，转移财产

案件事实 李某与薛某系母子关系。李某之妻钟某起诉离婚，要求分割李某名下三辆汽车。薛某为防止钟某分割上述财产，告知李某将上述三辆汽车从其名下过走，并伪造李某虚假借条1张、虚假欠条2张，由薛某、孙某（薛某侄女）分别向莒县法院提起民事诉讼。

莒县法院再审认为，根据薛某和李某在公安机关的供述和陈述，可以认定薛某与李某之间不存在真实的车辆买卖关系，薛某对李某提起诉讼的目的是防止离婚时对涉案车辆进行分割。李某明知薛某提起诉讼的真实目的，仍为其出具欠条，双方存在恶意串通的故意行为，应当认定原审案件为虚假诉讼。孙某在明知其与李某之间不存在真实民间借贷关系的情况下，仍根据薛某的安排提供有其签名捺印的起诉状，并对李某出具的借条予以认可，其行为严重妨害了民事诉讼。莒县法院依照《中华人民共和国民事诉讼法》的规定，决定对薛某罚款6万元，对孙某罚款3万元，对李某罚款1.5万元。

同时，薛某因犯虚假诉讼罪，骗取贷款、票据承兑、金融票证罪，洗钱罪数罪并罚，一审被判处有期徒刑三年，并处罚金人民币93万元。

案例二 虚构事实，规避保全

案件事实 李某与苗某一、苗某二互相熟悉。苗某二之妻王某向莒县农村商业银行股份有限公司借款60万元，李某系担保人之一。因王某未能按约定偿还贷款，银行提起诉讼，要求借款人王某偿还借款60万元及利息，李某等人承担连带还款责任，莒县法院判决李某对王某的借款本金60万元及利息承担连带责任。为防止李某的工资被银行保全，苗某一起诉李某并申请保全其工资。在案件审理过程中，双方达成了还款协议，莒县法院出具调解书予以确认。苗某一申请执行，并在执行过程中告知法院李某已全部履行了调解书确定的义务。莒县法院根据苗某一的申请裁定，解除了对李某工资的冻结。

莒县法院再审认为，苗某一与李某为防止其他债权人保全李某的工资，双方恶意串通，虚构借款事实，借用合法的民事程序达成调解，并将李某的工资予以保全，原审诉讼构成虚假诉讼。莒县法院遂判决撤销调解书，驳回原审原告的诉讼请求；同时，依照《中华人民共和国民事诉讼法》的规定，决定对苗某一罚款1万元，对苗某二罚款2万元，对李某罚款1.5万元。

案例三　虚假借款，逃避债务

案件事实　蔡某与季某系连襟关系。原告农行莒县支行诉被告徐某、季某借款合同纠纷一案，经莒县法院主持调解达成协议，徐某、季某未按协议约定履行还款义务，农行莒县支行向莒县法院申请执行。为防止季某工资被农行莒县支行保全，蔡某以民间借贷纠纷为由向法院提起诉讼，并申请保全季某的工资。在再审过程中，蔡某和季某主张双方之间确实存在借贷关系，存在多次借款的事实，借款数额没有证据证实无法确认，蔡某同意按季某认可的9万元借款数额确认。

莒县法院再审认为，蔡某和季某虽均否认借款的虚假性，但双方对借款数额、借款次数等借款的详细情况均不能作出陈述，也未提供任何证据证实。蔡某无法明确陈述借款事实、未还款数额，且蔡某对冻结的季某的工资也未主张权利，冻结的工资在解除冻结后并未付给蔡某，明显与日常生活经验不符，对蔡某与季某之间借贷关系的真实性无法确认。蔡某在明知其与季某之间的实际借款数额与季某书写的借条上的借款数额严重不符的情况下，仍以上述借条为证据向法院提起诉讼，并在案件原审过程中隐瞒案件事实，与季某按照借条上的虚假借款数额达成还款协议，蔡某与季某的行为严重妨害了民事诉讼。莒县法院依照《中华人民共和国民事诉讼法》的规定，决定对蔡某罚款1万元，对季某罚款1.5万元。

来源：山东高法

第三部分

虚假诉讼相关文章

京师律师学院举行"套路贷、虚假诉讼等相关司法解释"学习研讨会

2019年4月15日,京师律师学院举行"套路贷、虚假诉讼等相关司法解释"学习研讨会。

会议上,京师律师学院执行院长王朝勇向与会人员介绍了4月9日全国扫黑办举办新闻发布会,公开发布最高人民法院、最高人民检察院、公安部和司法部联合印发的《关于办理"套路贷"刑事案件若干问题的意见》《关于办理恶势力刑事案件若干问题的意见》《关于办理实施"软暴力"的刑事案件若干问题的意见》《关于办理黑恶势力刑事案件中财产处置若干问题的意见》等四个意见。与会人员围绕以下几个方面展开讨论与学习。

"套路贷"包含多个罪名

"套路贷"不是一个新罪名,包含以下多个罪名:诈骗罪,敲诈勒索罪,虚假诉讼罪,寻衅滋事罪,侵犯公民个人信息罪,侮辱罪,传播淫秽物品罪,传播淫秽物品牟利罪,非法拘禁罪,非法吸收公众存款罪,聚众扰乱社会秩序罪,组织、领导、参加黑社会性质组织罪,高利转贷罪,骗取贷款罪,强迫交易罪,集资诈骗罪,擅自设立金融机构罪等。

"套路贷"违法犯罪活动隐蔽性强、获利快、收益高且易于复制传播,危害极大。近年来,"套路贷"衍生出多种刑事犯罪,犯罪嫌疑人为催收债务,一般采取辱骂、恐吓、威胁等软暴力手段,有时还伴有暴力型犯罪行为,涉嫌非法拘禁、敲诈勒索、寻衅滋事等多种违法犯罪。一些"套路贷"借助网络平台,从线下向线上蔓延,由传统接触式犯罪转变为新型非接触式犯罪,侵害的群体人数更多、范围更广,社会危害大。

虚假诉讼可以转化为诈骗罪等多种罪名

根据《最高人民法院、最高人民检察院关于办理虚假诉讼刑事案件适用法律若干问题的解释》第四条的规定，实施刑法第三百零七条之一第一款行为，非法占有他人财产或者逃避合法债务，又构成诈骗罪，职务侵占罪，拒不执行判决、裁定罪，贪污罪等犯罪的，依照处罚较重的规定定罪从重处罚。由此可见，以捏造的事实提起民事诉讼，妨害司法秩序或者严重侵害他人合法权益，同时非法占有他人财产或者逃避合法债务的，可以转化为诈骗罪、职务侵占罪等罪名，依照处罚较重的规定定罪从重处罚。

最高检开展虚假诉讼专项监督活动打击虚假诉讼

最高检部署在全国检察机关开展虚假诉讼专项监督活动，发布《最高人民检察院关于充分发挥检察职能为打好"三大攻坚战"提供司法保障的意见》，强调要加强对涉"三大攻坚战"虚假诉讼的监督和惩治；"两高"联合发布《关于办理虚假诉讼刑事案件适用法律若干问题的解释》。最高检还开展了一项为期一年半的民事和行政非诉执行监督专项活动，以此来加大打击虚假诉讼的力度。最高人民检察院第六检察厅厅长元明曾在访谈中说道："我们通过全面梳理人民法院在非诉执行中存在的问题及各仲裁机构、公证机关在出具非诉执行法律文书中存在的问题，加强对虚假仲裁和违法公证的监督，加大调查和追责力度；加强与同级法院的沟通交流，召开联席会议，通报专项活动开展情况，积极争取人民法院的支持和配合，充分发挥人民法院依法对仲裁、公证案件进行司法审查等功能作用，共同防范虚假诉讼行为向仲裁、公证环节蔓延，进一步增强惩治虚假诉讼的合力。在具体的行动上，全国检察机关充分发挥检察一体化工作机制的优势和作用，采取检察长牵头带领刑事、民事检察部门资深检察官组成专案组办理虚假诉讼监督案件，逐步在省、市两级检察院建立虚假诉讼监督指挥协调中心。"在强化办案的同时，检察机关也加强普法宣传，共建崇尚诚实信用、遵守公序良俗的法治文化，动员全社会力量共同参与"诉讼打假"。

"套路贷"是一种新型黑恶犯罪

公安部新闻发言人郭林在主持发布会时表示，"套路贷"是新型黑恶犯罪的一种。黑恶势力是社会毒瘤，严重破坏经济社会秩序，侵蚀党的执政根基。在全国开展为期三年的扫黑除恶专项斗争，是以习近平同志为核心的党中央作出的重大决策部署。2019年2月19日，中共中央政治局委员、中央政法委书记、全国扫黑除恶专项斗争领导小组组长郭声琨主持召开领导小组会议，强调今年是专项斗争承上启下的关键之年，要始终保持强大攻势，全力侦办涉黑涉恶重大案件和群众反映强烈的案件，推动专项斗争不断实现新突破。公安机关在这场专项斗争中始终坚持突出重点、主动出击，注重从新业态、新领域中发现新型黑恶犯罪，及时依法打击，推动标本兼治。

"这种新业态的黑恶犯罪为什么群众反映强烈？社会危害很大？"郭林表示，主要是它具有很强的欺骗性，一般以民间借贷为幌子，通过骗取受害人签订虚假合同虚增债务，伪造资金流水等虚假证据，并以审核费、管理费、服务费等名义收取高额费用，恶意制造违约迫使受害人继续借贷平账，不断垒高债务，最后通过滋扰、纠缠、非法拘禁、敲诈勒索等暴力或"软暴力"手段催讨债务，达到非法侵占受害人财物的目的。这类新型黑恶犯罪不仅严重侵害当事人的合法权益，也扰乱金融市场秩序，影响社会和谐稳定。

目前，公安部部署采取了一系列措施，严打"套路贷"违法犯罪活动。一是将从事非法讨债、高利放贷以及"套路贷"的黑恶势力列为公安机关扫黑除恶专项斗争的打击重点；二是积极推动最高人民法院、最高人民检察院、司法部出台了《关于办理黑恶势力犯罪案件若干问题的指导意见》，对依法打击"套路贷"违法犯罪活动作出了具体、明确的规定；三是挂牌督办一批"套路贷"黑恶案件，派出十余个专家组赴多地实地督导案件侦办工作；四是主动运用大数据、信息化手段，对"套路贷"违法犯罪活动开展分析研判，及时发现"套路贷"线索，部署各地进行打击。

六位法学专家对"扫黑除恶"指导意见作出深层次的解读

4月9日，全国扫黑办首次举办新闻发布会，公开发布最高人民法院、最高人民检察院、公安部和司法部联合印发的《关于办理恶势力刑事案件若干问题的意见》等四个意见。

6位法学专家一致认为，出台关于办理扫黑除恶案件的四个意见，积极回应了社会关切和精准办案、依法严惩之需，有助于统一执法办案标准，推动各地各部门更好运用法治思维和法治方式打击黑恶势力，确保扫黑除恶专项斗争始终在法治轨道上健康发展。

"两高""两部"《关于办理恶势力刑事案件若干问题的意见》等四个意见清晰地确定了恶势力犯罪的特征、范围，排除了一般纠纷引发的普通刑事案件成立恶势力的可能，避免了因为恶势力这一概念本身内在隐含的模糊性而扩大打击范围的倾向。同时，与以往相关法律文件相比，此次意见对恶势力增加了"为非作恶，欺压百姓"的表述。这要求恶势力涉及的违法犯罪行为具有特定的主观动机，对普通民众的人身财产安全、安宁生活产生直接危害。

——中国社科院大学副校长林维教授

黑恶势力犯罪呈现出明显的日常活动向软暴力发展变化的特点。这种"大错误不犯，小错误不断"的软暴力行为，往往在司法执法中形成了"气死公安局，法院没法办，群众有意见"的局面。此次"两高""两部"出台《关于办理实施"软暴力"的刑事案件若干问题的意见》，首次明确将软暴力这一类违法犯罪形式界定为"违法犯罪手段"，系构成黑恶势力犯罪诸多犯罪种类的手段形式之一，在法治轨道上回应了软暴力这一新型黑恶势力犯罪主要行为模式带来的挑战。

——中国人民公安大学靳高风教授

鉴于信息社会背景下，近年来，利用互联网等各种新型信息工具实施软暴力违法犯罪行为的案件快速增加的司法实践状况，意见作出相应规定，实现了网上与网下软暴力的全面打击、一体规范。摆放花圈、断水断电等行为，应当如何与软暴力画等号。意见规定了"量"，即两个"足以"，足以使他人产生恐惧、恐慌进而形成心理强制，或者足以影响、限制人身自由，危及人身财产安全，影响正常生活、工作、生产、经营。意见还规定了6种达到"足以"的情形，其中包括"以黑恶势力名义实施的"。

——中国人民大学法学院程雷教授

"两高""两部"出台《关于办理"套路贷"刑事案件若干问题的意见》，明确了"套路贷"的概念和认定标准，并列举了常见的犯罪手法和步骤。此次意见的出台，有助于准确认定"套路贷"违法犯罪行为，统一司法适用标准，在提升案件办理质量的同时，提高司法效率。"套路贷"是近年新出现的非法占有型侵财类犯罪，是传统高利贷与其他违法犯罪活动结合后的升级版。对于"套路贷"犯罪涉及的财产问题，意见规定犯罪嫌疑人、被告人实施"套路贷"违法所得的一切财物，应当予以追缴或者责令退赔；对被害人的合法财产，应当及时返还。有证据证明是犯罪嫌疑人、被告人为实施"套路贷"而交付给被害人的本金，赔偿被害人的损失后如有剩余，应依法予以没收。对"套路贷"犯罪与黑恶势力犯罪之间的交叉关系进行界定，坚持了罪刑法定的立场，既避免了人为降格，更避免了人为拔高即为完成任务而不加区别地将所有"套路贷"犯罪都认定为黑恶势力犯罪的现象。

——北京师范大学刑事法律科学研究院副院长卢建平教授

意见从制度上重视并加大了对涉案财物的处置力度，以保证从经济上遏制黑恶势力死灰复燃的可能性。如意见明确规定了关于第三人非善意取得涉案财物应当依法追缴的情形，对于"收益"的界定中，也将聚敛、获取的财产投资、置业形成的财产及其收益列在其中,对于涉案财物的追缴力度不可谓不大。另外,黑恶势力犯罪往往会衍生、牵连、依托于其他犯罪行为,因此在打击黑恶势力犯罪的策略上必须"以点带面"。意见对深挖打击黑恶势力犯罪相关经济犯罪,例如洗钱,掩饰、隐瞒犯罪所得、犯罪收益等作出了规定,不可谓不全面。

——武汉大学法学院莫洪宪教授、四川大学法学院万毅教授

来源:京师律师学院

"假官司"数量逐年攀升，民间借贷领域高发

2021年3月4日，最高人民法院、最高人民检察院、公安部、司法部印发《关于进一步加强虚假诉讼犯罪惩治工作的意见》（以下简称《意见》），再一次全面加大对虚假诉讼的制裁力度。

虚假诉讼，俗称"打假官司"，一般表现为当事人或虚构案件事实，或捏造法律关系，或伪造诉讼证据，炮制出假案子、假讼争，意图利用法院裁判权和执行权实现非法目的的诉讼行为。

虚假诉讼主要分为"单方欺诈型"和"双方串通型"两种类型。由于虚假诉讼手段隐蔽，实践中难以甄别，不仅侵害他人合法权益，损害司法权威和公信力，还扰乱市场经济秩序和司法秩序。如何有效打击虚假诉讼引发社会关注。

本期议事厅邀请法学教授、律师，以及民间借贷活跃地区的法官与检察官，围绕虚假诉讼治理展开探讨。

策划主持

新华每日电讯记者　完颜文豪

访谈嘉宾

汤维建：中国人民大学法学院教授
洪道德：中国政法大学刑事诉讼法教授
王朝勇：京师律师事务所总部投资合伙人
李道演：京衡律师事务所副主任、管理合伙人
李　红：广东佛山市顺德区人民法院副院长
程小国：浙江台州市中级人民法院刑一庭庭长
许光勇：浙江台州市检察院第四检察部主任

为何"假官司"数量逐年攀升

一些人将诉讼当成商战,企图通过不正当手段非法获益。

最高检数据显示,2018年至2020年,全国检察机关纠正的虚假诉讼案数分别为1484件、3300件和10090件,呈现逐年攀升趋势。

许光勇: 早在2005年前,司法实践中就已出现虚假诉讼,近年来数量逐渐攀升。主要是违法分子受利益驱动钻法律空子,通过虚假诉讼牟取非法利益。

洪道德: 随着经济快速发展,一些人将诉讼当成商战,企图通过不诚实、不正当的手段非法获益,使社会诚信受到很大破坏。

过去也有虚假诉讼,由于法律不健全、标准不清晰,这类案件基本上按伪证罪、诈骗罪等处理。但这些罪名的构成要件有时跟虚假诉讼不匹配,即使作为妨害民事诉讼行为处理也不准确,所以虚假诉讼很少被当作犯罪处理。

李道演: 2015年施行的《刑法修正案(九)》增设了虚假诉讼罪,2018年和2021年分别出台的司法解释和《意见》,对这类案件的审查更加严格,惩治力度逐渐加大,导致案件数量明显增多。

王朝勇: 狭义的虚假诉讼是指刑法中的虚假诉讼罪,广义的虚假诉讼还包括民事上的虚假诉讼,不一定构成犯罪。虚假诉讼罪仅限于"无中生有型"行为,包括"单方欺诈型"和"恶意串通型"。

汤维建: 社会诚信是诉讼诚信的基本背景。由于社会诚信体系不健全,虚假诉讼就会有滋生的土壤。社会诚信度越低,虚假诉讼率就越高。

极少数司法审判人员甚至还内外勾结,"指导"当事人进行虚假诉讼,有些司法人员为谋取私利,不惜以身试法,通过炮制虚假诉讼进行枉法裁判。

李红: 近年来,诉讼案件本身在逐年上涨,虚假诉讼数量也会水涨船高。在解决执行难过程中,加大了财产处置的力度,当事人对财产的争夺更激烈,虚假诉讼有时就被当成一种手段。还有,立案登记制要求有案必立,但立案阶段缺乏对虚假诉讼的有效拦截机制。

汤维建: 立案登记制度本来是为了更好地保护当事人的诉权,但被有些当事人当成诉讼程序漏洞利用,作为虚假诉讼的"制度保护伞"。

另外,由于实体法律制度不完备,很多虚假诉讼的目的是规避实体法上的要求。比如房屋限购、车辆限买等指标性制度,也为人们通过虚假诉讼规避它们提供了"诱惑"。

洪道德: 有案必立和立案审理是两个概念。有案必立并没有降低法院对案件事实和证据的审查判断标准,也没有降低判决的标准,而虚假诉讼是通过司法机关的审理把虚假内容认定成合法事实。不能把有案必立理解成立而必审、审而必判、判完必赢。

民间借贷何以成"假官司"高发区

能够产生借贷关系的基础法律关系多种多样，最直接的证据"借条""借据"易于伪造。

最高法数据显示，2015年至2020年上半年发现的虚假诉讼中，发案量最高的是民间借贷纠纷案件，占比达46.36%。

王朝勇：虚假诉讼在民商诉讼很多领域都存在，其中民间借贷是重灾区。往往经济越发达的地方，民间借贷越活跃，相对来说，目前广东、浙江、江苏案件数量较多。

近年来，民间借贷中出现的"套路贷"，不少都涉及虚假诉讼。我接触的虚假诉讼受害者，大多是2014年陷入"套路贷"的房地产企业，当年银行压缩银根，地产企业缺钱，有人就故意放贷下套，有的企业上百亿元的资产都被套没了，案中有案非常复杂，光案卷就有几麻袋。

李红：我们对近几年虚假诉讼案件做过分析，涉及民间借贷、劳动争议、破产企业债权确定、拆迁补偿、遗产纠纷等，主要跟执行和破产程序有关。其中，执行程序占比较多，又集中在民间借贷领域，当事人最常见的目的是阻却法院执行，其次是稀释执行债权，以及设立本不存在的优先受偿权。

李道演：2021年出台的《意见》，列举了九种虚假诉讼犯罪易发的民事案件类型，"民间借贷纠纷案件"排在首位，显然是根据司法实践总结出来的。这类案件类型基数大，虚假诉讼自然高发。

不少虚假诉讼的原告从事高利贷行业，为了追求非法利益，捏造事实打官司。还有一些原告以"受害者"自居，抱着侥幸心理希望通过诉讼，挽回自身损失。

程小国：借贷关系是常见的民事法律关系，能够产生借贷关系的基础法律关系多种多样，容易虚构，最直接的证据"借条""借据"易于伪造。

有的出借人为了逐利而不择手段，惯用虚假陈述等手段。还有一些从事高利放贷、实施"套路贷"的人员，为了牟取暴利与黑恶势力相勾结，借款人出于无奈或被胁迫出具虚假凭证、作虚假陈述的屡见不鲜。

许光勇：相较于其他复杂的民事法律关系，民间借贷案件有其特殊性——举证责任相对容易实现，借条、银行转账记录等证据较易获取；诉讼上一般是简易程序，而且很多案件是缺席判决，容易实现虚假诉讼的目的。

从司法机关案件管理角度来说，信息不对称也是虚假诉讼高发的客观原因。比如有的当事人在同一法院，提起几十件甚至几百件民间借贷纠纷诉讼，这种现象本身就不正常。由于不同案件承办人之间沟通较少，加上他们手头案件又多，有些线索容易被忽略。

如何才能识破"假官司"

如果有专业人士在背后指导,证据链就会很完整,虚假诉讼的识别难度更大。

程小国：虚假诉讼具有很强的隐蔽性,特别是"双方串通型"的。当事人之间往往关系密切,恶意串通、虚构事实、炮制证据,以应对司法审查。

一方面,民事债权债务关系无须公示,第三人无从知晓,受害人因不知情而无法提出抗辩；另一方面,民事诉讼中很多当事人为了自身利益,往往不配合法院就案件事实的调查。即便法官通过自由心证认为存在虚假诉讼的可能性,但在没有确切证据的情况下,法律事实和客观事实之间可能存在偏差。

李道演：2015年虚假诉讼入罪时,由于罪名规定太过模糊,司法惩戒与刑事打击界限不清,实践中罪与非罪存在很多争议。

后来的司法解释,明确了只有"无中生有型"虚假诉讼才构成本罪,统一了司法裁判标准。2021年出台的《意见》,列举了七种可能属于虚假诉讼的线索。认定标准详细,在立法层面做了最大可能的覆盖,关键还要靠实践落实。

汤维建：目前,司法考核指标中不仅缺乏对虚假诉讼的量化扣分项目,也缺乏有效的司法责任追究机制。有些司法审判人员盲目追求结案率,对涉嫌虚假诉讼的案件睁一只眼,闭一只眼,通过调解、速裁、司法确认等简易管道,三下五除二迅速作出结案处理,使虚假诉讼得以蒙混过关。

李红：往往有财产打"假官司"才有价值。在执行案件中,一旦查到关联案件且涉及民间借贷,或查到被执行人有财产时,法官一般就会很谨慎。

然而,民事诉讼中有缺席审判、调解结案等审判机制,法官遇到这些情况,没有深入调查的契机,不可能对每一起民间借贷案件都用警惕的眼光审视。

有的案件办完要花几年时间,对次数繁多的小额资金流向,大数据查控能力也有限,法官需要投入很大精力。目前缺乏相应的激励机制,不会单独计算虚假诉讼审查的工作量。

王朝勇："套路贷"领域的诈骗型虚假诉讼中,贷款人为了洗清嫌疑,往往会在合同订立、银行流水单上"绞尽脑汁",披上合法民间借贷的外衣。仅通过书面证据,很难看出贷款人隐藏的非法占有目的。

李红：如果有专业人士在背后指导,虚假诉讼的识别难度更大,证据链会很完整,虚构的事实也符合标准的诉讼要求,无疑会增加法官调查取证、破解虚假诉讼的难度。

许光勇：我们检察院对证据的调查核实措施比较有限,当事人之间借贷资金是否实际交付、归还,我们可以通过银行交易流水查明资金流向。但如果是现金交付,要通过调查出借人是否有出借能力、借款人是否有借款必要等进行综合认定,难度就会大很多。

李红：一般当事人自己做资金流向，可能也就倒腾两手。如果由专业人员来做，则可能五手才能查出来。我们有时候查一个账号，发现资金都不在银行体系了，甚至有一些专业的洗钱手段，资金流向最后就断了。

法官穷尽证据收集手段都追查不出来，即使公安机关介入，侦破难度也很大。司法资源不可能全部投入某一件案件中，法院也要考虑查到什么程度应该放弃。

许光勇：办案时容易找到出借人并调查取证，而很多借款人属于社会失信人员，流动性大，联系方式不明，寻找到他们也是一大难题。

当然，司法机关更要主动作为。法院处在民事诉讼第一线，要运用好发现虚假诉讼的最有利优势；公安机关作为侦查部门，要刚性有力地查办虚假诉讼案件；检察机关要通过法律监督贯通刑事、民事诉讼，畅通查办虚假诉讼的程序问题……

"成本小获利大"惩治难题怎么破

较低罚款或短暂拘留的违法成本明显偏低，助推了虚假诉讼的泛滥和升级。

程小国：虚假诉讼一般成本小、获利大，存在惩治手段不足的困境。从民事惩戒来看，对于虚假诉讼不构成犯罪的，给予行为人罚款、拘留等处罚，对个人和单位的罚款金额，最高分别不超过10万元和100万元。随着经济发展和虚假诉讼行为方式的变化，这一标准很难适应打击需要。

李红：在我们法院，这类案件的财产数额，绝大多数是几十万元起步。制裁力度不足，违法成本太低，罚款数额远低于违法收益，当事人有以小博大的心态。

汤维建：民事诉讼法中，关于虚假诉讼妨碍民事诉讼行为的强制措施与制裁制度不够完善，对妨碍民事诉讼行为的构成要件设置的门槛过高，使很多虚假诉讼得以逃脱制裁。

另外，司法公开制度、陪审制度、第三人诉讼告知制度、检察监督重点跟踪制度等落实得不够理想，对虚假诉讼的监督和惩治效果不佳。

李红：法律适用上还有难点，民事诉讼中是否认定虚假诉讼，刑事上是否构成虚假诉讼犯罪，是此罪还是彼罪，在犯罪形态、量刑情节等方面存在较大争议。

目前司法资源比较匮乏，是否应投入到打击虚假诉讼领域，在不同地区和时期，各级司法机关也会有不同考量。

程小国：就刑事打击而言，虚假诉讼罪限于"无中生有型"虚假诉讼行为。而对"部分篡改型"虚假诉讼行为，既不能以虚假诉讼罪定罪处罚，一般也不宜以诈骗罪、职务侵占罪等侵财类犯罪定性处理，往往以罚款、拘留等措施进行处罚，刑事打击力度有限。

汤维建：虚假诉讼只有造成严重后果，才能被纳入刑事犯罪进行制裁，未能让以身试法者心生畏惧。而较低罚款或短暂拘留的违法成本明显偏低，"低投入、高产出"这一扭曲性机制，助推了虚假诉讼的泛滥和升级。

李红：刑事责任的量刑相对较低，有文章对2015年到2018年全国法院的138篇虚假诉讼裁判文书进行分析，所处的刑罚都是用虚假诉讼罪中的第一档，就是三年以下有期徒刑、拘役或者管制，而且适用缓刑率很高。

有的虚假诉讼被发现后，当事人最多把应该偿还的债务还上，和受害人达成和解、取得谅解，从而获得从轻处罚。

程小国：不同法院之间缺乏审判信息沟通平台，法院与检察院、公安机关等部门，也缺乏有效的信息交流共享渠道，法官办案时难以全面掌握当事人的财产状况、信用记录等信息。各部门需加强协同治理，建立线索移送、结果反馈机制。

李红：从2012年到2019年，我们法院审理的涉及虚假诉讼犯罪案件有九件，每年对以虚假诉讼扰乱民事诉讼秩序的处罚有二三十件。

我们法院虽然做过工作指引和协调机制，但要更细化并能指导实际工作。目前案件积累还不够，在诉讼中占比没那么高。

汤维建：还需要以虚假诉讼惩治为切入点，完善司法考核和司法伦理制度，进行常规性司法反腐。一些法律服务者的职业操守尚需提升，法律服务业唯利是图、缺乏有效监督的倾向有待遏制。

许光勇：非法获取利益是虚假诉讼的根源，要有效打击就要切断利益链，消除通过虚假诉讼获得的非法利益。在承担民事责任的基础上，通过对虚假诉讼产业链等施以刑事责任，尽可能压缩虚假诉讼赖以生存的利益空间。另外，还要加强普法宣传，动员社会力量共同参与"诉讼打假"。

汤维建：实践中许多假离婚的形成，与拆迁、征用补偿、规避税费等问题联系密切。当前，有针对性地、系统地梳理实体法中的制度性缺陷，堵住通向虚假诉讼的实体法之路，是难以绕开的立法完善和制度建设课题。

王朝勇：现实中还有虚假仲裁和虚假公证行为。由于仲裁裁决书不公开，有的当事人不申请执行，直接当作另案的证据，或在企业破产中直接抵债。虚假仲裁只有申请执行才构成犯罪，这就留出了逃避空间。建议增设虚假仲裁罪和虚假公证罪，或列入虚假诉讼罪处理。

如何完善受害人救济途径

目前最大障碍在于救济途径不通畅，导致一些受害人告状无门。

程小国：虚假诉讼受害人一般包括诉讼参加人和案外人。诉讼参加人的救济重心是取证和证明，要在诉讼过程中积极抗辩，提供反证来证明原告的主张或证据是虚假的，揭开虚假诉讼的面纱。当无法取得有利证据时，申请法院依职权调查取证，或判决后向检察机关申诉、向公安机关报案。

案外人的救济难点不仅是取证和证明，还要找到合适的路径让案件进入司法程序。主要救济途径有向法院申请再审、向检察院申诉、提起案外人执行异议之诉、另行起诉和提起第三人撤销之诉等。

近年来，我们台州法院集中打击虚假诉讼，发布典型案例，民众法律意识日益增强，受害者更积极地通过法律途径维权或向司法机关举报控告。

李道演：在虚假诉讼犯罪案件中，我曾为被告人做过成功辩护，也替受害人进行刑事控告，后者的难度相对更大。对受害人而言，输了官司，失去的不只是金钱，还有对法律的信心。

洪道德：目前最大障碍在于救济途径不通畅，一些地方的法院和公安机关来回"踢皮球"，导致受害人告状无门。个别地方公安机关的态度是，这种案件一般不接受个人的举报控告，只接受法院的移送。

有的民事诉讼受标的大小影响，二审就到了高级法院。有的基层公安机关错误地理解为，自己无权否定高级法院的事实认定。其实，公安机关对刑事案件要不告而理，主动出击，负有证明责任，个人只要举报控告就行了。

王朝勇：在我接触的案子中，有的老太太一辈子的积蓄都被骗走了，有理也打不赢官司；有的受害人在法律救济中遇到移送难、立案难的问题。

如果虚假诉讼案件涉嫌犯罪，律师要求法官移交公安，而法官不移交，仍按照一般民事诉讼程序审理，就有可能涉嫌民事枉法裁判罪。当然，公安局也有义务立案，因为这是公诉案件，并不以法院、检察院移交为前提。

李红：我们法院移送案件，一定要去调查取证，提供基础证据，公安机关才会顺着线索去侦查，不能有合理怀疑就移送。

但民刑衔接上不太顺畅，什么案子应该移送，什么情况应该立案，标准还不太明确。虚假诉讼还存在民刑交叉的难点，刑事法官未必清楚民事诉讼中的取证和证据流转，民事法官可能对刑事标准比较模糊。

洪道德：为了避免地方保护主义，可以考虑第三方指定管辖，把个案指定管辖延伸至类案。比如，一个省指定几个审理虚假诉讼案件比较成熟的法院，并指定由哪些公安机关负责。至少在这一地区，这类案件的证明标准、办案程序能统一起来。

李红：有的受害人没有很强的救济动力，一方面，举证难度大，维权成本较高，而获得的损害赔偿金额并不多；另一方面，被执行人本身财产就不多，有的判决后也很难执行，受害人拿不到财产。

如果属于稀释债权的案件，则涉及较多债权人，单个债权人也不愿揽下维权责任，自己要投入100%的成本，收益反而会被稀释。

王朝勇：虚假诉讼案件被查清后，财产能恢复到原来的状态。如果受害人被拘留或判刑，恢复自由后就可以依法申请国家赔偿。

来源：新华社

检察院在打击虚假诉讼、虚假仲裁工作过程中可以大有作为！

虚假诉讼，俗称"打假官司"（虚假仲裁申请执行就构成了虚假诉讼）。当前，司法实践中虚假诉讼时有发生，表现为：当事人或虚构案件事实，或捏造法律关系，或伪造证据，炮制出假案子、假纷争，只为获取非法利益。这种行为不仅恶意利用国家司法制度实现个人目的，还侵害了他人的合法权益，严重破坏了社会诚信，有违诚实信用原则，损害了司法的公平、公正和公信。

虚假诉讼扰乱了司法秩序，损害了司法权威和司法公信力，也是诚信社会建设的破坏力量，引起了全社会的关注。2014年10月，党的十八届四中全会通过了《中共中央关于全面推进依法治国若干重大问题的决定》，明确提出要加大对虚假诉讼的惩治力度。2015年8月，《中华人民共和国刑法修正案（九）》增加了虚假诉讼犯罪。最高人民法院于2016年6月专门制定了《关于防范和制裁虚假诉讼的指导意见》。2018年9月26日，最高人民法院、最高人民检察院通过了《关于办理虚假诉讼刑事案件适用法律若干问题的解释》，自2018年10月1日起施行。根据最高人民检察院部署，在全国各级检察机关的共同努力下，虚假诉讼监督工作取得了明显成效。

近年来，虚假诉讼在民商事审判多领域频发，主要集中在民间借贷纠纷、房地产权属纠纷、离婚涉财纠纷、追索劳动报酬几类。其中，民间借贷纠纷是虚假诉讼的"重灾区"。

随着虚假诉讼案件监督工作的深入开展，检察机关涉足的案件类型不断增多，监督领域也在不断扩展。在以下方面有新变化、新花样：积极发现、查处涉及黑恶势力的虚假民事诉讼案件；加大对农村土地承包经营权、道路交通事故案等虚假诉讼案件的监督力度；着力查办制约当地经济社会发展的拆迁安置、房地产权属、建设工程合同案等领域的虚假诉讼案件；此外，对于机动车保险、医疗保险、企业财险等保险理赔类虚假诉讼案件，涉及虚假仲裁、虚假债权转让、虚假公示催告、虚假司法确认等领域的虚假诉讼案件，加大发现与查处力度。

2019年5月22日，最高人民检察院召开"打击虚假诉讼 共筑司法诚信"新闻发布会，通报近年来检察机关加强虚假诉讼监督工作情况，发布最高检第十四批指导性案例，其中共包括5个虚假诉讼民事监督案例：广州乙置业公司等骗取支付令执行虚假诉讼监督案、武汉乙投资公司等骗取调解书虚假诉讼监督案、陕西甲实业公司等公证执行虚假诉讼监督案、福建王某兴等人劳动仲裁执行虚假诉讼监督案、江西熊某等交通事故保险理赔虚假诉讼监督案。主要意义在于：一是以案释法，缓解法律供给不足的困扰；二是彰显与强化诚实信用理念，共筑社会诚信体系；三是立足基础性工作，强化法律监督职能。

目前来看，虚假诉讼有七难，发现难、查证难、移送难、立案难、协调难、监督难、追责难。最高人民检察院新一届党组从新时代检察工作谋篇布局的高度，强调刑事、民事、行政及公益诉讼检察职能要全面、协调、充分发展。民事检察部门加大对虚假诉讼的监督力度，监督效果日渐凸显，社会认识度显著提升，虚假诉讼监督已逐渐成为做强民事检察工作的着力点。

检察院在打击虚假诉讼、虚假仲裁工作过程中可以大有作为，主要从以下四个方面来分析：

第一，基本办案情况及成效。依据最高人民检察院公布的最新数据，2023年1—6月，全国检察机关提出的民事诉讼监督意见中涉及虚假诉讼4700余件。依据2022年《最高人民检察院工作报告》，五年来，全国检察机关对民事审判和执行活动中的违法情形提出检察建议38.4万件，比前五年上升88.5%，采纳率98.7%。对专项监督民间借贷、破产清算、离婚析产等领域打"假官司"问题，依法纠正4万余件，起诉虚假诉讼犯罪5121人。就民事公告送达不尽规范和虚假诉讼问题向最高人民法院发出第二号、第五号检察建议，得到积极回应。2022年，全国检察机关提出的民事诉讼监督意见中涉及虚假诉讼9700余件。截至2022年底，民事案件虚假诉讼智慧监督系统覆盖31个省级区域，共申请开通账号1973个，访问量9.6万余人次，有力提升监督质效。2022年1月至11月，全国检察机关共办理虚假诉讼监督案件8900余件，其中，提出抗诉1200余件，提出再审检察建议4700余件。2019年，全国检察机关办理虚假诉讼案件1900件，其中提出抗诉的虚假诉讼案件1770件，占当年民事抗诉案件总数的35%，提出再审检察建议的虚假诉讼案件4600件，占当年提出再审检察建议案件总数的57%。2020年，全国检察机关办理虚假诉讼案件10090件，其中提出抗诉的虚假诉讼案件1785件，占当年民事抗诉案件总数的36%，提出再审检察建议的虚假诉讼案件5933件，占当年提出再审检察建议案件总数的59%。2021年，全国检察机关受理虚假诉讼案件8816件，其中提出抗诉的虚假诉讼案件1699件，占当年民事抗诉案件总数的32%，提出再审检察建议的虚假诉讼案件5066件，占当年提出再审检察建议案件总数的58%。依据2021年《最高人民检察院工作报告》，2021年以抗诉或再审检察建议纠正"假官司"8816件、起诉虚假诉讼犯罪1135人，同比分别下降12.6%和16.1%。山西、内蒙古、黑龙江、广西等11个省区市建立民事诉讼监督案件正卷、副卷一并调阅制度，把握案情更全面，检察监督更精准。2017年至2019年3月，全国检察机关共监督虚假诉讼民事案件5455件，其中，2017年办理1920件、2018年办理2883件、2019年第一季度办理652件。办理的生效判决、裁定、调解书监督案件主要集中在民间借贷纠纷、房地产权属纠纷、追索劳动报酬等领域。在提出抗诉和再审检察建议的3927件案件中，借款纠纷2199件，占全部监督案件的56%；劳动合同纠纷474件，占全部监督案件的12%；房屋买卖合同纠纷169件，占全部监督案件的4.3%。检察机关在防范打击虚假诉讼中的作用日益彰显，取得了一定成效。

第二，检察机关坚持以办案为中心，为人民群众提供更好更优更实的检察产品。"一个案例胜过一沓文件。"全国各级检察机关坚持以人民为中心的发展思想，在办案中监督，在监督中办案，以为人民群众、为社会和时代提供更好更优更实法治产品、检察产品为目标，依法办理了一批虚假诉讼案件。特别是，聚焦民间借贷纠纷、劳动争议纠纷、交通事故赔偿纠纷以及保险理赔纠纷等领域开展精准监督，办理了一批典型案件，通过法院再审、撤销，改变了基于虚假诉讼形成的生效判决书、调解书，维护了司法公正和司法权威，为经济社会发展提供了法治保障。各地及时总结提炼典型案件的经验做法，加强案例指导，并通过新闻发布会向社会公开，真正达到"办理一案、公示一片、教育一面"的办案效果，赢得人民群众普遍认同。

第三，检察机关用足用好调查核实权，夯实监督查证基础。检察机关积极研究探索调查核实权的运用规律，综合运用查询、调取证据材料、询问当事人或案外人以及委托鉴定等调查措施，并借助公安技侦手段等，形成了各具特色的经验做法，提升案件突破能力。吉林省检察机关将调查核实权作为查办虚假诉讼的必要程序，固定基础证据。山西省检察机关把握阅卷求深、询问求全、鉴定求真三项基本原则，充分运用法律赋予的调查核实权，查明事实、固定证据，为监督工作的开展奠定坚实基础。

第四，检察机关强化外部协作，形成打击防范合力。为加强对虚假诉讼行为的防范和查处，各地检察机关注重加强与法院、公安、司法行政等部门的沟通协调，通过个案协商、联席会议、研讨交流、联合调研等方式，争取各方支持和配合，整合打击防范虚假诉讼监督合力。部分地方的省级检察机关与省法院、省公安厅、省司法厅联合发文，明确分工负责、协作配合，共同防范和查办虚假诉讼，如广东、浙江、江苏、重庆、福建等地均发布了相关文件，为加强各相关单位的协调配合奠定了基础，提供了具体指引。河南省人民检察院与省律师协会及学者代表召开打击虚假诉讼座谈会，就虚假诉讼案件的认定标准、线索来源、监督方式等进行研讨，并就建立定期交流、线索移送等达成共识。江西省人民检察院于2019年4月下发《全省检察机关深化民事虚假诉讼监督工作实施方案》通知，明确要求全面加强和完善民事检察部门与检察机关各职能部门以及与监察委、人民法院、公安机关、司法行政机关之间的协调配合，形成防范和查处虚假诉讼的合力。

2021年，全国检察机关积极构建一体化办案机制，严厉打击虚假诉讼犯罪。刑事检察与民事检察同步推进、证据互通、程序互促、成果共享、以案挖案。如广西梧州检察机关在办理一件组织、领导、参加黑社会性质组织犯罪案中共发现虚假诉讼线索50多条。

检察机关聚焦重点领域和关键环节，扩大虚假诉讼监督范围。对劳动争议、保险理赔、民间借贷等虚假诉讼"高发区"进行重点审查，针对借款合同、买卖合同、劳动合同等领域的虚假诉讼问题提出抗诉1200余件。深挖虚假诉讼案件背后司法人员违法问题。在民事检察监督中移送涉嫌虚假诉讼线索500余件，实现"对案监督"和"对人监督"的有机结合。

来源：京师律所

指导性案例：律师办案的指南针

"判例制度"在我国源远流长，对社会治理起着重要作用。最高人民法院于2005年将指导性案例制度正式列入司法改革纲要；于2010年11月发布《关于案例指导工作的规定》（以下简称《规定》），标志着指导性案例制度在法律体系中正式施行；于2015年发布《〈关于案例指导工作的规定〉实施细则》（以下简称《细则》），详细规定指导性案例适用的办法。截至2022年1月21日，最高人民法院已发布31批指导性案例（包括生物多样性保护专题指导性案例），最高人民检察院已发布32批指导性案例。

指导性案例制度在当前的司法改革中极具创新性，能够有效解决司法实践中法律适用不统一的问题，因此在律师办案中具有重要意义，是律师办案的指南针。

1. 指导性案例的概念

最高人民法院在颁布的《规定》第二条中给出指导性案例概念的定义："本规定所称指导性案例，是指裁判已经发生法律效力，并符合以下条件的案例：（一）社会广泛关注的；（二）法律规定比较原则的；（三）具有典型性的；（四）疑难复杂或者新类型的；（五）其他具有指导作用的案例。"

要准确把握指导性案例的概念，就要清晰掌握案例与案件的差异。案件是每一个独立的个案，法官要审理社会生活中各种民事、刑事等类型的案件，根据相关法律规范作出相应的判决，此判决只是单独地对这个案件本身产生了拘束力，对其他案件不产生拘束力。案例则是按照一定标准从案件中遴选出来的，是一个确定生效的法律判决，例如，在案件审判中没有具体的法律规则和司法解释作为依据，并且该案属于疑难复杂和新类型的案件，同时在社会上产生了很大的影响，在实务与理论界都具有典型案件的特征，这才有可能被确定为案例。相对于案件的拘束力，案例的拘束力要远远超过每一个独立的个案，并且对日后法官审理相应类似案件产生一定的约束力和发挥积极的作用。

2. 指导性案例的功能

第一，有利于实现司法公正。公平正义是司法运行的目的，是体现国家法治程度的重要因素，社会正义是实现司法公平的前提，司法公平也反映出社会正义的存在。这就要求在司法面前每个公民都要得到公平公正的对待，要坚持把"同案同判"的原则融入司法实践，在审理相似的案件时要对法律规范进行全面把握。但是，同样的问题和情况要得到相同的处理在现实中是很难实现的，此时指导性案例就起到了统一司法裁判的作用，有利于保证裁判结果的公平正义。

第二，有利于统一司法适用标准。指导性案例主要由七部分构成，每个部分发挥着不同的作用。尤其在裁判理由方面，具体问题具体分析保证了不会产生歧义，规范明确、具体，并详细论述出指导性案例裁判结果的正当性，使案件在审理时的操作性更强。这样的构成形式有利于在审判中统一司法适用的标准，规范法官自由裁量权的行使。

第三，有利于弥补立法不足。社会生活变化迅速，法律的修改并不能过于频繁，此时法律局限性在司法实践中往往会日渐显露，但指导性案例能够不断更新，对社会新矛盾和新问题迅速作出回应。边沁构建"完全法"的观点提出后，西方学术界产生了广泛的讨论，即能否形成一套完美的法律理论体系。哈特努力构建起一种具有普遍指导意义的法律架构来管理社会生活，韦伯则指出完美的法律体系依靠着系统性的规则支配。不论法律体系中的成文法有多么神通广大，其都逃不出社会现实无情的刁难。美国学者博登海默认为，法律规范自身必然存在着局限性，成文法具有两个方面的不足：一方面是成文法固有的僵硬化，另一方面是成文法对将来日后的社会纠纷没有明确的法律规定。综上所述，虽然有的学者认为理想化的成文法可以"全方位、无死角"地指导司法实践，但是社会经济快速的发展，带来生活中的矛盾逐渐变得多样化、复杂化，传统成文法滞后性的弊端会毫无疑问地暴露出来。最高人民法院通过遴选并发布一系列指导性案例正好解决了成文法的弊端，将指导性案例具有的灵便性与成文法自身的稳定性相结合，以此有助于实现我国司法适用的公正性和统一性。

3. 指导性案例的效力定位

参照和适用指导性案例的重要功能之一就是"同案同判"。这就要求法官找到案件之间的关联和相似之处，公平正确地对待案件的事实，并且让当事人能得到正义的判决，可以看出最高人民法院公布一系列指导性案例具有现实的紧迫性。

指导性案例的效力主要来源于以下文件：（1）最高人民法院发布的《规定》与《细则》。其中，《规定》明确了最高人民法院是指导性案例的制定主体和发布主体，其依据为《中华人民共和国人民法院组织法》的相关规定；《细则》进一步明确了指导性案例的标准、指导性案例推荐的主体和程序以及在审判中如何参照适用指导性案例。（2）最高人民检察院发布的《最高人民检察院关于案例指导工作的规定》。（3）党的十八届四中全会《中共中央关于全面推进依法治国若干重大问题的决定》。（4）最高人民法院发布的《人民法院第二个五年改革纲要（2004—2008）》。对于指导性案例的效力定位可以从以下几个层面进行考虑：

第一，如何理解"应当参照"。指导性案例的效力更适合归纳为"事实上的指导"而非规范意义上的指导。指导性案例虽然不能在个案的审判中作为法律依据被援引，但其对抽象法律条文及法律概念作出的具体说明以及应当如何理解与使用，仍然具有积极的意义。指导性案例虽然没有法律上的约束力，但具有事实上的约束力。在法律地位的认定上，最高人民法院已将指导性案例的作用定位于"指导"。"指导"的效力不同于"参考"的效力，但又区别于判例法中的"遵循先例"，这就要求指导性案例应当具有事实上的约束力。而事实上的约束力实际上就是从审判和司法的角度，给法官增加一种对指导性案例的注意义务，并通过实体及程序性的规则加以保障。

第二，如何理解类似案件。指导性案例与成文法以案件事实为前提，解释适用与法律规则的推理方式不同，指导性案例的适用方式关键在案件事实与个案的类似性。判断"类似"需要将确定的指导性案例与案件进行比较，学术界对于比较内容虽然存在争议，但比较的着眼点在确定争议焦点上，即实践中的裁判要点。通过判断争议案件的事实与裁判要点的事实的相似程度，决定是否援引指导性案例。但这种类比推理方法需要法官以主客观相结合的方式对案件作出裁判，对法官自身的能力提出了更高要求。

第三，如何理解参照内容。根据《细则》第九条规定，各级人民法院对指导性案例参照部分仅限裁判要点。目前在学术界，关于指导性案例中具有"参照"效力的部分问题持有多种观点。李友根教授主张只有裁判要点为参照内容。王利民教授主张参照内容不应包括裁判要点而应包括相关法律理由。刘作翔教授主张参照内容应当同时包括裁判要点和法律理由。笔者认为，应当参照的是指导性案例中审判人员作出该裁判的理由，即案件裁判过程中的价值判断、逻辑思维方式及司法理念。在实践中，争议案件的事实与指导性案例的事实具有相似性或者类似性，参照内容包括裁判理由更合乎案件需要，也有利于法官对指导性案例的理解，从而更有效地作出裁判。

4. 案例是律师办案的指南针

指导性案例在律师办案过程中可以起到指南针的作用。办案律师应当对最高院发布的指导性案例给予充分关注，成为研究和适用指导性案例的重要力量，为具体案件的承办提供新的发展助力。

第一，指导性案例可以为律师办理案件提供思路。指导性案例的报送、筛选、发布、编纂、评估、应用、清理等都经过严格审查，保证了案件的规范性和实效性。律师在办案时借鉴最高人民法院与最高人民检察院颁布的指导性案例，对同类案件的理解和把握会更加深刻，对自己正在办理的案件有更加清晰的认识，有利于确定正确办案思路。

第二，指导性案例可以帮助律师准确把握争议焦点。在司法实践中，同类案件的争议焦点往往极具相似性，最高人民法院和最高人民检察院颁布的指导性案例可以帮助律师准确把握案件的争议焦点，在案件的审理过程中更准确地为案件"把脉"；同时指导性案例有利于纠正"类案不同判"现象，更好地维护公民合法权益。

第三，指导性案例可以帮助律师更直观地理解司法政策、法律规定的精神和内涵。不同地区不同时期的司法政策和法律规定常常具有时代特色，有最高人民法院与最高人民检察院的指导性案例作指导，律师在办案过程中可以更直观地理解司法政策、法律规定的精神和内涵，让当事人在案件中感受到法律的公平正义。

来源：京师刑委会

企业合规视角下的虚假诉讼

2020年初，最高人民检察院提出"依法能不捕的不捕、能不诉的不诉、能不判实刑的就提出适用缓刑建议"的检察政策。2020年3月，最高人民检察院在上海浦东、金山，江苏张家港，山东郯城，广东深圳南山、宝安等6家基层检察院，涉案违法犯罪依法不捕、不诉、不判处实刑的企业合规试点改革正式拉开帷幕。最高人民检察院党组书记、检察长张军在第三届民营经济法治建设峰会上作主旨演讲时指出，企业合规，旨在检察机关在落实"少捕慎诉慎押"刑事司法政策的同时，督促涉案企业作出合规承诺并积极整改，既促进涉案企业合规守法经营，也警示潜在缺乏规制约束的企业遵纪守法发展，营造法治化营商环境。

但近年来，一些市场活动参与者为了追求非法利益或逃避应负的法律责任，不惜以捏造的事实向法院起诉。其中不乏一些公司企业，风险防范的管理意识缺失，亦没有守法合规的经营意识，在企业治理过程中奉行经济利益至上的价值导向，不惜违背信用原则，参与虚假诉讼，借此获得非法债权，或者逃避债务。此举不仅侵害了第三方民商事主体的合法权益，也扰乱了司法秩序，更损害了社会诚信，阻碍了民营经济发展和营商环境建设。可以说，对虚假诉讼行为的打击，亦是规范企业合规、优化法治营商环境的重要手段。

近几年，虚假诉讼出现率逐年递增。中国裁判文书网司法案例数据库的大数据显示：2015年11月至2020年12月全国虚假诉讼罪案件共计1081件，其中包含一审案件1017件、二审案件63件、再审案件1件，案件类别包括公诉案件与自诉案件，案件审级包括一审、二审和再审。各年份虚假诉讼案件数量分别为2015年1件、2016年39件、2017年105件、2018年206件、2019年341件、2020年389件。2015—2020年度全国虚假诉讼罪案件中，民间借贷、建筑业及服务业是本罪发生的主要领域，其余领域为房屋买卖、婚姻、租赁、征地拆迁、股权纠纷、担保纠纷、继承等。在虚假诉讼罪案件地域分布情况中，前十个省份的案件数量占案件总数70%以上，其中浙江省219件、江苏省112件、山东省77件、上海市65件、辽宁省61件、河南省58件、福建省51件、广东省

48件、安徽省43件、黑龙江省39件。2015—2020年度虚假诉讼罪案件中，涉案金额在1万元以下的4件、1万元（含）到5万元的50件、5万元（含）到10万元的125件、10万元（含）到100万元的373件、100万元（含）到1000万元的290件、1000万元（含）到5000万元的78件、5000万元及以上的5件，涉案金额不详的206件。

一、司法改革进程对虚假诉讼的规制

基于虚构证据而提起虚假诉讼的现象一直存在，只是近年来频率增加。就目前来看，我国对虚假诉讼的规制主要表现在以下方面。

1. 虚假诉讼符合侵权责任的构成，民法中可适用侵权归责

"诚实信用原则"（bona fides）在民法领域被称为"帝王条款"，《中华人民共和国民法典》第七条规定："民事主体从事民事活动，应当遵循诚信原则，秉持诚实，恪守承诺。"民事诉讼法第十三条第一款也规定了诚信原则。对此，王利明教授认为，诚实信用要求处于法律上特殊联系的民事主体应忠诚、守信，做到谨慎维护对方的利益、满足对方的正当期待、给对方提供必要的信息等。这虽属法律原则而不能直接适用，但这种法治精神是贯穿整个诉讼过程的。虚假诉讼是对诚信原则的践踏，在民法领域完全可归为侵权责任领域，适用"过错归责"。

2. 新民事诉讼法对虚假诉讼的最新修订

民事诉讼法第十三条第一款规定"民事诉讼应当遵循诚信原则"，以法条的形式确定了诚信原则在诉讼法的地位。宋朝武教授认为，诚信原则在民事诉讼法中主要体现在：当事人真实陈述义务，促进诉讼进行的义务，禁止以欺骗的方法形成不正当的诉讼状态，诉讼上权能的滥用等。尽管法律以条文的形式规定了当事人的诚信义务，但囿于经济利益的诱惑，许多人倾向于利用虚假诉讼的外衣掩盖其非法获取利益的行为。2024年正式施行的修订后的民事诉讼法，在法律层面上对其作出了明确规定。其中，该法第一百一十五条规定："当事人之间恶意串通，企图通过诉讼、调解等方式侵害国家利益、社会公共利益或者他人合法权益的，人民法院应当驳回其请求，并根据情节轻重予以罚款、拘留；构成犯罪的，依法追究刑事责任。当事人单方捏造民事案件基本事实，向人民法院提起诉讼，企图侵害国家利益、社会公共利益或者他人合法权益的，适用前款规定。"第一百一十六条规定："被执行人与他人恶意串通，通过诉讼、仲裁、调解等方式逃避履行法律文书确定的义务的，人民法院应当根据情节轻重予以罚款、拘留；构成犯罪的，依法追究刑事责任。"

3. 新《最高人民法院关于适用〈中华人民共和国民事诉讼法〉的解释》关于虚假诉讼的规定

第一百一十条　人民法院认为有必要的，可以要求当事人本人到庭，就案件有关

事实接受询问。在询问当事人之前，可以要求其签署保证书。

保证书应当载明据实陈述、如有虚假陈述愿意接受处罚等内容。当事人应当在保证书上签名或者捺印。

负有举证证明责任的当事人拒绝到庭、拒绝接受询问或者拒绝签署保证书，待证事实又欠缺其他证据证明的，人民法院对其主张的事实不予认定。

第一百九十条　民事诉讼法第一百一十五条规定的他人合法权益，包括案外人的合法权益、国家利益、社会公共利益。

第三人根据民事诉讼法第五十九条第三款规定提起撤销之诉，经审查，原案当事人之间恶意串通进行虚假诉讼的，适用民事诉讼法第一百一十五条规定处理。

第一百九十一条　单位有民事诉讼法第一百一十五条或者第一百一十六条规定行为的，人民法院应当对该单位进行罚款，并可以对其主要负责人或者直接责任人员予以罚款、拘留；构成犯罪的，依法追究刑事责任。

第二百九十九条　第三人撤销之诉案件审理期间，人民法院对生效判决、裁定、调解书裁定再审的，受理第三人撤销之诉的人民法院应当裁定将第三人的诉讼请求并入再审程序。但有证据证明原审当事人之间恶意串通损害第三人合法权益的，人民法院应当先行审理第三人撤销之诉案件，裁定中止再审诉讼。

4.《最高人民法院关于审理民间借贷案件适用法律若干问题的规定》关于虚假诉讼的规定

第十八条　人民法院审理民间借贷纠纷案件时发现有下列情形之一的，应当严格审查借贷发生的原因、时间、地点，款项来源，交付方式，款项流向以及借贷双方的关系、经济状况等事实，综合判断是否属于虚假民事诉讼：

（一）出借人明显不具备出借能力；

（二）出借人起诉所依据的事实和理由明显不符合常理；

（三）出借人不能提交债权凭证或者提交的债权凭证存在伪造的可能；

（四）当事人双方在一定期限内多次参加民间借贷诉讼；

（五）当事人无正当理由拒不到庭参加诉讼，委托代理人对借贷事实陈述不清或者陈述前后矛盾；

（六）当事人双方对借贷事实的发生没有任何争议或者诉辩明显不符合常理；

（七）借款人的配偶或者合伙人、案外人的其他债权人提出有事实依据的异议；

（八）当事人在其他纠纷中存在低价转让财产的情形；

（九）当事人不正当放弃权利；

（十）其他可能存在虚假民间借贷诉讼的情形。

第十九条　经查明属于虚假民间借贷诉讼，原告申请撤诉的，人民法院不予准许，并应当依据民事诉讼法第一百一十二条（现民诉法第一百一十五条）之规定，判决驳回其请求。

诉讼参与人或者其他人恶意制造、参与虚假诉讼，人民法院应当依据民事诉讼法第一百一十一条（现民诉法第一百一十四条）、第一百一十二条（现民诉法第一百一十五条）和第一百一十三条（现民诉法第一百一十六条）之规定，依法予以罚款、拘留；构成犯罪的，应当移送有管辖权的司法机关追究刑事责任。

单位恶意制造、参与虚假诉讼的，人民法院应当对该单位进行罚款，并可以对其主要负责人或者直接责任人员予以罚款、拘留；构成犯罪的，应当移送有管辖权的司法机关追究刑事责任。

5.《最高人民法院关于防范和制裁虚假诉讼的指导意见》

2016年6月20日，最高人民法院针对当前虚假诉讼常发的现状出台《最高人民法院关于防范和制裁虚假诉讼的指导意见》（以下简称《意见》），对虚假诉讼再出组合拳。《意见》根据民事诉讼法等法律，结合司法领域虚假诉讼实际情况，对虚假诉讼的界定、虚假诉讼的表现特征、认定虚假诉讼的途径和方法、对参与虚假诉讼不同主体的制裁以及对虚假诉讼的防范等问题作出详细规定。其中，明确了虚假诉讼的构成要件，即双方当事人恶意串通，虚构事实，以规避法律法规或国家政策谋取非法利益为目的，借用合法的民事程序侵害国家利益、社会公共利益或者案外人的合法权益。

《意见》列举了几种虚假诉讼的表现形式，如当事人之间关系密切、当事人诉求不合常理、双方积极申请调解并迅速达成调解协议等，以此提醒各级法院在审理此类民事诉讼时应加大对各种证据的审查力度，并尝试使用作证前宣誓制度来提升证人证言的可采性。

《意见》的亮点在于对虚假诉讼的惩治配套措施，《意见》第11条、第12条、第13条规制了制造虚假诉讼的当事人承担的后果，如将其列入失信人名单、驳回撤诉请求、承担刑事责任等；《意见》第14、第15条、第16条是对除当事人以外其他参与诉讼的主体应承担的惩罚性后果列举。由此可以看出，在惩治虚假诉讼相关责任人方面，最高法正在构建一个综合性立体式的责任承担框架，其集民事责任、刑事责任、行政责任于一体，有效地威慑了试图虚构诉讼损害国家、集体、第三人利益的行为人。此外，《意见》对执法部门提出了更高的要求，督促执法人员加强学习，提高对虚假诉讼的识别能力；各部门之间应积极探索建立多部门协调配合的综合治理机制。《意见》的出台不仅是最高法对当下虚假诉讼现象的大力出击，更是司法部门从司法领域维护市场经济有序进行的表现。

《意见》共18条，比较全面地构建起包括虚假诉讼的释明机制、发现机制、识别机制和制裁机制在内的一整套制度体系。《意见》主要包括以下内容：一是明确虚假诉讼的构成要素，使制裁更有针对性，有的放矢。明确虚假诉讼包括以规避法律法规或国家政策谋取非法利益为目的、恶意串通、虚构事实、借用合法的民事程序，以及侵害国家利益、社会公共利益或者案外人的合法权益等五个核心要素。二是对审判实践中经常发生的虚假诉讼特征进行归纳总结，要求对具有一个或多个特征的案件高度警惕，严格审查。三是要求在查证事实过程中，严格准确适用民事诉讼法及其司法解释的相关规定。比如，适当加大依职权调查取证力度，探索建立当事人和证人宣誓制度，严格适用自认规则等。四是建立多维度立体的虚假诉讼惩罚制度，从妨碍民事诉讼的强制措施、民事赔偿责任到追究刑事责任，层层递进，逐步加重。五是多管齐下，力争让虚假诉讼无所遁形。要求各级法院逐步与现有相关信息平台和国家征信体系接轨，加大与其他部门的协调力度。六是区分人民法院工作人员、诉讼代理人、鉴定机构等不同主体，在现有法律框架内，分别制定具有针对性的惩罚措施。此外，《意见》还对设立立案警示制度、加强司法能力建设等方面作出了规定。以上规定对于防范和制裁虚假诉讼、维护司法权威、推进社会诚信建设将起到重要作用。

据介绍，2013年以来，最高人民法院先后下发了《关于房地产调控政策下人民法院严格审查各类虚假诉讼的紧急通知》和《最高人民法院关于清查"以房抵债"等虚假诉讼案件的意见》，严厉打击房地产领域虚假诉讼行为。此次《意见》的发布，旨在对所有虚假诉讼行为进行全面防范和制裁，表明"零容忍"的态度和立场，引导当事人诚信诉讼。《意见》是在充分调研、总结相关工作经验的基础上制定的。

6.《最高人民法院、最高人民检察院关于办理虚假诉讼刑事案件适用法律若干问题的解释》

最高人民法院、最高人民检察院公布《关于办理虚假诉讼刑事案件适用法律若干问题的解释》（以下简称《解释》）。《解释》分别于2018年1月25日由最高人民法院审判委员会第1732次会议、2018年6月13日由最高人民检察院第十三届检察委员会第二次会议通过，自2018年10月1日起施行。

近年来，民商事审判领域中的虚假诉讼现象呈现多发态势。虚假诉讼违法犯罪行为严重侵害他人合法权益，损害司法权威和司法公信力，人民群众反映强烈。为依法惩治此类行为，最高人民法院、最高人民检察院相继出台了一系列规定。

《解释》结合刑事司法工作实际，对刑法规定的虚假诉讼罪在具体适用方面的若干问题作出了明确规定，对于实践中综合运用民事、刑事等多种手段，依法惩治发生在民商事案件审判、执行程序中的虚假诉讼违法犯罪行为，维护正常司法秩序，保护公民、法人和其他组织的合法权益，具有重要意义。

《解释》共十二个条文，从虚假诉讼犯罪行为的界定、定罪量刑标准、数罪竞合的处罚原则、刑事政策的把握、地域管辖的确定等方面作出了规定。

针对理论和实践中广泛关注和存在争议的虚假诉讼犯罪行为的界定和定罪量刑标准问题，《解释》规定，单方或者与他人恶意串通，采取伪造证据、虚假陈述等手段，捏造民事法律关系，虚构民事纠纷，向人民法院提起民事诉讼的，应当认定为刑法规定的虚假诉讼犯罪行为。

向人民法院申请执行以捏造的事实作出的仲裁裁决、公证债权文书，或者以捏造的事实对执行标的提出异议、申请参与执行财产分配的，属于刑法规定的虚假诉讼犯罪行为。

以捏造的事实提起民事诉讼，致使人民法院基于捏造的事实作出裁判文书的，应当认定为虚假诉讼罪。在未作出裁判文书的情况下，行为人具有虚假诉讼违法犯罪前科，或者多次以捏造的事实提起民事诉讼，或者具有致使人民法院采取保全措施、致使人民法院开庭审理、干扰正常司法活动等情形的，也应当以虚假诉讼罪定罪处罚。

虚假诉讼刑事案件由虚假民事诉讼案件的受理法院所在地或者执行法院所在地人民法院管辖，以有利于侦办机关及时调取和固定证据，同时避免部分民事诉讼当事人故意利用刑事手段恶意干扰民商事案件的正常审理。

在司法工作人员利用职权与他人共同实施虚假诉讼犯罪行为的情况下，可以实行异地管辖，确保此类案件公正审理。

7.《刑法修正案（九）》新增了"虚假诉讼罪"，对虚假诉讼的行为进行罪行化规制

从新《民事诉讼法》第一百一十五条和第一百一十六条规定不难看出，这两条规定还对虚假诉讼的行为进行了附属刑法的规定。虽然这两条规定并未直接指明构成犯罪后应当适用的条款，但是附属刑法作为连接刑法和其他部门法的纽带，指明了刑法之中必然应当存有与之对应的刑罚规范。为了倡导社会诚信，树立民众正确的民事诉讼观，加大对虚假民事诉讼行为的打击力度，以及有效衔接民事诉讼法和刑法的规定，《刑法修正案（九）》第三十五条在刑法第三百零七条之后增加一条，对虚假民事诉讼行为进行犯罪化。

新《刑法》第三百零七条之一规定，以捏造的事实提起民事诉讼，妨害司法秩序或者严重侵害他人合法权益的，处三年以下有期徒刑、拘役或者管制，并处或者单处罚金；情节严重的，处三年以上七年以下有期徒刑，并处罚金。

单位犯前款罪的，对单位判处罚金，并对其直接负责的主管人员和其他直接责任人员，依照前款的规定处罚。

有第一款行为，非法占有他人财产或者逃避合法债务，又构成其他犯罪的，依照处罚较重的规定从重处罚。

司法工作人员利用职权，与他人共同实施前三款行为的，从重处罚；同时构成其他犯罪的，依照处罚较重的规定定罪从重处罚。

8. 最高人民法院、最高人民检察院、公安部、司法部印发《关于进一步加强虚假诉讼犯罪惩治工作的意见》

第一章 总则

第一条 为了进一步加强虚假诉讼犯罪惩治工作，维护司法公正和司法权威，保护自然人、法人和非法人组织的合法权益，促进社会诚信建设，根据《中华人民共和国刑法》《中华人民共和国刑事诉讼法》《中华人民共和国民事诉讼法》和《最高人民法院、最高人民检察院关于办理虚假诉讼刑事案件适用法律若干问题的解释》等规定，结合工作实际，制定本意见。

第二条 本意见所称虚假诉讼犯罪，是指行为人单独或者与他人恶意串通，采取伪造证据、虚假陈述等手段，捏造民事案件基本事实，虚构民事纠纷，向人民法院提起民事诉讼，妨害司法秩序或者严重侵害他人合法权益，依照法律应当受刑罚处罚的行为。

第三条 人民法院、人民检察院、公安机关、司法行政机关应当按照法定职责分工负责、配合协作，加强沟通协调，在履行职责过程中发现可能存在虚假诉讼犯罪的，应当及时相互通报情况，共同防范和惩治虚假诉讼犯罪。

第二章 虚假诉讼犯罪的甄别和发现

第四条 实施《最高人民法院、最高人民检察院关于办理虚假诉讼刑事案件适用法律若干问题的解释》第一条第一款、第二款规定的捏造事实行为，并有下列情形之一的，应当认定为刑法第三百零七条之一第一款规定的"以捏造的事实提起民事诉讼"：

（一）提出民事起诉的；

（二）向人民法院申请宣告失踪、宣告死亡，申请认定公民无民事行为能力、限制民事行为能力，申请认定财产无主，申请确认调解协议，申请实现担保物权，申请支付令，申请公示催告的；

（三）在民事诉讼过程中增加独立的诉讼请求、提出反诉，有独立请求权的第三人提出与本案有关的诉讼请求的；

（四）在破产案件审理过程中申报债权的；

（五）案外人申请民事再审的；

（六）向人民法院申请执行仲裁裁决、公证债权文书的；

（七）案外人在民事执行过程中对执行标的提出异议，债权人在民事执行过程中申请参与执行财产分配的；

（八）以其他手段捏造民事案件基本事实，虚构民事纠纷，提起民事诉讼的。

第五条　对于下列虚假诉讼犯罪易发的民事案件类型，人民法院、人民检察院在履行职责过程中应当予以重点关注：

（一）民间借贷纠纷案件；

（二）涉及房屋限购、机动车配置指标调控的以物抵债案件；

（三）以离婚诉讼一方当事人为被告的财产纠纷案件；

（四）以已经资不抵债或者已经被作为被执行人的自然人、法人和非法人组织为被告的财产纠纷案件；

（五）以拆迁区划范围内的自然人为当事人的离婚、分家析产、继承、房屋买卖合同纠纷案件；

（六）公司分立、合并和企业破产纠纷案件；

（七）劳动争议案件；

（八）涉及驰名商标认定的案件；

（九）其他需要重点关注的民事案件。

第六条　民事诉讼当事人有下列情形之一的，人民法院、人民检察院在履行职责过程中应当依法严格审查，及时甄别和发现虚假诉讼犯罪：

（一）原告起诉依据的事实、理由不符合常理，存在伪造证据、虚假陈述可能的；

（二）原告诉请司法保护的诉讼标的额与其自身经济状况严重不符的；

（三）在可能影响案外人利益的案件中，当事人之间存在近亲属关系或者关联企业等共同利益关系的；

（四）当事人之间不存在实质性民事权益争议和实质性诉辩对抗的；

（五）一方当事人对于另一方当事人提出的对其不利的事实明确表示承认，且不符合常理的；

（六）认定案件事实的证据不足，但双方当事人主动迅速达成调解协议，请求人民法院制作调解书的；

（七）当事人自愿以价格明显不对等的财产抵付债务的；

（八）民事诉讼过程中存在其他异常情况的。

第七条　民事诉讼代理人、证人、鉴定人等诉讼参与人有下列情形之一的，人民法院、人民检察院在履行职责过程中应当依法严格审查，及时甄别和发现虚假诉讼犯罪：

（一）诉讼代理人违规接受对方当事人或者案外人给付的财物或者其他利益，与对方当事人或者案外人恶意串通，侵害委托人合法权益的；

（二）故意提供虚假证据，指使、引诱他人伪造、变造证据，提供虚假证据或者隐匿、毁灭证据的；

（三）采取其他不正当手段干扰民事诉讼活动正常进行的。

第三章 线索移送和案件查处

第八条 人民法院、人民检察院、公安机关发现虚假诉讼犯罪的线索来源包括：

（一）民事诉讼当事人、诉讼代理人和其他诉讼参与人、利害关系人、其他自然人、法人和非法人组织的报案、控告、举报和法律监督申请；

（二）被害人有证据证明对被告人通过实施虚假诉讼行为侵犯自己合法权益的行为应当依法追究刑事责任，且有证据证明曾经提出控告，而公安机关或者人民检察院不予追究被告人刑事责任，向人民法院提出的刑事自诉；

（三）人民法院、人民检察院、公安机关、司法行政机关履行职责过程中主动发现；

（四）有关国家机关移送的案件线索；

（五）其他线索来源。

第九条 虚假诉讼刑事案件由相关虚假民事诉讼案件的受理法院所在地或者执行法院所在地人民法院管辖。有刑法第三百零七条之一第四款情形的，上级人民法院可以指定下级人民法院将案件移送其他人民法院审判。

前款所称相关虚假民事诉讼案件的受理法院，包括该民事案件的一审、二审和再审法院。

虚假诉讼刑事案件的级别管辖，根据刑事诉讼法的规定确定。

第十条 人民法院、人民检察院向公安机关移送涉嫌虚假诉讼犯罪案件，应当附下列材料：

（一）案件移送函，载明移送案件的人民法院或者人民检察院名称、民事案件当事人名称和案由、所处民事诉讼阶段、民事案件办理人及联系电话等。案件移送函应当附移送材料清单和回执，经人民法院或者人民检察院负责人批准后，加盖人民法院或者人民检察院公章。

（二）移送线索的情况说明，载明案件来源、当事人信息、涉嫌虚假诉讼犯罪的事实、法律依据等，并附相关证据材料。

（三）与民事案件有关的诉讼材料，包括起诉书、答辩状、庭审笔录、调查笔录、谈话笔录等。

人民法院、人民检察院应当指定专门职能部门负责涉嫌虚假诉讼犯罪案件的移送。

人民法院将涉嫌虚假诉讼犯罪案件移送公安机关的，同时将有关情况通报同级人民检察院。

第十一条 人民法院、人民检察院认定民事诉讼当事人和其他诉讼参与人的行为涉嫌虚假诉讼犯罪，除民事诉讼当事人、其他诉讼参与人或者案外人的陈述、证言外，一般还应有物证、书证或者其他证人证言等证据相印证。

第十二条 人民法院、人民检察院将涉嫌虚假诉讼犯罪案件有关材料移送公安机关的，接受案件的公安机关应当出具接受案件的回执或者在案件移送函所附回执上签收。

公安机关收到有关材料后，分别作出以下处理：

（一）认为移送的案件材料不全的，应当在收到有关材料之日起三日内通知移送的人民法院或者人民检察院在三日内补正。不得以材料不全为由不接受移送案件。

（二）认为有犯罪事实，需要追究刑事责任的，应当在收到有关材料之日起三十日内决定是否立案，并通知移送的人民法院或者人民检察院。

（三）认为有犯罪事实，但是不属于自己管辖的，应当立即报经县级以上公安机关负责人批准，在二十四小时内移送有管辖权的机关处理，并告知移送的人民法院或者人民检察院。对于必须采取紧急措施的，应当先采取紧急措施，然后办理手续，移送主管机关。

（四）认为没有犯罪事实，或者犯罪情节显著轻微不需要追究刑事责任的，或者具有其他依法不追究刑事责任情形的，经县级以上公安机关负责人批准，不予立案，并应当说明理由，制作不予立案通知书在三日内送达移送的人民法院或者人民检察院，退回有关材料。

第十三条 人民检察院依法对公安机关的刑事立案实行监督。

人民法院对公安机关的不予立案决定有异议的，可以建议人民检察院进行立案监督。

第四章 程序衔接

第十四条 人民法院向公安机关移送涉嫌虚假诉讼犯罪案件，民事案件必须以相关刑事案件的审理结果为依据的，应当依照民事诉讼法第一百五十三条（现民诉法第一百五十条）第一款第五项的规定裁定中止诉讼。刑事案件的审理结果不影响民事诉讼程序正常进行的，民事案件应当继续审理。

第十五条 刑事案件裁判认定民事诉讼当事人的行为构成虚假诉讼犯罪，相关民事案件尚在审理或者执行过程中的，作出刑事裁判的人民法院应当及时函告审理或者执行该民事案件的人民法院。

人民法院对于与虚假诉讼刑事案件的裁判存在冲突的已经发生法律效力的民事判决、裁定、调解书，应当及时依法启动审判监督程序予以纠正。

第十六条 公安机关依法自行立案侦办虚假诉讼刑事案件的，应当在立案后三日内将立案决定书等法律文书和相关材料复印件抄送对相关民事案件正在审理、执行或者作出生效裁判文书的人民法院并说明立案理由，同时通报办理民事案件人民法院的同级人民检察院。对相关民事案件正在审理、执行或者作出生效裁判文书的人民法院应当依法审查，依照相关规定作出处理，并在收到材料之日起三十日内将处理意见书面通报公安机关。

公安机关在办理刑事案件过程中，发现犯罪嫌疑人还涉嫌实施虚假诉讼犯罪的，可以一并处理。需要逮捕犯罪嫌疑人的，由侦查该案件的公安机关提请同级人民检察院审查批准；需要提起公诉的，由侦查该案件的公安机关移送同级人民检察院审查决定。

第十七条 有管辖权的公安机关接受民事诉讼当事人、诉讼代理人和其他诉讼参与人、利害关系人、其他自然人、法人和非法人组织的报案、控告、举报或者在履行职责过程中发现存在虚假诉讼犯罪嫌疑的，可以开展调查核实工作。经县级以上公安机关负责人批准，公安机关可以依照有关规定拷贝电子卷或者查阅、复制、摘录人民法院的民事诉讼卷宗，人民法院予以配合。

公安机关在办理刑事案件过程中，发现犯罪嫌疑人还涉嫌实施虚假诉讼犯罪的，适用前款规定。

第十八条 人民检察院发现已经发生法律效力的判决、裁定、调解书系民事诉讼当事人通过虚假诉讼获得的，应当依照民事诉讼法第二百零八条（现民诉法第二百一十五条）第一款、第二款等法律和相关司法解释的规定，向人民法院提出再审检察建议或者抗诉。

第十九条 人民法院对人民检察院依照本意见第十八条的规定提出再审检察建议或者抗诉的民事案件，应当依照民事诉讼法等法律和相关司法解释的规定处理。按照审判监督程序决定再审、需要中止执行的，裁定中止原判决、裁定、调解书的执行。

第二十条 人民检察院办理民事诉讼监督案件过程中，发现存在虚假诉讼犯罪嫌疑的，可以向民事诉讼当事人或者案外人调查核实有关情况。有关单位和个人无正当理由拒不配合调查核实、妨害民事诉讼的，人民检察院可以建议有关人民法院依照民事诉讼法第一百一十一条（现民诉法第一百一十四条）第一款第五项等规定处理。

人民检察院针对存在虚假诉讼犯罪嫌疑的民事诉讼监督案件依照有关规定调阅人民法院的民事诉讼卷宗的，人民法院予以配合。通过拷贝电子卷、查阅、复制、摘录等方式能够满足办案需要的，可以不调阅诉讼卷宗。

人民检察院发现民事诉讼监督案件存在虚假诉讼犯罪嫌疑的，可以听取人民法院原承办人的意见。

第二十一条 对于存在虚假诉讼犯罪嫌疑的民事案件，人民法院可以依职权调查收集证据。

当事人自认的事实与人民法院、人民检察院依职权调查并经审理查明的事实不符的，人民法院不予确认。

第五章 责任追究

第二十二条 对于故意制造、参与虚假诉讼犯罪活动的民事诉讼当事人和其他诉讼参与人，人民法院应当加大罚款、拘留等对妨害民事诉讼的强制措施的适用力度。

民事诉讼当事人、其他诉讼参与人实施虚假诉讼，人民法院向公安机关移送案件有关材料前，可以依照民事诉讼法的规定先行予以罚款、拘留。

对虚假诉讼刑事案件被告人判处罚金、有期徒刑或者拘役的，人民法院已经依照民事诉讼法的规定给予的罚款、拘留，应当依法折抵相应罚金或者刑期。

第二十三条 人民检察院可以建议人民法院依照民事诉讼法的规定，对故意制造、参与虚假诉讼的民事诉讼当事人和其他诉讼参与人采取罚款、拘留等强制措施。

第二十四条 司法工作人员利用职权参与虚假诉讼的，应当依照法律法规从严处理；构成犯罪的，依法从严追究刑事责任。

第二十五条 司法行政机关、相关行业协会应当加强对律师、基层法律服务工作者、司法鉴定人、公证员、仲裁员的教育和管理，发现上述人员利用职务之便参与虚假诉讼的，应当依照规定进行行政处罚或者行业惩戒；构成犯罪的，依法移送司法机关处理。律师、基层法律服务工作者、司法鉴定人、公证员、仲裁员利用职务之便参与虚假诉讼的，依照有关规定从严追究法律责任。

人民法院、人民检察院、公安机关在办理案件过程中，发现律师、基层法律服务工作者、司法鉴定人、公证员、仲裁员利用职务之便参与虚假诉讼，尚未构成犯罪的，可以向司法行政机关、相关行业协会或者上述人员所在单位发出书面建议。司法行政机关、相关行业协会或者上述人员所在单位应当在收到书面建议之日起三个月内作出处理决定，并书面回复作出书面建议的人民法院、人民检察院或者公安机关。

第六章 协作机制

第二十六条 人民法院、人民检察院、公安机关、司法行政机关探索建立民事判决、裁定、调解书等裁判文书信息共享机制和信息互通数据平台，综合运用信息化手段发掘虚假诉讼违法犯罪线索，逐步实现虚假诉讼违法犯罪案件信息、数据共享。

第二十七条 人民法院、人民检察院、公安机关、司法行政机关落实"谁执法谁普法"的普法责任制要求，通过定期开展法治宣传、向社会公开发布虚假诉讼典型案例、开展警示教育等形式，增强全社会对虚假诉讼违法犯罪的防范意识，震慑虚假诉讼违法犯罪。

第七章 附则

第二十八条 各省、自治区、直辖市高级人民法院、人民检察院、公安机关、司法行政机关可以根据本地区实际情况，制定实施细则。

第二十九条 本意见自2021年3月10日起施行。

9.《人民检察院民事诉讼监督规则》

第三十七条 人民检察院在履行职责中发现民事案件有下列情形之一的，应当依职权启动监督程序：

（一）损害国家利益或者社会公共利益的；

（二）审判、执行人员有贪污受贿，徇私舞弊，枉法裁判等违法行为的；

（三）当事人存在虚假诉讼等妨害司法秩序行为的；

（四）人民法院作出的已经发生法律效力的民事公益诉讼判决、裁定、调解书确有错误，审判程序中审判人员存在违法行为，或者执行活动存在违法情形的；

（五）依照有关规定需要人民检察院跟进监督的；

（六）具有重大社会影响等确有必要进行监督的情形。

人民检察院对民事案件依职权启动监督程序，不受当事人是否申请再审的限制。

第七十五条 人民检察院发现民事调解书损害国家利益、社会公共利益的，依法向人民法院提出再审检察建议或者抗诉。

人民检察院对当事人通过虚假诉讼获得的民事调解书应当依照前款规定监督。

第一百零四条 人民检察院对人民法院执行生效民事判决、裁定、调解书、支付令、仲裁裁决以及公证债权文书等法律文书的活动实行法律监督。

10.《最高人民法院关于深入开展虚假诉讼整治工作的意见》

为进一步加强虚假诉讼整治工作，维护司法秩序、实现司法公正、树立司法权威，保护当事人合法权益，营造公平竞争市场环境，促进社会诚信建设，根据《中华人民共和国民法典》《中华人民共和国刑法》《中华人民共和国民事诉讼法》等规定，结合工作实际，制定本意见。

一、提高思想认识，强化责任担当。整治虚假诉讼工作，是党的十八届四中全会部署的重大任务，是人民法院肩负的政治责任、法律责任和社会责任，对于建设诚信社会、保护群众权利、保障经济发展、维护司法权威、建设法治国家具有重要意义。各级人民法院要坚持以习近平新时代中国特色社会主义思想为指导，深入学习贯彻习近平法治思想，依法贯彻民事诉讼诚实信用原则，坚持制度的刚性，扎紧制度的笼子，压缩虚假诉讼存在的空间，铲除虚假诉讼滋生的土壤，积极引导人民群众依法诚信诉讼，让法安天下、德润人心，大力弘扬诚实守信的社会主义核心价值观。

二、精准甄别查处，依法保护诉权。单独或者与他人恶意串通，采取伪造证据、虚假陈述等手段，捏造民事案件基本事实，虚构民事纠纷，向人民法院提起民事诉讼，损害国家利益、社会公共利益或者他人合法权益，妨害司法秩序的，构成虚假诉讼。向人民法院申请执行基于捏造的事实作出的仲裁裁决、调解书及公证债权文书，在民事执行过程中以捏造的事实对执行标的提出异议、申请参与执行财产分配的，也属于虚假诉讼。诉讼代理人、证人、鉴定人、公证人等与他人串通，共同实施虚假诉讼的，属于虚假诉讼行为人。在整治虚假诉讼的同时，应当依法保护当事人诉权。既要防止以保护当事人诉权为由，放松对虚假诉讼的甄别、查处，又要防止以整治虚假诉讼为由，当立案不立案，损害当事人诉权。

三、把准特征表现，做好靶向整治。各级人民法院要积极总结司法实践经验，准确把握虚假诉讼的特征表现，做到精准施治、靶向整治。对存在下列情形的案件，要高度警惕、严格审查，有效防范虚假诉讼：原告起诉依据的事实、理由不符合常理；诉讼标的额与原告经济状况严重不符；当事人之间存在亲属关系、关联关系等利害关系，诉讼结果可能涉及案外人利益；当事人之间不存在实质性民事权益争议，在诉讼中没有实质性对抗辩论；当事人的自认不符合常理；当事人身陷沉重债务负担却以明显不合理的低价转让财产、以明显不合理的高价受让财产或者放弃财产权利；认定案件事实的证据不足，当事人却主动迅速达成调解协议，请求人民法院制作调解书；当事人亲历案件事实却不能完整准确陈述案件事实或者陈述前后矛盾等。

四、聚焦重点领域，加大整治力度。民间借贷纠纷，执行异议之诉，劳动争议，离婚析产纠纷，诉离婚案件一方当事人的财产纠纷，企业破产纠纷，公司分立（合并）纠纷，涉驰名商标的商标纠纷，涉拆迁的离婚、分家析产、继承、房屋买卖合同纠纷，涉房屋限购和机动车配置指标调控等宏观调控政策的买卖合同、以物抵债纠纷等各类纠纷，是虚假诉讼易发领域。对上述案件，各级人民法院应当重点关注、严格审查，加大整治虚假诉讼工作力度。

五、坚持分类施策，提高整治实效。人民法院认定为虚假诉讼的案件，原告申请撤诉的，不予准许，应当根据民事诉讼法第一百一十二条（现民诉法第一百一十五条）规定，驳回其诉讼请求。虚假诉讼行为情节恶劣、后果严重或者多次参与虚假诉讼、制造系列虚假诉讼案件的，要加大处罚力度。虚假诉讼侵害他人民事权益的，行为人应当承担赔偿责任。人民法院在办理案件过程中发现虚假诉讼涉嫌犯罪的，应当依法及时将相关材料移送刑事侦查机关；公职人员或者国有企事业单位人员制造、参与虚假诉讼的，应当通报所在单位或者监察机关；律师、基层法律服务工作者、鉴定人、公证人等制造、参与虚假诉讼的，可以向有关行政主管部门、行业协会发出司法建议，督促及时予以行政处罚或者行业惩戒。司法工作人员利用职权参与虚假诉讼的，应当依法从严惩处，构成犯罪的，应当依法从严追究刑事责任。

六、加强立案甄别，做好警示提醒。立案阶段，可以通过立案辅助系统、中国裁判文书网等信息系统检索案件当事人是否有关联案件，核查当事人身份信息。当事人存在多件未结案件、关联案件或者发现其他可能存在虚假诉讼情形的，应当对当事人信息进行重点核实。发现存在虚假诉讼嫌疑的，应当对行为人进行警示提醒，并在办案系统中进行标记，提示审判和执行部门重点关注案件可能存在虚假诉讼风险。

七、坚持多措并举，查明案件事实。审理涉嫌虚假诉讼的案件，在询问当事人之前或者证人作证之前，应当要求当事人、证人签署保证书。保证书应当载明据实陈述、如有虚假陈述愿意接受处罚等内容。负有举证责任的当事人拒绝到庭、拒绝接受询问或者拒绝签署保证书，待证事实又欠缺其他证据证明的，对其主张的事实不予认定。证人拒绝签署保证书的，不得作证，自行承担相关费用。涉嫌通过虚假诉讼损害国家利益、社会公共利益或者他人合法权益的案件，人民法院应当调查收集相关证据，查明案件基本事实。

八、慎查调解协议，确保真实合法。当事人对诉讼标的无实质性争议，主动达成调解协议并申请人民法院出具调解书的，应当审查协议内容是否符合案件基本事实、是否违反法律规定、是否涉及案外人利益、是否规避国家政策。调解协议涉及确权内容的，应当在查明权利归属的基础上决定是否出具调解书。不能仅以当事人可自愿处分民事权益为由，降低对调解协议所涉法律关系真实性、合法性的审查标准，尤其要注重审查调解协议是否损害国家利益、社会公共利益或者他人合法权益。当事人诉前达成调解协议，申请司法确认的，应当着重审查调解协议是否存在违反法律、行政法规强制性规定，违背公序良俗或者侵害国家利益、社会公共利益、他人合法权益等情形；诉前调解协议内容涉及物权、知识产权确权的，应当裁定不予受理，已经受理的，应当裁定驳回申请。

九、严格依法执行，严防虚假诉讼。在执行异议、复议、参与分配等程序中应当加大对虚假诉讼的查处力度。对可能发生虚假诉讼的情形应当重点审查。从诉讼主体、证据与案件事实的关联程度、各证据之间的联系等方面，全面审查案件事实及法律关系的真实性，综合判断是否存在以捏造事实对执行标的提出异议、申请参与分配或者其他导致人民法院错误执行的行为。对涉嫌虚假诉讼的案件，应当传唤当事人、证人到庭，就相关案件事实当庭询问。主动向当事人释明参与虚假诉讼的法律后果，引导当事人诚信诉讼。认定为虚假诉讼的案件，应当裁定不予受理或者驳回申请；已经受理的，应当裁定驳回其请求。

十、加强执行审查，严查虚假非诉法律文书。重点防范依据虚假仲裁裁决、仲裁调解书、公证债权文书等非诉法律文书申请执行行为。在非诉法律文书执行中，当事人存在通过恶意串通、捏造事实等方式取得生效法律文书申请执行嫌疑的，应当依法进行严格实质审查。加大依职权调取证据力度，结合当事人关系、案件事实、仲裁和公证过程等多方面情况审查判断相关法律文书是否存在虚假情形，是否损害国家利益、社会公共利益或者他人合法权益。存在上述情形的，应当依法裁定不予执行，必要时可以向仲裁机构或者公证机关发出司法建议。

十一、加强证据审查，查处虚假执行异议之诉。执行异议之诉是当前虚假诉讼增长较快的领域，要高度重视执行异议之诉中防范和惩治虚假诉讼的重要性、紧迫性。正确分配举证责任，无论是案外人执行异议之诉还是申请执行人执行异议之诉，均应当由案外人就其对执行标的享有足以排除强制执行的民事权益承担举证责任。严格审查全案证据的真实性、合法性、关联性，对涉嫌虚假诉讼的案件，可以通过传唤案外人到庭陈述、通知当事人提交原始证据、依职权调查核实等方式，严格审查案外人权益的真实性、合法性。

十二、厘清法律关系，防止恶意串通逃避执行。执行异议之诉涉及三方当事人之间多个法律关系，利益冲突主要发生在案外人与申请执行人之间，对于被执行人就涉案外人权益相关事实的自认，应当审慎认定。被执行人与案外人具有亲属关系、关联关系等利害关系，诉讼中相互支持，缺乏充分证据证明案外人享有足以排除强制执行的民事权益的，不应支持案外人主张。案外人依据执行标的被查封、扣押、冻结后作出的另案生效确权法律文书，提起执行异议之诉主张排除强制执行的，应当注意审查是否存在当事人恶意串通等事实。

十三、加强甄别查处，防范虚假民间借贷诉讼。民间借贷是虚假诉讼较为活跃的领域，要审慎审查民间借贷案件，依照《最高人民法院关于审理民间借贷案件适用法律若干问题的规定》的有关规定，准确甄别、严格防范、严厉惩治虚假民间借贷诉讼。对涉嫌虚假诉讼的民间借贷案件，当事人主张以现金方式支付大额借款的，应当对出借人现金来源、取款凭证、交付情况等细节事实进行审查，结合出借人经济能力、当地交易习惯、交易过程是否符合常理等事实对借贷关系作出认定。当事人主张通过转账方式支付大额借款的，应当对是否存在"闭环"转账、循环转账、明走账贷款暗现金还款等事实进行审查。负有举证责任的原告无正当理由拒不到庭，经审查现有证据无法确认借贷行为、借贷金额、支付方式等案件基本事实的，对原告主张的事实不予认定。

十四、严查借贷本息，依法整治违法民间借贷。对涉嫌虚假诉讼的民间借贷案件，应当重点审查借贷关系真实性、本金借贷数额和利息保护范围等问题。虚构民间借贷关系，逃避执行、逃废债务的，对原告主张不应支持。通过"断头息"、伪造证据等手段，虚增借贷本金的，应当依据出借人实际出借金额认定借款本金数额。以"罚息""违约金""服务费""中介费""保证金""延期费"等名义从事高利贷的，对于超过法定利率保护上限的利息，不予保护。

十五、严审合同效力，整治虚假房屋买卖诉讼。为逃废债务、逃避执行、获得非法拆迁利益、规避宏观调控政策等非法目的，虚构房屋买卖合同关系提起诉讼的，应当认定合同无效。买受人虚构购房资格参与司法拍卖房产活动且竞拍成功，当事人、利害关系人以违背公序良俗为由主张该拍卖行为无效的，应予支持。买受人虚构购房资格导致拍卖行为无效的，应当依法承担赔偿责任。

十六、坚持查假纠错，依法救济受害人的权利。对涉嫌虚假诉讼的案件，可以通知与案件裁判结果可能存在利害关系的人作为第三人参加诉讼。对查处的虚假诉讼案件，应当依法对虚假诉讼案件生效裁判进行纠错。对造成他人损失的虚假诉讼案件，受害人请求虚假诉讼行为人承担赔偿责任的，应予支持。虚假诉讼行为人赔偿责任大小可以根据其过错大小、情节轻重、受害人损失大小等因素作出认定。

十七、依法认定犯罪，从严追究虚假诉讼刑事责任。虚假诉讼行为符合刑法和司法解释规定的定罪标准的，要依法认定为虚假诉讼罪等罪名，从严追究行为人的刑事责任。实施虚假诉讼犯罪，非法占有他人财产或者逃避合法债务，又构成诈骗罪，职务侵占罪，拒不执行判决、裁定罪，贪污罪等犯罪的，依照处罚较重的罪名定罪并从重处罚。对于多人结伙实施的虚假诉讼共同犯罪中罪责最突出的主犯、有虚假诉讼违法犯罪前科再次实施虚假诉讼犯罪的被告人，要充分体现从严，控制缓刑、免予刑事处罚的适用范围。

十八、保持高压态势，严惩"套路贷"虚假诉讼犯罪。及时甄别、依法严厉打击"套路贷"中的虚假诉讼违法犯罪行为，符合黑恶势力认定标准的，应当依法认定。对于被告人实施"套路贷"违法所得的一切财物，应当予以追缴或者责令退赔，依法保护被害人的财产权利。保持对"套路贷"虚假诉讼违法犯罪的高压严打态势，将依法严厉打击"套路贷"虚假诉讼违法犯罪作为常态化开展扫黑除恶斗争的重要内容，切实维护司法秩序和人民群众合法权益，满足人民群众对公平正义的心理期待。

十九、做好程序衔接，保持刑民协同。经审理认为民事诉讼当事人的行为构成虚假诉讼犯罪的，作出生效刑事裁判的人民法院应当及时函告审理或者执行该民事案件的人民法院。生效刑事裁判认定构成虚假诉讼犯罪的，有关人民法院应当及时依法启动审判监督程序对相关民事判决、裁定、调解书予以纠正。当事人、案外人以生效刑事裁判认定构成虚假诉讼犯罪为由对生效民事判决、裁定、调解书申请再审的，应当依法及时进行审查。

二十、加强队伍建设，提升整治能力。各级人民法院要及时组织法院干警学习掌握中央和地方各项经济社会政策；将甄别和查处虚假诉讼纳入法官培训范围；通过典型案例分析、审判业务交流、庭审观摩等多种形式，提高法官甄别和查处虚假诉讼的司法能力；严格落实司法责任制，对参与虚假诉讼的法院工作人员依规依纪严肃处理，建设忠诚干净担当的人民法院队伍。法院工作人员利用职权与他人共同实施虚假诉讼行为，构成虚假诉讼罪的，依法从重处罚，同时构成其他犯罪的，依照处罚较重的规定定罪并从重处罚。法院工作人员不正确履行职责，玩忽职守，致使虚假诉讼案件进入诉讼程序，导致公共财产、国家和人民利益遭受重大损失，符合刑法规定的犯罪构成要件的，依照玩忽职守罪，执行判决、裁定失职罪等罪名定罪处罚。

二十一、强化配合协调，形成整治合力。各级人民法院要积极探索与人民检察院、公安机关、司法行政机关等职能部门建立完善虚假诉讼案件信息共享机制、虚假诉讼违法犯罪线索移送机制、虚假诉讼刑民交叉案件协调惩治机制、整治虚假诉讼联席会议机制等工作机制；与各政法单位既分工负责，又沟通配合，推动建立信息互联共享、程序有序衔接、整治协调配合、制度共商共建的虚假诉讼整治工作格局。

二十二、探索信用惩戒，助力诚信建设。各级人民法院要积极探索建立虚假诉讼"黑名单"制度。建立虚假诉讼失信人名单信息库，在"立、审、执"环节自动识别虚假诉讼人员信息，对办案人员进行自动提示、自动预警，提醒办案人员对相关案件进行重点审查。积极探索虚假诉讼人员名单向社会公开和信用惩戒机制，争取与征信机构的信息数据库对接，推动社会信用体系建设。通过信用惩戒增加虚假诉讼人员违法成本，积极在全社会营造不敢、不能、不愿虚假诉讼的法治环境，助力诚信社会建设，保障市场经济平稳、有序、高效发展。

二十三、开展普法宣传，弘扬诉讼诚信。各级人民法院要贯彻落实"谁执法谁普法"的普法责任制要求，充分发挥人民法院处于办案一线的优势，深入剖析虚假诉讼典型案例，及时向全社会公布，加大宣传力度，弘扬诚实信用民事诉讼原则，彰显人民法院严厉打击虚假诉讼的决心，增强全社会对虚假诉讼违法行为的防范意识，对虚假诉讼行为形成强大震慑。通过在诉讼服务大厅、诉讼服务网、12368热线、移动微法院等平台和"人民法院民事诉讼风险提示书"等途径，告知诚信诉讼义务，释明虚假诉讼法律责任，引导当事人依法诚信诉讼，让公正司法、全民守法、诚实守信的理念深深植根于人民群众心中。

二十四、本意见自2021年11月10日起施行。

二、犯罪构成特征

根据上述条文，虚假诉讼罪是指以捏造的事实提起民事诉讼，妨害司法秩序或者严重侵害他人合法权益的行为。本罪的构成特征有以下几个方面：

1. 犯罪客体

本罪侵犯的客体是复杂客体，即包括司法机关的正常活动秩序，具体而言，是司法机关正常的民事诉讼活动秩序，也包括他人的财产权、婚姻权、收养权、监护权、继承权等合法权益。

2. 客观方面

本罪的客观方面表现为，行为人以捏造的事实提起民事诉讼，妨害司法秩序或者严重侵害他人合法权益的行为。

首先，行为人必须捏造事实。所谓"捏造事实"，是指行为人虚构、臆造根本不存在、与真实情况相悖的事实情况，既可以是完全捏造，毫无真实成分，也可以是存有部分真实成分，部分捏造。

其次，行为人提起的必须是民事诉讼，即作为平等主体的公民之间、法人之间、其他组织之间以及他们相互之间因财产关系和人身关系提起的诉讼。

最后，行为人捏造事实提起民事诉讼的行为，应妨害司法秩序或者严重侵害他人合法权益。"妨害司法秩序"，是指扰乱了司法机关正常的民事诉讼活动秩序，浪费司法资源。"严重侵害他人合法权益"是指严重侵害到他人的财产权、婚姻权、收养权、监护权、继承权等合法权益，如导致他人丧失财产，婚姻关系破裂，丧失收养他人或被他人收养的权利、监护他人或者被他人监护的权利、继承财产或被继承财产的权利等。

3. 犯罪主体

本罪的主体为一般主体，年满16周岁，具备刑事责任能力，且还应当是具备民事诉讼行为能力、能够提起民事诉讼的自然人。单位也可以成为本罪的主体。

4. 主观方面

本罪的主观方面为故意，一般来说是直接故意，明知自己是用捏造的事实提起诉讼，本罪并未规定行为人需具备特定的主观目的，所以行为人进行虚假诉讼的主观目的是不是谋取利益，谋取利益的性质是否正当均不影响本罪的成立。

根据上述犯罪构成特征，所有的捏造事实提起民事诉讼的行为都会妨害司法秩序，所以本罪是行为犯，只要实施了捏造事实提起民事诉讼的行为即成立虚假诉讼罪。

三、实践中对律师参与虚假诉讼的处理方式

民事诉讼中的律师可以作为虚假诉讼罪的正犯而不是帮助犯。虚假诉讼罪的犯罪主体一般是虚假诉讼的提起者，即民事诉讼中的原告或者反诉中的被告。虚假诉讼罪看似与律师的执业行为无太大关系，但民事诉讼中的原告或者反诉中的被告在提起民事诉讼时，往往会选择委托律师，有的当事人甚至全权委托律师，在整个诉讼过程中都不露面。但虚假诉讼罪的犯罪主体并不必须为诉讼当事人。律师完全有可能作为虚假诉讼的提起者而构成虚假诉讼罪，而不是作为诉讼当事人的帮助犯。这等于将律师

的帮助行为实行化，将原来的共同犯罪规定为单独犯罪，不再使用共同犯罪中的一些规定，包括从轻或者减轻处罚规定。

律师在立案阶段就可能构成虚假诉讼罪。在全权委托律师提起或者律师与诉讼当事人同谋提起虚假民事诉讼的情形下，律师都可能构成虚假诉讼罪。虚假诉讼罪是一种行为犯，"严重妨害司法秩序"只是强调了该罪侵犯的法益是司法秩序。因此，只要提起虚假诉讼，即构成此罪。虚假诉讼罪的既遂标准着眼于"起"。在当下民事诉讼立案登记取代立案审查的制度背景下，提起诉讼就等于立案。由此可以看出，立法机关将打击虚假诉讼的时间点提前到诉讼提起时，律师在立案阶段就有可能构成虚假诉讼罪。

通过对已有虚假诉讼案例的分析，可以发现，虚假诉讼的制造者除了一般的自然人或者法人外，一些具有特殊身份的自然人，如律师、法官，也可能成为虚假诉讼的制造者。那么，对于这些具有特殊身份的人群，除了能按照上述法律对其违法行为乃至犯罪行为进行规制外，还可以结合《律师法》《法官法》等与他们的特殊身份有关的法律、法规或者其他规范性文件对其进行双重制裁，从而起到严厉打击知法犯法、权力滥用行为的作用，亦能起到很好的警示和震慑作用。

律师作为法律职业者，与其他司法工作人员一样，应当遵守基本的法律道德和法律职业操守，《律师法》对此有明文规定。律师拥有专业的法律知识，他们运用专业技术为当事人进行诉讼代理。一旦律师参与策划或者亲自办理虚假诉讼，对于虚假诉讼的识别与防范治理的难度必然剧增，危害无穷。

实务中，有的律师被当事人提供的伪造证据材料、恶意串通所蒙蔽，在不知情的情况下参与当事人会谈、搜集证据，已经发现该案系虚假诉讼，但受利益驱动仍然违规进行诉讼代理；也有个别律师在巨额利益的引诱致惑下，或在当事人的怂恿蛊惑下，直接导演操纵、出谋划策、参与制造虚假诉讼，甚至不惜铤而走险亲自上阵进行虚假诉讼代理活动。尽管这属于极个别现象，但仍然严重影响人民群众对律师行业的客观评价，损害了整个律师行业的外部形象。因此，对于操控、制造、教唆、帮助或者参与虚假诉讼的律师，应当从以下几个方面进行处理：

首先，人民法院应当向律师行业协会发出司法建议，对参与虚假诉讼的律师进行重点关注，加强对其行为的监管，防止出现其他虚假诉讼的风险；其次，人民法院应当向司法行政部门发出司法建议，依照《律师法》有关规定予以惩戒，从严处理；再次，人民法院还要按照《民事诉讼法》第一百一十五条的规定，予以从重罚款、拘留；最后，构成刑事犯罪的，依法移交公安、检察机关追究刑事责任。

律师是保障当事人合法权益的忠诚卫士，是法治事业的重要参与者，是法律共同体的一员。正因如此，才更需要将律师的执业行为纳入法治轨道，一旦律师作出严重危害社会的行为，违反了刑法，后果就会不堪设想。因此，任何律师都应当恪守职业约束与执业纪律，坚决制止自己的当事人进行虚假诉讼的企图和尝试，同时不断提高虚假诉讼识别能力和应对能力，指导帮助当事人采取必要措施，理性诉讼，组织并终结虚假诉讼，维护好当事人的合法权益。

来源：京师刑委会

民法典视角下民间借贷虚假诉讼的甄别与防范

2021年1月1日,《中华人民共和国民法典》(以下简称民法典)正式施行。作为社会生活的百科全书,民法典的施行必然会对民间借贷活动产生巨大影响。而民间借贷也是虚假诉讼案件高发、频发的重要领域。近年来,虚假诉讼案件数量还在不断增长,不仅对相关主体的合法权益造成严重损害,同时也损害了我国司法审判权威,损耗了大量司法资源。基于虚假诉讼行为之隐蔽性特点,对虚假诉讼的识别发现本身就非常困难。民法典施行以后,如何应对民间借贷纠纷中涉及的虚假诉讼、有效遏制民间借贷虚假诉讼成为新的重要课题。

一、民法典重要修订内容

作为我国民法理论与法治实践积累足够丰富与成熟的体现,民法典既反映了时代的进步,回应社会发展的新需求,又从权利保护、私法自治、以人为本等方面凸显了人文关怀的价值,表征我国社会主义法治体系更完善。就借贷合同部分,民法典也做了重大调整,更加适应当下经济社会发展之需求。

(一)民法典条文变化

借款合同相关条文主要集中在民法典第三编第二分编第十二章借款合同,具体条文为第六百六十七条至第六百八十条,共计十四条,主要调整金融机构以及自然人之间的借贷合同关系,对借款合同的定义、形式,借贷双方的权利、义务、违约责任等内容进行详细规定。

与合同法第十二章借款合同相比,民法典删除了合同法第一百九十八条和第二百零四条两个条文。合同法第一百九十八条对借贷活动中的担保行为适用《中华人民共和国担保法》进行规定。民法典将民法物权单独成编纳入后,相关条文已经完全涵盖合同法第一百九十八条之内容,该条文之存在也就没有意义了。而合同法第二百零四条规定金融机构贷款利率按照中国人民银行规定的贷款利率的上下限确定。自2019年8月20日起,中国人民银行授权全国银行间同业拆借中心于每月20日(遇节假日顺延)9

时30分公布贷款市场报价利率（LPR），并在全国银行间同业拆借中心和中国人民银行网站公布，用贷款市场报价利率代替银行同期贷款利率作为参考基准利率。该条文之规定已经失去适用价值，因此做相应调整予以删除。

（二）民间借贷主体范围划定

本次民法典修订后对民间借贷的使用主体的规定，是在民事审判领域司法实践的不断深入探究和反复斟酌的成果，契合当前社会发展实践的客观需求。

根据民法典第六百六十七条规定，借款合同是借款人向贷款人借款，到期返还借款并支付利息的合同，与之前合同法的条文规范表述完全一致。此外，根据最高人民法院2020年12月29日最新发布的《最高人民法院关于审理民间借贷案件适用法律若干问题的规定》（以下简称《民间借贷若干问题规定》）第一条，民间借贷，是指自然人、法人和非法人组织之间进行资金融通的行为。经金融监管部门批准设立的从事贷款业务的金融机构及其分支机构，因发放贷款等相关金融业务引发的纠纷，不适用本规定。较之2015年8月6日发布的《最高人民法院关于审理民间借贷案件适用法律若干问题的规定》，为了与民法典的表述保证一致，仅将"其他组织"变更为"非法人组织"。此外，最高人民法院于2020年12月29日发布的《最高人民法院关于新民间借贷司法解释适用范围问题的批复》明确指出，由地方金融监管部门监管的小额贷款公司、融资担保公司、区域性股权市场、典当行、融资租赁公司、商业保理公司、地方资产管理公司等七类地方金融组织，属于经金融监管部门批准设立的金融机构，其因从事相关金融业务引发的纠纷，不适用新民间借贷司法解释。这就相当于在宏观层面认可了非金融机构法人之间正常借贷行为的合法性，为非金融机构法人之间的正常借贷行为提供了明确指引。

据此，民法典主要调整的民间借贷关系适用范围主要包括两大类：第一类是金融机构与自然人、法人和非法人组织之间的借贷关系，第二类是自然人、法人、非法人组织相互之间的借贷关系。实际上，在2015年9月1日《民间借贷若干问题规定》施行之前，人民法院在审理非金融机构法人之间发生的相关借贷案件时，通常以法人、非法人组织这类主体不具有贷款资质为由而认定借贷合同无效。但是，民间借贷作为正规金融贷款的有效补充，为民间中小企业提供大量生产发展资金，对于当今中国市场发展的意义深远。也正因如此，民间借贷一直拥有强大的生命力，贯穿了整个社会主义市场发展之始末。若是将其加以规范引导，将资金导向优质企业，开展合法经营活动，不但不会对社会公共利益有所损害，反而能够进一步发挥其重要价值，对整个社会的经济飞速发展起到积极推动作用。

（三）借款交付行为法律效果变化

根据民法典第六百七十九条规定，自然人之间的借款合同，自贷款人提供借款时成立。而合同法第二百一十条则规定，自然人之间的借款合同，自贷款人提供借款时生效。通过条文的变化可以发现，同样的金钱交付行为导致的合同效力由"生效"变成了"成立"。

若贷款人未按照约定交付借款，则借款合同既没有成立，也没有生效。自然人之间仅口头或书面约定借款，正式交付约定借款之前的空窗期间，仍然处于双方缔约期间。按照这种逻辑，若贷款人订立借贷合同之后没有及时履行借款交付义务，则借款人仅能主张缔约过失责任而不能主张违约责任或要求继续履行合同。如此一来，自然人之间借款合同属于实践合同而非诺成合同的概念问题在立法层面就能够妥善解决，避免实践中对自然人之间借贷行为的性质产生争议。需要特别注意的是，民法典第六百七十九条仅适用借贷双方都属于自然人的情况，否则即便属于民间借贷，也不能适用该条规定。

之所以将民间借贷定性为实践性合同，和自然人之间的借贷行为特点密切相关。首先，自然人之间的民间借贷一般发生在有一定基础关系的熟人之间，如亲戚、朋友、同学、同事等，交易标的数额有限，双方权利义务也一目了然，并不需要像金融机构借贷资金那样履行一系列复杂的手续，将其定性为实践性合同有利于实现借贷的效率价值；其次，民法典这样的条款设置实际上相当于给贷款人第二次充分考虑的时间，在借款实际交付前，贷款人随时可以反悔，照顾到贷款人动态的真实意思表示，有利于减少借贷纠纷的发生。

（四）借款合同利息规则的变化

根据合同法第二百零四条及第二百一十一条规定，办理贷款业务的金融机构贷款的利率，应当按照中国人民银行规定的贷款利率的上下限确定。自然人之间的借款合同对支付利息没有约定或者约定不明确的，视为不支付利息。自然人之间的借款合同约定支付利息的，借款的利率不得违反国家有关限制借款利率的规定。民法典第六百八十条进行了调整修订，表述为禁止高利放贷，借款的利率不得违反国家有关规定。借款合同对支付利息没有约定的，视为没有利息。借款合同对支付利息约定不明确，当事人不能达成补充协议的，按照当地或者当事人的交易方式、交易习惯、市场利率等因素确定利息；自然人之间借款的，视为没有利息。原先没有约定利息视为没有利息的规定仅适用于自然人之间的借贷。但是民法典修订后，则将这个规定的适用领域扩展到了所有借贷领域。

（五）对高利放贷行为的明确禁止

民法典第六百八十条第一款明确规定，禁止高利放贷，借款的利率不得违反国家有关规定。当前，我国高利放贷行为猖獗，尤其在浙江的沿海地区，一直延伸到内蒙古等地区，都有高利贷的踪影，危害地域广泛。放贷领域包括制造业、服务业乃至金融业，导致一些中小微企业融资成本居高不下，对整个社会经济实体产业发展造成了巨大障碍。此外，高利放贷活动还波及了一些家庭乃至在校学生，甚至出现了校园贷、裸贷等性质恶劣的高利贷现象。高利放贷行为对整个社会经济发展之危害是有目共睹的。遏制高利贷行为，可以有效促进社会经济发展，降低市场风险，增强中小企业的发展活力。有关部门应引导民间借贷活动规范化发展，使其能够充分发挥正向积极效应。

二、民间借贷虚假诉讼的甄别困境

根据刑法第三百零七条之一及《最高人民法院、最高人民检察院关于办理虚假诉讼刑事案件适用法律若干问题的解释》之相关规定，虚假诉讼罪是指以捏造的事实提起民事诉讼，妨害司法秩序或者严重侵害他人合法权益的行为，包括与夫妻一方恶意串通，捏造夫妻共同债务的；与他人恶意串通，捏造债权债务关系和以物抵债协议的；与公司、企业的法定代表人、董事、监事、经理或者其他管理人员恶意串通，捏造公司、企业债务或者担保义务的；捏造知识产权侵权关系或者不正当竞争关系的；在破产案件审理过程中申报捏造的债权的；与被执行人恶意串通，捏造债权或者对查封、扣押、冻结财产的优先权、担保物权的；单方或者与他人恶意串通，捏造身份、合同、侵权、继承等民事法律关系等其他行为。

民间借贷本质是一种民间融资方式，得益于当前经济的快速发展，中小企业对资金需求量大，因民间借贷相对于正规金融机构的融资活动门槛低、放贷快，已经成为一种重要的融资手段。民间借贷的飞速发展，引发了大量纠纷，成为虚假诉讼犯罪的温床。

民间借贷领域的虚假诉讼主要包括两大类：第一类为诉讼双方相互串通型，第二类为恶意诈骗型。相互串通型虚假诉讼是指民间借贷关系的借贷当事人为了自身利益相互串通，通过伪造证据、虚假陈述等非法手段向法院提起诉讼，以期骗取法院生效裁判文书，损害他人合法权益的行为。此类虚假诉讼之行为动机多是转移财产、逃避其他债务。恶意诈骗型虚假诉讼则主要发生在"套路贷"犯罪案件中。贷款人通过暴力、威胁、诈骗等各种非法手段诱骗借款人签署借款金额明显不符的虚高借款合同，再通过循环打款、收取巨额"砍头息"等手段制造虚假银行流水，制造虚高借款合同项下所有借款已经全部交付给借款人的假象。随后恶意制造违约，采取各种手段让借款人无法按期返还借款，不断垒高债务，隐匿还款证据，获取非法利益。随后，便通过虚假诉讼手段强迫借款人支付高额的违约费用，获取高额收益，非法侵占借款人的财物。

基于虚假诉讼本身具有极强隐蔽性的特点，对虚假诉讼的甄别防范非常困难。

相互串通型虚假诉讼一般发生在熟人之间，便于相互串通，伪造证据。且当前民事案件激增，法院追究诉讼效率，民间借贷的案件一般不会非常复杂，再加上双方当事人的积极"配合"，很容易在法官的眼皮底下蒙混过关，骗取法院裁决文书。而"套路贷"领域的恶意诈骗型虚假诉讼中，贷款人为了洗清虚假诉讼的嫌疑，往往会在合同制作、银行流水制作上"绞尽脑汁"，以制造合法民间借贷的外衣。仅仅通过书面证据，很难看出贷款人背后隐藏的非法占有目的。

三、民法典对民间借贷虚假诉讼的遏制

民法典及《民间借贷若干问题规定》等司法解释的颁布，强化了民间借贷活动的规范性，将民间借贷活动引向合法化发展路径。相应地，民间借贷虚假诉讼也会得到一定程度上的遏制。

近年来，民法的立法理念经历了从形式平等向实质平等转变，民法典也体现了实质正义和实质平等的要求，尤其体现在对弱势群体的倾斜性保护规则上。在相互串通型民间借贷虚假诉讼甄别方面，《民间借贷若干问题规定》第十八条作出规定，人民法院审理民间借贷纠纷案件时发现有下列情形之一的，应当严格审查借贷发生的原因、时间、地点，款项来源，交付方式，款项流向以及借贷双方的关系、经济状况等事实，综合判断是否属于虚假民事诉讼：（一）出借人明显不具备出借能力；（二）出借人起诉所依据的事实和理由明显不符合常理；（三）出借人不能提交债权凭证或者提交的债权凭证存在伪造的可能；（四）当事人双方在一定期限内多次参加民间借贷诉讼；（五）当事人无正当理由拒不到庭参加诉讼，委托代理人对借贷事实陈述不清或者陈述前后矛盾；（六）当事人双方对借贷事实的发生没有任何争议或者诉辩明显不符合常理；（七）借款人的配偶或者合伙人、案外人的其他债权人提出有事实依据的异议；（八）当事人在其他纠纷中存在低价转让财产的情形；（九）当事人不正当放弃权利；（十）其他可能存在虚假民间借贷诉讼的情形。

"套路贷"领域的民间借贷虚假诉讼多伴随着高利放贷情况。但"套路贷"比高利贷行为性质更加恶劣，高利贷以获取本金及高于法定利息为目的，而"套路贷"除了非法收取高额利息外，还以非法占有借款人财物为目的。贷款人在虚假诉讼活动中，会通过伪造证据、虚构手续费等名目，收取巨额"砍头息"等各种非法手段掩盖高利贷。民法典第六百八十条第一款明确规定，禁止高利放贷。《民间借贷若干问题规定》第二十五条规定，借贷双方约定的利率超过合同成立时一年期贷款市场报价利率四倍的，人民法院不予支持。前款所称"一年期贷款市场报价利率"，是指中国人民银行授权全国银行间同业拆借中心自2019年8月20日起每月发布的一年期贷款市场报价利率。此外，《民间借贷若干问题规定》第二十七条规定，借贷双方对前期借款本

息结算后将利息计入后期借款本金并重新出具债权凭证，如果前期利率没有超过合同成立时一年期贷款市场报价利率四倍，重新出具的债权凭证载明的金额可认定为后期借款本金。超过部分的利息，不应认定为后期借款本金。按前款计算，借款人在借款期间届满后应当支付的本息之和，超过以最初借款本金与以最初借款本金为基数、以合同成立时一年期贷款市场报价利率四倍计算的整个借款期间的利息之和的，人民法院不予支持。

民法典及《民间借贷若干问题规定》对利率上限做了严格的限制性规定，以一年期贷款市场报价利率四倍取代了原先的以24%和36%为基准的两线三区，作为民间借贷利率司法保护的上限，将资金借贷成本降低，在立法层面确定高利贷中非法高利的界限，同时否认贷款人恶意"砍头息"之有效性，正是对打击民间借贷虚假诉讼行为的积极回应。前述规定也可以有效遏制"套路贷"中贷款人恶意制造违约、无上限垒高债务之情形。

四、检察机关在打击民间借贷虚假诉讼中可以大有作为

开展虚假诉讼监督防范，打击与防范虚假诉讼是宪法授予检察机关的一项重要职能。相较于存在虚假诉讼案件自我纠正困难的法院和缺乏侦查主动性、便利性的公安机关，检察机关对民间借贷虚假诉讼的监督是其职责所在，在这方面存在内在驱动力。

检察机关应当用足用好调查核实权，夯实监督查证基础，积极研究探索调查核实权的运用规律，综合运用查询、调取证据材料，询问当事人或案外人以及委托鉴定等调查措施，并借助公安技侦手段等，形成各具特色的经验做法，提高案件突破能力。

此外，在甄别和办理民间借贷虚假诉讼案件时，检察机关应当与法院、公安机关等相关部门积极配合，形成整体合力，加大法律监督力度。法院、检察机关各业务部门在履行职责过程中发现民事虚假诉讼线索的，均应及时向民事检察部门移送，积极探索建立各业务部门之间的线索双向移送、反馈机制，线索共享、信息互联机制，将整个公检法机关打造成一个民间借贷虚假诉讼发现与治理的联动体，提高民间借贷虚假诉讼案件的侦破效率。

当前全国各级检察机关坚持以人民为中心的发展思想，在办案中监督，在监督中办案，以为人民群众、为社会和时代提供更好更优更实法治产品、检察产品为目标，依法办理了一批虚假诉讼案件，特别是聚焦民间借贷纠纷领域开展精准监督，办理了一批典型案件，通过法院再审、撤销，改变了基于虚假诉讼形成的生效判决书、调解书，维护了司法公正和司法权威，为经济社会发展提供了法治保障。各地应及时总结提炼典型案件的经验做法，加强案例指导，并通过新闻发布会向社会公开，真正达到

"办理一案、公示一片、教育一面"的办案效果,赢得人民群众的普遍认同。

五、结语

民法典的修订对民间借贷虚假诉讼犯罪活动的甄别、遏制与打击具有重大意义。民法和刑法是前置法和后置法的关系,民法主要是赋权法,它规定了公民的一些民事权利,当一个民事违法行为严重到构成犯罪时就应当受到刑罚制裁;刑法是民法的保障法,或者说后盾法。因此,民法典对借贷合同的修订,确认了民间借贷合同无效规则,明确民间借贷保护利率之上限,净化金融市场环境,有效推动保护人民的金融权益,实现真正维护金融市场秩序,服务实体经济发展,体现出民法典的权威。民法典的修订与施行,将民间借贷活动引入正轨,遏制民间借贷虚假诉讼案件的增长,在立法层面对民间借贷活动进行规范,为民间借贷虚假诉讼的甄别提供标准。

来源:京师刑委会

民法典视角下虚假诉讼的甄别与防范
——以民间借贷为例

虚假诉讼一直是我国民商事审判领域的重要问题，其不仅严重侵害当事人及利害关系第三人的合法权益，扰乱正常的司法秩序，损害国家司法权威和公信力，同时也对社会秩序产生负面影响，破坏社会和谐、稳定，不利于国家的长治久安。

《最高人民法院关于审理民间借贷案件适用法律若干问题的规定》（以下简称民间借贷司法解释）自2015年9月1日正式施行以来，社会各界给予充分肯定和积极评价。2020年5月28日，我国民法典正式颁布，最高人民法院随即展开了对《民法典》相关司法解释和规范性文件的清理工作。2020年8月18日，最高人民法院审判委员会第1809次会议通过《关于修改〈关于审理民间借贷案件适用法律若干问题的规定〉的决定》，修改后的民间借贷司法解释于2020年8月20日正式公布并施行。

故此次对民间借贷司法解释的修改还承担了贯彻落实民法典精神的重要任务。新民间借贷司法解释规定的内容，是以民法典为实体法依据的。作为民法典相关司法解释清理工作必不可少的部分，结合2020年8月20日司法解释施行后社会各界反馈的意见，最高人民法院决定再次对民间借贷司法解释进行修改。2020年12月，司法解释清理工作全面完成，根据2020年12月23日最高人民法院审判委员会第1823次会议通过的《关于修改〈最高人民法院关于在民事审判工作中适用《中华人民共和国工会法》若干问题的解释〉等二十七件民事类司法解释的决定》，第二次修正后的新民间借贷司法解释自2021年1月1日起与民法典同步施行。

一、新民间借贷司法解释的适用范围

关于民间借贷的概念，我国学术界和实务界长期存在不同观点，但均认可民间借贷具有未获官方金融机构许可、游离于金融监管之外进行资金融通活动的本质属性。从相关文献来看，国外也普遍以"非正式金融"的概念来描述我国的民间借贷，用于泛指在银行业监管机关的监管之外，由非正式金融机构参与实施的金融活动。

新民间借贷司法解释第一条明确规定："本规定所称的民间借贷，是指自然人、法人和非法人组织之间进行资金融通的行为。经金融监管部门批准设立的从事贷款业务的金融机构及其分支机构，因发放贷款等相关金融业务引发的纠纷，不适用本规定。"该规定不仅从形式上明晰了民间借贷的民间性特征，更从借贷主体的角度将民间借贷与金融借贷进行了划分。

二、民间借贷虚假诉讼的甄别

民间借贷一直是民商事虚假诉讼的高发领域，相较于其他领域的虚假诉讼，民间借贷类型的虚假诉讼隐蔽性高、识别难度较大。常见的表现形式有以下两种：一是因对抗已生效判决的债务履行或为在离婚纠纷诉讼中分得更多财产，通过虚构债务，利用民间借贷合同进行虚假诉讼，逃避债务；二是当事人企图借助法院的裁判变非法财产为合法财产。这种行为在司法实践中最常见的是高利贷、赌债，以赠与、买卖或民间借贷的形式诉诸法院，意图将不受法律保护的利益变为合法之债。

根据《最高人民法院关于防范和制裁虚假诉讼的指导意见》（法发〔2016〕13号）的规定，"虚假诉讼一般包含以下要素：（1）以规避法律、法规或国家政策谋取非法利益为目的；（2）双方当事人存在恶意串通；（3）虚构事实；（4）借用合法的民事程序；（5）侵害国家利益、社会公共利益或者案外人的合法权益。实践中，要特别注意以下情形：（1）当事人为夫妻、朋友等亲近关系或者关联企业等共同利益关系；（2）原告诉请司法保护的标的额与其自身经济状况严重不符；（3）原告起诉所依据的事实和理由明显不符合常理；（4）当事人双方无实质性民事权益争议；（5）案件证据不足，但双方仍然主动迅速达成调解协议，并请求人民法院出具调解书"。

新民间借贷司法解释第十八条规定："人民法院审理民间借贷纠纷案件时发现有下列情形之一的，应当严格审查借贷发生的原因、时间、地点，款项来源，交付方式，款项流向以及借贷双方的关系、经济状况等事实，综合判断是否属于虚假民事诉讼：（一）出借人明显不具备出借能力；（二）出借人起诉所依据的事实和理由明显不符合常理；（三）出借人不能提交债权凭证或者提交的债权凭证存在伪造的可能；（四）当事人双方在一定期限内多次参加民间借贷诉讼；（五）当事人无正当理由拒不到庭参加诉讼，委托代理人对借贷事实陈述不清或者陈述前后矛盾；（六）当事人双方对借贷事实的发生没有任何争议或者诉辩明显不符合常理；（七）借款人的配偶或者合伙人、案外人的其他债权人提出有事实依据的异议；（八）当事人在其他纠纷中存在低价转让财产的情形；（九）当事人不正当放弃权利；（十）其他可能存在虚假民间借贷诉讼的情形。"

三、民间借贷虚假诉讼的防范

第一，对于借款合同利率问题要谨慎。为贯彻落实民法典第六百八十条关于"禁止高利放贷"的原则精神，新民间借贷司法解释继续执行更加严格的本息保护政策。新民间借贷司法解释第二十五条第一款、第二十七条第二款、第二十八条以及第二十九条规定，无论当事人采取何种方式约定利息，对于按照约定要求借款人支付的利息，超过双方合同成立时一年期贷款市场报价利率四倍计算的整个借款期间利息之和的，人民法院均不予支持。除此以外，当事人主张的逾期利息、违约金或者其他费用总计超过合同成立时一年期贷款市场报价利率四倍的部分，人民法院亦不予支持。

第二，对合同签订及生效问题应注意。新民间借贷司法解释第十三条对借贷合同无效事由作出以下修改。

（1）删除了第一、第二项关于"借款人事先知道或者应当知道"的无效要件，进一步放宽民间借贷合同无效的认定标准。

（2）将第一项规定的"信贷资金"改为"贷款"，避免在适用中对贷款性质产生歧义，同时删除了转贷前的"高利"二字，放弃了出借人牟利目的的无效要件，即便转贷行为并不获利，也因行为具有规避金融监管、扰乱金融秩序的性质，不应认可其效力。

（3）增加"未依法取得放贷资格的出借人，以营利为目的向社会不特定对象提供借款的"作为规定的第三项，明确禁止职业放贷行为。

（4）为与民法典的规定保持一致，对有关条款的具体表述作出规范。

第三，对以下极有可能是民间借贷虚假诉讼的10种行为方式保持警惕，及时寻求法律途径维护自己的合法权利。

（1）出借人明显不具备出借能力。

（2）出借人起诉依据的事实和理由明显不符合常理。

（3）出借人不能提交债权凭证或者提交的债权凭证存在伪造的可能。

（4）当事人双方在一定期间内多次参加民间借贷诉讼。

（5）当事人一方或双方无正当理由拒不到庭参加诉讼。

（6）当事人双方对借贷事实的发生没有实质争议或者诉辩明显不符合常理。

（7）借款人的配偶或合伙人、案外人的其他债权人提出有事实依据的异议。

（8）当事人在其他纠纷中存在低价转让财产的情形。

（9）当事人不正当放弃权利。

（10）其他违反借贷常理，可能存在虚假民间借贷诉讼的情形。

来源：京师刑委会

虚假诉讼检察监督

一、虚假诉讼的概念

虚假诉讼依字面上的理解，即诉讼中存在虚假成分，通俗来讲，就是打"假官司"。虚假诉讼不是严格意义上的法学概念，而是司法实务部门在民事诉讼实践中发现并加以总结提出的。近几年，随着国内市场经济的发展，民事领域的虚假诉讼也呈现出高发、蔓延之势，已从最初的民间借贷领域、劳动合同纠纷、房地产权属纠纷等领域逐渐扩展到农村"三资"等领域，侵犯的是集体财产，相关线索更加难以察觉。目前，学术界关于虚假诉讼的概念界定主要有三种观点。

第一种观点认为，虚假诉讼必须以"恶意串通"为构成要件，即虚假诉讼是民事双方当事人恶意串通，向法院提起诉讼，通过虚构或欺骗等手段，利用法院的审判权和执行权，侵害案外人的合法权益或者损害国家、集体利益的诉讼行为。

第二种观点认为，虚假诉讼是指为获取非法利益，当事人之间恶意串通或者一方当事人采取捏造事实、伪造证据等手段提起民事诉讼，妨害司法秩序，使法院作出错误的判决、裁定或者调解书，损害国家利益、集体利益和他人合法权益的行为。

第三种观点一方面包含了第二种观点；另一方面是指一方当事人为不执行裁判结果而滥用诉讼权利如管辖异议、执行异议，实现拖延诉讼的目的。

司法实务中，关于虚假诉讼的界定亦有所不同。根据2024年正式施行的修订的《民事诉讼法》第一百一十五条、第一百一十六条的规定，虚假诉讼不再以当事人之间"恶意串通"为必要构成要件，"单方捏造"亦构成虚假诉讼。根据《刑法》第三百零七条之一关于虚假诉讼罪的规定，虚假诉讼即"以捏造的事实提起民事诉讼"，并未要求当事人之间"恶意串通"。最高人民法院2016年发布的《关于防范和制裁虚假诉讼的指导意见》中，第1条指出，"虚假诉讼一般包含以下要素：（1）以规避法律、法规或国家政策谋取非法利益为目的；（2）双方当事人存在恶意串通；（3）虚构事实；（4）借用合法的民事程序；（5）侵害国家利益、社会公共利益或者案外人的合法权益"。最高人民法院、最高人民检察院2018年公布的《关于办理虚假诉讼刑事案件适用法律若干问题的解释》中提到了"采取伪造证据、虚假陈述等手段""以捏造的事实提起民事诉讼",没有提及必须"恶意串通"。根据2021年3月最高人民法院、最高人民检察院、公安部、司法部联合发布的《关于进一步加强虚假诉讼犯罪惩治工作的意见》规定,虚假诉讼犯罪,是指行为人单独或者与他人恶意串通,采取伪造证据、虚假陈述等手段,捏造民事案件基本事实,虚构民事纠纷,向人民法院提起民事诉讼,妨害司法秩序或者严重侵害他人合法权益,依照法律应当受刑罚处罚的行为。虽然此条规定是刑法语境下的规定,但在司法实务中具有一定的参考意义,即虚假诉讼并不以当事人之间的恶意串通为必要构成要件,一方当事人采取伪造证据、捏造事实等手段提起民事诉讼也构成虚假诉讼。最新的地方高院发布的有关虚假诉讼的司法解释性文件也说明了上述内容。例如,湖南省高院发布的《关于防范虚假民间借贷诉讼的实施细则(试行)》规定:"虚假民间借贷诉讼,是指在民事主体之间因资金融通行为引发的纠纷中,当事人或其他诉讼参与人,单独或者与他人恶意串通,采取捏造事实、伪造证据、虚假陈述等方式,虚构法律关系提起诉讼,损害国家、社会公共利益,妨害司法秩序,侵害他人合法权益的行为。"将恶意串通、伪造证据、虚假陈述等方式均纳入虚假诉讼的构成要件。

根据以上法律、司法解释的规定与司法实务中的处理,虚假诉讼即为获取非法利益,当事人之间恶意串通或者一方当事人采取捏造事实、伪造证据等手段提起民事诉讼,妨害司法秩序,使法院作出错误的判决、裁定或者调解书,损害国家利益、集体利益和他人合法权益的行为。而虚假诉讼犯罪,是指行为人单独或者与他人恶意串通,采取伪造证据、虚假陈述等手段,捏造民事案件基本事实,虚构民事纠纷,向人民法院提起民事诉讼,妨害司法秩序或者严重侵害他人合法权益,依照法律应当受刑罚处罚的行为。

二、虚假诉讼检察监督的必要性

按照我国宪法规定,检察机关是我国的法律监督机关,依法履行法律监督职能,民事诉讼监督则是其法律监督的重要组成部分。根据民事诉讼法第十四条"人民检察院有权对民事诉讼实行法律监督",以及2021年8月实施的《人民检察院民事诉讼监督规则》(以下简称《监督规则》)规定,民事诉讼的全过程都已纳入检察监督范围。民事案件从立案、审理、裁判直到执行,包括对仲裁裁决和公证债权文书等民事非诉执行依据的执行,无论哪个环节存在违法情形,检察机关都有权依法进行监督。

虚假诉讼的隐蔽性,特别是恶意串通型虚假诉讼,觊觎的是案外人的合法权益。虚假诉讼表象的合法性,与正常的诉讼在诉讼过程和裁判结果上很难区分。从虚假诉讼的案卷来看,虚假诉讼具备正常诉讼的所有形式要件,既贴近真实,又符合法律规定，隐蔽性很强。如果未被发现，则会导致私权利被侵害，也会造成司法资源的浪费，司法判决的公正权威性受损，损害司法公信力。

如上所述，虚假诉讼案件线索具有隐蔽性，难以发现，仅仅依靠法院自身力量纠正虚假诉讼具有局限性。在立案阶段，法院受理案件门槛低，对虚假诉讼没有筛选机制，即使在立案时向当事人出具虚假诉讼警示书、权利义务告知书，起到的作用也十分有限。司法被动性原则和对调解率的过分追求是虚假诉讼产生的重要原因之一，尤其是恶意串通型虚假诉讼。最后，法院对虚假诉讼的发现不足，仅仅依靠受害人维权救济无法彻底解决虚假诉讼的问题，这是因为受害人在受到切实侵害的时候往往不知道或者后知后觉，在案件进行过程中主动维权的比例并不高。虚假诉讼是一方或者双方当事人精心制作的虚假案件，具有预谋性、证据完备性、证据证明力高、证据表面合法性等特点，而被害方往往处于不知情、毫无准备的状态，无法对相关证据及时取得与保存，造成在诉讼中无证据可以对抗，或者证据不完整、无法形成完整有效的证据链、证据证明力弱，且不排除在个别情况下从事司法工作的人员与虚假诉讼的受益方相勾结，造成受害人取证、胜诉更加困难。

如果虚假诉讼单纯损害的是国家利益、社会公共利益，无实际受损害的案外人，实践中由于责任主体的缺乏，很难发现此类虚假诉讼案件，只有在查办相关职务犯罪活动中才有可能发现虚假诉讼案件线索，这就导致国家利益、社会公共利益遭受损害并处于持续状态。而目前公检法机关尚未完全建立信息共享机制，大量能够通过大数据平台共享的案件线索无法被及时有效地发现，影响和制约了对虚假诉讼的打击与查处。

三、检察机关对虚假诉讼的规制

依据最高人民检察院公布的最新数据，2023年1—6月，全国检察机关提出的民事诉讼监督意见中涉及虚假诉讼4700余件。2023年1—3月，全国检察机关提出的民事诉讼监督意见中涉及虚假诉讼1900余件。依据2022年《最高人民检察院工作报告》，五年来，全国检察机关对民事审判和执行活动中的违法情形提出检察建议38.4万件，比前五年上升88.5%，采纳率98.7%。对专项监督民间借贷、破产清算、离婚析产等领域打"假官司"问题，依法纠正4万余件，起诉虚假诉讼犯罪5121人。就民事公告送达不尽规范和虚假诉讼问题向最高人民法院发出第二号、第五号检察建议，得到积极回应。2022年，全国检察机关提出的民事诉讼监督意见中涉及虚假诉讼9700余件。2021年3月8日，最高人民检察院发布2020年民事检察监督情况，2020年，检察机关持续深化专项监督，纠正虚假诉讼10090件，对涉嫌犯罪的起诉1352人，同比分别上升27.9%和6.5%。检察机关发现一犯罪团伙虚构带牌车辆买卖合同纠纷起诉，再冒名被告应诉骗取车牌，制造虚假诉讼283件，涉案金额3700万元，在追诉犯罪的同时，向9家相关法院提出再审检察建议。就防治虚假诉讼、维护司法权威，向最高人民法院发出第五号检察建议。

依据2021年《最高人民检察院工作报告》，全国检察院连续三年开展虚假诉讼专项监督初见成效，2021年以抗诉或检察建议纠正"假官司"8816件、起诉虚假诉讼犯罪1135人，同比分别下降12.6%和16.1%。山西、内蒙古、黑龙江、广西等11个省区市建立民事诉讼监督案件正卷、副卷一并调阅制度，把握案情更全面，检察监督更精准。2022年，检察机关继续深化虚假诉讼专项监督，办理虚假诉讼监督案件9715件，同比上升10.2%；起诉虚假诉讼犯罪864人，同比下降23.9%。

截至2022年底，民事案件虚假诉讼智慧监督系统覆盖31个省级区域，共申请开通账号1973个，访问量9.6万余人次，有力提升监督质效。2022年1月至11月，全国检察机关共办理虚假诉讼监督案件8900余件，其中，提出抗诉1200余件，提出再审检察建议4700余件。2019年，全国检察机关办理虚假诉讼案件1900件，其中抗诉的虚假诉讼案件1770件，占当年民事抗诉案件总数的35%，提出再审检察建议的虚假诉讼案件4600件，占当年提出再审检察建议案件总数的57%。2020年，全国检察机关办理虚假诉讼案件10090件，其中抗诉的虚假诉讼案件1785件，占当年民事抗诉案件总数的36%，提出再审检察建议的虚假诉讼案件5933件，占当年提出再审检察建议案件总数的59%。2021年，全国检察机关受理虚假诉讼案件8816件，其中抗诉的虚假诉讼案件1699件，占当年民事抗诉案件总数的32%，提出再审检察建议的虚假诉讼案件5066件，占当年提出再审检察建议案件总数的58%。

（一）最高人民检察院发布相关司法解释文件与指导意见

2018年1月16日，最高人民检察院联合最高人民法院、公安部、司法部发布《关于办理黑恶势力犯罪案件若干问题的指导意见》，其中第20条对虚假民间借贷诉讼的惩治加以规定。2018年10月1日，最高人民法院、最高人民检察院联合发布《关于办理虚假诉讼刑事案件适用法律若干问题的解释》，结合工作实际，对刑法规定的虚假诉讼罪在具体适用方面的若干问题作出了明确规定，对实践中综合运用民事、刑事等多种手段，依法惩治发生在民商事案件审判、执行程序中的虚假诉讼犯罪行为，维护正常司法秩序，保护公民、法人和其他组织的合法权益，具有重要意义；并明确向人民法院申请执行以捏造的事实作出的仲裁裁决、公证债权文书，或者以捏造的事实对执行标的提出异议、申请参与执行财产分配的，属于刑法规定的虚假诉讼犯罪行为。

2019年2月28日，最高人民法院、最高人民检察院、公安部、司法部联合发布《关于办理"套路贷"刑事案件若干问题的意见》，对与"套路贷"相关的虚假民间借贷诉讼刑事案件进行更加明确详细的规定，检察机关在依法监督相关民事借贷案件时，要警惕"套路贷"虚假诉讼，触犯刑事规定的要依法追究相关当事人的刑事责任。2021年3月4日，最高人民法院、最高人民检察院、公安部、司法部再次联合发布《关于进一步加强虚假诉讼犯罪惩治工作的意见》。该意见对建立健全虚假诉讼犯罪惩治配合协作和程序衔接机制、进一步加强虚假诉讼犯罪惩治工作作了具体规定，尤其对虚假诉讼犯罪相关民事诉讼和刑事诉讼程序的衔接作了有针对性的规定。针对极少数司法工作人员、律师等参与虚假诉讼的问题，该意见规定了对上述人员进行责任追究的总体原则。

2021年7月26日，最高人民检察院召开以"完善民事检察制度，提升诉讼监督质效"为主题的新闻发布会，公布修订后的《人民检察院民事诉讼监督规则》。新版的《监督规则》中增加了许多与虚假诉讼有关的条款。第三十七条全面强化了依职权监督，适度扩大了依职权启动监督程序的案件范围，将虚假诉讼案件纳入检察机关依职权启动监督程序案件范围，只要检察机关在履行职责中发现民事案件涉嫌虚假诉讼，不论当事人是否向法院申请过再审，均可以依职权启动监督程序。这一举措提高了查处虚假诉讼的效率，对当事人意义重大。第六十四条明确了在当事人有伪造证据、恶意串通损害他人合法权益可能的情形下，检察机关可向银行业金融机构查询、调取、复制相关证据材料，完善了案件审查、调查核实工作机制，延展了调查核实的范围，确保了可以全面客观审查监督案件。第七十五条规定了人民检察院对当事人通过虚假诉讼获得的民事调解书应当依法向人民法院提出再审检察建议或者抗诉。第一百二十六条规定了当事人申请复查的权利，包括"有证据证明原判决、裁定认定事实的主要证据是伪造的"，大大方便了虚假诉讼的受害方申请检察监督、维护自身合法权益。此次《监督规则》的公布，进一步完善了虚假诉讼监督工作机制，明确了检察机关对虚假调解书有权依法向法院提出再审检察建议或者抗诉；将虚假诉讼案件纳入了检察机关依职权启动监督程序案件范围；通过履行民事非诉执行监督职责，间接实现了对虚假仲裁、公证债权文书的监督。

（二）最高人民检察院发布虚假诉讼指导性案例与典型案例

2019年5月21日，最高人民检察院发布第十四批指导性案例，分别是：广州乙置业公司等骗取支付令执行虚假诉讼监督案（检例第52号）、武汉乙投资公司等骗取调解书虚假诉讼监督案（检例第53号）、陕西甲实业公司等公证执行虚假诉讼监督案（检例第54号）、福建王某兴等人劳动仲裁执行虚假诉讼监督案（检例第55号）与江西熊某等交通事故保险理赔虚假诉讼监督案（检例第56号）。这五个案例都与虚假诉讼相关，其中检例第52号涉及虚假支付令执行，检例第53号涉及虚假调解书，检例第54号涉及虚假公证执行，检例第55号涉及虚假劳动仲裁裁决的执行。

2020年12月14日，最高人民检察院发布第二十三批指导性案例，其中包括李某俊等"套路贷"虚假诉讼案（检例第87号），特意指出办理"套路贷"案件时要注重审查是否存在虚假诉讼行为。对涉黑涉恶案件中存在"套路贷"行为的，检察机关应当注重审查是否存在通过虚假诉讼手段实现"套路贷"非法利益的情形。对此，可围绕案件中是否存在疑似职业放贷人、借贷合同是否为统一格式、原告提供的证据形式是否不合常理、被告是否缺席判决等方面进行审查。发现虚假诉讼严重损害当事人利益、妨害司法秩序的，应当依职权启动监督，及时纠正错误判决、裁定和调解协议书。

2021年9月27日，最高人民检察院向各级人民检察院发布《关于印发民事检察类案监督典型案例的通知》，发布了包括涉农村"三资"领域虚假诉讼类案监督案在内的四类民事检察类案监督典型案例，由此可见，民事虚假诉讼已经蔓延到农村"三资"问题上了。而开展农村"三资"领域民事虚假诉讼类案监督活动，是检察机关贯彻落实中央有关大力促进社会主义新农村建设精神的重要体现。农村"三资"领域虚假诉讼案件多为诉讼双方恶意串通损害国家、集体利益，极少侵犯个体利益，举报线索模糊，发现和查处难度大。检察机关在此次专项打击活动中充分发挥检察职能，树立服务大局意识，针对当地存在的农村"三资"问题，以民事检察监督部门为主导，防范和制裁农村"三资"领域违法行为，为推进农村基层治理贡献了检察智慧、检察力量。

2021年10月29日，最高人民检察院印发了4件民事检察跟进监督典型案例，其中某建筑公司与某置业公司建设工程施工合同纠纷跟进监督案明确了人民检察院可对虚假调解书实行跟进监督。跟进监督是实现民事检察精准监督的重要手段，《监督规则》第一百二十四条规定，"有下列情形之一的，人民检察院可以按照有关规定再次监督或者提请上级人民检察院监督：（一）人民法院审理民事抗诉案件作出的判决、裁定、调解书仍有明显错误的；（二）人民法院对检察建议未在规定的期限内作出处理并书面回复的；（三）人民法院对检察建议的处理结果错误的"，明确了检察机关可以对法院作出的文书跟进监督。在新版《监督规则》实施之前，检法机关对于检察院的跟进监督问题没有明确统一的范围和规定，《监督规则》第一百二十四条与典型案例的发布弥补了这一漏洞，能有效地保护当事人的权益，最大限度地实现个案公平正义。

（三）地方各级检察机关对虚假诉讼的监督

地方检察机关采取多种形式，积极主动发现监督线索。在最高人民检察院于2021年9月27日发布的四类民事检察类案监督典型案例中，黑龙江省齐齐哈尔市检察机关主动开展农村"三资"领域虚假诉讼专项监督活动，就农村"三资"虚假诉讼案件发出再审检察建议36件、审判程序违法检察建议10件、执行违法检察建议4件。通过检察履职，促进了社会主义新农村建设，维护了国家粮食安全，为推进农村基层治理贡献了检察智慧、检察力量。山东省检察机关早在2015年就部署开展虚假诉讼专项监督活动。2020年11月13日，山东省人民检察院发布全省检察机关办理的民事虚假诉讼监督和执行监督部分典型案例，包括：甲供应链公司等调解协议司法确认虚假诉讼监督案，山东甲双孢菇股份有限公司等关联公司之间恶意串通伪造证据虚假诉讼监督案，宫某燕、张某江与乔某科、张某玲、某市A养殖有限公司民间借贷虚假诉讼监督案，张某岭与常州市A园林工程有限公司买卖合同纠纷虚假诉讼监督案，山东甲融资担保公司等与仲裁员、执行法官串通骗取虚假仲裁裁决执行监督案，袁某与营某甜等民间借贷虚假诉讼系列监督案，对省内检察机关监督虚假诉讼案件具有正确的指导意义，也为其他地区处理类似案件提供了一定参考。

浙江省台州市中级人民法院二审宣判的一起虚假诉讼案件，章某方等4名被告人均因虚假诉讼罪获刑，其中有一人是从业多年的法律工作者。2017年，为审批"零土地技改"项目，章某方需将名下制衣厂的土地使用权过户至章某名下的塑料厂，于是伙同王某青伪造了制衣厂与塑料厂的《土地买卖协议》及一张制衣厂已收到塑料厂支付的土地款的收条。案件进入执行阶段后，法官从土地产权过户中发现蹊跷之处：《土地买卖协议》和收条的落款时间均为1998年，但参与协议签订的塑料厂于2013年才成立；协议和收条的纸张是"高桥街道文书稿纸"，而该街道于2001年才撤乡建街道。据此，可以认定两份证据均为伪造。为加强对虚假诉讼的防范与甄别，浙江法院要求，在立案环节，让当事人、诉讼代理人签署《诚信诉讼承诺书》。对于涉嫌虚假诉讼的案件，法官应尽到合理审查义务，该调查的调查，该传唤的传唤。法官未尽到合理审查义务的，应当按照司法责任制要求进行追责。积极探索建立虚假诉讼人名单制度和公职人员、律师参与虚假诉讼行为通报制度，在立案、审判、执行各环节将虚假诉讼拒之门外。对律师事务所、司法鉴定机构及相关从业人员等在制度上、工作上存在的问题及时发出司法建议，努力将防范虚假诉讼的关口前移。

2021年10月，各省检察机关发布1—9月全省检察机关主要办案数据，皆对民事诉讼监督情况作出特别说明。湖南省检察机关在发布的2021年1—9月主要办案数据中指出：2021年1—9月，全省检察机关对民事生效裁判、调解书提出抗诉案件中，涉及虚假诉讼32件，同比上升88.2%，提出再审检察建议中涉及虚假诉讼157件，同比上升46.73%；对民事审判活动监督提出检察建议中涉及虚假诉讼69件，同比上升228.6%；对民事执行活动监督提出检察建议中涉及虚假诉讼17件，同比上升112.5%。江苏省检察机关发布的数据显示：全省检察机关对民事生效裁判、调解书提出抗诉案件中，涉及虚假诉讼30件，同比下降38.8%；对民事审判活动检察建议中涉及虚假诉讼27件，同比下降3.6%；对民事执行活动监督检察建议中涉及虚假诉讼53件，同比下降47%。扬州市人民检察院于2018年成立专门的虚假诉讼办案团队，实践中探索出一条"检察主导、民刑协作、源头防范"的虚假诉讼监督新模式。徐州市检察机关于2019年监督虚假诉讼337件，对黑恶势力犯罪分子操纵"套路贷"虚假诉讼提出抗诉和再审建议111件，发出审判违法和执行违法建议86件。

2019年12月16日，浙江省高级人民法院发布《关于进一步防范和打击虚假诉讼有关问题的解答》，对虚假诉讼的认定、防范、甄别以及与公检机关的材料移送、信息共享等都作出了较为详细的规定。2021年8月31日，江苏省高级人民法院发布《关于健全完善防范与打击"套路贷"及虚假诉讼长效机制的指导意见》，特意提出健全完善"套路贷"、非法高利放贷及虚假诉讼联动处置机制与推动建立"套路贷"、非法高利放贷及虚假诉讼综合治理机制，强调加强与公安机关、检察机关的沟通对接，健全问题线索双向移送反馈机制，就"套路贷"、非法高利放贷及虚假诉讼认定问题及时推动沟通协调，加强研判会商。2021年9月12日，湖南省高级人民法院根据《中华人民共和国民法典》《中华人民共和国民事诉讼法》《最高人民法院、最高人民检察院、公安部、司法部关于进一步加强虚假诉讼犯罪惩治工作的意见》等规定，结合审判实践，制定并发布了《关于防范虚假民间借贷诉讼的实施细则（试行）》，对民间虚假借贷诉讼的界定、审查方法与处理方式都作出了详细的规定。

来源：京师刑委会

虚假诉讼案件刑事控告涉及法条司法解释规定汇编（节选）

刑事控告是指被害人或者被害人的法定代理人、近亲属对侵犯人身、财产权利的犯罪事实或者犯罪嫌疑人，向司法机关控诉、告发，并要求追究行为刑事责任的诉讼行为。刑事控告不仅是被害人的一种救济行为，也是一项律师代理的业务。律师可以帮助被害人通过分析案情、梳理证据、撰写专业文书、陪同被害人到公安机关提交材料，与公安机关沟通，进行刑事控告，从而推进刑事立案，以挽回被害人损失。在司法机关决定立案后，控告人成为诉讼参与人，以公诉案件被害人或者自诉案件自诉人的身份参加诉讼。

律师在接受被害人委托或被指定担任诉讼代理人之后，主要的诉讼目标在于促使案件进入刑事诉讼程序，推动侦查机关立案、检察机关批准逮捕、侦查机关移送审查起诉、检察机关提起公诉，使案件获得成功的刑事追诉。虚假诉讼罪，是2015年11月1日生效的《中华人民共和国刑法修正案（九）》新增罪名。从被害人的权益角度出发，律师作为诉讼代理人，需要成功地说服侦查机关作出立案的决定，说服检察机关作出批准逮捕的决定，说服侦查机关将案件移送审查起诉，或者说服检察机关作出提起公诉的决定，这样虚假诉讼案件就可以在刑事追诉的轨道上向前迈进，被害人的合法权益也就有希望得到有效维护。

一、《中华人民共和国刑事诉讼法》

第三条、第八条、第十九条、第一百零九条、第一百一十条、第一百一十一条、第一百一十二条、第一百一十三条、第一百六十九条、第一百七十二条、第一百七十五条、第一百七十九条、第二百零九条、第二百一十条、第二百一十一条、第二百二十七条、第二百二十八条、第二百二十九条、第二百三十条、第二百三十一条、第二百三十二条、第二百三十五条、第二百五十二条、第二百五十三条。

二、《最高人民法院关于适用〈中华人民共和国刑事诉讼法〉的解释》

第三百七十八条、第三百七十九条、第三百八十条、第三百八十一条、第三百八十二条、第三百八十四条、第四百零二条、第四百零三条、第四百五十一条、第四百五十二条、第四百五十三条、第四百五十八条、第四百五十九条、第四百六十二条、第四百七十条。

三、《人民检察院刑事诉讼规则》

第二条、第五十条、第五十二条、第五十三条、第一百六十条、第一百六十二条、第一百六十四条、第一百六十六条、第一百六十七条、第一百七十一条、第一百七十二条、第一百七十三条、第一百七十四条、第一百七十五条、第三百三十九条、第三百七十七条、第三百八十一条、第三百八十二条、第三百八十三条、第三百八十四条、第三百八十五条、第三百八十六条、第三百八十七条、第三百八十九条、第四百四十八条、第四百四十九条、第四百五十五条、第五百五十五条、第五百五十六条、第五百五十七条、第五百五十八条、第五百五十九条、第五百六十条、第五百六十一条、第五百六十二条、第五百六十三条、第五百六十四条、第五百六十五条、第五百六十六条、第五百七十二条、第五百八十三条、第五百八十八条、第五百九十三条、第五百九十四条、第五百九十六条、第五百九十七条。

四、《公安机关办理刑事案件程序规定》

第二条、第三条、第六条、第一百六十九条、第一百七十条、第一百七十一条、第一百七十二条、第一百七十四条、第一百七十五条、第一百七十八条、第一百七十九条、第一百八十二条、第一百八十三条、第一百八十四条。

五、《最高人民法院、最高人民检察院、公安部、国家安全部、司法部、全国人大常委会法制工作委员会关于实施刑事诉讼法若干问题的规定》

第18条、第27条。

六、《最高人民法院关于审理人民检察院按照审判监督程序提出的刑事抗诉案件若干问题的规定》

七、《人民检察院办理刑事申诉案件规定》

八、《人民检察院受理控告申诉依法导入法律程序实施办法》

九、《中华人民共和国民事诉讼法》

第十四条、第一百一十五条、第一百一十六条。

十、《最高人民法院关于适用〈中华人民共和国民事诉讼法〉的解释》

第一百九十条、第一百九十一条。

十一、《最高人民法院关于人民法院登记立案若干问题的规定》

第十六条。

十二、《最高人民法院关于防范和制裁虚假诉讼的指导意见》

第12条。

十三、《人民检察院检察建议工作规定》

第三条、第八条。

十四、《最高人民法院、最高人民检察院、公安部、司法部关于进一步加强虚假诉讼犯罪惩治工作的意见》

第八条、第十条、第十二条、第十三条。

十五、《最高人民法院关于深入开展虚假诉讼整治工作的意见》

来源：京师刑委会

新民事诉讼检察监督规则虚假诉讼条文解读

2021年7月26日，最高人民检察院召开以"完善民事检察制度，提升诉讼监督质效"为主题的新闻发布会，公布修订后的《人民检察院民事诉讼监督规则》（以下简称《监督规则》）。《人民检察院民事诉讼监督规则（试行）》（以下简称《监督规则（试行）》）于2013年11月发布后，历经八个年头，经过各地方检察院的实践总结、问题反映，最高人民检察院的科学调研、细致修订，新修订的《监督规则》已于2021年8月1日正式实施。《监督规则》修订中主要有四点考虑：一是坚持以人民为中心，二是坚持适应形势发展，三是坚持问题导向，四是坚持积极稳妥。修订后的《监督规则》共10章135条，与《监督规则（试行）》相比，减少了1章，增加了11条，理顺了结构体系，更有利于检察机关依法实施监督权，有效指引当事人依法行使申请监督的权利。

本次修订后，与"虚假诉讼"有关的条文如下。

第三十七条 人民检察院在履行职责中发现民事案件有下列情形之一的，应当依职权启动监督程序：

（一）损害国家利益或者社会公共利益的；

（二）审判、执行人员有贪污受贿，徇私舞弊，枉法裁判等违法行为的；

（三）当事人存在虚假诉讼等妨害司法秩序行为的；

（四）人民法院作出的已经发生法律效力的民事公益诉讼判决、裁定、调解书确有错误，审判程序中审判人员存在违法行为，或者执行活动存在违法情形的；

（五）依照有关规定需要人民检察院跟进监督的；

（六）具有重大社会影响等确有必要进行监督的情形。

人民检察院对民事案件依职权启动监督程序，不受当事人是否申请再审的限制。

此条全面强化了依职权监督，适度扩大了依职权启动监督程序的案件范围，而原《监督规则（试行）》仅仅规定了三项依职权启动监督程序。随着经济发展、虚假诉讼逐渐增多，以及相关法律的更新，原规定范围过窄的弊端就显现了出来：未规定必要的兜底性条款，导致部分确有监督必要的民事案件未能进入检察监督范围，影响检察机关全面履行法律监督职责。本条将虚假诉讼案件纳入检察机关依职权启动监督程序案件范围，只要检察机关在履行职责中发现民事案件涉嫌虚假诉讼的，不论当事人是否向法院申请过再审，均可以依职权启动监督程序。这一举措提高了查处虚假诉讼的效率，并且增加了兜底性条款规定"具有重大社会影响等确有必要进行监督的情形"，对当事人意义重大。

第六十四条　有下列情形之一的，人民检察院可以向银行业金融机构查询、调取、复制相关证据材料：

（一）可能损害国家利益、社会公共利益的；

（二）审判、执行人员可能存在违法行为的；

（三）涉及《中华人民共和国民事诉讼法》第五十五条（现民诉法第五十八条）规定诉讼的；

（四）当事人有伪造证据、恶意串通损害他人合法权益可能的。

人民检察院可以依照有关规定指派具备相应资格的检察技术人员对民事诉讼监督案件中的鉴定意见等技术性证据进行专门审查，并出具审查意见。

此条明确了检察机关向银行业金融机构查询、调取、复制相关证据材料的情形，完善了案件审查、调查核实工作机制，延展了调查核实的范围，确保了可以全面客观审查监督案件。过去的司法实践中，检察机关在办理虚假诉讼监督案件时，为了查清当事人是否存在虚假诉讼的行为，一般都需要查询相关人员的银行账户流水、金融机构财产等情况。比如，最高检发布的第十四批虚假诉讼监督指导性案例的检例第52号、第53号中，检察机关均采取了查询当事人及相关案外人员银行存款的措施。此条特意规定了向银行业金融机构查询、调取、复制相关证据材料的四种法定情形，并将虚假诉讼纳入其中，是最高检从实践出发解决问题的体现，可有效解决大部分需要调取银行业金融机构凭证的问题。

第七十五条　人民检察院发现民事调解书损害国家利益、社会公共利益的，依法向人民法院提出再审检察建议或者抗诉。

人民检察院对当事人**通过虚假诉讼获得的民事调解书**应当依照前款规定监督。

在"虚假诉讼"案件中,"虚假调解"占很大一部分。虚假诉讼的民事调解有其特殊性,此类案件以调解书形式出现,从外表来看是当事人在处分自己的民事权利义务,与他人无关。但其实质是当事人利用调解书形式达到了某种非法目的,获得了某种非法利益,或者损害了他人的合法权益。当事人这种以调解形式达到非法目的或获取非法利益的行为,利用了人民法院的审判权,从实质上突破了调解各方私益的范畴,处分和损害的利益已不仅是当事人的私益,还妨碍司法秩序,损害司法权威,侵害国家和社会公共利益,应当依法监督。但根据《监督规则(试行)》,只能通过检察建议予以监督,无启动再审的强制力。2021年3月,最高人民法院、最高人民检察院、公安部、司法部联合发布的《关于进一步加强虚假诉讼犯罪惩治工作的意见》第十八条规定:"人民检察院发现已经发生法律效力的判决、裁定、调解书系民事诉讼当事人通过虚假诉讼获得的,应当依照民事诉讼法第二百零八条(现民诉法第二百一十九条)第一款、第二款等法律和相关司法解释的规定,向人民法院提出再审检察建议或者抗诉。"此次《监督规则》吸收了该条规定,一是与最新的司法解释性文件相符合,避免产生法律冲突;二是从解决问题的实际出发,明确了检察院对虚假民事调解书可以抗诉,从根本上解决了虚假调解监督强制力的问题。

第八十一条 地方各级人民检察院发现同级人民法院已经发生法律效力的民事判决、裁定有下列情形之一的,可以向同级人民法院提出再审检察建议:

(一)有新的证据,足以推翻原判决、裁定的;

(二)原判决、裁定认定的基本事实缺乏证据证明的;

(三)原判决、裁定认定事实的主要证据是伪造的;

(四)原判决、裁定认定事实的主要证据未经质证的;

(五)对审理案件需要的主要证据,当事人因客观原因不能自行收集,书面申请人民法院调查收集,人民法院未调查收集的;

(六)审判组织的组成不合法或者依法应当回避的审判人员没有回避的;

(七)无诉讼行为能力人未经法定代理人代为诉讼或者应当参加诉讼的当事人,因不能归责于本人或者其诉讼代理人的事由,未参加诉讼的;

(八)违反法律规定,剥夺当事人辩论权利的;

(九)未经传票传唤,缺席判决的;

(十)原判决、裁定遗漏或者超出诉讼请求的;

(十一)据以作出原判决、裁定的法律文书被撤销或者变更的。

此条与《监督规则(试行)》第八十三条一致,没有变化,主要是明确了检察机关向同级人民法院可以提出再审检察建议的十一种情形，其中"原判决、裁定认定事实的主要证据是伪造的"涉及虚假诉讼的情形。

第一百二十六条 当事人认为人民检察院对同级人民法院已经发生法律效力的民事判决、裁定、调解书作出的不支持监督申请决定存在明显错误的，可以在不支持监督申请决定作出之日起一年内向上一级人民检察院申请复查一次。负责控告申诉检察的部门经初核，发现可能有以下情形之一的，可以移送本院负责民事检察的部门审查处理：

（一）有新的证据，足以推翻原判决、裁定的；

（二）有证据证明原判决、裁定认定事实的主要证据是伪造的；

（三）据以作出原判决、裁定的法律文书被撤销或者变更的；

（四）有证据证明审判人员审理该案件时有贪污受贿，徇私舞弊，枉法裁判等行为的；

（五）有证据证明检察人员办理该案件时有贪污受贿，徇私舞弊，滥用职权等行为的；

（六）其他确有必要进行复查的。

负责民事检察的部门审查后，认为下一级人民检察院不支持监督申请决定错误，应当以人民检察院的名义予以撤销并依法提出抗诉；认为不存在错误，应当决定复查维持，并制作《复查决定书》，发送申请人。

上级人民检察院可以依职权复查下级人民检察院对同级人民法院已经发生法律效力的民事判决、裁定、调解书作出不支持监督申请决定的案件。

对复查案件的审查期限，参照本规则第五十二条第一款规定执行。

为方便当事人申请监督，充分发挥再审检察建议同级监督的优势，此条明确了当事人有申请复查的权利，提高了监督效率和效果，有利于维护司法公正与权威。此条规定当事人申请复查的情形中有"有证据证明原判决、裁定认定事实的主要证据是伪造的"，大大方便了虚假诉讼的受害方申请检察监督、维护自身合法权益。《监督规则（试行）》规定的"同级受理"虽然符合工作实际，在具体的案件中，当事人能否继续申请上级检察院抗诉，各地一直存在不同做法；但一律不允许当事人向上级检察院申请复查确实存在不合理之处，不利于当事人维护自己的合法权益。2014年，最高人民检察院发布的《民事行政检察厅与控告检察厅办理民事行政检察案件第二次座谈会议纪要》第7条规定了当事人申请复查："关于申请复查。当事人不服人民法院作出的生效判决、裁定、调解书，申请检察机关监督，同级人民检察院受理审查后作出不支持监督申请决定，当事人认为该不支持监督申请决定存在错误的，可以向上一级人民检察院申请复查一次。提出复查申请时，应当提交申请书和证明存在错误的证据材料，并说明理由和依据。上一级人民检察院控告检察部门负责受理复查申请，并将复查申请材料移送民事检察部门审查处理。民事检察部门审查后，对于确实存在错误的，应当依法纠正；对于不存在错误的，制作维持下一级人民检察院《不支持监督申请决定书》的决定，发送申请人；申请人在提出申请时未提出证明存在错误的证据材料，也未说明理由和依据或者提交的证据材料和说明的理由、依据明显不成立的，民事检察部门可以径行作出维持决定。"本次新的《监督规则》吸收了上述规定，并结合实际加以完善，将复查申请的标准与流程等规范化。

除上述具体涉及虚假诉讼的法条外，此次《监督规则》还有许多亮眼的修订。比如，明确当事人申请监督的期限为两年、规范了送达程序、强化了听证程序等。《监督规则》将民事诉讼的全过程都纳入检察监督范围，从立案、审理、裁判到执行，包括对仲裁裁决和公证债权文书等民事非诉执行依据的执行，无论哪个环节存在违法情形，检察机关都有权依法进行监督。此次《监督规则》的修订与颁布，进一步提升了民事诉讼监督工作的规范性和可操作性，切实解决了检察办案难题，维护了司法公正权威，保护了当事人的合法权利，更是检察机关坚持以人民为中心、贯彻精准监督理念的体现。

来源：京师刑委会

从虚假诉讼角度解读《最高人民法院关于审理民间借贷案件适用法律若干问题的规定》第十八、第十九条

一、《规定》第十八、第十九条来源于审判实践的总结

近年来，虚假诉讼频繁发生且呈增多之势，引起了强烈的社会反响，各方严加防范和打击虚假诉讼的呼声日益高涨。为与新出台的《民法典》保持一致，完善与民间借贷相配套的相关规定，最高人民法院通过调研，充分听取各地法院的意见，根据各地法院审判实践经验的总结，详细规定了民间借贷虚假诉讼的判断标准与处理规范。

《最高人民法院关于审理民间借贷案件适用法律若干问题的规定》（以下简称《规定》）第十八条规定："人民法院审理民间借贷纠纷案件时发现有下列情形之一的，应当严格审查借贷发生的原因、时间、地点，款项来源，交付方式，款项流向以及借贷双方的关系、经济状况等事实，综合判断是否属于虚假民事诉讼：

（一）出借人明显不具备出借能力；

（二）出借人起诉所依据的事实和理由明显不符合常理；

（三）出借人不能提交债权凭证或者提交的债权凭证存在伪造的可能；

（四）当事人双方在一定期限内多次参加民间借贷诉讼；

（五）当事人无正当理由拒不到庭参加诉讼，委托代理人对借贷事实陈述不清或者陈述前后矛盾；

（六）当事人双方对借贷事实的发生没有任何争议或者诉辩明显不符合常理；

（七）借款人的配偶或者合伙人、案外人的其他债权人提出有事实依据的异议；

（八）当事人在其他纠纷中存在低价转让财产的情形；

（九）当事人不正当放弃权利；

（十）其他可能存在虚假民间借贷诉讼的情形。"

第十九条规定："经查明属于虚假民间借贷诉讼，原告申请撤诉的，人民法院不予准许，并应当依据民事诉讼法第一百一十二条（现民诉法第一百一十五条）之规

定，判决驳回其请求。

诉讼参与人或者其他人恶意制造、参与虚假诉讼，人民法院应当依据民事诉讼法第一百一十一条（现民诉法第一百一十四条）、第一百一十二条（现民诉法第一百一十五条）和第一百一十三条（现民诉法第一百一十六条）之规定，依法予以罚款、拘留；构成犯罪的，应当移送有管辖权的司法机关追究刑事责任。

单位恶意制造、参与虚假诉讼的，人民法院应当对该单位进行罚款，并可以对其主要负责人或者直接责任人员予以罚款、拘留；构成犯罪的，应当移送有管辖权的司法机关追究刑事责任。"

二、《规定》第十八条有助于准确把握虚假民间借贷诉讼的类型

《规定》第十八条在总结审判实践中形形色色的虚假民间借贷诉讼的基础上，详细规定了10种可能存在虚假诉讼的民间借贷情形。

1. 出借人明显不具备出借能力

出借人的借款能力，与合同是否真实履行、借款是否真实出借有密切关系，若出借人个人经济水平和财产数额与借款合同相差巨大，不具备能够出借合同规定金额的能力，此时，应对该合同纠纷是否存在虚假诉讼保持合理怀疑。当然，并非出借人自身不具备出借能力就等于是虚假诉讼，因为有些出借人自身不具备出借能力，但也有可能存在其从亲戚朋友处借款然后再出借的事实。所以，若遇到出借人不具备出借能力的情况下，应当允许出借人进一步举证证明。

2. 出借人起诉所依据的事实和理由明显不符合常理

日常生活经验、民众普遍接受和适用的习惯或惯例、自然规律等皆属于"常理"的范围。司法案件中的事实，是司法人员在现有证据的支撑下对事实的重构。在这个过程中，常理对于案件的真实性起到重要作用，是否符合常理这一标准有助于审判人员发现虚假诉讼的破绽。

3. 出借人不能提交债权凭证或者提交的债权凭证存在伪造的可能

《民事诉讼法》第六十七条第一款规定，当事人对自己提出的主张，有责任提供证据。在民间借贷案件中，出借人在起诉时应提供初步证据以支撑其主张，其中必然包括债权凭证。若出借人不能提交债权凭证或者提交的债权凭证存在伪造的可能，则极易有虚假诉讼的可能。

4. 当事人双方在一定期限内多次参加民间借贷诉讼

虚假民间借贷诉讼的一方当事人有可能在他案中已被拖入诉讼程序或执行程序，正因如此，才"被虚假诉讼""受制于人"。所以，就虚假民间借贷诉讼纠纷而言，当事人在一定期限内多次参加民间借贷诉讼的，应值得司法办案人员注意。

5. 当事人无正当理由拒不到庭参加诉讼，委托诉讼代理人对借贷事实陈述不清或者陈述前后矛盾

在正常的诉讼案件中，法院为了查清案件，要求当事人到庭陈述并接受询问，当事人往往极其希望与法官说清案件事实与诉求。在虚假诉讼案件中，许多案件事实是虚假的、虚构的，当事人为了避免露出破绽，往往不敢到庭，大多委托诉讼代理人单独参加诉讼。因此，经法院通知后当事人无正当理由拒不到庭，而委托诉讼代理人对借贷事实陈述不清或前后矛盾，审判人员就应当对该案件是否涉及虚假诉讼产生合理怀疑，并进行审查。

6. 当事人双方对借贷事实的发生没有任何争议或者诉辩明显不符合常理

在正常诉讼案件中，双方当事人通常会根据证据进行辩驳并提供反证。但是，在虚假的民间借贷诉讼中，双方当事人之间一般不会出现实质性对抗，被告对原告的主张不提出抗辩，有的选择对还款期限、利息、违约金等非关键细节进行辩解，并不否认原告诉称的基本事实。此外，虚假诉讼的双方当事人力图规避法官对案件事实的审查，往往倾向于调解结案，通过诉讼调解的合法形式掩盖其非法目的。因此在审判中，对于借贷事实没有争议或者诉辩明显不符合常理的情况，审判人员应当加以警惕。

7. 借款人的配偶或者合伙人、案外人的其他债权人提出有事实依据的异议

虚假诉讼中不法分子获利往往需要损害其他权利人的利益，因此案件结果对其他人的利益影响十分明显。这种情况有可能存在虚假民间借贷诉讼，借款人的配偶或者合伙人、案外人的其他债权人往往会提出异议，审判人员应认真审查正在审理的民间借贷诉讼是否为虚假诉讼。

8. 当事人在其他纠纷中存在低价转让财产的情形

基于维护自身利益的考虑，当事人一般都会采取相对公平的交易方式，不会在纠纷中出现低价转让财产的情形。如果在纠纷中低价转让财产，就必然存在着特殊目的，这种目的极有可能损害他人合法权益。这种情形应当引起审判人员的注意。审判人员应认真审查案件是否为虚假诉讼。

9. 当事人不正当放弃权利

放弃自身权利是公民行使自己权利的方式，法律并不禁止。但若当事人放弃权利可能对他人的合法权益造成侵害，则不为法律所允许。"不正当"需要结合案件具体情况来判断。通常情况下，若当事人放弃权利可能对他人权益造成损害，审判人员就应当注意。

10. 其他可能存在虚假民间借贷诉讼的情形

虚假民间借贷的形式多样，具有复杂性、普遍性、发展性，以列举的方式难以穷

尽其所有情形，对于其他可能存在的虚假民间借贷诉讼情形的兜底性规定，可以弥补法律规定难以穷尽的缺点。

三、《规定》第十九条有助于规范民间借贷虚假诉讼的处理标准

1. 判决驳回当事人的诉讼请求

首先，"判决"主要解决的是实体法律关系，即双方当事人争执的权利义务问题；其次，"驳回诉讼请求"是指依据实体法的规定予以驳回；最后，驳回诉讼请求的判决生效后，当事人如无新的证据，不能就同一诉讼请求和事实向人民法院重新提出诉讼。

2. 当事人申请撤诉的，依法不予准许

在民间借贷的虚假诉讼中，许多当事人一旦察觉到人民法院对本案的处理结果可能于己不利，就会采取申请撤诉的方式来规避人民法院对本案的继续审理或者后续处理。民事诉讼法第一百四十八条第一款规定："宣判前，原告申请撤诉的，是否准许，由人民法院裁定。"《最高人民法院关于适用〈中华人民共和国民事诉讼法〉的解释》第二百三十八条第一款规定："当事人申请撤诉或者依法可以按撤诉处理的案件，如果当事人有违反法律的行为需要依法处理的，人民法院可以不准许撤诉或者不按撤诉处理。"从审判实践的实证效果出发，也不应允许当事人撤回虚假诉讼，以净化司法环境。

3. 对恶意制造、参与虚假诉讼的，人民法院应当依法处理

从主观方面来看，"恶意"是当事人在诉讼中主观方面的态度，"恶意"往往以"非善意"的形式出现，如不诚实、不信用、欺骗、伪装等。当然，此处的"恶意"应当限于当事人"故意"，不应涵盖重大过失。

从实施主体来看，民间借贷虚假诉讼行为的实施主体主要为虚假诉讼的参与人与其他人。这里的参与人不仅包括自然人，也包括单位。对单位恶意制造、参与虚假民间借贷诉讼的，人民法院应当对单位进行罚款，构成犯罪的，移送有管辖权的司法机关追究刑事责任，并可以对单位的主要负责人或者直接负责人员采取罚款、拘留的强制措施。

四、结语

识别虚假诉讼是采取制裁处理的前提，《规定》第十八条列举的可能存在虚假诉讼的10种情形，并不表示这10种情形必然是虚假诉讼。在具体案件中，审判人员还需要实事求是、理论联系实际，严格审查借贷发生的原因、时间、地点，合同真实性，转账往来及借贷双方的实际关系、经济情况等，综合判断案件是否属于虚假民事诉讼。对于一旦确认属于虚假诉讼的案件，应当依据《规定》第十九条的相关内容，严厉处罚虚假诉讼，提高司法公信力，净化司法环境。

来源：京师刑委会

暴力胁迫"套路贷"，虚假流水显端倪

一、基本事实

李某某系龙口市某纸业有限公司的法定代表人兼总经理。2015年2月正值农历的年末，李某某的公司面临发放工人工资及还银行贷款的资金压力与困难。2015年2月10日，一位自称小额贷款公司员工的姚某某来到李某某的公司，称自己能帮李某某办理小额贷款。2015年2月12日，李某某因急需用钱便打电话给姚某某，提出借款13万元的需求。姚某某当即表示借款当日即可到账。果然，李某某当日即收到了银行汇款13万元。2月14日，姚某某带领七个身上"文龙画虎"的人来到李某某的公司，声称该笔借款为其朋友刘某某所有，要求李某某找一些抵押物进行抵押。这伙人在办公楼内四处找寻，最后选定了一套李某某早年收藏的龙椅和一套紫檀家具作为抵押物。此时，他们拿出了一份事先准备好的《借款抵顶协议》要求李某某签字。李某某发现协议中约定借款金额为30万元，当场拒绝签字，这伙人便以暴力相威胁。此时，姚某某称自己愿作李某某与刘某某的保证人，将抵押物存放自己处，自己与李某某签订协议书，承诺下个月底前帮李某某办理大额贷款，以贷款还刘某某的30万元，如贷不出来则由自己还刘某某的30万元。李某某出于畏惧，便在《借款抵顶协议》及姚某某手写的协议书上签上了字。

此后不久，这伙人经常到李某某的公司暴力催收，堵住厂门限制出入，强行拉下车间的电闸造成停产，强收厂内承租人的租金，到厂内盗窃。2015年4月1日，刘某某以虚增的30万元债务向蓬莱市人民法院提起民事诉讼。在庭审中，刘某某向法庭出示了《借款抵顶协议》、银行转账13万元的凭证，虚假陈述了自己向李某某交付现金17万元的经过，申请证人刘某某出庭证明30万元借款的来源并出示了自己的银行取款证明。李某某主张借款本金只有13万元，17万元为虚增债务，且借款有抵押物抵押，还有刘某某到公司强行拉走数件收藏品的证明。2016年1月12日，蓬莱市人民法院出具了（2015）蓬北民初字第120号民事判决书，支持了刘某某的诉求，从此虚假债务变成合法化债务。

此时，李某某的公司已无力运转，刘某某拿到法院的胜诉判决之后更是把李某某的公司当成了自己的家，三天两头到李某某的公司里看好什么拿走什么，并与当地民警玩起躲猫猫的游戏。此时，李某某苦不堪言，丈夫也与其离了婚。原本夫妻二人以厂为家，因不堪刘某某团伙的骚扰，二人各自离开一起经营了15年的工厂。2018年1月，李某某在登上烟台的客轮时被当地民警刑拘，这才知道原来自己公司的设备在被蓬莱市人民法院查封期间遭到盗窃，蓬莱市公安局怀疑是李某某伙同其前夫处置的，于是以拒不执行判决、裁定罪上网通缉了二人。

李某某的前夫孙某某得知此事后，委托北京市京师律师事务所的王朝勇律师在第一时间会见了李某某，了解基本案情并到蓬莱市人民法院调取了李某某与刘某某的卷宗材料。在经过一番调查后，王朝勇律师锁定了证人刘某某的银行取款凭证是伪造的，经过调查比对确认该凭证为虚假证据材料。王朝勇律师果断启动了申诉程序，2019年4月28日，蓬莱市人民法院出具了（2019）鲁0684民监8号民事裁定书：原审原告刘某某与原审被告李某某、孙某某、龙口市某纸业有限公司民间借贷纠纷一案，于2016年1月12日作出（2015）蓬北民初字第120号民事判决书，已发生法律效力。经蓬莱市人民法院院长提交审委会讨论认为，该判决确有错误，应予再审，裁定本案由蓬莱市人民法院再审。蓬莱市公安局于2019年4月26日出具蓬公（北沟）撤案字〔2019〕27号撤销案件决定书，因没有犯罪事实决定撤销此案。虽然此时李某某和其前夫已沉冤得雪，但这起"套路贷"案件给李某某和她的家人造成的伤害，是需要很长一段时间才能平复的。同时，这起案件给企业家带来了深刻的警示。

二、案件焦点

1. 借贷纠纷中如何准确把握民事诉讼证据的"三性"问题

民事诉讼证据既是能够证明案件真实情况的客观事实，也是人民法院查明案件事实、分清是非，正确作出裁判的基础。在司法实践中，人民法院审理双方当事人的纠纷，应当准确把握民事诉讼证据的"三性"：（1）真实性，也被称为证据的客观性或确实性。不仅包括证据本身的形成过程是客观真实的，还包括证据反映的内容是真实、客观存在的。因此，一切证据材料必须经过查证属实，才能作为定案的依据。（2）关联性，即证据必须与待证事实有内在和必然的联系。与待证事实没有联系的证据，不能起到证明案件真实情况的作用，不能作为定案的依据。证据与待证事实的关联性表现形式较多，包括但不限于因果联系、时间联系、空间联系、条件联系、偶然联系等。（3）合法性，即证据的主体形式、来源等符合法律的有关规定。主要表现在：第一，证据必须具备合法的形式，即属于民事诉讼法规定的书证、物证、鉴定意见等八种之一；第二，证据的来源合法，包括出具证据的主体适格、取证程序合法等；第三，证据符合形式上的要件，如合同应当有单位印章、个人签名，出具证言的证人具有作证能力和资格等。

证据应当具有真实性、合法性和关联性才能作为有效的证据。原告向法院提起诉讼，要求被告归还借款本金及利息。但本案中原告提交的证据材料欠缺证据的形式要件，不具有证据的真实性、关联性和合法性，不能有效地证明其与被告之间具有债权债务关系，应驳回其诉讼请求。且原告刘某某、姚某某等人从事"套路贷"，以小额贷款公司名义许诺快速贷款为诱饵，迫使李某某签订借款金额为30万元的《借款抵顶协议》，以13万元借款虚增债务17万元，拆分角色，以姚某某作为抵押权人占有申请人的抵押物。在"索债"过程中，刘某某经常伙同一群身上"文龙画虎"之人到李某某的公司滋扰，强行收取厂内承租人的租金，多次带人到李某某公司的办公楼内行窃，2017年，刘某某团伙洗劫了李某某公司办公楼内物品（其中包括数件收藏品）。在诉讼过程中，刘某某以虚高的协议金额提起诉讼，提交虚假银行流水，导致法院作出错误判决。刘某某的行为涉嫌虚假诉讼罪、伪造证据罪、伪造公司印章罪、妨害作证罪、帮助伪造证据罪、寻衅滋事罪、诈骗罪等。

2. 借条的证明力是否存在瑕疵

通常情况下，借条是证明债权债务关系存在最直接的证据。但若借条的存在与其他证据发生了矛盾和冲突，则不能直接认定该借条具有较高的证明力，而是应当将证据规则的规定作为依据，结合其他证据，全面、准确地对借条的证明效力进行分析。

借条的证明效力问题是民间借贷纠纷中普遍存在的问题，通常情况下，借条往往成为证明借贷关系的唯一依据。在传统民间借贷纠纷中，因借款数额较小，借条一般能够反映真实的借贷关系；然而随着经济的发展，借条作为证明借贷关系唯一依据的效力越来越弱，瑕疵借条、借条暗藏高利贷、虚假诉讼的现象也越来越多。司法实践中，分析借条的证明力应当注意以下几点：（1）借条本身具有较强的证明力，只有条件充分才能否定借条的证明力。一般来说，借条是一种证明借贷关系成立的直接有效和有力的证据，在其他证据不充分的情形下，不能否定借条在民间借贷中的基础作用。（2）在出借人提供借条主张权利，而借款人否认借贷关系或辩称借贷关系与借条所载事实不符的情况下，人民法院不能简单地适用举证责任判断案件事实，而应当围绕借条的形成过程、记载内容依职权查明事实，在案件事实确实无法查清的情况下，再判定由出借人承担举证不利的后果。（3）根据借款金额的大小适用不同规则分析借条的证明力。借款金额较小的，可以直接认定借条的证明效力；借款金额较大的，应当审慎审查借条的证明力，结合银行凭证及其他辅助证据进行综合认定。其中，对于借款金额大小的区分标准，应结合借贷双方的资金能力、交易习惯、地方经济发展水平等进行综合分析。

三、法律分析

1. 民间借贷纠纷涉及虚假诉讼时的处理方式

人民法院在再审中查明原审诉讼为虚假诉讼，应当判决驳回原审原告的诉讼请求，并对其妨害民事诉讼的行为依法予以制裁。虚假民间借贷诉讼，是指当事人为了获取非法利益，通过采取恶意串通、捏造事实、伪造变造证据、虚构法律关系等方式提起民间借贷民事诉讼，意图使人民法院作出错误裁判和执行，侵害第三人、集体或者国家利益的行为。对虚假民间借贷诉讼的认定和处理，最高人民法院《关于依法妥善审理民间借贷纠纷案件 促进经济发展维护社会稳定的通知》第七条明确规定，人民法院在审理民间借贷纠纷案件过程中，要依法全面、客观地审核双方当事人提交的全部证据，从各证据与案件事实的关联程度、各证据之间的联系等方面进行综合审查判断。对形式有瑕疵的"欠条"或者"收条"，要结合其他证据认定是否存在借贷关系；对现金交付的借贷，可根据交付凭证、支付能力、交易习惯、借贷金额的大小、当事人之间关系以及当事人陈述的交易细节经过等因素进行综合判断。发现有虚假诉讼嫌疑的，要及时依职权或者提请有关部门调查取证，查清事实真相。经查证确属虚假诉讼的，驳回其诉讼请求，并对其妨害民事诉讼的行为依法予以制裁；对于以骗取财物、逃避债务为目的实施虚假诉讼，构成犯罪的，依法追究刑事责任。2021年6月26日，最高人民检察院发布了《人民检察院民事诉讼监督规则》，对人民检察院的监督职责作出了最新规定。该规则第三十七条规定，人民检察院在履行职责中发现民事案件有下列情形之一的，应当依职权启动监督程序："……（三）当事人存在虚假诉讼等妨害司法秩序行为的；"人民法院在审理民事案件中发现存在虚假诉讼可能时，应当依职权调取相关证据，并详细询问当事人，全面严格审查诉讼请求与相关证据之间是否存在矛盾，以及当事人诉讼中言行是否违背常理。经综合审查判断当事人存在虚构事实、恶意串通、规避法律或国家政策以谋取非法利益进行虚假民事诉讼情形的，应当依法予以制裁。

2016年6月20日发布的最高人民法院《关于防范和制裁虚假诉讼的指导意见》对虚假诉讼的防范和制裁作出了明确规定。首先，该指导意见指出，人民法院在审理民间借贷、离婚析产、以物抵债、劳动争议、公司分立（合并）、企业破产等虚假诉讼高发领域的案件时，要加大证据审查力度。其次，该指导意见对实践中经常出现的典型的虚假诉讼特征进行了梳理，主要包括：（1）当事人为夫妻、朋友等亲近关系或者关联企业等共同利益关系。（2）原告诉请司法保护的标的额与其自身经济状况严重不符，被告存在经济状况恶化意图转移有效资产等特殊情况。（3）原告起诉依据的事实和理由明显不合常理。（4）诉讼参与人之间无实质性民事权益争议，被告主动应诉并同意原告诉讼请求。（5）诉讼参与人提供的证据单一，前后矛盾，不能形成证据链条；或者诉讼参与人提供的证据只能证明案件事实存在，但双方并不存在争议焦点。（6）案件证据不足，但双方仍然主动迅速达成调解协议，请求人民法院出具调解书。最后，该指导意见对虚假诉讼规定了明确的制裁，主要体现在：（1）在制裁方式上，遵循从轻到重的原则，明确了制裁措施从民事赔偿到刑事制裁。（2）在制裁对象上，针对人民法院工作人员、诉讼代理人、鉴定人等主体分别规定了不同的处罚措施。（3）在制裁手段上，探索建立虚假诉讼失信人名单制度，以及多部门协调配合的综合治理机制。

四、裁判结果

依据申请人李某某的监督申请，山东省蓬莱市人民法院对本案依法启动了再审程序，将案件提交审判委员会讨论。蓬莱市人民法院审委会经讨论认为，原审判决确有错误，应当予以再审。依照《中华人民共和国民事诉讼法》第一百九十八条第一款（现民诉法第二百零九条第一款）、第二百零六条（现民诉法第二百一十七条）规定，裁定对刘某某与李某某民间借贷纠纷一案由蓬莱市人民法院予以再审。至此，该案通过虚假诉讼监督方式，有了实质性进展。

五、办案心得

2018年9月26日，最高人民法院、最高人民检察院联合发布了《关于办理虚假诉讼刑事案件适用法律若干问题的解释》，共十二个条文，从虚假诉讼犯罪行为的界定、定罪量刑标准、数罪竞合的处罚原则、刑事政策的把握、地域管辖的确定等方面作出了规定。该解释对刑法规定的虚假诉讼罪在具体适用方面的若干问题作出了明确规定，对于实践中综合运用民事、刑事等多种手段，依法惩治发生在民商事案件审判、执行程序中的虚假诉讼违法犯罪行为，维护正常司法秩序，保护公民、法人和其他组织的合法权益，具有重要意义。最高人民法院、最高人民检察院、公安部、司法部在2021年3月4日发布了《关于进一步加强虚假诉讼犯罪惩治工作的意见》，要求人民法院、人民检察院、公安机关、司法行政机关要相互配合，按照法定职责分工负责、配合协作，加强沟通协调，在履行职责过程中发现可能存在虚假诉讼犯罪的，应当及时相互通报情况，共同防范和惩治虚假诉讼犯罪，并要求人民法院、人民检察院在履行职责过程中应当重点关注民间借贷纠纷案件。这为民间借贷中涉嫌虚假诉讼罪的控告与惩治提供了理论依据。

自然人之间的借款合同属于实践性合同，自贷款人提供借款时生效，借款人同贷款人出具借条、交付土地使用权证、交纳利息不能认定借款合同生效。从借贷金额大小、交付细节、经济能力、交易习惯、当事人关系及陈述等方面无法证实借贷事实发生的，应当认定借款合同未生效。合同法第二百一十条（民法典第六百七十九条）规定，自然人之间的借款合同属于实践性合同，当事人之间的意思表示真实，合同的主要内容不违反法律、行政法规的强制性规定，符合上述条件的，合同成立，但仍需要贷款人交付借款方能生效，自然人不得约定借款合同自合同成立时生效。由于借款合同的生效以贷款人实际支付借款为标志，当贷款人是否支付借款的事实难以认定时，需要当事人举证，综合借款金额，款项交付，当事人的经济能力，当地或者当事人之间的交易方式、交易习惯，当事人财产变动等因素判断出借人是否实际支付借款。存在以下两种情况的，属于贷款人无充分证据证明借款已实际支付给借款人，应当认定无法证实借款关系存在，借款合同未生效，贷款人无权要求借款人偿还借款。第一，贷款人主张的事实与其经济能力、交易习惯等方式存在矛盾，且无法提供其他证据相互印证的。第二，贷款人主张曾向借款人支付巨额借款，但其实际经济能力有限且与借款人互不相识，或贷款人对相关交易的细节描述存在矛盾且无法作出合理解释。

来源：京师刑委会

对某建筑公司与某置业公司建设工程施工合同纠纷跟进监督案的看法

2021年10月29日，最高人民检察院印发4件民事检察跟进监督典型案例，包括李某莉与朱某文、朱某惠民间借贷纠纷跟进监督案，杨某、耿某强与天津某银行津南支行金融借款合同纠纷跟进监督案，辽宁某集团公司第四分公司申请执行跟进监督案，以及某建筑公司与某置业公司建设工程施工合同纠纷跟进监督案。4件典型案例涉及司法实践中民间借贷、金融借款、执行异议和虚假调解等领域的常见多发问题，其中，与虚假调解有关的是某建筑公司与某置业公司建设工程施工合同纠纷跟进监督案。

跟进监督是实现民事检察精准监督的重要手段。2021年8月1日实施的《人民检察院民事诉讼监督规则》（以下简称《监督规则》）第一百二十四条规定，"有下列情形之一的，人民检察院可以按照有关规定再次监督或者提请上级人民检察院监督：（一）人民法院审理民事抗诉案件作出的判决、裁定、调解书仍有明显错误的；（二）人民法院对检察建议未在规定的期限内作出处理并书面回复的；（三）人民法院对检察建议的处理结果错误的"。对于初次监督后仍然存在明显错误和违法情形，检察机关应依法履职，通过跟进监督达到应有的监督质效。最高检此次发布虚假调解民事检察跟进监督典型案例，对检察机关行使民事检察监督权具有纠偏和引领价值，对当事人行使自己的权利具有正确的指引作用。

【关键词】

建设工程　虚假调解　调查核实　跟进监督

【基本案情】

2017年10月12日，某建筑公司起诉某置业公司至浙江省金华市浦江县人民法院，诉称：2014年7月2日，某建筑公司中标某置业公司开发的某小区二期工程项目，并于2014年7月8日签订建设工程施工合同，约定工程由某建筑公司承建，建筑总面积102358平方米，工程总造价约35000万元。承包方式为包工包料，工程量按实计处，按照1994浙江省建筑工程预算定额作为计价依据，土建工程综合费率31.5%；水电安装工程综合费率201.8%，由某造价咨询公司进行跟踪审计，双方依据该跟踪审计结果结算工程进度款。所有工程验收合格后，20天内付已完成工程总造价90%，审价报告确认后15天内支付至97%，另有3%作为工程质保金。2017年9月22日，某小区二期工程通过竣工验收。同日，经某造价咨询公司审定工程造价为25121万元，某置业公司现已支付工程款15800万元，剩余工程款未能给付。故某建筑公司请求法院判令某置业公司支付工程欠款9321万元，并就案涉工程折价或变卖的价款优先受偿。某置业公司对某建筑公司诉称事实无异议，辩称因资金紧张未能按时给付。在案件审理过程中，双方达成调解协议，约定：某置业公司欠某建筑公司工程款共9321万元，于2017年12月16日前付清，如某置业公司未按期履行，某建筑公司有权申请强制执行；某建筑公司就案涉工程折价或者拍卖的价款在9321万元的限额内享有优先受偿权。浦江县人民法院出具民事调解书对上述调解协议内容予以确认。

【检察监督】

初次监督 2019年5月，案外人某集团公司主张本案系虚假诉讼，向浙江省金华市浦江县人民检察院提出控告。浦江县人民检察院审查认为本案涉嫌虚假调解，遂依职权立案并开展调查核实。检察机关查明，2014年4月某置业公司全部股份被某集团公司收购，法定代表人变更为潘某义；杜某春为某建筑公司法定代表人。检察机关赴浦江县公共资源交易中心调取了备案施工合同文本，发现备案施工合同签订日期为2014年6月13日（以下简称《六月合同》），而向法院提交的施工合同签订日期为2014年7月18日（以下简称《七月合同》），两份合同在工程综合费率、定额人工单价等方面有较大差异，浙江省早已按照2010定额标准进行造价控制，双方却采用1994定额标准，不符合市场行情。检察机关询问某置业公司的法定代表人潘某义得知，潘某义因融资需要多次以个人名义向杜某春等人借款，某小区二期工程完工后，杜某春为了让潘某义偿还欠款，跟潘某义合谋，将潘某义个人欠款计入工程款，编造《七月合同》，提高综合费率和人工造价，虚增工程价款，以期通过工程款优先受偿。工程监理、预决算、跟踪审计人员均证实工程实际均按照《六月合同》履行，某置业公司也是按照该合同支付相应阶段工程款，并提供了工程预决算报告、计量汇总表、工程费用汇总表等涉及工程款结算的基础材料，印证了上述人员的陈述。

浦江县人民检察院审查认为，潘某义与杜某春恶意串通，伪造建设工程施工合同，通过虚假诉讼手段骗取人民法院民事调解书，侵害了某置业公司合法权益，破坏了正常司法秩序，损害了国家利益和社会公共利益，遂于2019年6月28日向浦江县人民法院提出再审检察建议。2019年9月25日，浦江县人民法院函复浦江县人民检察院，认为现有证据不足以证实案涉民事调解书损害国家利益和社会公共利益，对再审检察建议不予采纳。

跟进监督 浦江县人民检察院认为，浦江县人民法院未予采纳再审检察建议确有错误，决定依法跟进监督。2019年9月29日，浦江县人民检察院向金华市人民检察院提请抗诉。金华市人民检察院抗诉认为：（1）有证据证明《七月合同》不符合常理，且在实际施工过程中并未依此结算工程款。工程监理、预决算、跟踪审计人员的询问笔录证实工程实际按照《六月合同》履行。《七月合同》将定额人工单价由"41.5元/工日"调增为"88.24元/工日"，土建工程综合费率由14%提高到31.5%；水电安装工程综合费率由77.58%提高到201.8%，明显不符合建筑市场行情。（2）案涉民事调解书是杜某春、潘某义相互串通形成的。潘某义自认通过编造《七月合同》提交给某造价咨询公司，进而形成《工程造价审定单》，并向法院提起虚假诉讼的事实。杜某春虽予以否认，但相关工程管理人员的陈述均可以证实工程实际按《六月合同》约定的计价标准结算工程款。工程结算标准为施工实质性内容及核心条款，如双方合意更改，应有充分协商的痕迹，不可能在履行过程中没有通知其他管理人员且未留存工作记录。同时二人均明知某置业公司实际控股人系某集团公司，将潘某义个人债务虚构混入公司债务，具有虚假诉讼故意，严重妨害司法秩序，损害国家利益和社会公共利益。

监督结果 2019年10月30日，金华市中级人民法院裁定提审本案，中止原调解书的执行。2020年2月20日，金华市中级人民法院作出裁定，撤销原审民事调解书，将本案发回浦江县人民法院重审。2020年12月24日，浦江县人民法院重审后作出民事判决，判令某置业公司支付某建筑公司工程款2223万元及相应利息，并据此确认某建筑公司优先受偿范围。

【典型意义】

（1）加强建设工程领域虚假诉讼监督，有利于净化建筑行业生态。建筑市场违法违规现象多发，屡禁不止，存在阴阳合同、虚增工程价款、层层转包挂靠等乱象，给司法机关查明事实真相、梳理法律关系增加了难度。伪造证据虚增工程量是建设工程领域虚假诉讼常见的表现形式，检察机关在办理建设工程领域相关案件时应保持办案敏锐性，充分行使调查核实权，发现违法违规线索。重点围绕案涉协议签订时间、协议内容差异、施工决算情况等关键问题，审查当事人不符常理或者行业惯例的异常行为，固定关键证据，查明伪造证据、虚假诉讼的事实，依法予以监督，进一步规范建筑市场行业秩序。

（2）加强跟进监督，有利于实现公权监督与私权救济有机统一。虚假诉讼非双方当事人之间的私权争议，而是违法犯罪行为，既损害了司法秩序，也损害了国家利益和社会公共利益，检察机关应当依法监督。《中华人民共和国民事诉讼法》规定，当事人企图通过诉讼、调解等方式，侵害他人合法权益或逃避履行义务的，应当根据情节轻重予以罚款、拘留；构成犯罪的，依法追究刑事责任。《中华人民共和国民事诉讼法》同时也赋予了遭受虚假诉讼侵害的案外人维护合法权益的救济渠道，第三人因不能归责于本人的事由未参加诉讼，但有证据证明发生法律效力的判决、裁定、调解书的部分或者全部内容错误，损害其民事权益的，可以提起第三人撤销之诉。由于虚假诉讼隐蔽性较强，第三人搜集证据证明相关事实存在客观困难，检察机关在发现线索后应依法调查核实取得虚假诉讼的充分证据并予以监督。本案中，检察机关依法跟进监督，通过抗诉促使上级法院撤销了虚假调解书，维护了司法权威，保护了相关当事人的合法权益。

【检察院对虚假调解案件的监督】

2020年，全国检察机关共受理生效裁判结果监督的跟进监督案件1150件，同比上升1.2倍，审查后提出抗诉74件，同比上升2.5倍。2021年1月至9月，全国检察机关主要办案数据显示，民事检察办案呈现规模扩大趋势，监督质效走势向好。受理生效裁判结果监督的跟进监督案件1107件，同比上升79.4%，审查后提出抗诉60件。全国检察机关对民事生效裁判、调解书提出抗诉案件中涉及虚假诉讼1188件，同比下降11%，提出再审检察建议中涉及虚假诉讼3970件，同比下降10.7%；对民事审判活动提出检察建议中涉及虚假诉讼1020件，同比上升16.7%；对民事执行活动监督提出检察建议中涉及虚假诉讼608件，同比下降10.1%。

虚假诉讼的民事调解有其特殊性，此类案件以调解书形式出现，从外表来看是当事人在处分自己的民事权利义务，与他人无关。但其实质是当事人利用调解书形式达到了某种非法目的，获得了某种非法利益，或者损害了他人的合法权益。当事人这种以调解形式达到非法目的或获取非法利益的行为，利用了人民法院的审判权，从实质上突破了调解各方私益的范畴，处分和损害的利益已不仅是当事人的私益，还妨害司法秩序，损害司法权威，侵害国家和社会公共利益，应当依法监督。跟进监督不仅是实现民事检察精准监督、提升民事检察监督质效的重要手段，也是体现民事检察公权力监督和私权利救济双重效果、实现权力纠错和权利救济的重要机制。

这是最高检第一次发布对虚假调解案件跟进监督的典型案例。其实早在2019年5月，最高检发布的第十四批指导案例中，就有检察机关对虚假调解书监督的案件，即武汉乙投资公司等骗取调解书虚假诉讼监督案（检例第53号）。最高检在那时已明确指出：伪造证据、虚构事实提起诉讼，骗取人民法院调解书，妨害司法秩序、损害司法权威，不仅可能损害他人合法权益，而且损害国家和社会公共利益的，构成虚假诉讼。不过关于虚假诉讼的跟进监督问题，最高检没有作出明确的指示。

在2019年重庆市某建筑钢模板公司与谢某、郑某买卖合同纠纷案中，某建筑钢模板公司不服重庆市沙坪坝区人民法院（2016）渝0106民初3994号民事调解书，向重庆市沙坪坝区人民检察院申请监督，该院提请重庆市人民检察院第一分院抗诉。重庆市人民检察院第一分院于2018年10月11日作出渝检一分院民监〔2018〕213号民事抗诉书，向重庆市第一中级人民法院提出抗诉。重庆市第一中级人民法院作出（2018）渝01民再51号民事裁定，裁定本案终结再审程序。重庆市人民检察院第一分院认为，该案仍符合抗诉条件，提请重庆市人民检察院跟进监督。当时的主流观点认为，该案不符合再次抗诉条件（《监督规则》还未修订发布）。重庆市高级人民法院作出（2019）渝民抗34号民事裁定，以对调解书两次抗诉无法律依据、对终结再审程序的裁定提出抗诉不属于可抗诉的范畴为由，裁定"对重庆市人民检察院就重庆市沙坪坝区人民法院（2016）渝0106民初3994号民事调解书提出抗诉，不予受理"。这是新版《监督规则》发布前法院面对检察机关对虚假调解案件跟进监督的处理。

2021年8月1日实施的《监督规则》对虚假调解书的检察监督作出了规定，第七十五条规定："人民检察院发现民事调解书损害国家利益、社会公共利益的，依法向人民法院提出再审检察建议或者抗诉。人民检察院对当事人通过虚假诉讼获得的民事调解书应当依照前款规定监督。"并且第一百二十四条规定了检察机关可以在"人民法院审理民事抗诉案件作出的判决、裁定、调解书仍有明显错误"的情形下再次监督或者提请上级人民检察院监督。由此，检察机关对虚假调解案件的跟进监督便有了明确条文规定。按照《监督规则》，上述重庆市某建筑钢模板公司与谢某、郑某买卖合同纠纷案中，检察机关的第二次抗诉便有了相应的法律依据。

最高检印发包括某建筑公司与某置业公司建设工程施工合同纠纷跟进监督案在内的4件民事检察跟进监督典型案例，是落实《中共中央关于加强新时代检察机关法律监督工作的意见》中精准开展民事诉讼监督各项工作要求的体现，是实现"让人民群众在每一个司法案件中感受到公平公正"司法工作目标的重要措施。与虚假调解有关的某建筑公司与某置业公司建设工程施工合同纠纷跟进监督案典型案例的发布，对检察机关以后面对虚假调解案件时的监督工作有一定的参考借鉴，尤其是跟进监督的实践，有效地保护了当事人的权益，最大限度地实现个案公平正义。

来源：京师刑委会

对齐齐哈尔涉农村"三资"领域虚假诉讼类案监督案的看法

为进一步贯彻落实《中共中央关于加强新时代检察机关法律监督工作的意见》中关于加强民事检察工作、健全法律监督方式的要求，发挥类案监督在统一法律适用、增强精准监督质效方面的优势，2021年9月27日，最高人民检察院向各级人民检察院发布《关于印发民事检察类案监督典型案例的通知》，将涉公民代理类案监督案等4件民事检察类案监督典型案例印发予各级人民检察院，供各级人民检察院办案时参考借鉴。同时，最高检此次发布的民事检察类案监督案例也为各界法律人士提供了相关指导与学习方向。

最高检此次共发布4件民事检察类案监督典型案例，包括涉公民代理类案监督案、涉终结本次执行程序类案监督案、涉农村"三资"领域虚假诉讼类案监督案，以及涉道路交通事故伤情鉴定类案监督案。其中，与虚假诉讼相关的是涉农村"三资"领域虚假诉讼类案监督案。

【关键词】

农村"三资" 虚假诉讼 类案检察建议

【类案问题】

黑龙江是农业大省，承担着维护国家粮食安全"压舱石"的重任。然而，一些不法分子利用农村村集体在财务管理上存在的漏洞，恶意串通或者单方采取伪造证据、虚假陈述等手段捏造事实，虚构与农村集体组织之间的民事纠纷，通过虚假诉讼非法牟取农村集体"资金、资产、资源"（以下简称农村"三资"）。针对当地农村"三资"领域虚假诉讼恶性蔓延滋长的态势，齐齐哈尔市两级检察机关主动开展农村"三资"领域虚假诉讼专项监督活动，对齐齐哈尔两级法院近5年涉农村"三资"纠纷诉讼案件进行集中审查，建立台账，逐案跟踪，特别是对以调解方式结案，案件立、审、执过于迅速，诉讼均由代理人操办，缺席判决等反常现象案件，进行重点审查。齐齐哈尔市两级检察机关共调阅涉农村"三资"领域案件卷宗1917册,确定重点排查案件1283件。

经对齐齐哈尔市涉农村"三资"案件中发现的问题进行全面系统梳理,发现法院在审理该类案件中存在以下主要问题:一是部分法院对单方谋利型案件防范意识不强。对于一方当事人明显通过虚构事实、隐瞒真相或伪造证据等手段,提起民事诉讼侵害村集体利益的案件,部分法院防范、规制意识不强。二是部分法院存在审查不充分的问题。部分案件未对案件事实和证据进行实质审查,就以调解形式结案。三是部分法院审判、执行程序不规范。部分案件不严格执行法定送达程序、条件,留置送达、公告送达不规范;部分案件缺席判决;部分执行案件不当划扣村委会资金。四是部分法院惩戒力度不够。部分法院对发现的涉农村"三资"虚假诉讼裁定准予撤回起诉,不作出否定性评价,未依法采取民事制裁措施,较少移送违法犯罪线索。

【检察机关履职情况】

齐齐哈尔市检察机关共梳理出涉农村"三资"管理类不规范问题57个,审判人员违法情形9类26个。齐齐哈尔市检察机关就农村"三资"虚假诉讼案件分别发出再审检察建议36件、审判程序违法检察建议10件、执行违法检察建议4件。

2021年1月,齐齐哈尔市两级检察机关分别与同级法院召开系列座谈会,建议法院采取完善涉农村"三资"案件审查流程、对涉农村"三资"案件强化证据实质性审查、建立诉讼失信人档案、对曾参与虚假诉讼的当事人提起的民事诉讼案件从严审查等措施,切实防范、规制虚假诉讼。

对齐齐哈尔市检察机关提出的监督意见,齐齐哈尔市两级法院采取措施,加大防范和打击农村"三资"虚假诉讼案件力度,完善流程、规范机制。一是建立涉农村"三资"案件立案后通报当地乡镇党委、政府制度,引导、协助进行诉讼外化解纠纷;二是实行诉讼当事人签订诚信诉讼承诺书制度;三是涉农村"三资"案件村委会负责人拒签传票、不出庭应诉、不答辩等不履职行为的,实行通告乡镇政府负责人制度;四是要求法官审理涉农村"三资"案件必须进行实质性审查;五是要求法官对发现的违法违纪线索及时移送相关部门进行处理。

【典型意义】

开展农村"三资"领域民事虚假诉讼类案监督活动,是检察机关贯彻落实中央有关大力促进社会主义新农村建设精神的重要体现。农村"三资"领域虚假诉讼案件多为诉讼双方恶意串通损害国家、集体利益,极少侵犯个体利益,举报线索模糊,发现和查处难度大。检察机关应当充分发挥检察职能,树立服务大局意识,针对当地存在的农村"三资"问题,以民事检察监督部门为主导,防范和制裁农村"三资"领域违法行为,为推进农村基层治理贡献检察智慧、检察力量。检察机关通过开展专项监督工作，集中时间和力量进行突破，系统梳理、排查、纠正农村"三资"虚假诉讼，积极支持法院完善机制、加强管理，促使法官提高甄别、规制虚假诉讼的意识和能力，促进法院加强对农村"三资"虚假诉讼的防范和惩治，切实提高司法公信力，维护司法秩序。通过开展专项类案监督活动，深化类案监督效果，给农民群众一本"明白账"，让农民群众吃上"安心丸"，有利于促进农村矛盾化解，密切干群关系，维护农村社会和谐稳定。

【检察机关对虚假诉讼的监督】

近年来，虚假诉讼案件数量逐年增加，类型日趋广泛。这在民间借贷、以物抵债、破产、第三人撤销之诉和执行异议之诉中尤为明显。但根据最高检发布的最新典型案例，民事虚假诉讼已经蔓延到农村"三资"问题上了，而检察机关对虚假诉讼的监督与打击也逐渐加强。

2021年6月15日，中共中央委员会发布的《中共中央关于加强新时代检察机关法律监督工作的意见》对检察机关的检察工作高质量发展提出了更高要求。10月18日，最高人民检察院发布2021年1月至9月全国检察机关主要办案数据，其中，民事虚假诉讼监督情况如下：2021年1月至9月，全国检察机关对民事生效裁判、调解书提出抗诉案件中涉及虚假诉讼1188件，同比下降11%，提出再审检察建议中涉及虚假诉讼3970件，同比下降10.7%；对民事审判活动提出检察建议中涉及虚假诉讼1020件，同比上升16.7%；对民事执行活动监督提出检察建议中涉及虚假诉讼608件，同比下降10.1%。

地方检察机关采取多种形式，积极主动发现监督线索。黑龙江省齐齐哈尔市检察机关主动开展农村"三资"领域虚假诉讼专项监督活动，就农村"三资"虚假诉讼案件发出再审检察建议36件、审判程序违法检察建议10件、执行违法检察建议4件。通过检察履职，促进了社会主义新农村建设，维护了国家粮食安全，为推进农村基层治理贡献检察智慧、检察力量。

不论发生在哪个领域的虚假诉讼，都"万变不离其宗"。因为是"虚假"的，所以基本上没有实质性的矛盾与质证，案子完结迅速，多以调解结案，甚至当事人不出庭，这些情况在农村"三资"领域虚假诉讼案件中尤为明显。若法院提前做好相关准备工作、提高警惕，在法院正常审理的过程中，上述情况与表现应该是能被注意到的。其他普通民事诉讼可能还会有个人举报人，而涉农村"三资"领域虚假诉讼案，侵犯的更多是国家、村集体的利益，存在举报线索模糊、发现和查处难度大等问题，个人举报人也很难发现线索证据进行举报。所以，这样的案件更加需要检察机关介入，依法履行自己的民事检察监督权。根据报道，2019年齐齐哈尔市拜泉县检察干警的一次信访接待，促成了拜泉县打击农村"三资"虚假诉讼第一案。拜泉县检察机关介入并发现相关村村长与外人互相串通，侵占村集体土地租赁费用。最终，经检察机关调查核实和法院再审，案件当事人分别被判处虚假诉讼罪、职务侵占罪、诈骗罪等，受到了相应的刑事处罚，农村"三资"物归原主，老百姓拿到了土地租赁费用。以此为契机，齐齐哈尔市检察机关开展了涉农村"三资"领域虚假诉讼案件的专项监督。

这是齐齐哈尔市检察机关对涉农村"三资"领域案件进行的专项检察监督，能够对这个方向的虚假诉讼进行一定的打击。可是，不同的地方情况不同，其他地区检察机关是否也能根据当地的民事诉讼情况展开专项虚假诉讼整治工作呢？如果没有相关当事人的举报、没有开展专项活动，案件如何才能被发现？

在涉及农村"三资"的虚假诉讼案件中，检察机关提出"构建民事监督、刑事处罚、纠正违法'三位一体'监督模式，以提高农村'三资'领域虚假诉讼监督的整体效能"。齐齐哈尔市的虚假诉讼专项打击活动是从一次信访接待开始的，而检察机关办理信访案件，不能止步于法定规定职能，要以"能动司法"观念，促成政治效果、社会效果和法律效果的实现。

2020年，最高检就防治虚假诉讼、维护司法权威向最高人民法院发出第五号检察建议，后于2021年与最高法、公安部、司法部联合发布了《关于进一步加强虚假诉讼犯罪惩治工作的意见》，对虚假诉讼犯罪进行更详细的规定。2021年中共中央发布《关于加强新时代检察机关法律监督工作的意见》，强调"精准开展民事诉讼监督"，要求"增强监督的主动性、精准度和实效性"，"加强对监督事项的调查核实工作，精准开展法律监督"。针对虚假诉讼类案，尤其对发现难度大、举证模糊的涉农村"三资"领域虚假诉讼案件，检察机关行使检察监督职权更应提高主动性与精准度。

（1）检察机关要积极履行检察监督职能，强化围绕中心、服务大局意识，开展具体领域虚假诉讼专项监督活动。经常发生虚假诉讼的领域一般涉及人民群众最关心的热点难点问题，特别是涉农村"三资"领域虚假诉讼问题，直接侵害了农民群众利益，是各级党委和政府着力解决的重大问题。检察机关应发挥依职权监督的自身优势，围绕党委中心工作，以稳固农村基层组织经济基础为出发点，制裁和防范"三资"领域虚假诉讼行为，为有效推进农村基层治理贡献检察力量、检察智慧。

（2）检察机关要强化专班办理的力度，完善区域联动机制。检察机关应理顺区域联动办理案件时辖区院的关系，激发工作动力，细化工作配合、人员协作、运行方式等具体措施，推动办理力量和办理资源的深度融合，实现区域联动的常态化运行，真正体现一体化办案的优势。

（3）检察机关要强化协调机制，发挥在查处相关虚假诉讼案件中的主导作用。检察机关在依法提出监督建议的同时，要将虚假诉讼犯罪和职务犯罪线索分别进行移送，实现民事监督、刑事打击的双重效果。检察机关应充分利用自身监督定位，发挥主导作用，强化与法院的沟通协调，探索与法院共同研究制定审理相关虚假诉讼案件的规范性文件，从而规范法院的审判行为。通过不断强化与相关部门的深层次合作，形成惩治合力，达到共享共治目的，实现监督效果最大化。

（4）检察机关要强化多元化监督，提升检察机关监督的社会效果。在农村"三资"领域虚假诉讼监督专项工作中，检察机关要实施虚假事实纠正、经济损失挽回、违法责任追究、管理漏洞堵塞的"四位一体"多元化监督模式，纠正错误生效裁判、调解，推进社会诚信体系建设。从源头治理上，与有关机关共同研究富有预防和治理价值的对策措施，对相关乱象提出改进类检察建议，提升基层治理法治化水平，使检察机关的监督从治标向治本深化，提高监督质效。

来源：京师刑委会

对"套路贷"案件的几点看法

近年来,随着我国市场经济深入发展,民间借贷日趋活跃,成为民间融资的一种重要途径。"套路贷"脱胎于民间借贷,身披合法的合同外衣,行违法犯罪之实,以民间借贷的名义营造合法从事贷款业务的假象,严重扰乱了我国经济市场秩序,侵害了人民群众的合法权益,危及国家社会稳定。此外,"套路贷"犯罪案件行为方式多种多样,并且各手段之间串联组合模式多,行为链条中可能牵涉的罪名在个案中也存在差异,对于民事证据链完整的"套路贷"犯罪,民事、行政法律难以有效应对。因此,本文对"套路贷"案件进行深入研究,提出几点看法。

一、"套路贷"的真面目

1."套路贷"的定义

2019年4月9日,最高人民法院、最高人民检察院、公安部、司法部联合发布《关于办理"套路贷"刑事案件若干问题的意见》(法发〔2019〕11号),在此之前,"套路贷"一词并无统一的定义。该意见规定,"套路贷"是对以非法占有为目的,假借民间借贷之名,诱使或迫使被害人签订"借贷"或变相"借贷""抵押""担保"等相关协议,通过虚增借贷金额、恶意制造违约、肆意认定违约、毁匿还款证据等方式形成虚假债权债务,并借助诉讼、仲裁、公证或者采用暴力、威胁以及其他手段非法占有被害人财物的相关违法犯罪活动的概括性称谓。

2."套路贷"的特点

第一,表面合法。"套路贷"往往为了洗清"高利贷"的嫌疑,会在合同制作上"绞尽脑汁",以"违约金""保证金""中介费""服务费"等各种名义诱骗被害人签订虚高借款合同、阴阳借款合同,在合同约定之外另行收取费用,或以提供服务、销售商品为名,实际收取高额利息(费用)变相从事非法高利贷业务。在很多案件中,"套路贷"实际上是披着民间借贷的合法外衣,行诈骗之实。

第二,手段多样。"套路贷"案件往往手段多样并且环环相扣。所谓手段多样、环环相扣，是指行为人往往设计众多具有欺骗性质的手段，并且欺骗行为一个紧接着一个。一是制造民间借贷关系的假象并以此作虚掩，甚至有的资金出借人让借款人签署"空白合同"；二是行为人安排指定的关联公司、关联人员，或者自导自演，伪造银行流水痕迹，借此制造虚高债务的假象；三是要求受害者偿还虚高债务，并在受害者无力偿还时，迫使其用平账的方式还钱；四是在受害者累积了"巨额债务"后，威逼受害者偿还高额债务，一般采取辱骂、恐吓、威胁等方式，更有甚者使用暴力手段，甚至会提起虚假诉讼来达到侵犯受害者及其亲属财产的非法目的。

第三，目标明确。"套路贷"行为人有明确的受众指向，其瞄准的不是目标群体的还款能力，而是个人甚至家庭的财产。出借人在放贷之前通常会对贷款人进行详细的资产及家庭财产情况调查，让其出具房产证、行驶证或者其他财产证明，因此，出借人一开始的目标就是这些被害人名下甚至家庭的个人财产，如车辆、房产、公司股份等。

第四，组织性强。"套路贷"犯罪往往是有组织的犯罪。在许多"套路贷"案件中，行为人都是以公司名义组织实施犯罪，具有组织化甚至集团化的特征。在这种形成组织的有计划的"套路贷"犯罪中，社会危害性相对于普通的财产类犯罪更大，甚者在一些案件中造成受害者自杀、卖房抵债等严重后果，其社会危害性不言而喻。

二、"套路贷"中"套路"行为的表现形式

第一，阴阳合同型。犯罪分子以"小额贷款公司"作掩护，利用目前流量比较大的微信、微博等平台发布贷款信息。他们通常会标榜自己是"低利息""无抵押""快速放贷"的金融服务机构，而后欺骗被害人签订高于实际借款金额数倍的借款合同。如果被害人对借条金额有疑问，犯罪分子往往就会用"保证金""服务费""行规"等借口进行搪塞，进而享有远高于实际债权的虚高债权。

在这种情况下，双方签署的虚高借条就成为表面的"阳合同"，而就实际借款达成的协议就转化为背后的"阴合同"。"阳合同"具有书面形式，但其标明的金额与实际借款金额不符；"阴合同"虽然是真实的意思表示，但是只具有口头形式，证明效力远不如"阳合同"。

第二，平账连环套型。此种套路是针对欠缺实际还款能力的借款人，其流程是：被害人与犯罪分子签署一份借款协议，合同到期后被害人通常无力还款，此时借款人利用这种急于还款的心理，诱使被害人与另一家小额贷款公司或者个人签署一份借款协议，以偿还先前的欠款。虽然这看似是一种新债换旧债的方式，但是，新的借款协议的金额和利息明显高于之前的借款协议。

"平账"是犯罪分子利用被害人违约后急需还款的窘迫心理，诱使增加借款金

额，通过一层层的"滚雪球"效应，获取不法的虚高债权，进而侵占他人财物。这种"套路"行为通常在实践中是最难预防的。因为被害人在违约之后通常认为自己属于有过错的一方，在犯罪分子的心理攻势下，往往通过"平账"来消除债务，最终陷入"欠债—贷款"的无底洞。

第三，制造违约型。这种行为方式针对的是有能力按期还款的被害人。犯罪分子通常会恶意制造一些违约的情形，产生逾期违约金来垒高被害人的债台，此种套路可谓"放长线钓大鱼"。

这种手段一般表现为：当被害人要求还款时，他们会找各种借口不予接受。比如，在还款即将到期时，利用"系统故障"等托词导致被害人不能按期还款。为了尽可能多地攫取被害人钱财，犯罪分子在违约金条款上通常会将还款日期精确到某天的某分某秒，并将逾期利息规定得较高，这样操作的目的是使被害人更容易"违约"。

三、"套路贷"中"索债"行为的表现形式

第一，暴力索债型。通过前面一系列"套路"行为强行设置债权后，犯罪嫌疑人使用索债手段将债权变现为财产。当被害人意识到自己可能被套路后，犯罪嫌疑人通常不会束手就擒，会就"索债"考虑采取一些"硬手段"。为此，放贷人设立或聘请的各种暴力讨债团队就发挥了作用，这里的暴力包括硬暴力（非法拘禁、殴打等）和软暴力（跟踪、骚扰、泼油漆等）。

硬暴力是传统的讨债手段，早在高利贷兴盛的时期就已经开始大规模使用。当然，硬暴力不仅包括对人身的暴力，也包括对财物的暴力，比如恶意扣车等。对于有车产的被害人，放贷者通常会盯上他们的车辆。如双方先签署一份抵押合同，借款人可以随时使用车辆，但需要在车上安装GPS定位，并收取名义上的"安装费"。在肆意认定为违约之后，犯罪人将通过GPS找到车辆进行暴力扣押，而后以索要"违约金""赎车费"等名义侵夺被害人的财物。为了逃避法律制裁，犯罪分子在选择作案手段时会有意回避一些明显违法的方式，而选择软暴力这种处于法律模糊地带的手段。如不断打电话骚扰被害人及其近亲属，尤其是会选择在半夜时分打电话，严重影响他人的平静生活。值得思考的现实问题是：软暴力手段是否应当被刑法所规制呢？为了实现对法益的保护，法律应当对暴力手段作出符合时代发展的客观解释。

第二，虚假诉讼型。鉴于暴力手段具有一定的风险，犯罪分子会转而选择更安全的诉讼手段。从"套路贷"犯罪行为过程来看，犯罪分子一般都接受过专业的法律知识培训或至少了解司法动向。为了规避法律的处罚，他们"高明"的法律运作可以分为两个阶段：前期的"证据"收集阶段和后期的诉讼代理阶段。

前期的"证据"收集阶段流程是：在放款时有意地保留"证据"，先按借条金额

将款项付至被害人的账户，再让被害人取出，以此留下银行流水凭证，此凭证表明实际借款数额与合同相一致。但之后犯罪分子会要求被害人交付大量的"服务费"等无中生有的费用。如果被害人执意现金交付，那么犯罪分子会让被害人手持取出来的现金照相来保留证据。另外，某些犯罪分子还会和被害人进行相关的债权公证。至此，犯罪人就拥有虚高的借条、虚假的流水凭证和债权公证等证据，这样环环相扣的"套路"是为了给下一步的诉讼做准备。

接下来，犯罪分子会通过诉讼获得可执行的胜诉判决，而且往往会聘请代理律师。在坚实的证据链条和专业的代理律师帮助下，犯罪分子一般能获得有利的判决。依靠有利的判决，他们便可以堂而皇之地侵占被害人的财产。在国家强制力的干预下，被害人往往束手就擒，尽管某些人不服提起上诉，但由于缺乏实质的证据，往往会以败诉告终。

四、"套路贷"与"高利贷"的区别

第一，"套路贷"的目的是侵犯他人财产，所谓借贷，只是掩盖其目的的侵犯财产的手段方式；而"高利贷"的目的是获得高额的利率，并不具有侵财的目的。这是二者目的上的不同。

第二，"套路贷"打着借贷的旗号，实际上侵犯了群众的财产，其行为涉嫌犯罪；而"高利贷"的借贷行为本身并不违法，且年利率低于36%的利息也是受到法律保护的。二者在法律性质上完全不一样。

第三，"套路贷"侵害的法益较多，具有较大的社会危害性；而"高利贷"主要是一种民事行为，尚未进入刑事领域，这种民事纠纷一般不具有社会危害性，只是公民私人之间的纠纷。因此，"套路贷"的危害性具有社会性的一面，这一点不同于私人之间的"高利贷"纠纷。

五、"套路贷"与虚假诉讼的关系

第一，"套路贷"中虚构民间借贷主观上具有非法占有的目的。民间借贷的目的是获取利息收益，借贷双方主观上都不希望发生违约，特别是出借人主观上希望借款人能按约归还本金和利息。而"套路贷"中的民间借贷实质上是打着"借款"的幌子，通过各种套路，达到非法占有借款人财产的目的，所以这种民间借贷完全是由行为人主导和蓄意制造出来的借贷假象，与虚假诉讼罪无中生有虚构捏造民事法律关系具有同样的本质。"套路贷"中犯罪嫌疑人主观上具有非法占有的目的，虚假诉讼罪中行为人捏造事实提起民事诉讼也明显具有非法占有他人财物的目的。

第二，"套路贷"中民间借贷基础关系是虚假的。"套路贷"中提起民事诉讼

的借贷纠纷，是犯罪嫌疑人通过套路设计、"以小博大"、垒高借款金额形成的虚假借贷关系，实际上初始借款在整个"套路贷"中就是诈骗钱财的一个诱饵、幌子，是"套路贷"犯罪乃至虚假诉讼罪中的作案工具，也是犯罪成本。

第三，"套路贷"中借款人违约是虚假的。借款人违约，是"套路贷"得以顺利完成的必不可少的条件。如果借款人不违约，犯罪嫌疑人就无法垒高借款金额，更无法通过民事诉讼的方式非法占有借款人的财产。因此，无论借款人是否具备还款能力，犯罪嫌疑人都会设置违约陷阱、制造还款障碍，以达到之后通过虚假诉讼的方式非法占有借款人财产的目的。"部分篡改型"虚假诉讼行为中必然也有借款人违约的事实，但绝非由出借人刻意造成，而是借款方的原因导致逾期无法归还借款。因此，在违约事实的发生上，"套路贷"与"部分篡改型"虚假诉讼也是有区别的。

第四，"套路贷"中给付资金也是虚假的。犯罪嫌疑人按照虚高的"借贷"协议金额将资金转入被害人账户，制造已将全部借款交付被害人的银行流水痕迹，随后便采取各种手段将其中全部或者部分资金收回，被害人实际上并未取得或者完全取得"借贷"协议、银行流水上显示的钱款。最后，借助虚假诉讼索取"债务"是"套路贷"犯罪中的重要手段。

六、涉"套路贷"的刑民交叉处理模式

"套路贷"案件的属性决定了其存在多个行为，其中，一部分行为会进入民事程序审理，而另一部分行为进入刑事程序时，民事审理结果又常常受到影响，因此，"套路贷"案件往往会出现刑民交叉问题。面对"套路贷"案件，司法实践中会出现不同的处理模式。

第一，先刑后民。《最高人民法院关于在审理经济纠纷案件中涉及经济犯罪嫌疑若干问题的规定》第十一、第十二条明确规定，经济纠纷案件审理中对于不属于经济纠纷但有经济犯罪嫌疑的，应裁定驳回起诉，同时，相关案件材料移送给公安机关或检察机关；对于人民法院已经立案审理的经济纠纷案件中，如公安机关或检察机关认为有经济犯罪嫌疑的，应将相关材料及说明理由函告受理人民法院，受理人民法院应该认真进行审查。《最高人民法院关于审理民间借贷案件适用法律若干问题的规定》第五条规定，人民法院立案后，发现民间借贷行为本身涉嫌非法集资等犯罪的，应当裁定驳回起诉，并将涉嫌非法集资等犯罪的线索、材料移送公安或者检察机关。公安或者检察机关不予立案，或者立案侦查后撤销案件，或者检察机关作出不起诉决定，或者经人民法院生效判决认定不构成非法集资等犯罪，当事人又以同一事实向人民法院提起诉讼的，人民法院应予受理。

当刑民交叉案件的民事诉讼和刑事诉讼发生冲突，民事诉讼的处理结果必须以刑

事诉讼的处理结果为前提时，人民法院往往实行先刑后民。也就是说，在民事诉讼活动中发现案件涉嫌刑事犯罪，应当先由侦查机关对涉嫌刑事犯罪的事实进行侦查属实后，由人民法院进行审理，再对涉及的民事责任进行审理，或者由人民法院在审理刑事犯罪的同时附带审理民事部分。在此之前不应就其中的民事部分先行单独审判。

第二，刑民并行。《最高人民法院关于在审理经济纠纷案件中涉及经济犯罪嫌疑若干问题的规定》第一条规定："同一自然人、法人或非法人组织因不同的法律事实，分别涉及经济纠纷和经济犯罪嫌疑的，经济纠纷案件和经济犯罪嫌疑案件应当分开审理。"第十条规定："人民法院在审理经济纠纷案件中，发现与本案有牵连，但与本案不是同一法律关系的经济犯罪嫌疑线索、材料，应将犯罪嫌疑线索、材料移送有关公安机关或检察机关查处，经济纠纷案件继续审理。"

当刑民交叉案件的民事诉讼和刑事诉讼的处理结果不会产生矛盾，也不会产生相互影响和相互依赖，其先后顺序并不影响两种诉讼顺利审结时，人民法院应实行刑民并行，对民事诉讼案件和刑事诉讼案件分别进行审理。

第三，先民后刑。当刑民交叉案件引起的刑事诉讼结果必须以民事诉讼的处理结果为前提时，人民法院应采取先民后刑的方式。例如，涉及民间借贷犯罪案件在审理过程中存在财产确权方面的争议，必须通过民事诉讼予以定性，此时刑事诉讼应当中止，以先民后刑的模式处理。

七、与"套路贷"相关的犯罪模式

第一，消费贷。消费贷主要是指商业银行向借款人发放的用于购买个人或家庭所需的产品或服务的贷款。个人消费贷包括汽车贷款、留学贷款、综合消费贷款等业务品种。这种模式的贷款资金往往不经过消费者的账户，例如，消费者在网络平台上购买手机，并申请消费金融产品，贷款方将资金直接打入商户的账户中。但是，这也衍生出从事预借现金（现金贷）业务的小贷公司。这类小贷公司支持消费者将申请的贷款资金放至自己的个人账户中，由消费者随意支配。当前贷款公司利用消费贷引起的法律纠纷数量逐渐增多，且往往与"套路贷"相联系，消费者需要警惕以合法形式掩盖非法目的的消费贷。

第二，校园贷。校园贷主要是指针对贷款对象为学生开展的贷款业务。"校园贷"并非一个单纯的校园贷款业务，而是一类以在校学生为对象，以借贷为名，骗人钱财的违法犯罪行为。江苏省苏州工业园区人民法院（2018）苏0591刑初517号刑事判决书裁判结果显示，与在校学生、未成年人签订虚高借款合同或为虚假的债务进行担保后实施敲诈勒索、非法拘禁的行为构成犯罪。

校园贷中涉及的"套路贷"主要包括：（1）低利息的背后隐藏着高额服务费；

（2）分期还钱少但利息超过法定限度；（3）提前扣除"担保费"，直到本息还清才会返还；（4）逾期法律效果严重，影响个人征信，且容易引发"连环贷"，利滚利，诈骗钱财。

第三，房屋贷。房屋价值大，交易环节复杂，利用房产进行"套路贷"的犯罪数量巨大。在房屋贷中，行为人往往打着"民间借贷"的幌子，对受害人的房产进行评估，通过与受害人签订借款合同，制造民间借贷的假象，并且以"违约金""保证金"的理由骗取被害人签订房产抵押登记合同、虚高借款合同等损害被害人合法权益的文件，接着将被害人带至公证处进行公证，为侵害被害人房产做好准备。等到还款时，被害人发现自己实际到手资金与要还资金差额巨大，此时在法院主张权利，证据却对自己不利。

八、"套路贷"的常见罪名

第一，组织、领导、参加黑社会性质组织罪。根据《中华人民共和国刑法》第二百九十四条的规定，组织、领导、参加黑社会性质组织罪，是指组织、领导或者参加以暴力、威胁或者其他手段，有组织地进行违法犯罪活动，称霸一方，为非作歹，欺压、残害群众，严重破坏经济、社会生活秩序的黑社会性质组织的行为。实践中，"套路贷"的放贷人往往势力庞大，有组织地进行连环套路放贷，并且在地方称霸一方，通过黑恶势力威胁恐吓借款人，最终套取钱款。

第二，故意伤害罪。故意伤害罪是指针对故意地非法损害他人身体健康的行为触犯刑法的罪名。上文中"套路贷"索债行为极易与借款人发生冲突，在混乱之下，放贷人势力庞大，通过强制手段索债，非法损害了贷款人的身体健康。如果情节严重已经达到故意伤害的定罪标准，则会涉及故意伤害罪。

第三，诈骗罪。诈骗罪，即以非法占有为目的，用虚构事实或隐瞒真相的方法，骗取数额较大的公私财物的行为。诈骗罪侵犯的客体及于财产性利益。"套路贷"行为中，虽然订立借贷合同时，被害人并未遭受实际的财产损失，但行为人常以"调查费""手续费""行规费""保证金"等名目收取费用，虚增的贷款金额可以财产性利益的形式被认定为诈骗罪的客体。

第四，敲诈勒索罪。在实践中，有些放高利贷者在催收债务的过程中，采用胁迫或者要挟的手段，以佣金、手续费为名，向借款人索取借据约定本息之外的费用。这种钱款虽无利息之名，但实际上也是高利贷的一部分。对于以暴力手段索取此类钱款的情形，不能认定为敲诈勒索罪；但是放贷人在催债过程中，若临时索要事前未约定的费用，则可构成敲诈勒索罪。

第五，强迫交易罪。在"套路贷"中，放贷人与被害人建立借贷关系后，以暴力、胁迫手段强行要求被害人将其所有或控制的财物以显失公平的价格与放贷人进行交易，或索取超出正常交易价款、费用，以强迫交易罪定罪处罚。

第六，虚假诉讼罪。虚假诉讼行为的实施方式既可以表现为"单方欺诈型"，也可以表现为"恶意串通型"，是指自然人或单位以捏造的事实提起民事诉讼，妨害司法秩序或者严重侵害他人合法权益的行为。"套路贷"案件中的虚假诉讼行为较为隐蔽，可以从虚假诉讼主体、虚假诉讼内容、侵害涉他客体等方面进行把握。

第七，抢劫罪。抢劫罪是指以非法占有为目的，以暴力或者当场实施暴力相威胁，或以其他手段使被害人不能反抗、不知反抗的方法，迫使其当场交出财物或夺走其财物的行为。放贷人在与被害人建立借贷关系后，通过虚增债务、签订虚假借款协议、制造资金走账流水等手段，采取暴力方式非法控制被害人的财物，并据为己有的，构成抢劫罪。

第八，寻衅滋事罪。寻衅滋事罪是指出于寻求精神刺激、填补精神空虚等动机寻衅滋事、破坏社会秩序的行为。放贷人与被害人建立借贷关系后，以各种方式恶意垒高借款金额，使被害人难以偿还"债务"，然后又采取软暴力手段向被害人或被害人特定关系人索取"债务"，则构成寻衅滋事罪。

第九，侵犯公民个人信息罪。2015年11月1日，《刑法修正案（九）》将"出售、非法提供公民个人信息罪"和"非法获取公民个人信息罪"整合为"侵犯公民个人信息罪"，扩大了犯罪主体和侵犯个人信息行为的范围。"套路贷"的放贷人往往在签订合同时拿到借款人的个人详细信息。在之后的索债过程中，放贷人通过网络"人肉"借款人，对借款人的个人信息进行披露，侵犯借款人的合法权益，严重的则触犯刑法规定的侵犯公民个人信息罪。

第十，非法拘禁罪。根据《中华人民共和国刑法》第二百三十八条规定，非法拘禁罪是指以拘押、禁闭或者其他强制方法，非法剥夺他人人身自由的犯罪行为。非法拘禁罪侵犯的客体是他人的身体自由权。在"套路贷"索债过程中，放贷人非法关押或控制借款人，让其家属还钱后才放人的行为屡屡发生，必然涉及非法拘禁罪。

第十一，妨害作证罪和帮助毁灭、伪造证据罪。根据《中华人民共和国刑法》第三百零七条第一款规定，妨害作证罪，是指采用暴力、威胁、贿买等方法阻止证人作证或者指使他人作伪证的行为。根据《中华人民共和国刑法》第三百零七条第二款规定，帮助毁灭、伪造证据罪是指帮助当事人毁灭、伪造证据，情节严重的，处三年以下有期徒刑或者拘役。该条第三款还规定，司法工作人员犯前两款罪的，从重处罚。"套路贷"中借款人有时获取到对自己有利的证据，但放贷人采取暴力、威胁或贿赂收买的方式阻碍证人作证，更有甚者发动其影响势力，毁灭、伪造证据。

第十二，开设赌场罪和赌博罪。根据《中华人民共和国刑法》第三百零三条第二款规定，开设赌场罪是指客观上具有聚众赌博、开设赌场、以赌博为业的行为。一旦赌场开始正式营业，并有人实际使用，就成立本罪既遂，与开设者是否实际获得利润无关紧要。开设赌场的人自己参与赌博，并以赌博为业的，可以考虑以本罪和赌博罪并罚。赌博罪是指以营利为目的，聚众赌博或者以赌博为业的行为。在"套路贷"中，放贷人也常采取"赌博"的方式，使借款人"愿赌服输"而垒高债务或利息。

九、最高人民检察院第二十三批指导性案例检例第87号：李某俊等"套路贷"虚假诉讼案

1. 案件要旨

检察机关办理涉及"套路贷"案件时，应当查清是否存在通过虚假诉讼行为实现非法利益的情形。对虚假诉讼中涉及的民事判决、裁定、调解协议书等，应当依法开展监督。针对办案中发现的非法金融活动和监管漏洞，应当运用检察建议等方式，促进依法整治并及时堵塞行业监管漏洞。

2. 基本案情

被告人李某俊，男，1979年10月出生，无业。

2015年10月以来，李某俊以其开设的江苏省常州市金坛区汇丰金融小额贷款公司为载体，纠集冯某陶、王某、陆某波、丁某等多名社会闲散人员，实施高利放贷活动，逐步形成以李某俊为首要分子的恶势力犯罪集团。该集团长期以欺骗、利诱等手段，让借款人虚写远高于本金的借条、签订虚假房屋租赁合同等，并要求借款人提供抵押物、担保人，制造虚假给付事实。随后，该集团采用电话骚扰、言语恐吓、堵锁换锁等"软暴力"手段，向借款人、担保人及其家人索要高额利息，或者以收取利息为名让其虚写借条。在借款人无法给付时，又以虚假的借条、租赁合同等向法院提起民事诉讼，欺骗法院作出民事判决或者主持签订调解协议。李某俊等通过申请法院强制执行，逼迫借款人、担保人及其家人偿还债务，造成5人被司法拘留，26人被限制高消费，21人被纳入失信被执行人名单，11名被害人名下房产6处、车辆7辆被查封。

3. 检察机关履职过程

第一，提起公诉追究刑事责任。2018年3月，被害人吴某向公安机关报警，称其在李某俊等人开办的小额贷款公司借款被骗。公安机关对李某俊等人以涉嫌诈骗罪立案侦查。经侦查终结，2018年8月20日，公安机关以李某俊等涉嫌诈骗罪移送江苏省常州市金坛区人民检察院审查起诉。金坛区人民检察院审查发现，李某俊等人长期从事职业放贷活动，具有"套路贷"典型特征，有涉嫌黑恶犯罪嫌疑。办案检察官随即向人民法院调取李某俊等人提起的民事诉讼情况，发现2015年至2018年间，李某俊等人提起民事诉讼上百起，多为民间借贷纠纷，且借条均为格式合同，多数案件被人民法院

缺席判决。经初步判断，金坛区人民检察院认为，该犯罪集团存在通过虚假诉讼的方式实施"套路贷"犯罪活动的情形。检察机关遂将案件退回公安机关补充侦查。经公安机关补充侦查，查清"套路贷"犯罪事实后，2018年12月13日，公安机关以李某俊等涉嫌诈骗罪、敲诈勒索罪、虚假诉讼罪、寻衅滋事罪再次移送审查起诉。

2019年1月25日，金坛区人民检察院对本案刑事部分提起公诉，金坛区人民法院于2019年1月至10月四次开庭审理。经审理查明李某俊等人犯罪事实后，金坛区人民法院依法认定其为恶势力犯罪集团。2019年11月1日，金坛区人民法院以诈骗罪、敲诈勒索罪、虚假诉讼罪、寻衅滋事罪判处李某俊有期徒刑十二年，并处罚金人民币28万元；其余被告人分别被判处有期徒刑八年至三年六个月不等，并处罚金。

第二，开展虚假诉讼案件民事监督。针对审查起诉中发现的李某俊等人"套路贷"中可能存在虚假诉讼问题，常州市金坛区人民检察院在做好审查起诉追究刑事责任的同时，依职权启动民事诉讼监督程序，并重点开展了以下调查核实工作：一是对李某俊等人提起民事诉讼的案件进行摸底排查，查明李某俊等人共向当地法院提起民间借贷、房屋租赁、买卖合同纠纷等民事诉讼113件，申请民事执行案件80件，涉案金额共计400余万元。二是向相关民事诉讼当事人进行调查核实，查明相关民间借贷案件借贷事实不清，金额虚高，当事人因李某俊等实施"软暴力"催债，被迫还款。三是对民事判决中的主要证据进行核实，查明作出相关民事判决、裁定、调解确无合法证据。四是对案件是否存在重大金融风险隐患进行核实，查明包括本案在内的小额贷款公司、商贸公司均存在无资质经营、团伙性放贷等问题，金融监管缺位，存在重大风险隐患。

经调查核实，检察机关认为，李某俊等人主要采取签写虚高借条、肆意制造违约、隐瞒抵押事实等手段，假借诉讼侵占他人合法财产。人民法院在相关民事判决中，认定案件基本事实所依据的证据虚假，相关民事判决应予纠正；对于李某俊等与其他当事人的民事调解书，因李某俊等人的犯罪行为属于利用法院审判活动，非法侵占他人合法财产，严重妨害司法秩序，损害国家利益与社会公共利益，也应当予以纠正。2019年6月至7月，金坛区人民检察院对该批50件涉虚假诉讼案件向人民法院提出再审检察建议42件，对具有典型意义的8件案件提请常州市人民检察院抗诉。2019年7月，常州市人民检察院向常州市中级人民法院提出抗诉，同年8月，常州市中级人民法院裁定将8件案件指令金坛区人民法院再审。9月，金坛区人民法院对42件案件裁定再审。10月，金坛区人民法院对该批50件案件一并作出民事裁定，撤销原审判决。案件办结后，经调查，2020年1月，金坛区纪委监委对系列民事案件中存在失职问题的涉案审判人员作出了相应的党纪政纪处分。

第三，结合办案参与社会治理。针对办案中发现的社会治理问题，检察机关立足法律监督职能，开展了以下工作。一是推动全市开展集中打击虚假诉讼的专项活动，共办理虚假诉讼案件103件，移送犯罪线索12件15人；与人民法院协商建立民事案件正副卷一并调阅制度及民事案件再审信息共享机制，与纪委监委、公安、司法等相关部门建立线索移送、案件协作机制，有效形成社会治理合力。二是针对发现的小微金融行业无证照开展金融服务等管理漏洞，向行政主管部门发出检察建议7份；联合公安、金融监管、市场监管等部门，在全市范围内开展金融整治专项活动，对重点区域进行清理整顿，对非法金融活动集中的写字楼开展"扫楼"行动，清理取缔133家非法理财公司，查办6起非法经营犯罪案件。三是向常州市人大常委会专题报告民事虚假诉讼检察监督工作情况，推动出台《常州市人大常委会关于全市民事虚假诉讼法律监督工作情况的审议意见》，要求全市相关职能部门加强协作配合，推动政法机关信息大平台建设、实施虚假诉讼联防联惩等9条举措。四是针对办案中发现的律师违规代理和公民违法代理的行为，分别向常州市律师协会和相关法院发出检察建议并获采纳。常州市律师协会由此开展专项教育整顿，规范全市律师执业行为，推进加强社会诚信体系建设。

4. 指导意义

第一，刑民检察协同，加强涉黑涉恶犯罪中"套路贷"行为的审查。检察机关在办理涉黑涉恶案件存在"套路贷"行为时，应当注重强化刑事检察和民事检察职能协同。既充分发挥刑事检察职能，严格审查追诉犯罪，又发挥民事检察职能，以发现的异常案件线索为基础，开展关联案件的研判分析，并予以精准监督。刑事检察和民事检察联动，形成监督合力，加大打击黑恶犯罪力度，提升法律监督质效。

第二，办理"套路贷"案件要注重审查是否存在虚假诉讼行为。对涉黑涉恶案件中存在"套路贷"行为的，检察机关应当注重审查是否存在通过虚假诉讼手段实现"套路贷"非法利益的情形。对此，可围绕案件中是否存在疑似职业放贷人、借贷合同是否为统一格式、原告提供的证据形式是否不合常理、被告是否缺席判决等方面进行审查。发现虚假诉讼严重损害当事人利益，妨害司法秩序的，应当依职权启动监督，及时纠正错误判决、裁定和调解协议书。

第三，综合运用多种手段促进金融行业治理。针对办案中发现的非法金融活动、行业监管漏洞、诚信机制建设等问题，检察机关应当分析监管缺位的深层次原因，注重运用检察建议等方式，促进行业监管部门建章立制、堵塞管理漏洞。同时，检察机关还应当积极会同纪委监委、法院、公安、金融监管、市场监管等单位建立金融风险联防联惩体系，形成监管合力和打击共识。对发现的倾向性、苗头性问题，可以通过联席会议的方式，加强研判，建立健全信息共享、线索移送、案件协查等工作机制，促进从源头上铲除非法金融活动的滋生土壤。

来源：京师刑委会

关于建议增设虚假仲裁（公证）罪的立法建议

"虚假公证"是从"虚假诉讼"借鉴而来的，是指行为人出于非法的动机和目的，以虚假公证主体、捏造事实、伪造证据等方式，欺骗公证机构出具错误的公证文书的行为。近年来，公证作为一种重要的信用制度，在我国发展迅猛，不仅业务数量大幅上升，而且证明领域涉及社会生产生活的方方面面。然而，在公证迅速发展的同时，虚假公证不时出现，公证质量问题频频暴露，影响了公证的公信力，损害了法律的尊严与权威。目前，虚假公证文书应用到虚假仲裁中后果严重，但我国尚未采取立法予以规制。因此，本文对虚假公证的表现形式进行认真梳理，深入分析其产生的原因，建议新增虚假仲裁（公证）罪。

一、虚假公证的特点

第一，虚假公证背后更深层次的原因往往是利益驱使。虚假公证以公证的合法形式来证明公证文书载明的虚假利益，从而掩盖事实真相，使真实权益无法实现。

第二，虚假公证的发生方式往往涉及亲朋串通。虚假公证的欺骗性和隐蔽性决定了当事人之间具有密切关系的特点。当事人伪造虚假材料办理公证，必然会串通信任的人，以便弄假成真。

第三，虚假材料是虚假公证实施过程中的核心手段。借条、还款协议等材料极易伪造，且公证机构往往只进行形式审查，不采取实质审查的方式，因此在现实中，当事人伪造材料或提供虚假材料证明虚假债权债务关系存在的情形屡见不鲜。

二、虚假公证的表现形式

1. 通过虚假公证转移、处分他人财产

当事人往往通过假冒他人办理委托书、赠与合同等方式，将他人的房产转让。当诈骗人曝光时，同为诈骗案受害方的公证部门也受到影响，损害公证的公信力。

2. 通过虚假公证侵占他人财产或者侵犯他人的财产权益

通过虚假公证侵占他人财产或者侵犯他人的财产权益往往产生于继承公证案件中。最常见的是以虚假的亲属关系证明故意遗漏继承人。更有甚者，向公证处提交尚生存人的死亡证明，骗取继承公证文书。

3. 通过虚假公证逃避债务

通过虚假公证逃避债务一般发生在亲属、朋友之间。一方当事人在外欠有债务、被处刑事罚金或者承担担保责任，为避免人民法院强制执行其财产，与亲属、朋友恶意串通，通过虚假的赠与合同、买卖合同，或者抵偿债务协议等公证方式，将自己名下的房产、车辆等财产转移到他人名下。此外，也有行为人利用公证对"无争议的"债权债务赋予强制执行的效力，抢在真实的债权人之前转移财产，致使债权人的债权无法实现。

4. 通过虚假公证取得证据在诉讼或仲裁案件中使用

有的当事人为了在诉讼案件中分得较多的财产或者让对方承担较多的债务，与亲戚或朋友恶意串通，申办借款协议或还款协议，公证、伪造证据，编造债务。如在离婚案件中，男方父母要求女方偿还夫妻婚姻存续期间的购房款，并就购房款与儿子签订了借款协议，提交了一年前的公证文书。而女方坚称男方父母支付的这笔款项实为赠与，并非借款，是在离婚时男方与男方父母恶意串通所作。

5. 通过虚假公证将违法行为"合法化"

法律规定金融机构以外的其他法人或者其他组织之间不得借贷，有些企业或者其他组织就以个人的名义到公证处办理借款合同公证。还有人通过胁迫他人办理还款协议公证，将高利贷等不法债务"合法化"。

三、虚假公证的原因

1. 一部分公证人员素质不高

公证是实务操作性很强的工作，需要公证人员有深厚的理论功底、丰富的生活阅历、敏锐的判断力，同时要有责任心。然而，目前我国公证人员的状况总体上良莠不齐，公证人员的道德素质、法律素养和业务能力有待进一步提高。虽然《公证法》明确规定，担任公证员必须通过国家法律职业资格考试，但实践中仍有一定数量的公证人员没有受过系统全面的法律教育。同时，部分公证员道德素质不高，在利益的驱动下，违反公证程序出具虚假证明，降低了公证质量。

2. 法律法规存在漏洞

目前，我国尚未建立系统完备的公证法律体系，对于虚假公证现象导致的虚假仲裁，刑法并未规定相应的罪名。《民事诉讼法》第二百四十四条第二款（现民诉法第二百四十八条第二款）规定："被申请人提出证据证明仲裁裁决有下列情形之一的，经人民法院组成合议庭审查核实，裁定不予执行：（一）当事人在合同中没有订有仲裁条款或者事后没有达成书面仲裁协议的；（二）裁决的事项不属于仲裁协议的范围或者仲裁机构无权仲裁的；（三）仲裁庭的组成或者仲裁的程序违反法定程序的；（四）裁决所根据的证据是伪造的；（五）对方当事人向仲裁机构隐瞒了足以影响公正裁决的证据的；（六）仲裁员在仲裁该案时有贪污受贿，徇私舞弊，枉法裁决行为的。"从上述规定可见，《民事诉讼法》第二百四十四条对虚假仲裁裁决的执行规定了排除机制，从民事程序上确认了虚假仲裁对公正司法秩序的危害。

2018年9月26日，最高人民法院、最高人民检察院公布的《关于办理虚假诉讼刑事案件适用法律若干问题的解释》第一条第三款规定："向人民法院申请执行基于捏造的事实作出的仲裁裁决、公证债权文书……属于刑法第三百零七条之一第一款规定的'以捏造的事实提起民事诉讼'。"该解释巧妙地把"虚假仲裁"和"虚假公证债权文书"一并纳入虚假诉讼罪治理，但对基于虚假公证导致的虚假仲裁却出现了法律漏洞。

3. 打击惩处力度有待提高

虽然《公证法》规定了提供虚假证明材料，骗取公证文书，违反治安管理的，依法给予治安管理处罚，构成犯罪的依法追究刑事责任。但实践中，由于公证机构与公安、司法机关之间缺乏有效的沟通联系，缺乏顺畅的案件发现查处机制，因虚假公证受到行政或刑事处罚的当事人较少。虚假公证的违法成本远远小于当事人所能获得的经济利益，从而导致虚假公证的当事人忘却风险，选择非法利益。

四、虚假公证防范对策建议

1. 建议新增虚假仲裁（公证）罪

针对以上对于虚假公证的分析，以及其可能引发的虚假仲裁的危害，建议新增虚假仲裁（公证）罪。

建议在相关法律包括刑法中明确规定对于虚假公证导致的虚假仲裁行为属于"虚假仲裁（公证）罪"，并在相关配套法律规定中规定对单独虚假公证行为的处罚措施，对有关单位或者个人对于公证机构核实证据不予协助的处罚措施。

2. 建议公证机构介入取证环节

2012年9月，昆明市某公证处采用"绿色继承"的公证模式，当事人只需要提供家庭基本情况，公证处就会派员外出调查取证，不仅免除了群众四处开证明之苦恼，而且从源头上杜绝了虚假材料，保证了公证质量。上海市等几个地区的一些公证处也陆续开始借鉴此类模式，根据适用经验，可以在实践中应用推广。

3. 加强公证人员业务技能培训

通过网络、研讨会、交流学习等方式建立长期的联系，促进新老公证员之间、各公证机构之间的交流合作。设计严格的办证流程，强化公证员对虚假公证的防范意识，尤其是对虚假公证高发的"高危"公证事项予以高度关注，严格审查当事人提交的证明材料，对当事人分别进行深入细致的询问。各级公证协会及时总结本地公证机构防范虚假公证的经验、教训，下发有针对性的业务指导意见。

4. 利用科技手段，提高防伪水平

除了各部门要对自己出具的证明、证件采取防伪措施外，公证机构也要配备相应的高科技办公设施。比如，办理新的身份证要取指纹，公证机构也应当配备相应的带指纹识别的身份证识别仪，这样就可以不完全依靠公证员的肉眼来分辨当事人的真伪。另外，公证机构应当统一安装办证电子监控音频、视频采集系统，建立身份比对及指纹采集系统，以防范和制止虚假公证行为。

来源：京师刑委会

关于增设虚假仲裁罪的立法建议

一、规制虚假仲裁的必要性

1. 目前虚假仲裁较为频发

随着中国经济的快速发展，民商事纠纷日益增多。在解决纠纷的方式中，仲裁因其灵活、便捷、高效等优势被广泛运用。一些当事人利用仲裁方式谋取不正当利益的问题日益突出，严重危及我国法制安全与社会稳定。虚假仲裁是指案件中当事人双方出于非法目的恶意串通，采取虚构法律关系、伪造相关证据材料、捏造案件事实的方式提起仲裁程序，使仲裁庭作出错误仲裁裁决，侵害了国家利益、社会公共利益或案外人的合法权益，获取非法利益的行为。

从区域分布来看，虚假仲裁从我国东部沿海发达地区扩张到了中西部地区，在全国范围广泛发生；从涉案类型来看，虚假仲裁已从过去多发的民间借贷、夫妻关系财产纠纷等案件扩张至企事业组织破产、房地产买卖和知识产权纠纷案件等多个领域；从案件数量来看，近年来，虚假仲裁的数量不断增长，公开报道的案例数不胜数。上述虚假仲裁的趋势反映出其社会危害性在不断扩大，对其进行规制十分有必要。

2. 虚假仲裁的成因

虚假仲裁作为一种非法现象，成因较为复杂，是内因和外因相互作用的结果。内因主要是公民法律信仰的缺失导致其非法获取利益的心态及行为产生；外因主要是仲裁制度本身尚不完善，未能全面有效地规制公民通过虚假仲裁非法获利的行为。

一方面，改革开放以来，国家经济水平与人民生活水平明显提高，但精神文明建设没有跟上经济快速发展的脚步，对利益的极致追求使少部分人无法抗拒虚假仲裁带来的巨大利益。虚假仲裁的案件范围由单纯的民间借贷虚假仲裁案件逐渐扩张至公司债权纠纷、破产清算案件、房地产买卖案件及知识产权案件等，多种案件类型均出现虚假仲裁现象，当事人通谋，通过伪造事实和证据等不法手段取得仲裁结果，侵犯第三人利益。

如在"上海某投资有限公司案"中，上海某投资有限公司是上海某公司旗下的子公司，设立该公司专门用于开发浦东地区的地块。王某既是上海某投资有限公司的法定代表人，也是上海某置业有限公司的法定代表人。案件中，王某利用其在两个公司特殊身份的便利条件，以某投资有限公司的名义与某置业有限公司签署协议书并约定了极高的违约金，之后故意造成某投资有限公司违约，并对某投资有限公司的股东隐瞒了事实。后王某向上海市仲裁委员会提起仲裁，通过伪造上述证据及与独任仲裁员吴某恶意串通等不法手段，导致最终某置业有限公司将某投资有限公司的地块据为己有，侵害了某投资有限公司股东的合法权益。

可见在极致利益的诱惑下，少部分当事人动摇了内心的法律底线，缺失法律信仰，为了一己私利违反法律，侵犯了他人的合法权益。

另一方面，仲裁具有保密性、高效性的优势和特点，但虚假仲裁当事人极易利用仲裁的这些优势和"一裁终局"的制度。仲裁审理案件以不公开为原则，仲裁结果只针对当事人，力求最大限度保护商业秘密和市场主体信誉。普通仲裁程序审限是4个月，简易仲裁程序为2个月。且"一裁终局"的制度规定仲裁裁决作出后，同一个纠纷当事人不得再次提起仲裁或起诉，这一制度使仲裁具有高效性的优点。

仲裁的保密性、高效性等优点为虚假仲裁当事人利用仲裁合法程序侵害他人利益提供了便利条件。保密性就意味着在保护当事人利益的同时，排除了第三人，即仲裁过程和结果对第三人都具有封闭性。且由于"一裁终局"制度，当仲裁侵犯了利害关系人的合法权益且该利害关系人发现自己的权利被侵犯时，很可能为时已晚。因此，虚假仲裁导致的错误仲裁结果较为隐蔽，不易被监督与纠正，这也是虚假仲裁频发的重要因素。

3. 规制虚假仲裁确有必要

实践中发生的虚假仲裁无一不是通过虚构事实、伪造证据等手段侵害他人合法权益，因此规制虚假仲裁是非常有必要的。

一方面，虚假仲裁结果导致不公正现象发生。理论上当事人签订的仲裁协议，仲裁文书只作用于当事人。但是，人与人的关系复杂且密切，仲裁案件中处理一个纠纷十分有可能影响到其他利益相关人，尤其虚假仲裁就是以损害案外人合法权益的手段为自己谋取利益，并冠之以合法的方式，这对仲裁利益相关人明显不公平。虚假仲裁的结果违背了公正的法律精神，如不对虚假仲裁加以规制，则无法建立健全法治社会。

另一方面，仲裁机构无法主动撤销裁决。大部分仲裁机构不仅没有及时识别和停止虚假仲裁的程序，也没有类似法院的事后纠错机制。这就导致即使仲裁机构后来发现了处理的案件为虚假仲裁案件，一旦仲裁结果生效，也无法主动撤销该仲裁裁决。仲裁法没有赋予仲裁机构主动纠正实体性错误的权利，只能主动纠正文字、计算错误或者漏裁事项。这就造成虚假仲裁的不良后果无法在事后纠错机制中化解，若虚假仲裁结果申请执行，则侵犯利益相关人的合法权益，因此，规制虚假仲裁具有十分重要的意义。

二、虚假仲裁申请执行后构成虚假诉讼罪

单纯出于非法目的恶意串通，采取虚构法律关系、伪造相关证据材料、捏造案件事实的方式提起仲裁的行为不构成虚假诉讼罪，但申请执行该虚假仲裁裁决的行为构成虚假诉讼罪。

1. 单纯虚假仲裁行为不属于虚假诉讼罪

虚假诉讼罪是2015年8月29日《中华人民共和国刑法修正案（九）》第三十五条增设的罪名。刑法第三百零七条之一规定，虚假诉讼罪，即"以捏造的事实提起民事诉讼，妨害司法秩序或者严重侵害他人合法权益的，处三年以下有期徒刑、拘役或者管制，并处或者单处罚金；情节严重的，处三年以上七年以下有期徒刑，并处罚金"。

根据刑法第三百零七条之一规定，虚假诉讼罪中的"诉讼"仅限于"民事诉讼"。一方面必须是"民事"案件，当事人提起虚假刑事自诉案件或虚假行政诉讼案件，均不构成该罪；另一方面必须是"诉讼"案件，也就是人民法院行使司法权进行的诉讼活动。在实践中，刑事案件中的附带民事诉讼以及反诉案件可以归为民事诉讼范围，但民事仲裁并不属于民事诉讼。尽管民事仲裁属于广义的民事司法活动，可以被视为"准诉讼"，但其法律性质并不属于"诉讼"。如果将民事仲裁解释为民事诉讼，显然属于类推解释，这就违反了罪刑法定这一刑法基本原则。

因此，若当事人仅仅出于非法目的恶意串通，采取虚构法律关系、伪造相关证据材料、捏造案件事实的方式提起民事仲裁，并不能被认定为虚假诉讼罪。

2. 对虚假仲裁获得的错误仲裁裁决申请执行构成虚假诉讼罪

第一，民事执行属于民事诉讼活动范围。根据民事诉讼法的规定，民事诉讼程序除了一审、二审及审判监督程序外，还包括选民资格案件等特别程序以及执行程序等。因此，民事执行程序也属于民事诉讼范围。同样，根据刑事诉讼法的规定，侦查、审查起诉、审判、刑罚执行等都属于刑事诉讼范围。因此，若当事人对虚假仲裁获得的错误仲裁裁决申请执行，则妨害了司法秩序，侵害了虚假诉讼罪保护的法益，构成虚假诉讼罪。

第二，新民事诉讼法第二百四十八条第二款规定："被申请人提出证据证明仲裁裁决有下列情形之一的，经人民法院组成合议庭审查核实，裁定不予执行：（一）当事人在合同中没有订有仲裁条款或者事后没有达成书面仲裁协议的；（二）裁决的事项不属于仲裁协议的范围或者仲裁机构无权仲裁的；（三）仲裁庭的组成或者仲裁的程序

违反法定程序的；（四）裁决所根据的证据是伪造的；（五）对方当事人向仲裁机构隐瞒了足以影响公正裁决的证据的；（六）仲裁员在仲裁该案时有贪污受贿，徇私舞弊，枉法裁决行为的。"

新民事诉讼法第二百四十八条对虚假仲裁裁决的执行规定了排除机制，从民事程序上确认了虚假仲裁对于公正司法秩序的危害。因此，在对仲裁裁决申请执行的民事执行中，人民法院具有一定的实质审查权力。

第三，司法解释规定申请执行虚假仲裁裁决行为属于虚假诉讼范围。2018年9月26日，最高人民法院、最高人民检察院发布的《关于办理虚假诉讼刑事案件适用法律若干问题的解释》第一条第三款规定：向人民法院申请执行基于捏造的事实作出的仲裁裁决、公证债权文书……属于刑法第三百零七条之一第一款规定的"以捏造的事实提起民事诉讼"。该解释巧妙地把"虚假仲裁"和"虚假公证债权文书"一并纳入虚假诉讼罪治理，把"基于捏造的事实作出的仲裁裁决"向人民法院申请执行作为"以捏造的事实提起民事诉讼"的虚假诉讼犯罪行为予以规制，也是当下我国刑法、民法以及民事诉讼法对虚假仲裁规制的权宜之计。从长远来看，还是需要把虚假仲裁问题直接规定于刑法条文之中，同时修正仲裁法和民事诉讼法的相关条款。

三、建议在立法中增设虚假仲裁罪

关于虚假仲裁行为要承担何种法律责任，目前我国的相关立法没有明确规定，缺乏针对虚假仲裁的有效规制，导致虚假仲裁行为人违法成本较低，具体体现在以下几个方面：

第一，对虚假仲裁当事人通过通谋，滥用仲裁申请权对案外人权益造成侵害的行为，民法典没有对虚假仲裁的法律规制进行明确规定，缺乏与之匹配的民事责任与赔偿规定。

第二，在虚假诉讼的处罚问题上，法院通常认定为妨碍诉讼，然后作出罚款或者司法拘留的惩罚。但仲裁程序中仲裁庭与仲裁机构在性质上属于为当事人提供仲裁服务的民间性社会团体，不属于国家机关，没有权力进行罚款，更没有权力作出类似拘留的强制措施。因此，虚假仲裁现象发生时，仲裁庭与仲裁机构往往不能对虚假仲裁当事人作出有效的司法惩戒。

第三，《刑法修正案（九）》第三十五条仅规定了对虚假诉讼的惩戒，并未将虚假仲裁列入其中，只是当事人对虚假仲裁裁决申请执行时才构成虚假诉讼，这使虚假仲裁存在极大法律漏洞。一是依据《关于通过伪造证据骗取法院民事裁判占有他人财物的行为如何适用法律问题的答复》，对于虚假仲裁行为人不能以诈骗罪论处。二是仲裁机构并不属于司法机关，妨害作证罪也难以适用于虚假仲裁中。只有当虚假仲裁行为涉及职务侵占、伪造公文印章等其他犯罪行为时,才能按照刑法的相关规定进行规制。而对于此类犯罪,司法机关主动发现难度较高,虚假仲裁行为人又不会主动陈述其犯罪行为,因此对虚假仲裁行为的法律规制存在较大漏洞。

此外,尽管刑法、民事诉讼法及其司法解释规定了对虚假仲裁裁决申请执行行为构成虚假诉讼罪,但实践中存在大量虚假仲裁当事人对错误裁决申请执行或申请执行时法院难以判断裁决是否错误,根据公定力原则,认定裁决有效予以执行的情况。虚假诉讼罪难以对大量复杂虚假仲裁行为进行有效规制,而我国刑事立法中并没有惩治虚假仲裁行为的行之有效的条文规定,因此,对虚假仲裁行为严重的、涉及犯罪的,建议在立法中增设虚假仲裁罪。

四、建议仲裁中部分虚假即可构成虚假仲裁罪

2018年9月26日,最高人民法院、最高人民检察院发布的《关于办理虚假诉讼刑事案件适用法律若干问题的解释》规定:"以捏造的事实提起民事诉讼,妨害司法秩序或者严重侵害他人合法权益的"构成虚假诉讼罪。该解释研究起草过程中,对"无中生有型"捏造行为应当认定为虚假诉讼罪,各方意见比较一致;但对于"部分篡改型"捏造行为是否可以以本罪论处,各方争议很大。该解释最终将虚假诉讼罪限定为"无中生有型"捏造行为,未采纳将"部分篡改型"捏造行为纳入本罪的意见;即完全虚假才构成虚假诉讼罪,部分造假可以构成妨害作证罪、诈骗罪或者帮助毁灭、伪造证据罪,但不能构成虚假诉讼罪。

虚假仲裁和虚假诉讼相类似,民商事仲裁各方当事人恶意串通,采取虚构法律关系、捏造案件事实等方式,通过仲裁,侵害国家利益、集体利益、社会公共利益或他人合法权益,以获取非法利益的行为;或者滥用仲裁程序,恶意申请仲裁;或者利用仲裁保全、设置圈套造成送达不能和缺席仲裁等欺诈手段,将被申请人置于不利境地。此外,虚假仲裁严重损害仲裁公信力,影响社会公正。

基于以上对虚假仲裁的分析,司法实践中对于虚假仲裁罪的需求十分迫切。因为仲裁本身高效、灵活、保密、便捷的特点,在实务中很难区分是部分虚假还是完全虚假,所以建议立法规定只要仲裁程序中当事人证据造假,或者虚假陈述,就构成虚假仲裁罪。同时,建议立法规定仲裁当事人通过伪造证据、虚假陈述提起仲裁,只要仲裁程序开始、仲裁财产保全或查封、仲裁机构出具相关的仲裁文书,就构成虚假仲裁罪。

来源:京师刑委会

【最高检厅长访谈】冯小光：面向中国式现代化不断健全民事检察监督机制

"精准监督理念持续深化""支持起诉探索日渐深入""大数据助力虚假诉讼监督成效凸显"……2023年2月16日，最高人民检察院第六检察厅厅长冯小光就过去一年的民事检察工作接受了《检察日报》记者的专访。

他表示，过去一年，在最高检党组的坚强领导下，全国民事检察条线在新时代民事检察监督理念、监督体制机制以及监督实效等方面，都有长足进步。

持续深化下的精准监督实践

精准监督，是高质量发展这一时代命题催生的民事检察新要求，是对片面追求数量、粗放式办案的告别。党的十九大以来，最高检明确要求，民事检察监督要优先选择在司法理念方面有纠偏、创新、进步、引领价值的典型案件，力争抗诉一件促进解决一个领域、一个地方、一个时期司法理念、政策、导向的问题，通过优化监督实现强化监督。

谈及过去一年的工作，冯小光表示，民事检察条线着力强化与人民群众合法权益密切相关的民间借贷、劳动争议、商品房买卖等领域的案件办理工作，贯彻落实精准监督办案理念。2022年1月至11月，全国检察机关受理民事生效裁判、调解书监督案件6.6万余件，审查后提出抗诉4100余件，提出再审检察建议8900余件，实现了政治效果、法律效果、社会效果的有机统一。

亮剑虚假诉讼，是民事检察监督的一项重点工作。冯小光介绍，2022年1月至11月，全国检察机关共办理虚假诉讼监督案件8900余件，其中，提出抗诉1200余件，提出再审检察建议4700余件。冯小光说："在加大办案力度的同时，我们还聚焦虚假诉讼的源头治理，以'五号检察建议'为抓手，形成常态化监督机制。"

"值得一提的是，虚假诉讼案件办理中，大数据正在持续扮演着重要角色，这是民事检察条线落实国家大数据战略、贯彻智慧借助理念的积极体现。"冯小光介绍，截至目前，民事案件虚假诉讼智慧监督系统已覆盖31个省级区域，共申请开通账号1973个，访问量9.6万余人次。

执行程序是民事权利落到实处的关键。冯小光介绍，2022年1月至11月，全国检察机关共受理民事执行监督案件7.7万余件，经审查，提出检察建议6.4万余件。

冯小光说："与此同时，全国民事检察条线秉持对事监督、对人监督相结合的工作思路，不断加大对深层次违法行为的监督办案力度。2022年1月至11月，全国检察机关共受理民事审判活动监督案件6.3万余件，经审查，提出检察建议5.3万余件。"

在案例中形成法律监督的共识

案例是生动的法治实践。对于民事检察监督而言，案例的作用尤为重要，既是宣传民事法律监督职能的载体，更是凝聚法律理解、适用共识的桥梁。

2022年6月，最高检以"民事生效裁判监督"为主题，发布第三十八批指导性案例。在谈及编写考虑时，冯小光表示，该批指导性案例选取了常见高发的民间借贷、商品房买卖、房屋租赁等民事纠纷，通过检察监督将民法典中的各项民事权利落到实处，切实维护人民群众合法权益。

"民事生效裁判监督是民事检察监督中最为基础、最为核心的一项业务，指导性案例阐释了检察机关在司法理念、法律适用方面的共识，推动民事检察监督的实践。"冯小光补充说，检察机关不仅要维护司法权威和法的安定性、尊重审判机关的自由裁量，还要充分践行以人民为中心的司法理念，只有摆正法律监督的位置，才能实现法律监督的双赢多赢共赢。

"第三十八批指导性案例也是在民法典实施背景下全面加强民事检察工作、切实提升民事检察监督能力的重要载体，有力地指导了各地检察机关依法办理民事生效裁判监督案件，满足了新时代人民群众日益增长的司法需求。"冯小光补充说，在过去一年，最高检第六检察厅还发布了虚假诉讼监督、支持起诉、民事检察诉源治理等9批典型案例。

冯小光表示，通过印发指导性案例、典型案例，补齐了监督能力不足的短板、弱项，推动了民事检察监督工作的开展。

健全民事检察监督机制，服务中国式现代化

检察机关不断探索完善支持起诉制度，推动支持起诉工作规范发展。据介绍，早在1982年，《中华人民共和国民事诉讼法（试行）》就对"支持起诉"作出了规定，但由于后续缺乏执行性的制度细化，法律规定的治理效能未能充分发挥。

冯小光介绍："过去一年，我们对检察机关支持起诉工作予以高度重视，并大力推进，通过检察机关依法能动履职，解决了一大批诉讼弱势群体的诉讼难、维权难问题，推动了公平正义的实现。"

记者注意到，在印发典型案例指导实践的同时，2022年3月，最高检第六检察厅印发《民事检察部门支持起诉工作指引》，对民事检察部门开展支持起诉的原则、条件、案件来源、范围和程序等作出规定，推动了检察机关支持起诉实践的开展。

据悉，过去一年，最高检第六检察厅还积极推动完善再审检察建议工作机制、专家咨询机制及检察一体化机制方面的民事检察监督体制机制建设。

采访中，冯小光特别提及，在数字检察战略的推动下，民事检察工作要以数字化改革撬动法律监督，健全完善大数据驱动下的民事检察工作机制，实现民事检察工作的高质量发展。

来源：《检察日报》（检察新闻版）